社債の リストラクチャリング

財務危機における社債権者の意思決定に係る法的規律

行岡睦彦

有斐閣

はしがき

　本書は，2017年2月に東京大学大学院法学政治学研究科に提出した筆者の助教論文「財務危機における社債リストラクチャリングの法的規律」に加筆・修正を加えたものである。

　本書の対象は，倒産法（会社の事業再生）と会社法（社債法）というそれぞれ大きな問題領域のいわば交錯部分に属する。もとよりここには多くの理論的・実務的な問題が存在するのであるが，本書では，その一角として，裁判外の財務リストラクチャリングにおける社債権者の意思決定の問題を切り出し，望ましい法的規律のあり方を比較法的手法を用いて分析した。本書で論じることのできなかった問題は多岐にわたるが，それは今後の継続的な研究によって解明していくことにしたい。

　未熟なものとはいえ，本書をまとめることができたのは，多くの先生方，先輩，友人，後輩からご助力を得ることができたおかげである。東京大学大学院法学政治学研究科に所属する先生方をはじめ，多くの国内外の研究者及び実務家の先生方から貴重なご指導やご助言を頂いた。すべての方のお名前を挙げて謝意を表したいところであるが，ここでは，筆者の助教時代，指導教員としてひとかたならぬご厚情を賜った神作裕之先生のお名前だけを掲げさせていただくことをお許し願いたい。筆者は，助教論文執筆中，幾度も壁にぶつかり懊悩することを繰り返してきたが，神作先生は，多大な時間を割いて，いつも温かく励ましてくださり，ときに厳しく指導してくださった。この場を借りて，心より感謝を捧げたい。

　また，本書の出版をお引き受けくださった株式会社有斐閣，そして，脱稿から出版に至るまで丁寧な仕事を提供してくださった同社スタッフの方々，とりわけ，本書の担当編集者として，細やかなご配慮と多大なるご尽力をいただいた同社の三宅亜紗美氏には，記してお礼を申し上げたい。

　2018年1月

行岡睦彦

＊　本書は，公益財団法人日本証券奨学財団の研究出版助成金の交付を得て刊行された。

目 次

第1章　序　論

第1節　はじめに

第1款　本書の主題

　本書は，社債の発行会社が財務危機に陥った場合における社債のリストラクチャリングを検討の対象とし，社債権者の意思決定に係る法的規律を論ずるものである。より具体的には，①裁判外の倒産処理において社債権者に一定の負担（元利金の支払猶予や免除，さらには債権の株式化等）を求めることにどのような問題があるか，そして，②かかる問題に対して，どのような法的規律をもって対処するべきか，を検討する。

　わが国では，会社の財務リストラクチャリングに関する法的規律として，再建型の法的倒産手続（会社更生手続及び民事再生手続）に加えて，社債の発行会社については，社債のリストラクチャリングに利用しうる社債権者集会の制度が設けられている。これは，会社法に定める一定の事項について，すべての社債権者を拘束する資本多数決によって社債権者全体の意思を決定することを可能にするものである。もっとも，社債権者集会制度の建付けには明確でないところもあり，裁判外の倒産処理においてそれがどのように機能しうるのか，必ずしもはっきりしないところがある。また，これまで，社債権者集会制度を利用して裁判外の倒産処理に社債権者を取り込むことの功罪について，実質的観点からの検討があまりなされておらず，そもそも如何なる法的課題がありうるのか，またそれに対して如何なる法的規律がありうるのかにつき，必ずしも十分な知見が蓄積されていない状況にある。

　このような背景のもと，本書は，発行会社の財務危機状況を念頭に置いて，

社債権者集会制度に係る理論上及び実際上の問題を明らかにするとともに，同制度が果たすべき役割及びその限界について解釈論及び立法論の両面にわたる検討を加えるものである。

第2款 本書における検討の意義

本論に入るに先立って，本書における検討が如何なる意義を持つのかについて述べておきたい。以下に述べるとおり，本書の主題は，近時の実務・立法の状況に鑑みて，これを検討すべき実際上の必要性があると考えられるのみならず，理論的な観点からみたときにも，これを検討することには一定の重要な意義が認められるものと思われる。

第1項 実際上の意義

近時の実務・立法の状況に鑑みるとき，本書の主題は，早急に検討されるべき重要な法的問題を含むものであると考えられる。

第一に，財務危機に陥った会社の事業を，法的倒産手続の内外において合理的に再建することの重要性は，近時ますます高まっている。事業再生においては，事業リストラクチャリングに加えて財務リストラクチャリングが必要となることが多いが，社債を発行している場合における財務リストラクチャリングには固有の問題が存在する。社債の発行規模が拡大している昨今の状況に鑑みても，社債発行会社が財務危機に陥る場合を念頭に置いて，問題点を具体的に明らかにし，合理的な法的規律を検討する必要性は高い。

第二に，近時，主として裁判外の倒産処理を念頭に置いた社債リストラクチャリングに関する規律が，解釈論・立法論として議論されている状況にある。中でも，裁判外の倒産処理の一環として社債権者に一定の負担を求めるために，社債の元利金減免を社債権者集会で決議することが（如何なる要件のもとで）できるかが近時議論の俎上に上っている。この点に関しては，特定の局面に限定してであるが，近時の特別立法（産業競争力強化法及び株式会社地域経済活性化支援機構法）により一定の手当てがなされてきたことに加え，本書執筆現在においては，会社法改正のアジェンダとして，一般的に社債の元利金減免を決議事項として明記することの是非が論じられている状況にある。

このように，本書の主題は，近時の実務・立法の状況に鑑みて，早急に検討を深めておくべき重要な問題であると考えられる。しかしながら，本論で詳細に述べるとおり，社債の支払猶予や元利金減免を社債権者集会の決議事項とすること，より一般的には，裁判外の倒産処理に社債権者を取り込むことに如何なる問題があり，如何なる法的規律を要するか，という点については，いまだ検討が十分でない状況にある。現在進行中の会社法改正によって裁判外の倒産処理の一環としての社債リストラクチャリングが一層容易になる可能性を視野に入れるならば，この点について理論的な検討を深めておく必要性は極めて高い。

第 2 項　理論上の意義

以上のような近時の動向とは独立に，より広い学術的視野に立ってみたときにも，本書の検討課題は，以下の点で意義を有する。

第一に，本書が扱う社債リストラクチャリングは，発行会社が財務危機に陥った局面における金融契約（社債契約）の再交渉としての性格を有する。金融契約の再交渉は，当初合意された契約条件を，状況変化に即応して改定することをもって当事者が置かれた状況を改善する営みであるから，その意味において合理的（効率的）となりうる。しかし，他方で，当初合意された契約条件を再交渉することには一定の副作用が伴う可能性もある。本書は，社債リストラクチャリングの功罪を論ずることにより，金融契約の再交渉に係る法的問題の考察を深めることに寄与するものである。

第二に，社債リストラクチャリングは，社債権者と発行会社の再交渉であるのみならず，発行会社の企業価値を，株主や他の債権者等を含む権利者間で分配する営みとしての性格を有する。見方を変えれば，発行会社の事業再生を実現するために必要な負担（権利の縮減）を権利者間で割り当てる営みであるともいいうる。かかる分配をもたらす裁判外の倒産処理の局面に社債権者を取り込むことは，一体如何なる含意を有するか。従来，社債権者のような投資家が裁判外の倒産処理に取り込まれることに固有の問題について，必ずしも十分な検討はなされてこなかった。この問題を検討することは，翻って，社債発行会社が，財務リストラクチャリングのために法的倒産手続を利用することの意義について理解を深めることにも資するように思われる。

　第三に，社債リストラクチャリングは，多数の社債権者から権利変更の同意を得るという営みであり，投資家（社債権者）の集団的な意思決定を問題とするものである。ここでは，当初合意された契約条件を変更し，他の権利者と価値を分配する局面において，投資家の集団的な意思決定の仕組みはどのように設計されるべきか，が問題となる。仮に，社債権者の資本多数決（社債権者集会制度）によって集団的な意思決定を行う場合，それは如何なる問題を惹起し，それに対してどのような法的規律が適用されるべきか。逆に，仮に，社債権者集会の仕組みによらずに社債リストラクチャリングを行うとすると，そこにはどのような問題があり，またこれについてどのような対処法がありうるのか。これらの問題は，利害が必ずしも一致しない多数の投資家が存在する状況において，その集合的利益に向けた意思決定を行うための法的枠組みを論じるものであり，集団的意思決定の制度設計に関する議論の深化に資することが期待される。

第3項　小括

　以上に述べたとおり，本書の主題は，これを論じる実際上の意義があるのみならず，理論的観点からも興味深い問題を含むものであると思われる。そこで，次の第2節では，本書の主題について理論的な観点からやや立ち入った検討を加え，社債リストラクチャリングの制度を論ずるにあたって理論上何が問題となりうるかを明らかにすることで，本書における検討課題を明確化するための準備作業を行うことにしたい。

第2節　社債リストラクチャリングとは

　本節では，本書の検討課題を明確化し，その理論的な位置付けを明らかにするために，財務危機における社債リストラクチャリングの概念及び問題点を概観することにしたい。まず，第1款で，財務危機における財務リストラクチャリング（社債に限定しない）の意義と構造について，主として国内外の先行研究に依拠しながら概観する。しかる後に，第2款で，社債リストラクチャリングに固有の問題を，主としてわが国の先行研究に依拠しながら検討し，解決さ

れるべき法的課題を析出する。

第 1 款　財務危機と財務リストラクチャリング

第 1 項　財務危機

1. 財務危機と経済危機

　本書は，財務危機に陥った会社の財務リストラクチャリングにおける社債の取扱いを検討する。ここで，「財務危機（financial distress）」とは，支払能力と比較して過剰な負債を抱えている状態をいい，資産に対して負債が過剰である場合や，元利金の支払に必要な現金を調達することができない場合がここに含まれる。「財務リストラクチャリング（financial restructuring）」とは，企業の財務面の健全化（財務上の負担を軽減し，持続可能な財務体質に改めること）をいい，債務総額の縮減や支払の猶予等のほか，債務の株式化や新株発行等による資本再構成を含むものとする。

　財務危機は，事業それ自体の収益性が損なわれた状態（経済危機〔economic distress〕）とは概念上区別される[1]。財務危機に陥っているからといって同時に経済危機に陥っているとは限らないし[2]，逆に，経済危機に陥っているからといって，同時に財務危機に陥っているとは限らない[3]。もちろん，現実には，

---

1)　財務危機と経済危機の区別について，たとえば Asquith et al.［1994］; Baird［1998］p. 580; Harner & Griffin［2014］p. 213 などを参照。

2)　経済的には健全（economically viable）だが財務上の危機に陥ったというケースもありうる。私的整理ガイドラインが適用対象とするのは，このような会社であると理解することができる。というのも，私的整理ガイドラインは，対象債務者の条件として，少なくとも，「過剰債務を主因として経営困難な状況に陥っており，自力による再建が困難であること」，及び「事業価値があり（技術・ブランド・商圏・人材などの事業基盤があり，その事業に収益性や将来性があること），重要な事業部門で営業利益を計上しているなど債権者の支援により再建の可能性があること」の両方を要求しているためである（私的整理ガイドライン第 3 項）。本書の用語法に従えば，前者は財務危機状況をいい，後者は経済的健全性（又は再建可能性）をいうものと解される。

3)　通常は考えにくいが，理論上は，たとえ事業が収益を生み出さなくても，財務構成が健全であるため財務上の困難には直面しないというケースもありうる。たとえば，無借金経営で，事業は赤字だが手元資金に余裕があるといった場合が考えられよう。

経済危機と財務危機の両方に陥っている場合が多いであろうが[4]，これらを概念上区別しておくことが議論の整理のために有益である。そのひとつの理由は，財務危機と経済危機とで，処方箋が異なることにある。経済危機に陥っている場合，当該事業を再建するためには，財務的な状況を改善する財務リストラクチャリングだけでは不十分であり，事業の収益性それ自体を改善することが必要となる[5]。また，経済危機が深刻で，継続企業として維持する価値がもはや認められない場合であれば，財務リストラクチャリングによって延命を図るのではなく，これを早期に清算・解体する（市場から退出させる）ことが，効率性の観点からはむしろ望ましい[6]。これに対し，単なる財務危機に陥っているだけの場合（経済的には健全である場合）には，直ちにこれを清算・解体することは合理的でなく，当該事業活動を継続することが経済的に合理的（効率的）な選択となる[7]。下記2で述べるとおり，財務危機は事業活動に対して一定のコストをもたらす可能性があるので，これを防ぐべく財務上の負担を軽減する

---

4) たとえば，Roe [1987] p. 273 n. 127（破産は，事業衰退の反映であることが通常であるとする），Baird [1992] pp. 261-262（破産会社の多くは不健全事業であり，救済せずにその資産を別の用途に利用する方が社会的に望ましいとする），Asquith et al. [1994] p. 634（実証分析のサンプルのうち，純粋に財務的な理由から財務危機に陥ったケースは比較的少数であることを指摘する），Baird & Rasmussen [2003] p. 691（効率的な経営方法を発展させた事業は，通常は財務危機に陥らないと指摘する），Hotchkiss et al. [2008] p. 245（企業が負債を返済できないのは，財務危機のみならず経済危機のせいでもあることがしばしばであるとする）など参照。

5) たとえば事業再生研究機構 [2004] 33頁（事業自体が不振である場合には，単に債務免除を受けることによるバランスシートの改善では足りず，収益状況の改善が不可欠であると指摘する）を参照。

6) 伊藤 [1989] 58～60頁（企業の再建が清算よりも勝るのは，継続企業価値の配分が清算価値の配分を実質的に超える場合であり，雇用確保等の社会的意義は原則として再建の根拠にならないと説く），柳川 [2006] 165頁（ゾンビ企業を延命させることが，資源配分の歪みや産業全体の生産性低下に繋がることを指摘する），山本ほか [2015] 18～19頁〔水元宏典〕（採算性のある事業を継続し，不採算事業を解体することが，生産要素の有効活用に寄与すると指摘する），山本 [2012] 13～14頁（競争に敗れた経済主体が倒産という形で活動の舞台から去ることの必要性を説く）等参照。ただし，この点については異論もありうる。アメリカでは，経済的利益に還元できない無形の価値を重視する立場（伝統主義者）と，もっぱら経済的利益の観点を重視する立場（手続主義者）とが鋭く対立してきた（この点については Baird [1998] が簡潔明瞭である。邦語文献として，水元 [2002] 75頁以下及び山本ほか [2015] 11～13頁〔水元宏典〕を参照）。本書は，この問題に立ち入るものではない。

7) たとえば，田中 [2016] 696～697頁（継続企業価値が清算価値を上回る限り，事業を存続させることが効率性の観点から望ましいと指摘する）参照。

こと（財務リストラクチャリング）が合理的となるのである。

2. 財務危機の弊害

　財務危機にはコストが伴う。たとえ経済的に健全であるとしても，財務危機に陥ることによって事業の健全性が損なわれ，企業価値が毀損される危険がある。その最たるものとして，流動性の枯渇によって弁済が滞り，負債がデフォルトに陥る，という場合が挙げられよう。もちろん，もし会社が経済的に健全であるならば，債権者としては，デフォルトを引き起こすことなく再交渉に応じる（あるいはリファイナンスする）のが本来は合理的である。しかし，複数の債権者間の集合行為問題や，債権者と債務者の情報非対称等の問題によって，合理的な交渉が成立しないという可能性も否定できない[8]。そして，ひとたびデフォルトに陥ると，他の金融債務のクロス・デフォルト条項の発動や，取引先の支払条件の緊縮化等により会社の流動性が一気に圧迫され，最悪の場合，支払不能・倒産にも至りうる。

　また，そこまで極端な場合でなくとも，財務危機は企業価値を蝕む可能性がある。たとえば，過剰な負債を抱えることで新規の資金調達が困難になるとか[9]，経営者のインセンティブが歪むことで必ずしも最適でない意思決定がなされる[10]，といった問題が指摘される。これらは，有望な新規プロジェクト

---

8)　田中 [2005] 26〜27 頁参照。

9)　Roe [1987] pp. 243-246, 伊藤 [2012] 14 頁等参照。これは，新規資金調達によって生ずる果実の全部又は一部が既存債権者に行き渡ることになるため，新規資金提供のインセンティブが阻害されるという問題であり，いわゆる過剰債務 (debt overhang) 問題の一種である（過剰債務については，Myers [1977], JEAN TIROLE, THE THEORY OF CORPORATE FINANCE (Princeton Univertisy Press, 2005) pp. 125-126 等を参照）。新規資金提供者に優先的権利を付与するいわゆる DIP ファイナンスの仕組み（会社更生法 128 条。伊藤 [2012] 238 頁，554 頁参照）は，過剰債務問題を克服するための法的仕掛けであるといいうる（この点について，一般的にはたとえば Triantis [1993] pp. 920-923 を参照）。

10)　Cutler & Summers [1988] p. 158, Bebchuk & Chang [1992] p. 258, Hotchkiss et al. [2008] p. 245, 田中 [2009] 119〜120 頁を参照。より一般的に，有限責任制度のもとにおける株主のインセンティブの歪み（過大なリスクテイクの危険性）について，LoPucki & Whitford [1993] pp. 683-684, 金本 = 藤田 [1998] 195〜197 頁，後藤 [2007] 95 頁以下等参照。もっとも，理論的にはかかる過大なリスクテイクを抑制するファクター（たとえば経営者のリスク回避志向など）も考えられる (Easterbrook [1984] pp. 653-654, 金本 = 藤田 [1998] 197 頁注 9 参照)。

の実現を阻む原因となりうる。さらには，有能な人材が流出したり，取引先に敬遠されたり，資金繰りに経営資源が割かれたり，債権者が回収競争に走ったりするなど，財務危機状態において事業価値を毀損させる要因は様々にありうる[11]。

　以上のように，たとえ経済的に健全な企業であっても，財務危機に陥ることで経済的なコストがもたらされ，最悪の場合には，健全であったはずの企業が経済危機に陥り，挙句は倒産することにもなりかねない。経済的には健全であるが財務危機に陥ったという場合には，早期にこれを是正することが望ましい[12]。

第2項　財務リストラクチャリング

　財務危機を是正する方法のひとつが，債権者と再交渉を行い，財務的負担を軽減する財務リストラクチャリングである[13]。もっとも，財務リストラクチャリングについては，大きく2つの問題がある。ひとつは，財務リストラクチャリングを実現することは必ずしも容易でないという問題であり（本項1），もうひとつは，財務リストラクチャリングを実現することが必ずしも望ましいとは限らないという問題である（本項2）。以下，それぞれについて概観する。

1.　債権者の協調
　財務リストラクチャリングの実現を阻む主たる原因のひとつが，複数の債権

---

11)　Roe [1987] pp. 235-236 参照。

12)　Note, *Distress-Contingent Convertible Bonds: A Proposed Solution to the Excess Debt Problem*, 104 Harvard Law Review 1857, p. 1859 (1991)（危機に陥った資本構成を公正かつ効率的にリストラクチャリングすることは，社会厚生を増進させると指摘する），Payne [2014] pp. 231-232（事業の再建が可能である場合には，手遅れになる前に財務リストラクチャリングに着手することが有意義であり有益であると指摘する），Harner & Griffin [2014] p. 214（レバレッジを減らすことによって経済的な健全性［economic viability］がもたらされ，場合によってはビジネスモデルの改造がもたらされるかもしれないと述べる），神作 [2016b] 2155〜2156 頁（「元利金の減免によりデットオーバーハングが解消されて経営者のインセンティブが回復したり，一定額の免除を条件にメインバンクが救済融資を行いその結果回収率が改善したりする場合が考えられる」と指摘する）参照。

13)　そのほか，資産や事業の売却，業務上の支出削減，新規の資金調達等によって現金を生み出すことも財務危機の克服手段として挙げられる（Gilson [2012] p. 25）。

者間における協調の失敗である。そもそも，財務リストラクチャリングとは，財務危機を克服するための負担の割当て，あるいは財務危機を克服することによって生ずる余剰の分配をめぐる権利者間の争いとしての性格を有する[14]。法的倒産手続であれば，債権者平等原則が妥当し，基本的には法的地位に応じた平等処遇が保障されるが[15]，裁判外の倒産処理においては，必ずしも債権者平等原則に沿わない柔軟なアレンジメントも可能となる[16]。ここにおいて，権利者間でのいわば水平的な利害対立が生じるのであるが，以下にみるとおり，かかる対立状況において債権者の協調を実現することは必ずしも容易でない。

(1)　ただ乗りと抜け駆け

債権者の協調が困難となる原因は様々である。たとえば，債権者間における情報格差や利害・評価の不一致があると，協調の実現は困難となろう[17]。これに加えて，個々の債権者にとって合理的な行動が，必ずしも債権者全体にとって合理的な帰結をもたらさない，という集合行為のジレンマもまた，債権者の協調を困難にするものとして指摘される。

そのひとつが，各債権者によるただ乗り（フリーライド）である[18]。個々の債権者にとっては，他の債権者が犠牲を引き受けることによる債務者の財務状況の改善にただ乗りすることが合理的な戦略となる。かかる戦略は，財務リストラクチャリングに協力した債権者から，協力を拒んだ債権者への価値移転をもたらすこととなるので，仮に債権者の一部がかかる戦略をとる場合には，他の債権者も自衛のために協力を拒むことになりかねない。ここで重要なのは，かかる戦略的行動が，たとえ債権者全体にとって不合理であるとしても，個々

14) 再建型の倒産処理手続一般に関して，福永ほか [2009] 5〜6 頁〔山本克己〕（「事業再建による事業内容の改善の効果を仮定的な破産配当にプラスして債権者に分配すること（ゴーイング・コンサーン・ボーナスの分配）が，再建型の倒産処理手続の基本的な性格の一つである」と述べる），会社更生法に関して，兼子一監修『条解会社更生法（下）』（弘文堂，1974 年）548 頁，伊藤 [2012] 9〜12 頁（更生手続とは，「更生債権者等に本来保障されている個別的権利行使を抑止し，同じく利害関係人である株主とともに，会社財産の清算価値分配に代えて，更生会社またはその事業を承継する経営組織の下で実現されるべき継続事業価値の分配を目的とする手続」であると説明する）参照。

15) ただし，少額弁済などの例外はある。本章注 23) を参照。

16) 典型的には，金融債権を減免する一方で商取引債権を全額弁済するといった扱いが挙げられる。

17) Roe [1987] pp. 237-238, 250, Armour & Deakin [2001] p. 22, Eidenmüller [2008] S. 280.

18) 池尾＝瀬下 [1998] 259 頁，田中 [2009] 120 頁，田中 [2016] 697 頁等を参照。

の債権者にとっては合理的となりうる，ということである。

　また，債務者の財産をもって債務を完済することが困難であることが見込まれる場合には，個々の債権者にとって，他者を出し抜いて回収行動に出ることが個別的には合理的な戦略となりうる，という問題もある（コモン・プール問題)[19]。仮に多くの債権者がこうした振る舞いに出れば，債務者の流動性は著しく逼迫するであろう。たとえかかる戦略をとるのが債権者のごく一部だけであっても，秩序あるリストラクチャリング交渉が妨げられることを免れない。

(2)　法的倒産手続とその功罪

　わが国の民事再生法・会社更生法のような再建型の倒産法制は，①債権者の個別的権利行使を抑制してコモン・プール問題を解消し，かつ②債権者の多数決による意思決定を認めてフリーライド問題を解消することで，債権者と債務者の再交渉（財務リストラクチャリング）を容易にする制度として理解することができる[20]。また，上記のとおり，法的倒産手続に妥当する債権者平等原則は，権利者間での分配をめぐる紛争に一定の外枠を設ける効果があるものとして理解することができよう。

　ただし，法的倒産手続の利用には直接又は間接に一定のコストを伴うというのが一般的な見方である[21]。とりわけ重要なのは，法的倒産手続の開始が，事業価値の毀損を引き起こす可能性がある，という点である。これには，「倒産」という現象に対するネガティブな印象（あるいは烙印）がいわば自己実現的な予言となって事業価値の毀損を招くという側面もあろうが[22]，法的倒産

---

19)　コモン・プール問題に関する簡潔な説明として，小林＝神田 [1986] 147 頁以下，伊藤 [1989] 33〜37
　　頁，藤田 [1996] 337〜338 頁，山本ほか [2015] 4〜6 頁〔水元宏典〕，山本 [2012] 1〜3 頁，松下
　　[2014] 3〜4 頁等がある。

20)　この点に関する明快な説明として，田中 [2009] 118〜121 頁がある。ヨリ簡潔な説明として，福永ほ
　　か [2009] 2〜4 頁〔山本克己〕，伊藤 [2014] 17〜18 頁，田中 [2016] 698 頁も参照。これに対し，倒産
　　法制の存在意義をもっぱらコモン・プール問題の克服という観点から論ずる代表的な議論として，Jack-
　　son [1986] pp. 10-13 を参照（水元 [2002] 45〜46 頁に詳しい紹介がある）。

21)　藤田 [1995] 219〜220 頁，田中 [2009] 122〜123 頁参照。ここで，「直接コスト」とは法的倒産手続
　　を利用することから直接生じるコスト（専門家報酬等）をいい，「間接コスト」とは法的倒産手続を利用
　　することによって間接的に引き起こされるコスト（信用の低下，取引条件の悪化等）をいう。

22)　山本 [2009a] 5〜6 頁。法的倒産手続に入った企業はいずれ破綻する，というイメージが先行するこ
　　とで，取引先や顧客が離れてしまい，本来継続することができたはずの健全な事業でさえ破綻に追い込

手続の構造に由来する次のような側面も指摘される。すなわち，ひとたび法的倒産手続が開始すると，商取引債権者への弁済を継続することができなくなり，取引先と従前の関係を維持することが困難となることで事業価値が毀損される，というものである[23]。

(3)　裁判外の倒産処理とその功罪

わが国では，企業が財務危機に陥った場合において，まず裁判外の倒産処理（私的整理）が志向されることが多い。その理由としては，法的倒産手続と比べて柔軟・低廉な手続遂行が可能であるという点のほか，金融債権についてリストラクチャリングを進める傍ら，商取引債権については従前どおりの条件で弁済を継続し，もって企業価値の毀損を防ぐことに合理性がある，という点がしばしば指摘される[24]。裁判外の倒産処理は，商取引債権者を除外して，もっぱら金融機関との間でなされるのが通例である[25]。

しかしながら，裁判外の倒産処理には一定の限界もある。すなわち，もっぱら債権者の自発的な協力に依存する構造上，上記のフリーライド問題やコモン・プール問題を克服する法的な手立ては存在しない。一部の債権者が強硬に

まれることになりうる，ということである。

23)　これを裏から指摘するものとして，たとえば全国倒産処理弁護士ネットワーク [2016] 2～3頁〔須藤英章〕（商取引債権を約定どおり支払うことで事業価値の毀損を防ぐことが私的整理のメリットであると説く），松下 [2014] 3頁（私的整理に関して，「商取引債権に対しては全額弁済することによって倒産という烙印を避けて企業価値を維持」する点に特徴が見出されると説明する）等を参照。かかる問題意識から，わが国では，法的倒産手続の中で商取引債権者への全額弁済・弁済継続を可能にするための議論が蓄積されてきた。詳細には立ち入らないが，民事再生法及び会社更生法の少額弁済の特例（民事再生法85条5項，会社更生法47条5項）の弾力的な活用による商取引債権の保護につき，伊藤 [2014] 851頁，伊藤 [2012] 186頁参照。もっとも，これはあくまで債権者平等原則に対する例外として位置付けられている。たとえば，日本航空やウィルコムの会社更生手続における商取引債権の全額保護は，あくまで「例外的な措置」であったと指摘されている（全国倒産処理弁護士ネットワーク [2016] 3頁〔須藤英章〕）。

24)　本章注23) に引用の文献参照。

25)　たとえば，鈴木 [2012] 110頁は，「これまでわが国における私的整理においては，金融債権者のみを対象として，債務者と金融債権者との間のみでの合意という枠組みで企業の再生が図られることが典型的形態であった」とし，親会社や大口取引先などを私的整理交渉に取り込むことも稀ではないが，それは通常，特定かつ少数の債権者に限られると指摘する。その他，わが国における私的整理に関して，たとえば伊藤 [2014] 45頁以下，山本ほか [2015] 327～328頁〔水元宏典〕，杉本 [2008] 152頁等参照。

協調を拒絶する場合には，財務リストラクチャリングを実現することは困難である[26]。とりわけ，わが国の実務では，一部の債権者によるごね得の追求や，「メイン寄せ」といった問題が長く認識されてきた[27]。そして，こうした問題に対して，裁判外の倒産処理（私的整理）に一定の準則を設け，手続に参加する金融機関に自発的な遵守を求めるという形で克服が試みられてきた（いわゆる制度化された私的整理）[28]。

(4)　小括

以上に述べたことを簡単にまとめておこう。財務危機には一定のコストを伴うので，これを解消する財務リストラクチャリングが合理的な選択となりうる。財務リストラクチャリングの方法として，法的倒産手続と裁判外の倒産処理の2つの方法がありうる。一方で，法的倒産手続は，複数の債権者が存在することに伴うフリーライド問題やコモン・プール問題を克服する仕組みを提供するが，事業価値の毀損というデメリットも指摘される。他方で，裁判外の倒産処理は，商取引債権者への弁済を継続しながら金融債務のリストラクチャリングを行うことで事業価値の毀損を防ぐというメリットがあるものの，これに参加する債権者の任意の協力に依存するがゆえの限界もある。近時では，私的整理の制度化が進展しており，ごね得追求やメイン寄せといった弊害を克服する努力が蓄積されているが，一部の反対債権者を拘束する法的手段が存在しないことから，フリーライド問題やコモン・プール問題による協調の失敗のリスクにさらされることを免れない。

---

26)　理論的には，一部の権利者によるホールドアップを防ぐ仕組みとして，手続参加者が共有する規範ないし慣習が考えられる。イギリスのロンドン・アプローチに関する分析として，Armour & Deakin [2001] 参照。

27)　文献は枚挙に暇がないが，たとえば青山 [1966a] 192頁，棚瀬＝伊藤 [1979] 287頁以下，山本 [2009a] 4～5頁，山本 [2012] 19～20頁を参照。

28)　その意味で，制度化された私的整理における各種の準則は，法的拘束力を持つものではなく，参加金融機関の紳士協定として位置付けられる。任意の遵守に依拠するこの仕組みは，手続のメンバーシップをある程度限定すること（紳士協定を遵守する意思を有する者だけを手続に参加させること）によって実効性が担保されるものと思われる。

2. 負債の規律効果

前述のように，財務リストラクチャリングは，少なくとも事後の観点からみ
れば，効率性改善に資する合理的な営みとなりうる。もっとも，財務リストラ
クチャリング（負債の再交渉）は，とりわけ事前の観点をも踏まえたときに，
必ずしも望ましいとは限らないということに注意しておく必要がある。それは，
次のような理由による。

一般に，負債契約には「自己拘束（bonding）」の機能がある[29]。これは，契
約で約束された給付の履行を怠ると，財産に対する支配権を失うことになると
いう威嚇である。負債契約の自己拘束は，債務不履行に陥ると会社の経営支配
権が脅かされる[30]，という意味において，経営者に対する規律付けの効果を
有する（いわゆる「状態依存的ガバナンス（contingency governance）」）[31]。とこ
ろが，いざ負債契約が不履行に陥ったとき（又はその危険が生じたとき）に，事
後的な再交渉によって支配権移転を容易に回避できるとなれば，負債契約の自
己拘束機能が損なわれ，事前的な規律の緩みが引き起こされる可能性がある

---

29) 池尾＝瀬下 [1998] 261 頁（「負債契約の本質的特徴は，債務不履行時に経営者から経営決定権を
奪うということにコミットする点にある（bonding 機能）」と説明する）。

30) たとえば，池尾＝瀬下 [1998] 253 頁（「債務不履行は，経営決定権（corporate control right）の
移動を引き起こす契機となる」ものであり，「負債の発行は，経営決定権の移動の可能性を生み出すと
いう効果をもっている」と説明する），木下 [2002] 152〜153 頁（企業が債務超過に陥り債権の全額回
収が困難となったときに，企業経営の権能が債権者に移転するプロセスを説明する），柳川 [2006] 138
〜139 頁（「近年の企業金融理論では，債務不履行を企業の退出ではなく，債権者への決定権移転の
プロセスとして捉えている。債権者の権利がより保護されるかたちで，利害調整が行われるメカニズム
に移行するのである」と説明する）など参照。なお，経済学的な分析においては，債務不履行が生じ
ることで債権者に経営決定権が移転するという比較的単純な理論モデルが利用されることが多いが（Gil-
son [1990] p. 362，柳川 [2006] 150 頁参照），現実に支配権の移転を実現する手段には様々なバリエ
ーションがありうる。たとえば，負債契約上のコベナンツを梃子とした経営への介入（Gilson [1990]
pp. 365-368, Baird [2017] pp. 794-795 参照）や，担保権の実行権限を背景とする事実上の交渉力に
基づく経営への介入（Baird & Rasmussen [2006] pp. 1215-1216 参照）などがありうる。

31) 柳川 [2006] 149〜151 頁は，債務不履行の発生を契機として債権者へと決定権限を移転させる「状
態依存的ガバナンス」のメカニズムを，経営者に対する動機付け及び適切な貸出行動の観点から明快に
説明している。ただし，それと同時に，法的整理の段階においては，企業金融理論が想定するような
明確な形では債権者に決定権が付与されていないことを指摘する。また，宍戸 [2006] 226 頁は，「負
債は満期において返済しなくてはならず，原則として交渉の余地がないため，負債の返済が，経営者を
初めとする人的資本の拠出者に対する最低限の規律となっている」と指摘する。

（モラルハザード問題）[32]。

　そして，事後的な再交渉が容易であればあるほど，事前的にみて効率性が損なわれる危険が高まる。なぜなら，事後的にみれば再交渉をすることが合理的（効率的）なのだから，事後の段階で再交渉をしないということに債権者及び債務者が事前にコミットすることは困難であり[33]，それが事前の段階で当事者の行動に影響を与える可能性があるからである。ここから，事後的な再交渉をあえて困難にすることで，却って事前的なコミットメントを強化する方向に働く可能性が示唆される[34]。

第2款　社債リストラクチャリング

第1項　社債の特性

　社債は，伝統的に，公衆に対する起債によって生じた会社に対する多数に分割された債権であって，それについて通常有価証券（社債券）が発行されるものをいうと定義されてきた[35]。現在，社債には様々な類型のものがあり[36]，

---

32)　Roe [1987] p. 274, Becker et al. [2003] pp. 128-129, Berdejó [2015] pp. 552-553, Schmidtbleicher [2010] S. 127-128, 木下 [2002] 154 頁参照。この点について宍戸 [2006] 227 頁は「倒産のようなエンドゲームの状況においては，繰り返しゲーム化することができないので，事後の再交渉の余地を大きくしておくことは，当事者のインセンティブを阻害する危険がある」と指摘する。また，山本ほか [2015] 471〜472 頁〔中西正〕は，会社更生法に関する説明において，市場競争に敗れた会社を更生させることがモラルハザードに繋がる可能性を指摘する。

33)　Bratton & Gulati [2004] p. 18 (国債リストラクチャリングに関する議論であるが，債権者は再交渉を拒絶することに予め信用できる形でコミットすることができないという問題を指摘する) 参照。いわゆる動学的不整合 (dynamic inconsistency) ないし時間的不整合 (time inconsistency) の問題である。この点についてはたとえば神作 [2016a] 1930 頁を参照。これに対し，CDS などの信用デリバティブが，事後的な再交渉に対するコミットメントとして機能する可能性を指摘するものとして，Bolton & Oehmke [2011] がある。

34)　柳川 [2006] 141 頁（「経済学的に重要なのは協調の失敗が結果的に効率性を高める可能性もあることである。それは，経営者に適切なインセンティブを与えるためには，事後的な非効率性が必要な場合もあるからである」と指摘する），Roe [1987] p. 274 参照。かかる観点からは，財務リストラクチャリングと並行して，経営体制を刷新させ，状況に応じて経営者を交代させ又は会社支配権を移転するといった措置の必要性も示唆される。これも重要な論点であるが，本書では立ち入らない。

伝統的な定義が必ずしもあてはまらないものが増えているので，すべての類型
の社債に共通する定義を設けることは困難であるが[37]，公募と私募の別を問
わず，資本市場で投資家から直接の資金調達を行うという類型を念頭に置くな
らば，多数の債権者（投資家）が存在しうるという点にその顕著な特徴を見出
すことが許されよう。公衆からの資金調達を可能にするという社債の特性を活
かせば活かすほど，債権者は多数，分散かつ小口となる。

　以下で述べるとおり，社債のこのような性質が，社債リストラクチャリング
に固有の困難な問題を惹起することとなる。

第 2 項　社債リストラクチャリングの問題点

　前述のとおり，財務リストラクチャリングは，債務者の財務危機を克服する
ための負担の割当て，あるいは財務危機を克服することによって生ずる余剰の
分配をめぐる権利者間の争いであるといいうる[38]。裁判外の倒産処理に社債
権者を取り込むということは，財務危機を克服するための負担を社債権者にも
求めるということを意味する。以下，このような意味における社債リストラク
チャリングを，「法的倒産手続外での社債リストラクチャリング」ということ
がある。

　理論的観点からは，法的倒産手続外での社債リストラクチャリングについて
次の 2 つの問題を指摘しうるように思われる。ひとつは，社債権者から同意を
得ることが必ずしも容易でなく，そもそも社債権者に負担を求めることができ
ないことになりやすい，という問題である（本項 1）。もうひとつは，仮に社債
権者から同意を得ることが容易であり，法的倒産手続外での社債リストラクチ
ャリングを実現しうるとなると，今度は逆に，社債権者に過大な負担を強いる
ことにもなりうる，という問題である（本項 2）。

---

35)　神田 [2017] 324 頁，鴻 [1958] 8 頁等。

36)　社債の諸類型については，たとえば江頭 [2017] 725 頁以下を参照。

37)　神田 [2017] 324 頁注 1 参照。

38)　本節第 1 款第 2 項 1 参照。

1.　過小なリストラクチャリングの問題

　法的倒産手続外での社債リストラクチャリングに際して，社債の契約内容を変更するためには，原則として社債権者の全員から同意を得る必要が生ずる[39]。しかし，社債権者が多数存在する場合，そのすべてから変更提案への同意を取得することは，通常は困難ないし事実上不可能である[40]。

　これに対し，社債に係る財務的負担を軽減する別の方法として，既存の社債を新たな社債（又は株式）に交換するという方法も考えられる。この方法であれば，すべての社債権者から同意を得ることができなくとも，十分に多くの社債権者から同意を得さえすれば，財務リストラクチャリングを実現することができる。わが国では，古くから会社の整理に伴う社債の借換えが行われていたし[41]，比較的近時でも，社債の交換募集によるリストラクチャリングを行った事例が報告されている[42]。もっとも，この場合においても，少数派社債権者が強硬にリストラクチャリングに反対して法的倒産手続を求める場合にこれを防ぐ手立てはないし，個々の社債権者が他の社債権者の協力の成果にただ乗りするというフリーライド問題に直面することを免れない[43]。

　ここでの問題の核心は，利害が一致しない多数の投資家（社債権者）による集団的な意思決定のあり方である。社債権者の数が増えるほど，そしてその匿名性及び分散性が高まるほど，再交渉は困難となる。その結果として，社債のリストラクチャリングが実現できず，他の権利者（とりわけ同順位の貸付債権を有する金融機関）に負担が偏る結果に繋がる。そして，他の権利者がこれを嫌う場合には，より大きなコスト（とりわけ重要なものとして，事業価値の毀損）

---

39)　この点について，たとえば栗栖 [1967] 259 頁参照。

40)　たとえば Kahan [2002] pp. 1053-1055 参照。

41)　栗栖 [1967] 251〜257 頁参照。

42)　ケネディクス社の発行する社債（ただし，外国市場で発行されたいわゆるユーロ債である）に係る交換募集の事例について，坪山＝門田 [2012] を参照。

43)　フリーライド問題一般については本章注 18) 及びこれに対応する本文を参照。社債の交換募集におけるフリーライド（ホールドアウト）の問題に関するわが国の研究として，藤田 [1995] が重要である。その他，交換募集におけるフリーライド問題に関する一般的分析として，Gertner & Scharfstein [1991] pp. 1200-1201（弁済期延長や劣後化を目的とする交換募集におけるホールドアウト問題を指摘），Roe [1987] p. 236（社債の額面金額減少を目的とする交換募集におけるホールドアウト問題を指摘）を参照。社債の交換募集に伴う具体的問題の詳細は，第 2 章でアメリカ法を分析する中で検討する。

を伴う法的倒産手続の利用を余儀なくされることにもなりうる。かかる帰結は，却って社債権者全体の利益を損なうことにもなりうる。

　裁判外の倒産処理に社債権者を取り込み，法的倒産手続外での合理的な社債リストラクチャリングを実現するためには，社債権者の意思結集を可能にするメカニズムが必要となる。社債権者の資本多数決を可能にする社債権者集会の制度は，個々の社債権者による戦略的な協力拒絶を防止し，法的倒産手続外での社債リストラクチャリングの実現可能性を高める仕組みであるということができる[44]。

2.　過大なリストラクチャリングの問題

　他方，法的倒産手続外での社債リストラクチャリングについては，少なくとも 2 つの点で弊害がありうる。ひとつは，社債権者が必ずしも十分な情報に基づいて判断することができないかもしれない，という問題である。そもそも，発行会社は，事業の状況について社債権者に対して情報優位にあるのが常である[45]。その上，投資家である社債権者は，合理的無関心により情報収集・処理が過小になりやすい[46]。情報劣位の中で再交渉に臨むことは，社債権者に

---

44)　この点を論じたものとして，藤田 [1995] 参照。

45)　江頭 [1987] 189 頁，神作 [2016a] 1931 頁等を参照。

46)　藤田 [1995] 227〜230 頁参照。合理的無関心に関しては，たとえば Gordon [1989] pp. 1575-1577（定款変更に関して，株主が合理的無関心に陥り，十分な情報収集・分析をせずに経営者の提案に賛成してしまう可能性を論じる）を参照。この問題は，決議に参加する各人が，自らの選択が決議の結果を左右することがないと信じる場合（すなわち，同人が保有する持分の割合が小さい場合）に特に顕著となる（Bebchuk [1989] pp. 1836-1840 参照）。なお，合理的無関心によって会社提案に賛成票を投じるのが株主の通常の反応であるとの議論に対し，Romano [1989] pp. 1607-10 は，合理的無関心の結果として会社提案に賛成票を投じるというのは必然ではない，むしろ棄権又は白票を投じるのが通常の反応であると反論している。かかる反論に対しては，株主については，株主に対して信認義務を負う経営者の提案が株主価値を増大させるものであると（少なくとも平均的には）信ずる理由がある，との再反論が一応可能であるが，債権者については，一般的に経営者は債権者のために行動するわけではない以上，たとえ合理的無関心に陥ったとしても，その結果として経営者の提案に賛成するとは限らない，というさらなる反論が考えられる。確かに，株主の場合と比べると，債権者は経営者の説明を盲信して賛成票を投じる可能性は相対的に低いと考えられる。しかしながら，経営者が，財務再建を実現させなければ事業が行き詰まり，債権者に対してヨリ大きな損失が発生する（最悪の場合，破産に至る）と説明した場合に，合理的無関心により十分な情報を持たない小口の債権者が，その説明の当否を厳密

とって不利に働きうる[47]。もうひとつは，社債権者が必ずしも十分な交渉力を持たないかもしれない，という問題である。たとえば，私的整理を試みる発行会社にとって，銀行や取引債権者の権利縮減の提案は業績や運転資金の調達に影響を及ぼすおそれがあるからできるだけ避け，財務上の負担でありかつ事業自体への影響が少ない社債権の制限に目を向けることが自然の成り行きである，と指摘されている[48]。社債権者が持ちうる交渉上のレバレッジは，もっぱら契約（社債要項）によって付与される権限に尽きるので，継続的な取引関係を有する他の権利者と比べると立場は弱くもなりえよう[49]。

　以上のような原因により，法的倒産手続外での社債リストラクチャリングにおいては，社債権者が過大な負担を強いられる危険が生ずることを否定できない。仮に，社債権者の過大な譲歩が引き出されるとすれば，それは社債権者にとって不都合であるのみならず，本来清算・解体する方が望ましい企業の非効率的な延命や事業リストラクチャリングの遅延，さらには社債による資金調達コストの一般的な上昇をも惹起しかねない。裁判外の倒産処理に社債権者を取り込むこと（あるいはこれを容易にすること）が手放しで喜ばしいかといえば，必ずしもそうではなく，それがもたらす弊害にも留意しなければならない。

第3項　検討を要する法的課題

　以上のように，裁判外の倒産処理に社債権者を取り込むことが全くできないのは不都合となりうるが，かといって無条件にこれを取り込むことが望ましいというわけでもない。制度設計として，社債権者が過大な譲歩を強いられるという事態を防ぎつつ，合理的な再交渉を可能にする枠組みが求められるのである。

　ここで立ち止まって考えるに，法的倒産手続外での社債リストラクチャリングに係る社債権者の意思決定のメカニズムとしては，さしあたり次の2つのバ

に検証することなくして賛成してしまうというシナリオもさほど突飛なものではないようにも思われる。

47)　藤田［1995］229頁（発行会社の危機が誇張され，倒産手続のコストの過大評価に基づくプランが付議された結果，社債権者全員が必要以上の譲歩に導かれる可能性を指摘する）参照。

48)　田頭［2005a］183頁。

49)　いうまでもなく，これは社債契約によってどのような権限を付与されるかに依存する。

リエーションを考えうるように思われる。第一は，社債権者の個別的な同意によるものである。これは，法的倒産手続外における私的整理において他の債権者が服するのと同様の意思決定メカニズムである。第二は，すべての社債権者を拘束する資本多数決によるものである。わが国の社債権者集会制度は，これに該当する。わが国の現行法上，社債権者集会の決議事項については第二のメカニズムが妥当し，決議事項以外については第一のメカニズムが妥当することとなる[50]。第一のものと比べると，第二のメカニズムの方が，すべての社債権者の意思決定を容易にすることができるので，法的倒産手続外における社債リストラクチャリングの実現が相対的に容易となる。換言すれば，第一のメカニズムは過小な社債リストラクチャリングに結び付きやすいのに対し，第二のメカニズムは過大な社債リストラクチャリングに結び付きやすいといえる。問題は，どのようにバランスをとるかである。

第3節　社債権者集会制度

　本節では，わが国の社債権者集会の制度を概観するとともに（第1款），従来の学説を，合理的なリストラクチャリングを実現し，不合理なリストラクチャリングを防止するという本書の関心に照らしてどのような議論が展開されてきたか，という観点から概観することにする（第2款）。

第1款　制度の概要

第1項　会社法の規律

1. 決議事項
　会社法は，社債権者集会の制度を設けて，社債権者による集団的な意思決定

---

50)　後述するとおり，現行法上，社債権者集会の決議事項に元利金減免が含まれるかどうかにつき議論があるが，仮にこれが含まれないとすると，元利金減免については第一のメカニズムを採用することになるし，含まれるとすると，第二のメカニズムを採用することになる，ということである。

（少数派を拘束する形での資本多数決による統一的な意思決定）を可能としている（会社法715条以下）。社債権者集会において決議しうる事項は，会社法に規定する事項，及び「社債権者の利害に関する事項」である（会社法716条）[51]。会社法では，「支払の猶予」，「債務の不履行から生じた責任の免除」及び「和解」（会社法706条1項1号）といった事項が決議事項として規定されている。

2. 決議手続

社債権者集会は，社債の「種類」ごとに招集される。これは，利害を共にする社債権者を括り出して決議単位とする制度設計である。社債権者集会における議決権は，社債の最低金額ごとに1個付与される（資本多数決）。現行法上，発行会社が保有する社債については議決権行使が禁止されているが（会社法723条2項），それ以外の利害関係人による議決権行使については，特に制限が設けられていない[52]。

社債権者集会では，株主総会と同様，普通決議と特別決議が区別される。会社法706条1項に掲げる行為をなすことは，社債権者の利益に重大な影響がある（判断を誤ると不利に働く）ため，常に社債権者集会の特別決議を要することとされている（会社法724条2項2号，706条1項）[53]。特別決議の成立には，議決権者の議決権総額の5分の1以上で，かつ出席した議決権者の議決権総額の3分の2以上の議決権を有する者の同意が必要とされる（会社法724条2項）。決議に係る定足数は定められていない[54]。

---

51) かつて，平成17年改正前担保付社債信託法においては，担保付社債について，信託契約で社債権者集会の決議事項を定めるものとされていたが（もっとも，平成5年改正以降は，信託契約において社債権の内容変更に関する事項を社債権者集会の決議事項として定めることはできない〔信託契約では担保の管理に関する事項だけを定めることができる〕と解されていた），現行法は，無担保社債・担保付社債の別を問わず，社債権者集会の決議事項を法律によって規定している。

52) かつては，株主総会及び社債権者集会の両方について，特別利害関係人の議決権行使を排除する規律が存在したが（昭和56年改正前商法339条，昭和56年改正前担保付社債信託法52条2項），昭和56年商法改正によって廃止された。その際，株主総会については，特別利害関係人の議決権行使による著しく不当な決議は取消訴訟の対象となるものと改正されたが，社債権者集会についてはかかる手当てはされなかった。それゆえ，社債権者集会については特別利害関係人の議決権行使に係る明文の規律が存在せず，後述する不認可事由の解釈に委ねられることとなった。

53) 江頭［1993］36～37頁参照。

3. 認可制度

わが国の社債権者集会制度の特徴のひとつは，社債権者集会決議について，決議に反対する者による異議申立てを前提とすることなく，常に裁判所の認可を要するとされていることである[55]。これは，決議審査のイニシアティブを当事者に委ねるのではなく，裁判所がいわば後見的に決議を監督するものであると説明されている[56]。

　裁判所は，法定の不認可事由（会社法 733 条）が認められる場合にのみ決議認可を拒絶することができるが[57]，その際の審査項目は，社債権者集会決議の手続面のみならず，実体面にまで及ぶ。まず，手続面に係る不認可事由として，①社債権者集会の招集手続又は決議方法が法令・社債募集要項等に違反する場合[58]，及び②決議が不正の方法によって成立した場合が規定されている。②としては，議決権の行使につき賄賂ないし買収が行われ，又は詐欺ないし強迫の結果として決議が成立したような場合がこれに該当するとされる[59]。

---

54)　平成 17 年改正前商法 324 条ただし書では，特別決議について定足数が設けられていた。しかしながら，社債がデフォルトに陥った場合における社債権者集会は，合理的無関心の問題が顕著に現れやすく，定足数を満たすことさえ困難を極めるとして，同改正に際して定足数の定めは廃止された。改正趣旨について，相澤 [2006] 179 頁〔相澤哲 = 葉玉匡美〕は，「社債がデフォルトに陥った場合，多くの社債権者が価値を大きく減じた社債について議決権を行使する興味を失い，社債権者集会の定足数を充たすことが困難となること」を考慮し，決議の成立可能性を高めるべく定足数要件を廃止したと説明する。他方，議決権総額の 5 分の 1 という要件は，「あまりに少数の議決権の同意により社債権者全体が大きな影響を受けうる決議が成立してしまうことのないようにするため」であるという。

55)　平成 5 年商法改正以前は，担保付社債に係る社債権者集会決議については決議の無効宣告制度が採用されていた。しかしながら，平成 5 年商法改正の際，当時無担保社債についてのみ採用されていた認可制度の方が投資家保護の見地において「優れている」と考えられたことから，同改正により，担保付社債についても認可制度が導入され，無効宣告の制度は廃止された（担保付社債・無担保社債の両方について，認可制度で統一された）という経緯がある（岡光 [1994] 364〜365 頁，上柳 = 鴻 = 竹内 [1996] 332〜333 頁〔田村諄之輔〕。なお，決議認可制度の方が無効宣告制度よりも優れているとの見解はかねてより有力であった。たとえば石井 [1949] 162 頁，鴻 [1958] 191 頁参照）。

56)　鴻 [1958] 188 頁参照。ヨリ最近の文献として，たとえば江頭 [2017] 827 頁は，「社債権者集会の決議は，支払の猶予・債権の一部放棄など社債権者に譲歩を強いる内容であることが多いので，裁判所の強い後見的機能が期待されている」と説明する。

57)　鴻 [1958] 188〜189 頁。規定された不認可事由が概括的・一般的であることから，実質的には裁判所にある程度の裁量の余地があると指摘される（藤田 [1995] 241 頁注 39）。

58)　具体的な類型については，江頭 [2010] 238〜239 頁〔丸山秀平〕，橋本 [2015] 359〜360 頁を参照。

　次に，実体面に係る不認可事由として，③決議が著しく不公正である場合，及び④決議が社債権者の一般の利益に反する場合が規定されている。③としては，社債の一部免除について少数社債権者に著しく不公平な免除割合を決めた場合のように，特別な理由なく社債権者間に不公平な結果をきたす決議をした場合がこれに該当するというのが通説的な説明である[60]。④については，すべての事情を実質的に考慮して社債権者の利益になるかどうかを裁判所が判断するものとされており[61]，具体的な類型として，伝統的に，発行会社に著しく不当な利益を与える決議をした場合[62]，社債の一部免除，償還期の繰延べ，利率の引下げが会社の更生に必要な限度以上に行われた場合[63]が挙げられてきた。また，近時では，清算価値を下回る金額まで社債権を放棄する場合を挙げるものが散見される[64]。

第 2 項　特別法の規律

　社債権者集会決議の認可制度については，比較的近時，「社債の元本減免を伴う事業再生の円滑化を図る」[65]という観点から，特別法による手当てがなされた。それは，株式会社地域経済活性化支援機構法（以下「機構法」という）34 条の 2 及び 34 条の 3，並びに産業競争力強化法（以下「産競法」という）56 条 1 項及び 57 条 1 項の各規定である。これらは，社債を発行している会社が，株式会社地域経済活性化支援機構（以下「REVIC」という）による再生支援手続，又は特定認証紛争解決事業者による特定認証紛争解決手続（以下「事業再生 ADR 手続」という）[66]の利用と並行して，社債権者集会により社債の元本減

59)　佐々木 [1939] 272 頁，大森＝矢沢 [1971] 381 頁〔豊崎光衛〕，上柳＝鴻＝竹内 [1988] 168 頁〔神田秀樹〕，江頭 [2010] 239 頁〔丸山秀平〕参照。

60)　佐々木 [1939] 272 頁，鴻 [1958] 188 頁，大森＝矢沢 [1971] 382 頁〔豊崎光衛〕，上柳＝鴻＝竹内 [1988] 168～169 頁〔神田秀樹〕，江頭 [2010] 239 頁〔丸山秀平〕。

61)　佐々木 [1939] 273 頁，大森＝矢沢 [1971] 382 頁〔豊崎光衛〕，上柳＝鴻＝竹内 [1988] 169 頁〔神田秀樹〕。

62)　上柳＝鴻＝竹内 [1988] 169 頁〔神田秀樹〕。もっとも，佐々木 [1939] 273 頁，大森＝矢沢 [1971] 381 頁〔豊崎光衛〕は，これを決議が「著しく不公正」なとき（3 号）に該当するものとしている。

63)　鴻 [1958] 188 頁，大森＝矢沢 [1971] 382 頁〔豊崎光衛〕。

64)　松下 [1999] 63 頁，江頭＝門口 [2008] 459 頁〔中井康之〕，江頭 [2010] 240 頁〔丸山秀平〕。

65)　高木＝尾坂＝石曾根＝小林 [2014] 23 頁。

免を決議するという局面を想定し，裁判所の認可判断に関する予見可能性を向上させるべく，一定の法的手当てを設けるものである[67]。

　概要を搔い摘んで説明すると，次のとおりである。以下，叙述の便宜上，もっぱら機構法に基づく REVIC の再生支援手続に係る規定だけを取り上げ，産競法に基づく事業再生 ADR 手続については参照条文を掲げるにとどめるが，基本的な建付けは同様である。

　REVIC による再生支援手続によって事業再生を図ろうとする発行会社は，REVIC に対し，社債権者集会の決議に基づき行う償還すべき社債の金額の減額（すなわち，社債の元本減免[68]）が，「当該減額が再生支援対象事業者の事業の再生に欠くことができないものとして主務大臣が定める基準」に該当するものであることの「確認」を求めることができる（機構法 34 条の 2 第 1 項。産競法 56 条 1 項も参照）。裁判所は，社債の元本減免の決議に係る認可の申立てが行われた場合には，「当該減額が当該再生支援対象事業者の事業の再生に欠くことができないものであることが確認されていること」を「考慮」[69]した上で，当該社債権者集会の決議が会社法 733 条 4 号に定める不認可事由に該当するかどうかを判断しなければならない（機構法 34 条の 3 第 1 項。産競法 57 条 1 項参照）。

　しかるに，「主務大臣が定める基準」は，「事業再生計画に記載された社債権者集会の決議に基づき行う償還すべき社債の金額についての減額が当該再生支援対象事業者の事業の再生に欠くことができないものであることを確認するための基準を定める件」（平成 25 年内閣府・総務省・財務省・経済産業省告示第 2 号）（以下「基準告示」という）において規定されている[70]。これによると，「主

---

66)　本書執筆現在，裁判外紛争解決手続の利用の促進に関する法律（ADR 法）及び産競法に基づく主務大臣の認証及び認定を受けた「特定認証紛争解決事業者」は，事業再生実務家協会（以下「JATP」という）のみである。

67)　産競法に関して高木＝尾坂＝石曾根＝小林 [2014] 23 頁，機構法に関して守屋＝國吉＝堀越 [2013] 46 頁をそれぞれ参照。

68)　以下の制度は，社債の元本減免を「和解」として社債権者集会で決議しうるとの解釈論を前提とするものである（尾坂＝阪口 [2013] 4〜5 頁，高木＝尾坂＝石曾根＝小林 [2014] 139 頁）。

69)　いわゆる「考慮規定」は，事業再生 ADR 手続中のいわゆるプレ DIP ファイナンスに関する産競法 58 条，59 条などに採用例がある。

務大臣が定める基準」とは，①当該減額の目的が，発行会社の「事業の再生の
ために合理的に必要となる」元本減額を行うためであること，及び②当該減額
が，「当該社債の社債権者にとって経済的合理性を有すると見込まれる」もの
であること（なお，減額後の償還金額が確認時点の清算価値を下回らないと見込ま
れることが明文で例示されている），の両方を満たすことであるとされている
（基準告示 1 項）。

　そして，REVIC は，これらの基準該当性を「確認」するに際しては，「事業
再生計画……における当該社債に係る債務以外の債務の免除の状況その他の事
情に鑑み，当該事業再生計画案における当該社債に係る債務以外の債務の取扱
いとの実質的な衡平についても十分に考慮する」ものとされている（基準告示
2 項）[71]。

　かなり複雑な建付けになっているが，要するに，少なくともこれらの手続と
並行して行われる場合には，社債権者集会決議において元本減免を決議しうる
という解釈を前提として，決議に係る裁判所の認可に先立って REVIC の「確
認」手続を履むことによって裁判所による認可判断の予見可能性を高めようと
する規定である。「確認」手続では，上記①及び②の基準該当性が審査される
ので，これらが決議認可においてもいわば間接的に「考慮」されることになる。
なお，再生支援手続や事業再生 ADR 手続に付随せずに行われる社債権者集会
決議や，元本減免以外の権利変更に係る社債権者集会決議については，これら
特別法の規定は適用されない。

第 2 款　沿革と学説の展開

　本款では，社債権者集会制度の沿革及び学説の展開を確認する。以下でみる
とおり，わが国では，社債権者集会制度に如何なる役割を期待するべきかに関

---

70)　産競法に基づく「確認」に係る「基準」は，「産業競争力強化法第 56 条第 1 項の経済産業省令・
　　内閣府令で定める基準を定める命令」（平成 26 年内閣府，経済産業省令第 1 号）に定められている。
71)　なお，REVIC は，個々の事業者の事業再生のみならず，それを通じた地域経済の活性化を図ること
　　を目的とするものであるから，個々の社債の元本減免が社債市場の動向等の経済活動に与える影響等
　　にも配慮しつつ，その必要性を判断することが期待されるとの指摘がある（守屋＝國吉＝堀越 [2013]
　　47 頁注 11）。

して，これまでに幾つかの考え方の変遷があったように見受けられる。これに
伴って，社債権者集会制度がもたらしうる弊害やこれに対する対処法について
の考え方についてもまた変遷がみられた。以下，合理的なリストラクチャリン
グの実現と，不合理なリストラクチャリングの防止を図るという本書の関心か
ら，これまでわが国で社債権者集会制度がどのように理解されてきたかを概観
することにしたい。

第 1 項　明治 38 年担保附社債信託法制定期

わが国に社債権者集会の制度が初めて導入されたのは，1905 年（明治 38 年）
の担保附社債信託法制定のときであった。当時の議論を参照すると，①社債権
者集会の制度趣旨が，少数派社債権者による専横に対する多数派社債権者の保
護にあったこと，そして，②少数派社債権者保護の仕組みとして決議事項の限
定という方法が採用されたことを看取することができる。以下，当時の主要な
議論を概観しておこう。

担保附社債信託法の制定過程における貴族院では，政府委員の平沼騏一郎が
概要次のように説明している。まず，①についていわく，担保受託会社が，自
分の権限に属しない事柄について執行することが必要となったとき，社債権者
全体の同意を得なければならないとなると到底身動きが取れない。総社債権者
の利益となることでも，その一部の社債権者の意見によって多数の者の利益が
害される結果となる。そこで，社債権者集会制度を設け，たとえ不同意の社債
権者があるとしても，その決議によってことを行うことができるという拘束を
設けたものである，と[72]。また，②の少数派社債権者の保護については，社
債権者集会の決議事項を，担保附社債信託法及び信託証書に定める事項に限定
し，少数派社債権者の不意打ちを防止することでこれを図っているとする[73]。

学説も，概ねこれと同様の説明をしている。池田寅次郎は，1909 年に出版
された体系書において，当時イングランド会社法の大家であった Palmer の議
論にもっぱら依拠しつつ，担保附社債信託法上の社債権者集会に関する叙述と

---

72)　1905 年（明治 38 年）2 月 2 日付貴族院担保附社債信託法案特別委員会議事速記録第一号 3 頁〔政
　　府委員平沼騏一郎発言〕。
73)　同 3 頁〔政府委員平沼騏一郎発言〕及び同 4 頁〔穂積八束質問に対する平沼騏一郎答弁〕参照。

して次のように述べている。いわく，①社債権者集会制度の趣旨は，「少数社
債権者ノ不当ノ行為ニ対シテ多数者ヲ保護シ以テ全員ノ一致ヲ得ヘカラサルカ
為メニ陥ルヘキ困厄ヲ救フニ在リ」。その具体例として，「社債償還ニ付キ期限
ノ猶予ヲ与フルコトノ却テ有利ナルコトアルヘク利率ノ割合高キニ失シ一時之
ヲ低減スルノ要アルヘク特別ノ事変ニ際シテハ延滞利息ヲ免除シ社債償却準備
積立金ノ積立ヲ停止シ或ハ従来ノ社債ニ代ヘテ株式ヲ取得シ又或ハ社債発行会
社カ新会社ニ業務ノ全体ヲ譲渡シタル場合ニ於テ従来ノ社債ニ代ヘテ新会社ノ
社債若クハ株式ヲ取得スルコトヲ承諾スルノ必要アルヘキカ如シ」とする[74]。
また，②については，少数者の意見に拘らず社債権者全体の権利に共通の変更
を加える権限を多数社債権者に付与するものであり，「多数者跋扈ノ弊害」や
少数者の「不慮ノ損失」がありうることから，その権限（決議事項）を限定す
るものであると説明している[75]。

　ここにみられるのは，発行会社の危機時期において，支払猶予や利息の免除，
さらには社債の株式化といった一定の権利変更措置を執ることが社債権者全体
の利益になるにも拘らず，少数派社債権者が不当にこれを妨害するために社債
権者全体が不利益を被るという不合理な事態を防ぐものとして社債権者集会制
度を位置付ける考え方である。これを換言すれば，社債権者集会制度は，発行
会社の財務危機における過小な社債リストラクチャリングの問題[76]を克服す
るための仕組みとして理解されていた，ということである。

　他方，過大な社債リストラクチャリングの危険性については，決議事項を限
定することによってこれに対処する，という考え方が採られている。これは，
客観的に決議事項を限定することによって，「多数者跋扈ノ弊害」による過大
な社債リストラクチャリングにより少数者が「不慮ノ損失」を被るおそれを低
減する，という考え方である。もっとも，ここで留意すべきは，社債権者集会
の決議事項として，担保附社債信託法に規定する法定決議事項のみならず，信

---

74)　池田［1909］25～26頁（旧漢字は新漢字に改めた。以下，旧字体の文献について同じ）。

75)　池田［1909］28頁，32頁。栗栖［1966］226頁も同旨。なお，当時，大口社債権者の議決権を制限
　　する規定も設けられており，これは強者の勢力を抑制し，少額社債権者の利益を保護するものと説明さ
　　れていた（池田［1909］37頁）。

76)　本章第2節第2款第2項1参照。

託証書に約定決議事項を定めることも認められていた，という点である。ここでは，社債権者集会の決議事項を強行法的に制限する必要があるとは必ずしも考えられておらず，むしろこれを法律又は契約によって予め明確にしておくことにこそ重要性が見出されていた，ということである。

第 2 項　昭和 13 年商法改正期

社債権者集会の制度は，1938 年（昭和 13 年）の商法改正によって無担保社債にも取り入れられた。同改正は，商法に社債権者集会の制度を導入するとともに，決議認可制度をも併せて導入したものであり，現在の社債権者集会制度の原型を作り上げたものであった。

1. 社債権者集会の制度趣旨

その制定過程において，社債権者集会の制度趣旨について，従来とはやや異質な要素を含む説明がみられるようになった。これを端的に示す初期段階の見解として，昭和 6 年商法改正要綱の起草者の 1 人であった松本烝治は，次のように述べる[77]。いわく，「社債権者集会が社債権者共同の利益を保護する為めに必要なるは言を俟たない。例へば会社が抽籤に依つて毎年一定額の償還を為す義務あるに拘はらず，之を怠つて抽籤を為さざりし場合に於て，各個の社債権者は之を如何ともすること能はずして終つた実例があるが……此場合に社債権者集会の制度があつたならば，適当の救済を求め得たことは疑のない所である」。また，「他の一方より観れば，社債権者集会あるときは会社も亦確乎たる交渉の相手方を得て，少なからざる便益を享くるのである。例へば会社の資本減少，合併等の場合に於て，一枚の少額社債の所持人が異議を申出て当局者を迷惑せしめたるが如き実例も亦少なくないが，社債権者集会をして共同的権利行使を為さしむる規定があつたならば，個々の社債権者の権利濫用を防止し得るのである」。

ここにみられるのは，社債権者集会を，①発行会社の不履行に対する社債権者の団体的な対抗手段の仕組みとして捉えるとともに[78]，②少数派社債権者

---

77)　松本 [1931] 141～142 頁。
78)　このような考え方は次のような説明の中にも見出される。「もし社債権者が，1 人 1 人孤立しているな

を拘束するという側面を，発行会社にとっての便宜（確乎たる交渉相手の確保）
として位置付け直す見方である。なお，松本の説明では資本減少や合併等の場
合が挙げられるのみだが，財務危機における無担保社債権者の資本多数決の必
要性もまた当時認識されていた[79]。社債権者集会に関するこのような二元的
理解は，比較的近時までわが国の通説を形成してきた[80]。

2. 認可制度の導入

前述のとおり，昭和13年商法改正では社債権者集会決議の認可制度が導入
された。もともと，昭和6年商法改正要綱の段階では，認可制度は構想されて
おらず，むしろ担保附社債信託法と同様の決議無効訴訟の規定を設けることが
示唆されていたが[81]，昭和11年商法改正案の段階では，現行法と同様の決議

らば，その1人の有する社債額は，極めて僅少であり，それで訴訟によって受ける費用と危険とに比較
して，彼が有する利益が少ないために，単独では訴訟を敢て意図しようとしない」（菅原 [1955b] 84頁）。
昭和13年商法改正過程における政府委員の説明（1937年3月29日付商法中改正法律案委員会議録
第9回17頁〔政府委員大森洪太〕）も同旨。これらは，社債権者の合理的無関心の問題を指摘するも
のといえよう。

79) 発行会社の事業に見込みがあり，かつ担保権者その他の優先権者の協力を得ることができるという
場合には，直ちに財産を処分して僅少な弁済を受けるよりも，会社の整理をなしつつ営業を継続せしめ，
徐々に元利金の回収を図る（つまり，財務リストラクチャリングによって継続企業価値を維持する）方が
有利となるのに，社債権者の全員から整理案に対する同意を得ることは事実上困難であり，結局和議
の手続によらざるを得ないことが問題として指摘されていた（栗栖 [1928] 28～37頁）。田中 [1939] 680
頁も，社債権者の全員一致によらずして償還期限の延期，利率の引下げ等により破産の危機を脱するこ
とを可能にすることは，会社自身のために便利かつ有益であると指摘する。そのほか，佐々木 [1939]
226～227頁（支払猶予や一部免除の局面において，徒に強硬な態度を有する少数者によって債務整理
が困難となる弊害を指摘），山本 [1959] 1630～1631頁，栗栖 [1967] 244～245頁，255～256頁，259
～260頁も参照。

80) たとえば，上柳＝鴻＝竹内 [1988] 146頁〔江頭憲治郎〕は社債権者集会制度の趣旨を次のように
説明する。いわく，社債権者は互いに利害の共通性があり，発行会社との関係で経済的弱者の地位に
あるから，団体的行動をとることがその利益保護に有利である。他方，発行会社としても，たとえば社
債元利金の支払猶予の協定を求めようとする場合，総社債権者の同意を要することなく意思決定がなさ
れれば，少数の社債権者の反対によって合理的な支払猶予の協定締結が不可能になる事態を回避する
ことができ便宜である，と。同様の説明は，鈴木 [1936] 13頁，張 [1940] 2～3頁，石井 [1949] 143
頁，菅原 [1955b] 83～85頁，95頁，鴻 [1958] 168～169頁，山本 [1959] 1622頁，1630～1631頁，鈴
木＝竹内 [1994] 466頁，473頁，前田 [2009] 666頁等にみられる。

81) 昭和6年商法改正要綱第148三を参照。

認可制度が提案された。その間の経緯は必ずしも明らかでないが，決議無効訴訟による場合に誰を被告とすべきかなどの疑問に端を発し，諸々研究の結果，決議の効力発生の段階における認可主義を適当と認めたものであり，立案に際して，強制和議及び和議の認可に関する破産法及び和議法の規定に倣い，またスイス 1928 年債務法改正草案 1124 条[82]をも参酌したものである，と説明されている[83]。これにより，総社債権者の不利益に帰する内容不当なる決議の効力発生を阻止するとともに，決議の手続違反について後日争いの生ずることを防止することができるとされる[84]。

　認可制度については，改正後早い段階から，裁判所の後見的作用に期待する趣旨の規律であるとの理解が提示されていた。たとえば，石井照久は，1939年に公刊された体系書において，認可制度について，「社債の公衆性」に鑑みて，社債権者の権利内容に直接重大な関係を及ぼす事項につき多数決を採用することに関し生じうる弊害に備え，裁判所の後見的作用を期待したものであると説明している。ここで，ありうる弊害としては，多数者が発行会社と通じて不正なことを定める危険のほか，「多数者の決定も素人として必ずしも適当と限ら」ない，という点が挙げられている[85]。前述のとおり，不認可要件のひとつである「決議が社債権者の一般の利益に反する場合」を判断するにあたって，裁判所は，すべての事情を実質的に考慮して当該決議が社債権者の利益になるかどうかを判断するものとされており，たとえば社債の権利縮減が会社の更生に必要な限度以上に行われた場合がこれにあたると説かれてきたが，これは，社債権者の資本多数決では必ずしも合理的な内容の決議がなされるとは限らないことから，裁判所が後見的に決議内容の合理性を審査するものと解するものであったと思われる。

---

82)　1936 年債務法 1177 条, 1949 年債務法 1176 条, 1177 条に相当する。第 4 章にて後述する。

83)　鈴木 [1936] 14 頁, 横田 [1937] 36〜37 頁, 田中 [1939] 687〜688 頁, 佐々木 [1939] 270〜271 頁, 張 [1940] 22〜24 頁, 石井 [1949] 160 頁, 鴻 [1958] 194 頁注 9 等参照。

84)　佐々木 [1939] 270 頁。同旨を述べる学説として, たとえば鴻 [1958] 191 頁参照。

85)　石井 [1939] 136 頁。張 [1940] 22〜23 頁, 石井 [1949] 159〜160 頁, 山本 [1959] 1648〜1649 頁も同旨。

3. 議論の特徴とその時代背景

　以上にみてきたような昭和 13 年商法改正前後における学説や立法の議論は，社債の公衆性，すなわち社債権者の「一般公衆」[86]あるいは「素人」[87]たる地位に着眼し，その要保護性を強調する点に特徴を見出しうるように思われる。そして，このような社債権者のイメージが，社債権者集会を団体的行動の手段として捉え，決議認可制度を裁判所による後見的作用として捉える伝統的通説の形成に寄与してきたものと見受けられる。

　ここで，そもそもなぜかような社債権者のイメージが形成され，その要保護性が強調されるようになったのかに関心が向く。ここには，1920 年代に発生したいわゆる社債不払問題の影響が窺われる。当時の状況を簡単に振り返っておこう。

　わが国での社債市場は，古くは 19 世紀後半に産声を上げたが，1914 年（大正 3 年）に開戦した第 1 次世界大戦期以降のいわゆる大戦ブーム期に入って，本格的に拡大する[88]。この時期の発行市場は，完全な自由市場の時代であり，著しく低利かつ長期間での起債が可能だったことから，社債の市場規模が画期的に拡大した[89]。流通市場も活況を呈し，社債の個人消化も相当行われたようである[90]。個人投資家が取得した社債の中には，無担保社債も少なくなかった[91]。

　しかし，1920 年（大正 9 年）に勃発した戦後反動恐慌と大正不況，1927 年（昭和 2 年）の金融恐慌，そして 1929 年（昭和 4 年）の昭和恐慌という波乱の過程で，償還不能・利払不能のデフォルト事例が多数発生した（社債不払問題）[92]。個人投資家の利益が害される事例が多発し，「社債権者は相合して団体

---

86)　田中 [1939] 679 頁，鴻 [1958] 86〜87 頁。

87)　石井 [1939] 136 頁，山本 [1959] 1648 頁。

88)　鴻 [1958] 69 頁，松尾 [1999] 26〜31 頁，中東 = 松井 [2010] 559 頁〔久保田安彦〕。

89)　鴻 [1958] 69 頁。

90)　鴻 [1958] 69 頁。

91)　1920 年代〜1930 年代の概況につき，石井 = 原 = 武田 [2002] 154〜156 頁〔橘川武郎〕参照。こうした傾向の背景として，当時，担保付社債は信用力の低い会社が発行するものであり，無担保社債の方がむしろ信用力が高く安心できるとの通念が形成されていたことが指摘されている。松尾 [1999] 61 頁。

的行動を執ることを得なかつた為め，仮令会社が利息の支払を怠つたとき又は定期に一部償還を成すべき場合に其の償還を怠つたときも，各個社債権者の地位は極めて不利なるを免れなかつた」[93]，「各社債権者は思ひ思ひに発行会社に掛合ふ外なく社債権者の救済は甚だ不十分であつた。泣寝入りとなる場合も多かつた」[94]という状況であった。

　こうした事態を受けて，社債権者保護を強化する必要性が学説・実務において強く認識されるようになる。実務の動きとして，1930 年代，業界の自主規制としていわゆる社債浄化運動が展開された。これは，日本興業銀行の主導のもと，社債発行市場における信用秩序の回復を目的として[95]，1933 年（昭和 8 年），金融機関の間で成立した申合せであり，いわゆる有担保原則[96]と定時分割償還制度（減債基金制度）[97]を中心とするものであった[98]。こうして，デフォルトによる社債権者の実損リスクのある社債は，市場から事実上排除された。

　他方，社債権者保護の機運は，法改正のレベルでも高まった。その理論的基礎を提供したと目されるのが，田中耕太郎による「社債の法律的特異性」であった[99]。田中は，社債権者間に見出される利害共通性のゆえに，「恰も企業家たる雇主に対して経済的に弱者の地位に在る労働者が団結して之に対抗し自己の利益を擁護するが如く，会社に対し弱者の地位に在る社債権者と雖も団結

---

92)　鴻［1958］69 頁，松尾［1999］31 頁，中東 = 松井［2010］559 頁〔久保田安彦〕。

93)　鈴木［1936］12 頁。

94)　栗栖［1967］392 頁。

95)　社債発行市場の信用回復という目的は，銀行を中心とした金融秩序の回復あるいは確立と表裏一体であり（岡東 = 松尾［2003］130 頁〔本田圭介〕），銀行は，社債浄化運動の背後において，引受業務のシェアを拡大し，引受における主導的地位を確固としたものにしようとしたとも指摘されている（松尾［1999］36 頁）。

96)　社債はすべて担保付を原則とする旨の社債発行における自主規制である。社債浄化運動による有担保原則の採用と，同じく 1933 年（昭和 8 年）に担保附社債信託法改正によって導入されたいわゆるオープン・エンド・モーゲージ制（担保付社債の分割発行を認めるもの）とが相まって，昭和初期以降，無担保社債は減少し，金融債を除いて担保附社債信託法に基づく担保付社債が主流となった（鴻［1958］69～70 頁等参照）。

97)　一定の据置期間経過後，通常は半期ごとに発行金額の数％を償還するという方式であり，そのために減債基金を積み立てることが要求された。

98)　時代背景も含め，詳細は栗栖［1967］402～404 頁を参照。

99)　田中［1955］〔初出は 1929 年〕。

して之れに対抗する必要が存する」[100]として，社債権者の「団体」を構想することの必要性を力説した。1938年の商法改正における上記の議論には，かかる見解の影響を看取しうるように思われる。

4. 若干の検討

このように，昭和13年商法改正は，社債不払問題に端を発する社債権者保護の機運の中で成立したものであり，その後の学説においても，社債権者の団体的行動や後見的保護の必要性が強調されることとなった。かかる議論の底流をなすのは，社債不払問題という苦い経験を経て形成された，社債権者を「経済的弱者」として捉える考え方である。

かかる観点から，社債権者集会は，社債権者の団体的行動の仕組みとしての性格を付与される。これは，社債権者集会制度をもっぱら少数派社債権者の専横を防止するという観点から説明していた従来の見方[101]とは，かなり異質な発想を持ち込むものであったといえよう。もちろん，財務危機における少数派社債権者の専横を排除するという従来の見方が捨て去られたわけではないが，社債権者集会制度の意義はそれに尽きないものとして再定位されたのである。

このような発想の転換は，社債権者集会の決議事項を限定する法の建付けについての説明にも表れているように見受けられる。従来，決議事項を限定することの意義は，多数派跋扈の弊害を防止するという点に求められていたが[102]，昭和13年商法改正以降，次のような説明が広く受け入れられるようになる。すなわち，「社債権者集会は，本来個々の社債権者の力では，行ない得ず，または行ない難い事項を集団的な力をもって行なわせようとするための技術であるから，……社債権者が自己の社債に関する利益につきこの目的に到達するために必要な限度で決議する権限を認める必要があり，かつそれで足りる」という[103]。ここにおいて，決議事項の広狭の問題と少数派社債権者保護の問題

---

100)　田中 [1955] 353頁。

101)　本款第1項参照。

102)　本款第1項参照。なお，石井 [1949] 158頁，鴻 [1958] 174〜175頁においても，社債権者集会の決議事項が法律上限定されていることの理由として，多数決の行き過ぎに対して個々の社債権者を保護する必要があることが挙げられている。

103)　大森＝矢沢 [1971] 360〜361頁〔山本桂一〕，上柳＝鴻＝竹内 [1988] 151頁〔前田庸〕。

（ひいては過大な社債リストラクチャリングの問題）とが切り離され[104]，後者については，もっぱら裁判所による認可制度によって対処されるべきものとして整理されることとなる[105]。

　しかるに認可制度についていえば，多数決の濫用のみならず，「素人」たる多数派社債権者の判断が必ずしも適当とは限らないという観点から，すべての事情を実質的に考慮して当該決議が社債権者の利益になるかどうかを判断すること――後見的作用――が裁判所の役割として期待されることとなった[106]。つまり，過大な社債リストラクチャリングの危険性については，個別具体的な事案における裁判所の裁量的・後見的な保護によって対処することとされたわけである。

　もっとも，その後のわが国の社債市場は，発行会社の信用リスクを社債権者に負わせない形で運用されていく。まず，社債浄化運動を契機としてもたらされた事実上ないし慣行上の社債市場規制によって，デフォルトの危険のある社債が事実上市場から排除され，社債のデフォルトという事態が現実的に殆ど問題とならなかった。また，戦後から1980年代中頃まで，社債が万が一デフォルトした場合にも，募集受託銀行が未償還社債を額面ですべて買い取ることが慣行となっており（いわゆる一括額面買取り）[107]，投資家に損失を及ぼさない運

---

104)　このような見方は，鴻[1958]177頁注1における，「無担保社債の場合には……決議の内容の不当・不公正は裁判所が認可をなすに当って考慮することができるわけであって，決議事項を限定する必要は担保附社債の場合ほど大きくはない」との記述にその萌芽を見出すことができる。

105)　近時において，認可制度の存在を理由として決議事項を限定する必要性を否定する議論を展開するものとして，たとえば橋本[2015]328頁を参照。他方，社債権者保護の観点から決議事項の広狭を論じるべきであると主張するものとして今井[2013]31頁参照。

106)　本項2参照。

107)　1950年頃から1985年頃まで，殆どすべての社債デフォルトにおいて社債受託銀行の一括買取りによる処理が行われたとも報告されている（大杉ほか[2002a]9頁〔松尾順介発言〕）。松尾順介によれば，一括額面買取りの慣行は，社債発行がメインバンクを中心とする間接金融システムを補完するために活用されていた時代（戦後，1960年代前半頃までの時期）に形成され，定着した。当時，人為的低金利政策により，社債は魅力的な投資商品ではなかったが，メインバンクが取引先企業の資金需要に対して融資で対応できない場合に，当該企業に社債を発行させ，その一部を他の金融機関に引き受けてもらうという形で，間接金融を補完する仕組みとして社債を活用していたという。この時期に一括額面買取りの慣行が定着し，その後，1960年代後半以降になって，社債が直接金融の手段として活用されるようになって以降も，一括額面買取慣行が継続したようである。その背後には，社債権者が多数存在す

用となっていた。

　こうして，発行会社の財務危機における社債リストラクチャリングが現実的な問題として顕在化しない（したがって，社債権者集会制度が威力を発揮する機会がない）状況が継続したため，昭和13年商法改正以降，社債権者集会制度の建付け，さらには決議認可制度のあり方について，財務リストラクチャリングの局面を想定した批判的検討が加えられる機会が殆どないままに半世紀が経過した。

第3項　1990年代　社債市場の転換期

1. 社債市場の変容

　本款第2項4に述べた状況は，1990年代に大きな転機を迎える。社債浄化運動によって導入された有担保原則は1970年代に廃止され，戦後導入された適債基準や財務制限条項規制も1990年代に緩和・撤廃される。さらに，社債デフォルト時の募集受託銀行による一括額面買取りも1990年代にはみられなくなった[108]。募集受託銀行による社債の一括額面買取りは，機能的にみれば，社債権者を1人にすることによって事実上社債権者集会の開催を回避する仕組みであったといいうるところ[109]，この慣行の崩壊によって，発行会社の危機時期において多数の社債権者による意思決定の問題と正面から向き合わなければならなくなった。

　かかる状況下において，社債権者集会を利用した社債のデフォルト処理という事態が，実に半世紀ぶりに，無視することのできない現実的な懸念事項として浮上したのである。ここにおいて，法的倒産手続の内外における社債リストラクチャリングに対する実務的・理論的な関心が高まることとなる。

るてとによるデフォルト処理の混乱を回避するという技術的・実務的な配慮があった可能性が指摘されている。以上につき詳細は大杉ほか［2002a］9〜13頁〔松尾順介発言〕を参照。

108)　歴史的事実としては，一括額面買取りが行われた最後の事例は，1985年の三光汽船の事案であったといわれている。松尾［1999］103〜104頁は，その背景として，社債権者の裾野が機関投資家や個人にまで広がり協調融資たる性質が希薄化したこと，長引く不良債権問題等により社債管理会社たる銀行の体力が低下したことなどを挙げる。

109)　本章注107)参照。

2.　学説の展開

　1990 年代には，社債権者集会制度に対する学説の理解に一定の展開がみられる。ここで注目すべきは，発行会社の財務危機における社債リストラクチャリングの仕組みとして社債権者集会制度を位置付け，その機能に即した議論が展開されるようになったという点である。

(1)　藤田友敬の議論

　その嚆矢となったのが，藤田友敬の 1995 年の論攷である。藤田は，発行会社の財務危機における社債の権利変更（元本・利息の削減，期限の猶予等）を念頭に置いて，社債権者集会制度を，反対社債権者を拘束して「ただ乗り」を防ぎ，合理的な社債リストラクチャリングを可能にするための仕組みとして位置付ける[110]。

　なお，やや細かい点であるが，この説明は，「ある一人の社債権者の反対によって適当な協定をなすことが不可能になるといった困難を回避することができ」る[111]，といった伝統的な説明と若干異なる局面を想定しているように思われる。すなわち，伝統的な説明は，すべての社債権者から同意を得る必要があるという局面[112]を問題としていたと思われるのに対し，藤田の議論は，交換募集等によって個々の社債権者から個別に権利変更の同意を得ることができること（それによって一定の財務的負担の軽減を実現しうること）を前提として，それでもなお個々の社債権者の戦略的行動によって協調の実現が困難となる，という局面を問題とするものである[113]。藤田の同論攷以降の学説には，社債

---

110)　藤田 [1995] 219〜221 頁。ただ乗りについては，本章第 2 節第 2 款第 2 項 1 を参照。なお，ここで「合理的」とは，社債権者が足並みを揃えて権利放棄する方が，権利放棄せず発行会社を直ちに倒産させる場合と比べて，社債権者の期待回収額が多くなる（その意味において社債権者の利益になる）という意味である。なぜ社債の期待回収額が増えるかといえば，倒産手続に伴う諸々のコストを回避することができるからである。この定義では，権利変更しないままの状態よりも権利変更に応じる方が社債権者の状態が改善するという場合に，その権利変更は「合理的」なリストラクチャリングであると評価される。

111)　鴻 [1958] 168〜169 頁。

112)　必ずしも明らかでないが，社債要項それ自体を変更するという局面がこれに該当しよう。たとえば，社債要項上のコベナンツを変更・緩和するという場合，社債権者全員から同意を得ないとその目的は達成しえない。

113)　この意味で，フリーライド防止という観点の説明が妥当しうる範囲は，社債権者集会制度が担いうる範囲全体よりも若干狭いことに注意が必要である。前述のとおり，コベナンツ変更はすべての社債権

権者集会の制度趣旨について，ただ乗り（フリーライド）防止の観点から説明するものが少なくない[114]。

さて，その上で，藤田は，裁判所による決議認可制度のあり方について重要な問題を提起する。前述したとおり，社債権者集会決議について，裁判所が常にその手続・内容を審査するという現行法の建付けは，社債権者に対する後見的保護の必要性によって説明されてきたのだが，藤田は次のような疑問を呈する[115]。まず，そもそもなぜ社債権者について合理的判断能力に欠けるという前提が妥当するのか，必ずしも明らかでない。また，仮に社債権者の判断能力に問題があるとしても，そのことは直ちに裁判所の方が判断能力に優れていることを意味しない。社債権の内容変更の是非に関する実体的判断には，現在の企業価値，倒産手続における社債権の価値，当該措置によって倒産が回避できる可能性等の評価が含まれるが，このような事項を裁判所が的確に判断できるか疑問である。現行法の建付けでは，社債権者がリスクを覚悟である計画を採択したのに裁判所が慎重に待ったをかけるということが論理的にはありうるが，これは何ら正当性のある介入ではない。

これは重要な理論的問題を提起するものである。従来の議論は，社債権者が必ずしも合理的な判断をなしえないこと——「一般公衆」ないし「素人」であること——を前提として，裁判所が後見的に決議内容を審査するという建付けを当然のものとして受け止めていた。社債権者に過大な譲歩を求める決議が実現する危険性は，裁判所のアドホックな後見的・監督的作用によって適切に制御されるであろうと期待されていたわけである。これに対し，藤田は，①そもそも社債権者よりも裁判所の方が適切な判断をなしうるとの前提は自明でないこと，②社債権者自身が一定のリスクをとることに対して裁判所が後見的に介入することは当然には正当化されないことを指摘する。ここにおいて，社債権

者が同意しなければその目的を達成しえない場合もありうることが想定されるのであり，社債権者の大多数が交換募集に応ずればその目的を達成できる元利金減免とは状況が異なる。こうした相違を社債条件の「分離可能性（severability）」の問題として論じたものとして，Kahan［2002］pp. 1055-1056 参照。

114）　大杉ほか［2002b］32～33頁〔神作裕之発言〕，高橋ほか［2016］331頁〔久保田安彦〕，田中［2016］538～539頁等。
115）　藤田［1995］239～240頁。

者集会決議による社債リストラクチャリングの局面でそもそも裁判所に如何なる役割を期待すべきかが制度設計上の問題として浮かび上がるわけである。

(2)　松下淳一の議論

以上のような藤田の議論に対して，松下淳一は次のような対案を提示している[116]。すなわち，平成 17 年改正前商法 326 条 4 号（会社法 733 条 4 号に相当する）の解釈として，裁判所が決議内容の適切性を判断する必要があると解する必然性はなく，むしろ，「和議法 51 条 4 号および 18 条 5 号における同種の文言と同じく，仮定的な破産配当よりも債権者への分配が多いことと解すれば，これについての審査は高度な投資判断というよりむしろ最低限の清算価値の保障があるかどうかの判断であり，裁判所に難きを強いるものではない」[117]，という。

これは，決議認可手続における裁判所の役割を清算価値保障という最低限のもの[118]に限定することによって，藤田が提示した各種の疑問を躱そうとするものである。ここで指摘されるべきは，松下の議論の前提には，清算価値さえ保障すれば社債権者保護として十分である，——換言すれば，すべての事情を実質的に考慮して社債権者の利益になるかどうかを裁判所が判断する必要はない，——という実質的な価値判断がある，ということである。ここには，社債権者の資本多数決による自律的判断をもって基本的にはその保護は足りており，

---

116)　なお，ここで取り上げる松下の議論は，直接的には，発行会社の会社更生手続における更生計画への決議権行使について，社債権者集会決議によって社債管理者（当時は社債管理会社）に授権し，個々の社債権者による議決権行使を排除することの当否について述べられたものであり，社債権者集会決議によって社債リストラクチャリングを実現するという本文記載の議論とは文脈を異にする。しかしながら，本文に述べた藤田の議論への応答という点において一般性を有する言説であるから，ここで取り上げることにした。

117)　松下 [1999] 63 頁。和議法や民事再生法では，「債権者の一般の利益」という概念は，基本的に清算価値保障原則を意味するものと解されている（和議法について谷口 [1980] 352 頁，霜島 [1990] 536 頁，民事再生法について伊藤 [2014] 1015 頁，松下 [2014] 151 頁）。

118)　この点に関連する議論として，山本和彦は，多数決による権利変更を認める以上は，清算価値の保障が不可欠の要請であると主張している（山本 [2014] 24 頁参照）。これは，金融債権者だけを対象とする多数決による裁判外倒産処理の制度設計を論じた文献であり，社債権者集会に関する言説ではなく一般的に多数決による債権者の権利変更に関するものである。理論的には，再建型倒産手続は，債権者から強制執行，ひいては破産手続申立権を多数決で剥奪する以上，倒産手続における清算価値保障原則が憲法上の要請となるとの理解（山本 [2009b] 909 頁以下）から派生するものである。

ただ最低限の清算価値さえ保障されていない場合にのみ裁判所が決議内容に立ち入って審査すればよい，との理解を看取することができる。この意味において，松下の議論は，「素人」たる社債権者の判断に対する裁判所の後見的介入を要請する伝統的な理解との訣別を志向するものであったといえよう[119]。

(3) 田頭章一の議論

やや異なる観点からの分析として，田頭章一の議論がある。田頭は，「社債権者集会の決議による社債権の内容の変更が問題になる段階では，発行会社はすでに実質的には支払不能，または債務超過（少なくともそのおそれ）の状態にある」ので，社債権者集会決議による権利変更も，「発行会社の裁判外の倒産（再建）手続の一環として位置付ける必要」があり[120]，「（無担保）社債権者以外の一般債権者（金融機関，取引債権者等）の権利に手を付けずに社債権者の権利だけを制限できるかという問題」があると指摘する[121]。

かかる議論の根底にあるのは，法律上「同種・同一順位」の債権である社債権と取引債権等を区々に取り扱うことが，「倒産処理における基本原則である，債権者の平等の原則に反するのではないか，という疑問」である[122]。社債権者集会の制度を「一つの簡易な倒産処理制度としてみる場合……，社債権者のグループ内の問題として捉える従来の考え方からの脱皮が必要」であり，「多数決の利用に伴う少数債権者の保護のしくみも，債務者（発行会社）に対する債権者全体の取扱いのなかで構築されていかなければならない」[123]。

具体的には，会社法733条3号及び4号不認可事由の解釈として，「社債権者集会の決議の際に発行会社の再建計画全体の適切な開示を要求し，社債権者が発行会社の再建計画全体のなかでどのように扱われるかを知った上で社債権者集会での投票を行うという手続構造を整えることが考えられる」と提案する[124]。裁判所による認可決定についても，「再建計画全体をみなければ，裁判

---

119) 前述のとおり，会社法の解釈としてこれと同様の理解を示すものが近時散見される状況にある。本章注64）参照。

120) 田頭 [2005b] 222頁（初出は1996年）。

121) 田頭 [2005a] 183頁（初出は1996年）。

122) 田頭 [2005a] 183頁。

123) 田頭 [2005a] 184頁。

124) 田頭 [2005a] 184～185頁。

所としても集会決議の認否の判断……を適切に行うことはできない」と述べ,
不認可事由の解釈にあたっては,「少数社債権者保護の観点から, 可能な限り
和議法51条に関する判例・学説を参考にして認否の判断をすべき」であると
する[125]。

　以上に述べた田頭の議論は, 社債権者集会制度を利用した社債リストラクチ
ャリングを裁判外の倒産処理全体の中に位置付けた上で, 倒産処理における基
本原則である債権者平等の観点から一定の規律を及ぼすことを提唱する点にお
いて従来の議論と一線を画しており, 注目に値する。かかる観点から田頭が提
示する処方箋は, 裁判外の倒産処理全体における財務リストラクチャリング計
画を社債権者に開示することである。ここから, 田頭は, 社債権者の合理的判
断能力を疑問視しておらず, 適切な情報さえ開示されれば自ら合理的な判断を
なしうる主体であることを前提としているものと推測される[126]。

3.　若干の検討

(1)　1990年代の議論の意義

　本項で取り上げた議論は, 1930年代に形成された社債権者集会制度に関す
る伝統的理解とは異なる新たな視点を提供し, その大幅な見直しを迫ったもの
であったという点で, 大きな意義があったように思われる。主要な点を確認し
ておこう。まず, 社債権者集会制度それ自体に関して, 伝統的には, 団体的行
動という観点が前面に出されており, 社債リストラクチャリングの手段として
の性格付けは後背に退いていたが, 1990年代には, 社債市場の変容を受けて,
後者の観点が再認識され, 社債リストラクチャリングにおける個々の社債権者
のただ乗り防止という視点を導入することに成功した。第2章でアメリカ法の
実務を検討する中で詳しく論じるが, 交換募集によって社債リストラクチャリ
ングを試みる場合には, 社債権者のホールドアウト戦略(ただ乗り)が顕著な
問題となるところ, ホールドアウト戦略をとる者をも拘束する社債権者集会の

---

125)　田頭 [2005b] 222〜223頁。
126)　なお, 田頭は, 社債権者集会手続の適正な運営を図るために, 社債管理者が再建計画全体の内
　　容・実行可能性等の検討結果を報告し, 社債権者の権利変更が合理的であるかについて意見を述べる
　　べきであるとも指摘しており(田頭 [2005b] 222頁), 注目される。

制度は，かかる問題を克服するものとして機能しうるのである。換言すれば，ここでは，個々の社債権者の戦略的行動による過小な社債リストラクチャリングを防止する仕組みとして社債権者集会制度を位置付けうることとなる。

　他方，1990 年代は，決議認可制度についても従来とは異なる新たな視点を導入した。伝統的に，決議認可制度は，「素人」たる社債権者が必ずしも合理的に判断できないかもしれないという観点から，裁判所の後見的作用を期待するものとして位置付けられていた。もし社債リストラクチャリングの局面において裁判所にかかる作用を求めるとすれば，藤田友敬が指摘するように，現在の企業価値，倒産手続における社債権の価値，当該措置によって倒産が回避できる可能性等を裁判所が評価・判断しなければならないこととなろう。そして，こうした投資判断に属する事項について，なぜ利害関係人ではない裁判所が評価・判断することが正当化されるのか，疑問を呈しうるわけである[127]。不認可事由の解釈として裁判所の役割を最低限のものにとどめることを示唆する見解は，かかる疑問への応答であったと理解することができる。

　また，これとは異なる新たな視点として，田頭章一の問題提起も重要であった。そこで示されたのは，社債権者集会制度を裁判外の倒産処理の一環として位置付け，社債権者集会の決議内容の適正さは再建計画全体の中に位置付けて評価されるべきである，との見方であった。ここにおいて，社債権者集会制度につき，社債権者のグループ内の問題として捉える考え方から脱却するべきかどうかという問いが突き付けられたわけである。

(2)　1990 年代の議論が残した問題

　上記のとおり，1990 年代の議論は，伝統的な議論に対する新たな視点を提示するものであり，大きな意義があった。とりわけ，決議認可制度の建付けに対する疑問は，従来，裁判所のアドホックな後見的作用に委ねることによっていわばブラックボックス化されてきた社債権者保護の問題を改めて浮き彫りに

127）　この疑問は厳密には 2 つに分けて考えることができる。ひとつは，そもそも裁判所がこうした事項について適切に判断できるのかという疑問である。これは，裁判所の人的資質の問題のほか，認可手続における資料収集や判断手続といった問題とも関連する。もうひとつは，ヨリ本質的な疑問であるが，こうした事項については，本来，利害関係の本人が判断すべき事柄であって，第三者が本人に代わって（後見的に）判断すべき事柄ではないのではないか，という疑問である。裁判所の方がヨリ良く判断できるというのであれば，そもそもなぜ初めから社債権者の意思を問う必要があるのかが疑問となろう。

したように思われる。たとえば，前述のように，従来，社債権者保護は決議認可制度によって図られるという理解を前提として，決議事項の広狭を論じるにあたって社債権者保護の観点はさしたる意味を持たないとの議論が存在した。この背後には，たとえ決議事項を広く認めたとしても，社債権者にとって実質的に不利益となる決議は，裁判所のアドホックな不認可判断——すべての事情を実質的に考慮して，当該決議が社債権者の利益になるかどうかが判断される——によって排除されることになるので，社債権者保護の観点からは，法律上カテゴリカルに決議事項を限定する必要はない，という発想があったのではないかと思われる。しかし，もし裁判所にかような機能を期待できないとすればどうであろうか。また，仮に，裁判所が社債権者に判断代置するべきでないと解するならば，裁判所は，認可手続において，如何なる基準によって何を審査すべきなのであろうか。

　ここでは，法的倒産手続外での社債リストラクチャリングにおいて，社債権者が如何なる危険に直面しており，如何なる保護を必要とするのか，が問われなければならない。そして，裁判所が決議内容の観点から後見的・監督的に判断するという伝統的な理解を維持しないのであれば，——たとえば，松下淳一が論ずるように，上記不認可事由の解釈として，清算価値保障の限度でのみ裁判所が判断することとするのであれば，——従来必ずしも具体的に論じられてこなかった社債権者の要保護性の問題を正面から検討し，これに対する適切な法的規律を講じることが必要になるのではないかと思われる。

　この点に関して重要であると思われるのは，本章第 2 節第 2 款第 2 項 2 で言及した藤田友敬及び田頭章一の指摘である。そこでは，裁判外の倒産処理において，社債権者は，相対的に情報力や交渉力が弱く，過大なリストラクチャリングを強いられる危険性が示唆されていた。ここで浮上する次の問題は，果たして問題はこれに尽きているのか，また，こうした問題に対処するために，具体的に如何なる法的規律が適切か，というものである。藤田及び田頭の議論は，重要な問題を指摘するものであったが，その先にある問題について包括的な検討を加えるものではなかった。

第 4 項　2010 年代　近時の展開

　近時では，倒産処理における私的整理の重要性が大きくなる中，社債発行会

社についても，裁判外の倒産処理の一環として，社債権者に一定の負担を求める必要性が，実務において強く認識されるようになってきた。かかる文脈の中で，社債権者集会において社債の元利金減免を決議することの可否が具体的な論点として浮上することとなる。以下，詳述する。

1.　事業再生研究機構の立法試案

(1)　問題の顕在化——元利金減免の可否

ことの発端は，社債権者集会における決議事項に社債の元本減免が含まれるか否かに関する須藤英章の問題提起であった。そこでは，社債権者集会の決議事項に元本減免は含まれず，裁判外で社債の元本を減免するためには社債権者の個別的同意を必要とするとの立場が示された[128]。その理由として挙げられたのは，概ね次の３点である[129]。第一に，社債の元本・利息の免除を決議事項とする旨の規定が存在しない。「支払の猶予」や「責任の免除」は決議事項として列挙されているのに，それらよりも社債権者の権利侵害の度合いが大きい元利金の免除について何ら規定がないということは，これを決議事項としない趣旨であると解される。第二に，社債権者はたまたま同一条件で社債を購入した者に過ぎず，「集団性」はさほど強固ではない。多数決によって反対者を屈服させるような運命共同体的な密接な関係ではないといえる。そして第三に，裁判外の私的整理では，社債権者以外の債権者（事業再生 ADR においては金融債権者）であれば個別的な同意が必要なのに，社債権者だけが多数決で反対者をも拘束できるとするのは疑問である，という。

(2)　事業再生研究機構立法試案

これを受けて，事業再生研究機構[130]が開催したシンポジウムにおいて，社債権者集会の特別決議による社債の元利金減免を認める方向での立法試案（以

---

128)　須藤 [2010] 285 頁（ただし，東京地裁商事部に所属する裁判官から伝え聞いた見解であるとの注記がなされている）。

129)　須藤英章「おわりに」事業再生研究機構編『事業再生と社債』（商事法務，2012 年）229 頁，232 頁の整理による。

130)　倒産・事業再生分野の研究・意見交換の場として 2002 年に設立された任意団体であり，倒産・事業再生分野における研究会合や出版の業績は多数に上る。https://www.shojihomu.co.jp/web/jigyousaisei も参照。

下「事業再生研究機構立法試案」という）が提案された[131]。事業再生研究機構立法試案は，「制度化された私的整理」[132]に併せて社債リストラクチャリングを行うという局面を念頭に置いて提案されたものであり，社債権者集会決議による元利金減免を，いわば制度化された私的整理に付随する措置として位置付け，その限度でのみこれを可能とする提案であった（裏返せば，制度化された私的整理以外の場合には，社債権者集会決議による元利金減免を許さないものであった）。

　事業再生研究機構立法試案は，倒産法上の実体的要請である債権者平等原則に類似する基準を社債権者集会決議の認可要件に加えているという点で，従来の会社法の解釈論との対比において特徴的であった。事業再生研究機構立法試案の関係者の説明によれば，「事業再生の局面においては，社債の種類を超えて，また，社債であるか他の金融債権であるかを問わず，権利変更を受けるすべての債権者間の平等が問題となるので，権利変更の内容の合理性を担保するためには，別途，権利変更を受ける全債権者間の平等について定めた規定が必要である」，と説明されている[133]。ここには，「事業再生の局面」に通底する倒産法的な考慮を社債権者集会決議にも及ぼすべきであり，その手続として裁判所による認可決定が適当である，との考え方が看取される[134]。

---

131)　事業再生研究機構立法試案の内容及び詳細については，井出［2011］14 頁以下及び井出［2012］200 頁以下を参照。事業再生研究機構立法試案に関する議論として，松下［2011］，松下［2012］，岩間［2012］も参照。

132)　事業再生 ADR 手続を利用したもののほか，私的整理ガイドラインに依拠した事業再生や，中小企業再生支援協議会（中小企業庁の管轄のもと，産業競争力強化法に基づいて各都道府県に設置される公的機関），整理回収機構（いわゆる RCC）又は企業再生支援機構（いわゆる ETIC。現在は地域経済活性化支援機構〔REVIC〕に改組されている）による事業再生等も含むものとされる。井出［2012］204 頁参照。

133)　井出［2012］204〜205 頁。同様に，松下［2012］217 頁は，「債権者平等原則・清算価値保障原則の遵守については，私的整理に全てを委ねることはできず，多数決における少数派債権者の保護のための最後の砦として裁判所によるチェックが必要である」とする。

134)　ただし，注意を要するのは，ここで問題とされているのが，一般的な意味での債権者平等ではなく，あくまで「権利変更を受けるすべての債権者間の平等」である，ということである。ここでは，裁判外での財務リストラクチャリングにおいては，主として金融機関等の金融債権者のみを対象とし，商取引先債権者を除外するのが通例であることが前提とされている。つまり，ここでいう債権者平等原則とは，法的倒産手続内における本来的な意味でのそれではなく，あくまで制度化された私的整理に参加する金融機関との処遇の平等に限定された意味でのそれである。

2. 事業再生関連手続研究会報告書

　さらに，2013 年 3 月，事業再生関連手続研究会（座長：山本和彦）[135]は，事業再生局面における社債の元本減免を認める方向での「中間とりまとめ」を公表した（以下「研究会報告書」という）[136]。研究会報告書は，事業再生 ADR 制度を利用した事業再生手続が行われている場合における社債権者集会決議による元本減免の可否及び手続を論じたものである。その概要を短くまとめると，次のとおりである。

　第一に，会社法の解釈として，法定決議事項の「和解」（会社法 706 条 1 項 1 号）には社債の元本減免が含まれるものと解する[137]。第二に，社債権者は，事業再生 ADR 制度の対象債権者に含めるのではなく，同制度による手続とは別立てで，社債権者集会手続による権利変更を行うものとする[138]。第三に，次の 3 つの要件が満たされている場合には，不認可事由の「社債権者の一般の利益に反するとき」（会社法 733 条 4 号）には該当しないと解する。すなわち，①社債の元本減免を含む債務者企業の事業再生計画について遂行可能性がある

---

135)　2012 年 5 月に経済産業省経済産業政策局産業再生課長の私的研究会として設置された研究会であり，事業再生に関する制度や実務に詳しい有識者，実務家等を委員とするものであると説明されている（事業再生関連手続研究会・後掲注 136) 3 頁）。

136)　事業再生関連手続研究会「事業再生関連手続研究会中間とりまとめ――事業再生局面における社債の元本減免について――」（経済産業省経済産業政策局産業再生課，2013 年 3 月）（http://www.meti.go.jp/committee/kenkyukai/sansei/jigyo_saisei/report_02.html で入手可能）。なお，研究会報告書の内容に関しては，尾坂＝阪口 [2013] も参照。

137)　事業再生関連手続研究会・前掲注 136) 8～9 頁。なお，「和解」に係る「互譲」について，発行会社は，事業再生計画案の履行について誠実に履行するべく努力することを約することになるので，元本減免の対象となる社債権者との間で互譲が成立している，と説明されている（同 9 頁，尾坂＝阪口 [2013] 5 頁，尾坂＝阪口＝柴田 [2014] 139 頁参照）。

138)　事業再生関連手続研究会・前掲注 136) 13 頁。この点に関して，そもそも事業再生 ADR 手続の開始時点で社債権者のすべてを把握できるわけではないこと（それゆえ，事業再生 ADR 手続申込みの直後に一時停止の通知を発出することが困難でありうること）に加え，社債権者の顔ぶれの多様性から，緊密なコミュニケーションを重ねながら全対象債権者の同意を得るという事業再生 ADR が想定する手続に馴染まず，金融機関の観点から合理的な条件であっても一律の条件で社債権者の全員から承諾を得ることは必ずしも期待できない，ということが指摘されている（鈴木 [2012] 112 頁，122 頁）。これは，発行会社の再建計画自体は，事業再生 ADR 手続の中で，いわば顔の見える緊密な交渉プロセスの中で実質的に策定し，その諾否に係る判断を社債権者集会に委ねる，という実務を想定するものである。

こと，②当該事業再生計画を遂行した結果として，元本減免の対象となる社債権者の回収見込み額が，破産手続における回収見込み額を上回ること（清算価値保障），及び③社債の元本減免の内容が，異なる種類の社債権者及び事業再生 ADR 制度の対象債権者と比べて実質的に衡平なものであること，である[139]。第四に，上記①及び②の要件については事業再生 ADR 手続を利用する場合には必ず充足されるが，③については，事業再生 ADR の手続実施者が事実関係を確認・調査する手続を設け，裁判所の認可・不認可の判断の予見可能性を担保する制度改善の方向性がありうる[140]。

3.　機構法・産競法

研究会の議論が実質的にまとまった頃，折しも内閣府で進められていた，従前の企業再生支援機構（ETIC）を地域経済活性化支援機構（REVIC）に改組する法改正に，研究会の議論に基づく規定を盛り込んだのが機構法 34 条の 2 及び 34 条の 3 であり（平成 25 年法律第 2 号），その後，研究会報告書完成後，経済産業省が所管する産競法制定の際に，いわゆる事業再生 ADR 手続の特則として，同様の規定を盛り込んだのが産競法 56 条 1 項及び 57 条 1 項であった（平成 25 年法律第 98 号）[141]。概要は前述したので，ここでは繰り返さない。

機構法の立案担当者によれば，REVIC による「確認」のための各要件，及び「確認」に際しての考慮事項である実質的衡平性に関しては，減額率等の形式的，画一的な基準で判断されるべきものでなく[142]，たとえば，貸付債権者である金融機関と一般の社債権者を比較すると，一般的には，①金融機関は，社債権者と比較して，債務者に係る情報収集力が高く，債務者の経営に対する関与の度合いも大きいこと，②金融機関が有する貸付債権は，一律に条件が定められる社債と比較して，条件設定の自由度が著しく高いこと[143]，といった

---

139)　事業再生関連手続研究会・前掲注 136) 11〜12 頁。これらの 3 要件が満たされていれば，会社法 733 条 4 号の不認可事由には基本的に該当しないと解するものと説明されている。なお，ここでも，債権者間の平等が，一般的な債権者平等ではなく，あくまで他の種類の社債権者及び事業再生 ADR 手続の対象債権者との平等とされていることに注意。

140)　事業再生関連手続研究会・前掲注 132) 13〜14 頁。

141)　尾坂 = 阪口 = 柴田 [2014] 140〜141 頁。

142)　この点については産競法の立案担当者による尾坂 = 阪口 = 柴田 [2014] 141 頁も参照。

事情が認められることも「十分考慮」した上で，両者の取扱いに「実質的な均衡」がとれているかどうかを判断することが求められる，とされている[144]。

ここに看取されるのは，社債権者の事実上及び法律上の地位が，貸付債権者のそれと比べて相対的に弱くなりやすいことを「十分考慮」すべきであり，かつ，その判断を中立的かつ専門的な第三者（REVIC）に委ねるべきである，という考え方である。ここで，社債権者の地位が相対的に弱くなりやすいことを「十分考慮」するという考え方は，他の金融債権者との比較において，社債権者を一定程度有利に取り扱う運用をも示唆するように思われる。実際のところ，これまでの会社更生法に基づく更生計画の実務においては，社債の「特殊性」を考慮して，社債権者を他の更生債権者と異なる扱い（弁済期又は弁済率のいずれかにおける有利な扱い）とする例が散見されたようである[145]。

4. 会社法改正論議

2017 年 4 月に設置された法制審議会会社法制（企業統治等関係）部会において，会社法改正のアジェンダとして，社債権者集会の決議事項に元利金減免を法文上明記するべきかどうかが議論されている[146]。これは，公益社団法人商事法務研究会が設置した会社法研究会により公表された「会社法研究会報告書」[147]の問題意識を引き継ぐものであるように思われるので，以下，同報告書

---

143)　このことの意味は必ずしも明らかでないが，社債権者と比べて金融機関は相対の交渉で貸出条件を決するので，コベナンツの設定や担保の徴求による保護措置を比較的容易に講ずることができるという趣旨であると思われる。

144)　守屋＝國吉＝堀越 [2013] 46〜47 頁。なお，民事再生法及び会社更生法に基づく再生計画ないし更生計画の権利変更条項に係る平等原則に関しても，「衡平を害さない場合」に「差」を設けることが明文で認められている（民事再生法 155 条 1 項ただし書，会社更生法 168 条 1 項ただし書）。ポイントは，再建型倒産手続における平等原則は，機械的平等を意味するものではなく，一定の幅を認めるものだということである。

145)　事業再生研究機構 [2004] 323 頁，松下淳一＝事業再生研究機構 [2014] 336 頁を参照。もっとも，その趣旨は必ずしも明らかでない。社債権者から更生計画案への同意を得やすくするように「色を付けた」という可能性もあるし，社債権者が金融機関等との関係で相対的に弱い地位にあることから衡平の原則に照らして有利に処遇しているという可能性もある。

146)　なお，本書の記述は，基本的に 2017 年 6 月時点までに入手しえた情報を基準とするが，法制審議会の部会資料については，同年 7 月に公表されたものをも参照している。

147)　会社法研究会「会社法研究会報告書」（公益社団法人商事法務研究会，2017 年 3 月 2 日）。

の内容から概観する。

会社法研究会報告書では，社債権者集会に関する改正提案として，「社債権者集会の特別決議により，社債の元本及び利息の全部又は一部の免除をすることができる旨の規定を設けることとしてはどうか」と提案されている[148]。かかる提案の理由として，現行法の解釈としては「和解」（会社法706条1項1号）として元利金減免を決議しうるとの解釈が有力であるものの，同研究会では，「和解」の要件である互譲があるといえるのかが明確でないとの意見があったため，これを提案するものであると説明されている[149]。

法制審議会会社法制（企業統治等関係）部会においても，「企業統治等に関する規律の見直しとして検討すべき事項」の第3として「社債の管理の在り方の見直し」が挙げられており，その中で，社債権者集会に関する規律の見直しとして，社債権者集会の特別決議により社債の債務の全部又は一部を免除することができる旨の規定を設けることが検討課題として挙げられている[150]。また，こうした規律に関連して，社債契約で元利金減免を決議事項とする旨を定めた場合に限ってこれを決議事項に含めるというオプトイン方式の可能性も付記されている[151]。

5. 若干の検討

以上のとおり，2010年代には，社債の元利金減免を社債権者集会で決議できるかという具体的な問題をめぐって議論が展開され，「和解」として元本減免を決議しうるとの解釈論とこれを前提とする特別立法へと結実した。これに加えて，現在，より一般的に，社債権者集会の決議事項に元利金減免を含める旨を会社法上明らかにすることが議論されている状況にある。これらは，社債権者集会で元利金減免を決議することの可否と是非，という問題を扱う一連の

148）　会社法研究会・前掲注147）32頁参照。
149）　同報告書に関しては，神作［2017］22〜24頁も参照。
150）　法制審議会会社法制（企業統治等関係）部会資料1「企業統治等に関する規律の見直しとして検討すべき事項」（2017年）5頁，法制審議会会社法制（企業統治等関係）部会資料5「社債の管理の在り方の見直しに関する論点の検討」（2017年）13頁参照。
151）　法制審議会会社法制（企業統治等関係）部会資料5「社債の管理の在り方の見直しに関する論点の検討」（2017年）13頁。

議論として捉えることができよう。

　こうした一連の議論をどのように評価すべきであろうか。これまでのところ，現行法の解釈論として社債権者集会の決議事項に元利金減免を含めることに疑問を呈する見解は散見されるものの，立法論としてこれに反対する見解は見当たらない[152]。しかしながら，従来の議論は，法的倒産手続を回避するという点において決議事項に元利金減免を含めることが望ましいとの価値判断を暗黙の前提としており，社債権者集会の決議事項を広げること（あるいは狭めること）の実質論的是非ないし功罪について，必ずしも十分に検討してこなかったのではなかろうか。

　この問題は，裁判所による決議認可制度の位置付けないし役割とも密接に関連する。従来，ややもすれば，裁判所の認可によって社債権者の保護は確保されるので，決議事項それ自体は制限しなくてもよい，という形で議論されることが少なくなかったように思われる[153]。これは，社債権者保護の機能を決議認可手続における裁判所の裁量的・後見的作用に期待する伝統的見解の枠組みと親和的な考え方であるといえよう。しかしながら，本款第 3 項で述べたとおり，認可手続における裁判所の役割については批判的な問題提起もなされてきたところであり，裁判所の「後見的作用」についても，その意味するところを改めて問い直すべきであるように思われる。ここでは，認可制度はそもそもどのように機能することが期待され，これとの見合いにおいて決議事項を限定することの意義はどこにあるのか，が改めて問われるべきではなかろうか。

　なお，以上の点に関連してここで指摘されるべきは，社債リストラクチャリングの法的規律を論じる中において，元利金減免は何ら特権的な地位を持つも

---

152)　なお，今井 [2013] は，会社法上の法定決議事項に元利金減免を含める解釈に対して，条文構造等の観点から詳細な反論を加えているが，立法論として元利金減免を決議事項に含めるべきかどうかについては立ち入った検討をしておらず，会社法に明確な規定があればこれを許容する趣旨であるように思われる（今井 [2013] 37〜39 頁参照）。

153)　たとえば江頭 [2012] 1 頁（「和解」として元利金減免を社債権者集会の決議事項に含める解釈論を述べた上で，「和解の条件が公正かの判断をするのが，裁判所による社債権者集会決議の認可である」と述べる），橋本 [2015] 328〜329 頁（決議の実質的内容が不当であることを不認可事由とし，不当性の認定を裁判所に委ねることによって裁判所に広範な後見的機能を付与していることに照らせば，社債の償還額の減額は少なくとも付議事項に含まれると考えるべき，とする）参照。

のではない，ということである。たとえば，社債の株式化（いわゆる DES）についても同様の問題は提起しうる。また，現行法上決議事項に含まれることに疑義のない元利金の支払猶予であっても，長期間にわたるものであれば元利金減免と同程度かそれ以上の不利益を社債権者に強いることになりうるのであって，同様の問題が伏在している。2010 年代の議論において，社債の元利金減免の可否が議論の対象となり，これに係る決議認可の要件について定める特別立法が制定されたのは，もっぱら決議事項に元利金減免が含まれるかが文言上必ずしも明らかでないという点に由来するのであって[154]，議論の本質としては，支払猶予等のリストラクチャリング措置と区別する理論的な理由は何ら存在しないのである[155]。そうすると，問題は，単に元利金減免を決議事項に含めることの是非という問題にとどまらず，現行制度のあり方それ自体をどのように評価すべきか，という問題にも連なることがわかる。

第3款　小括

社債権者集会制度は，その導入当初から，（法的倒産手続外での）社債リストラクチャリングが過小となるのを防ぐ仕組み——少数派社債権者の専横によって，多数派社債権者が合理的と判断するリストラクチャリングが妨げられるのを防ぐ仕組み——として位置付けられてきた。1930 年代以降，社債権者の団体的行動の仕組みとしての性格付けが強調されるようになったが，1990 年代以降は，再び，合理的な社債リストラクチャリングの実現を容易にする仕組みとして定位されているように見受けられる。そして，近時，現行法では，法的倒産手続外での社債リストラクチャリングを必ずしも十分に実現することができないという問題意識から，元利金減免を社債権者集会の決議事項として明記するべきか，という具体的な問題が論じられている。

しかしながら，前述のとおり，これまでのところ，社債権者集会の決議事項

---

154)　この点を指摘するものとして，神作 [2017] 22 頁参照。

155)　立法論として元利金減免を決議事項に含めることについて異論が見当たらないのは，このためかもしれない。既に支払猶予という形で社債権の大幅な縮減を決議することが可能だったのだから，元利金減免を決議事項から除外することの意味が実質的には乏しいという考え方である。

を広くすること（あるいは狭くすること）の功罪について，立法論をも視野に入れた実質的観点から議論が尽くされたとはいいがたい状況にある。とりわけ，法的倒産手続外での社債リストラクチャリングが過小になりやすいという問題については多くの指摘があるものの，これが過大となる危険性については，これまで必ずしも十分に議論が尽くされてこなかったように思われる[156]。

　その背後には，社債権者集会決議に係る認可制度の存在がある。伝統的に，認可手続において，裁判所は，すべての事情を実質的に考慮して当該決議が社債権者の利益になるかどうかを判断するものとされており，合理的判断能力を持たない社債権者のために後見的保護を与えるものと位置付けられてきた。このような制度的枠組みのもとにおいては，いきおい，決議事項を広く認めることによって生じうる社債権者保護の問題は，認可手続における裁判所の後見的作用に委ねれば足りる，という考え方になりやすかったように思われる[157]。しかしながら，決議認可制度に関して，裁判所にかかる裁量的・後見的な役割を求めることについては有力な批判が向けられており，また，認可手続においては清算価値保障といった最低限の保護さえ与えれば足りるとの見解も有力である。このように，決議認可制度の建付けそれ自体について複数の見方が提示されており，必ずしも統一的な解釈が定まっていないという状況下において，決議認可制度をいわばひとつの安全弁と見立てて決議事項を広く設計することがどれだけ正当化されるだろうか。

　以上に述べてきた問題は，相互に密接に関連している。重要なのは，法的倒産手続外での社債リストラクチャリングにどのような危険性があるのか，それに対してどのような法的規律をもって対処するのが望ましいのか，である。これらの問題を踏まえた上で，決議事項の広狭や決議認可手続のあり方といった具体的な問題を，相互に関連付けながら検討するべきであろう。

---

156)　この問題は，本来，決議事項として法律上明確に規定されている支払猶予についても同様に妥当するはずであるが，従来，過大なリストラクチャリングの危険性について具体的に検討されてこなかった。

157)　なお，このような仕組みにおいては，決議認可の予見可能性が損なわれることを免れない。本節第2款第4項3で取り上げた機構法は，かかる予見可能性の問題をREVICの「確認」によって克服しようとする試みであった。

第4節　本書の検討課題

第1項　本書の検討課題

　裁判外の倒産処理に社債権者を取り込むこと（法的倒産手続外での社債リストラクチャリング）には如何なる構造的な問題があるのか。一方で，過小な社債リストラクチャリングによる社会的損失を回避しつつ，他方で，過大な社債リストラクチャリングによる不公正・非効率を防ぐためにはどのような法的規律が要請されるのか。本書は，これまでわが国で必ずしも十分に取り組まれなかった社債リストラクチャリングに係る基本問題への接近を試みるものである。本書の全体を通じて，わが国の社債リストラクチャリングに係る制度の設計を論じる上での基本的な枠組みないし視座を提供することを目標とする。

　具体的には，次のような課題を明らかにする。第一に，社債権者集会の決議事項をどのように設計するべきか。より具体的には，社債の元利金減免のように，法的倒産手続外での社債リストラクチャリングの可能性を拡大することに，どのような構造的問題がありうるか。翻って，決議事項を拡大すること（あるいは限定すること）は，過大ないし過小な社債リストラクチャリングの防止という観点から，如何なる便益と弊害をもたらしうるか。第二に，これと密接に関連するが，裁判所は，決議に対してどのような観点からどのように関与することが期待されるか。伝統的な学説のように，裁量的・後見的な保護の役割を期待するべきか，それとも，有力説が示唆するように，それとは異なる役割を求めるべきか。ここで重要なのは，これらの問題を検討するために，法的倒産手続外での社債リストラクチャリングに一定のメリットがあることを前提としつつも，その反面，それにどのような危険性があるのかを具体的に明らかにし，これに対する法的規律を検討する必要がある，ということである。

第2項　本書のアプローチ

　ここで，本書のアプローチを概観しておきたい。まず，本書では，社債リストラクチャリングの制度設計のあり方を機能的観点から分析する。その際，過大・過小な社債リストラクチャリングを防止しつつ，合理的な社債リストラクチャリングの実現を可能にする制度のあり方を探究することを目的として，具

体的な制度下において如何なる障害や弊害が考えられ，これに対して如何なる法的規律で対処しうるか，という観点から検討を加える。

　かかる目的を達成するための方法として，本書では，社債リストラクチャリングについて異なる制度設計を採用している法域を複数取り上げ，それらの制度が，どのような具体的問題に対して，どのような問題意識に基づき，どのような制度を導入してきたのか，そしてかかる制度につきどのような問題が認識されてきたのかを分析・検討することにしたい。

　筆者の能力の限界から，本書で比較法の対象とするのは，社債リストラクチャリングについてそれぞれに大きく異なる制度を採用しているアメリカ，ドイツ及びスイスの３か国に限定する。これらの制度分析・検討を通じて，各制度モデルが，如何なる問題を解決し，如何なる問題を生み出しているのかをできるだけ具体的に析出するよう試みる。その際には，当該制度が置かれている社会的・経済的な背景も可能な限り考慮に入れるとともに，社債リストラクチャリングを取り巻く制度をなるべく広く捉えて，複数の制度間における機能的相互補完性にも留意するように努めたい。

　本書で検討するとおり，発行会社の財務危機における社債リストラクチャリングの法的規律は，各国様々に設計されており，それぞれに長所と短所がある。おそらく，様々な法的規律の可能性の中において，唯一の完璧な制度設計を見出すことは困難であり，様々な選択肢の中で，わが国において如何なる法的規律が最も適合的であるか，という観点から検討せざるを得ないように思われる。そうであれば，複数の制度モデルのそれぞれにどのような長所と短所があるのかを機能的に検討し，わが国においてどのような長所が望ましく，どのような短所であれば許容可能か，という観点から検討を加えることが有用ではないかと思われる。本書の分析は，かかる検討の前提となる枠組みないし視座を獲得し，わが国の解釈論・立法論に一定の見通しを与えることを目的とする。

　なお，外国法を素材として比較検討をする以上，当該制度それ自体を正確に理解することが議論の大前提となる。そのため，本書では，当該制度を理解するのに必要と思われる限度で，当該制度の背景にある事情や基礎にある法的枠組みについても適宜言及することにする。

第2章　アメリカ法

第1節　総説

　本章では，社債リストラクチャリングに関するアメリカの法制度を検討する。議論を先取りして大枠を示すと，アメリカでは，公募社債に関して，社債権者の個別的な同意を得ることなしにその本質的な権利である元利金請求権を変更・制限することを一律に禁止している（ただし，後述のとおり，利息については，支払期日後3年以内の支払猶予であれば資本多数決により行うことができる）。すなわち，たとえ多数の社債権者が同意している場合であっても，反対社債権者の意思に反して元利金請求権の変更・制限を伴う社債リストラクチャリングを強制することはできない。この規律は強行法規であり，社債契約においてこれに反する定め（たとえば，多数決での元利金請求権の変更・制限を可能にするような契約条項）を設けることは許されない。そのため，公募社債による債務負担の軽減を欲する発行会社は，①すべての社債権者から個別に同意を調達して契約内容を変更するか，又は②再建型の法的倒産手続を申し立てて再建計画として多数決での権利変更を実現するかのいずれかによるべきこととなる。もっとも，アメリカでは，1980年代以降，③交換募集により，個々の社債権者との間での実質的な契約条件変更を実現する手法が編み出され，実務上しばしば活用されてきた。

　以上のアメリカ法の建付け（とりわけ上記①及び②）は，社債リストラクチャリングに関する制度設計におけるひとつの制度設計モデルを示しているように思われる。すなわち，原則として社債権者の個別的同意がなければ元利金請求権を変更・制限することは許されず，反対社債権者を拘束して多数意思を貫徹するためには法的倒産手続を利用しなければならない，という制度設計であ

る。アメリカ法の特質は，次章以下で検討するドイツ法やスイス法と対比することでより一層明らかとなるが，本章では，まずはアメリカ法の特徴及び問題点を分析することに焦点を当てる。

　本章の議論は，以下の順序で展開される。まず，第2節では，アメリカ法の制度的建付けを簡単に確認した上で，アメリカ法がなぜこのような制度設計を採用したのか，その立法趣旨及び沿革を探る。次に，第3節では，アメリカ法の建付けを前提として，アメリカにおける社債リストラクチャリングの実務が如何に形成されてきたかを確認する。ここでも議論を若干先取りすると，アメリカでは上記②及び③の方法が主として利用されてきたわけだが，そこには様々な問題が指摘されてきた。ここでは，アメリカの実務がどのように発展・変遷してきたかを確認しつつ，アメリカ法の建付けの意義と問題点を明らかにする。かかる検討を踏まえた上で，第4節では，アメリカ法の上記建付け，すなわち裁判外での多数決による元利金請求権の変更・制限を禁止する現行法制度が，理論的観点からどのように評価されるべきかを検討する。

第2節　制度の概要と沿革

第1款　総説

　アメリカの実務では，社債の契約条件において，社債権者の資本多数決による元利金請求権の変更・制限を認めないのが通常である。その背後には，公募社債についての多数決条項を制限する信託証書法316条(b)項の存在がある。本節では，現行制度の建付けを概観し，その背後にある制度の沿革を確認する。

第2款　制度の概要

第1項　信託証書法

　社債の権利内容は，基本的に契約（信託証書）によって定められる[1]。しかしながら，信託証書の内容については，連邦法である信託証書法（Trust Indenture Act of 1939)[2]が強行法的な規律を及ぼしており，同法の適用範囲に含まれる社債[3]については，信託証書法に定める一定の事項が，法律上当然に信託証書に組み込まれたものとみなされる（信託証書法 318 条(c)項）[4]。信託証書法上の強行法規は，大別すると，信託証書受託者（indenture trustee）の権限及び義務・責任に関するものと，社債の権利内容に関するものに分けることができる。わが国では，これまで前者の信託証書受託者に関する規律について詳細な研究がなされてきたが[5]，本書の関心からは，社債の権利内容に関する信託証書法 316 条の規律が重要である[6]。

(1)　権利内容の事後的変更

信託証書法は，多数決による社債の権利変更を規制するものとして，2 つのルールを定めている。ひとつは，信託証書法 316 条(a)項(2)号である。これは，未償還社債元本総額の 75% 以上を有する社債権者の同意により，支払期日後 3 年以内の期間，利息の支払を猶予することができる旨の定めを信託証書に設けることを許容するものである[7]。

---

1)　社債権者の権利内容の多くは，信託証書（trust indenture）によって規定される。信託証書は，信託証書受託者（indenture trustee）を通じた社債権者に共通の権利実現の仕組みであり，信託証書受託者と発行会社との間で締結される。社債権者は信託証書の契約当事者ではないが，信託証書に定める社債権者の権利義務は，社債権者と発行会社の間に直接的に発生するものとされる（Landau & Peluso [2008] pp. 42-43)。

2)　2007 年 4 月末時点における全条文の邦訳として，日本証券経済研究所編『新外国証券関係法令集アメリカ（Ⅱ）信託証書法，投資会社法，投資顧問法，投資信託者保護法』（日本証券経済研究所，2008 年）がある。また，信託証書法に関する包括的な先行研究として，鴻常夫ほか「アメリカ合衆国信託証書法の研究」公社債月報昭和 62 年 6 月号〜同 63 年 5 月号がある（ただし，1990 年改正前の条文に基づく研究である）。

3)　信託証書法の適用範囲は，証券の種類，及び発行総額又は未償還元本総額によって画されるが，基本的には，概ねすべての公募社債に適用されるといっても大過ない。適用範囲の詳細は，岩原 [2016] 418〜419 頁，久保田 [2015] 253 頁を参照。本書との関係で留意しておくべきは，1933 年証券法の適用除外となる証券が信託証書法上も適用対象外であること（信託証書法 304 条(a)項(4)号），したがって私募債はその適用対象外となることである。なお，担保付社債を「ボンド（bond）」，長期の無担保社債を「ディベンチャー（debenture）」，短期の無担保社債を「ノート（note）」などと呼んで区別することがあるが，本書ではこれらを区別せず単に「社債」と呼んでいる。

4)　1990 年改正後の規律である。改正による変更点につき，明田川 [1991] 17〜18 頁を参照。

5)　主要なものとして，江頭 [2011]，岩原 [2016]，久保田 [2015] を参照。

6)　この点に関する先行研究として，落合 [1988] がある。

　もうひとつは，信託証書法316条(b)項である。これは，次のような規定である。「適格申請信託証書は，当該信託証書付証券の元本及び利息の支払を当該証券の券面に記載された各支払期日以後受領するための，又は各支払期日以後当該支払の履行に関する訴訟を提起するための，当該証券の一切の保有者の権利は，その者の同意なくして，縮減され又は影響を受けることがない（ただし，本条(a)項(2)号の規定に従って同意された利息の支払延期の場合……を除く）」。これにより，元利金請求権については，社債権者による個別的な同意なくして変更ないし縮減することができず，また，支払期日後3年を超える利息の支払猶予や，元本の如何なる支払猶予についても，社債権者の個別的な同意が必要となる（このように，社債権者の個別的同意なくして変更・縮減しえない権利のことを，以下，「核心的権利」ということがある）。

　アメリカの社債実務においては，信託証書法による強行法的規律を踏まえて，契約条件の高度な標準化が進んでいる[8]。実務では，社債契約の変更について，次のような規定が設けられることが多い[9]。まず，明らかな誤記や技術的な修正等については，信託証書受託者の同意だけで変更可能である[10]。次に，元利金の縮減・猶予などの重要事項については，各社債権者の個別的な同意によってのみ変更できる[11]。最後に，これら以外の事項（たとえばコベナンツの変更）については，未償還元本総額の一定割合を有する社債権者の同意によって変更・放棄することができる[12]。

　実務上，信託証書法の適用対象とならない私募債[13]においても，信託証書法316条(b)項と同様に，元利金減免など一定の重要事項について社債権者の

---

7)　もっとも，かかる規定を設ける例は，今日では殆どみられないようである（Landau & Peluso [2008] pp. 292-293）。

8)　Kahan [2002] pp. 1044, 1047.

9)　Id. at 1047-1048. なお，ここに挙げる条項は，信託証書法が適用される社債のみならず，適用対象外の社債においても取り入れられることが多い（Kashner [1988] p. 124 参照）。

10)　Kahan [2002] p. 1047, Landau & Peluso [2008] pp. 287-288.

11)　Kahan [2002] p. 1048, Landau & Peluso [2008] pp. 289-290.

12)　Kahan [2002] p. 1048, Landau & Peluso [2008] pp. 288-289.

13)　本章注3) 参照。その典型は，適格機関投資家又はオフショア投資家だけを対象とする SEC 規則 144A 私募である。私募債ではあるが，機関投資家間の活発な取引を可能にする流通市場が存在する点に特色がある。

個別的同意を要求するのが通例であるといわれている[14]。もっとも，ごく最近では，信託証書法の適用対象外の私募債において，元利金請求権についても特別多数決による変更を認める条項（多数決条項〔collective action clauses〕）を設ける例が散見されるようである[15]。

(2) 支払期日後の権利実現

権利変更とあわせて，権利実現に関する規制についてもここで言及しておく。上で取り上げた信託証書法 316 条(b)項は，権利変更のみならず，権利実現についても各社債権者の個別的意思決定を尊重する建付けとなっているためである。

社債がデフォルトに陥った場合における救済手段のひとつは，契約上の権利行使である。典型的には，約定の支払期日が到来した元利金請求権を行使するべく訴えを提起することがこれに該当する。そして，信託証書法 316 条(b)項によれば，約定の支払期日が到来した後の元利金請求権行使は，絶対的かつ無条件であり，社債権者の個別的同意なくして制限することはできない。つまり，社債権者は，たとえそうすることが発行会社を破産に追い込み社債権者全体の利益にならないとしても，約定の支払期日が到来した元利金請求権を各自個別に行使することを何ら妨げられないのである[16]。

これに対し，支払期日到来後の元利金請求権以外の救済については，個別的権利行使を制約する条項（ノーアクション〔no-action〕条項）を設けるのが通例である。これは次のような条項である。すなわち，社債権者自身による個別的

---

14)　たとえば，Bratton & Gulati [2004] p. 53 n. 184 は，SEC 規則 144A 市場で取引される社債など，信託証書法の適用対象とならない債券においても，元利金の減免など重要事項については，実務上殆ど常に個別同意が要求されていることを指摘する。その他，Bratton & Levitin [2017] pp. 77-78, Gkoutzinis [2014] p. 257 も参照。その理由は様々でありうるが，たとえば将来的に社債を流通市場に乗せる権利を留保することや，アメリカの社債市場における標準的な契約条項に適合させることにあるものと推測される。

15)　Bratton & Levitin [2017] pp. 78-79 は，2016 年第 2 四半期に発行された社債において，社債権者の 75% 又は 90% による特別多数決をもって元利金請求権を変更することを認める多数決条項が数例みられたことを報告している。

16)　なお，信託証書法 316 条(b)項は，あくまで約定された支払期日以降における元利金請求権行使に関する規律であるから，失期権行使によって支払期日が到来した支払請求についてはすぐ後で述べるノーアクション条項の対象に含まれると解される（参照，Kahan [2002] p. 1050 n. 57）。

な権利行使は原則として許されず，例外的に社債権者が自ら権利行使するために
は，①社債権者が，信託証書受託者に対してデフォルト事象（Event of De-
fault）が継続していることを通知し，②未償還元本総額の一定割合（通常は 25
％）以上の社債を保有する社債権者が，信託証書受託者に対して権利行使を要
求するとともに費用等の償還を提案し，かつ③信託証書受託者が 60 日間にわ
たって何ら行動を起こさないことが必要となる。また，ノーアクション条項に
従って個別的権利行使がなされた場合においても，社債権者は，未償還元本総
額の過半数を保有する社債権者の同意によって，かかる個別的な権利行使を阻
止することができる[17]。

(3)　信託証書法の小括

以上に述べてきたとおり，信託証書法は，もっぱら公募社債を対象として，
①元利金の支払請求権に係る権利変更（支払期日から 3 年以内の利息支払猶予を
除く）については社債権者の個別的同意を必要とする（換言すれば，権利変更に
ついて各社債権者に拒否権を認める）とともに，②支払期日後の元利金請求権に
ついては，たとえそうすることが発行会社を破産に追い込むとしても，個々の
社債権者による権利行使を妨げない，という制度を設けている。

もっとも，財務危機に瀕した発行会社に，財務リストラクチャリングを実現
する方法がないというわけではない。そのひとつが，次に述べる 1978 年連邦
破産法（以下「連邦破産法」という）第 11 章に基づく会社更生手続（corporate
reorganization）（以下「第 11 章手続」という）である[18]。

第 2 項　連邦破産法

第 3 節で述べるとおり，社債リストラクチャリングの手段として，連邦破産
法第 11 章手続（とりわけ，後述するプレパッケージ又は事前交渉のもの）がしば
しば利用される。第 11 章手続は，わが国の会社更生法・民事再生法と同様，
債務者の事業を維持・継続しながら権利者の権利変更（財務リストラクチャリ
ング）を行うことを可能にする法的仕組みである。社債リストラクチャリング
との関係における詳細は後述することにして，ここでは，第 11 章手続の大ま

---

17)　Kahan [2002] pp. 1050-1052, Landau & Peluso [2008] pp. 290-291, 岩原 [2016] 404〜405 頁。
18)　もうひとつは，本章第 3 節第 2 款で取り上げる交換募集の手法である。

かな枠組みを確認しておくにとどめる。

　第 11 章手続では，管財人の選任は必須でなく，従来の経営者がそのまま権限を保持するいわゆる DIP（debtor in possession）が原則である[19]。そして，債務者には，一定期間にわたって，再建計画の策定・提出に係る排他的な権限が付与される[20]。この期間中は，もっぱら債務者だけが事業及び財務リストラクチャリングの計画（再建計画）を策定・提出することができる。なお，手続開始の申立てがなされると，権利者による権利実現は原則として自動的に停止する[21]。これは，権利者による個別的な権利実現による債務者財産の散逸を防止しつつ再建計画の策定等を可能にする建付けである[22]。

　再建計画の策定にあたって重要な要素のひとつが，権利者のクラス分け（classification）である。再建計画では，クラスごとに異なる権利変更が定められ，再建計画の承認決議もクラスごとに行われる。原則として，ひとつのクラスは「実質的に同様（substantially similar）」の権利を有する者で構成しなければならず[23]，ひとつのクラスの権利者には，再建計画において「同一の処遇（the same treatment）」を与えなければならない[24]。他方，実質的に同様の権利を有する権利者を異なる複数のクラスに分けることも，合理的な理由が認められるならば可能である[25]。実務では，他の債権者と区別して，ある種類の社債権者だけのクラスを作るという例がしばしばみられる[26]。

---

[19]　連邦破産法 1101 条(1)号，1107 条(a)項。連邦破産法上の DIP に関する詳細は，村田 [2004a] 199 頁以下を参照。なお，第 11 章手続の開始に前後して経営者が交代するというケースも少なくない。

[20]　連邦破産法 1121 条(b)項。いわゆる排他的期間（exclusive period）。

[21]　連邦破産法 362 条。いわゆる自動的停止（automatic stay）。

[22]　破産手続開始に伴う権利実現の自動的停止は，債権者との交渉を可能にするための「短い休息（breathing spell）」であるなどと描写される（Skeel [2009] p. 1198 参照）。

[23]　連邦破産法 1122 条(a)項。

[24]　連邦破産法 1123 条(a)項(4)号。

[25]　7 COLLIER ON BANKRUPTCY ¶1122.03[4][a]（Alan Resnick & Henry Sommer eds., 15th ed.）(*hereinafter* "Collier on Bankruptcy")。判例として，たとえば *In re* Lightsquared Inc., 513 B.R. 56, 82-83 (Bankr. S.D.N.Y. 2014) 参照。

[26]　Shuster [2006] p. 439 n. 29（同じ信託証書に基づく社債権者はすべて同じクラスに組分けされ，他の種類の社債権者や他の債権者とは異なるクラスにされるのが「通常（usual）」であるとする），田頭 [2005a] 201 頁注 68 参照（大規模公開会社の再建計画においては，社債権者のクラスが独立に設けられることが多いと指摘する）。また，1978 年改正前の 1938 年連邦破産法（Chandler 法）第 X 章手続

　再建計画は，権利者の決議に付される。決議における同意勧誘に際しては，権利者に「十分な情報（adequate information）」が開示されなければならない[27]。決議は，権利者のクラスごとに行われる。再建計画の可決要件は，債権者のクラスについては，賛否を表明した債権者のうち券面額で3分の2以上，かつ保有する債権の数が過半数を超える者の同意であり[28]，株主等のクラスについては，賛否を表明した株主等のうち株式等の3分の2以上を保有する者の同意である[29]。なお，権利を縮減（impair）されない権利者のクラスは，再建計画に賛成したものとみなされる[30]。

　権利者の決議に付された再建計画は，裁判所の認可によってすべての関係者に対する拘束力を生ずる[31]。認可手続における審査事項は，再建計画がすべてのクラスの賛同決議を得たかどうかで区別される。まず，すべてのクラスの賛同決議を得た再建計画（いわゆる同意計画〔consensual plan〕）については，決議の実体面に対する審査は，各クラス内における個々の反対債権者の清算価値保障[32]や，クラス内での同一処遇（the same treatment）[33]といった点に限られる。これに対し，再建計画に反対のクラスが存在する場合（同意計画が成立しない場合）であっても，権利を縮減されるクラスのひとつ以上が賛成していれ

に関する記述であるが，霜島甲一＝田村諄之輔＝前田庸＝青山善充「会社更生計画の分析（10・完）」ジュリスト399号（1968年）94頁, 97頁は，「アメリカでは，たとえば社債権者の組と他の短期債権者の組というように，一般更生債権にあたるものの内部をさらに組分けすることも多く，したがって両者の間の差異の適正の点は組相互間の処理の公正衡平な差等の問題として処理されることが多いようにおもわれる」と指摘している。実例として，たとえば，The Southland 社のプレパッケージ破産手続においては，5つの種類の社債がそれぞれ独立にクラス分けされた。判例として，*In re* Greate Bay Hotel & Casino, Inc. 251 B.R. 213, 224-225 (Bankr. D.N.J. 2000) は，再建計画において，無担保社債権者（厳密には，担保付社債の担保価値超過部分）には新たな証券のパッケージを分配し，一般無担保債権者には現金を分配するという区別をすることには明らかな事業上の正当性（business justification）があると指摘し，これらを異なるクラスに分けることを正当と認めている。

27)　連邦破産法 1125 条。
28)　連邦破産法 1126 条(c)項。
29)　連邦破産法 1126 条(d)項。
30)　連邦破産法 1126 条(f)項。
31)　連邦破産法 1141 条(a)項。
32)　連邦破産法 1129 条(a)項(7)号(A)(ii)。
33)　連邦破産法 1129 条(a)項(1)号, 1123 条(a)項(4)号。

ばなおも再建計画を認可することができるが（これをクラムダウン〔cram-down〕[34]という），この場合には裁判所による実体的審査の対象が追加される[35]。これらの詳細については後述する。

　本書の主題との関係でここで指摘しておくべき点は，社債権者だけのクラスを形成して再建計画を策定することが可能だという点である。社債権者のクラスが同意している場合には，裁判所による審査の対象は，基本的に，決議における情報提供の十分性，清算価値保障の有無，及びクラス内の同一処遇の有無といった点に尽きることとなる。これらの要件が満たされる限りにおいて，再建計画上どのような権利変更を受けるかについては，当該クラスの多数決で決することができる，ということである。

第3項　現行制度の小括

　以上を簡単にまとめると，次のとおりである。信託証書法316条(b)項により，公募社債の核心的権利を変更するためには，社債権者から個別的に同意を得る必要がある。それゆえ，破産手続の外においては，社債権者の多数決によって元利金請求権を縮減する仕組み（多数決条項）を契約上取り入れることは許されない。これに対し，連邦破産法第11章手続を利用する場合には，社債権者のクラスを形成し，その多数派の賛同を得ることによって元利金請求権を縮減することも制度上可能となる。

　権利縮減についてすべての社債権者から個別的に同意を得ることが事実上困難であることに鑑みると，信託証書法316条(b)項の規定は，公募社債に係るリストラクチャリングを実現するにあたって，連邦破産法第11章手続を利用することを促す仕組みであると評価することができよう。そして，ここには，社債リストラクチャリングを可能な限り破産手続内で行わせようという立法者

---

34)　ここで，「クラムダウン（cramdown）」という用語法は，国や文脈によって意味合いが異なる場合があるので注意が必要である。アメリカの連邦破産法の文脈では，「クラムダウン」は，計画に反対するクラスの反対意思の制圧を意味することが通常であるが，たとえばイギリスでは，「クラムダウン」はクラス内での反対意思の制圧（つまりクラス内での多数決制度）を意味することが多い。

35)　クラムダウンにおける裁判所の追加的な審査事項は，クラス間の実質的平等（「不公正な差別（unfair discrimination）」の禁止）及び絶対優先原則（「公正かつ衡平（fair and equitable）」の要件）である（連邦破産法1129条(b)項）。

の姿勢を看取することができる（この点は後で詳述する）[36]。

このように，連邦破産法の建付けをも踏まえて現行制度を俯瞰してみると，アメリカ法は，①破産手続外における契約条項に基づく社債権者の多数決については，強行法的かつ全面的にこれを禁止する一方，②破産手続内における財務リストラクチャリングについては，権利者のクラスの多数決による権利縮減を認める（後述するとおり，そこでは当事者自治が尊重され，裁判所による審査は最小限に抑えられる）という，ややバランスを欠くようにも思える建付けになっている。

ここで直ちに疑問となるのは，なぜアメリカ法がこのような建付けを採用しているのか，そして，かかる制度が現実にどのように機能しているのか，である。次款では，かかる制度の建付けが採用されている背景に，沿革上の理由があることを確認する。それが現実にどのように機能しているかは，第3節で取り上げる。

第3款　制度の沿革

第1項　総説

本款では，アメリカの現行法制が如何なる経緯で生成してきたのか，その沿革を辿る。

一般論として，社債リストラクチャリングに係る制度の建付けに唯一の望ましい形があるわけではない。様々な制度設計がありうる中で，経路依存的に取捨選択がなされた結果として生成されたのが，現行制度の姿である。そうであれば，現行制度に至るまでに，どのような具体的問題が認識され，実際にどのような立法がなされ，その過程で他のどのような選択肢が拒絶されてきたのかを確認しておくことは，現行制度を理解する上で（そして，今後の制度設計を考

---

36)　信託証書法 316 条(b)項が連邦破産手続の利用を促す意図で制定されたものであるという点は，多くの裁判例で確認されている。たとえば Brady v. UBS Fin. Servs., Inc., 538 F.3d 1319, 1325（10th Cir. 2008），UPIC & Co. v. Kinder-Care Learning Ctrs., Inc., 793 F. Supp. 448, 455（S.D.N.Y. 1992），Marblegate Asset Mgt. v. Education Mgt. Corp., 75 F. Supp. 3d 592, 614（S.D.N.Y. 2014）参照。

える上で）重要な意義があると思われる[37]。

　結論を先取りして，以下に述べる制度沿革を要約すると，大きく次の3点を指摘することができる。第一に，アメリカ法の特色ともいうべき信託証書法316条(b)項は，1930年代にアメリカの資本市場ないし事業再生実務が抱えていた特定の問題を解決することを意図して設けられたものであり，当時ニューディール政策を強力に推進していた当局である証券取引委員会（Securities and Exchange Commission）（以下「SEC」という）の問題意識を色濃く反映したものであった。当時のSECの問題意識は，簡単にいえば，発行会社の内部者及びこれと結託した投資銀行が，一般投資家（社債権者）の犠牲のもとに自らの利益を図るという悪しき実務を根絶することにあった。

　第二に，信託証書法の制定が，1938年の連邦破産法改正（以下，1978年改正前の連邦破産法を「旧連邦破産法」といい，1938年改正後の旧連邦破産法を「Chandler法」ないし「1938年改正連邦破産法」という）と密接に関連していたということである。当時，SECは，アメリカの資本市場ないし事業再生実務が抱えている問題を解明するべく，公募社債市場の実態調査を命じられ，数年間の調査研究を経て，全8巻からなる膨大な調査報告書（以下「SEC調査報告書」という）[38]を完成させた。これに基づき，まずは1938年に旧連邦破産法が改正された。そこでは，一般投資家が存在する大企業を念頭に置く第X章手続が新たに設けられ，再建型の法的倒産手続に裁判所及びSECの監督を徹底させて事業再生手続の透明性を確保するとともに，投資家利益確保の観点から，再建計画策定に係る手続的・実体的な規律が大幅に拡充された。そして，その翌年である1939年に制定された信託証書法は，法的倒産手続外での多数決条項による社債リストラクチャリングを制約することによって，1938年改正連邦破産法の利用を促し，一般投資家に手厚い手続的・実体的保護を与えんとするものであった。この意味で，信託証書法は，1938年改正連邦破産法をいわば補完する法律として位置付けうるのである。

　第三に，それにも拘らず，旧連邦破産法は，1978年に全面的に改正され，

---

37)　Collier on Bankruptcy, *supra* note 25, ¶ 1100. 11[1] 参照。

38)　Securities and Exchange Commission, Report on the Study and Investigation of the Work, Activities, Personnel and Functions of Protective and Reorganization Committees, Part I-VIII.

その基本的な建付けが大きく変更された。1978 年改正後の連邦破産法（以下，「連邦破産法」ないし「1978 年連邦破産法」という）の第 11 章手続においては，1930 年代に強調された裁判所及び SEC による手続の監督という考え方が大幅に後退し，当事者主導での手続を志向する方向へと大胆に舵を切った。旧来の第 X 章手続とは異なり，裁判所による再建計画への実体的な介入は極力排除され，可能な限り当事者の自治的判断を尊重する建付けが採用されている。従来，信託証書法は，投資家保護・債権者保護に厚い 1938 年改正連邦破産法を前提として，破産手続外での社債リストラクチャリングの可能性を制限するものであったが，かかる破産手続の建付けが，40 年の時を経て変更され，信託証書法だけがいわば取り残された格好になっているわけである。

　以下の議論では，本書の関心に照らして，①過去の社債リストラクチャリング（ひいては事業再生）が如何なる困難に直面し，如何なる解決を試行してきたのか，②現行制度に至るまでに，如何なる制度的な取捨選択がなされてきたのか，③かかる制度変遷の経路において，如何なる社会的・経済的状況が前提とされていたのか，を明らかにすることを目指す。アメリカの事業再生法制は，19 世紀後半から 1930 年代までに形成された鉄道会社の事業再生実務に淵源があるとするのが一般的であるため，以下の叙述は，まず 1930 年代までの事業再生実務を確認するところから出発する。

第 2 項　1930 年代までの財務リストラクチャリング

1.　総説

　アメリカでは，1830 年代以降，大規模な鉄道建設ラッシュが始まり，とりわけ南北戦争期から 1890 年頃までは，鉄道建設が最も隆盛を極めた時代であった[39]。この時代，長期かつ巨額の鉄道建設資金を調達するために，民間投資家に対する譲渡担保権付社債（mortgage bond）[40]の発行が増加した[41]。この

---

39)　Baird & Rasmussen [1999] p. 402.

40)　ここで「mortgage」とは，債務の担保として財産権を債権者に移転することをいい，譲渡抵当権とも訳される（田中 [1991] 566 頁参照）。譲渡担保権付社債という訳語は，村田 [2003]，栗原 [2013] に倣うものである。

41)　栗原 [2013] 87 頁。この時期に社債による資金調達が増加した背景として，当時のアメリカでは，銀行の事業活動が地理的に狭く限定されていたため，州を跨いで事業活動を展開する鉄道会社の資金

時期に譲渡担保権付社債に投資した者の中には，海外（ヨーロッパ）からの投資家も少なくなかったようである[42]。鉄道会社は，鉄道敷設区間を延長するたび，複数回にわたって譲渡担保権付社債による資金調達を繰り返したため，その資本構成は極めて複雑になりがちであった[43]。

　しかし，建設ラッシュは過当競争を生み出した。鉄道会社の経営は厳しく，カルテルが形成されては消滅した。19 世紀末頃には多くの鉄道会社が倒産状態に陥り，1915 年までに半数以上の鉄道会社がデフォルトに陥った[44]。しかし，これを破産させて事業を清算・解体することは賢明ではない。なぜなら，鉄道会社の資産はもっぱら線路と駅舎であり，清算・解体しても二束三文にしかならないからである。かといって，鉄道会社の資産を一体として継続企業として買い取ることのできる主体は当時存在しなかった[45]。

　したがって，当該鉄道会社のもとで事業活動を継続し，事業収益から継続的に弁済を続ける方が権利者にとって利益になることは明らかであった[46]。しかし，当時の鉄道会社は，①海外投資家を含む多数の債権者が存在し，②資本構成が極めて複雑であり，かつ③州を跨いで事業活動を展開しているという特徴を有したことから，既存の破産法制によって適切に事業再生を行うことは極めて困難であった[47]。

　そこで，鉄道会社の事業再生手法として活用されたのが，以下に詳述するエクイティ・レシーバーシップ（equity receivership）（以下「ER」という）であっ

調達には，銀行融資によることが必ずしも適当でなかったという事情が指摘されている（Roe ＆ Tung [2016] p. 148 n. 2 参照。アメリカの銀行規制については，Roe [1994] や Skeel [1998] p. 1335 も参照）。
42)　Baird & Rasmussen [1999] p. 402, Skeel [1998] pp. 1355-56.
43)　Baird & Rasmussen [1999] p. 403.
44)　Baird & Rasmussen [1999] pp. 402-403, Markell [1991] p. 74.
45)　Baird & Rasmussen [2002] p. 759.
46)　Baird & Rasmussen [1999] p. 403, Miller & Waisman [2004] pp. 164-165.
47)　青山 [1966a] 15～19 頁，栗原 [2013] 88 頁，村田 [2003] 55～56 頁，Tabb [1995] p. 21 参照。当時利用可能だった方法として，①すべての債権者との間での合意に基づく私的整理，②旧連邦破産法に基づく債務免除手続（composition）及び③同法に基づく清算・売却手続が挙げられるが，いずれも鉄道会社の事業再生に利用するには難点があった（Collier on Bankruptcy, *supra* note 25, ¶1100. 11[2] [3]）。債務免除手続及びこれを受け継ぐ 1938 年改正連邦破産法第 XI 章手続については，村田 [2004b] を参照。

た。本項以下で詳細を述べるが，ここで議論の筋道を簡単に述べておこう。ER は，もともとは鉄道会社の事業再生手法として生成したものであるが，徐々に一般事業会社の事業再生にも利用されるようになり，後述の旧連邦破産法 77 条・77B 条が制定されるまでの間，事業再生のための最も一般的かつ現実的な手法であった[48]（本項 2）。しかしながら，ER も事業再生手続として完全ではなく，多くの問題を抱えていた（本項 3）。とりわけ，1929 年に発生した大恐慌以降，連邦破産手続による手当ての必要性が強く意識され，1933 年〜1934 年に旧連邦破産法 77 条・77B 条が制定された。しかし，これらの改正は，従来の ER が抱えていた問題を克服するのに必ずしも十分ではなかった（本項 4）。そこで，1930 年代後半，後に連邦最高裁判所裁判官となる William O. Douglas のリーダーシップのもと，1930 年代後半に全 8 巻から成る SEC 調査報告書が順次作成・公表された。アメリカ法を論ずる上で極めて重要な 1938 年改正連邦破産法及び 1939 年信託証書法は，かかる SEC 調査報告書の基礎の上に成立したものであった（本款第 3 項）。

　本項における以下の議論では，1938 年の旧連邦破産法改正及び 1939 年の信託証書法制定に至るまでの沿革として，事業再生実務において如何なる手法が利用され，如何なる問題が認識されてきたのかを具体的に確認していく。とりわけ，本書の関心に照らして，裁判外での多数決による社債リストラクチャリングを一律に禁止し，社債権者の利害調整をすべて法的倒産手続（連邦破産手続）内で行わせるという制度（本章第 1 節参照）が採用されるに至るまでの試行錯誤のプロセスを明らかにすることに努める。

2. ER による事業再生の概要[49]

(1) 仕組みの概要

　ER は，法的には，①債務者財産の価値を保護するために，レシーバー（re-

---

48)　Collier on Bankruptcy, *supra* note 25, ¶1100. 11[4]. *See also* Friendly [1934] p. 41. なお，1934 年に旧連邦破産法 77B 条が制定されると，急速に事業再生のフォーラムが同条に基づく手続へと移行したようである（Weiner [1934] p. 1173 参照）。

49)　既にわが国では青山 [1966a] 17〜19 頁，栗原 [2013] 89 頁，松下 [2001]，村田 [2003] 55 頁以下，加藤 [2007] 12 頁以下等，多数の文献がある。本書は，これらの成果に依拠しつつ，社債リストラクチャリング法制の生成過程を確認するという問題意識に基づいて必要な限度で検討するものである。

ceiver）を任命する裁判所のエクイティ上の権限と，②債務者が債務不履行に陥った場合に，譲渡担保目的財産に対して譲渡担保権実行手続（受戻権喪失手続）（foreclosure）を行う譲渡担保権者の権限を組み合わせたものである[50]。19世紀末頃までに形成された ER を利用した事業再生実務は，エッセンスを抽出して概略的にいえば，まず，債務者である会社の資産を譲渡担保権実行手続によって新会社に移転し[51]，次に，当該新会社が再建計画に従って旧会社の権利者に対して新たに債務負担や新株発行を行う，というものであった[52]。

　少し敷衍すると，典型的な ER 手続は，概ね次のような特徴を備えていた。まず，レシーバーが選任されると，会社財産の支配権がレシーバーに移転するが，ER においては，レシーバーとして従来の経営者（又はその指定する者）が選任されるのが通常であった。つまり，実質的な DIP 型手続としての性格を有していたといえる[53]。また，レシーバーの選任により，各債権者による債権回収は制限され，債務者は，個々の投資家による個別的な権利行使の危険にさらされることなく再建計画を策定・交渉することが可能となった。つまり，債権者が我先にと回収競争に走るコモン・プールの問題を克服する仕組みとして機能したわけである[54]。

　譲渡担保権実行手続による会社資産売却までの期間は，権利者と発行会社による再建計画の策定・交渉が行われたが，その際，証券の種類ごとに任意に組織される保護委員会（protective committee）が中心的な役割を担った[55]。保護

---

50)　村田 [2003] 56 頁参照。

51)　厳密にいうと，再建計画に参加する権利者からなる委員会（のちに言及する再建委員会）が譲渡担保権実行手続における競落人となり，同委員会が，事業再生のために新たに設立された新会社に当該資産を出資する，という手順をとる（Rodgers [1929] p. 912, Skeel [2001] p. 59）。譲渡担保権実行手続を経ることにより既存の譲渡担保権の負担が消滅する。Weiner [1927] pp. 137, 155, Baird & Rasmussen [1999] p. 405, 栗原 [2013] 93～94 頁。

52)　山本 [2008] 115 頁，松下 [2001] 753 頁参照。なお，詳細には立ち入らないが，こうした実務は一夜にしてできあがったものではなく，裁判所の個別的判断が積み上げられて時間をかけて形成されたものであった（Miller & Waisman [2004] pp. 163-165 参照）。

53)　加藤 [2007], Baird & Rasmussen [1999] p. 404 参照。

54)　村田 [2003] 56 頁, Skeel [2001] p. 58 参照。

55)　村田 [2003] 56～57 頁。投資銀行は，証券の種類ごとに保護委員会の組成を取りまとめた（栗原 [2013] 97～98 頁。Kennedy & Laundau [1975] p. 248 も参照）。

委員会は，社債権者から証券の寄託を受け，社債の権利行使や事業再生の交渉について白紙委任を受けた上で，発行会社や他の権利者との交渉にあたるなど，計画案策定において中心的な役割を果たした[56]。

　かかる保護委員会の組成において中心的な役割を担ったのは，社債発行に際して引受業務を担った投資銀行であった。当時，投資銀行は，証券発行時における証券引受業務にとどまらず，証券発行後の発行会社の経営にもしばしば関与しており，さらに，発行会社が危機に陥った場合には，証券発行に係る自らの評判を守るために，その再建において主体的役割を担うことが多かった[57]。

(2)　ホールドアウトと強圧性

　かかる ER の仕組みにおいては，再建計画に取り込まれるのはこれに賛成する権利者だけであり，反対する権利者（積極的に賛成しなかっただけの権利者も含む）を多数決で拘束することは制度上予定されていない[58]。つまり，ER の手法は，あくまで社債権者の個別的な意思決定に依拠する仕組みであり，ここに社債権者の集合行為問題が現出した。仮に，保護委員会への証券寄託を拒むことで，寄託に応じた社債権者よりも有利な地位に立つことができるとすれば，多くの社債権者が証券寄託を拒むこととなり，その結果，再建計画が失敗に終わることになるであろう（ホールドアウト問題）。

　ER の実務では，次のような仕組みで社債権者のホールドアウトに対処していた。まず，大前提として，提案を受けたにも拘らず所定の期限までに証券を寄託しなかった者は，後になってから再建計画への参加を求めることはできず[59]，会社資産の競売代金を各債権額で按分した金額が現金で支払われるこ

56)　村田 [2003] 57 頁, Collier on Bankruptcy, *supra* note 25, ¶1100. 11[4][a][iii], Rodgers [1929] p. 907.

57)　栗原 [2013] 98 頁。19 世紀後半の ER 実務の形成期には，ヨーロッパ投資家からの継続的な資金調達を可能にするために，投資銀行及び弁護士らは，投資家利益のために努力するインセンティブを持っていたと指摘されている。たとえば, Skeel [2001] p. 66, Baird & Rasmussen [1999] p. 402 を参照。

58)　Rodgers [1929] pp. 918-919, Buchheit & Gulati [2002] p. 1338. なお，鉄道会社の一般債権者の多くは，再建計画に参加せずとも 6 か月ルール（six-month-rule）や不可欠法理（necessity doctrine）によって債権の全額弁済を受けることができたようである（Baird & Rasmussen [1999] p. 405, 杉本 [2008] 155 頁，栗原 [2013] 99〜100 頁参照）。もっとも，かかる法理による無担保権者の保護は，必ずしも十分ではなかったとの指摘もある（Lubben [2004] pp. 1447-1449)。

59)　Rodgers [1929] p. 916, Swaine [1933] pp. 326-327.

ととなる[60]。そして，――ここが ER 実務の要諦であり，問題点でもあるのだ
が，――競売に参加する者は，複数の保護委員会によって組織される再建委員
会（reorganization committee）だけであることが通常だった[61]。そのため，競
売手続の中で競争原理が働かず，再建委員会は，会社の資産を低額で競落する
ことが可能となった。その論理的な帰結として，証券寄託に応じなかった反対
権利者への分配は，ごく僅かな金額ともなりえ[62]，このような帰結が予想さ
れることで，権利者は，再建計画に同意するよう動機付けられたのである[63]。

　これは，権利者からの個別的な同意を要する財務リストラクチャリングに不
可避的に伴うホールドアウトの問題を克服するための試みとして，権利者に同
意を動機付ける強圧的な手法が用いられたひとつの例であったと評価すること
ができよう。

(3)　裁判所の役割

　このように，ER 手続においては，保護委員会が事実上強力な権限を持ち，
保護委員会を中心とする私的交渉によって再建計画が策定されることとなった。
裁判所が再建計画案の策定に関与することは制度上予定されておらず，その権
限は，(a)最低競落価格（upset price）の設定，及び(b)譲渡担保権実行手続によ
る売却の認可において，再建計画の公正性を担保することに間接的に関与しう
るにとどまっていた。そして，以下にみるとおり，いずれも社債権者保護のた

---

60)　Collier on Bankruptcy, *supra* note 25, ¶1100. 11[4][a][iii], Rodgers [1929] p. 916, 栗原 [2013]
　　94〜95 頁，村田 [2003] 57〜58 頁。

61)　Weiner [1927] p. 137, Baird & Rasmussen [1999] pp. 404-405. その背景には，そもそも当時は
　　鉄道会社の事業全部に対する競合的入札を可能にするような M&A 市場が存在しなかったことに加え
　　（Roe [2017] pp. 7-8），再建委員会は再建計画に参加する譲渡担保権付社債権者から寄託を受けた証
　　券を入札価格に充当することができたため，他の入札候補者に比べて優位に立つことができたという事
　　情があった（栗原 [2013] 95 頁，Collier on Bankruptcy, *supra* note 25, ¶1100. 11[4][a][iii], Rodgers
　　[1929] pp. 910-911 参照）。

62)　実際のところ，競落価格は低額となるのが通常であった（Swaine [1933] p. 324, Ayer [1989]
　　p. 970, Collier on Bankruptcy, *supra* note 25, ¶1100. 11[4][a][iii], Baird & Rasmussen [1999]
　　pp. 404-405, 栗原 [2013] 95 頁，青山 [1966a] 19 頁注 16 参照）。

63)　たとえば，Buchheit & Gulati [2002] p. 1327 は，ER において債権者は再建計画に参加するよう強く
　　動機付けられたと指摘する。なお，裁判所は，競売における最低落札価格を設定する権限を有したが，
　　これが必ずしも強圧性を排除する機能を果たしていなかったことについて，すぐ後で述べる。

めの規律としては必ずしも強力なものではなかった。

　(a)　最低競落価格の設定　　上記(2)のとおり，保護委員会による事業再生の計画提案を拒絶した場合，権利者は，会社資産の売却代金（譲渡担保権実行手続における競落代金）から按分で弁済されることになる。そして，譲渡担保権実行手続における入札者は，事実上，再建計画を策定した再建委員会だけに限定されていたことから，理論上は，極めて低廉な価格で競落し，反対権利者に対してごく僅かの弁済しかしない，ということも可能であった。このようなスキームが，社債権者に対して，再建計画の提案に同意するよう強く動機付けうる（強圧性を持ちうる）ことは明らかである。ここにおいて，社債権者が強圧性によって不合理な譲歩を強いられるという弊害に対抗しうる仕組みのひとつが，裁判所による最低競落価格の設定であった[64]。

　もっとも，ここには厄介な問題が存在した。たしかに，裁判所が最低競落価格を高く設定すれば，権利者保護には資する。しかしながら，その反面，各社債権者がホールドアウト戦略をとり，再建の試みが失敗に終わる可能性は一層高まる。そして，ホールドアウトする社債権者の数があまりに多いと，再建計画自体が失敗に終わる[65]。他方，最低競落価格を低く設定すれば，ホールドアウトを抑止しうる反面，権利者が強圧的に再建計画の受諾を余儀なくされる可能性が高まる。ここでは，社債権者の保護（強圧性の防止）と事業再生の実現（ホールドアウトの防止）とがトレードオフの関係にあった。裁判所は，最低競落価格を設定する権限に基づき，上記トレードオフを調整する微妙な舵取りを要請されたわけである。

　しかるに，現実がどうであったかというと，最低競落価格は，再建計画において分配される予定の証券の市場価値よりも低い水準に設定されていたようである[66]。かかる低額の最低競落価格は，上記のとおり，個々の社債権者によ

---

64)　Collier on Bankruptcy, *supra* note 25, ¶1100. 11[4] [a] [iv] [B], Weiner [1927] p. 143, Rodgers [1929] p. 911.

65)　ホールドアウトした権利者に対しては資産売却代金から現金弁済をしなければならないので，あまりにホールドアウトする者が多いと，必要な現金支出が調達可能額を超えてしまい，結局事業再生自体が失敗することになりかねない (Collier on Bankruptcy, *supra* note 25, ¶1100. 11[4] [a] [iv] [B], Bonbright & Bergerman [1928] p. 127)。

66)　Weiner [1927] pp. 145-146, Bonbright & Bergerman [1928] pp. 127-128, Frank [1933] pp. 563-

るホールドアウトを防止する効果を有する反面，再建計画提案に同意する方向
での強圧性をもたらすことにも繋がる[67]。換言すれば，社債権者は，比較的
低額の按分弁済に甘んじるか，それとも再建計画に同意するか，という二者択
一の選択を迫られるわけである。

　このような取引の構造は，ある見方によればホールドアウトを防止するため
の合理的な工夫であると理解しうるし[68]，別の見方によれば強圧的に同意を
強いる不合理なスキームであるとも理解しうる[69]。いずれにせよ，最低競落
価格は，適正価格保証による少数社債権者保護という意味では，実質的に機能
しているとはいいがたいとの批判が少なくなかった[70]。

　(b)　公正性の審査権限　　裁判所は，譲渡担保権実行手続における売却を認
可（confirm）する権限を有し，仮に当該売却が詐害的（fraudulent）であれば，
当該売却に対する認可を拒絶することができた[71]。とりわけ，1913 年に出さ
れた連邦最高裁判所の Boyd 事件判決[72]以降，裁判所の認可に際して再建計画

565, Dodd [1935] pp. 1101, 1123, Ayer [1989] p. 973, Skeel [2001] p. 60.

67)　Bonbright & Bergerman [1928] p. 128 は，かかる利得構造が反対社債権者に対して不公正な提
　　案を受諾することを強いる効果を持ちうることを指摘する。ただし，不公正であるとの明白な根拠がな
　　いのに実質的な多数者が賛同している再建計画を裁判所が台無しにすることは控えるべきであるとの指
　　摘（Swaine によるもの）を否定する趣旨ではないとも留保している（Id. n. 5）。

68)　Baird & Rasmussen [1999] p. 405, Skeel [2001] pp. 59-60 は，裁判所が最低競落価額を低く設
　　定することで，殆どすべての権利者に再建計画に賛同するよう仕向け，ホールドアウトを防ぐ効果が得
　　られたことを指摘する。これは，ホールドアウト防止という正の側面に着目する評価である。

69)　たとえば，Frank [1933] p. 563 は，最低競落価格が事業再生実務家の画策によって低額に抑えら
　　れ，社債権者が同意を余儀なくされていると批判する。これは，強圧性という負の側面に着目する評価
　　である。

70)　Weiner [1927] pp. 145-146, Bonbright & Bergerman [1928] p. 127, Frank [1933] pp. 563-565,
　　Lubben [2004] p. 1450, 栗原 [2013] 94〜96 頁参照。

71)　Collier on Bankruptcy, supra note 25, ¶1100. 11 [4] [a] [iv] [C]，村田 [2003] 57〜58 頁。もっとも，
　　単に売却代金が低いというだけでは「詐害的」であるとはいえないと解されていた（Collier on Bank-
　　ruptcy, supra note 25, ¶1100. 11 [4] [a] [iv] [C], [v]）。

72)　Northern Pacific Railway Co. v. Boyd, 228 U.S. 482 (1913). 同判決についての文献は多数あるが，
　　栗原 [2013] 104〜107 頁，Baird & Rasmussen [1999] pp. 397-401, Skeel [2001] p. 68, Baird [2010]
　　pp. 596-597 が比較的詳細である。判決の概要は次のとおりである。

　　Northern Pacific Railroad 社（「Railroad 社」）の ER 手続において，譲渡担保権実行手続としての
　　競売により，Railroad 社の全資産が受け皿会社である Northern Pacific Railway 社（「Railway 社」）

の公正性につき裁判所のヒアリングを受けるという実務が定着した[73]。ここに，裁判所が再建計画の公正性を実質的に審査する機会が存在したわけである。

　もっとも，如何なる提案を「公正」と評価するかは Boyd 事件判決以降も未解決のまま残されており[74]，裁判所は，計画を完成させるのに要した時間や費用，さらに多数派の債権者が賛成しているという事実を考慮して，提案された売却をそのまま承認することが殆どであったと指摘されている[75]。換言すれば，裁判所は，売却認可段階で，計画内容の実体的公正性に立ち入った審査をすることに必ずしも積極的ではなかったのである[76]。このような状況の中，事業再生実務においては，債権者に「公正な提案」をした上で，債権者の権利

に譲渡され，再建計画に参加する譲渡担保権付社債権者及び株主には Railway 社が発行する新証券が分配された。競売における競落価格は，再建計画で確認された Railroad 社の企業価値を大きく下回っており，無担保債権者への分配は皆無であった。Railroad 社に対する一般無担保債権を有していた Boyd 氏は，再建計画に参加する機会すら与えられなかった。取引完了後しばらく経過したのち，Boyd 氏は，Railroad 社及び Railway 社に対して支払を求めた。

　連邦最高裁判所は，支払不能（insolvent）の会社財産は「もっぱら債権者への弁済にあてられるべき信託基金（trust fund）」であること，株主が債権者よりも先に支払を受けることができないことは「確定した原則（fixed principle）」であることから，一般債権者に対して「公正な提案」をすることなくこれを再建計画から排除することは許されない，と判示した。もっとも，債権者が「公正な提案」を拒絶した場合には事後的にエクイティ上の救済を得ることはできないとの留保が付されており，これが，すぐ後で述べる計画の公正性につき裁判所のヒアリングを受けるという実務に繋がった。

73)　Collier on Bankruptcy, *supra* note 25, ¶1100. 11 [4] [a] [iv] [C], [v], Swaine [1927] pp. 907-911, Frank [1933] p. 561, Dodd [1935] p. 1101. 本章注 72）で述べたとおり，Boyd 事件判決は，予め債権者に「公正な提案」をしておけば ER による担保権実行手続が事後的に争われるリスクを回避することができることを示唆していた。同判決以降の実務は，再建計画の公正性につき裁判所がヒアリングすることで，法的安定性を確保する狙いがあった。

74)　Markell [1991] p. 82. 学説では，絶対優先説と相対優先説の 2 通りの解釈があると理解されていた（Bonbright & Bergerman [1928] pp. 128-133 参照）。

75)　Frank [1933] pp. 565-566, 569, Collier on Bankruptcy, *supra* note 25, ¶1100. 11 [4] [a] [iv] [C]. 事業再生実務家である Swaine は，再建計画に多数の権利者が参加したという事実が，計画の公正性に係る「説得的な証拠」になると主張する（Swaine [1927] pp. 920-921）。また，事業再生のプロである実務家が知識と経験に基づいて再建計画を策定したという事実が，裁判所に対する強い説得力を持ちえたものとも指摘されている（Skeel [2009] p. 1193）。

76)　*See* Note, *Protective Committees and Reorganization Reform*, 47 Yale Law Journal 229, 230 (1937) (*hereinafter* "Note 1937"). なお，本章注 72）のとおり，「公正な提案」であると認められれば，これを拒絶した権利者にはそれ以上の保護が与えられないとするのが Boyd 事件判決であった。

を縮減しつつ株主の参加を認める再建計画を策定する運用が続けられた[77]。

(4)　ER による事業再生の小括

以上のように，ER は，発行会社の危機時期において，債務負担を軽減して事業活動を継続するために，社債権者による権利実現（事業の解体）を防止しつつ，発行会社と投資家の間における再交渉を集団的に実現するフォーラムとして利用されていた[78]。しかしながら，再建計画に参加するかどうかが，各社債権者の個別的な意思決定に委ねられていたため，①社債権者のホールドアウトによる失敗の危険と，②強圧性による過大な権利縮減の危険という 2 つが分かちがたく結び付くこととなった。かかる状況において，学説・実務からは，ER 実務に対する批判が向けられる（本項 3）。

3.　ER による事業再生への批判

ER の実務に対しては夙に批判が向けられていたが[79]，その声は 1930 年代になって一層大きくなった[80]。批判は，大きく 2 つの陣営から展開された[81]。ひとつは，ER による事業再生が会社内部者によって支配され，強圧的な手法が利用されることにより，一般投資家の利益が蔑ろにされている，というものであり，もうひとつは，ER において，再建計画に反対する少数派への現金支払が必要となることにより，合理的な事業再生が妨げられている，というものである。以下，順に取り上げる。

(1)　強圧性と内部者支配の問題

ER 実務においては，会社の内部者（経営者）が，投資銀行及びその弁護士と結託して一般投資家の利益を蔑ろにしている，と批判されることがしばしばであった[82]。概要，次のような主張である。経営者と投資銀行は，ER の申立

---

77)　Dodd [1935] pp. 1124, 1133, Baird & Rasmussen [1999] pp. 406-408.

78)　Skeel [2009] pp. 1190-1191.

79)　1910 年の時点で，大株主かつ担保付社債者である者が，ER 手続を利用して，外部投資家や一般株主の犠牲のもとに事業再生を図るという濫用事例がしばしば発生していると指摘されていた（Trieber [1910] pp. 276-277）。

80)　Skeel [2009] p. 1194.

81)　Dodd [1935] pp. 1100-1110 の分析が明瞭である。

82)　Buchheit & Gulati [2002] p. 1327 参照。なお，Ayer [1989] p. 971 は，一般投資家のほか，取引

てに先立って，自らに都合の良いレシーバーを予め決めている[83]。彼らは，発行会社（及び信託証書受託者）が管理している社債権者の名簿（社債原簿）や，投資銀行の顧客名簿を利用して，主要な社債権者と事前に連絡をとり[84]，先手を打って保護委員会ないし再建委員会を組成して[85]，一般投資家（その多くが個人の社債権者であった）から個別に証券の寄託を取り付ける。寄託の勧誘に際しては，寄託し損ねると低額の最低競落価格によって不利な立場に立たされること[86]を予告し，一般投資家の恐怖を煽る。一般投資家は，寄託以外に選択可能な選択肢を実質的に持たず[87]，多くの一般投資家が保護委員会に証券を寄託することとなる。保護委員会は，こうして再建計画につき投資家の多数同意を獲得した上で，裁判所に売却の認可を迫る。裁判所としても，時間と費用をかけて策定され，かつ多数の投資家が同意した再建計画を，公正性に欠けるとして拒絶することは難しい[88]。

債権者もかかる実務によって害されえたことを指摘する。

83)　このような実務は，「友好的」レシーバーとして批判の対象となっていた。Dodd [1935] p. 1105 n. 11.

84)　これは，会社内部者がいわば先手を打つものであり，社債権者の側において互いに連絡を取り合って発行会社に対する対抗提案を提示することを事実上困難にするものであると批判される（Note, *Power of Minority Bondholders' Committee to Compel Disclosure of List of Bondholders*, 42 Yale Law Journal 984, 985 (1933)（*hereinafter* "Note 1933"）参照）。

85)　Note 1933, *supra* note 84, p. 984 は，再建委員会の組成にあたって中心的役割を担う会社内部者及び投資銀行の情報優位により，ER の当初から再建委員会が手続の支配的地位に立つこと，また，反対債権者が対抗提案を提示しようにも，先手を打たれて既に不利な地位に置かれる上，社債原簿が会社及び投資銀行に独占管理されていることから対抗提案の呼びかけすら困難であることを指摘する。Douglas [1934] p. 567 も参照。

86)　前述のとおり，ER 実務においては，担保権実行手続における入札者は再建委員会だけであることが通常であり，競落価格は低くなりがちであった。

87)　Frank [1933] p. 711 参照（平均的な個人投資家は，他に頼るべき者もおらず，慣性と不安から再建計画に同意してしまうと指摘）。もっとも，見方を変えれば，投資銀行は事業再生のプロでもあったことから，彼らに任せるのは基本的には適切な選択であったともいいうる（Note 1933, *supra* note 84, pp. 984-985 参照）。

88)　この点についての評価は鋭く対立していた。一方で，Jerome Frank は，十分な情報を与えることなく社債権者から承諾を取り付けた上で，裁判所に多数派債権者の同意を突きつけて認可を引き出すという実務が，社債権者自身による意思決定及び裁判所による審査の両面において情報に基づく実質的な判断を困難にするものであると強く批判した（Frank [1933] p. 568）。他方で，事業再生実務家の Robert Swaine は，計画策定と同意調達には時間と費用がかかるのだから，多数決同意を調達した以上，

　こうした手法により，発行会社は，一般投資家の負担において，内部者に有利な再建計画を成立させることが可能となる。ここでのポイントは，元来社債権者の利益を代弁することが期待される保護委員会が会社内部者に支配されており，社債権者のための交渉者としての機能を担っていなかったという点にある。実際のところ，再建計画は，多くの場合，譲渡担保権付社債権者及び無担保債権者の権利を縮減する一方で，株主（経営者）の権利を残存させる内容であることが多かった[89]。ER の手続は，投資家の利益のためでなく，会社内部者及び投資銀行らの利益（支配権維持のほか，過去の経営失敗や法的責任の糊塗も含む）のために利用されている，と強く批判されたわけである。

　かかる状況においても，仮に，信託証書受託者が社債権者の利益を代弁する者として発行会社に対峙していたならば，社債権者の利益を十分に擁護することもできたかもしれない。しかしながら，現実には，信託証書受託者も，社債権者の利益保護にはさして役に立たないと批判されていた。まず，そもそも信託証書受託者は発行会社の支配下にあることが多く，事業再生の局面において，保護委員会と密接な関係を有するのが通常であった[90]。また，信託証書の条項上，信託証書受託者は，かなり広範な免責が認められるのが一般的であり，社債権者の利益保護のために主体的に行動することは期待できなかった[91]。こうした事情により，発行会社は，信託証書受託者からの実質的な牽制を受けることなく ER の手続を利用することができたのである。

(2)　ホールドアウトとホールドアップの問題

　他方，ER の手続は，事業再生を推進する実務家からも批判の対象となっていた。批判の内容は多岐にわたるが，重要なものとして，まず，再建計画に賛同しなかった債権者に対する現金での弁済を余儀なくされることが挙げられる[92]。確かに，実際の競落価格は低額に抑えられるのが通例であったが，債

　　迅速に計画を実現することが望ましいとする（Swaine [1927] p. 921）。

89)　Markell [1991] p. 76 参照。かかる実務を正当化する根拠として，ER による事業再生の成否において経営者の協力が重要であったこと，株主は必要な追加資金調達の供給源となりえたことがしばしば挙げられる（Swaine [1927] pp. 914-915, Markell [1991] pp. 75-76, Baird & Rasmussen [1999] pp. 404-406 等）。

90)　Note 1937, *supra* note 76, pp. 229-230, 藤井 [1958] 141〜142 頁。

91)　岩原 [2016] 389〜391 頁，久保田 [2015] 246〜249 頁を参照。

権者の多数派が再建計画に賛成しているにも拘らず，賛成しなかった少数派のために現金を調達することが，事業再生の妨げとなっているとの問題意識である。とりわけ，1929 年に発生した大恐慌以降，資金制約はいよいよ逼迫し，反対権利者に分配する現金を調達することが一層困難になった[93]。これは，ER の手続において多数決を利用することができず，各債権者から個別に同意を調達しなければならなかったことの裏返しの問題である。

　次に，会社資産の競売手続において，少数派が遅延戦略を展開しうることに対する批判も挙げられる[94]。もともと，ER における会社資産の競売は，そこで競争的な入札が行われるわけでもなく，実際の入札金額も，裁判所が定めた最低競落価格近傍になるのが通常であった。そうであれば，あえて競売という法形式をとることに必然性はなく，会社資産の競売は，単に手続上必要とされる儀礼としての意味合いが強かった[95]。それにも拘らず，無用の手間をかけて儀礼としての競売手続を必要とする建前は，少数派に遅延戦略による抵抗の余地を与えるものであり，円滑な事業再生の妨げになると批判されたわけである。

(3)　背景事情——資本市場の変化

　この時代に ER 実務に対して上記(1)のような批判が強まったことの背景のひとつとして，資本市場の変化，とりわけ社債に対する投資家の顔ぶれが変容したことを指摘しうるように思われる。19 世紀末頃までの ER 実務は，もともと主として鉄道会社について形成されてきたものであり，そこでの投資家は，主としてヨーロッパの富裕層及び機関投資家であった[96]。これらヨーロッパの投資家たちは，ウォール街の投資銀行を経由して，アメリカの鉄道会社の譲渡担保権付社債に繰り返し投資していた[97]。発行会社が危機に陥ったとき，

---

92)　Swaine［1933］p. 328, Skeel［2001］p. 104.

93)　Collier on Bankruptcy, *supra* note 25, ¶ 1100. 11［4］［a］［vi］n. 241, Dodd［1935］p. 1103, Friendly
　　　［1934］p. 48.

94)　Swaine［1933］pp. 327-328. なお，当時，反対権利者になることを専門とする者（professional dis-
　　　senters）が存在したことも示唆されている（Kennedy & Landau［1975］p. 249）。

95)　Swaine［1933］p. 324 は，「事実というよりはフィクションである」と述べ，Frank［1933］p. 568 は，
　　　これを「無意味な儀式（meaningless mumbo-jumbo）」であると評していた。

96)　Baird & Rasmussen［1999］pp. 402, 409. 本章注 57）も参照。

これら多数の投資家が自らの権利確保のために行動することは困難であり，再建計画の策定・実行につき，投資家利益を代表して交渉する者を必要とした[98]。他方，投資銀行は，投資家との間で継続的な取引関係を持っていたため，自らの評判を維持するべく，発行会社の危機に際して投資家利益のために努力を尽くすインセンティブを有していた[99]。このように，19 世紀末頃までの ER 実務においては，投資銀行が，証券を保護委員会に寄託した投資家（社債権者）の利益を擁護する忠実な代理人として，発行会社との間で合理的なリストラクチャリング計画を交渉する役割を担うだけの理由があったのである[100]。

　ところが，その後，ER の手法は，鉄道会社のみでなく，一般的な事業会社にも盛んに利用されるようになった[101]。そして，20 世紀に入ると，鉄道会社や一般事業会社の社債権者として，アメリカの一般投資家（個人投資家）が増加し[102]，外国人投資家は大幅に減少した[103]。当時，アメリカ国内で金融仲介の役割を担う機関投資家は未発達であり，個人投資家は各々自衛するほかなかった[104]。こうした市場の変化の中，投資銀行は，発行会社との継続的取引関係を重視するようになる。投資銀行が社債権者の利益を代弁して発行会社との仲介役を務めるという 19 世紀末頃までの構図は，仮にそれがかつて存在していたとしても，20 世紀初頭には既に過去の遺物となりつつあったのである[105]。

---

97)　Skeel [2001] pp. 63-64.

98)　Rodgers [1929] pp. 899-900.

99)　Baird & Rasmussen [1999] pp. 402-403.

100)　Rodgers [1929] p. 900 参照。これは，ヨーロッパからのアメリカ大陸への投資が，機関投資家を介して繰り返し行われていたという事情（大村＝俊野 [2014] 346 頁参照）により，評判（reputaiton）のメカニズムが機能していた可能性を示唆するものである（Baird & Rasmussen [1999] pp. 402-403）。もっとも，かかる評判のメカニズムが実際に機能していたかどうかを実証することは容易でない。かかる仮説に批判的な見解として，Lubben [2004] も参照。

101)　Kennedy & Laundau [1975] p. 249.

102)　Baird & Rasmussen [1999] p. 409.

103)　Lubben [2004] pp. 1432-1433 によれば，1915 年にはアメリカ資本市場における外国人投資家が消滅したとのことである。大村＝俊野 [2014] 346 頁の記述もこれに沿う。

104)　他方，20 世紀初頭の好況期に社債を発行した一般事業会社の多くは，必ずしも信頼に足る投資銀行の助力を受けていたわけではなかった（Dodd [1935] p. 1103 参照）。かかる会社の事業再生において，投資銀行に評判メカニズムが実効的に機能するという保証はどこにもなかったわけである。

このような状況下で発生した1929年の世界恐慌，そしてそれに続く経済的な大打撃の中で，ウォール街に対する大衆的な不信感が高まる中[106]，大衆投資家保護の観点からER実務における内部者支配（及び信託証書受託者の怠慢）に批判が集まるのは，無理からぬことであったといえよう。

4. 旧連邦破産法77B条

以上のような不満を抱えた中，大恐慌後の不況という緊急事態を受けて，1930年代前半，旧連邦破産法に2つの重要な改正がなされた。ひとつは，鉄道会社の会社更生に関する旧連邦破産法77条を設けた1933年改正であり，もうひとつは，一般事業会社の会社更生に関する旧連邦破産法77B条を設けた1934年改正である[107]。これらは，大恐慌後の不況期において，多くの会社が陥った財務的困難の解決を容易にし，かつ事業再生の手法としてERに代替する法的手続を整備することを目的とするものであった[108]。本書は，鉄道会社に固有の問題を扱うことではなく，一般事業会社の事業再生法制の沿革を確認することに主眼があるので，以下の議論においてはもっぱら77B条を取り上げる[109]。

(1) 多数決原理の導入

1934年改正法77B条による事業再生手続は，従来のERの手続における幾つかの難点を解消し，債務者の事業再生を容易にするものであった[110]。とり

---

105)　Lubben [2004] p.1433.

106)　Skeel [2001] p.119, Miller & Waisman [2004] p.167.

107)　改正経緯については，Friendly [1934] pp.49-51, Commission Report 1973, *infra* note 176 pp.237-238 を参照。邦語文献としては栗原 [2015a] 103頁以下が詳しい。

108)　Collier on Bankruptcy, *supra* note 25, ¶1100.11[5]. 従来，鉄道会社と違って公益性の乏しい一般事業会社がERの手続を利用することに否定的なニュアンスをほのめかす判例が散見され，一般事業会社がERを利用して再建することには法的な不安があったところ（Skeel [2001] pp.103-106, Friendly [1934] pp.41-47 参照），77B条は，かかる不安を除去する意味もあった。

109)　現在の連邦破産法第11章の前身が1938年改正連邦破産法第X章・第XI章手続であり，同第X章手続の前身が1938年改正前の旧連邦破産法77B条であることに照らすと，ここでもっぱら同77B条を取り上げることには沿革上も理由がある。

110)　本文に取り上げる点のほか，たとえば，ERでは会社資産の競売手続が必要であったが，77B条では再建計画の可決・認可をもって足りるとされた。また，ERでは債権者の申立てを必要としたが，77B

わけ重要なのが，多数決原理の導入である。77B 条の手続においては，債権者の多数決での意思決定が認められた。これにより，反対債権者を再建計画に拘束することができるため，従来の ER におけるような，反対債権者に対する分配金の弁済のために現金を調達するという負担が解消された[111]。

　もっとも，多数決原理を導入するということは，必然的に少数派保護の問題を伴う。77B 条では，管財人の設置は必要でなく，債務者（ないしその経営者）の地位が強い[112]。その中で多数決原理を導入すると，さらに債権者利益が蔑ろにされるおそれがある。77B 条は，かかる問題について，次に述べるとおり，裁判所による再建計画の審査によって対処する建付けであった。

(2)　再建計画の内容規制

77B 条の狙いのひとつは，再建計画の策定・承認の手続を整備し，事業再生に対する裁判所の監督を制度化することによって，従来批判の強かった内部者支配の問題に対処することであった[113]。その端的な表れが，裁判所による再建計画の認可制度である。従来の ER の手続とは異なり，制度上，裁判所がすべての再建計画に関するヒアリングを行い，計画内容を独自に審査し，それが「公正かつ衡平（fair and equitable）」であることを確認して初めて認可する，という建付けが採用された。これは，裁判所が再建計画の内容に立ち入った審査をすることで，多数決原理を導入することによって生ずべき弊害を除去することを狙ったものであった。

条では債務者の申立てをもって足りるとされた。さらに，77B 条では，広い地理的範囲にわたる事業再生において付随的レシーバーを選任する手間と費用も不要となった。これらは，従前形式的に必要とされた要件を実質に即して廃止し，手続を整えたものといえる（Note 1937, *supra* note 76, p. 231, Collier on Bankruptcy, *supra* note 25, ¶1100. 11[5] n. 272, Skeel [2001] pp. 105-107, 村田 [2003] 63〜64 頁参照）。

111)　Dodd [1935] pp. 1110-1111, Collier on Bankruptcy, *supra* note 25, ¶1100. 11[5]，栗原 [2015a] 112 頁参照。

112)　設置される場合も，経営者が管財人の 1 人に選ばれる可能性が高く，再建手続に対する影響力を維持しうる状況であった（Weiner [1934] pp. 1181, 1194）。また，再建計画の提案権限に関しても，債務者は無条件で再建計画案を提案することができるのに対し，債権者又は株主が提案するためには一定割合以上の権利者の承諾を得なくてはならないとされていた。

113)　Collier on Bankruptcy, *supra* note 25, ¶1100. 11[5] n. 262, Dodd [1935] p. 1104, Weiner [1934] p. 1188. *See also* SEC v. American Trailer Rental, Co. 85 S. Ct. 513, 519 (1965).

　しかし，その後の運用では，多数派が賛成していることをもって「公正かつ衡平」の証拠となると解される傾向にあった[114]。ひとつ例を挙げると，カリフォルニア州南部地区連邦地方裁判所は次のように判示している。「かつての規律のもとにおいて，1 人か 2 人の反抗的な社債権者が，自らの債権につき満額の弁済を得るまで確実に有益な計画をホールドアップすることができたということは，悲しい経験から我々全員が知るところである」。「仮に提案された計画が認可されず，本件手続が廃止されるならば，社債権者は難局に陥るであろう。……当裁判所が，株主の参加について，大きすぎると感じるか，小さすぎると感じるか，はたまた丁度良いと感じるかは，ここでは重要ではない。結局のところ，その問題は，すべての利害関係人によって何か月にもわたって議論が尽くされたのである。みたところ，比較的少数の社債権者以外は全員が明示的に譲歩しているし，補助裁判官（special master）も，いまや衡平かつ公正な分配が提案されていると判断している。……〔先例によれば，〕再建計画が賢明であるか愚かであるかという問題に関して，裁判所は，認可権限を行使するにあたって経済的利益を有する者のビジネス上の判断を尊重するべきである，とされるが，当裁判所はこの言説に賛成するものである」[115]。このような立場からすれば，多数派が賛成しているにも拘らず裁判所が決議内容の当否に立ち入って審査することは差し控えられるべきこととなろう。

(3)　1934 年改正の評価

　もっとも，大恐慌の混乱期に急いで制定されたという事情もあって[116]，依然として計画の策定手続に対する手続的規制は不十分であった。従来の，もっぱら会社内部者がイニシアティブをとって再建計画を策定し，権利者の同意を調達するという実務は，1934 年改正によっても何ら変容しなかった[117]。また，

---

114)　Roe [1987] p. 253.

115)　*In re* Los Angeles Lumber Products, 24 F. Supp. 501, 509, 513-514 (S.D. Cal. 1938), *aff'd*, 100 F.2d 963 (9th Cir.), *rev'd sub nom.* Case v. Los Angeles Lumber Products, 308 U.S. 106 (1939). なお，ここで引用したのは，著名な Los Angeles Lumber Products 事件連邦最高裁判決に係る下級審判決である。上告審において，「公正かつ衡平」とは絶対優先原則を意味するものであるとされ，本文記載の解釈は明示的に否定された。

116)　Collier on Bankruptcy, *supra* note 25, ¶ 1100. 11 [5] [a] n. 280, Weiner [1934] pp. 1195-1196.

117)　Note 1937, *supra* note 76, p. 232. 理論的には，会社内部者支配を排除するために，交渉を代表す

認可制度についても，裁判所に独自の調査権限が付与されていたわけではない
ので，必ずしも客観的な情報に基づいて認可要件の有無を判断することができ
たわけではなかった[118]。加えて，認可制度におけるヒアリングは，再建計画
につき多数派の賛成を取り付けた後で行われるものであったため，裁判所は，
迅速にそれを認可するべきであるとの圧力から逃れることはできず[119]，実際
の運用においても，多数派が賛成している場合には決議内容に立ち入った審査
を差し控える傾向があった[120]。このような次第であるから，認可制度が設け
られたことによっても，会社内部者の支配を排除するには至らなかったのであ
る[121]。

　結局，同改正は，従来批判が強かった会社内部者や投資銀行による濫用を防
止する手段としては不十分な改正にとどまったと評価されている[122]。むしろ，
従来の ER 実務をいわば追随的に法典化するものであったことから，債務者・
経営者寄りの立法であるとして，制定当初から批判されていた[123]。

第3項　SEC による制度改革

　かかる状況の中，1930 年代，SEC が，投資家保護の観点からの本格的な調
査に乗り出した。調査の結果は全 8 巻の SEC 調査報告書にまとめられ[124]，こ

る保護委員会が，会社内部者のためではなく多数派社債権者の利益のために行動するよう規制を設け
　るという行き方もありうるところであり，かかる規律を設けていない点において 77B 条に深刻な欠陥が
　あるとみなす立場もありうると指摘されている（Dodd [1935] p. 1117 参照）。

118)　Note 1937, *supra* note 76, pp. 237-238 では，経営陣が支配権を維持している以上，裁判所は，
　バイアスのかかった情報開示に基づいて判断せざるを得ないと指摘されている。

119)　Note 1937, *supra* note 76, p. 238.

120)　多数派が賛成していることをもって計画内容の公正性を推定する考え方に対しては有力な批判も向
　けられていた。いわく，一般投資家はまともな情報も与えられず判断しているのだからその多数派が同
　意しているからといって計画内容が公正であると推定することはできない，という（Frank　[1933]
　pp. 711-712）。

121)　Dodd [1941] p. 941. なお，本段落の説明については，青山 [1967] 9 頁も参照。

122)　Dodd [1941] p. 941, Collier on Bankruptcy, *supra* note 25, ¶1100. 11[6][b]. この点について，
　栗原 [2015a] 128 頁注 64 も参照。

123)　村田 [2003] 64 頁，青山 [1966a] 25 頁参照。Dodd [1941] p. 941 は，旧連邦破産法 77B 条は，
　会社の経営者及び投資銀行といった内部者が再建手続を支配するのを防止するのに殆ど役に立たなか
　ったと指摘している。

れを基礎として，1938 年に旧連邦破産法改正（Chandler 法）が，1939 年に信託証書法がそれぞれ成立した[125]。以下，簡単にそれぞれの立法趣旨を確認する。

1. 1938 年改正連邦破産法

1938 年改正連邦破産法案に関する上院報告書（Senate Report）[126]の記述から，改正趣旨を確認しておこう。まず，旧連邦破産法 77B 条手続においては，管財人として，中立・独立の第三者ではなく，債務者に「友好的な」者又は債務者自身が就任しており，債務者が依然として財産を支配している。また，適切な手続管理のためには，偏りのない中立的な情報が裁判所に提供されることが不可欠であるが，77B 条手続ではそれが不十分である。次に，再建計画の策定と交渉について裁判所が審査・監督する仕組みがない。個々の権利者は，十分な情報を提供されておらず，また権利者名簿を債務者が独占しているので互いに連絡をとって協調行動をとることもできない。さらに，計画の認可にあたっても，裁判所が専門的かつ中立的な助言を得る仕組みがなく，事実上，提出された計画を認可する圧力にさらされている。最後に，権利者の手続参加に関しても，権利者による意見陳述の機会は制限されている一方，一部の権利者が悪意をもって再建計画を妨害する行動を制限するための仕組みは十分でない。

　こうした問題意識から，連邦議会は，旧連邦破産法 77B 条の改正が必要で

124）　なお，SEC 調査報告書は，そもそも客観的な学術的報告書ではなく，SEC が実施した調査に基づき，事業再生に関する新たな立法を推進するために作成された提言書というべきものであるから，その内容を額面どおりに受け取るべきではない（*See* Skeel [2001] pp. 111-112, Landau & Peluso [2008] p. 64）。しかし，SEC 調査報告書が 1938 年の旧連邦破産法改正及び 1939 年の信託証書法制定に多大な影響を与えたことは否定できず（Skeel [2001] pp. 112-113），少なくとも当時の立案担当者たちがどのような問題意識を有していたか，そして当時の立法が如何なる趣旨で制定されたものであるかを知る上では有力な手がかりとなる。

125）　その経緯については，Skeel [2001] pp. 113-118 が詳しい。1 点だけ指摘しておくと，SEC（とりわけ委員長であった William Douglas）は，もともと破産手続を完全に行政機関の監督下に置くことを構想していたが，実際の 1938 年改正連邦破産法第 X 章手続は，そこまで強力な規制にはならなかった。

126）　S. Rep. No. 1916 on H.R. 8046, 75th Cong., 3d Sess. 21-22 (1938), *reprinted in* Collier on Bankruptcy, *supra* note 25, ¶1100. 11[5][b]. ここに示されているのは，SEC 調査報告書と通底する問題意識である。青山 [1966a] 25 頁も参照。

あるとの結論に至り，1938 年に Chandler 法を可決した。1938 年改正連邦破産法第 X 章に基づく会社更生手続（corporate reorganization）は，一般投資家が存在する大企業を念頭に置いた手続であり，手続の全般にわたって，裁判所の監督を強化し，SEC による中立的かつ専門的な助力を制度化することで，一般投資家の利益保護を強化することを企図していた[127]。他方，もっぱら小規模閉鎖会社を念頭に置いて，従来の債務免除手続（composition）の系譜を引いた第 XI 章に基づく整理手続（arrangement）も設けられた。以下，それぞれ簡単に取り上げる。

(1)　第 X 章手続[128]

1938 年改正連邦破産法第 X 章は，会社更生手続を定めている。これは，負債総額が一定金額以上のすべての事案につき，旧経営陣を排除して利害関係を持たない管財人（trustee）を設置し，これに会社の事業・財産や過去の経営に対する調査権限を付与することで，事業再生の手続全般を裁判所の監督下に置くものである。

まず，再建計画の策定手続に対しては，裁判所及び SEC による実質的な関与が制度化されている[129]。裁判所による再建計画の内容審査は，大きく 2 段階に分けて行われる。第 1 段階として，権利者に提案されるすべての計画案は，管財人によって策定され，かつ，権利者の決議に付される前に，裁判所のヒアリングを経て許可（approval）を受ける必要がある。その際，SEC は，裁判所のヒアリングに先立って勧告的報告書を提出することができる[130]。当該計画が所定の実体的要件を充足しないときは，裁判所は当該計画の許可を拒絶する。逆に，要件を満たすものと認められれば，裁判所は計画を許可し，権利者の決

---

127)　SEC v. American Trailer Rental, Co. 85 S. Ct. 513, 519 (1965). ここでは，取引債権者よりもむしろ一般投資家保護が主たる目的とされていた（*Id.* at 524）。なお，1938 年改正連邦破産法第 X 章手続が一般投資家保護の規律であることは，兼子＝三ケ月 [1953] 8～10 頁においても指摘されている。いわく，第 X 章手続を「貫く理念は，手続が若干複雑化することを忍んでも，一般投資大衆の利益擁護に遺憾なからしめようとするにあった」。当時の社債は，その多くが個人投資家によって保有されており，典型的には未亡人や孤児の資産形成手段だったようである。

128)　1938 年改正連邦破産法第 X 章の条文は，三ケ月 [1970] 405 頁以下を参照。

129)　青山 [1967] 4 頁以下，村田 [2003] 72 頁以下参照。

130)　負債総額が一定金額以上の場合には，SEC 報告書が必須となる。

議に付する。裁判所の許可を受けるまでは，権利者に対して計画への同意を勧誘することは許されない[131]。

　次に，第2段階として，再建計画が権利者の法定多数決によって可決された場合においても，裁判所は再度のヒアリングを行い，実体的・手続的要件の双方を含む所定の要件を満たす場合に限って，当該計画を認可（confirm）する。たとえ再建計画が多数決によって可決された場合であっても，法の定める実体的要件が具備されない場合には裁判所の認可を受けることができない——換言すれば，個々の債権者は，法の定める実体的要件を具備しない再建計画を多数決によって強いられない権利が保障されている——のである。

　以上から明らかとなる第X章手続の特徴は，再建計画案の策定・承認を当事者の私的交渉に委ねるのではなく，手続全般にわたって裁判所及びSECが監督・介入する建付けになっていること，そして，手続面のみならず再建計画の内容面にまで立ち入って裁判所が主体的に審査することが予定されていること，である[132]。かかる規律は，発行会社内部者と投資家との間には情報の非対称性や集合行為問題等による交渉力の格差が歴然と存在し，当事者間の自由な交渉に委ねていたのでは必ずしも衡平な結果がもたらされない，との懸念に基づくものであった[133]。1938年旧連邦破産法改正後まもなく，決議認可要件である「公正かつ衡平」とはいわゆる絶対的優先（absolute priority）の原則（いわゆる絶対優先原則）を意味するものであるとの解釈が連邦最高裁判所の著名なLos Angeles Lumber Products事件判決（1939年）[134]によって確立される

131）　これは，従来の実務において，交渉の上で多数権利者の賛同を得ているという事実を裁判所が事実上尊重せざるを得なかったことへの反省に立脚するものである（青山［1967］9頁参照）。しかし，かかる規律も一長一短であり，裁判所の許可がなされるまで同意勧誘できないというルール下では，権利者間の自発的な交渉が事実上妨げられるとの批判もなされていた（Note 1937, *supra* note 76, p. 244）。

132）　LoPucki & Whitford［1990］p. 131参照。David Skeel, Jr. は，「私的交渉とウォール・ストリートの企みが排除され，普遍的な政府の監督が採用された」と表現する（Skeel［2001］p. 122）。村田典子は，1938年連邦破産法改正による第X章手続の導入を，「再建型倒産処理手続を，『私的交渉に基づくもの』から『公的機関によって全面的に管理されるもの』へと変化」させるものであったと評価する（村田［2003］81頁）。

133）　Note, *The Proposed Bankruptcy Act: Changes in the Absolute Priority Rule for Corporate Reorganizations*, 87 Harvard Law Review 1786, 1792 (1974) (*hereinafter* "Note 1974"), Baird & Rasmussen［1999］pp. 409-413, Bratton［2001］pp. 749-750.

が，これは，実体的公正性の観点から，会社更生手続での交渉可能範囲に外在的な枠付け――いやしくも優先的権利を有する債権者の権利を縮減する以上は，劣後権者たる株主はもはや利益を享受しえない，という意味における交渉可能範囲の限定――を設けるものであったと評価しうる[135]。

　絶対優先原則の枠組みは，債権者の多数派によって承認された再建計画が「公正かつ衡平」であるかどうかを，裁判所が自らの企業価値評価に基づき[136]，絶対優先原則の基準に照らして判断する，というものである。これは，1938年の旧連邦破産法改正のために尽力した SEC の主張[137]を連邦最高裁判例とし

---

134)　Case v. Los Angeles Lumber Products Co., 308 U.S. 106 (1939). 同判決は，1938年改正前連邦破産法77B条における「公正かつ衡平」とは絶対優先原則を意味するものであり，下位の権利者が上位の権利者の犠牲において自らの権利を保有し続けることを認める再建計画案を裁判所が認可することはできない，との解釈を示した。同判決については既に詳細な紹介があるので立ち入らないが（たとえば青山 [1969] 10～12頁，栗原 [2015a] 104頁以下を参照），3点だけ指摘しておくと，①同判決の事案では，信託証書上，社債権者の4分の3の多数決をもって社債の核心的権利の変更を認める明示的な条項が存在したが，発行会社はこれに依拠せず，旧連邦破産法77B条手続を申し立てたという事情があったこと，②発行会社が提案した社債リストラクチャリング計画に対しては，社債権者の額面ベースで92%以上の承諾が得られていたこと，③同判決は，社債権者の多数派が賛成しているという事実は何ら計画の公正性を示すことにならないと明示的に説示したこと，が注目に値するであろう。同判決で確立された絶対優先原則は，1938年改正連邦破産法第X章手続における「公正かつ衡平」の解釈にも引き継がれた（青山 [1969] 12頁，栗原 [2015a] 109頁以下参照）。

135)　Brudney [1974] p. 307 は，絶対優先原則とは，継続企業余剰の分配における規範であり，当事者が交渉できる限界を画するものであると指摘する。Brudney [1992] pp. 1828-1829 も同旨（第X章手続における絶対優先原則は，社債権者の交渉上の不利な立場を考慮して，当事者間の交渉可能範囲に対し実体的な限界を設けるものであるとする）。なお，1938年改正連邦破産法は，手続的な規律をかなり強化しているので，絶対優先原則という実体的な枠付けそれ自体が会社更生の濫用防止においてどれほど役に立っていたかを評価するのは困難であるとも指摘されている（Note 1974, *supra* note 133, p. 1796）。

136)　絶対優先原則の適用にあたって，裁判所による企業価値評価が必要であること，そして会社が合理的に生み出すと予見することができる将来収益を一定の合理的な割引率で現在化して企業価値を評価することにつき，Blum [1950] pp. 572-576 を参照。これは，会社の本源的価値（intrinsic value）を算定する試みであり，その結果が市場価値と一致することを保証するものではない（Blum [1950] pp. 578-579, Warner [1977] pp. 243-244）。

137)　かかる主張は，Los Angeles Lumber Products 事件で SEC（委員長：Jerome Frank）が提出した意見書（amicus brief）（Brief for the Unites States Amicus Curiae, *filed in* Case v. Los Angeles Lumber Products Co., 308 U.S. 106 (1939)）に見出すことができる。

て確定的に採用したものと理解しうる[138]。この仕組みは，交渉可能範囲を狭めることで投資家保護を強化する反面，裁判所が実体的な価値評価を行うがゆえの不確実性を招きいれることとなった[139]。

(2)　第 XI 章手続

　従来の債務免除手続の系譜を受け継いだ 1938 年改正連邦破産法第 XI 章は，整理手続についての定めである。これは，主として小規模閉鎖会社における取引債権者との債務整理を念頭に置いて，無担保債権だけを取り込んだ簡易・迅速な債務免除手続を定めるものであった。第 X 章手続が一般投資家の権利保護を主たる目的としていたのと対照的に，第 XI 章手続は，事業再生のための取引債権者の債務整理を容易にする手続であると考えられていた[140]。

　かかる手続の性格に照らして，第 XI 章手続の規律はかなり柔軟であった。まず，必ず管財人が選任される第 X 章手続とは対照的に，第 XI 章手続では，既存の経営者が財産管理・事業活動を継続することができた。また，再建計画の実体的規律としては清算価値保障原則のみが適用され，それを上回る継続企業余剰部分は，債権者のみならず劣後権者である株主にも分配することが可能であった[141]。さらに，計画案の策定を含む手続の全般について債務者がイニ

---

138)　栗原 [2015a] 128 頁注 64 参照。

139)　債務者の企業価値評価は，将来収益の予測及び割引率の決定のいずれにおいても主観的判断を免れず必然的に不確実性を伴うものであり（Note 1974, *supra* note 133, pp. 1793-1794），裁判所は企業価値を市場価値と比較して過大に評価する傾向があると指摘されていた（Warner ［1977］ pp. 244-245）。また，権利者への分配はしばしば異なる種類の権利ないし証券であったことから，絶対優先原則を適用するためにはこれら権利ないし証券の価値評価も必要となる。絶対優先原則の適用は，企業価値の評価のみならず，その分配においても不確実な価値評価を伴った（Note 1974, *supra* note 133, pp. 1795-1796）。

140)　SEC v. American Trailer Rental, Co. 85 S. Ct. 513, 524 (1965). たとえば，John Ayer は，債務免除手続とは，オーナー経営者と仕入先債権者との間における対面交渉のイメージであると説明している（Ayer [1989] p. 977。なお，Blum & Kaplan [1974] pp. 667-668 も参照）。

141)　整理手続において債権者に清算価値だけが保障されるのは，中小企業における企業価値（暖簾，ノウハウ，取引関係といった無体価値）は，元来オーナー経営者自身に帰属するものであり，債権者に帰属するものではないからだ，と説明されてきた（Blum ＆ Kaplan ［1974］ p. 668）。連邦最高裁が，1938 年改正前の旧連邦破産法 77B 条や 1978 年改正前の旧連邦破産法第 X 章手続において「公正かつ衡平」の解釈として絶対優先原則を確立したことの背景として，絶対優先原則からの逸脱を認めるべき事例においては債務免除手続や整理手続（第 XI 章手続）を利用することができたという点を看過す

シアティブを持つものとされ[142]，手続開始に先立って再建計画に対する権利
者の同意を勧誘することもできた[143]。

　こうした手続上の差異に関しては，第 XI 章手続において債務免除の対象と
なる債権者としては無担保の取引債権者が想定されているところ，取引債権者
は債務者と事業上の関係を有しており，一般投資家と比較して情報面における
要保護性に欠けるためである，と説明されている[144]。それゆえ，第 XI 章手続
は，一般投資家が存在する社債の権利変更に適した制度であるとは考えられて
いなかった[145]。

2.　1939 年信託証書法

　1938 年の旧連邦破産法改正の翌年，信託証書法が制定された。信託証書法
は，信託証書受託者の機能不全，多数決条項の濫用等により，社債権者が不当
な条件での会社更生の受諾を余儀なくされているとの問題意識に基づき，①信
託証書受託者の設置を強制して適時の権利実現を可能にする機構を整えるとと
もに，②権利変更を伴う倒産処理を裁判所の監督のもとで公正に行わせること
を企図するものであった[146]。制度の概要は既に述べたので，ここでは信託証
書法 316 条(b)項の沿革及び趣旨を確認する。

(1)　背景——多数決条項の利用状況

　信託証書法が制定される以前，多数決による社債のリストラクチャリング
（とりわけ，元利金の支払猶予や減免等，社債の核心的権利の変更）を可能にする
契約条項は，少なくとも 1920 年代頃までは，全くなかったわけではないにせ
よ[147]，さほど多くはみられなかったようである[148]。1936 年に公表された

　べきでなかろう（栗原 [2015a] 118 頁，田村 [1993] 163 頁注 55 参照）。

142)　SEC v. American Trailer Rental, Co., 85 S. Ct. 513, 520 (1965). たとえば，計画案の策定は債
　　務者のみがなしうるものとされ，債権者はこれを受諾するか拒絶するかの二択で判断するほかなかった。

143)　実際のところ，申立てよりも前に多数派権利者の同意を調達しておくことが望ましいと考えられてい
　　た（Kennedy & Landau [1975] pp. 246-247 参照）。

144)　Blum [1958] p. 418, Johnson [1971] p. 525, House Report 1977, *infra* note 178, p. 225.

145)　Kennedy & Landau [1975] p. 224.

146)　この点を明確に述べる裁判例としてたとえば UPIC & Co. v. Kinder-Care Learning Center, Inc.
　　793 F. Supp. 448, 452-453 (S.D.N.Y. 1992) を参照。

147)　早い段階で多数決条項が利用されていたことを示す著名な事例として，Hackettstown National

SEC 調査報告書の第 6 巻[149]では，信託証書の実務上，多数決による権利変更の対象から元利金支払義務を明示的に除外するのが一般的であると報告されていた[150]。

　元利金支払義務の減免に関する多数決条項が当時あまり活用されなかったことの背景として，社債の「譲渡可能性（negotiability）」の要件がしばしば指摘される[151]。当時ニューヨーク州の譲渡可能証券法（Negotiable Instruments Law）では，「無条件の約束又は命令」が譲渡可能性の要件であると定められていたところ，多数決による元利金支払義務の減免を認める条項がこの要件を満たすのかどうか，疑義があった[152]。それゆえ，ニューヨーク証券取引所は多数決条項を含む社債を取引所に上場することには消極的であったし，発行会社や引受会社も社債に多数決条項を取り入れることには消極的であった[153]。このように，譲渡可能性と多数決条項はトレードオフの関係にあると考えられ，公衆に起債する社債に多数決条項が利用される例はさほど多くなかったのである[154]。

Bank v. D. G. Yuengling Brewing Co., 74 F. 110 (2d Cir. 1896) がある。

148)　Billyou [1948] pp. 596-97, Haines [1939] pp. 64, 66, Buchheit & Gulati [2002] p. 1326 を参照。なお，Schwartz [1993] は，1939 年信託証書法制定前の社債実務において多数決条項がさほど活用されていなかった事実を，多数決条項がそもそも経済合理性を欠くという自身の主張の根拠として挙げているが，以下の本文に述べるとおり，当時多数決条項が活用されていなかったことの背後にはそれなりに理由があったとみることができるのであって，経済合理性の観点だけで説明するのは性急であろう。実際のところ，イングランドでは 19 世紀から元利金請求権の減免を含む多数決条項は一般的にみられたし，かかる実務は今日まで存続してきた。この点については Buchheit & Gulati [2002] pp. 1324-1325 も参照。

149)　Securities and Exchange Commission, Report on the Study and Investigation of the Work, Activities, Personnel and Functions of Protective and Reorganization Committees, Part VI, Trustees under Indentures (June 18, 1936) (*hereinafter* "SEC Report VI").

150)　SEC Report VI, *supra* note 149, p. 137. *See also* Roe [1987] p. 256（議会において，SEC の担当者であった Edmund Burke 氏が，SEC が調査した信託証書の 90% は多数決による元利金減免を禁止していたと証言していることを指摘している）。

151)　Skeel [2003] p. 419 参照。

152)　Swaine [1927] p. 927, Billyou [1948] pp. 599-601, Roe [1987] pp. 256-257, Roe [1996] p. 661 参照。

153)　Billyou [1948] p. 597, Roe [1987] pp. 256-257, Buchheit & Gulati [2002] p. 1326.

154)　本文に述べた点のほか，当時のアメリカにおける社債発行の実務に鑑みて，多数決条項がさほど

　しかしながら，世界恐慌の影響で深刻な不況に苛まれ，かつ ER や旧連邦破産法 77B 条に基づく事業再生の不十分性が一層強く認識され始めた 1930 年代には，実務家の間で，社債契約の多数決条項に基づく財務リストラクチャリングの有用性を主張する声が出るようになった[155]。そして，実際，1930 年代には，一部の事業会社の社債において，社債権者の権利変更を可能とする多数決条項が付される例が現れた[156]。

(2)　SEC の問題意識

　SEC は，その調査報告書において，元利金の支払条件を多数決で変更する信託証書条項が実務上一般的となり，裁判所や行政機関の監督を欠いたままで財務リストラクチャリングが行われるという懸念に光を当てた。いわく，「契約による会社更生を定めた証書は，エクイティ・レシーバーシップや破産に内在する困難性を解消するかもしれないが，濫用されたり，支配的なグループの願望と便宜のために証券保有者の利益が劣後化されないために対処すべき問題を引き起こしたりすることは認めざるを得ない。その危険は，かかる条項が流行して，何らのコントロールも設けられない場合に，次の会社更生のサイクルが，裁判所や行政機関の監督なしに任意に行われる，という点にある」[157]。

魅力的でなかった可能性を指摘する見解もある。すなわち，複数の社債を発行して資本構成が複雑である場合には，社債ごとに多数決条項を取り入れたとしても抜本的な資本再構成は困難である。他方，多数決条項の存在は，当時の鉄道会社の社債購入者の大半を占めた外国人投資家がアメリカ企業への投資を躊躇することにも繋がりかねない。こうした事情から，流通証券法の点を度外視しても，多数決条項は実務上採用しがたいものであった可能性があるという（Skeel [2003] pp. 419-421）。

155)　McClelland & Fisher [1937] pp. 818-823, SEC Report VI, *supra* note 149, p. 146-148（1936 年にシカゴの弁護士が行った講演において，旧連邦破産法 77B 条を利用した債務整理には諸費用がかかることから，契約条項に基づく多数決での会社更生の有用性が説かれているのを引用している）．

156)　Kashner [1988] p. 128（元利金に関する多数決条項は，かねてよりイングランド及びカナダではみられたが，アメリカでは，事業再生法制に対する不満から 1930 年代になってようやくみられるようになったと指摘する），Buchheit & Gulati [2000] p. 66（1939 年信託証書法が制定される以前にアメリカで発行された社債の多くに多数決条項が含まれていたと指摘する），Skeel [2001] p. 121（1930 年代には発行会社及び引受会社が多数決によって権利変更をなしうる条項を挿入するようになったと指摘する）等参照。たとえば，Los Angeles Lumber Products 事件における発行会社（破産会社）は，信託証書を未償還元本総額の 4 分の 3 以上の多数決で変更することを認める多数決条項を設けていた（同事件第 1 審判決 *In re* Los Angeles Lumber Products, 24 F. Supp. 501, 504 (S.D. Cal. 1938) 参照）。

157)　SEC Report VI, *supra* note 149, p. 150.

　ここで明確に看取される SEC の問題意識は，多数決条項によって，裁判所や行政機関の監督を受けない任意の財務リストラクチャリングが容易になるところ，かかる監督なしの財務リストラクチャリングは，——1930 年代までの ER 実務や旧連邦破産法 77B 条の実務においてそうであったように，——会社内部者の濫用に対して脆弱となる，というものである。この点に関して，SEC 調査報告書は，会社内部者による委任状勧誘の危険に言及する。いわく，「仮に，委任状が社債権者と利害の相反する者の手に収まった場合，社債権者は単に不十分に代表されるというだけではなく，さらに保護委員会が証券保有者を搾取したのと同様のやり方で搾取されるかもしれない」[158]。そして，実務上，社債原簿は発行会社及び引受会社の手元にあるのが通常であることから，——ER 実務における保護委員会の証券寄託実務がまさにそうであったように，——会社内部者が，もっぱら自らの利益のために委任状勧誘を行うという危険が一層高まると指摘する[159]。

　このように，SEC は，元利金の支払条件に関する多数決条項が，時として会社内部者及びこれと結託した投資銀行等によって濫用され，一般投資家である少数社債権者の利益侵害に繋がる危険がある，という懸念を強調したわけである[160]。

(3)　信託証書法の制定

　SEC の問題意識は，情報力と交渉力の点で優位にある会社内部者の利益において，個人投資家の利益を害する形で裁判外の財務リストラクチャリングが行われる事態を防がなければならない，という点にあった。かかる問題意識に基づき，財務リストラクチャリングの局面における個人投資家保護を強化すべく SEC が目指した方向性は，財務リストラクチャリングの交渉過程を裁判所ないし行政機関の監督下に置くことであった。前述のとおり，信託証書法 316 条(b)項の規定は，社債権者の個別的な同意なくして元利金の支払条件を変更することを禁止するものであるが，これは，裁判外での財務リストラクチャリングの可能性を制約することによって，「債務の調整計画の公正性に対する司

---

158)　*Id.*

159)　*Id.* at 151.

160)　このような見方に対する批判も含めて，Skeel [2001] pp. 111-112.

法審査の潜脱（evasion of judicial scrutiny of the fairness of debt readjustment plan）」を防止する趣旨のものであると位置付けられたのである[161]。

　このように，財務リストラクチャリングにおいて個別的同意の原則を採用する結果として，発行会社が強制執行や清算・解体に追い込まれる危険が高まることを SEC が看過していたわけではない[162]。その点を考慮してもなお，投資家保護の観点から，財務リストラクチャリング交渉を裁判所又は行政機関の監督下に置く方向に舵を切ったのが 1939 年信託証書法だったのである。SEC は，破産手続を避けるべきコストの源泉として捉えるのではなく，むしろ，個人投資家を保護しながら公正な財務リストラクチャリングを実現するために不可欠の仕組みとして捉えていたといえよう。1930 年代の SEC にいわせれば，個人を含む一般投資家を保護するためには，「債務の調整計画の公正性に対する司法審査」が不可欠であり，これを「潜脱」する多数決条項は強行法的に禁止されて然るべきものだったのである[163]。

3.　SEC による制度改革の小括

　以上から明らかなとおり，1939 年信託証書法 316 条(b)項の規定は，1930 年代までの事業再生実務に対する SEC の問題意識に根差しており，1938 年改

---

161)　州際及び渉外通商委員会（The Committee on Interstate and Foreign Commerce）による下院報告書（H.R. Rep. No. 1016 to accompany S. 2065, 76th Cong., 1st Sess., at 56）及び銀行及び通貨委員会（The Committee on Banking and Currency）による上院報告書（S. Rep. No. 248 to accompany S. 2065, 76th Cong., 1st Sess., at 26）参照。

162)　SEC Report VI, *supra* note 149, p. 145 は，事業再生を試みる者は，反対少数者と交渉する必要性に迫られ，その結果として強制執行手続（さらにはその後の破産手続）が不可避となる結果に直面するであろうと指摘する。この点について，UPIC & Co. v. Kinder-Care Learning Centers, Inc., 793 F. Supp. 448, 453（S.D.N.Y. 1992）は，「証券取引委員会は，社債権者の全員一致投票——多数決投票ではなく——を要求することが，合意に基づくワークアウトを困難にすることを，疑いの余地なく認識していた」と指摘する。また，Roe [1987] p. 234 は，「Douglas 及び SEC の同僚たちは，殆ど全員一致を要求することが破産を招くことを認識していたのみならず，むしろそのような見込みを歓迎していたのである」と指摘する。

163)　Shuster [2006] p. 433 は，信託証書法 316 条(b)項は，しばしば発行会社と結託した機関投資家による財務リストラクチャリングの試みから個人のリテール投資家を保護するために制定されたものであると指摘する。Bratton & Gulati [2004] p. 72 n. 240, Bratton [2001] p. 748, Skeel [1998] pp. 1374-1375 なども参照。

正連邦破産法を補完し，その潜脱を防ぐものとして制定された。SECの一貫した主張は，組織化されず分散した一般投資家が，利己的な内部経営者及び投資銀行によってしばしば不公正に扱われている，というものである。かかる場合において，社債権者は，十分な情報を与えられることなく再建計画に賛成することを余儀なくされているのだから，その多数派が賛成しているからといって計画内容が公正であると認めることはできない，と考えるわけである。

　一連の改革の結果として，公募社債のリストラクチャリングは，社債権者から個別に同意を調達するか，又は裁判所の厳格な監督に服する連邦破産法第Ｘ章手続の中で実行されるべきものとなった。こうして，事業再生における一般投資家（社債権者）の利益を，裁判所がその監督によって保護するという一貫した制度体系が構築されたわけである。もちろん，連邦議会及びSECは，信託証書法316条(b)項の規定が破産手続外での事業再生を困難にすることを十分承知していたが，それでもなお司法審査の潜脱を防止すべきことが重視されたのである。

　しかしながら，SECの議論は，会社内部者による濫用の可能性を一方的に強調するものであって，裁判外での財務リストラクチャリングの有用性（あるいはその背後にある倒産手続のコスト）を度外視していた嫌いがある[164]。その後の実務においては，破産手続に関して，絶対優先原則の適用における企業価値評価の時間，費用及び不確実性が，直接的・間接的なコストをもたらすことが次第に明らかとなり[165]，第Ｘ章手続は，本来同手続を利用することが想定されていた大企業に嫌忌されるようになる。次項では，連邦破産法の改正により，その手続構造が大幅に柔軟化された経緯をみていくことにする。

第4項　連邦破産法の全面改正

1.　背景

　本款第3項で論じたとおり，1939年信託証書法は，1938年の旧連邦破産法改正と密接に関係する立法であり，基本的な思想を共有していた。とりわけ，

---

164)　*See* Roe [1987] p. 266.

165)　企業価値評価等に伴う不確実性については，本章注139) 参照。Skeel ［2003］ p. 422 は，Chandler 法の硬直性ゆえに，そもそも社債の発行を見送る企業もあったであろうと指摘している。

大規模公開会社を念頭に置いて制定された第 X 章手続は，一般投資家である社債権者の保護を目的として，一定規模以上の破産事件について，①管財人を必置とし，②債権者に対する情報開示等の規制を強化し，かつ③再建計画の策定手続と実体的内容に対する裁判所及び SEC の監督・介入を制度化するものであった。1939 年信託証書法は，一般投資家保護を貫徹するために，裁判外で社債権者の個別的同意を得ることなく元利金を減免することを強行法的に禁止し，連邦破産手続に基づく司法審査の潜脱を封じることを目的とするものであった。このように，両者は，事業再生手続における一般投資家（社債権者）保護という観点において一貫した制度の体系を構成していたのである。

　もっとも，第 X 章手続においては，管財人の選任が必要的であるため，経営者は会社経営権を維持することができなかったし，再建計画案の認可要件として絶対優先原則が適用されるため，経営者を含む株主は従来の権利を維持することができなかった。それゆえ，第 X 章手続は，経営者にとって好ましい制度であるとはいいがたかった。また，第 X 章手続が想定するような複雑な資本構成は徐々にみられなくなり，経営者の不正に関する確たる証拠もない状況下で，前述の直接的・間接的なコストを伴う第 X 章手続を利用する理由は乏しいと考えられるようになった[166]。このような背景のもと，多くの経営者は，中小企業のみならず大企業においても，第 X 章手続ではなく第 XI 章手続を好んで申し立てるようになった[167]。1950 年代後半から 1960 年代前半にかけて，一般投資家が存在する大企業が第 XI 章手続を申し立てる事例が大幅に増加し[168]，1975 年には，負債総額が 10 億ドルを超える大型案件についてまで第 XI 章手続が開始されるに至った。こうして，第 X 章手続を利用することが想定されていた大規模公開会社においてすら，第 XI 章手続が利用されるようになったのである[169]。

---

166)　Skeel [1998] p. 1375.

167)　村田 [2004a] 189〜190 頁，Skeel [2001] pp. 162-163，Skeel [1998] pp. 1374-1375 参照。1938 年には 577 件の第 X 章手続申立てがあったが，その後 1944 年には 68 件に激減し，1950 年代〜1960 年代は年間概ね 100 件前後という水準で推移していたようである（Skeel [2001] pp. 125, 171）。

168)　Skeel [2001] p. 165. 旧連邦破産法のもとにおいて DIP での会社更生手段として実務上活用されていたのは第 XI 章手続であったとされる（Miller & Waisman [2004] pp. 171-172 参照）。

169)　かかる動向に対して SEC はただ傍観していたわけではない。一般投資家保護の観点から，SEC は，

このような状況の中，1978年の連邦破産法全面改正は，1930年代にSECが
推進した旧連邦破産法の制度設計を大きく変更するものであった。そこでは，
従来の第X章手続と第XI章手続とが統合され，会社更生手続を定める第11
章手続が新たに設けられた。この第11章手続は，裁判所やSECが手続全般に
わたって監督するという従来の規律を撤廃し，開示規制を中心とする自由放任
主義的な規律を設けていることに特徴が見出される[170]。そこでは，原則とし
て，裁判所による後見的な監督ではなく，当事者による自治的な交渉によって
再建計画を策定することが期待されており，裁判所の監督外での「迅速，低廉
かつ交渉による」債務の調整が強く志向されているのである[171]。

2.　制定過程及び趣旨

1978年連邦破産法は，もともと消費者破産の急増に対処することを主たる
目的とするものであったが[172]，それと同時に会社更生手続の抜本的な改正を

当該事案の第X章手続への移行を求めて裁判所に異議申立てをすることがしばしばであった。しかし
ながら，1938年連邦破産法の制定に精力的であったWilliam Douglas自身，事例によっては公開会社
が第XI章手続を申し立てることを認める旨の判示をしたように（General Stores Corp. v. Shlensky,
350 U.S. 462 (1956)），公開会社だからといって第X章手続を常に利用すべきであるという制度の建付
けだったわけではない。ここではこれ以上立ち入らないが（詳細は，SEC v. American Trailer Rentals
Co., 85 S. Ct. 513 (1965), Skeel [2001] pp. 161-166, 村田 [2004a] 189～191頁を参照），この点に関
して2点だけ指摘しておく。第一に，当時，第X章手続と第XI章手続のいずれが適切であるかを裁
判所が判断するのに非常に長い時間がかかるのが通例であり，それが手続の遅延とコストをもたらして
いた。つまり，第X章手続と第XI章手続という2つの手続を併存させておくことのデメリットが，実務
上深刻な問題として認識されていたわけである（村田 [2004a] 192～193頁参照）。第二に，当時SEC
は，公募社債が存在する事案においては積極的に第X章手続への移行を申し立てたのに対し，公募社
債が存在せず株式だけが公開されている事案においては，かかる申立てをしなかったとされる（Skeel
[2001] p. 165）。ここには，SECが，第X章手続をもっぱら社債権者を保護する制度として理解してい
たことが表れているように思われる。

170)　Loss, Seligman & Paredes [2009] pp. 87-88.
171)　たとえば，*In re* Chateaugay Corp., 961 F.2d 378, 382 (2d Cir. 1992) は，1978年連邦破産法の
　　「迅速，低廉かつ交渉による紛争解決を志向する強力な倒産政策（bankruptcy policy）」を指摘して，
　　「議会は，〔連邦破産〕法を，概ね，破産は最後の手段としての保護（refuge）として，まずはワークア
　　ウトを奨励するべく設計した」と説示した *In re* Colonial Ford, Inc., 24 B.R. 1014, 1015-1017 (Bankr.
　　D. Utah 1982) を引用する。また，Texas Commerce Bank, NA v. Seymour Licht, 962 F.2d 543, 549
　　(5th Cir. 1992) も，*In re* Chateaugay事件判決を引用してこれに賛同する。

も実現した。1978年連邦破産法が制定されるまでの過程においては，1973年の破産法委員会報告書（後述）をはじめとする多数の立法提案，及びそれらに関連する膨大な議論が蓄積された[173]。以下では，1978年連邦破産法の制定趣旨を把握するための手がかりとして，連邦議会に提出された報告書の記述から，立法者が，如何なる現状認識のもと，如何なる問題に対処するために1978年連邦破産法を制定したのかを確認することとしたい。

　制定経緯を知るための手がかりとして以下で取り上げるのは，3つの文書である。すなわち，①破産法委員会[174]による1973年の立法提案（以下「1973年立法提案」という）[175]とそれに関する同委員会報告書（以下「1973年報告書」という）[176]，②下院による1977年の法案（以下「1977年下院法案」という）[177]とそれに関する司法委員会報告書（以下「1977年報告書」という）[178]，及び③上院による1978年の法案（以下「1978年上院法案」という）[179]とそれに関する司法委員会報告書（以下「1978年報告書」という）[180]，である。

---

172)　Skeel [2001] p. 160.

173)　立法過程における記録は，全17巻からなるBankruptcy Reform Act of 1978: A Legislative History（Alan Resnick & Eugene Wypyski, ed., W. S. Hein, 1979）(*hereinafter* "Legislative History")にまとめられている。立法過程の簡潔な紹介として，Posner [1997] pp. 67-74が有用である。邦語文献として松下 [2001]，村田 [2004a] 194〜195頁，栗原 [2015b] 112〜115頁がある。

174)　破産法委員会（The Commission on the Bankruptcy Laws of the United States）は，1970年に連邦破産法改正の研究，分析，評価及び提案を目的として連邦議会によって設立され，1971年6月に活動を開始した特別委員会である。同委員会の構成員は，倒産法実務に携わっている実務家が中心であるが，破産裁判官（bankruptcy judges）は構成員から除外されていた（その経緯・背景については，Skeel [2001] pp. 138-139参照。破産裁判官については，村田 [2004a] 197頁注125参照）。

175)　Report of the Commission on the Bankruptcy Laws of the United States, July 1973, 93rd Cong. 1st Sess., H.R. Doc. No. 93-137, Part II, *reprinted in* Legislative History, *supra* note 173, vol. 2 (*hereinafter* "Commission Proposal 1973").

176)　Report of the Commission on the Bankruptcy Laws of the United States, July 1973, 93rd Cong. 1st Sess., H.R. Doc. No. 93-137, Part I, *reprinted in* Legislative History, *supra* note 173, vol. 2 (*hereinafter* "Commission Report 1973").

177)　H.R. 8200, 95th Cong., 1st Sess. (1977).

178)　House Committee on the Judiciary, Bankruptcy Law Revision, H.R. Rep. No. 95-595, 95th Cong., 1st Sess. (1977), *reprinted in* Legislative History, *supra* note 173, vol. 13 (*hereinafter* "House Report 1977").

179)　H.R. 2266, 95th Cong., 2d Sess. (1978).

　これらを取り上げる理由は, ⓐこれらの法案及び報告書が, 1978 年連邦破
産法制定に及ぼした影響力が事実として大きかったこと[181], ⓑ各法案及び報
告書がそれぞれ特色のある考え方を打ち出しており, とりわけ事業再生手続に
おける一般投資家保護について異なる複数のモデルを提示していること, ⓒそ
れぞれの基本的な考え方について, 報告書においてある程度詳細に説明されて
いること, である。本書の関心から, 以下では, これら各法案及び報告書のう
ち, 一般投資家（社債権者を含む）が存在する会社における事業再生のあり方
を論じた部分を中心的に取り上げることとする。

　なお, 先取りして付言しておくと, 現行連邦破産法は, 以下で取り上げる
1977 年下院法案をベースに制定されており, その後で紹介する 1978 年上院法
案の特徴的な提案は結局採用されなかった。

(1)　破産法委員会による 1973 年立法提案

　1973 年立法提案は, 多岐にわたる破産法改正提案を提示するものであるが,
本書の関心から重要と思われるのは, 事業再生法制に関する以下の提案である。
まず, 大枠として, 従来の第 X 章手続と第 XI 章手続とを統合し, 単一の事業
再生手続とする[182]。管財人は, 必要があれば設置することとしてその是非を
裁判所の裁量に委ねるが, 負債額が 100 万ドル以上又は証券保有者が 300 人以
上である場合には原則としてこれを選任する[183]。また, 債権者の交渉上の地
位を強化するために債権者委員会を制度化し, 新設の合衆国破産庁（Bankrupt-
cy Administration）にその選任権限を付与する[184]。

　再建計画の認可手続は, 一般投資家の有無[185]によって区別される。まず,
計画内容が一般投資家の権利に影響せず, かつ債権者が完全な情報開示を受け

---

180)　Senate Committee on the Judiciary, Bankruptcy Law Revision, S. Rep. No. 95-989, 95th Cong.,
　　2d Sess. (1978), *reprinted in* Legislative History, *supra* note 173, vol. 16 (*hereinafter* "Senate Re-
　　port 1978").

181)　1978 年連邦破産法立案過程におけるこれらの法案及び報告書の位置付けに関して, たとえば栗原
　　[2015b] 112〜115 頁, 村田 [2004a] 194〜195 頁を参照。

182)　Commission Report 1973, *supra* note 176, pp. 23, 248.

183)　*Id*. at 25, 253.

184)　*Id*. at 25. 合衆国破産庁という訳語は村田 [2004a] 194 頁に倣った。

185)　正確には,「公衆に保有される証券（publicly held securities）」（300 人以上が保有する証券）の
　　有無だが, 簡単のためこのように表記する。

た上で自発的に承認した場合には，当該計画の「公正性」判断のための企業価値評価を不要とする（清算価値だけを保障し，それを超える継続企業余剰は交渉に委ねる）[186]。1973 年報告書によれば，「債権者が少数でかつ洗練されている場合には，継続企業価値の余剰を債務者と分配するという問題を交渉で解決することが許されるべきだ，との主張には理由がある。……〔濫用に対する〕司法統制は依然として必要であるが，柔軟性の必要性も認識されるべきである」[187]，という。これは要するに，一般投資家にあらざる債権者については，完全な開示を受けていることを前提に，リストラクチャリングの内容を当事者の自治的交渉に委ねれば足り，絶対優先原則の観点からの裁判所による介入を不要とするものである。

　これに対し，一般投資家が存在する場合には，絶対優先原則の遵守を裁判所が審査する建付けを維持するとともに[188]，裁判所による計画内容の事前許可や破産管理人による勧告的報告書によって一般投資家の利益保護を図る建付けを提案している[189]。これは，一般投資家保護の必要性を強調した Chandler 法の考え方を引き継ぐものといえよう。もっとも，1973 年報告書は，従来の絶対優先原則は過度に硬直的であったとして，その柔軟化を主張する[190]。その根拠は，絶対優先原則を厳格に適用することが，「一般投資家（public investors）の利益の保護よりもむしろ破壊をもたらす」，という点にある[191]。これはどういうことかというと，「一般社債権者（public debt security holders）（多くの場合，取引債権や金融機関再建よりも劣後する）や，一般株主（public equi-

---

186)　Commission Report 1973, *supra* note 176, pp. 27, 258, Commission Proposal 1973, *supra* note 175, p. 252. 栗原 [2015b] 113〜114 頁も参照。

187)　Commission Report 1973, *supra* note 176, p. 259.

188)　*Id.* at 27, 258. 一般投資家が存在する場合について，「公衆に保有される証券が再建計画の影響を受けるのであれば，公正かつ衡平の基本的な考え方は健全であり，かかる要件は維持されるべきである」とされている（*Id.* at 27）。

189)　Commission Proposal 1973, *supra* note 175, pp. 248-249.

190)　Commission Report 1973, *supra* note 176, p. 258. 具体的には，①企業価値評価・権利分配の基準を柔軟にし，②事業再生後に企業価値が持ち直した場合における劣後権者の権利参加を認め，③役務提供等を理由とする劣後権者の権利参加を柔軟に認める，といった方策を提案している。この点については，栗原 [2015b] 113 頁参照。

191)　Commission Report 1973, *supra* note 176, p. 256.

ty security holders）は，主として彼らを保護するために設計された法律〔絶対
優先原則〕を厳格に適用することによって，しばしば事業再生への参加から排
除される」というのである[192]。破産法委員会の立法提案が実現すれば，「公正
性の基準はヨリ柔軟になり，いわゆる『絶対優先』の法理は実質的に変更され
る」こととなる[193]。

　以上のように，破産法委員会の提案は，一般投資家とそれ以外の「洗練され
た」債権者との間で要保護性に質的な相違を見出すものであった。一般投資家
が存在する場合には（緩和された）絶対優先原則を適用し，それ以外の場合に
は債権者と債務者間での交渉に委ねるという二元的制度を提案しているのは，
一般投資家の有無によって基準を使い分ける二分論的な枠組みの端的な表れで
ある[194]。

　なお，1973 年報告書は，従来の絶対優先原則を修正する論拠として，裁判
所による企業価値評価を前提とする絶対優先原則が，当事者間での合理的な交
渉実現を妨げてきた，ということをも挙げている[195]。劣後権者に権利を分配
すれば早期にまとまるはずの交渉が，絶対優先原則によりかかる譲歩ができな
いことによって妨げられてきた，というわけである。しかしながら，交渉可能
範囲を狭めることが交渉の成否にどのような影響を与えるかは，理論上は必ず
しも明らかでないように思われる[196]。

192）　*Id.* ただし，劣後権者が再建計画に参加できないという帰結が如何なる原因によってもたらされて
　　いるのかが明らかにされていない（その原因としては絶対優先原則の硬直性だけが想定されるわけでは
　　ない）との批判がある。Brudney [1974] p. 313.

193）　Commission Report 1973, *supra* note 176, p. 258.

194）　このような二分論的な考え方は，破産法委員会の管財人の設置や公的機関の介入に関する議論に
　　もみられる。いわく，会社更生においては，「多くの場合，独立した管財人が望ましく，とりわけ巨額の
　　負債を有し，一般投資家が存在する会社債務者の事業再生においては一層望ましい」（Commission
　　Report 1973, *supra* note 176, p. 252）ことから，「巨額の負債を有し，一般投資家が存在する」という
　　場合には，管財人設置の必要性が推定されるとする。また，「事業再生手続において，公的機関による
　　公益及び一般投資家の利益が代弁されることは重要である」（*Id.* at 25-26）ことから，「決議前の計画
　　に関する報告書は，当該計画が公衆に保有される証券に重大かつ不利益に影響するすべての場合に必
　　要とする」（*Id.* at 26）。

195）　*Id.* at 256.

196）　従来，①当事者の交渉可能領域を狭めることは，当事者の引き延ばしの動機を減殺して，交渉を
　　促進するという見方と，②交渉可能範囲を拡大して劣後権者に柔軟な権利分配を認める方が，互譲によ

(2)　1977 年下院法案

　上記(1)で取り上げた 1973 年報告書には，学界及び実務からの批判が強かった。中でも，破産法委員会のメンバーから除外された破産裁判官たちが，1973 年立法提案に対抗して独自の提案を連邦議会に提出したことにより，議論は紛糾した[197]。数年の間に，膨大な量のヒアリング記録が蓄積され，学界及び実務からの議論が激しく戦わされた。もっとも，上記のとおり，ここでは，学説や実務の議論を逐一検討することはせず，社債権者を含む一般投資家保護の観点から大きく異なる 2 つの考え方を提示している 1977 年下院法案・報告書及び 1978 年上院法案・報告書を取り上げることとする。

　1977 年報告書は，まず，第 X 章手続が，「公衆債権者（public creditors）を保護するために設計された」[198]ものであることを確認した上で，次のように述べる。「1938 年は，公衆に発行された証券（public securities）は，通例優先社債であり，会社は閉鎖会社であることが多かった時代であり，絶対優先原則は，事業再生において公衆の権利が会社内部者に濫用されるのを防ぐものであった。今日では，公衆のクラス（public classes）は劣後社債権者及び株主であることの方が多く，上位クラスの保護は，かつての内部株主と同様に事業運営に対する多大な影響力を有する相対の債権者（private creditors）（多くの場合，金融コンソーシアム）の利益に繋がる。第 X 章手続における絶対優先原則の適用は，公衆の保護ではなく，排除をもたらすのである」[199]。これは，絶対優先原則の貫徹が必ずしも公衆債権者保護という目的に適合しないという観点を示す

る早期妥結を促進するという見方との 2 つの陣営から議論が提出されてきた（Brudney [1974] pp. 311-312. *See also* Blum & Kaplan [1974] pp. 663-667）。後知恵であるが，絶対優先原則を緩和して交渉可能範囲を拡大したからといって，当事者の交渉が促進されるわけでは必ずしもないこと（逆に，絶対優先原則を緩和したからといって，当然に当事者の交渉が妨げられるわけでもないこと）は，1978 年連邦破産法改正後のアメリカ破産法実務に鑑みれば明らかであるように思われる。結局のところ，絶対優先原則を適用するかどうかは，交渉の外枠画定の問題に過ぎず，交渉の成否それ自体は別の要因（たとえば当事者にどのような法的権限を分配するか等）によって形作られるのではなかろうか。なお，本文本段落に述べた破産法委員会の主張は埋め草的な主張（make-weight）に過ぎないとも指摘されている（Brudney [1974] p. 320）。

197)　栗原 [2015b] 114 頁参照。

198)　House Report 1977, *supra* note 178, p. 221.

199)　*Id.* at 222.

ものであり，一般投資家保護の観点から絶対優先原則の緩和を主張した破産法委員会の議論（上記(1)）と共通する面がある。

　次に，実際の事業再生において，時間のかかる企業価値評価を必要とする第 X 章手続[200]よりもヨリ柔軟な交渉を可能にする第 XI 章手続の方が好まれる傾向があり[201]，債務者が申し立てた第 XI 章手続を第 X 章手続へ移行することを求める SEC や債権者の申立ても，絶対優先原則の適用を求めるものではなく，むしろ第 XI 章手続の交渉においてヨリ有利な条件を引き出すための交渉ツールとして利用されていることを指摘する[202]。理論上も，事業再生において債権者に与えられるべき価値が，継続企業価値であるか，それとも清算価値であるかについて，明確な回答を示すことはできず，「完全な開示を受けた上での当事者間の交渉によって，再建会社の価値が債権者と株主の間でどのように分配されるかが決定される」[203]。ここにおいて法の役割は，①交渉の外枠を設けることと，②交渉が成立しない場合の分配基準を定めることにある[204]。

　さらに，従来の第 X 章手続においては，投資家が交渉上必ずしも自らの利益を擁護しえないことを前提として，裁判所や SEC が計画内容に対する実体的な審査を行うこと（その前提として，交渉可能範囲を絶対優先原則によって画すること）が制度上予定されていたのに対し，1977 年報告書は，「十分な開示が，その権利が影響を受けるすべての債権者と株主になされたならば，彼らは，裁判所や SEC によって提案された計画が良いかどうかを予め教えてもらうのではなく，情報を得た上で自ら判断をなしうるはずである」との想定のもと，事業再生手続における情報開示を「鍵」として位置付けている[205]。そして，一

---

200)　企業価値評価等に不確実性を伴うことについては本章注 139) 参照。計画の事前許可 (approval) には長期かつ複雑な手続を要し（ヒアリングが数か月にわたることもしばしばであった），SEC の勧告的報告書の作成手続にも数か月を要することが多かったようである。Id. at 225.

201)　Id. at 222. この点に関する 1950 年代以降の概況については本項 1 も参照。

202)　Id. at 223.

203)　Id. at 224. これらの点について，1977 年報告書は，①交渉の枠組みとして，継続企業価値と清算価値の差分（継続企業余剰）を権利者・債務者間で分配するのが事業再生における交渉であると理解し，②交渉が決裂した場合（すなわちすべてのクラスの権利者から同意を得られなかった場合）におけるペイオフとして，絶対優先原則を適用することを主張するものであった。これは，現行の連邦破産法第 11 章手続の枠組みと一致する。

204)　Id. at 224.

般投資家の保護規整として，①裁判所に，再建計画への同意勧誘に先立つ開示書類の審査権限を付与すること，及び②SEC その他の監督機関に，開示の十分性に関するヒアリングを受ける権限を付与することを提案している。

(3)　1978 年上院法案

1978 年には，上院による改正法案及びこれに関する報告書が提出された[206]。1978 年上院法案は，一般投資家が存在する会社（public company）を定義し[207]，これについてそれ以外の会社と明確に異なる取扱いをする点に特徴がある。

1978 年上院法案において一般投資家が存在する会社を特別扱いする理由は次のように説明される。すなわち，「一般投資家が存在する大会社（large public company）においては，利害が多様かつ複雑であるが，今日，最も脆弱なのは，劣後社債や株式を保有する一般投資家（public investors）」[208]である。そして，危機に陥った債務者は，「取引関係を期待する大口債権者を優遇し，小口で分散している一般投資家を犠牲にする傾向」[209]を有する。したがって，「公衆が投資している会社が金融危機に陥っており，破産法による救済を求めざるを得ない場合においては，一般投資家保護が最も重要である」[210]。

そして，一般投資家の保護は，「危機に陥った債務者と，その面倒をみることに利益を有する上位又は機関債権者の交渉による計画に委ねられるべきではない」[211]。そこでは，管財人だけが「債権及び株式保有者を気遣うことが期待できる」[212]。こうして，1978 年上院法案は管財人の選任義務付けを提案する。

---

205)　House Report 1977, *supra* note 178, p. 226. この点については田頭 [2005c] 18 頁も参照。

206)　これは SEC の意見に基づいて作成提出されたものである。栗原 [2015b] 115 頁参照。

207)　ここで，一般投資家が存在する会社とは，未償還債務（仕入れ及び税金の債務を除く）が 500 万ドル以上であり，かつ証券保有者が 1000 人以上である会社をいうと定義されている。なお，一般に，「public company」は「公開会社」と訳されることが多い（たとえば栗原 [2015b] 115 頁）。しかしながら，日本語で「公開会社」というと，通常は株式を公開している会社（一般投資家としての株主が存在する会社）が想起されるところ，ここでの「public company」は，株式に限らず債券を含めて一般投資家が存在する会社を指しているので，「一般投資家が存在する会社」とした。

208)　Senate Report 1978, *supra* note 180, p. 10.

209)　*Id.*

210)　*Id.*

211)　*Id.*

212)　*Id.*, citing a testimony of Harold J. Tyler at Senate Hearings.

　1978 年上院法案は，再建計画の付議に先立って「十分な情報」の提供を必
要とする点，及び事前に情報の十分性に関する裁判所の審査を必要とする点に
おいて 1977 年下院法案と同様であるが，これらに加えて，一般投資家が存在
する会社においては，従来の第 X 章手続と同様，計画内容に関する裁判所の
事前許可を求め，SEC による勧告的報告書の制度も残存させ，投資家への開
示情報の中にこれらの資料も含める点に特徴がある。このように，再建計画に
ついて裁判所の事前許可を必要とするので，1977 年下院法案とは異なり，プ
レパッケージ破産手続のアレンジメントは，一般投資家が存在する会社におい
ては採用することができない[213]。また，裁判所による最終的な再建計画の認
可に際しては，従来の第 X 章手続と同様，ヒアリングによって情報を収集し
た上，「公正かつ衡平」の要件を判断するものとされる。1978 年報告書では，
こうした規律は「一般投資家のための不可欠の保護規整」であると位置付けら
れている[214]。

　このように，1978 年上院法案では，財務リストラクチャリングの交渉過程
における一般投資家保護の必要性が強調されている。その前提とする理解によ
れば，DIP 型の事業再生手続においては，財務リストラクチャリング交渉は，
裁判所や SEC の監督を受けることなく，上位又は機関債権者と債務者との間
で行われることになりやすい。しかし，かかる交渉の過程においては，一般投
資家の利益が蔑ろにされる危険性が構造的に存在しうる。1978 年上院法案が
問題とするのはこのような危険性であり，このような見方が，事業再生手続に
おいて一般投資家の利益を代表する機関（管財人や SEC）の関与が必要である
という具体的な提言に繋がっていくわけである。ここで焦点となるのは交渉過
程（計画策定段階）における交渉力ないし発言力の大きさであり，一般投資家
が計画策定に実効的な掣肘を加えることができないことが問題視されていたと
みることができる。

---

213)　*Id.* at 122.
214)　*Id.* at 124.

3.　1978 年連邦破産法の成立

(1)　ここまでの議論の整理

　これまで検討してきた内容を簡単に整理しておこう。まず，1977 年下院法案は，一般投資家を含めた債権者について，情報を得た上で自ら合理的な判断をなしうる主体であると想定して，裁判所による包括的な監督の必要性を否定する。そこでは合理的な当事者による交渉を尊重すべきであるとの立場から，①絶対優先原則からの逸脱が肯定され，②情報開示の重要性が強調されている。これに対し，1978 年上院法案は，一般投資家が裁判所ないし SEC による保護を必要とするとの前提を出発点とし，一般投資家保護のための法的規律の必要性を主張する。そして，一般投資家保護の観点から，①計画内容に対する裁判所の介入を必要的なものとし，②手続的にも公的機関の介入を積極的に肯定している。このように，1977 年下院法案と 1978 年上院法案は，一般投資家の要保護性について対照的な立場を前提とするものであった[215]。1973 年立法提案は，一般投資家の要保護性を主張する点において 1978 年上院法案の立場に近いが，絶対優先原則の緩和を主張する点においてはむしろ 1977 年上院法案に近いといえよう。

　いずれにせよ，ここで重要なのは，いずれの提案も，会社更生手続を，権利者・債務者間の交渉の場として位置付けている，という点である。対立軸は，財務リストラクチャリングに係る交渉フォーラムにおいて，一般投資家について特別な要保護性を認めるかどうか，より具体的には，一般投資家の交渉上の地位を強化するための特別な法的仕組みを必要とするか否かであった。

(2)　1978 年連邦破産法の成立

　両院間での非公式の協議を経て，最終的に，1977 年下院法案をベースとして 1978 年連邦破産法が成立した[216]。これは，一般投資家を特別扱いせず，計画策定段階・承認段階のいずれにおいても，情報を得た上で自ら関与・判断をなしうる主体として扱う考え方が採用されたことを意味する。ここにおいて，

---

215)　このように，上院と下院とで法案内容が明確に分かれた背景について，Eric Posner が政治経済学観点から興味深い分析を試みている（Posner ［1997］ pp. 116-117）。この点については村田 ［2004a］ 198 頁注 131 の紹介を参照。

216)　栗原 ［2015b］ 115 頁，Markell ［1991］ p. 89.

連邦破産法は，再建計画策定における内部者支配から一般投資家を保護するという目的のために財務リストラクチャリングを裁判所の強力な監督下に置く従来の枠組みから脱却し，これを当事者の自治的交渉及び自律的判断に委ねる新たな枠組みへと移行したわけである[217]。

ここで，改正点の中からとりわけ重要なものを瞥見しておこう[218]。

(a)　裁判所による審査範囲の縮小　　最初に指摘されるべきは，会社更生手続に対する裁判所の介入が大幅に縮小したことである。まず，すべてのクラスの賛同決議によって策定された同意計画（consensual plan）については，裁判所は，認可判断に際して，清算価値保障原則やクラス内での同一処遇原則の遵守を審査するのみであって，従来のように絶対優先原則の審査をするものではない。これは，債権者のクラスの多数決による交渉可能範囲を，債権の額面金額から想定清算価値まで引き下げるものであって，債権者側の交渉力を縮減し，相対的に債務者側（株主側）の交渉力を引き上げるものと評価することができる[219]。

これに対し，計画に反対のクラスが存在するにも拘らず当該再建計画を認可する場合（クラムダウンの場合）には，裁判所は，当該計画が「不公正な差別」に該当せず，「公正かつ衡平」と認められるかどうかを審査することとなる。これらの要件について，ここで少し敷衍しておこう（なお，その他の要件については本節第2款第2項も参照）。

まず，「不公正な差別」の基準は，同一順位の権利者に対する同一の処遇を保障するものではない。ここで排除されるのは，あくまで「不公正な差別」である[220]。何をもって「不公正な差別」とするかについて，判例上様々な基準

---

217)　1970年代の立法者は，手続規制（及びその審査）だけで分散した一般投資家の保護として十分であるとの見方を採用したものといえる（Bratton［2001］p. 749 参照）。このような立法が実現したことの背景として，Mark Roe は，当時の政治過程において，政府の役割を縮小し，市場の役割を評価する潮流があったことを指摘する（Roe［2017］pp. 14-16）。

218)　プレパッケージ破産手続の導入も重要であるが，プレパッケージ破産手続を利用した社債リストラクチャリングを取り上げる中であわせて論じることにする（後述）。

219)　Roe［1987］p. 267 n. 113, Brudney［1992］p. 1828 n. 18 参照。

220)　かかる建付けに対し，同一順位の権利者をクラス分けすることで平等処遇原則という破産法の基本原則の潜脱を認めるものであると批判する見解として，Pachulski & Mayer［2015］pp. 73-75 がある。

が示されているが[221]，いずれにせよ，計画で提案された処遇の相違に着目し，かかる相違を正当化しうるかどうかが審査される[222]。たとえば，一般無担保債権者のクラスに現金を分配し，無担保社債権者のクラスにワラントを分配するというように，法的に同一の優先順位を有する権利者の異なるクラスに対してそれぞれ異なる取扱いをすることも，「不公正な差別」に該当しない限度で許される[223]。

　他方，「公正かつ衡平」の基準は，計画を否決した権利者のクラスが完全な満足を受ける場合でなければ，それより優先順位が下位の権利者は分配を受けることができない，という原則（絶対優先原則）である。たとえば，無担保債権者のクラスが計画案を否決した場合，再建計画により債権者が額面金額 100％ の満足を受ける場合でなければ，下位の権利者（株主等）は，従前の権利を理由として，如何なる財産をも取得又は保持してはならない[224]。裁判所は，絶対優先原則の適用にあたって，独自に企業価値評価をすることとなる。こう

---

221)　たとえば，差別的処遇の目的及び意図に着目し，①差別が合理的理由に基礎付けられているか，②差別が会社更生のために必要か，③差別が誠実に（in good faith）提案されたか，及び④差別を受けるクラスの処遇という 4 つを基準とするものがある一方，もっぱら差別の具体的な内容に着目し，同一の優先順位で決議に反対しているクラスに対して，①実質的に低い回収率をもたらし，又は②実質的に高いリスクを負わせるときには，不公正な差別を推認するという基準を示すものもある（後者の基準は Markell ［1998］ p. 249 において提示されたものである）。以上につき，Markell ［1998］ pp. 242-250, Collier on Bankruptcy, *supra* note 25, ¶1129. 04[3][a] を参照。

222)　Collier on Bankruptcy, *supra* note 25, ¶1129. 04[3][a].

223)　たとえば *In re* Hawaiian Telcom Communications, Inc., 430 B.R. 565, 605（Bankr. D. Haw. 2009）（無担保取引債権者に現金を分配し，無担保社債権者に株式を分配することは，ごく当たり前〔quite common〕であり，それ自体は「不公正な差別」に該当しないと指摘，*In re* Greate Bay Hotel & Casino, Inc., 251 B.R. 213（Bankr. D.N.J. 2000）（社債権者〔担保割れ部分〕に負債と株式を含む証券のパッケージを分配し，一般無担保債権者に現金を分配することについて，事業上の正当性が十分明らかであると述べ，これらを別々にクラス分けすることを認めた上で〔*Id.* at 224-225〕，分配される価値及びリスクのいずれにおいても不公正な差別にあたらないと判断〔*Id.* at 228-232〕）参照。

224)　連邦破産法 1129 条(b)項(2)号(B)(ii)。「公正かつ衡平」の要件について絶対優先原則を確立したのが William Douglas が裁判長を務める Los Angeles Lumber Products 事件連邦最高裁判決であったことは前述のとおりである。なお，「従前の権利を理由として」という文言の解釈と関連して，いわゆる新価値の法理（債務超過会社の株主が新たな出資をすることで再建計画における権利割当てを受けることを認めるもの）に関する興味深い議論があるが，本書では立ち入らない。詳細は，栗原 ［2015b］ 119 頁以下参照。

して，1938年改正連邦破産法において交渉可能範囲の外延を画していた絶対優先原則[225]は，交渉が決裂した場合のペイオフを画するものとしてその位置付けを改めたわけである[226]。

以上を要するに，第11章手続においては，清算価値を超える企業価値（継続企業余剰）の分配は，原則としてクラス間での交渉，及びクラスごとの多数決に委ねられ，かかる交渉が決裂した場合に限って裁判所が決議内容の実体的審査（「不公正な差別」及び「公正かつ衡平」の基準）に乗り出すことになる[227]。

以上に関連して，2点付言しておく。第一に，これまで述べてきたことから示唆されるように，かかる絶対優先原則の適用領域の縮減は，一般投資家保護という政策目標と整合するものとして理解されていた可能性がある。1930年代とは異なり，1970年代には，上位債権者の地位を占めるのは銀行等の金融機関であり，一般投資家は，下位債権者（劣後社債権者等）や株主の地位を占めることが多かった。かかる状況下において絶対優先原則を厳格に適用することは，一般投資家の利益保護に対する逆行を意味しうるわけである[228]。このような資本市場の構造変化が，絶対優先原則を縮減するという連邦議会の判断を事実上後押しした可能性は否定できないと思われる[229]。

第二に，このようなクラス間の交渉・クラスごとの多数決という建付けにおいては，権利者のクラス分けが重要な意味を持ちうる。たとえば，仮に，社債権者の組が，必ずしも一般社債権者と利害を共にしない権利者（たとえば，発行会社との将来の取引関係を重視して大きな権利縮減を厭わない債権者など）と同

---

225)　Brudney [1974] pp. 307-308 参照。

226)　換言すれば，個々の社債権者レベルでは継続企業余剰の分配交渉についての拒否権が与えられておらず（クラスの多数決によって継続企業余剰の分配を決することができる），交渉における個々の社債権者の留保価値は清算価値に過ぎないということである（Roe [1987] p. 267 n. 113）。

227)　村田 [2004a] 203〜206 頁。

228)　この点を指摘するものとして，Blum & Kaplan [1974] p. 661, Trost [1973] p. 544 を参照。もっとも，このような理解には次の3つの観点から反論が呈されている（Roe [1983] pp. 581-582）。①上場株式の少なくとも一部は，機関投資家によって保有されており，下位権利者と上位権利者のいずれに同情すべきか，一概には決めがたい。②株主は通常は残余リスクを負担するつもりで株式を取得しているのであり，絶対優先原則からの逸脱は彼らにウィンドフォールを付与することになる。③仮に株主に従来以上のリスク負担を求めるとすれば，それは事前の資本コストに反映される。いずれも正当な指摘である。

229)　See LoPucki & Whitford [1990] p. 133.

じクラスに区分されると，クラス内での利益相反が顕在化することにもなりう
る[230]。前述のとおり，実務上，ある種類の社債権者だけのクラスを作る例が
しばしばみられるが，必ずしもそうなる保障があるわけではないことに注意を
要する[231]。

　(b)　情報開示と交渉手続　　裁判所による介入が最小化することの裏返しと
して，権利者保護の観点からは，十分な情報開示に基づいて交渉を行うことが
重要となる。まず，情報開示については次のように規定されている。すなわち，
再建計画の同意勧誘に際しては，権利者に対して①再建計画又はその概要，及
び②裁判所が「十分な情報（adequate information）」を含むと認めた開示書面
を提供しなければならない[232]。ここで，「十分な情報」とは，「計画に対する
情報を得た上での判断」を可能にするような情報であると定義され[233]，具体
的に何をもって「十分情報」であるかは個別事案に即して判断されることに
なる[234]。もっとも，この局面において，裁判所は，自ら独自に企業価値の評
価をすることなしに判断してよいものとされており[235]，裁判所による関与の
度合いはさほど大きくない[236]。権利者は，再建計画の是非を判断するにあた
って，基本的に発行会社による企業価値評価に依拠することとなる[237]。

　次に，交渉過程において債権者の利益を保護する役割を担うことが期待され
ているのは，裁判所や管財人といった公的機関ではなく，主たる債権者によっ
て構成される債権者委員会（creditors' committee）である[238]。債権者委員会は，

---

230)　Brudney［1974］p. 324 n. 35, pp. 326-328 参照。Mark Roe は，独立した社債リストラクチャリン
　　グの制度を構築すれば，必然的に社債権者だけで意思決定をすることになるので，かかるクラス分けの
　　問題を回避できると説く（Roe［1987］p. 261 n. 92 参照）。
231)　Shuster［2006］p. 439 n. 29 参照。
232)　連邦破産法 1125 条(b)項。
233)　連邦破産法 1125 条(a)項。
234)　Loss, Seligman & Paredes［2009］p. 90.
235)　Roe［1987］p. 261 n. 93 参照。
236)　Roe［1987］p. 255 n. 72 参照。
237)　Baird［2014］p. 249.
238)　田頭［2005a］166 頁, 172 頁, 村田［2004a］201 頁, 村田［2009］65 頁参照。公募社債が発行さ
　　れている場合，信託証書受託者は，債権者委員会の構成員となるよう努めることが多いと指摘される
　　（Landau & Peluso［2008］p. 309. 田頭［2005a］173 頁も参照）。債権者委員会及びその構成員は，そ

債務者に対する調査や再建計画案策定に向けた交渉を行う権限を有し[239]，専門家報酬等の費用につき破産財団（estate）から支弁を受けることができる。再建計画の内容的な合理性は，債権者側と債務者側との交渉によって確保するというのが制度の建付けである。

　もっとも，債権者委員会の実際上の機能については，疑問視する見解もある。たとえば，債権者委員会の限界として，①債権者委員会の構成員が代表する債権者との関係で利益相反を持ちうること，②かかる場合に追加的債権者委員会の制度が設けられているが，そもそも追加的債権者委員会の組成の申立ては権利として認められておらず，申立てをするためにはコストを要すること，③特に社債権者は，銀行や大口取引先によって構成される債権者委員会によって実効的に代表されるとは考えにくいこと，が指摘されている[240]。また，機関投資家によって構成される債権者委員会が一般社債権者の利益保護に資するとは限らないとの指摘も夙になされていた[241]。連邦破産法は，計画策定段階において一般投資家に特別の保護は必要ないとの建前をとるものであったが，実際に計画策定段階で交渉の席に着く者が一般投資家と共通の利益を有するとは限らない，という問題がなおも残るということである。

の代表する権利者のクラスの構成員全体に対して信認義務を負うものとされる（田頭 [2005a] 172 頁）。なお，このように債権者委員会を債権者の受認者として位置付ける通説とは異なり，債権者委員会を多様な利益を調整する場として位置付ける見解もある（Bussel [1996]）。

239)　連邦破産法 1103 条(c)項。

240)　Mendales [1994] p. 1281 n. 277. もっとも，*Id.* at 1290 では，一定の法定権限を付与された債権者委員会が債務者と対峙することには集合行為問題克服や情報開示促進の観点から意味があるとも評価している。また，近時では，債権者委員会が無担保債権者の利益保護の役割を十分に担っておらず，むしろ担保権者の利益に取り込まれていると主張する見解もある（Harner & Marinic [2011]）。

241)　Brudney [1974] p. 330（機関投資家は，他のクラスの証券を保有しているのが通常であるし，債務者との継続的取引への期待から一般投資家よりも多く譲歩することに利益を持ちうるので，機関投資家によって支配される債権者委員会の制度〔ひいては社債権者のクラス内における多数決制度〕が，果たして一般投資家の利益代表として機能するのかは必ずしも明らかでなく，機関投資家による迅速なベイルアウトを容易にするだけであるようにも思われると指摘する）参照。

第4款　小括

　以上のとおり，1939年信託証書法の規定の背後には，ERを利用した事業再生実務，及び1930年代以降の旧連邦破産法や多数決条項を利用した事業再生実務において，会社内部者が投資家利益の犠牲のもとに自らの利益を追求していた（あるいは追求しうる）との問題意識があった。すなわち，社債権者は多数かつ分散しており，一貫的かつ集中的な交渉をなすべく組織化することが困難であり，会社内部者（ないし会社内部者を通して行動できる株主）との関係で相対的に不利な地位に立つ。さらに，銀行や投資銀行等の優先債権者は，会社と継続的な取引関係を持つため，会社内部者に協力することにメリットがある。こうして，一般社債権者は，会社内部者及びこれと結託した投資銀行等によって構造的に不利益に扱われる危険がある――本来であれば社債権者の利益を代弁すべき保護委員会にもその役割を期待することはできない――，というのが1930年代の立法政策の基礎にある考え方であった。1939年信託証書法316条(b)項は，一般投資家保護の観点から，公募社債については，裁判所の監督外における私的自治的な財務リストラクチャリングを制限し，いやしくも社債権者に犠牲を求める以上は，旧経営陣を排斥し，かつ絶対優先原則に基づく資本再構成を要請する，という考え方を体現するものであった。

　しかしながら，かかる立法政策の一角は，1978年連邦破産法の制定によって崩れることとなる。制定過程では，株主や社債権者を含む一般投資家の保護のあり方について議論が交わされ，複数の立法提案が提示されたが，最終的には，一般投資家を特別扱いすることなく，財務リストラクチャリング交渉については，基本的に当事者の自治的交渉と自律的判断に委ねるという制度設計が選択された。そこで投資家利益を保護しうることが期待されるのは債権者委員会である。債権者委員会が一般投資家の利益を十分代弁しうるかについては疑問を呈する声もあるが，法の建付けとしては，一般投資家を含む権利者の私的交渉に委ねる仕組みを採用したものであり，これを前提として実務が形成されてきた。第3節で詳しく取り上げる。

第 3 節　社債リストラクチャリングの実践

第 1 款　総説

第 1 項　ハイ・イールド社債

(1)　社債市場の発展

　アメリカは，現在でこそ巨大なハイ・イールド社債（低格付け社債）の市場を擁することでよく知られているが，その歴史はさほど古いものではない。アメリカにおいても，1970 年代までは殆どすべての社債が投資適格債として発行されており，市場に流通する投資不適格債は，発行後の業績悪化の結果として格付けが低下したものに限られていた。アメリカにおいて発行当初から低格付けの社債が発行されるようになったのは，1970 年代後半以降のことであった[242]。その後，隆盛を極めた LBO ブームと相まって，ハイ・イールド社債の発行市場は 1980 年代に大幅に拡大した[243]。

　その後も，社債市場は拡大を続ける。とりわけ，2000 年代中頃には，歴史的な低金利と世界的な好景気に支えられ，社債市場が大いに拡大した[244]。楽観的な事業プロジェクトが次々と立ち上げられ，2005 年〜2008 年前半には，非常に大規模な LBO が多数実現された[245]。かかる LBO の資金調達として，金融機関からの信用枠契約（credit facility）による資金調達のほか，資本市場

---

242)　Roe & Tung [2016] p. 157. これは，決して自然の成り行きによるものではなく，ある投資銀行（Drexel Burnham Lambert）が低格付け社債を積極的に引き受け，かつその流通市場の創出に尽力したという実務的努力の結果であった。

243)　LBO ファイナンスではメザニンでの資金調達が求められたが，ハイ・イールド社債はまさにこれを容易にするものであった。いわゆるハイ・イールド社債の年間公募件数は，1977 年に 22 件だったのが，1986 年には 217 件とピークを迎えた（Wruck [1991] p. 420）。

244)　See Haag & Keller [2012] pp. 200-201. このような動向の背景として，機関投資家の投資戦略が，株式から債券へとシフトしたことが指摘されている（Id. at 200 n. 4）。

245)　Kornberg & Paterson [2016] p. 139（2005 年〜2008 年前半のアメリカにおける大規模 LBO の一大ブームは，楽観的な事業予測，都合のよい経済的環境，非常に低い金利及び資本の潤沢な市場によって燃料を投下されたと指摘する）参照。

からのハイ・イールド債による資金調達も活用された[246]。

(2)　社債デフォルト

　信用力が相対的に低い会社が発行するため，ハイ・イールド社債は，投資適格社債と比べるとデフォルトのリスクが高い。実際，アメリカは，不況期において社債デフォルト（ないしその危機）の多発を経験してきた。その第一が，1980 年代である。巨額のハイ・イールド社債は，このとき初めて困難な試練に直面する。ある報告によれば，1977 年〜1988 年にハイ・イールド社債を発行した 662 社のうち，実に 156 社（24％）が 1990 年 6 月までにデフォルト，破産又はリストラクチャリングに陥ったという[247]。後述するとおり，この時期には，法的倒産手続外での社債リストラクチャリングを実現する交換募集の手法が編み出され，理論的な問題を抱えながらも，確立した実務的手法として定着するようになった。

　第二は，2000 年代の後半である。2008 年後半に始まった世界的な景気後退，そして 2008 年後半〜2009 年の金融危機によって信用が収縮する中，アメリカ企業の多くが既存債務のリファイナンスに苦戦するようになった[248]。後述するとおり，この時期には 1980 年代とは若干異なる社債リストラクチャリングの手法も試みられるようになり，それが近時新たな法的問題を惹起している。

　これら第一，第二のいずれにおいても，問題の本質は同一である。アメリカで公募される社債は，信託証書法 316 条(b)項により，社債の元利金を社債権者の多数決によって減免し，又は長期間猶予することを可能にするような，いわゆる多数決条項を設けることができない。また，ハイ・イールド社債は，プロの機関投資家向けに私募債として発行され，信託証書法 316 条(b)項の適用を受けないことも多いが，その場合であっても，核心的な権利変更については個別的同意を必要とする条項を設けるのが実務の通例である[249]。かかる状況の中，財務危機に際して，市場に流通する社債の保有者全員から権利変更の承諾を取り付けることは通常不可能なので，社債の発行会社は，危機の克服にお

---

246)　Kornberg & Paterson [2016] pp. 139-140 参照。

247)　Gertner & Scharfstein [1991] p. 1189.

248)　Kornberg & Paterson [2016] p. 140.

249)　本章注 14) 及び対応する本文を参照。

いて直ちに困難に直面することとなる。

　アメリカの社債リストラクチャリング実務では，こうした法律上の制約に直面しながら如何にして合理的な財務リストラクチャリングを実現するかが問題となってきたのである。

第2項　社債リストラクチャリングの実現手段

　社債リストラクチャリングの実現手段としての選択肢のひとつは，1978年連邦破産法第11章手続である。前述のとおり，第11章手続は，当事者の私的交渉による柔軟な財務リストラクチャリングを可能にする制度として仕組まれている。しかし，後述するとおり，少なくとも1980年代までは，第11章手続の利用には直接・間接に多大なコストが伴うというのが一般的な認識であり，必ずしも積極的に利用されていたわけではなかった。

　かかる状況の中，法的倒産手続外で社債リストラクチャリングを実現するための実務上の工夫として，1980年頃に交換募集（exchange offer）の手法が編み出された[250]。これは，発行会社が，社債権者に対し，社債を条件の異なる別の証券と交換することを提案するものである。既存社債の権利内容を変更するものではなく，個々の社債権者の同意に基づいて証券を交換するものであるから，信託証書法316条(b)項（及びこれと同様の内容を定める契約条項）には直ちには抵触しないというわけである。交換募集の手法については，本節第2款で取り上げることにする。

　他方，1990年代以降には，社債リストラクチャリングの手法として，連邦破産法第11章手続が積極的に利用されるようになる。とりわけ，プレパッケージ又は事前交渉型の第11章手続（法的倒産手続外で実質的な財務リストラクチャリング交渉を行い，多数派の社債権者から承諾を取り付けた上で第11章手続に基づく多数決制度を利用するという手法）が利用されるようになると，法的倒産手続を利用することに伴うコストを大幅に低減することが可能となった。これは，迅速かつ低廉に財務リストラクチャリングを実現するための手段として，法的倒産手続を利用するという行き方がありうることを示している（ただし，それ

---

250)　Rock［2015］p. 2048 は，信託証書法がもたらす硬直性に対するひとつの反応として，以下に述べる交換募集の実務を位置付ける。

と同時に限界もある)。この点については，本節第 3 款で取り上げることにする。

第 2 款　交換募集

第 1 項　発祥と展開

　交換募集の手法が実務に定着したのは 1980 年代であった。1978 年連邦破産法が制定されて以降，1980 年代までの時期は，連邦破産法の利用には時間とコストがかかるとの認識が一般的であり[251]，社債リストラクチャリングにおいて，第 11 章手続（プレパッケージや事前交渉型のものを含む）は好まれていなかった[252]。とはいえ，社債権者の全員から既存社債の条件変更について同意を得ることは事実上不可能である。そこで，1980 年代から 1990 年代前半頃まで，法的倒産手続外での社債リストラクチャリングの手法としてしばしば利用されたのが，社債に対して公開買付け（tender offer）をし，対価として別の証券（権利内容の異なる社債や株式等）を交付するという交換募集の手法であった[253]。この時期には，財務危機に陥った社債発行企業の概ね半数程度が，破産手続を申し立てることなくリストラクチャリングを成功させたと報告されて

---

251)　たとえば，Roe [1983] p. 528 n. 2, Roe [1987] pp. 266-267, Bebchuk [1988b] p. 780 参照。Gilson [2012] p. 24 は，1980 年代後半における状況につき，次のように描写している。「第 11 章手続は，管理が煩雑であり，専門家報酬が高くつき，経営者の注意をビジネスの復興という重要な仕事から逸らしてしまう。ビジネスやファイナンスに必ずしも明るくない破産裁判官が，誠心誠意，債権者の回収を減少させる結果になる決定を取り仕切った。顧客や仕入先は，破産はビジネスの終了を意味すると信じていたので，第 11 章手続中の会社との取引を躊躇すると考えられていた」，という。

252)　Gilson, John & Lang [1990] pp. 324-325 (成功したプレパッケージ第 11 章手続は極めて稀であると指摘する)，Gilson [1991] p. 63 (1980 年代には，第 11 章手続よりも裁判外での私的整理の方がデフォルト処理として好まれていたと指摘する)，Coffee & Klein [1991] p. 1210 n. 10 (当時，プレパッケージ手続はさほど利用されていなかったことに言及する) 参照。Note, *Distress-Contingent Convertible Bonds: A Proposed Solution to the Excess Debt Problem*, 104 Harvard Law Review 1857, 1859-1860 (1991) (*hereinafter* "Note 1991") では，プレパッケージ破産手続においても，通常の第 11 章手続と同様の交渉上の困難に逢着し，プレパッケージ破産手続が首尾よく成功したケースは稀であるとされている。

253)　発行会社が十分なキャッシュを準備することができる場合には，現金対価による公開買付けの方法も利用された。これらを組み合わせて，対価として現金と証券を織り交ぜることもあった。

いる[254]。

　その後，1990 年代以降しばらくの間，社債リストラクチャリングの手法と
して，交換募集よりもむしろ連邦破産法第 11 章手続（とりわけプレパッケージ
のもの）が活用される時期が続くが[255]，2008 年の金融危機以降，幾つかの要
因が複合的に作用して[256]，財務危機の解消手段として交換募集が利用される
ケースが再び多くみられるようになった[257]。具体的には，2008 年だけで 14
件，金額にして約 300 億ドルの社債に対して交換募集が行われたが，これは，
それ以前の 24 年間に行われた交換募集の合計金額 150 億ドルの実に 2 倍に相
当する金額規模であった[258]。その後，2008 年〜2013 年の 6 年間で，1984 年〜
2013 年の 20 年間に行われた財務危機における交換募集（distressed exchanges）
の実に 60％（148 件中 91 件）が集中的に発生したと報告されている[259]。

---

254)　1980 年代は，アメリカの歴史上初めて交換募集による社債リストラクチャリングが大規模に行われ，
　　かつ一定の成功を収めた時代であった。Gertner & Scharfstein によれば，前述の 156 社のうち 73 社
　　が 1977 年〜1990 年の間に交換募集を成功させた（Gertner & Scharfstein [1991] p. 1191）。また，
　　Gilson [1990] p. 355 によれば，財務危機に陥った 111 社のうち，50 社が破産手続を申し立てることな
　　くリストラクチャリングを成功させた。Gilson, John & Lang [1990] によれば，サンプルとして取り上げ
　　た 169 件の財務危機企業のうち，80 件（47％）が裁判外でリストラクチャリングを行い，89 件（53％）
　　が私的整理に失敗して第 11 章手続に入った。さらに，Franks & Torous [1994] によれば，Standard
　　& Poor's の格付で CCC 以下に格下げされた企業のサンプル 161 社のうち，76 社が裁判外でのリストラ
　　クチャリングを成功させ，78 社が第 11 章手続を申し立てた。
255)　第 11 章手続を利用した社債リストラクチャリングについては，本節第 3 款を参照。
256)　ここでは，考えられる要因を 2 点だけ挙げておく。ひとつは税制である。金融危機を受けた税制
　　の特別措置により，交換募集を利用した社債リストラクチャリングが，発行会社にとって，債務免除益
　　の負担を軽減しつつ，裁判外で財務リストラクチャリングを実現しうる魅力的な手段となったのである
　　（詳細は長戸 [2017] 260 頁以下参照）。もうひとつは，市場における資金流動性の枯渇である。後述す
　　るプレパッケージ破産手続では，DIP ファイナンスや事業譲渡のために流動資金を確保することが必要と
　　なるが，金融危機後の逼迫した市場環境はこれを許さなかった（Altman & Karlin [2009] pp. 46, 51,
　　Baird & Rasmussen [2010] p. 687, Bratton & Levitin [2017] p. 40）。連邦破産手続を利用して容易
　　に社債リストラクチャリングを実現しうる市場環境ではなかったのである。
257)　Altman & Karlin [2009] pp. 44-46（2008 年の金融危機以降の交換募集の「再来（re-emer-
　　gence）」を指摘する），Kornberg & Paterson [2016] pp. 139-141（2008 年の世界的な経済不況開始
　　以降，裁判外での交換募集がアメリカの財務危機会社によって広く利用されていると述べる），Bratton
　　& Levitin [2017] p. 5（2009 年〜2010 年，外生的な理由によって交換募集が増加したが，その傾向が
　　その後もなお継続していることを指摘する）．
258)　Altman & Karlin [2009] p. 46.

このように，アメリカでは主として 1980 年代と 2008 年以降の 2 つの時期に交換募集の手法が大いに利用されたという歴史がある。次項以下では，交換募集による社債リストラクチャリングの手法をやや詳細に取り上げ，その問題点を検討する。まず，第 2 項では，交換募集に関する一般的な問題であるホールドアウトとそれに対する実務的な対処法を概観し，第 3 項では主として 1980 年代の議論に基づき，退出同意と同意報酬についての法的問題を検討する。第 4 項では，2008 年以降に急増した交換募集において浮上した新たな法的問題を取り上げ，検討する。

第 2 項 ホールドアウトの克服

1. 応募への動機付け

交換募集は，個々の社債権者に対して個別的に権利縮減への同意を求めるものであるから，必然的にホールドアウトの問題が伴う。すなわち，自らの判断が交換募集による財務リストラクチャリングの成否を左右することがない個々の社債権者からすれば，自らは交換募集に応じず，他の社債権者（又は銀行等の他の債権者）が財務的負担を引き受けるのにただ乗り（フリーライド）することが合理的な戦略となるのである[260]。社債権者は，発行会社と継続的な取引関係を持つわけでもない単なる投資家であるので，そもそもその事業継続のために財務リストラクチャリングに協力する動機を持たない場合も少なくない[261]。個々の社債権者がかかる戦略に出ることによって，たとえ社債権者の多数派が合意するであろう合理的な再建計画であっても，失敗に終わるおそれがある[262]。とりわけ，社債が市場で流通している場合には，ホールドアウト

---

259) Altman & Kuehne［2014］p. 225. なお, 2008 年～2013 年における社債デフォルト事例の 29%（318 件中 91 件）が交換募集を利用したとのことである。

260) フリーライド問題（ホールドアウト問題）について，概略的には第 1 章参照。社債権者によるホールドアウトを警戒してであろう，裁判外での財務リストラクチャリングにおいて，貸付債権を有する銀行は，元本放棄などの権利変更に応じる場合には，社債権者による交換募集の成功を条件とするのが通常であるとされる（James［1996］p. 720）。

261) 比較的少数の金融機関が参加するシンジケートローンと比較すると，この点は顕著な相違となりうる。Bratton［2016］p. 477 参照。なお，この問題は，発行会社の財務危機が顕在化してからあえて市場で社債を取得し，ホールドアウト戦略をとって額面での弁済を求めるという戦略的な鞘取り行動がとられる場合に一層深刻となりうる。

戦略をとるためにあえて社債をディスカウント価格で取得する戦略的投資家の出現を防ぐことはできない。

　交換募集においては，個々の社債権者のホールドアウト戦略を防ぐために，実務上様々な工夫が施される。まず，交換募集成立のための最低応募比率は，かなり高く設定されることが通常である。実務上，交換募集の最低応募比率は，90～95％ という高水準に設定されることが多い[263]。これは，ホールドアウト戦略をとる社債権者への利益移転を最小限に抑えると同時に[264]，社債権者に対して交換募集に応じるインセンティブを与えるものである[265]。たとえば，交換募集成立の条件として最低95％ の社債権者が応募することを要求したとしよう。このとき，5％ 以上の社債を保有する者は，自分の判断が交換募集の成否を決することになるため，ホールドアウトして他の社債権者にフリーライドすることはできない（自らがホールドアウトすると，そもそも交換募集それ自体が不成立となるため）。それゆえ，交換募集が社債権者全体にとって利益になると考えるのであれば，これに応じることが当該社債権者自身にとっても合理的な戦略となる。同様に，5％ 未満を保有する社債権者であっても，自らのホールドアウトが交換募集の失敗をもたらす可能性が，最低応募比率が定められていない場合や最低応募比率が低く設定されている場合と比べて高まるため，やはり交換募集に応じるようヨリ強く動機付けられる，というわけである[266]。

---

262)　極端な場合には，僅か1名のホールドアウトによって交換募集全体が頓挫することもありうると指摘される（Note 1991, *supra* note 252, p. 1862 n. 28)。

263)　Roe [1987] pp. 241-242, Coffee & Klein [1991] p. 1215. ただし，Bratton & Levitin [2017] p. 44は，最近の交換募集ではさほど高い最低応募比率を設けない例がみられることを指摘している。

264)　Coffee & Klein [1991] pp. 1207-1214, Bratton & Gulati [2004] p. 22 参照。

265)　James [1996] p. 713 参照。

266)　これに加えて，交換募集成立後に従来の5％ 以下の社債しか残らないとすると，交換募集成立後の社債市場の流動性が著しく損なわれ，格付けが停止したり上場が廃止されたりすることも予想されるので，社債権者としては，流動性の乏しい市場に取り残されるよりも交換募集に応募することを選択するよう動機付けられる（Brudney [1992] p. 1834, Roe [1987] p. 249)。たとえば，Burlington Northern Railroad Company の交換募集目論見書では，社債の上場廃止に関して，「旧債務証券証書を店頭市場で取引することは，現在 NYSE に上場されている旧債務証券証書の場合と比較して，取引実行のためにより高いコミッション費用がかかり，証拠金借入れや場合によっては取引の実行価格にもより大きな不確実性が伴います」と説明されていた（Roe & Tung [2016] pp. 515-517 参照）。

　また，交換募集において交付する対価を，旧社債よりも弁済順位の高い証券
（優先社債や担保付社債など）とする例もしばしば観察される[267]。これも，社債
権者にとって交換募集に応じる動機付けとなりうる。なぜなら，万が一，交換
募集の成功後に発行会社が破産すると，ホールドアウトした社債権者は，交換
募集に応じた社債権者よりも劣後する弁済順位に甘んじることになるためであ
る[268]。

　さらに，実務では，社債権者の支払に条件を付けて，「早い者勝ち」状況を
作り出す例もしばしばみられる。これは，証券取引所法に基づく公開買付規制
の多くがエクイティ性証券にのみ適用され，普通社債の買付けには適用されな
いという規制の建付けによって可能となる[269]。もちろん，普通社債の公開買
付けにおいても，最短期間規制は適用されるので，交換募集期間は最短でも
20営業日以上（募集条件に変更があれば，その後10営業日以上）が確保され
る[270]。しかしながら，以下のようなアレンジメントによって，実務上，最短
期間終了以前に交換募集に応募するよう社債権者に圧力をかけることができる。
まず，普通社債の公開買付けには按分買付けの保障[271]が適用されないため，
先着順での交換募集も制度上可能である[272]。また，普通社債の公開買付けに

---

267)　1976年～1989年にハイ・イールド社債を発行した上場会社で，公募社債のリストラクチャリングを
　　成功させた93件（76社）のうち，交換募集の対価として旧社債よりも先順位の証券を交付した例は38
　　件であったと報告されている（Asquith et al. [1994] p. 642）。また，別の研究では，1980年～1990年
　　に行われた交換募集68件のうち，先順位証券の交付を含むものが64% を占めたとも報告されている
　　（James [1996] pp. 718-719）。Kornberg & Paterson [2016] pp. 159-160も参照。

268)　*See generally* Nemiroff [1996] p. 2232, James [1996] pp. 713-714, Gertner & Scharfstein
　　[1991] pp. 1202-1203, Bratton & Gulati [2004] p. 22. 動機付けの効果は，既存社債の支払期日が長
　　期であり，その支払期日到来前に倒産手続が開始する危険が高い場合にとりわけ強くなりうる（Gertner
　　& Scharfstein [1991] p. 1202）。なお，この動機付けが狙いどおりに機能するには，破産手続において
　　権利の優先劣後関係が実現されることが肝要となる。

269)　転換社債やワラント債などエクイティ性の社債であれば，株式と同様の公開買付規制の対象となる。
　　ここでは詳細には立ち入らないが，概略につきKornberg & Paterson [2016] pp. 142-143を参照。

270)　証券取引所法14条(e)項，SEC規則14e-1参照。Kornberg & Paterson [2016] p. 144, Note
　　1991, *supra* note 252, pp. 1863-1864, Haag & Keller [2012] p. 227参照。

271)　証券取引所法14条(d)項(6)号，SEC規則14d-8参照。

272)　Coffee & Klein [1991] p. 1265. もっとも，交換募集ないし買付けの最低応募比率が90%～95%
　　という高水準であるとすれば，按分保障の有無はさほど深刻な問題にならないであろうともいわれてい

は最善価格保障[273]も適用されないとの解釈のもと[274]，買付期間終了前の一定期日までに応募した社債権者に対して追加的な報酬を支払うといった手法も，通例的に利用されるようである[275]。このように，社債権者に対して早期の応募を動機付けることが可能であるため[276]，最短期間規制の実効性には疑問があるとも指摘されている[277]。

2. 退出同意と同意報酬

交換募集の実務では，いわゆる退出同意（exit consent）の手法もしばしば利用される。退出同意とは，典型的には，交換募集に応じるための条件として，社債権者の利益保護を目的としたコベナンツの廃止や，弁済順位の劣後化[278]など，元の社債の価値を引き下げるような権利内容の変更に対する同意勧誘（consent solicitation）を抱き合わせる（交換募集に応募して退出するためには，かかる同意を条件とする），という手法である。

この手法は，発行会社が意図するとせざるとに拘らず[279]，交換募集に応募

る（*Id.* at 1266-1267）。

273)　証券取引所法 14 条(d)項(7)号，SEC 規則 14d-10 参照。

274)　Haag & Keller［2012］p. 241. 後述する退出同意において，同意勧誘に早期に応じた社債権者にだけ同意報酬を支払うことも禁止されないという解釈である。もっとも，反対説がないわけではない（Note 1991, *supra* note 252, p. 1864 n. 47, Coffee & Klein［1991］pp. 1268-1270 参照）。

275)　Kornberg & Paterson［2016］pp. 144, 146-147. 交換募集の最短期間である 20 日を大幅に下回る期間内に応募することが事実上余儀なくされるので，社債権者間での連絡や協調が事実上さらに困難になりうる。そこで，実務上，社債リストラクチャリングが始まりそうな発行会社につき，常設の外部カウンセルに監視させ，リストラクチャリングが予期される場合には任意委員会を組成するよう予め連絡を取り付けておくという工夫がなされているようである。Kornberg & Paterson［2016］pp. 147-148.

276)　James［1996］p. 713. 早い者勝ちの場合，専門性を有するプロの投資家とそうでないリテール投資家の差が出やすいことから，公正性の懸念が生じうるとも指摘される（Roe［1987］p. 249）。

277)　Kornberg & Paterson［2016］p. 144, Coffee & Klein［1991］p. 1266.

278)　もっとも，社債契約上，社債の優先順位を変更するためにはすべての社債権者の同意を要するとされることが多く，劣後化はしばしば困難であると指摘される（Lacy & Dolan［1991］p. 67 参照）。また，劣後化によってホールドアウトのインセンティブを挫くためには，破産手続において権利の優先関係を低コストで実現しうることが必要である。連邦破産法第 11 章手続では絶対優先原則を貫徹するクラムダウンが認められているが，仮にこれに多大なコストや時間を要するならば，劣後権者にごね得（holdup value / nuisance value）が発生する結果ともなりうる。この点について，たとえば Nemiroff［1996］pp. 2229-2233 を参照。

するよう社債権者に動機付ける仕掛けとなりうる。というのも，交換募集に応じない社債権者は，契約上の保護を欠く状態に陥るところ，かかる状態に陥った社債は，一般的に，市場で売却することが極めて困難となり，その価値が大きく減殺されることになるためである[280]。

　また，退出同意においては，同意報酬（consent payment）が支払われることもある。これは，同意勧誘に際して，同意に対する報酬支払を約束するというものであり，退出同意の手法を取り入れた社債の交換募集においてしばしばみられる実務である[281]。

　これらの手法は，発行会社の選択によって社債権者の意思決定にある種の強圧性（coercion）を加えるものであるため，学説・実務上，その許容性について様々に議論がなされてきた。次項では，この点に関する裁判例と学説を取り上げ，検討する。そこで明らかになるのは，社債権者の個別的な同意を必要とする制度のもとにおいては，必然的にホールドアウトと強圧性のトレードオフに苛まれること，そしてこれを適切に調整する原理を見出すことは必ずしも容易でないことである。

第 3 項　ホールドアウトと強圧性

1. 総説

本項では，交換募集における退出同意と同意報酬の手法について検討を加え

---

279)　今日では，同意退出の手法が社債権者に対して提案に同意するよう動機付けうることは実務家の間でも広く認識されており，実際，かかる効果を意図して同意退出の手法が利用されているとも指摘されている（Roe [2016] p. 367 n. 12 参照）。なお，実務においては，財務危機に陥っていない発行会社が，既存の制限的なコベナンツを廃止することを主たる目的として退出同意を伴う交換募集を行うことも多いと指摘されている（Haag & Keller [2012] p. 240）。

280)　Bab [1991] pp. 852-853. ただし，①満期まで当該社債を保有し続ければ旧来の条件での支払を受けることができること，及び②発行会社が交換募集によって新たに発行する社債にコベナンツが付されていれば，その便益にホールドアウト社債権者がフリーライドできる場合もあることに注意を要する（Bab [1991] pp. 883-884）。また，そもそも，ハイ・イールド社債にはさしたるコベナンツが付されていない場合も少なくない（Note 1991, *supra* note 252, p. 1862 n. 32, Roe [1987] p. 250 参照。この傾向は，資金流動性の潤沢な 2000 年代に顕著になる）。これらの場合には，退出同意による強圧性はさして大きなものとはならないと考えられる。

281)　Coffee & Klein [1991] p. 1230.

る。これらは，社債権者に交換募集に応じる動機付けを与えるテクニックであり，強圧的（coercive）に同意を強いることにもなりかねないので，法的問題として，学説・実務上，しばしば取り上げられてきた主題である。

　まず，下記 2 では，交換募集における退出同意の適法性が論じられたリーディング・ケースとして Katz 事件を，社債の契約条件変更に対する同意報酬の適法性が論じられたケースとして Kass 事件を，それぞれ取り上げる。いずれも，デラウェア州衡平法裁判所の William Allen 裁判官による判示であり，社債リストラクチャリングに関する重要な裁判例としてしばしば参照されてきた。結論を先取りすると，いずれの判決も，契約上の明示的な根拠なくして社債権者に救済を与えることに消極的であり，退出同意や同意報酬の手法について，誠実性の黙示的条項に基づく救済を否定したものである。

　社債権者の救済を論じるにあたっての出発点は，債権者と会社（ないし会社経営者）の関係が，もっぱら契約によって規律されるということである[282]。したがって，社債権者は，基本的には，もっぱら契約（及びコモンロー）上の救済を求めるべきこととなる。この点に関連して，1990 年頃，取締役の社債権者に対する信認義務を基礎付ける試みが一部の学説によってなされたこともあるが[283]，かかる信認義務論は少なくとも一般的には支持されておらず[284]，また判例上も採用されていない[285]。このことは，少なくともデラウェア州の会

---

282)　このことを説示した判例は枚挙に暇がない（Simons v. Cogan, 542 A.2d 785, 788-789 (Del. Ch. 1987). aff'd, 549 A.2d 300, 304 (Del. 1988) など）。文献としてはさしあたり Bainbridge [2007] p. 345 を参照。

283)　たとえば，McDaniel [1988] や Mitchell [1990] は，取締役の社債権者に対する信認義務を主張する。前者はもっぱら効率性の観点から社債権者に対する信認義務を基礎付けるのに対し，後者は公正性の観点からこれを基礎付ける。McDaniel の議論の簡潔な紹介として落合 [1990] 228～229 頁を参照。

284)　Brudney [1992] pp. 1836-1845, Kanda [1992], Kahan [1995] pp. 612-617 など。この点に関するアメリカ法の概要については，森 [2009] 54 頁以下も参照。

285)　デラウェア州における代表的な判例として，Simons v. Cogan, 542 A.2d 785, 791 (Del. Ch. 1987)（信認義務を課すことによる不確実性のコストが公正性の改善を凌駕すると判示），Katz v. Oak Industries, Inc., 508 A.2d 873, 881 (Del. Ch. 1986)（債権者の権利は，信認法ではなく契約の基準によって決定されると判示），North American Catholic Educational Programming Foundation, Inc. v. Gheewalla, 930 A.2d 92, 99 (Del. 2007)（デラウェア州裁判所が既存の信認義務を拡張することに謙抑的で，一般的に取締役は債権者に対して契約条項以上の義務を負わないとする判例法理を確認）等

社法を前提とする限り，発行会社が債務超過又は支払不能（insolvency）[286]に陥っている場合（あるいはその近傍にある場合）においても同様である[287]。結局のところ，個々の社債権者の保護は，裁判所が裁量的に創出する信認義務によってではなく，もっぱら契約条項に委ねられるというのがアメリカ法の建付けである[288]。したがって，以下では信認義務に関する議論は取り上げない。

　なお，契約上の救済はノーアクション条項の対象となるため[289]，多くの場合，一定の要件を満たさなければおよそ裁判上の救済を求めることができないことに注意を要する。

　がある。転換社債においても同様である（Simons v. Cogan, 542 A.2d 785, 788-789（Del. Ch. 1987），Katz v. Oak Industries, Inc., 508 A.2d. 873, 879（Del. Ch. 1986）参照）。この点に関する比較的近時のローレビュー論攷として Herrmann [2014] pp. 778-779 も参照。

286）　デラウェア州法上，「insolvency」には債務超過（balance sheet test）と支払不能（cash-flow test）の2つの基準があり，それぞれについてさらに若干のバリエーションがある（制定法上の概念ではなく，判例によってその定義に若干の差異がある）。ここでは立ち入らない。

287）　デラウェア州衡平法裁判所の判例には，「少なくとも会社が支払不能又は債務超過（insolvency）の近傍にあるときは，取締役会は，単に残余リスク負担者の代理人であるのみならず，会社企業体に対する義務を負う」と述べた判例が存在するが（Credit Lyonnais Bank Nederland N.V. v. Pathe Communications Co., 1991 WL 277613（Del. Ch. Dec. 30, 1991）），これは取締役の債権者に対する直接の信認義務を基礎付けるものではなく，むしろ支払不能又は債務超過（insolvency）の近傍において取締役が債権者利益を考慮してリスクテイクを控えたとしても経営判断原則によって保護されうるという事理を述べたものに過ぎないと解されている（Production Resources Group, LLC v. NCT Group, Inc., 863 A.2d 772, 790-791（Del. Ch. 2004），Trenwick America Litigation Trust v. Ernst & Young, LLP, 906 A.2d 168, 196（Del. Ch. 2006），North American Catholic Educational Programming Foundation, Inc. v. Gheewalla, 930 A.2d 92, 100-101（Del. 2007）参照）。また，会社が支払不能又は債務超過（insolvency）である場合においても，少なくともデラウェア州においては，「支払不能又は債務超過（insolvency）に陥った会社の取締役は，会社のために，個々の債権者との間で精力的かつ誠実に交渉する自由を保持しなければならない」のであって，「支払不能又は債務超過（insolvency）に陥った会社の個々の債権者は，会社取締役に対して，信認義務違反を理由とする直接の請求権を何ら持たない」（North American Catholic Educational Programming Foundation, Inc. v. Gheewalla, 930 A.2d 92, 101-103（Del. 2007））とされる。

288）　Note 1991, *supra* note 252, pp. 1864-1865, Bratton [1989] pp. 118-120.

289）　契約上の明示的条項に基づく救済のみならず，黙示的条項に基づく救済や，詐害防止法上の救済や，コモンロー上の救済もノーアクション条項によってカバーされる。ノーアクション条項により黙示的条項に基づく救済を否定した裁判例として，Feldbaum v. McCrory Corp., 18 Del. J. Corp. L. 630（Del. Ch. 1992）がある。

2. 判例の展開

(1) 退出同意について――Katz 事件判決[290]

(a) 事案の概要　　本件は，被告 Oak Industries, Inc.（以下「Oak 社」という）が発行する長期社債を保有する原告が，同社が計画している社債権者に対する交換募集及び同意勧誘の差止めを求めて，デラウェア州衡平法裁判所に提訴した事案である。ことの経緯は以下のとおりである。

1982 年～1985 年頃，Oak 社は業績が悪化し，早期に収益性を回復しなければ企業として存続することができない状況に立ち至っていた[291]。Oak 社は，複数の支援先候補と交渉の末，Allied-Signal, Inc.（以下「Allied-Signal 社」という）との間で，①Allied-Signal 社が Oak 社の天然資源部門を 1 億 6000 万ドルで買い取ること，②Allied-Signal 社が Oak 社の普通株式及びワラントを 1 億 5000 万ドルで取得することを内容とする合意を締結した。②の株式譲渡契約は，Allied-Signal 社による義務履行の条件として，Oak 社の長期負債総額を 85％ 削減することを要求していた。換言すれば，Oak 社は，Allied-Signal 社から 1 億 5000 万ドルの現金支払を受けるためには，未償還社債総額を大幅に縮減する交換募集を実現しなければならない状況に置かれたわけである。なお，当該社債の大部分は，少数の機関投資家によって保有されていた。

Allied-Signal 社との間で協議された事業再生計画の一環として，Oak 社は，発行する 6 種類の社債に対して交換募集（以下「本件交換募集」という）を提案した。交換募集は，普通株式を対価とするものと，支払証書を対価とするものの 2 部構成になっていた。交換募集に際しては，元の社債に付されていたコベナンツのすべてを廃止する提案に同意することが応募の条件とされた（退出同意）。本件交換募集は，1986 年 3 月 14 日に効力を生ずるものとされ，応募期限は同月 11 日午後 5 時と定められた。なお，事業譲渡契約及び株式譲渡契約に係る株主総会決議は同月 14 日に予定されており，同日，両契約が実行される手はずであった。

---

290)　Katz v. Oak Industries, Inc., 508 A.2d. 873 (Del. Ch. 1986).

291)　本件の交換募集に先立つ 1985 年 2 月，Oak 社は，2 億 3000 万ドルの未償還社債に対して交換募集を実施し，約 1 億 8000 万ドル分の応募を得て大幅にキャッシュフローを改善していたが，なおも再建措置を必要としていた。

　原告は，同年2月27日に本件訴訟を提起し，①本件交換募集は，社債権者の犠牲のもとに株主を利する行為である，②本件交換募集は，強圧的であり誠実性（good faith）を欠くものとして許されない，などと主張してその差止めを求めた。

　(b)　判旨　　Allen裁判官は，以下の論旨によって原告の主張を退けた。まず，①本件交換募集が社債権者の犠牲のもとに株主を利する行為であるとの主張に対し，社債権者と発行会社間の問題を契約の問題として位置付けて，次のように判示した。「取締役の義務は，法の枠内において会社の株主の長期的な利益を最大化するよう努めることである。彼らが時に他の者の『犠牲のもとに』そうしたとしても……，そのことを理由として義務違反であるとはいえない。株主価値を最大化するための会社のリストラクチャリングが，時に社債権者に対してより大きなリスクと損失を要求し，結果として社債権者から株主への経済的価値の移転を伴うこともあろう。……しかし，裁判所がかようなリスク増大に対する保護を与えようとするならば，制定法上のかかる命令，又はかかる保護を付与するために設けられた証書規定の取決めを必要とするのである」[292]。

　次に，②本件交換募集が誠実違反であるとの主張に対しては，次のように述べる。まず，強圧性に係る主張について，「法的分析のためには，『強圧性』という用語それ自体は……あまり意味がない。その言葉が法的分析のために意味を持つためには，事例ごとに，当該概念に規範的な判断（『不適切に強圧的』とか『許されないほど強圧的』など）を与えることが不可欠である。……『強圧性』が許されないかどうかの判断を支える法的規範は，……契約法から導出される」[293]，とする。しかるに，契約法については，確かに，契約当事者には，契約目的に向けて誠実に行動するという黙示的な契約条項（誠実性の黙示的条項〔implied covenants of good faith〕）が判例上承認されているとしつつも，かかる契約上の義務に違反するかどうかは，「明示的な契約条項を取り決めた当事者が，後に誠実性の黙示的条項違反であると主張されている行動について，仮に交渉に織り込んでいたとすれば，それを禁止することに合意したであろう

---

292)　*Id.* at 879.
293)　*Id.* at 879-880.

（would have agreed to proscribe）ことが，明示的に合意された内容に照らして明白かどうか」[294]，という基準で判断されるとする[295]。本件では，契約条件の変更について社債権者に動機付けを与えることを禁止する明示的な契約条項は存在せず，また，これを禁止する誠実性の黙示的条項の根拠となりうるような契約条項も存在しない，という。

（c）判決の評価　本判決における理由付けのポイントは，本件交換募集における退出同意の利用を禁止する趣旨を読み取ることのできる明示的な契約条項が存在しない，という点にある。このように，もっぱら明示的な契約条項を手がかりとする Katz 事件判決のアプローチは，誠実性の黙示的条項に基づく救済可能性を狭めるものとして大いに注目を集めた。かかる判例の立場に対しては学説上批判も向けられてきたが[296]，判例の内在的な理解としては，誠実性の黙示的条項による救済可能性はかなり狭い範囲に限定されるものと解され

---

294)　*Id.* at 880.

295)　従来から，黙示的条項に基づく救済は，明示的条項に根拠を求めるのが判例の立場であった。たとえば Metropolitan Life Insurance Co. v. RJR Nabisco, Inc., 716 F. Supp. 1504, 1522 (S.D.N.Y. 1989)（原告が主張する救済の明示的な根拠となるような条項がない限り，黙示的条項に基づく救済は与えられないと判示）参照。もっとも，Katz 事件判決における判示については，後日，Allen 裁判官自身，「明白」という基準は高すぎたかもしれないと述べ，合意したであろうという方が，「ヨリ確からしい (it is more likely than not)」場合に黙示的義務を肯定する議論を展開している (Schwartzberg v. CRITEF Assocs. Ltd. P'ship, 685 A.2d 365, 376 (Del. Ch. 1996))。とはいえ，いずれにせよ明示的条項を手がかりとする点において相違はない。誠実性の黙示的条項について述べた文献として，Bratton [1989] p. 120 n. 123, Buchheit & Gulati [2000] p. 80, Bratton & Gulati [2004] pp. 65-66, Bainbridge [2007] pp. 345-346, Bratton & Levitin [2017] pp. 24-25 も参照。

296)　たとえば，Bab [1991] pp. 868-869 は，退出同意の手法は，もはや社債の契約条項に対して経済的利益を持たない社債権者の投票によってホールドアウト社債権者の権利を変更するものであり，「発行会社は，残存する社債権者から，合理的な社債権者であれば排除されるとは予期しないであろう交渉された契約上の保護を奪い去ろうとしている」のであり，「発行会社は，誠実性の黙示的義務に違反している」と評価しうると指摘する（もっとも，Bab 自身はそもそも強圧性の存在に否定的であり，その点を措くとしても，強圧的手法の是非を判断する際にはリストラクチャリングの全体像を考慮した上で著しく不公正な事案でなければ裁判所は介入すべきでない，という立場であった）。また，Coffee & Klein [1991] pp. 1256-1262 は，発行会社自身の議決権行使を制限する契約条項に基づいて誠実性の黙示的条項の存在を基礎付け，強圧的な退出同意の手法は，発行会社自身を実質的保有者とする議決権行使に相当するものとして禁止される，との解釈論を提示する。なお，本章注 475) で引用するイングランドの Assénagon 事件判決も，——強度に強圧的な退出同意の手法がとられた事案において——同様の解釈を示している。

ている[297]。また，およそ契約条項は，契約交渉の中で他の条項とのトレードオフを衡量した上で取捨選択されるものであるから，ある特定の条項について，仮定的に「合意したであろう（would have agreed）」と評価することは一般的に困難であるとも指摘されている[298]。このような理解によれば，退出同意の手法を制限する明示的な条項が存在しない限り，退出同意を利用した社債リストラクチャリングに対する実質的な制約は存在しないも同然となろう。

　他方，Katz事件判決の判旨には，本件交換募集が，社債権者の意思決定を現実に歪めるほどのものではなかった，という理解を窺わせる部分もある。Allen裁判官いわく，「本件において，Oak社は，未償還の長期社債の大部分の応募を得るかもしれない。仮にそうだとすると，その事実は，私の考えによれば，その大部分において，提案の価値（すなわち，Oak社の財務状況及び社債の市場価値に照らした提案価格）を反映するものである。……交換募集の成功は，究極的には，発行者が，社債権者に対し，財務的に魅力的な選択肢を提案する能力及び意思に依存するのである」[299]。つまり，判決は，原告の請求を棄却するに際して，本件交換募集を禁止する根拠となる明示的な契約条項が存在しないというある種の形式論理を直接の論拠としつつも，その背後の実質的判断としては，本件で，Oak社の提案が公正・妥当なものであったことを暗黙の前提としているようにも読めるのである[300]。

　学説上，Katz事件は「穏和な（benign）」退出同意の事例であったとか[301]，

---

297)　たとえばBratton [2002] pp. 933-934を参照。また，Bratton & Gulati [2004] p. 66は，明示的条項に依拠する限り，誠実性の議論は遮断（cut off）されると指摘する。その他，Note 1991, *supra* note 252, p. 1865は，「裁判所は，明示的な契約条項のみが社債権者を保護するという立場で確立している」と述べる。

298)　Brudney [1992] p. 1846 n. 74.

299)　508 A.2d, at 881-882. なお，この判示は，本件交換募集が強制償還条項の潜脱に該当しないとの判断を示す理由付けの中で述べられたものである。

300)　判旨が，強圧性がないことを前提にするロジックである点について，Peterson [1993] p. 510参照。

301)　Coffee & Klein [1991] pp. 1229-1230 n. 63, p. 1260 n. 156参照（Katz事件においては，社債保有構造が少数に集中しており，スポンサーとなるべき第三者との独立当事者間交渉の結果として提案が策定されたという事情があり，かつ実際にもそれなりのプレミアムが付されていたという事実から，当該交換募集が「穏和（benign）」なものであった可能性を指摘する）。そして，裁判所が認定する事実関係によれば，Oak社がAllied-Signal社から新規出資を受けるためには負債の削減とコベナンツの廃止が

事実関係は誠実性を支持するものであったとか[302]，あるいはパレート効率的な事例であった[303]，などと指摘されている。このような理解を前提として，Katz 事件判決の論理に拘らず，少なくとも実体的判断として「許されない強圧性」があると認められるような事案においては，明示的又は黙示的な契約条項に基づいて社債権者の救済を認める可能性を示唆する見解も存在する[304]。また，財務リストラクチャリングの全体を踏まえて当該提案が著しく不公正な場合には裁判所が介入すべきであるとの見解も存在する[305]。これらの見解は，たとえ明示的に退出同意を禁止する契約条項が存在しなくとも，裁判所による介入の余地を一定程度認めようとする考え方である。

　しかしながら，実際のところ，Katz 事件判決以降，退出同意を用いた交換募集について黙示的条項に依拠して争われたという裁判例は見当たらない。Katz 事件判決以後の実務においては，裁判外での社債リストラクチャリングにおいて一般的に退出同意を用いた交換募集を利用するという手法が確立したといわれている[306]にも拘らず，である。このことは，2 つの可能性を示唆す

必要だったのであり，退出同意の手法は，社債権者にとって利益となる取引へと誘導するものであったようにみえる，と評価する（Coffee & Klein [1991] pp. 1241-1242）。また，Mark Roe は，Katz 事件判決が法的倒産手続外での財務リストラクチャリングの緊急の必要性に明示的に言及していることを指摘している（Roe [1996] p. 662）。

302)　Bab [1991] p. 854 n. 54.

303)　McDaniel [1988] pp. 290-291 は，Katz 事件の交換募集はパレート効率的であったのだから，裁判所が公正処遇義務違反なしと結論付けたことは正当であったと論じる（なお，McDaniel は，Katz 事件判決が，契約法のロジックを辿りながらも，信認義務を認めるのと同様の結論に到達しているとも評価する）。

304)　Coffee & Klein [1991] pp. 1254-1264（契約条項の解釈ないし誠実性の黙示的条項を手がかりとして，穏和な強圧的手法を許容しつつ，許されない強圧性を規制する解釈論を試みる）。

305)　Bab [1991] pp. 886-887. 具体的には，①「強圧的」手法を用いるやむを得ない理由があるか，②あるクラスの債権者だけに不公正又は苛酷な処遇をするものではないか，及び③契約の形成や履行における発行会社の行き過ぎがありうるかどうかを審査すべきであるとする。もっとも，現実の社債保有構造や社債リストラクチャリングの実務に鑑みれば，強圧的手法に対する規制は基本的に不要であり，例外的に著しく不公正（absurdly unfair）な事案においてのみ裁判所が介入すれば足りるとする。いわく，「発行会社の側に何らかの詐欺（fraud）がない限り，裁判所は，能力がある洗練された当事者間の契約に介入することには極めて慎重であるべきである」（Id. at 889）。その基礎には，「裁判所は，社債権者は著しく不公正な提案の殆どを拒絶するであろうことを一般的に想定してよい」（Id. at 886）という考え方がある。

る。ひとつは，実務上，「許されない強圧性」を伴う手法を利用せず，節度の
ある社債リストラクチャリングが実践されていたという可能性である[307]。も
うひとつは，企業法務に精通した有力な裁判官である Allen 裁判官がもっぱら
明示的な契約条項の存否に着目する割り切った立場を示したことから，退出同
意による交換募集について，明示的な契約条項が存在しない場合には裁判所の
救済を求めることは期待できないという考え方が実務に広く受け入れられたと
いう可能性である[308]。

(2)　同意報酬について——Kass 事件判決[309]

(a)　事案の概要　　本件は，本書の主たる関心である発行会社が財務危機に
陥った局面における社債リストラクチャリングを扱うものではなく，むしろ平
時における社債契約条項の変更を扱うものである。事案は，被告 Eastern Air-
lines, Inc.（以下「Eastern 社」という）が発行する未償還転換社債を保有する社
債権者である原告が，Eastern 社が提案した社債契約条項の変更（財務コベナ
ンツを変更して，利益配当制限を緩和する変更）の差止めを求めてデラウェア州
衡平法裁判所に提訴したというものである。

Eastern 社は，Texas Air Corp.（以下「Texas 社」という）の子会社（以下
「S 社」という）との合併取引を計画していた。計画では，Eastern 社と S 社の
合併後，合併後会社から Texas 社に 1 株当たり 1.75 ドルの現金配当を行い，
Texas 社が合併後会社の単独株主となることが予定されていたが（以下「本件
組織再編」という），Eastern 社が発行する社債の財務コベナンツによりかかる
現金配当が禁止されていたので，本件組織再編の一環として，現金配当を可能
にするべく，あわせて社債契約条項を変更することも必要であった。

社債契約条項を変更するためには，未償還社債総額の 3 分の 2 以上を保有す

---

306)　たとえば，Kornberg & Paterson［2016］p. 141 n. 48 は，「負債証券に関しては，『退出同意』の
　　仕組みの利用可能性は確立している（well-settled）」と評価している。

307)　Bab［1991］pp. 888-889 は，Katz 判決以降に行われた幾つかの社債リストラクチャリングにおいて，
　　発行会社が社債権者を公正に処遇していると評価できることを指摘する。

308)　Roe［2016］p. 376 は，Allen 裁判官に対する実務の敬意が，退出同意が公正な手法であるとの認
　　識へと繋がった可能性を示唆する。

309)　Kass v. Eastern Airlines, Inc., 12 Del. J. Corp. L. 1074（Del. Ch. 1986）. 本判決については，藤
　　田［1995］235 頁注 17 で簡単な紹介がある。

る社債権者による同意が必要であった。しかし，本件組織再編は社債権者に何ら直接の利益をもたらさないものであるから，そのままでは社債権者が提案に同意することは期待できなかった。そこで，Eastern 社は，社債権者に提案に同意するよう動機付けるべく，提案に同意した社債権者に，額面 1000 ドル当たり現金 35 ドル又は 125 ドル相当の Eastern 社チケット引換券を供与することとした。社債契約変更の決議は，1986 年 11 月 25 日（合併契約に対する株主総会決議と同日）に行われる予定である（なお，本件判決は同月 14 日付）。

　原告は，かかる行為は，公序（public policy）に反し，公正かつ誠実に社債権者を処遇するべき契約上の黙示的条項に反すると主張し，提案に係る信託証書変更の差止めを求めて提訴した。

　(b)　判旨　　Allen 裁判官が裁判長を務める本判決は，結論として原告の請求を棄却した。本判決は，原告の主張を，①Eastern 社による本件支払は議決権買収に該当するところ，本件の文脈における議決権買収はそれ自体違法である，という主張と，②Eastern 社による本件支払は，社債契約を起草した当事者の合理的な期待に反するものであり，社債契約の黙示的条項違反である，という主張の 2 つに整理した上で，次のように判示した。

　①の点について，まず，連邦や州の国政選挙における議決権売買禁止との対比において，次のように述べて類推を否定する。「第一に，社債権者は，……私的に交渉された契約及び財産権の取得に基づいて議決権を有している。第二に，社債権者の投票という商業的文脈においては，我々の法（公序の最も明確な表現）及び商業上の慣行は，保有する社債の分だけの議決権を行使することを認めている」。「社債権者と発行会社間の関係は如何なる意味においても金の問題に関係している……。このような状況において，同意（投票）の見返りに金を提供することが当然に腐敗しているとか，それ自体公序違反であると結論付けることは，私には不合理に思われる」。次に，株主総会における議決権売買禁止との対比において次のように述べる。既に Schreiber 事件判決[310]にお

---

310)　Schreiber v. Carney, 447 A.2d 17 (Del. Ch. 1982). 株主の議決権売買が「当然に違法（per se illegal）」であるとする考え方を明示的に退けた著名判例である。事案の概要は次のとおりである。Texas International Airlines 社は，1980 年 6 月，Texas Air 社（組織再編のために新たに設立された持株会社）との間で株式交換を実施して同社の完全子会社となった。Texas International Airlines 社は，当

いて判示されたとおり，株主総会における「議決権売買が公序の問題としてそれ自体無効であるとする根拠は，会社を取り巻く環境変化の必然的結果としていまや時代遅れになった公序の考慮の上に成り立っている」。議決権売買は当然には違法ではなく，「個々のアレンジメントにつき，目的と意図に照らして吟味しなければならない」。本件においては，「提案が，すべての議決権者に対して同一の条件で公になされたものであること——各社債権者は，それを受諾・拒否するのも自由であったこと——からすれば，私の見解では，それが議決権者又は議決権者のグループから議決権を剥奪するものであるとの結論は排斥される（もっとも，仮に社債権者の議決権行使と交換に対価を支払う提案がすべての社債権者に同一条件でなされたものでなければ，同様にはいえないかもしれない）」。

　次に，②の点について，Katz 事件判決に言及しつつ，黙示的条項の一般論として，「明示的に合意された内容から，契約の明示的条項を交渉した当事者が，後日になって誠実性の黙示的条項違反であるとされる行為について交渉することを考えていたとしたら，当該行為を禁止することに合意したであろうと明らかにいえるか」という基準を導き出す。本件で明示的に合意された条項は，社債契約変更に未償還社債総額の 3 分の 2 以上を有する社債権者の同意を要するという条項と，発行会社が議決権を行使することができないという条項であるところ，これらの条項から，同意した社債権者にだけ対価を支払うという行為を禁止するのが契約当事者の合理的期待であったといえるかが問題となる。「たとえば，仮に，Eastern 社が，すべての社債権者に対して同一条件で提案をしたのではなく，私的に，決議を実行するのに十分な数の社債権者にだけ金を払っていたとしたら，それだけで，少なくとも暫定的には，かかる行為は，変更条項によって黙示的に示される議決権行使概念とあまりに不整合であり，契約当事者の合理的な期待となるべきものの違反を構成する，と結論付けるこ

該合併に先立ち，同社が発行する株式の 35% を有する Jet Capital 社が当該合併に対する承認決議を妨害する意向を有することを知り，同社が決議に賛成するよう促すため，同社に対して有利な条件でローンを提供した。ただし，当該ローン提供については，十分な情報開示を受けた上で，他の株主の大半が賛成することという条件が付されており，現実にかかる条件は成就した。裁判所は，これを議決権売買であると評価しつつも，当該事案においては違法ではないと判断した。

とに若干の自信を覚えるであろう。しかし，本件で私はかかる自信を持たない。すべての社債権者が，提案された対価を受諾し又は拒絶する機会を与えられている。各自が社債を保有し続けるので，変更によって社債にもたらされる価値への脅威が，同意への対価と比較して価値が大きいかどうかという問題を吟味するインセンティブを持つ。……たとえ意図されたリスクの増加を『強圧的』（分析のためには曖昧すぎてあまり役に立たない概念である）であると特徴付けるとしても，記録からそれが不当にそうであると結論付けることはできない」。

(c) 判決の評価　Kass 事件判決も，Katz 事件判決と同様に，誠実性の黙示的条項による救済を，契約上の明示的条項を手がかりとして決する立場を堅持している。これに対しては Katz 事件判決について述べたことと概ね同じことが妥当するが，Kass 事件判決においてとりわけ注目すべきは，次の 2 点である。

ひとつは，同判決が同意報酬がすべての社債権者に対して同様に提案されていた事実を重視しているように読める点である。この点を強調すると，非按分での同意報酬支払であれば，誠実性の黙示的条項に反するものとして違法とする余地があるように思われる。しかしながら，この点については，後のデラウェア州衡平法裁判所において，支配株主に対する非按分での同意報酬支払を，契約上禁止されていないことを理由として不問とする判決が出されたため，あまり強調すべきではないようにも思われる[311]。なお，近時の信託証書契約実務においては，同意報酬をすべての社債権者に平等に提案することを求める条項がままみられるようである[312]。非按分の同意報酬支払を許容するかどうか

---

311) *In re* Loral Space and Communications, Inc., 2008 WL 4293781 (Del. Ch. Sep. 19, 2008). もっとも，この事案では，当初の信託証書の契約交渉過程で，同意報酬を社債権者全員に平等に提案することを義務付ける条項を設けるかどうかで議論がなされ，その結果かかる条項を取り入れないこととされた，という経緯の存在が前提となっている。つまり，当該事案は，契約当事者が全く想定していなかった事態についての「すき間の補充（gap filling）」が問題となる事案ではなく，むしろ契約交渉過程で意識的に排除された契約上の保護を社債権者側が求めた事案だったということである。

312) たとえば，Kahan & Tuckman [1993b] は，調査対象となった私募債のうち 60% において，すべての社債権者に提案されない限りは同意報酬の支払を禁止する旨の条項が置かれていたと報告している。また，Kahan & Rock [2009] p. 306 では，「アクティビストは，社債の過半数を取得し，当該多数派に対してのみ支払われる同意報酬と引換えに，すべての社債権者を拘束する変更に同意するかもしれな

は，もっぱら契約によって決せられるべき問題だ，というのもありうるひとつ
の考え方であるといえよう。

　もうひとつは，同判決が，同意報酬の場合には社債権者が従来の社債を保有
し続けるということに触れている点である。先にみた退出同意においては，決
議に同意する社債権者はその後直ちに社債を手放すので当該社債の決議後の価
値に無関心となりえたが，単なる同意報酬においては，決議後も社債を保有し
続けるためその価値に無関心ではいられない。この差異は，これら2つの手法
を区別するひとつの契機となりうるであろう。

　いずれにせよ，ここで確認しておくべきは，同意報酬による議決権行使の動
機付けについても，契約条項の明示的な定めによって禁止されていなければ基
本的に許容されるとの立場が裁判例上採られているということであり，ここに
おいてある種の強圧的な手法を利用する余地が認められている，ということで
ある。

3.　学説の議論

　交換募集による社債リストラクチャリングにおいては，ホールドアウトと強
圧性との間でどのようにバランスをとるかが問題となる。交換募集によって元
利金減免等の権利変更を実現する場合には，かかるトレードオフが不可避的に
発生する。強圧的手法は，①社債権者のホールドアウトを克服して望ましい提
案を成立させやすくするという点では効率性を害するものではないが，②それ
が行きすぎて，望ましくない過大な権利変更をも実現させる可能性があるとい
う点では効率性を害する可能性を秘めているのである[313]。

　このような関係にあるので，強圧的な交換募集の手法に対する学説の評価が
分かれることは何ら不思議なことではない。これまで特に論争の対象とされて
きたのは，退出同意の手法である[314]。1980年代に急増した法的倒産手続外の

　い」と述べつつ，その脚注で，「すべての社債権者が，同意を表明し，同意報酬を受け取る平等の機会
　を有することを求めるコベナンツを含む証書もある」と指摘する（*Id.* n. 102）。

313)　Coffee & Klein［1991］p. 1216, Note 1991, *supra* note 252, p. 1867.

314)　Chatterjee et al.［1995］p. 336 は，退出同意は，社債権者に最低価値の証券をもたらすものであ
　るから，幾つかの強圧的手法の中でも最も強圧的であるように思われる，と述べる。また，Daniels &
　Ramirez［2007］は，ホールドアウトの危険の大きさと退出同意の有無の間に有意な相関性が見出され

社債リストラクチャリングにおいて，退出同意を利用した交換募集が多用され
たことを受け，学説は，その是非について活発に議論を展開した。

　詳細に立ち入る前に議論の全体像をここで確認しておこう。一方の陣営とし
て，交換募集は構造上強圧的に利用される懸念があることから，一定の規制を
設けるべきであるとの議論がある。本書では，規制に積極的な有力説として，
Coffee ＆ Klein，及び Brudney の議論を取り上げる[315]。Coffee ＆ Klein は，
一定の強圧性はホールドアウト問題を克服するために必要であると認めつつ，
これを発行会社が利用することは問題であるとする。Brudney は，より端的
に強圧性による意思決定の歪みを問題視し，これをカテゴリカルに禁止すべき
であると主張する。これに対し，規制に消極的な議論として，Kahan 及び Pe-
terson を取り上げる[316]。Kahan は，（以上の三者とはやや異なる角度で問題を切
り出しているので若干注意が必要だが，）強圧的手法に対する強行的規制に対し
て反対の議論を展開する。Peterson は，データ分析に基づき，交換募集にお
ける強圧性の存在や弊害に疑問を呈し，追加的規制は不要であると説く。

　以下，やや詳しくこれらを検討するが，ここでは，これらの学説が退出同意
を利用した交換募集について如何なる問題を認識し，これに対して如何なる対
処法を提案しているか，という点に着眼し，交換募集の手法による社債リスト
ラクチャリングに内在する法的問題を把握することを目指す。

(1)　Coffee ＆ Klein の見解

　John Coffee と William Klein は，破産手続には遅延や費用を伴うことから，
破産を回避することはすべての債権者の共通の目標になること，そして破産手

ることから，退出同意は，ホールドアウト問題に対する合理的な反応であるとの結論を導いている（た
だし，それが社債権者にとって不利益になるかどうかについては結論を留保する）。

315)　これらのほか，Note 1991, *supra* note 252, p. 1869 は，強圧的手法の規制の必要性を説きつつ，
強圧的手法がホールドアウト問題を克服するための手段となりうることを指摘し，単に強圧的手法を規
制するだけでは不十分であり，同時にホールドアウト問題を克服しうる規律を導入することの必要性を主
張する。

316)　これらのほか，Schwartz [1993] pp. 624-629 も強圧性の懸念に対して否定的な立場を表明してい
る。その論拠は，たとえ強圧的な手法がとられたとしても，社債権者全体の状況を改善する戦略がフォ
ーカルポイントとなって均衡が成立するはずであるから，囚人のジレンマには陥らないはずだ，というも
のである。Schwartz は企業買収における強圧性の文脈においても同様の議論を展開しているが，これ
に対しては有力な反論が存在する（Bebchuk [1988a] pp. 224-225）。

続外での債務整理は破産手続の死重損失（deadweight loss）を回避する限りにおいて社会的に望ましいことを確認した上で[317]，交換募集を利用した社債リストラクチャリングの手法には，強圧性とホールドアウトという2つの問題があると指摘する。

　まず，強圧性は，発行会社が社債権者を囚人のジレンマに陥らせ，元利金の減免等に譲歩を強いるという問題である[318]。強圧性の要因として，①情報の非対称性[319]，②倒産コストの存在[320]，そして③退出同意の手法（さらには同意報酬の支払）[321]が挙げられる。他方，ホールドアウトは，交換募集に応募した社債権者の犠牲のもと，これに応募しなかった社債権者が利益を獲得するという問題であり，合理的なリストラクチャリングさえ失敗へと導く危険がある[322]。交換募集は，これら2つの要素（強圧性とホールドアウト）の複合体である。ここでの法政策上の目標は，①一方で発行会社が強圧的手法によって社

---

317)　Coffee & Klein [1991] pp. 1210-11, 1220-1222. 裁判外における債務の再交渉を容易にし，その不確実性を除去することは，企業の資金調達の効率性改善に繋がると指摘する（*Id.* at 1224）。

318)　*Id.* at 1211-1212, 1227-1231.

319)　*Id.* at 1218-1220. 発行会社（株主，経営者）は，事業状況に関する有利な情報を隠したままで，社債権者に対して悲観的シナリオを提示し，社債権者に必要以上に大きな譲歩を求める内容のリストラクチャリングを提案するインセンティブを持ちうる。もっとも，これに対しては，経営者が発行会社の業績に関する有利な情報を隠すとは考えられず，非現実的な想定であるとの批判もある（Peterson [1993] p. 516）。結局どちらの想定が説得的かという問題であるが，場合によっていずれの想定も全くありえないというほどのものではあるまい。破産手続外で倒産処理する方が自己（ないし株主）の利益になると経営者が判断すれば悲観的なシナリオを強調して社債権者（ないし他の債権者）に権利カットを呑ませるという場合もありえようし，逆に株主の目を気にして楽観的な情報を積極的に開示するという場合もありえよう。

320)　Coffee & Klein [1991] pp. 1220-1222. 発行会社が破産手続に入ると，評判低下等により社債権者への弁済額が少なくなったり，手続遅延によって時間的価値が失われたりする危険があるため，破産申立ての威嚇は社債権者にとって脅威となり，発行会社の提案に受諾するよう動機付ける効果を持ちうる（*Id.* at 1213）。

321)　*Id.* at 1224-1233. 多数決での社債条件変更により保有する社債の価値が下落することになるので，ホールドアウトせず交換募集に応じるよう動機付けられる。もっとも，信託証書法316条(b)項の制約下で可能な強圧的手段はせいぜいコベナンツを外したり権利を劣後化したりというだけのことなので，威力はさしたるものではなく，依然としてホールドアウトが残る可能性もある（*Id.* at 1238）。

322)　*Id.* at 1233-1238. 社債総額の5～10% という比較的低い比率のホールドアウトであっても，リストラクチャリングによって創出される企業価値の殆どすべてを吸収しうると指摘する（*Id.* at 1214）。

債権者に不利益を強いることを防ぎつつ、②他方で社債権者がホールドアウトによって望ましい措置を阻害することを防ぐことにある[323]。

　Coffee & Klein の議論において注目すべき点は、社債権者に対する強圧性が、②のホールドアウト問題を解消するという点で有用たりうる（その限りで、強圧性も正当化されうる）、と指摘する点である[324]。彼らによれば、問題は、強圧性が存在することそれ自体ではなく、発行会社が強圧性を利用することができる、という点にある。確かに、近時の社債市場においては、社債保有者の大半が少数の機関投資家であり、一般投資家が多数存在するという状況と比べると社債権者間の協調的行動が容易になっている（それゆえ、発行会社の強圧的手法に対して社債権者が適切に自衛することが容易になっている）といえるが[325]、それでもなお、抜け駆け等により協調が失敗する危険は存在する[326]。社債権者が囚人のジレンマに陥る危険が存在すること自体が、権利の不確実性を増大させ、資金調達コストを押し上げて、ひいては効率性を損なうことに繋がる[327]。

　そこで、Coffee & Klein は、交換募集に強圧性を持たせるか否かを、多数社債権者に決定させることを提案する。具体的には、交換募集に強圧性をもたらす同意勧誘を交換募集と同時に行うという手法（退出同意）ではなく、まずは同意勧誘を先行させ、しかる後に交換募集を実施するという手法によるべきであるとする[328]。多数社債権者が交換募集を望ましいと考えるのであれば、同

---

323)　*Id.* at 1216, 1242-1243.

324)　*Id.* at 1234, 1241-1242.

325)　この点を強調する論者として、Andrew Bab を挙げることができる。Bab は、ジャンク・ボンドの保有者の殆どが洗練されていてかつ知識が豊富な機関投資家であり、また社債の保有構造がせいぜい15〜30の機関投資家に集中していることから（Bab [1991] p. 882）、社債権者の組織化が容易であり強圧性は現実には起こりにくいと指摘する（*Id.* at 883）。また、Marcel Kahan もこの点を強調するが、Kahan の議論は後で詳細に取り上げる。

326)　Coffee & Klein [1991] pp. 1222-1224. 彼らが論文中でこの点を詳細に取り上げているのは、本章注325）の Bab [1991] の議論を意識したものと見受けられる。

327)　Coffee & Klein [1991] p. 1224.

328)　*Id.* at 1243-1244. これは、実質的には、Bebchuk [1987] が株式公開買付けの文脈で論じたアンケート付公開買付規制と同様の発想によるものである。なお、Note 1991, *supra* note 252, p. 1868 n. 70 は、イギリスにおける株式公開買付規制を参考に、社債の交換募集についても、「不満」だと表明しつつ公開買付けに応じるという選択肢を認めることを、ひとつのアイデアとして提示するが、これも同様の発想である。また、代表的な機関投資家のひとつである Fidelity Investments は、1990 年、SEC に宛

意勧誘に応じて社債の契約条項を変更し，交換募集に強圧性を取り入れてホールドアウトを防止すればよい。この主張の眼目は，交換募集の提案が望ましいかどうかを，社債権者の多数派による歪みのない判断に委ねる，という点にある[329]。

　Coffee & Klein が提唱する解釈論・立法論の技術的詳細には立ち入らないが，本書の関心から重要なのは，彼らが示した基本的な考え方である。彼らは，発行会社が強圧的手法を利用することに対しては，非効率的な社債リストラクチャリングをもたらす危険があるとして消極的な評価を与えつつ，多数社債権者が強圧的手法を利用することに対しては，効率的な社債リストラクチャリングを実現させる可能性があるとして積極的な評価を与えている。これは，リストラクチャリングの是非に係る判断を，歪みのない状態における多数派社債権者の意思に委ねることで，ホールドアウトと強圧性に係る困難なトレードオフのバランスを図るものであると評価しうる。もっとも，多数決によるコベナンツの廃止等によって交換募集の強圧性を高め，もってホールドアウト問題を解消するという提案は，いうまでもなく迂遠であるし，またその実効性には疑問もありうる（強圧性は，ホールドアウト問題を緩和こそすれ，完全に解決することはできない）。かかる難点を排除しつつ，社債リストラクチャリングの是非判断を多数派社債権者に委ねるという考え方を直截に実現するならば，権利変更の多数決を禁止する信託証書法316条(b)項を廃止し，社債権者の多数決による権利変更を許容する議論に繋がるであろう[330]。

てて，他の機関投資家と共同で公開書簡を送付し，その中で，Coffee & Klein と実質的に類似した議論を展開している (Letter by Robert C. Pozen, General Counsel and Managing Director of FMR Corp. to Jonathan G. Katz, Secretary of the Securities and Exchange Commission (Nov. 16, 1990), *reprinted in* Roe & Tung [2016] pp. 505-509)。具体的には，証券の買付けを行う者は，当該買付期間中，証券保有者に対して証券内容の変更等について同意勧誘をしてはならない（ただし，当該買付けが，同意勧誘の結果公表後10日間継続する場合にはこの限りでない）という規律の提案であり，これは要するに同意勧誘と買付けとを分離させる試みである。

329)　Coffee & Klein [1991] p. 1245. 具体的な制度設計として，*Id.* at 1251-1271.

330)　実際，Coffee & Klein は，結論部分において，信託証書法316条(b)項の廃止を提唱する Mark Roe の見解（後述）を好意的に評価している（*Id.* at 1273. ただし，議決権売買禁止等，手続的な規律が一層強化されるべきであると留保する）。Coffee & Klein の本文記載の議論は，信託証書法316条(b)項を前提とする解釈論であることに注意を要する。

(2)　Brudney の見解

　Victor Brudney は，発行会社の機会主義的行動の懸念，及び社債権者が歪みなく意思決定することの必要性を強調し，強圧的手法をカテゴリカルに禁止することを主張する。その議論のポイントは，社債権者が，単独債権者（a sole lender）との比較において，発行会社との関係でヨリ不利な地位に立たされるべきではない，という点にある。かかる観点から，立論の目標は，社債権者と単独債権者の地位の同等性を確保することに向けられる。社債権者が，社債の契約条件再交渉の局面において，あたかも単独債権者であるかのように，十分な情報に基づく歪みのない意思決定をなしうる状況を確保すべきである，というのである[331]。

　かかる議論の背後にあるのは，社債条件に関する再交渉の経済的合理性である。単独債権者と債務者の再交渉であれば，十分な情報を得た上で自発的に（歪みなく）なされるので，その結果は経済的にも最適であると推定することができる[332]。これとの対比において，社債権者が仮に単独債権者と比べて過大な譲歩を強いられるとすれば，負債の調達コストを徒らに上昇させ，事後的のみならず事前的観点からも非効率な結果がもたらされうる[333]。要するに，経済的合理性の観点から，契約条件再交渉の局面において，社債権者を単独債権者と同等の地位に置くことが望ましい，というのが立論の理論的な基盤である。

　そして，仮に，発行会社が，社債権者が多数存在することに起因する意思決定の歪みを戦略的に利用することができるならば，社債権者は，単独債権者との同等性が確保されず，単独債権者との比較においてヨリ不利な地位に立たさ

---

331)　Brudney [1992] pp. 1825-1826, 1849.

332)　*Id.* at 1824-1825. もちろん，再交渉の局面においては，当初の契約交渉の局面とは異なり，交渉が折り合わない場合に，交渉から立ち去ることができず，現状を維持するにとどまることになる，という点で，完全に自由な交渉とは区別されるべきである（*Id.* at 1825）。交渉が決裂した場合における外部機会がどのように配分されているかが，交渉局面における交渉力の大小に関係してくるのであり，単独債権者と債務者との再交渉であっても，その結果が最善であるとはいえないかもしれない。しかし，それでもなお，所与の条件下における最適な結果をもたらすものと考えることは不当とはいえなかろう，というのが Brudney の立論の前提である。

333)　*Id.* at 1823.

れることを免れないこととなる[334]。ここにおいて，Brudney は，社債権者の意思決定に歪みをもたらすような発行会社の機会主義的行動（たとえば退出同意の手法）[335]をカテゴリカルに禁止すべきであると主張する[336]。ここには，社債権者の意思決定を歪めることで得られる利益は存在せず，これを正当化する理由はない，という考え方が看取される[337]。

　なお，かかる結論を導くにあたり，Brudney は，かかる危険は社債の契約条件に織り込み済みであるという市場効率性に依拠した議論に対し，次のように反論する。いわく，社債権者が再交渉の局面において単独債権者と比べて相対的に弱い立場に立たされていることが，リスクとして社債の契約条件に織り込まれているかどうかは疑わしく，むしろ，社債の契約条項は単独債権者のそれと比べて権利者保護規定が弱く，かつ利率も低くなりがちである，という[338]。

(3)　Kahan の見解

　Marcel Kahan は，社債に関する強行法的規制に対する批判論を展開する。Kahan は幾つかの論点を扱っているが，ここでは Coffee ＆ Klein 及び Brudney の議論に対する Kahan の反論を取り上げる。Kahan が取り上げるのは，社債条件の変更決議に対する強圧的手段の規制の要否である。具体的には，多数決による社債条件の変更（たとえばコベナンツの廃止）に際して，変更に同意

---

334)　*Id.* at 1849, 1852.

335)　*Id.* at 1853. なお，*Id.* at 1833-1834 は，退出同意の手法によって，「提案受諾が社債権者にとって合理的に利用可能な唯一の選択肢となるほどに，社債権者の選択が歪められる」と評価している。前述のとおり，この点は評価の分かれうるところである。

336)　*Id.* at 1825-1826, 1849, 1854-1855.

337)　その背後には，個々の社債権者によるホールドアウト（フリーライド）を問題としてさほど重視しない考え方があるように見受けられる。いわく，社債権者は，ホールドアウトする場合の現在価値と交換募集に応じる場合の現在価値とを比較して応募するか否かを決定するが，それは各社債権者の評価の正確性，リスク選好，他の社債権者が提案を拒絶する確率等に依存するので，単純な囚人のジレンマと見立ててホールドアウトが支配戦略であると論じることは有益でない，という（*Id.* at 1861 n. 118）。また，Brudney は，交換募集が成功しても結局破産手続に入るケースが多いことから，ホールドアウトを克服することによってもたらされるコスト低減効果はさほど大きいものではないとも指摘する（*Id.* at 1861）。

338)　*Id.* at 1825-1826, 1849-1852, 1850 n. 88

することを条件として一定の報酬を支払ったり，同意した者だけに交換募集への応募を認めたりする手法について，強行法的な規制を設けるべきか，という問題である[339]。

　Kahan は，発行会社の経営者が，自己利益のみならず，株主利益のためにも，社債条件の非効率な変更を提案する可能性があることを指摘する。ここで，社債条件の変更が非効率であるというのは，社債権者から株主への利益移転を伴うような社債条件の変更によって，企業価値全体を減少させるおそれがある，ということである[340]。かかる提案に対する諾否の決定を社債権者の多数決によって行う場合，理論的には，社債権者の合理的無関心[341]，及び発行会社の戦略的行動（社債権者の意思決定に対する強圧性）[342]が問題となりうるということである。しかしながら，Kahan は，いずれも今日の社債市場では現実的な問題ではないと主張する。

　まず，合理的無関心については次のように述べる。今日，社債の保有は少数の機関投資家に集中しているので，各社債権者は，情報収集にコストを投じる

---

339)　このように，Kahan の議論においては，交換募集は，社債条件の変更（コベナンツの廃止）に係る決議に強圧性をもたらす手段として位置付けられている。これは，交換募集に強圧性をもたらす手段として社債条件の変更を位置付ける Coffee ＆ Klein 及び Brudney の議論とは構造が異なることに注意を要する。Kahan の関心は，コベナンツ廃止等の社債条件変更局面にある。これは，Kahan & Tuckman［1993a］の問題意識を引き継ぐものであると推測される（同論文では，同意報酬の支払及び退出同意の手法が，コベナンツ変更決議における強圧的手段として取り上げられ，論じられていた〔*Id.* at 506〕）。このような関心に立脚する Kahan の議論は，もっぱら元利金変更を伴う社債リストラクチャリングを対象として議論を進める本書の関心からすると，そもそも対象を異にするものであることは否定できない。しかしながら，Kahan が強行法的規制を不要と断ずる主張は，本書で扱う社債リストラクチャリングの文脈にも射程が及びうるものと考えられるので，ここで取り上げることとする。

340)　Kahan［1995］p. 602. たとえば，株主への利益配当を規制するコベナンツを廃止することは，社債権者から株主への利益移転を可能にする社債条件変更であるといえる。かように投資家間での利益移転をもたらす社債条件変更は，株主利益には資するが，企業価値の全体を減少させる結果となる可能性がある。

341)　*Id.* at 602-604. 社債が多数の者によって分散保有されている場合，①合理的な議決権行使のための情報収集に要する費用が相対的に高くつくこと，②自らの投票が決議結果に影響を与える可能性に乏しいことから，社債権者は合理的に決議に対して無関心となる。それゆえ，情報を得た上での慎重な判断が期待できないこととなりうる。

342)　*Id.* at 604-606. これは，発行会社の提案に同意した者に対する優遇的取扱い（差別的取扱い）をすることから生ずる問題である。

インセンティブを持ちうるし，社債権者間で協調行動をとるためのコストも大きくない[343]。また，社債権者は，互いに共通の利益を有しており，かつ繰り返しプレイヤーでもあることから，他の社債権者にフリーライドするおそれも小さい[344]。さらに，社債権者は，本来的に発行会社（経営者）と対立関係にあるので，情報不足の状況においてむやみに経営者側の提案に賛成するとは考えにくい[345]。以上から，社債権者の合理的無関心は問題にならない。

　次に，強圧性の問題については，Coffee ＆ Klein や Brudney の議論に一理を認めつつも，次のように反論する[346]。まず，強圧性（囚人のジレンマ）は，社債権者が分散している場合にのみ発生するところ，現実には，社債保有は洗練された少数の投資家に集中している[347]。それゆえ，仮に強圧的手法が用いられたとしても，社債権者が互いに連携をとることによってジレンマに陥ることなく合理的な判断をなしうる。したがって，強圧性が深刻であるとは考えに

---

343)　*Id.* at 603. 現実に流通している社債の多くは 1934 年証券取引法上の登録をしておらず，上場株式のような委任状規制を受けないので，社債権者間の協調行動がヨリ容易に実現できるという。なお，コベナンツ変更決議の同意勧誘に対する社債権者の反応を調査した Kahan ＆ Tuckman [1993a] p. 512 では，社債権者が同意勧誘に対して任意委員会を組成するなどの協調行動をとった事例が複数報告されている（それらの事例の殆どにおいて，社債条件変更決議が拒絶されるか，又は提案内容が修正されたという）。

344)　Kahan [1995] p. 603 n. 152.

345)　*Id.* at 604. 情報が不十分だが情報収集コストを負担するのは不合理であるという場合に，「とりあえず会社提案に賛成しておく」という選択が，（株主と違って）社債権者には必ずしも合理的反応であるとはいえない，ということである。この点に関しては，第 1 章注 46）も参照。なお，Kahan ＆ Tuckman [1993a] p. 512 では，社債条件変更に対する同意勧誘がそのまま可決されたケースは半分以下であり，42％ のケースで提案内容の修正を要し，17％ のケースでは可決されず失敗したと報告されている。

346)　強圧性の問題については Brudney [1992] pp. 1853-1856, Coffee ＆ Klein [1991] pp. 1271-1272（いずれも，強圧的手法によって社債権者の意思決定が歪められる危険性を指摘する）参照。Kahan [1995] p. 618 は，決議の強圧性に対処するための規制であれば，副作用が小さくデメリットはさほど大きくないことを認めている。しかし，結論としてはあくまで規制不要論を主張する。

347)　とりわけ，リストラクチャリングが問題となるハイ・イールド社債については，比較的少数の機関投資家に社債保有が集中している。Bab [1991] p. 882 によれば，ハイ・イールド社債市場における個人投資家は 5％〜10％ を超えるものではなく，また，社債権者の数は，場合によっては 50 社〜60 社に上ることもあるが，大抵の場合は 15 社〜30 社程度である。社債の大部分が比較的少数の洗練された機関投資家によって保有されているとの認識は，Roe [1987] や Brudney [1992] においても概ね共有されている。もっとも，Bratton ＆ Levitin [2017] p. 47 は，機関投資家の保有比率は時期によって若干の変動があること（1980 年代はとりわけ個人投資家比率が低い時期であったこと）を示唆している。

くい[348]。そもそも，もしも現実に強圧性に問題があるならば，契約条項でこれに対処することも容易なのに，実際には契約上の手当てはなされていない[349]。他方で，事案によっては，強圧的な手法を用いることが望ましい場合もありうる。たとえば，同意報酬等によって小口社債権者のフリーライド問題を克服した上で，大口の洗練された社債権者が決議の結果に対する実質的決定権を持つことができるようにする場合が挙げられる[350]。

　以上から，Kahan は，強圧的手法に対する強行法的規制の必要性に消極的評価を下すのである。

---

348)　Kahan [1995] pp. 618, 584-585. 実証分析として，Kahan & Tuckman の報告によれば，社債権者に対し退出同意の手法によってコベナンツの変更を求めた事案（ただし，財務危機以外の局面であることに注意）に関する実証研究では，強圧的手法によって社債権者は必ずしも損失を被っておらず，むしろ強圧的手法を含む社債条件変更提案に対して正の異常リターンが観察されている（Kahan & Tuckman [1993a] p. 510）。

　なお，現実には強圧性はさほど深刻ではないという主張は，かねて Andrew Bab が示していたのと同様の立場を示すものであるといえる。Bab は，①社債保有構造が少数の機関投資家に集中しており，委員会を組成するなど組織化して発行会社と交渉することができること（実際のところ，1980 年代の事例の多くでは，主要な債権者との交渉を経た上でリストラクチャリングの提案がなされており，かつ社債権者が起用したアドバイザーの報酬を発行会社が負担していた〔Bab [1991] p. 888〕），及び②たとえ退出同意によってコベナンツが失われても，満期まで待てば全額弁済を受けることができること（多くのハゲタカ・ファンドはそれを狙って投資していること）に鑑みれば，強圧性は現実には深刻にはなりにくいと主張していた（Bab [1991] pp. 879-884）。

349)　Kahan [1995] pp. 618-619. かかる Kahan の議論の背後には，社債発行市場の効率性に対する一定の信頼があるように見受けられる。本書では詳論しないが，Kahan は，*Id.* at 571-601 において，社債発行市場において社債の契約条項が価格に反映されることで，強行的規制がなくとも，市場原理によって効率的な契約条項が実現されることを論じている。

　なお，現実の社債契約において強圧的手法を禁止する条項が取り入れられない原因として，強圧的手法が，ホールドアウト問題を克服する上で役に立っているという可能性を示唆するものとして，Note 1991, *supra* note 252, p. 1869 がある。信託証書法 316 条(b)項の規定により，個別同意原則から逸脱することができないために，強圧性の存在が望ましくなっているかもしれないというわけである。

350)　Kahan [1995] p. 620. 強圧的手法が望ましいかどうかは，社債の保有構造，及び社債権者の顔ぶれによって異なりうる（*Id.* n. 210）。Andrew Bab もまた同様に，財務危機局面を念頭に置いて，追加的コストの伴う破産手続を回避するために，強圧的な手法を利用することが合理的となりうることを指摘する（Bab [1991] p. 887〔仮に強圧的手法によってホールドアウトによるリストラクチャリング失敗を防ぐことができれば，破産に伴うコストの節約によってすべての証券保有者が利益を得ることになるとする〕参照）。

(4)　Peterson の見解

　Lewis Peterson は，発行会社が，社債権者を囚人のジレンマ状況に追い込むことで社債権者から利益を収奪しているとの見方に対して疑問を呈する[351]。Peterson は，1990 年〜1992 年に行われた社債の交換募集 118 件をサンプルとして次のように論じる。まず，退出同意による交換募集の方が，退出同意でない交換募集と比べて成功率は高い。しかしながら，たとえ退出同意の手法が用いられていても交換募集はしばしば失敗しているし，成功率の差は 10% 水準でも有意ではない[352]。したがって，退出同意による強圧性の問題は，交換募集の成否にさして大きな影響を及ぼすものではない[353]。

　次に，交換募集が失敗した事例における交換募集終了 1 か月後の社債価格を参照する限り，退出同意が用いられた交換募集の条件は，社債権者にとって悪いものではなかった[354]。すなわち，退出同意の手法が社債権者に不利益に利用されたという証拠はなく[355]，むしろ，ホールドアウトの問題の方が深刻で

---

351)　ここで念頭に置かれているのは，Coffee & Klein [1991] 及び Brudney [1992] の議論である (Peterson [1993] p. 506 参照)。

352)　Peterson [1993] p. 527. なお，退出同意による場合の成功率は 65% であり，退出同意によらない場合の成功率は 59% である。

353)　Peterson [1993] p. 534. ただし，統計上有意ではないとはいえ，強圧的手法は「何らかの影響を及ぼしていることを示唆する」とも評価している (Id. at 533)。なお，本文に記載した Peterson の分析には疑問を呈する余地もある。Peterson が強圧性不存在の論拠とするデータは，退出同意が利用された事例とそうでない事例における交換募集の成功率を比較するというものであるが，ホールドアウトの危険が高い事案においてこそ退出同意が用いられているという内生性が仮に存在するとすれば (Daniels & Ramirez [2007] はこれを示唆する)，かかる比較の仕方では，強圧的効果の存在ないし不存在を基礎付けることはできないためである。

354)　Peterson [1993] pp. 531-532. 退出同意の交換募集が失敗したケースにおいて，社債権者は，提案価格との比較において，平均 7.7% の損失を被っている (入手可能なデータの制約により，退出同意によらない交換募集におけるデータは提示されていない)。これは，交換募集に応じて提案価格を受け取る方が良かったということを意味するデータであり，交換募集の提案条件が社債権者にとって公正であったことを示唆するものと評価されている (Id. at 532-533)。

355)　Peterson [1993] pp. 532-533. もっとも，この理路には問題もある。それは，交換募集が成功したケースにおける交換募集の条件が社債権者にとって公正なものであったかどうかは検証されておらず，それゆえ，交換募集が成功したケースにおいて，実は失敗していた方が社債権者に有利であったという可能性が否定できないためである。もっとも，交換募集が成功した以上，交換募集が失敗した場合との比較において交換募集条件が社債権者にとって有利であったかどうかを確認するすべはない。

ある[356]。したがって，学説上主張されているところの，強圧的手法に対する追加的な規制の導入は，却って有害である，という[357]。

　なお，強圧的手法がもたらす影響に関する実証分析としては，他にChatterjee らによる研究がある[358]。これは，1989 年～1992 年に行われた現金対価の公開買付け及び交換募集のサンプル 46 件（40 社）を対象とするもので，データとして，強圧的手法が用いられている場合には，現金対価による買付けの成功率が高く[359]，また社債権者の応募率が高くなるという結果[360]，及び株式と社債の価格変動に照らすと，強圧的手法は，株主の利益になるかもしれないが，社債権者に特段不利益を及ぼすわけではない，という結果[361]が示されている。ここで示されたデータのうちとりわけ後者のものは，Peterson の議論を支持する論拠となりうるだろう。

---

356)　Peterson［1993］p. 533. 退出同意の有無に拘らず，交換募集が成功した場合における残存社債の価格の上昇が認められること，とりわけ，退出同意でない交換募集において，ホールドアウト社債権者の享受する価格が提案価格を大きく上回っていることが論拠として挙げられている。

357)　Peterson［1993］pp. 534-535. プレパッケージ破産手続の利用が増えているのは，発行会社がホールドアウト問題ゆえに公正な提案すら通すことができないことを示唆していると指摘する。そして，Mark Roe が主張する多数決条項の解禁論を好意的に評価する（*Id.* n. 87）。

358)　Chatterjee et al.［1995］.

359)　Chatterjee et al.［1995］p. 350.「公開買付けにおける退出同意は，提案の成功確率に対して有意な影響を及ぼすことが示唆される」と評価する（*Id.* at 351）。逆に，交換募集の成功確率に対しては，正の相関性は認められるものの，10％ 水準でも有意性は認められなかった（*Id.* at 350）。なお，Chatterjee et al. は，社債保有構造の集中度もまた公開買付け及び交換募集の成否に影響を与えると思われるが，当該データが観察不可能であることによるバイアスの可能性が否定できないと指摘する（*Id.* at 351）。

360)　サンプル数は 15 件であるが，退出同意と応募比率が 1％ 水準で有意に相関している（Chatterjee et al.［1995］p. 350）。Chatterjee et al. は，「この結果は，強圧性はホールドアウト問題を緩和するのに効果的であることの証拠を提供する」と評価する（*Id.* at 352）。

361)　公表直後の価格変動として，現金対価の公開買付けの場合は，株式及び社債のいずれも価格上昇が観察され（ただし，株式については 5％ 水準で有意，社債については 10％ 水準でも有意でない），交換募集の場合は，株式及び社債のいずれも価格下落が観察された（ただし，株式については 5％ 水準で有意，社債については 1％ 水準で有意）（Chatterjee et al.［1995］p. 354）。いわく，「株式と社債の超過リターン結果の対称性により，社債ワークアウト（public workout）に伴う社債権者から株主への富の移転は存在しないことが示唆され」，「強圧的テクニックは社債権者にとって不利益ではないことが示唆される」（*Id.* at 355）という。ここから，「裁判外リストラクチャリングによる利益は，株主と社債権者の両者に共有されている」と結論付ける（*Id.* at 357）。

(5)　若干の検討

　ここで挙げた学説について，簡単に検討しておこう。最初に前提として確認しておくべき点は，いずれの学説も，近時の社債市場において機関投資家の保有割合が高く，1930年代にSECが直面していた市場環境とはかなり様相を異にしている，という認識を共有していることである。かかる認識を前提としながらも，意見が分かれているところが興味深い。

　まず，Coffee & Kleinは，大半が機関投資家である社債権者間の協調行動が容易になっているとしつつも，抜け駆け等によって協調が失敗する危険性は残るとして，発行会社の戦略的行動による囚人のジレンマ状況を排除すべきことを主張する。彼らの主張の主眼は，現行法の枠内で，社債権者の多数派が歪みなくリストラクチャリングの是非を判断できる状況を確保することにあり，その具体策として退出同意における同意勧誘と交換募集を分離するというアプローチを提唱したのであった。これに対し，Brudneyの議論は，ヨリ強い規範的要請を前提とする。すなわち，社債権者が多数存在することに起因して，単独債権者よりも不利に扱われることがあってはならない，というのが立論の出発点であり，かかる観点から，社債権者の意思決定を歪める手法はカテゴリカルに禁止されなければならない，と説くのである。なお，後述するとおり，Brudneyは社債権者の歪みない多数決についても，一定の前提条件を要求しているので，かかる前提条件を要求しないCoffee & Kleinの提案には満足しないであろう[362]。

　以上は，強圧的手法が社債権者の意思決定を歪めうるとの認識を前提として，かかる意思決定の歪みを排除すべきであると主張するものである。これに対し，Kahanは，そもそも退出同意という強圧的な手法によっても社債権者の意思決定は大きくは歪められない，という認識を出発点とする点で，Coffee & KleinやBrudneyとは議論の前提が大きく異なっている。そもそも強圧性が深刻でないのだから，何ら法的規律を講じる必要はない，というのがその論旨である。これに加え，退出同意の強圧性が実際のところどの程度深刻なのかを実

---

362)　この点に関するBrudneyの議論については本章第4節第1款第2項2を参照。Brudneyは，社債権者の多数決による権利変更を承認するためには，社債権者の利益を真に代表する代理人が発行会社と交渉し，リストラクチャリング条件を合意することが必要であると論じている。

証的な観点から検討したのが，Peterson である。その結論は，退出同意は社
債権者に不利な条件を強いるものではなく，むしろホールドアウトの方が深刻
な問題だというものであった。これは Kahan の議論を支持する論拠を提供す
るであろう。

　Kahan のように理論的観点から強圧的手法に大きな問題がないと断言する
ことには若干の躊躇を覚えるが，実際上，裁判外の財務リストラクチャリング
交渉に際しては，債権の種類（銀行貸付，社債，取引債権等）ごとに利害を共に
する権利者が任意に債権者委員会（ad-hoc committee）を組織する例がしばし
ばみられ[363]，発行会社の状況調査，再建計画の精査及び計画案の交渉を担う
ケースもみられること[364]，交換募集によるリストラクチャリングが成功する
のは，少数の大口社債権者のもとに社債保有が集中しており，彼らが発行会社
や他の貸付債権者と受け入れ可能な合意を形成している場合であると指摘され
ること[365]，そしてデータとしても退出同意が必ずしも社債権者に不利な結果
をもたらしているわけではないように見受けられることに鑑みると，Kahan
の理論的主張には一定の実証的な論拠が備わっているものと評価することがで
きるように思われる。SEC がこの点の規制強化に乗り出さなかったのも，か
かる考慮が背景にあるのではないかと推測される。

　それでは，Coffee & Klein らが主張するような規制は一切不要かというと，
これもまた躊躇われるところである。前述の議論の裏返しであるが，社債権者
の任意委員会が常に組成されるわけではなく，それが社債権者の利益のために

---

363)　Bab [1991] p. 888, Lacy & Dolan [1991] p. 71, Kornberg & Paterson [2016] p. 129 参照。実証
　　的な研究として，交換募集ではなくコベナンツ変更のための同意勧誘の文脈であるが，Kahan & Tuck-
　　man [1993a] p. 512 は，サンプル 54 のうち 12 の同意勧誘において，社債権者が同意勧誘に対してグ
　　ループを組成しており，かつ発行者との交渉において一定の成果（提案の失敗又は変更）を収めたこと
　　を報告している。なお，債権者委員会の中からさらに運営委員会（steering committee）を組成するこ
　　ともある。
364)　なお，発行会社との交渉にあたるメンバーは発行会社の未公開重要情報に接する可能性が高いた
　　め，予め発行会社の証券を売買しないことを確約する必要がある。この点につき，たとえば，*In re* The
　　Southland Corp. 124 B.R. 211, 214-215 (Bankr. N.D. Tex. 1991) 参照。
365)　Epling [1991] p. 34. 他方，ホールドアウトする社債権者は，流通市場を経由して額面価格以下の
　　対価で社債を取得した戦略的投資家であり，リストラクチャリングが行われることを承知した上でこれを
　　入手しているのだとも指摘する（*Id.* at 32）。

必要な機能を果たすとも限らない。社債権者の意思決定が歪められ，不利な結果を余儀なくされるという危険はやはり抽象的には否定できず，懸念はなおも燻り続けるように思われる。

4.　小括

社債権者の個別的な同意を必要とする制度のもとにおいては，必然的にホールドアウトと強圧性のトレードオフに苛まれる。強圧的手法は，社債権者の意思決定の歪みをもたらしうる。しかし，だからといって，むやみに強圧的手法を規制すれば，それだけホールドアウトの問題が深刻になり，法的倒産手続外での社債リストラクチャリングがそれだけ困難になる（その結果，追加的な破産コストの負担を余儀なくされる）。ここには困難なトレードオフがあり，これらを適切に調整する原理を見出すことは必ずしも容易でない。

Allen 裁判官の Katz 事件判決は，強圧性を帯びる退出同意による社債リストラクチャリングに対して寛容な態度を示し，社債の契約条項に明示的な手がかりがない限り強圧的手法に対する不服を認めないという判断を下した。もっとも，当該事案では比較的少数の機関投資家に社債保有構造が集中していたので，社債権者間の協調行動は比較的容易であったとか，当該事案におけるリストラクチャリング提案は穏当な内容であったなどと指摘されている。そうでなく，発行会社が社債権者に不利を強いるような強圧的手法を利用した場合に裁判所がどのように判断するかは，上記判決に照らしてもいまだオープンであるとみる余地もある。

学説上，強圧的手法に対する評価は鋭く分かれているが，これを許容する論陣は，社債保有構造が少数の機関投資家に集中しているという事実を強調する。分散された多数の個人投資家とは異なり，比較的少数の機関投資家は，互いに協調行動をとって囚人のジレンマ状況を克服することができる，という議論である。確かに，もし主要な社債権者が互いに協調行動をとることができるならば，たとえ強圧的手法が用いられたとしても，これによって社債権者の意思決定が歪められるとは限らない。また，主要な社債権者が発行会社と事前にリストラクチャリング計画について交渉する機会があるならば，たとえ強圧的手法が用いられたとしても，その結果として社債権者の不利益に繋がるとは限らない。しかしながら，社債権者が常に協調行動をとることができるとも限らない

し，協調行動をとる者が社債権者全体の利益を代表するとは限らないことには
留意する必要があろう。この点については，いまだ確たる解決策は見出されて
いないように見受けられる。

第 4 項　近時の展開

1. 交換募集の「再来」

　前述のとおり，2008 年の金融危機以降，社債リストラクチャリングの手段
として，それまで下火であった交換募集の手法が再び利用されるようになっ
た[366]。Bratton & Levitin は，2010 年以降の交換募集について，アレンジメン
トが柔軟であること，及び主要な社債権者との交渉に基づいて行われているこ
とを特徴として指摘している。すなわち，1980 年代の交換募集においては，
概ね 90% 前後の最低応募比率を定めるのが通例であり，それゆえ必要な応募
を獲得することすら困難となりやすかったが，近時の交換募集においては，比
較的低い最低応募比率が定められたり，そもそも最低応募比率を定めない例も
みられるという[367]。また，近時の交換募集では，社債権者に受諾か拒絶かの
二者択一を迫るというよりもむしろ，主要な社債権者との間で予めリストラク
チャリングについて交渉し，承諾を得た上で提案する例が多いとされる[368]。
換言すれば，比較的少数の機関投資家との間で事前に協議・交渉してリストラ
クチャリングの条件を決定し，それを実現する手段として交換募集を利用して
いる，ということである[369]。

　ここにおいて，発行会社にとっては，主要な社債権者との間で合意が成立し
たリストラクチャリングについて如何に多くの社債権者から同意を得るかが重
要となる。すぐ後で取り上げる Marblegate 事件では，担保権実行手続を利用

---

366)　本款第 1 項を参照。社債リストラクチャリングの手段として，1990 年代以降，連邦破産法第 11 章
　　手続（とりわけプレパッケージ破産手続）が利用されるようになったことについて，後述の本節第 3 款も
　　参照。

367)　Bratton & Levitin［2017］p. 44.

368)　Bratton & Levitin［2017］pp. 44-46.

369)　なお，Bratton & Levitin は，これが 1980 年代までとは異なる近時の特徴であると述べるが，前
　　述のとおり，1980 年代までの交換募集においても，主要な社債権者と協議・交渉の上で交換募集を実
　　施するという例はみられたところであり，相違があるとしても程度問題ではないかと思われる。

した強度に強圧的な手法が利用されたため，その適法性について紛争が生じた。当該事案は，社債権者からの個別的同意を求める建付けがもたらす問題が先鋭化したひとつの事例であり，詳しく検討しておく価値があるものと考える。

なお，近時の交換募集は，SEC への届出の免除規定に該当するよう，適格機関投資家及びオフショア投資家だけを対象として行われ[370]，それ以外のいわゆるリテール投資家（retail investors）は，交換募集の対象から除外されることが多いとされる[371]。この場合，リテール投資家は，交換募集に応じる機会すら与えられず，元の社債をそのまま保有し続けることとなるが，それが投資家保護の観点からどのような問題を惹起するか，これまでのところ，必ずしも明らかとなっていないように思われる[372]。

2. 信託証書法の解釈論争

本款第 3 項で検討したとおり，1980 年代の交換募集の隆盛期には，主として退出同意の手法による強圧的な交換募集が法的問題として取り上げられ，交換募集に内在するホールドアウトとこれを緩和する強圧的手法の間でどのよう

---

370) 現在の実務では，交換募集の殆どが，1933 年証券法（Securities Act of 1933）4 条(a)項(2)号に規定する適用除外要件（私募について発行届出を免除するもの）を満たす形で行われるようである。それというのも，市場に流通している社債（とりわけハイ・イールド社債）の大半が適格機関投資家又はオフショア投資家（証券法に係る SEC 規則 144A 参照）によって保有されているので，交換募集に際してこれをプロ向けの私募としてアレンジすることが比較的容易だからである（Kornberg ＆ Paterson [2016] pp. 153-154 参照）。

371) Bratton & Levitin [2017] pp. 47-48.

372) ひとつの可能性は，リテール投資家は当然にホールドアウトすることができ，その権利が完全に保護される，というものである。このシナリオにおいては，投資家保護は特段問題とならない。しかし，もうひとつの可能性として，リテール投資家が交換募集に参加する機会を全く与えられないままに不公正な取扱いを受ける，というシナリオも考えられる。たとえば，すぐ後で取り上げる Marblegate 事件のように，元の社債の引き当てとなる発行会社財産をすべて担保権実行で新会社に移転するというアレンジメントが採用された場合，リテール投資家は，空っぽの会社に対する債権者として取り残されることになるであろう（これは，1918 年の Boyd 事件において無担保債権者が置かれたのと実質的に全く同様の問題状況である）。この点はいまだ裁判例も乏しく，どのような問題が存在するのか，その全体像も必ずしも明らかでない。なお，適格機関投資家及びオフショア投資家だけを対象とする交換募集に対して，リテール投資家がクラスアクションを提起した事案として，Waxman v. Cliffs Natural Resources Inc., 222 F. Supp. 3d 281 (S.D.N.Y. 2016) がある。

にバランスをとるかが議論されていた。社債権者の個別的同意を要求する現行法の建付けを維持する限り，かかるトレードオフの問題を避けて通ることはできない。

　近時においても，2008 年以降の交換募集の「再来」に直面して，新たな強圧的手法の是非が法的問題として議論されている状況にある。注目すべきは，近時，非常に強圧性の高い交換募集の手法が利用されるようになっており，これに対するホールドアウトを試みる社債権者が，信託証書法 316 条(b)項に依拠してこれを争う，という事例が現れていることである。ここでは，Education Management Corporation が 2014 年に試みた社債リストラクチャリングに関する Marblegate 事件に係るニューヨーク南部地区連邦地方裁判所判決及びその控訴審判決である第 2 巡回区連邦控訴裁判所判決を取り上げ，若干の検討を加えることにしたい。

(1)　事案の概要

　原告らは，財務危機に陥った会社の社債に対する投資を中心とする投資ファンドである。被告 Education Management Corporation（以下「EDMC 社」という）は，大学及び大学院教育を提供する米国最大手の営利企業である。原告らは，EDMC 社の子会社（以下，EDMC 社とあわせて「被告ら」という）が発行する無担保社債を保有する社債権者である。

　EDMC 社は，担保付負債を 13 億 500 万ドル，無担保負債を 2 億 1700 万ドル負担していた。担保付負債 13 億 500 万ドルのうち，2 億 2000 万ドルは信用枠契約（revolving credit facility）によるもの，残り 10 億 8500 万ドルはタームローンによるものであり，EDMC 社及びその子会社の「実質的に全部（virtually all）」の資産によって担保されていた[373]。他方，無担保負債は，2013 年 3 月 5 日付の本件証書に基づき発行され，信託証書法上の適格性を付与された本件社債である。本件社債の発行会社は EDMC 社の子会社であるが，親会社である EDMC 社が保証（以下「本件親会社保証」という）していた。ただし，本件親会社保証に関しては，2 つの重要な規定が設けられていた。第一に，社債権者の多数決によって本件親会社保証を放棄することが可能とされていた（本件

---

373)　与信契約において，担保権者は，デフォルトに際して，担保物件を「すべての目的のために」「完全かつ完璧に」「完全な所有者として」取り扱う権利を有するものと定められていた（846 F.3d, at 3）。

証書 9.02 条）。第二に，仮に担保付債権者がその親会社保証を放棄した場合には，本件親会社保証もまた自動的に放棄されるものと規定されていた（本件証書 10.06 条(a)ii) [374]。

　2014 年 5 月，EDMC 社は，投資家及び債権者に対し，同社が重大な財務危機に陥っていることを公表した。同社の EBITDA は急落し，株価は 95% 下落した。2015 年度には担保付負債の弁済ができなくなる状況にあり，仮に被告らが破産した場合，その企業価値は担保付負債金額を優に下回る 10 億 500 万ドルと算定され，無担保債権者らは一切弁済を受けられないことが予想された。危機を脱するためには財務リストラクチャリングが必要であるが，連邦破産手続を利用することは現実的な選択肢ではなかった。なぜなら，被告らは，その収入の大半を高等教育法（Higher Education Act）第 IV 編に基づく連邦奨学プログラムに依存していたためである。仮に被告らが連邦破産手続の申立てをすると，第 IV 編基金の受給資格を喪失し，収入の大半を失う結果となってしまう。これでは継続企業を維持することは不可能である。

　そこで，EDMC 社は，法的倒産手続外の財務リストラクチャリングを模索した。まず，短期流動性を確保するため，担保付債権者と交渉し，2014 年 9 月 5 日，多数の担保付債権者との間で，被告らの支払義務を猶予・変更する旨の合意に到達した。また，これと並行して，長期的な財務状態を改善するべく，タームローン債権者の任意委員会（被告らの担保付負債の 80.6%，本件無担保社債の 80.7% を保有する資産管理会社 18 社によって構成）との間で，財務リストラクチャリングの交渉を進めた。具体的な交渉は，主として被告らと運営委員会（steering committee）（被告らの担保付負債の 35.8%，本件無担保社債の 73.1% を保有する 6 社によって構成）の間で行われた。

　交渉の結果，被告らと任意委員会の間で合意された計画案は，以下のように，2 つのシナリオを想定して異なる内容を提示するものであった。①まず，仮にすべての債権者が計画案を承諾した場合には，各権利者に一定の権利を分配する（担保付債権者にはタームローンの半分程度の価値，本件無担保社債権者には同

---

374)　要するに，担保付債権者の意思によって本件社債に係る本件親会社保証は失われうる，ということである。そのため，本件社債発行時の目論見書においては，本件親会社保証には如何なる価値も置かないように，と注記されていた（846 F.3d, at 3）。

社債の3分の1程度の価値を付与）。②他方，仮にすべての債権者から計画案の承諾を得られなかった場合（つまり，1人でも計画案を承諾しなかった場合）には，担保付債権者が，ⓐ親会社保証を放棄し（これにより本件社債に係る本件親会社保証も自動的に放棄される），かつ，ⓑEDMC社及びその子会社の実質的に全部の資産に対する担保権実行手続（foreclosure）[375]を実施した上，ⓒ同資産を，新たに設立するEDMC社の子会社に再譲渡する（以下「本件会社間譲渡」という）。そして，計画案に賛成した債権者にだけ，当該新子会社に対する新たな権利（負債と株式）が分配される。

　要するに，計画案に反対した社債権者は，本件会社間譲渡の結果として実質的資産をすべて失った子会社に対する債権者として置き去りにされ，しかもEDMC社による本件親会社保証を失う——端的にいえば，当該債権の回収可能性が実質的に皆無となる——というわけである[376]。被告らは，当該計画を実行するべく，2014年10月1日，本件社債につき交換募集を開始した。

　原告らは，EDMC社の業績が傾く中，一定の戦略目的をもって本件社債を買い集めたものである。原告らは，本件交換募集を拒絶し，2014年10月28日，暫定的差止めを求めて提訴したが，棄却された[377]。そこで，EDMC社は，翌2015年1月5日に本件会社間譲渡を実行し，本件訴訟は，暫定的差止訴訟から本案訴訟（原告らが担保付債権者による親会社保証の放棄の差止めとEDMC

---

375)　2014年の信用合意及び統一商事法典（UCC）第9編に基づくものである（846 F.3d, at 4）。

376)　被告らは，交換募集の実施に際し，社債権者に対して次のように説明していた。いわく，「我々の実質的に全部の資産は，〔新子会社〕に移転され，〔反対社債権者〕の権利の満足に供することができなくなります。その結果，我々は，〔反対社債権者〕が，その保有する社債について支払を受けられなくなることを予想しております」，と。

377)　Marblegate Asset Management LLC v. Education Management Corp., 75 F. Supp. 3d 592 (S.D.N.Y. 2014). 暫定的差止めが棄却された理由は，①不可逆的損害が認められないこと，②原告らの不利益と比べて暫定的差止めによる被告らの不利益が過大であること（衡平的均衡を失すること），及び③暫定的差止めを認めることが公益に適うとは認められないこと，であった。これに対し，傍論としてではあるが，同決定が④本案勝訴可能性を認めていたことが注目を集めた。いわく，信託証書法316条(b)項の沿革及び趣旨に鑑みれば，「反対少数者の意思に反して財産を奪おうとする（seek to disinherit）ような財務リストラクチャリングが多数決によって行われるような場合，それは信託証書法の基本的目的に反する」のであり，「本件会社間譲渡は，まさに信託証書法が禁止しようとした類型の債務リストラクチャリングであることに殆ど疑いがない」（75 F. Supp. 3d, at 615）。

社による本件親会社保証の履行を求めるもの）に切り替えられた。なお，連邦控訴裁判所判決までに，原告らを除くすべての債権者が計画案に同意したようである[378]。

　以下に述べるとおり，連邦地方裁判所は原告らの主張を容れて EDMC 社に保証債務の履行を命じた。これに対し，連邦控訴裁判所は，原判決における信託証書法 316 条(b)項の解釈に誤りがあるとしてこれを破棄し，原審に差し戻した。

(2)　争点――信託証書法の解釈論

　判決内容を一部先取りすることにもなるが，ここで，本件事案における法的争点，及びその理解の前提となる議論状況をまず確認しておきたい。本件では，信託証書法 316 条(b)項の解釈論として，同項が，社債権者の形式的権利（formal right）を保護するものであるか，それとも社債権者の実質的権利（practical right）をも保護するものであるかが争点となった。前者は，社債権者の法的権利がその同意なく縮減されるのでなければ同項違反にならないと解する（本件では違反なし）のに対し，後者は，社債権者が法的倒産手続によることなく支払の縮減を余儀なくされる場合には同項違反となる（本件では違反あり）と解するのである。

　後者の立場を表明する裁判例として，Mechala 事件判決[379]が挙げられる。同判決は，次のとおり判示して本案勝訴可能性を認めた。いわく，一連の財務リストラクチャリングは，「提案された〔社債契約〕変更により，〔被告会社〕が自発的にその資産を売却し，……公開買付けに応じず満期弁済の請求を選ぶ

---

378)　846 F.3d, at 4.

379)　Federated Strategic Income Fund v. Mechala Group Jamaica Ltd., 1999 WL 993648 (S.D.N.Y. Nov. 2, 1999). 事案の概要は以下のとおりである。被告会社は，総額 1 億ドルの社債を発行していたが，財務的苦境に陥ったことから，1999 年 6 月，同社債について現金対価の公開買付けを行うこととした。任意の社債権者委員会との交渉の末，1999 年 10 月 1 日，社債 1000 ドル当たり代金 450 ドルで買い取ること，応募期間は 10 月 29 日までとすること，及び 10 月 15 日までに応募した社債権者に対し，合計 200 万ドルの同意報酬を按分で支払うことを提案した。社債権者は，公開買付けに応募するための条件として，同社債に関するコベナンツの廃止，及び被告会社の子会社による支払保証の放棄に同意することを求められた。かかる退出同意が成立した暁には，被告会社の一連の事業リストラクチャリングにより，同社の資産すべてが子会社に移転され，被告会社には僅かな資産しか残らないことが予定されていた。原告はこれに反対し，暫定的差止めを求めて提訴した。

原告その他の社債権者のために，何ら意味のある引当財産（recourse）を残さないものである」。「被告は，保証人を排除し，同時にすべての意味のある資産を処分することで，実質的には，原告が債権を回収する能力を排除し，保証人という社債権者の『セーフティ・ネット』……を除去するものである。併せ考えると，提案されたこれらの変更は，実質的に，社債権者の請求権（the right to sue）を縮減し，又は影響を及ぼすもの」であり，信託証書法316条(b)項に違反する可能性がある，という。

　これに対し，前者の立場を示すものとして，YRC Worldwide 事件判決[380]が挙げられる。同判決は，信託証書法316条(b)項は，「社債権者の法的権利について適用されるのであって，社債権者の元利金に対する実質的権利について適用されるわけではない」と判示した Northwestern 事件判決[381]を肯定的に引用した上で，「信託証書法316条(b)項は，発行会社の債務不履行や義務履行能力に対して何ら保証を与えるものではない」のであり，契約上の保護条項の削除によって「社債権者が……支払を受けることがヨリ難しくなったとしても，全員一致を得ずにこれを削除することが信託証書法316条(b)項に違反することにはならない」と判示した[382]。

　このように，従来，裁判例の立場は，大きく2つの陣営に分かれて展開されている状況にあった。解釈論上の対立軸は，信託証書法316条(b)項の規定が，「形式的権利」を保護するにとどまるのか，それとも「実質的権利」をも保護するのか，に求められた。Marblegate 事件における当事者の主張もこれに対応する形で展開されており，以下の判示もかかる枠組みを前提とするものであ

380）　YRC Worldwide Inc. v. Deutsche Bank Trust Company Americas, 2010 WL 2680336（D. Kans. Jul. 1, 2010）.

381）　*In re* Northwest Corp., 313 B.R. 595（Bankr. D. Del. 2004）. 社債の発行会社が全資産を譲渡して無資力に陥ったという事案において，「信託証書法は，確かに『証書証券を保有する者の当該証券に係る元本及び利息の弁済を受領するための権利は……縮減されない』と定めるが，これは保有者の法的権利に適用されるのであって，保有者の元利金に対する実際の権利に適用されるものではない」と判示した。

382）　もっとも，YRC Worldwide 事件の事案は，資産剥奪（asset-stripping）を含む一連の事業リストラクチャリングによってもたらされる強圧性が問題となった事案ではなく，コベナンツの剥奪を求めるだけの事案であった。YRC Worldwide 事件判決自身，理由付けの第一として Mechala 事件との事案の相違を摘示している。それゆえ，本文記載の判示は，あくまで傍論と位置付けけることに注意を要する。

る。

(3) 連邦地方裁判所判決[383]

判決は，信託証書法316条(b)項の起草過程を詳細に検討した上で，同項の解釈として，それが約束された支払を「受領する (receive)」権利を保障するものであることを強調し，同項が社債権者の「実質的権利」を保護する趣旨であるとの原告らの主張を支持する[384]。

その上で，本件会社間譲渡及び本件リストラクチャリングについて，次のように評価する。いわく，「本件会社間譲渡は，まさに信託証書法が禁止しようとした類型の財務リストラクチャリングであることに殆ど疑いがない」。「本件リストラクチャリングは，圧倒的多数の社債権者によって支持され，採択されたものであり，直接的には，個々の社債権者の支払受領権を明示的に規律する条項を変更するものではない。しかし，本件リストラクチャリングは，社債権者に，普通株式をとるか，それとも何も受け取らないかのホブソンの選択 (Hobson's choice) を迫るものであった。要するに，〔原告ら〕は，1400万ドルの社債を購入したところ，多数派は，これを，法が用意したリストラクチャリングの仕組みに頼ることなく，完全な略奪の脅しのみによって調達した同意をもって，500万ドルの株式に変更しようとしているのである」[385]。このように述べて，本判決は，EDMC社は原告らが保有する社債に係る元利金すべての支払を保証しなければならないとし，原告らの請求を認めた。

なお，判決は，次のように付け加えている。「結論を出すにあたり，当裁判所は，EDMC社の提案したリストラクチャリング計画の叡智や公正さについて口出しするものではなく，また，〔原告ら〕の，一見して他の担保付債権者と比べてもなお有利にみえるリストラクチャリング後の地位が，正当化できないウィンドフォールであるか，『少数派の専横』であるか，あるいは単なる抜け目のない投資戦略を示すものであるか，について口出しするものでもない。さらに，当裁判所は，信託証書法が，ホールドアウトに報酬を与える点で潜在

---

383) Marblegate Asset Management LLC v. Education Management Corp., 111 F. Supp. 3d 542 (S.D.N.Y. 2015).

384) *Id*. at 547-556.

385) *Id*. at 556.

的に困ったことになりうること（現代倒産の費用と複雑さに照らして時代遅れ
といいうること）を認識しているし，……また，316 条(b)項と第 IV 編基金の
要件とのかつてみない相互作用をも認識している。それでもなお，……当裁判
所は，316 条(b)項が，本件の事実関係において，原告らの請求の満足を要求
することは疑うべくもないと考える」[386]。

(4)　連邦控訴裁判所判決[387]

　以上に対し，連邦控訴裁判所の多数意見は，信託証書法 316 条(b)項の解釈
について連邦地方裁判所とは対照的な理解を示した上で，原判決を破棄・差し
戻した。連邦控訴裁判所もまた信託証書法 316 条(b)項の起草過程を丹念に検
討した上で，同項は，あくまで社債権者の同意なくしてその法的権利を縮減す
ること（すなわち，集合行為条項及びノーアクション条項によって社債権者の権利
を制限すること）を禁止したものに過ぎない——社債権者の支払を受領する
「実質的権利」を保護するものではない——という解釈を導き出す。いわく，
「316 条(b)項に至るまで，及びその施行直後の証言及び報告書に係る我々の検
討によれば，議会は，すべての社債権者の同意を得ることなしに証書に対して
形式上の変更（formal　modifications）を加えることを禁止しようとしたもので
あり，それを超えて，担保権実行のようによく知られた更生（reorganization）
の形式を禁止することをも意図したものではない，という確信が得られる」[388]，
という。

　かかる解釈によれば，本件におけるリストラクチャリングは，社債権者の法
的権利をその意に反して縮減するものではないから，信託証書法 316 条(b)項
に違反するものとは認められないこととなる。なお，かかる多数意見に対して
は，主として条文の文言に依拠して原判決の解釈を支持する Straub 裁判官に
よる反対意見が付されている。

---

386)　*Id.* at 556-557.

387)　Marblegate Asset Management, LLC v. Education Management Finance Corp., 846 F.3d 1
　　　(2d Cir. 2017).

388)　*Id.* at 13-14.

3. 評価と検討

(1) 負債の構成

　Marblegate 事件の連邦地方裁判所判決は，当該事案における社債リストラクチャリングの手法が「ホブソンの選択」を強いるものであるとして信託証書法 316 条(b)項に違反するものと評価した。ところで，同事件における手法は，Katz 事件で問題になったものと何が違ったのであろうか[389]。本件のスキームが，「反対少数者の意思に反して財産を奪おうとするような財務リストラクチャリング」であると判断された決め手は何であったのか。

　ここで注目すべきは，EDMC 社の負債の構成（社債のアレンジメント）である。第一に，本件社債は EDMC 社の子会社によって発行されており，その信用は，グループ親会社である EDMC 社の保証（本件親会社保証）によって補完されていた。第二に，かかる本件親会社保証についても，契約条項上，担保付債権者が自らの親会社保証を放棄する場合には自動的に放棄されるものとなっており，信用補完機能は極めて限定的であった。第三に，EDMC 社の負債構成には，社債権者よりも上位の債権者（実質的に全部の資産を担保とする担保付債権者）が存在しており，仮に担保権が実行されれば社債権者の取り分が残らないという状況であった。かかるアレンジメントのゆえに，社債権者は，たとえ法的権利自体は何ら変更されなくとも，親会社保証が排除され，かつ担保権実行により財産が移転することで，支払の引当財産の実質的に全部を失うことを免れない状況に置かれたのである[390]。

　このような状況を前提として EDMC 社が策定した計画によれば，社債権者は，引当財産の全部を失うという事態を避けるためには，発行会社の提案を受諾するしかなかった。これは，その時点でみれば，まさに連邦地方裁判所判決が述べるように，社債権者に「ホブソンの選択」を強いるものであるといえる。この点において，Marblegate 事件で用いられた手法は，1980 年代までの退出

---

389)　実際，連邦地方裁判所は，暫定的差止請求に対する判断において，信託証書法 316 条(b)項の規制範囲を広く解釈することは，「社債権者に交換募集を受諾する圧力を与えうる多くのものを含めて，非常に幅広い証書条項を多数決で変更することを妨げるものではない」（75 F. Supp. 3d, at 614-615）と述べており，退出同意を伴うある程度の強圧的手法であれば許容されると考えているように見受けられる。

390)　むろん，担保権実行に係る事実関係次第では，詐害的取引（fraudulent conveyance）等の一般法理による救済の可能性はある（846 F.3d, at 16, Roe［2016］p. 368）。

同意――仮にコベナンツによる保護を失っても，満期まで保有すれば元本全額の弁済を期待することができた[391]――とは様相をかなり異にするものであったと評価することができるであろう。しかしながら，ここで留意しておくべきは，本件における強圧的な手法の背後に，かかる「ホブソンの選択」を可能とするような契約上のアレンジメントが存在した，ということである[392]。

(2)　争点設定と裁判所の判断

本件では，従来の裁判例における見解の対立に対応する形で，信託証書法316条(b)項が社債権者の形式的権利を保護するにとどまるのか，それとも実質的権利をも保護するのか，という解釈論争として議論が展開された。この点について，連邦地方裁判所は，同項は社債権者が支払を「受領する」という実質的権利を保障するものであると解釈した[393]。これは，本件のように社債権者に「ホブソンの選択」を迫るリストラクチャリングの手法を信託証書法316条(b)項違反とする解釈論である。

もっとも，「実質的権利」という概念は，さほど切れ味のいいものではない。その外延は不明確であるし，規制範囲が広範に失する可能性もある。そこで，Mark Roe は，連邦地方裁判所判決の結論自体は支持しつつも，「実質的権利」に代わる基準として，「社債権者に，支払条件の変更を受諾する以外に現実の経済的インセンティブを与えないような取引」という基準を提唱する[394]。これは，1980 年代の交換募集の実務でみられたような，ある程度の強圧的手法を許容しつつも，Marblegate 事件でみられたような，事実上交換募集を受諾するほか選択肢がないような（「ホブソンの選択」を強いるような）強度の強圧的手法を禁止する解釈論であるといえる。

これに対し，連邦控訴裁判所の多数意見は，信託証書法316条(b)項は，社

---

391)　もちろん，満期まで発行会社が倒産しないことが前提である。1980 年代の退出同意が強圧的となりえたのは，コベナンツが失われることによって，社債の投資商品としての魅力が下がり，価格が大きく低下するためであった（たとえば，Bab [1991] pp. 852-853 参照）。

392)　連邦控訴裁判所は，原告のような洗練された投資家であれば，与信契約によって本件会社間譲渡のごとき取引を制限することもできるであろうと指摘する（846 F. 3d, 16）。

393)　かかる解釈は，MeehanCombs Global Credit Opportunities Master Fund LP v. Caesars Entertainment Corp., 80 F. Supp. 3d 507 (S.D.N.Y. 2015) でも支持された。

394)　Roe [2016] p. 371.

債権者の法的権利が縮減される場合（典型的には，権利それ自体を変更する多数決条項や権利行使を制限するノーアクション条項）のみを規制するものであって，それ以外の手法による財務リストラクチャリングを何ら制限するものではないと解する。たとえ社債権者に「ホブソンの選択」を強いるような強圧的手法であっても，個別的な同意なく権利それ自体を変更するものではない以上，同項の適用上は何ら問題ないと解するのである。信託証書法の起草過程に照らせばかかる解釈が支持されるとの見解もあるが[395]，反対の見解もある[396]。

(3)　若干の検討

　以上の議論からどのような示唆が得られるであろうか。ここで確認すべきは，上記の解釈論争が，権利変更について個別的同意を要求する信託証書法 316 条(b)項が不可避的にもたらすホールドアウトと強圧性のトレードオフの問題を，境界的な事例において極めて先鋭な形で顕在化させるものであった，という点である。

　Marblegate 事件における連邦地方裁判所の立場を採れば，社債権者の個別的な同意なくして「実質的権利」を縮減することは許されず，財務リストラクチャリングを実現するためには連邦破産手続を利用しなければならないということになる。これに対しては，2 つの観点から批判が可能であろう。ひとつは，仮に強圧的な手法を制約すると，一部の投資家による悪質なホールドアウトを防止することができない，という問題である。連邦地方裁判所判決自身，「実質的権利」を保障する解釈を採る場合には，「信託証書法が，ホールドアウトに報酬を与える点で潜在的に困ったことになりうること（現代倒産の費用と複雑さに照らして時代遅れといいうること）」を認めている。他方，仮に，Katz 事件における退出同意のような一定の穏当な強圧的手法であれば依然としてこれを許容するという立場を採るとすれば，今度は許される強圧性と許されない強圧性の線引きというもうひとつの困難な問題に逢着する。

---

395)　Halbhuber [2017] pp. 41-42. 同論攷は，詳細な沿革分析に基づき，信託証書法 316 条(b)項は多数決による契約条件の変更のみを規律するものであり，担保権実行手続等を利用したその他の手段による財務リストラクチャリングを対象とするものではないと説く。

396)　Roe [2016] p. 362. 信託証書法は，支払条件の変更を拒絶する現実的な経済的インセンティブを持ちえない手法を禁止するものであると説く（*Id.* at 370）。

　それでは，連邦控訴裁判所のように，社債権者の「法的権利」を縮減しないのであれば強圧的手法を利用しても問題ない，という立場はどう評価されるべきか。極端な場合には，社債権者に「ホブソンの選択」を強いるような強度の強圧的手法も許されることとなるが，それでよいのか，という問題である。契約のアレンジメントによってかかる手法を制限することができる以上，強行法的にこれを制約する必要はない，という立場は確かにありうる。しかし，契約でありとあらゆる強圧的手法を想定して対処することは容易でないので，一定の法的規律が望ましいとの立場もまたありうるところであろう。もっとも，ここで，仮に，一定の穏当な強圧的手法であれば許容される，との解釈を採るのであれば，許される強圧性と許されない強圧性の線引きという先ほどの困難な問題に再び直面することとなる。

　これらは，財務リストラクチャリングに社債権者の個別的同意を必要とする建付けによってもたらされるホールドアウトと強圧性のトレードオフの問題であり，個別的同意を要するという規律を採用する限りにおいて避けて通ることのできないものである。Marblegate 事件においては，信託証書法 316 条(b)項の解釈論として，起草過程の資料から立法者意思が奈辺にあったかを究明するという枠組みで議論が展開されたが，如何なる解釈を採用するにしても，依然として問題は残るということである。そこで考えられるのは，個別的同意の原則を放棄し，反対社債権者を拘束することを可能にする集団的意思決定の仕組みである。立法論としての信託証書法 316 条(b)項廃止論がアメリカでは有力であるが，それは第 4 節で取り上げることにしよう。現行法においては，クラスの多数決を可能にする連邦破産法第 11 章手続が社債リストラクチャリングの選択肢のひとつとしてしばしば活用されてきたので，次款ではこれについて概観しておくことにしたい。

第 3 款　破産手続

第 1 項　手続の柔軟性

　連邦破産法第 11 章手続は，社債リストラクチャリングを柔軟に実現するための手法として利用することが可能である。まず，前述のとおり，再建計画で

は，権利者のクラスごとに異なる権利変更が定められ，再建計画の承認決議も
クラスごとに行われるところ，権利者のクラス分けは比較的柔軟に行うことが
でき，実務上，他の債権者と区別して，ある種類の社債権者だけのクラスを作
るという例もしばしばみられるところである。

　次に，第11章手続では，クラスごとの決議による私的自治が広範に認めら
れている。これも既に触れたとおり，すべてのクラスの賛同決議によって策定
された再建計画（同意計画）に関する裁判所の内容審査は，もっぱら清算価値
保障とクラス内の平等に限られる。したがって，たとえば，社債権者だけのク
ラスが設けられ，かつ当該クラスが他の同順位債権者と異なる権利変更を多数
決で受諾したのであれば，清算価値保障とクラス内平等が確保されている限り
において，当該クラスの処遇が他のクラスとの関係で平等であるか否か等を問
うことなく，当該計画は認可されることとなる[397]。

　このように，クラスの私的自治を広範に認める建付けは，次のように説明さ
れる。「破産法における無担保債権者には，不法行為債権者，商取引債権者，
社債権者，さらにことによっては租税以外の政府債権者など様々な主体が含ま
れている。清算においては，これらの債権者はすべて比例的弁済に与る。しか
しながら，再建による余剰（reorganization surplus）に対してこれらすべての
権利者が比例的に与るべきであると主張することは，これらのグループがその
創出及び維持に比例的に貢献するわけではない場合には，殆ど無意味であ
る」[398]。「〔連邦破産法は，〕不公正に差別的にみえるような取扱いに対しても，
計画認可の問題にすることなくクラスとして同意することを認めている。要す
るに，不公正な差別はクラスの問題であり，個々の債権者又は利益保有者の問
題ではないのである」[399]。ここでは，財務リストラクチャリングにおいて如何

---

397)　合理的な提案でなければ社債権者が同意を拒絶するであろうことはいうまでもない。また，決議
　　の公正性を担保するために，クラス分けそれ自体に対する異議や，不誠実な議決権行使の排除を求める
　　申立てなどの手続的保障が認められている（Collier on Bankruptcy, *supra* note 25, ¶1122.03[4][a]
　　参照）。なお，権利縮減を受けない権利者のクラスに関しては再建計画に賛成したものとみなされるの
　　で，たとえば商取引債権者の権利には手を付けず，再建計画に同意する金融債権者だけで財務リスト
　　ラクチャリングを実現するといった措置も比較的柔軟に行うことが可能である。

398)　Collier on Bankruptcy, *supra* note 25, ¶1129.04[3].

399)　Collier on Bankruptcy, *supra* note 25, ¶1129.04[3][c][i].

なる犠牲を引き受けるかについて，各クラスが相互に交渉し，それぞれの多数決によって自律的に判断することが想定されているのである。

　最後に，第11章手続は，裁判外での私的交渉の結果を迅速かつ低コストで実現するための機構を設けている。連邦破産法1126条(b)項を利用したプレパッケージ破産手続がそれである。これは，端的にいえば，法的倒産手続外で権利者の多数派が合意した財務リストラクチャリング計画を，少数者の反対を排除して実現するために連邦破産法第11章手続を利用する，というものである。これは，法的倒産手続外での財務リストラクチャリングに代替しうる，いわばハイブリッドな手法として1990年代以降活用されてきたものであり，制度上は法的倒産手続に属するものであるが，本書の関心に照らしても検討の価値がある。そこで，次項ではプレパッケージ破産手続の仕組みについて概観する。

第2項　プレパッケージ破産手続

1.　利用件数の増加とその背景

　プレパッケージ破産手続は，1978年連邦破産法の制定当初から利用することが可能であったが，1980年代を通じてその利用は低調であった[400]。しかし，この傾向は1990年を境に大きく変化する。ある調査によれば，1986年～1990年には，第11章手続を申し立てた公開会社633社のうち，プレパッケージのものは僅か8社（1.2%）であったのに対し，1991年～1997年には，第11章手続を申し立てた公開会社622社のうち，70社（11.3%）がプレパッケージ破産手続であったと報告されている[401]。これに対応する形で，1990年代以降，社債リストラクチャリングの実務も変容する。連邦破産法第11章手続（とりわけプレパッケージ又は事前交渉によるもの）が活用されるようになり[402]，その反

---

400)　たとえば，Roe [1987] p. 243 n. 34 は，プレパッケージ破産を認める連邦破産法1126条(b)項によって，従来の第X章手続における厳格な裁判所の監督手続の規律が，「理論的には変わったが，実際上は変わっていないように見える」と述べている。また，Note 1991, *supra* note 252, p. 1860 n. 19 は，1991年の時点で，「成功したプレパッケージ破産は極めて稀（extremely rare）である」と指摘する。

401)　Rasmussen & Thomas [2000] p. 1375.

402)　Altman [2014] p. 92（1992年以降，プレパッケージ破産手続の利用が増加したことを指摘），Roe & Tung [2016] pp. 496-497（1986年以前は，プレパッケージ破産は不人気であり存在しないかにみえたが，1980年代の低格付社債の隆盛以降，プレパッケージ破産が人気を集めるようになったと述べる).

面において，交換募集による社債リストラクチャリングの件数が相対的に減少
したのである[403]。

　これは理論的には興味深い現象である。というのも，社債リストラクチャリ
ングの手法として，連邦破産法第 11 章手続（プレパッケージ又は事前交渉によ
るものを含む）と交換募集とでは，後者の方がコスト安であるというのが一般
的な見方だからである[404]。この時期に交換募集がさほど利用されなくなった
ことの原因としては，いわゆる「LTV リスク」と，1990 年税制改正の影響が
指摘されている[405]。簡単にその概要を述べると，それぞれ次のようなもので
ある。

　まず，「LTV リスク」とは，連邦破産法 502 条(b)項の解釈問題である。こ
れは，破産手続上，割引発行債（original issue discount）の額面金額の一部を未
到来利息とみなして破産債権金額から控除するという規定であるが，その解釈

Hotchkiss et al. [2008] pp. 249-250（裁判外でのリストラクチャリング〔交換募集〕を挫く法的判断が
下されて以降〔すぐ後で述べる「LTV リスク」のこと〕，1990 年代にはプレパッケージ破産手続がヨリ広
く利用され，今や裁判外リストラクチャリングに取って代わっているとする），Betker［1995］p. 4（1990
年以降，伝統的な第 11 章手続及び交換募集が減少する傍ら，プレパッケージ破産手続が増加したこと
を指摘する），Mendales［1994］p. 1283（「〔プレパッケージ破産手続は，〕最近になってようやく裁判外
ワークアウト（とりわけ，未償還負債証券に係る交換募集）に対する代替的な選択肢となった」），Cof-
fee & Klein［1991］pp. 1247-1248（プレパッケージ破産手続には幾つものメリットがあること，及び発
行会社が次第にプレパッケージ破産を利用するようになってきていることを指摘する）など参照。

403)　ニューヨーク大学の Salomon Center の集計によれば，ハイ・イールド社債のデフォルト事例のう
　　ち，交換募集が講じられた事例の比率（会社数ベース）は，1985 年〜1988 年には 10%〜15%，1989 年
　　には 23%，1990 年には 15% という具合に比較的高水準で推移したのであるが，その後は概ね 5% 以
　　下（ただし，2003 年と 2004 年は 10% 前後）と比較的低水準で推移した（なお，その後 2008 年〜
　　2009 年には 20% 以上と再び高水準になる。前述した交換募集の「再来」である）（Altman & Karlin
　　[2009] pp. 47-48, Altman & Kuehne [2014] pp. 226-227 参照）。
404)　この点に関する代表的な実証研究として，Tashjian et al. [1996] p. 144 は，手続に要する直接的な
　　コストの推計として，伝統的な第 11 章手続においては総資産の 2.8% であるのに対し，プレパッケージ
　　破産手続においては 1.8%，裁判外でのリストラクチャリングにおいては 0.65% であると報告している。
　　Betker [1995] pp. 5-7 は，プレパッケージ破産においても，直接コストの点では伝統的な第 11 章手続
　　と大差なく，交換募集と比べればコスト高であると指摘する（それでも，税制上のメリットが得られる点
　　や，間接コストを抑えうる点に利点があるとする）。第 11 章手続のコストに関する実証分析のサーベイと
　　しては，Hotchkiss et al. [2008] p. 261 が有用である。
405)　そのほか，破産裁判官がファイナンスや企業価値評価についての正式な訓練を受けるなどして，次
　　第に洗練されていったという事実が指摘されることもある（Gilson [2012] p. 24）。

として，交換募集によって時価が低落した旧社債を同一額面金額の新社債と交換した場合における新社債が，破産手続において額面金額で評価されるのか，それとも取得時点での旧社債の時価で評価されるのかが問題となった。そして，1990 年，ニューヨーク南部地区破産裁判所がこれを時価で評価すると判断したことから[406]，実務はこれをリスクと捉え，交換募集の利用に躊躇するようになった[407]。かかるリスクは，当該事件における発行会社名から「LTV リスク」と通称されている[408]。

　また，税制改正とは，1990 年連邦歳入調整法（Revenue Reconciliation Act）以降，交換募集による実質的な債務負担減少によって生ずる債務免除益を考慮したときに，連邦破産手続を申し立てる方がトータルで低コストとなりうる状況になったことを指す[409]。

　きっかけは何であれ，1990 年代以降の実務は，社債リストラクチャリングに連邦破産法第 11 章手続（とりわけプレパッケージ又は事前交渉によるもの）を積極的に活用するようになった。そして，プレパッケージ破産手続は，以下に概要をみるように，①法的倒産手続外での私的交渉による柔軟性及び迅速性を享受しつつ，②信託証書法 316 条（b）項がもたらす困難なホールドアウト問題を克服することを可能にするものとして，交換募集に並ぶ有力な社債リストラクチャリングの手法として認識されるようになった。後述するとおり，他国との比較においてアメリカ法の顕著な特色が認められるのはまさにこの点である。

---

406)　*In re* Chateaugay Corp., 109 Bankr. 51（Bankr. S.D.N.Y. 1990），*aff'd, In re* Chateaugay Corp., 130 Bankr. 403（S.D.N.Y. 1991），*aff'd in part and rev'd in part*, 961 F.2d 378（2d Cir. 1992）.

407)　もっとも，上訴審の第 2 巡回区連邦控訴裁判所が，交換募集で交付される社債が旧社債と同一額面金額の社債である場合（いわゆる額面交換募集〔face-value exchange〕）における時価評価を否定したことにより（*In re* Chateaugay Corp., 961 F.2d 378（2d Cir. 1992）），このリスクは大幅に軽減された。なお，別件において，第 5 巡回区連邦控訴裁判所も同判決に倣っている（Texas Commerce Bank, NA v. Seymour Licht, 962 F.2d 543, 549（5th Cir. 1992））。

408)　以上につき Nemiroff［1996］が詳しい。長戸［2017］215〜216 頁も参照。Gilson［1991］p. 67 は，LTV リスクこそが交換募集ではなく連邦破産法第 11 章手続が利用されるようになった原因であると主張するが，Chatterjee et al.［1995］は，LTV 判決が交換募集を排除したという証拠はないと主張する。

409)　長戸［2017］214〜221 頁，Gilson［1997］pp. 186, 190-193 参照。Chatterjee et al.［1995］pp. 356-357 は，税制改正の方が，裁判外での社債リストラクチャリングの減少に対して「LTV リスク」よりも大きな影響を及ぼした可能性を指摘する。

2.　手続の概要と特色

(1)　手続の概要

　第 11 章手続における再建計画に対する権利者の同意勧誘・取得は，第 11 章
手続の開始前に行うことができる[410]。これにより，あるクラスの権利者の権
利を変更する計画が，倒産手続申立てと同時又はそれ以前に，当該クラスの券
面額基準で 3 分の 2 以上かつ頭数基準で半分以上の債権者によって承認されて
いた場合，当該計画は，その後に開始される連邦破産法第 11 章手続において，
当該クラスによる承認を得たものとみなされる。そして，ここでの破産手続外
での権利者の承認は，①連邦破産法以外の情報開示に関する適用可能な法律や
規則等がある場合にはこれに従って行う必要があり，②かかる法律が存在しな
い場合には連邦破産法 1125 条(a)項に定義する「十分な情報」を含む情報開示
によって行う必要があるが[411]，それ以上に裁判所等の監督を受けるわけでは
ない。通常の第 11 章手続とは異なり，同意勧誘における情報開示について，
裁判所が事前にこれを審査することは予定されていない[412]。
　連邦破産法は，このような仕組みを通じて，破産手続外での財務リストラク
チャリング交渉を推奨しているものであると評価されている[413]。

---

410)　連邦破産法 1126 条(b)項。次のような規定である。「本編の手続開始前に計画を承認又は拒絶し
　　た権利又は利益の保有者は，以下の場合には，事案に応じて当該計画を承諾又は拒絶したものとみな
　　す：(1) 当該承諾又は拒絶の勧誘が，当該勧誘に係る開示の十分性を規律するものとして適用される
　　倒産法以外の法律，規則又は規制を遵守している場合，又は (2) かかる法律，規則又は規制が存在し
　　ない場合には，当該承諾又は拒絶が当該保有者に十分な情報を開示したのちに勧誘されたものである
　　場合」。
411)　厳密には，「十分な情報」の提供につき破産手続連邦規則 3018 条の要件を満たしているかどうか
　　についても裁判所の審査を受ける。たとえば，「不合理に短期間」のうちに権利者から同意を勧誘する
　　ことは連邦破産規則で禁止されている。The Southland 社のプレパッケージ破産手続では，8 営業日の
　　同意勧誘期間が「不合理に短期間」であると判断され，認可が拒絶された（*In re* The Southland
　　Corp., 124 B.R. 211, 226-227 (Bankr. N.D. Tex. 1991), *See* Kirschner et al. [1991] pp. 666-669,
　　Mendales [1994] p. 1285 n. 292)。
412)　Kornberg & Paterson [2016] p. 183 は，そのおかげで 2 か月程度の時間の節約が可能になると
　　指摘する。また，このことゆえに，反対債権者によるホールドアップの可能性が縮減され，手続の迅速
　　化が可能となるとも指摘される（Bratton & Levitin [2017] p. 37 n. 103)。
413)　Nemiroff [1996] p. 2210 参照。

(2)　手続の運用

　このように，破産手続が開始するよりも前に主たる権利者との間での実質的な交渉及び合意を完了させていることから，かかる手続は「プレパッケージ（pre-packaged/prepac）」と称される[414]。このような特性により，破産手続申立て後の交渉に要する時間を短縮することができるし[415]，破産手続に伴う諸コスト（とりわけ間接コスト）を軽減することができるとされる[416]。

　また，プレパッケージ破産手続における再建計画は，典型的には銀行及び社債に係る債務の支払条件変更だけを対象とするものであり，裁判外の財務リストラクチャリングと非常に類似するとしばしば指摘される[417]。また，プレパッケージ破産手続では，自動的停止の例外としての随時弁済も比較的柔軟に行われるようである（これにより，商取引債権者への弁済を継続することができ，事業価値の毀損を防ぐことができる）[418]。

　このように，プレパッケージ破産手続は，一方で，裁判外での交渉における

---

414)　破産手続内での意思決定を不要とする点において，わが国における「プレパッケージ型」破産手続とは大きく異なる。中島＝村田 [2005] 9頁参照。なお，以上のように，破産手続申立て前に再建計画を策定するだけでなく権利者の同意をも取得する場合を「プレパッケージ」と呼ぶのに対し，破産手続申立て前に再建計画を策定しておくが，権利者の同意は破産手続内で取得するという場合もある。後者の手法は「事前調整 (pre-arranged)」又は「事前交渉 (pre-negotiated)」などと呼んでプレパッケージと区別されることが多い。事前交渉の破産手続においては，手続申立て前に，手続内での議決権行使について議決権拘束合意 (lock-up agreement) を締結することもある (Gilson [2012] p. 30 参照)。

415)　Kirschner et al. [1991] p. 662 n. 60 によれば，プレパッケージは，複数の権利者委員会を組成したり，裁判所による主要取引の審査といった手間を省くことができ，取引コストを大幅に削減できる点に利点があるとされる。

416)　Id. at 661-662. もっとも, Betker [1995] のように，通常の第11章手続とプレパッケージ破産手続とで，直接コストの点では大差ないとの意見もある。この点については Lubben [2012] p. 178（プレパッケージ破産手続においては，手続申立て後の直接コストは小さいが，手続申立て前に既に実質的な支出がなされていることを指摘する）も参照。

417)　Harner [2008] p. 739 参照。

418)　たとえば, Betker [1995] pp. 7-8 は, 1986年〜1993年のプレパッケージ破産手続のサンプル49社のうち，41件で商取引債権者に全額支払をしており，また，22件で，自動的停止にも拘らず通常弁済継続の許可を得ていたことを指摘し，「一般的に，企業は，プレパッケージを可能な限りワークアウトに似せて構成する」と述べる。Mendales [1994] pp. 1282-1283 も，プレパッケージ破産手続はワークアウトの領域に属すると指摘する。なお，アメリカにおける計画認可前の随時弁済に係る制度の変遷について，杉本 [2008] が詳細である。

柔軟性と迅速性を享受しつつ，他方で，信託証書法 316 条(b)項によってもたらされるホールドアウトの問題を克服する，という折衷的な（ハイブリッドな）手法であると評価することが許されよう[419]。本書との関係で重要なのは，破産手続（とりわけプレパッケージ又は事前交渉によるもの）が，裁判外のリストラクチャリング（交換募集等）と比較して必ずしも劣位に位置付けられていたわけではなく，むしろ比較的柔軟かつ迅速に財務リストラクチャリングを実現しうる手段のひとつとして位置付けられている，ということである[420]。

第 3 項　若干の検討

　以上のように，1990 年代〜2000 年代前半には，様々な要因により，社債リストラクチャリングを実現する手段として，交換募集よりもむしろ連邦破産法第 11 章手続が好んで利用されるようになった。ここから窺われるのは，社債リストラクチャリングの手法として，法的倒産手続外でのリストラクチャリン

---

419)　プレパッケージ又は事前交渉の第 11 章手続は，しばしば「ハイブリッド」な手法であるといわれる。たとえば，Gilson, John & Lang [1990] p. 325（プレパッケージの第 11 章手続は，伝統的な破産と私的再交渉のハイブリッドであるとする），Mendales [1994] p. 1219（プレパッケージ破産手続を「ハイブリッド手続」であると述べる），Garrido [2012] pp. 47ff.（ハイブリッド手続としてプレパッケージ及び事前交渉の第 11 章手続を位置付ける），Harner & Griffin [2014]（プレパッケージ破産手続は「ハイブリッドなリストラクチャリング」であると述べる），Rasmussen & Thomas [2000] pp. 1374-1375（「プレパッケージ破産手続は，財務危機に通常関するオプション，すなわち裁判外のリストラクチャリングと完全な第 11 章手続のハイブリッドである」と述べる）など参照。Coffee & Klein は，プレパッケージ破産手続は，連邦破産法上の手続規制により権利者の処遇の公正性を確保しつつ，多数決制度によりホールドアウトを克服するものであり，資金調達コストの減少・効率性改善に資するものであると評価している（Coffee & Klein [1991] pp. 1248-1250）。

420)　Gilson [2012] p. 35 は，1990 年以降のある時期を境に，柔軟な制度と実務の改善により，連邦破産法第 11 章手続の方が相対的にヨリ効率的な手続になったと指摘する。第 11 章手続が最も人気のある財務リストラクチャリングの手法であると指摘されることもある（Nemiroff [1996] p. 2229）。その他，Hotchkiss et al. [2008] p. 250, Kahan [2002] p. 1067（プレパッケージ破産手続により，第 11 章手続に要する時間と費用が大幅に減少し，財務危機企業のリストラクチャリングにおけるホールドアウトの実務的重要性が大きく減殺されたと指摘する），Mendales [1994] p. 1219（「いまやプレパッケージの第 11 章手続は，好ましいワークアウト手段として，交換募集と良い勝負をしている」と述べる）も参照。多数の大企業が第 11 章手続を利用して事業再生を遂げたことによって，連邦破産手続の開始に伴う不名誉の烙印（stigma）が次第に払拭されてきたことも実務的には重要であろう（Harner [2008] p. 729 参照）。

グが当然に望ましいとか好まれるというわけではなく，むしろ，税制を含む諸制度や市場環境等，様々な要因の影響を受けながら，当該事案においていずれか望ましい方が選択されている，という事実である。見方を変えれば，信託証書法316条(b)項がもたらす硬直性及びこれに伴う困難性に対して，迅速かつ柔軟な財務リストラクチャリングを可能にする連邦破産法第11章手続（とりわけプレパッケージ又は事前交渉によるもの）が，いわば補完的な機能を営んできた，と評価することもできるであろう。このことは，財務リストラクチャリングを促進する制度のあり方として，必ずしも法的倒産手続外の枠組みに依存しなくとも，法的倒産手続を迅速化・柔軟化すること（あるいは，これらのハイブリッドな手続を整備すること）でこれを達成するという行き方もありうる，ということを示唆するように思われる。

　もっとも，第11章手続を利用した社債リストラクチャリングも，万能ではないことに注意を要する。前述したとおり，2008年の金融危機以降，財務危機の解消手段として，プレパッケージ破産手続よりもむしろ交換募集が利用されるケースが多くみられるようになった[421]。これは幾つかの要因が複合的に作用した結果であるが，そのひとつとして，金融危機後の逼迫した市場環境の中で，プレパッケージ破産手続を成功させるための資金流動性を確保することが困難になったという事情が指摘されている。

　また，如何に迅速かつ柔軟であるとしても，法的倒産手続に固有のコストが生じうることも否定しえない。一般に，連邦破産手続を利用することに伴い，債務者の全資産の2%前後の直接コスト（事務手続に要する費用や専門家報酬等）が生じるものと推計されているほか[422]，業種やビジネスモデル次第では，法的倒産手続を利用することに伴う事業価値の毀損が一層大きくなることもありうる[423]。とりわけ，ビジネスモデル上，破産手続を利用することが現実的

---

421)　本節第2款第1項参照。

422)　破産手続のコストに関しては，本章注404)に挙げたもののほか，LoPucki & Doherty [2004] p. 140, Lubben [2012] pp. 166-167参照。

423)　これを裏から示唆するものとして，Gilson, John & Lang [1990] は，総資産に占める無形資産の比率が高い企業においては，法的倒産手続外でのワークアウトが成功しやすいと報告している。これは，無形資産比率が高い企業においては，法的倒産手続を利用することに伴う事業価値の毀損が大きくなりやすく，ワークアウトの魅力が相対的に大きいためであると説明できる。

でない場合には，破産手続の利用は多大な困難に直面することとなる。たとえば，主たる取引先が政府系機関である場合には，破産手続に入ってしまうと取引の継続が困難になる可能性が指摘されている[424]。また，事業が知的財産権のクロス・ライセンスに依拠している場合には，法的倒産手続の開始によって事業継続に困難をきたすことにもなりうる[425]。さらに，フランチャイズ事業におけるフランチャイザーは，フランチャイジーとの関係で継続的・安定的に取引関係を維持することがフランチャイジー側の信頼確保のために重要であるため，フランチャイザーが連邦破産手続に入って，フランチャイジーとの契約を随時解除しうる状態になることそれ自体が，ビジネス上好ましくない影響をもたらす可能性があると指摘される[426]。

　このように，如何に制度の迅速化・柔軟化が進められているとしても，法的倒産手続に固有の追加的コストの発生を完全に排除することは容易ではない。後述するとおり，近時，アメリカでは，こうした追加的コストを可能な限り排除しつつ純然たる財務リストラクチャリングを実現するための新たな枠組みが立法論として提唱されているが[427]，それは，連邦破産手続に上記のような限界があるという認識を反映したものである。

第4款　小括

　前節で検討したとおり，現行法は，法的倒産手続外での私的交渉による社債リストラクチャリングを制限するべく，信託証書法316条(b)項を設け，社債権者の個別的な同意を得ることなくその権利を縮減し又は影響を与えることを禁止している。他方，連邦破産法第11章は，権利者のクラス間での私的交渉

---

424)　Gilson［2012］p. 26. 具体例として，教科書の出版社である Houghton Mifflin Harcourt 社の2008年〜2009年の財務危機が挙げられている。もし連邦破産法第11章手続が開始すると，主たる取引先である州及び地方政府との取引継続が困難となり，事業再生が妨げられるという問題があった。Marblegate 事件の EDMC 社も，同様の困難に直面していたものといえる。

425)　*See* Ben Logan, *The Trust Indenture Act, Debt Restructuring and Reorganization Tourism (Part II)*, Bankruptcy Law Letter, Vol. 36, Issue 4, note 44 and the accompanying text (2016).

426)　Gilson［2012］pp. 31-32.

427)　本章第4節第1款第3項参照。

を旨とし，クラスごとの多数決で財務リストラクチャリングを実現することを可能にしている。

　かかる制度において，社債リストラクチャリングは大きく2つの手法で実践されてきた。ひとつは交換募集を利用するものであり，これは必然的にホールドアウトと強圧性のトレードオフに直面することとなる。強圧的手法によって社債権者の意思決定が歪められる危険性は夙に指摘されてきたことであるが，裁判実務上，少なくとも現時点においては，契約条項によって制約されていない限りにおいて，かなり強度の強圧的手法であっても許容される傾向にある。強圧的手法を用いた交換募集の是非については意見の分かれるところであるが，許される強圧性とそうでない強圧性という2つのカテゴリを認める場合には，これらの間の線引きという困難な問題に逢着することを免れない。

　もうひとつの手法は連邦破産法第11章手続であり，とりわけプレパッケージ破産手続は，法的倒産手続外での私的交渉をクラスの多数決で実現するためだけに破産手続を利用することを認めるものであり，私的交渉と法的倒産手続のハイブリッドな財務リストラクチャリング手法であると評価されている。もっとも，第11章手続の利用に多かれ少なかれ固有のコストが伴うことも避けがたく，とりわけ経済状況や事業形態によってはその利用が現実的な選択肢とならない場合もあるのであり，法的倒産手続の迅速化・柔軟化による解決にも一定の限界があることは否定できない。

第4節　評価と検討

第1款　評価

第1項　アメリカ法の特徴

　アメリカ法の特徴として，ここで2点を改めて指摘しておこう。第一に，最大の特徴として，社債の核心的権利を縮減するためには社債権者から個別に同意を得なければならない建付けになっていることが挙げられる。これは，わが国の制度になぞらえていうならば，社債権者集会における決議事項から元利金

の減免や元本の支払猶予を除外することに相当する。本書では，これまで，かかる制度の沿革（1930年代までの議論状況）及び実践（交換募集を利用した社債リストラクチャリング）について詳細に取り上げてきたが，本款では，かかる建付けがどのように評価されてきたかを検討し，かかる建付けに内在する問題点を吟味することを試みる。

　アメリカ法の特徴の第二として，法的倒産手続（連邦破産法第11章手続）が，社債リストラクチャリングの手段として比較的迅速かつ柔軟に利用することが可能である，という点が挙げられる。もとより，連邦破産法第11章手続は柔軟な財務リストラクチャリングを可能にする建付けになっているのであるが，プレパッケージ破産手続を利用することで，手続の迅速化・低廉化をさらに押し進めることができる。これは，いわばハイブリッドな財務リストラクチャリングの途を開くものであり，比較法的にも注目に値する。もっとも，これにも限界がないわけではなく，近時，さらなる迅速化・柔軟化を求める議論が存在するので，本款で一瞥しておくことにしたい。

第2項　信託証書法316条(b)項の評価

　社債の元利金減免や元本の支払猶予について社債権者の個別的同意を要求する信託証書法316条(b)項の規律は，アメリカではどのように評価されてきたのか。ここでは，代表的なものとして，同項の存在意義に懐疑的な Mark Roe の議論と，むしろ同項の存在意義を積極的に評価する Victor Brudney の議論をそれぞれ取り上げる。

1. Roe の議論

(1)　信託証書法316条(b)項の存在意義

　信託証書法316条(b)項の規律に対し，理論的観点から初めて本格的な批判を投げかけたのが，1987年に公表された Mark Roe の論攷[428]であった。Roe は，社債権者の個別的同意によらない権利変更を可能にする多数決条項が，財務危機局面における社債権者のフリーライド（ホールドアウト）を克服する仕組みとして機能しうることに着目し，信託証書法316条(b)項がかかる多数決

---

428)　Roe [1987].

条項を一律に禁止することの立法論的妥当性を検証する。

　まず，Roe は，1939 年に信託証書法が制定された経緯と趣旨に立ち返る。本書でも詳細に検討したとおり，そもそも，信託証書法 316 条(b)項は，1930 年代当時の実務において，社債リストラクチャリングが，会社内部者に支配されているとの問題意識に基づき，多数決条項を規制することで財務リストラクチャリングを 1938 年連邦破産法第 X 章手続へと誘導し，もってこれを裁判所の包括的な監督下に置くことを目的として設けられたものであった[429]。しかしながら，今日では，1930 年代に SEC が懸念したような，会社内部者による財務リストラクチャリングの支配という現象は考えにくい，と Roe は主張する。その論拠は 2 つある。

　ひとつめの論拠は，現在，株式は市場で分散的に保有されており，会社内部者（経営者）が同時に大株主であるという状況を想定しがたい，という点である。そのため，会社内部者が，社債権者から株主へと利益を移転することによって正味の利益を得ることは必ずしも容易ではない[430]。また，仮に会社内部者による濫用を懸念すべきであるとしても，強行法的な決議事項の制限以外の方法，たとえば会社内部者の議決権行使を制限することなどによって社債権者の保護を図ることはできる[431]。要するに，会社内部者（及び準内部者）の濫用防止という観点から多数決条項の禁止を基礎付けることはできない。

　もうひとつの論拠は，社債権者の大部分が洗練された機関投資家に集中しており[432]，発行会社の戦略的な提案による略奪から強行法的に保護してやる必

---

429)　本章第 2 節第 3 款参照。

430)　Roe [1987] p. 260. 若干敷衍すると，ここでいわれているのは，大株主である会社内部者が，流通市場で社債を大量に取得して多数決によるリストラクチャリングを強行し，社債権者から株主へと利益を移転することで，社債権者としての損失を上回る株主としての利益を得る，という振る舞いである。たとえば，Aladdin Hotel Co. v. Bloom, 200 F.2d 627 (8th Cir. 1953) は，比較的小規模の会社が 1939 年以前に発行した社債について，弁済期猶予の決議に会社内部者が自ら投票したという事例であり，まさにかかる懸念が現実化したといいうる事例であった。

431)　Roe [1987] p. 260.

432)　逆にいえば，会社内部者に略奪されるような一般投資家は少ないということである。もっとも，社債保有が少数の機関投資家に集中していることが，集合行為問題を克服しつつも，却って洗練された一部の投資家が発行会社と結託するなどの新たな問題を惹起するおそれがあることにつき，Coffee & Klein [1991] pp. 1222-1223 参照。

要性が乏しいことである。実際，1980 年代には，年金基金，ミューチュア
ル・ファンドなどの機関投資家による保有比率が 90％（低格付け社債において
は 95％）を占めていたとされる[433]。これらの機関投資家は，個人投資家と比
較して，より優れた情報収集能力と判断能力を有する上，大口で保有するため
合理的無関心の問題を克服しやすい[434]。また，これらの機関投資家は，会社
内部者ないし準内部者（投資銀行，引受会社等）との取引関係を優先して社債
権者としての利益を蔑ろにする危険が高いともいいがたい[435]。したがって，
ここでも強行法的に決議事項を制限する必然性に乏しい。なお，機関投資家に
関連して，Roe は，これらの機関投資家が必ずしも最終投資家である社債権者
の利益のために行動しないという可能性（機関投資家のエージェンシー問題）は
あるとしつつも[436]，こうした懸念に対する対処法として，信託証書法 316 条
(b)項の規律は必ずしも適切ではないと論ずる[437]。

(2)　信託証書法 316 条(b)項の廃止論

　以上を踏まえて，Roe が提案する処方箋は大要次のとおりである[438]。まず，
信託証書法 316 条(b)項による強行法的な規制を廃止するべきである。すなわ
ち，信託証書における多数決条項の効力を認め，社債権者と発行会社との間に
おける再交渉の余地を拡大することが望ましい。もちろん，仮に信託証書法
316 条(b)項が廃止されたとしても，様々な理由から，発行会社及び社債権者

---

433)　Roe［1987］p. 259.

434)　*Id.* at 259-260. なお，1930 年代にも，William Douglas は機関投資家が一般投資家の保護者とし
　　ての役割を担いうることを指摘していた。Douglas［1934］pp. 573-576.

435)　Roe［1987］pp. 261-262. 今日，社債を保有している機関投資家は，保険会社，年金基金又は貯
　　蓄銀行であり，その多くは投資目的で証券を保有する者に過ぎず，発行会社との間で貸付関係など長期
　　の取引関係を持たないことが通常である。したがって，1930 年代までに懸念されたように，機関投資家
　　が発行会社との将来取引のために目下のリストラクチャリングでの過大な損失を引き受けるという懸念は
　　さほど大きくはない，という。

436)　たとえば，一方で機関投資家に投資助言を行う投資銀行が，他方で発行会社に対して貸付けを行
　　っているという場合に，投資助言部門が企業金融部門の影響を受けて投資家利益との利益相反に陥る
　　可能性や，さらに直接的には，発行会社や投資銀行が機関投資家に便宜を図るなどして秘密裏に見返
　　りを供与する可能性が挙げられている（*Id.* at 259-260, 262-265）。

437)　*Id.* at 263.

438)　*Id.* at 270-272.

が多数決条項を採用しないこともあるだろう。たとえば，社債権者が裁判外での財務リストラクチャリングにおける拒否権を欲する場合や，多数決による元利金減免条項が発行会社の信用に対するネガティブなシグナルとなりうる場合，さらにはエージェンシー・コストの観点から多数決条項が望ましくない場合がありうる[439]。それでもなお，これらの要素を考慮に入れつつ，信託証書に多数決条項を採用するかどうかを当事者に委ねるべきだ，というのがここでの基本的な考え方である。

　ただし，詐欺的行為や多数決濫用に対処することは必要である。具体的には，次のような規律を設けるべきであるとする。すなわち，①会社内部者の議決権行使や同意報酬支払を禁止し，②すべての社債権者は自分が会社内部者であるかどうかを信託証書受託者に報告するものとする[440]。これは，社債権者の利益と相反する利益を有する者が多数決を支配することを防止する趣旨の規律である。これに加えて，Roe は，③独立の信託証書受託者（又はその指定する者[441]）が関連書類を審査し，財務上の意見を述べることとすることをも提言する[442]。Roe によれば，独立の信託証書受託者が，社債権者の決議に先立ってリストラクチャリング計画に対する勧奨意見を述べるという仕組みは，社債権者の代表者と発行会社との実質的な交渉を確保し，効率性を改善するものとして機能することが期待される。財務リストラクチャリングの局面においては，発行会社の経営者が社債権者から過大な譲歩を引き出そうとする動機を持ちうるが，上記のような仕組みがあれば，信託証書受託者から勧奨意見を得るために，発行会社は，信託証書受託者と対面で交渉することを余儀なくされるので，公正性改善（社債権者にとってより良い取引が可能となる）ないし効率性改善（社会的に無駄な利益移転を防ぐことができる）が期待されるという[443]。

---

439)　Roe [1987] p. 240 n. 22, p. 274.

440)　*Id.* at 270-271.

441)　ワークアウトに詳しい独立・大口の社債権者であっても構わないとされる。*Id.* at 271.

442)　ここでは，信託証書受託者の利益相反性を排除することが重要となる。たとえば，信託証書受託者は発行会社に対して自ら貸付けをなすべきではないと指摘されている（*Id.* at 270 n. 119）。この点に関しては，Roe の1987年論攷が公表された後，1990年信託証書法改正によって一定の手当てがなされたところである。詳細は，岩原 [2016]，久保田 [2015] を参照。

443)　Roe [1987] p. 271 n. 123. なお，社債権者のために発行会社と交渉する者（交渉代理人）が存在

　なお，多数決条項を解禁する場合に，従来のような交換募集による社債リストラクチャリングの余地を残すかどうかは問題であるが，Roe は，交換募集における強圧性等の問題は最終的には契約条項による自衛に委ねるのが妥当であるとの姿勢をみせつつも [444]，それが期待できないのであれば，①交換募集の手法を禁止して多数決条項による方法に一本化するか，又は②社債リストラクチャリングの手続に対する SEC の規制（操作的・歪曲的な手段の禁止等）を設けるべきであると主張する [445]。

2.　Brudney の議論

(1)　社債権者の構造的な劣位

　これに対し，社債権者の構造的な地位の弱さを重視し，社債権者の多数決による権利変更に対して極めて慎重な立場を採るのが Victor Brudney である。Brudney が，社債権者の意思決定が歪められることを問題視し，退出同意のような強圧的な方法をカテゴリカルに禁止する議論を展開していることについては前述したが [446]，ここでは，社債権者の権利変更に係る多数決条項の是非に関する Brudney の議論を取り上げることにする。

　Brudney は，単独債権者と比較したとき，社債権者は，契約条件の事後的再交渉の局面において構造的な劣位（structural tilt）にあると主張する [447]。いわく，社債権者は，財務リストラクチャリングの局面において，限られた時間と情報の中で，発行会社による提案に対して受諾するか拒絶するかの二者択一（take-it-or-leave-it）を迫られることが通常であり，発行会社に対して，交渉上，不利な地位に立たされることを免れない [448]。確かに，現在の社債市場におい

　しないことが，経営者という交渉代理人を有する株主との関係で社債権者に不利となりうることは，夙に Brudney [1974] p. 314 が指摘していたところであるし，Brudney [1992] p. 1856 でも改めて指摘されているところである。この点に関する Brudney の議論については後述する。

444)　この点に批判的な見解として，Note 1991, *supra* note 252, pp. 1867-1868 がある。社債権者が契約条項によって自衛することが必ずしも期待できないことから，信託証書法 316 条 (b) 項を廃止するのであれば，それによって高まる強圧性の危険に対して一定の規制を設けるべきであるとする。

445)　Roe [1987] p. 272.

446)　本章第 3 節第 2 款第 3 項 3 参照。

447)　Brudney [1992] pp. 1832-1835. 交渉の場（playing field）が構造上発行会社に有利に傾いている（かかる意味において「構造的な傾き（structural tilt）」がある）というイメージである。

ては機関投資家が社債の大部分を保有する状況にあるが，それでもなお社債権者の構造的な劣位を払拭することはできず，少なくともこれを単独債権者（a sole lender）と同様に扱うことは到底できない，という[449]。

(2)　社債権者の交渉代理人

　Brudney は，かかる構造的な劣位を是正するために，すべての社債権者のために発行会社と交渉する代理人の存在が必要であると説く。なぜなら，発行会社の提案を受諾するか拒絶するかの二者択一を迫られる状況においては，社債権者は，発行会社から情報を引き出したり，提案条件を協議したりすることができず，単独債権者との比較において，その交渉上の地位が弱体化することを免れないためである[450]。

　そして，仮に，利益相反のない交渉代理人が発行会社と事前に交渉するのであれば，当該社債リストラクチャリングの提案は，単独債権者が発行会社と交渉するという場合に十分に近づいたものということができるので，かかる提案に対して社債権者の多数派が十分な情報を得た上で同意するのであれば[451]，少数派社債権者にホールドアウトを許す理由に乏しく，また，公正性の観点から裁判所が審査する必要性も乏しい，と説く[452]。換言すれば，かかる前提が満たされる限りにおいて，信託証書法 316 条(b)項の強行法的規律を廃止することも，立法論としてありうるということである。

　これに対し，仮に上記の前提が満たされないのであれば（たとえば，交渉代理人に利益相反がある場合や，そもそも交渉代理人がおらず，発行会社からの提案

---

448)　*Id.* at 1853-1854. 発行会社が，社債権者との情報格差を利用して，社債の権利変更が成立しなければ発行会社は破産するが，権利変更が成立すれば破産しないという，完全に虚偽ではなくとも，疑わしい印象を社債権者に与える誘惑に駆られる可能性を指摘する（*Id.* at 1862）。むろん，同様の問題は単独債権者についても生じうるが，本文記載のように，提案を承諾するか拒絶するかの二者択一を迫られる場合には，発行会社に真偽を問いただすことも提案を押し返すこともできず，情報格差の問題がより深刻になりうるということである。

449)　*Id.* at 1835, 1854 n. 99. 前述のとおり，Brudney は，単独債権者との比較をベンチマークとして制度の是非を論じている。

450)　*Id.* at 1853-1854, 1855 n. 103. この点については Coffee & Klein [1991] pp. 1251-1254 も参照。

451)　社債権者は，最終的な同意の段階で，提案のメリット・デメリットについて詳細に説明を受けることを要するとされる（Brudney [1992] p. 1856 n. 105）。

452)　*Id.* at 1856.

に対して社債権者が受諾するか拒絶するかの二者択一を迫られるという場合には），リストラクチャリング提案に対する社債権者の個別的同意の必要性を否定することはできない，という[453]。その理由は，たとえ強圧的でないやり方で社債権者の判断を仰ぐとしても，社債権者と発行会社の間には構造的に情報の偏在があり，発行会社が自らに有利なタイミングを選択できることを否定しえないためである[454]。発行会社の提案を受諾するか拒絶するかの二者択一でしか意思決定ができないとすれば，仮に強圧的な手法が用いられないとしても，社債権者は，単独債権者と比べて交渉上の劣位に立たされる，というのである[455]。

　なお，以上のようなBrudneyの立論は，個別的同意を要求する場合における個々の社債権者のホールドアウト戦略は深刻な問題とはならない，という認識を基礎としている。Brudneyによれば，たとえ個々の社債権者にホールドアウト戦略を許すことになっても，それは取引コストを引き上げるかもしれないが，社債リストラクチャリングをおよそ不可能にするわけではない[456]。そして，ホールドアウトを認めることで破産手続に至る可能性が高まるというコスト[457]と，ホールドアウトを否定することで生ずる様々なコスト[458]とを比較

---

453)　*Id.* at 1856. なお，Brudney は，個別的同意に加えて，裁判所による公正価値の保障も必要であると説く。強圧性のない状況下で自発的に同意した社債権者に対してまで公正価値を保障する理由は乏しいようにも思われるが，ここでも構造的な劣位が重視されているわけである（*Id.* at 1864 n. 128 参照）。具体的な公正価値の基準として，（発行会社の機会主義的行動がないことを前提に）企業の本源的価値を割引現在価値の比率で株主と社債権者に割り付けることなどが提案されているが（*Id.* at 1865-1866），如何なる基準によるにせよ，企業価値の評価とその「公正」な分配の決定という困難な問題に直面することは不可避である。

454)　*Id.* at 1853-1855.

455)　*Id.* at 1853-1854 は，このような問題があるために，Coffee & Klein [1991] が提案するような仕組み（投票と交換募集とを切り離し，投票に対する強圧性を防ぐ仕組み。本章第3節第2款第3項3参照）を採用したとしても，なお解決されない問題が残ると指摘する。

456)　Brudney [1992] pp. 1856-1857, 1859.

457)　*Id.* at 1862-1863 は，発行会社の機会主義ではなく，真に破産を回避するために社債リストラクチャリングが必要となる場面というのは限定的であり，ホールドアウトによってそれが妨げられる場合というのは，多くの論者が考えるほどに多くはないと主張する。実際のところ，ホールドアウトの存在が，他の債権者がリストラクチャリングに応じる動機を失うほどの効果を持つかどうかについて，信託証書法316条(b)項の廃止論者でもこれを疑問視する見解がある（Groendyke [2016] p. 1245〔「ホールドアウトの効果は，典型的には，他の債権者をして取引への同意を止めさせるほどに深刻ではない」と指摘〕参照）。また，Brudney は，仮に強圧的手法によって交換募集を成功させたとしても，その後結局

したときに，いずれが大きいかは自明ではない，という。Brudney は，断言を避けつつも，ホールドアウトを排除することによって破産が防止されるという相対的に数少ない事例におけるコスト節約が，ホールドアウトの排除によってすべての社債に生じるコスト増加分を上回るかどうか，疑問を呈するのである[459]。

3. 若干の検討

(1) 社債権者の交渉上の劣位

Brudney は，社債権者の交渉上の構造的な劣位（structural tilt）を如何に克服するかに力点を置く。そして，社債権者の多数決による重要な権利変更を認めるためには，その前提として利益相反のない交渉代理人が発行会社と交渉した上で提案が策定され，かつ社債権者の多数派が十分な情報開示を受けた上でこれに賛成することが必要であると説く。仮にかかる前提が満たされない場合には，個々の社債権者に拒否権を与えるべきであるとするが，これと，前述した強圧的手法の全面禁止論とを併せ考えると，Brudney の立論は，社債リストラクチャリングについて，交渉上の劣位が解消されない場合には，基本的に連邦破産法第 11 章手続を利用するべきである，との価値判断を示すものと思われる。

そうすると，Brudney が連邦破産法第 11 章手続をどのようなものとして位置付けているかが問題となる。前述のとおり，同手続は，クラス単位での私的交渉及び多数決によって財務リストラクチャリングの実現を可能にする建付けであり，社債権者の交渉代理人の関与を保障するものではないし，「公正」な企業価値の分配を保障するものでもない。Brudney は，それでもなお，裁判

破産に至るのであれば，強圧的手法によるコスト削減効果はその間の時間的価値でしかないとも指摘する。

458)　論旨には必ずしも明瞭でない部分もあるが，個別的同意を不要として社債権者からの譲歩が得やすくなることで，リストラクチャリングにおける社債権者のペイオフが小さくなり，それがひいては社債による資金調達コストを押し上げ，社会的なコストを生ずるという趣旨であると思われる（Brudney ［1992］ p. 1862）。逆に，社債権者にホールドアウト戦略を認めることにより，発行会社は，最初から社債権者にヨリ有利な提案をするよう動機付けられることとなる（*Id.* at 1859）。

459)　*Id.* at 1863.

所の監督が全くない状況下で行われる私的な交渉に比べれば，第 11 章手続の方が社債権者の保護に手厚いと評価するようであるが[460]，信託証書法が制定された当時の旧連邦破産法第 X 章手続と比較してその保護の程度が大きく後退していることは明らかであり[461]，その制定過程において，一般投資家に対する特別な保護の必要性を明確に否定する立場が採用されたことは前述のとおりである[462]。また，プレパッケージ破産手続に至っては，私的交渉との「ハイブリッド」と評されていることもまた前述のとおりである[463]。果たして連邦破産法第 11 章手続を利用することが Brudney の懸念（社債権者の交渉上の劣位）に対する解決となるのか，必ずしも明らかでないように思われる。

　こうしてみると，Brudney の議論は，法的倒産手続内における社債権者の保護メカニズムが，第 11 章手続においては旧連邦破産法と比べて大幅に弱体化している状況下において，さらに法的倒産手続外における社債権者の交渉上の地位をも弱体化させることを懸念し，これを問題視するものであったとみることができるように思われる。これに対しては，法的倒産手続外における私的交渉は，究極的には法的倒産手続の影のもとで行われるものである以上，法的倒産手続外における社債権者の交渉上の地位を強化するためには，法的倒産手続内における待遇を改善するのがむしろ直截である，との批判が可能であろう[464]。

　このように，Brudney の議論は，法的倒産手続外でのリストラクチャリングを制限した先にある法的倒産手続内でのリストラクチャリングにおいてその論旨が貫徹されるか疑問のありうるところであるが，社債リストラクチャリングの局面における社債権者の構造的な劣位を明確に指摘し，実質的な事前交渉プロセスの必要性を説いた点において，参照に値する重要な示唆を与えるものと評価しうるように思われる。

---

460)　*Id.* at 1863 n. 125.

461)　*Id.* at 1828-1829 参照。

462)　本章第 2 節第 3 款第 4 項参照。

463)　本章第 3 節第 3 款第 2 項参照。

464)　Roe [1987] pp. 266-267 参照。もっとも，法的倒産手続における権利保護の強化は，手続の柔軟化・迅速化とトレードオフの関係に立つ可能性がある。

(2)　私的自治を支持するアプローチ

Roe の議論は，Brudney とは対照的に，今日の社債市場においては信託証書法が前提とする社債権者の要保護論は必ずしも妥当せず，同法 316 条 (b) 項のごとき規律は今日われわれが直面している現実の問題を解決するのに相応しくない，と主張するものであった。この議論は，1987 年に公表されて以降，多くの論者によって好意的に受け止められてきたように見受けられる[465]。その背後には，今日の社債保有構造（とりわけハイ・イールド社債におけるそれ）は比較的少数の機関投資家に集中しており，互いに歩調をあわせて発行会社と交渉することがさほど困難ではない，という現状認識が存在する[466]。このような認識を前提とするならば，Brudney が懸念するところの社債権者の構造的な劣位は，実際上かなりの程度軽減されているとみうるように思われる[467]。

しかしながら，Roe の問題提起から 30 年を経過した今日においても，この点についての立法的な手当てはなされていない。その理由は必ずしも明らかでなく，様々な原因が想定されようが，ありうるひとつの原因として，Roe 自身は，たとえ信託証書法 316 条 (b) 項を改正することが社債権者及び発行会社の

---

[465]　Kashner [1988] pp. 130-131（元利金の支払条件に関する多数決条項を一律に禁止することには，今日ではもはや十分な理由がなく，裁判所や SEC による監督は，社債権者と対立する利益〔他の権利や持分など〕を有する社債権者について議決権を否定するという点においてのみ認められば足りると主張），Coffee & Klein [1991] p. 1273（Roe の議論に好意的に紹介した上で，多数決による権利変更においては個別的同意を要する場合と比べて強圧性の問題が一層深刻になりうるので，社債権者が自由な意思決定をなしうるための手続的規制がさらに重要になるであろうと指摘），Berdejó [2015]（社債の多数決条項を解禁するべきであるとの Roe の見解を支持した上で，デフォルト・ルールをどのように設定するべきかを詳細に論じる），Logan, *supra* note 425（財務リストラクチャリング局面における社債権者の大半が不良債権投資ファンドであり，ホールドアウト戦略を利用することに熟達しているとし，信託証書法 316 条 (b) 項を廃止して最低限の手続規制〔発行会社及びその関係者の議決権排除，退出同意の禁止など〕を設けるべきであると主張）等。

[466]　とりわけ近時の交換募集の実務において，発行会社が予め主要な機関投資家と交渉・妥結した上で交換募集を実施する例が多いことを指摘するものとして，Bratton & Levitin [2017] pp. 43-48 参照。

[467]　Brudney の主眼は，リストラクチャリング提案に対して受諾するか拒絶するかの二者択一を迫られる状況は社債権者にとって一方的に不利である，というものであった。仮に社債権者の自律的組織（任意の債権者委員会など）が社債権者の利益のために発行会社と交渉しうるのであれば，かかる懸念は大きく軽減されることとなろう。もっとも，これはそう楽観できるほどに簡単な問題ではない。この点は，本節第 2 款第 1 項で改めて取り上げることにする。

双方にとって利益になるとしても，リストラクチャリングが必要となるのは発行された社債のうちのごく僅かであることから，将来の不確実な事象に対する評価が過小に見積もられ，法改正に踏み出すだけの推進力に結び付かなかった，という可能性を指摘している[468]。もしこの指摘が正しいとすれば，現に法改正がなされていないからといって，法改正が不要であるとか望ましくないとかいうことにはならないだろう。

　そのような中で下されたのが，前述の Marblegate 事件連邦地方裁判所判決であった。これは，信託証書法 316 条(b)項の規制範囲を広く解釈し，単に契約上の元利金支払条件の変更を禁止するのみでなく，個々の社債権者の意思に反する財務リストラクチャリングを禁止するのが同項の趣旨であるとの理解を示したものである。同判決は実務に衝撃を与え，同判決は，信託証書法 316 条(b)項の立法論的是非に関する論争を再燃させる契機となった[469]。その中には，多数決条項を解禁した場合における具体的問題について考察を深めるものも現れるようになった[470]。同判決以降，同事件の連邦控訴裁判所判決により揺り戻しがあったものの，他の巡回区の連邦控訴裁判所がこれと異なる解釈を示す可能性もゼロではないので，今後も同項に係る改正論議が継続するであろうことが予想される。

第 3 項　連邦破産手続の評価

1.　破産手続に伴うコスト

　連邦破産法第 11 章手続は，迅速かつ柔軟に財務リストラクチャリングを実現しうる仕組みを備えている。とりわけプレパッケージ破産手続は，私的交渉と法的倒産手続の「ハイブリッド」な手続であると評されている。もっとも，

---

468)　Roe [1996] pp. 660-662.

469)　たとえば，Roe ［2016］は，Marblegate 事件の連邦地方裁判所判決等を受けて，かねての信託証書法 316 条(b)項廃止論を再度論じたものである。そこでは，1990 年信託証書法改正で認められた SEC の適用除外制定権限（信託証書法 304 条）を活用し，①利益相反のない社債権者の 3 分の 2 以上によって元利金減免の承認決議をなしうること，及び②退出同意のような強圧的手段を禁止することを定めた信託証書については信託証書法 316 条(b)項の適用除外を認めるべきであると論じている（*Id.* at 372-373）。

470)　たとえば Bratton & Levitin [2017] がある。

それでもなお法的倒産手続外における私的交渉と比較すると，一定の追加的なコストを伴うことは避けられない。前述したとおり[471]，一般論として連邦破産法第11章手続が迅速かつ柔軟な財務リストラクチャリングを可能にする建付けであるとしても，それに伴う直接コストがないわけではないし，事案によっては間接コストが大きくなることもままありうる（極端な場合として，Marblegate事件においてそうであったように，法的倒産手続に入ると事業収益の基礎が破壊されるという場合が挙げられよう）。こうした背景から，第11章手続をさらに迅速化・柔軟化し，財務リストラクチャリングに伴うコストをさらに低減しようという立法論的な試みが展開されることとなる。

2.　全国破産法協議会の立法提案

(1)　提案の概要

全国破産法協議会（National Bankruptcy Conference: NBC）[472]は，2015年12月，「社債及び与信契約に係る負債のリストラクチャリングを促進するための連邦破産法改正案」[473]と題する報告書を公表した。これは，同協議会が2009年に開始した第11章手続の現代化に向けた検討作業[474]の成果として作成されたものであり，社債及び貸付債権だけを対象に，ホールドアウトを排除して純然たる財務リストラクチャリングを促進するための新たな「第16章手続（Chapter 16）」を設けることを提案するものである。

同提案には，大きく2つの問題意識を看取することができる。ひとつは，金融債権者の多数派が賛成する財務リストラクチャリングに対する少数派のホールドアウトの問題である。とりわけ，Marblegate事件の連邦地方裁判所判決

---

471)　本章第3節第3款第3項参照。

472)　約60人の破産裁判官，学者及び実務家によって構成され，80年近くにわたって破産立法に関して議会に助言をしてきた非営利かつ非党派的な団体である。構成員一覧表には，アメリカ倒産法の議論を主導する著名な人物の名が連ねられている。

473)　National Bankruptcy Conference, Proposed Amendments to Bankruptcy Code to Facilitate Restructuring of Bond and Credit Agreement Debt, December 18, 2015 (*available at* http://nbconf.org/our-work/).

474)　Committee to Rethink Chapter 11. *See* http://nbconf.org/conferees-only/reports-from-past-meetings/chapter-11/.

は，公募社債に係る法的倒産手続外でのリストラクチャリングについて従来考えられていたよりも厳格な態度を示したものと受け止められた。もうひとつは，強圧的手法への対処の必要性である。とりわけ，多数決による権利変更は，適切な法的規制がなければ，非常に強圧性の高い手法をも可能にすることが認識されるようになった[475]。

　提案の趣旨及び概要は次のとおりである。もっぱら金融債権者を対象とする財務リストラクチャリングにおいて，少数の反対債権者が存在する場合，これを多数意思に拘束するためだけに連邦破産法第11章手続を利用するのは非効率であるし不必要にリスキーである。そこで，社債及び貸付債権だけを対象として，もっぱらクラスの多数決で財務リストラクチャリングを実現することだけに特化した新たな手続を創設する。同手続では，もっぱら純然たる財務リストラクチャリングだけを目的とするので，破産財団や自動的停止等，破産法に固有の各種規律は適用されない。手続開始の申立てと同時に債務者がリストラクチャリング案を提出し，90日以内に裁判所の認可を受けるという迅速な手続を想定する。再建計画案の決議は，各クラスの元本総額の3分の2以上の賛成による。計画内容については清算価値保障原則が妥当し，クラス間のクラムダウンの仕組みは設けない。

(2)　若干のコメント

　ここで紹介した全国破産法協議会の立法提案は，金融債権者のみを対象として，財務リストラクチャリングに係る多数決の仕組みをいわば強行法的に導入するものである[476]。ここでも意識されているのは，債権者の個別的同意を必

---

475)　かかる問題意識の契機となったのは，Anglo Irish Bank の財務リストラクチャリングに関するイングランドの高等法院衡平法部判決（Assénagon Asset Mgmt. S.A. v. Irish Bank Resolution Corp. Ltd. (Formerly Anglo Irish Bank Corporation Limited)［2012］EWHC 2090 (Ch)）である。同事案において，社債の発行会社は，退出同意の手法を用いた社債リストラクチャリングを行ったのであるが，その際，交換募集に応じるための条件として極端な元利金の減免（その前提として，社債契約上，一定割合の社債権者の同意をもって元利金を減免することができることとされていた）に同意することを要求したため，リストラクチャリング提案は非常に強圧性の高いものとなった。

476)　このように，多数決による迅速・柔軟な財務リストラクチャリングを可能にする法的建付けは，比較法的には例がないわけではない。たとえば，イングランド及びウェールズにおける会社整理計画（scheme of arrangement）は，債権者のクラスごとの多数決によって財務リストラクチャリングを実現する手段として利用可能な建付けとなっており，実際にしばしば利用されている。

要とする制度において，ホールドアウトと強圧性のトレードオフが不可避的に問題となる，という点である。Roe が指摘するとおり，これら双子の問題を解消するためには，多数決等の仕組みによってホールドアウトを拘束するほかない。かかる多数決の仕組みを法律上当然に利用しうる一種の簡易的な法的倒産制度として導入することを提案するのが，全国破産法協議会の提案であった。

　同提案で注目されるのは，これを社債権者のみならず，他の貸付債権者をも含む形で提案していることである。このような提案がなされる背景には，企業の負債が市場性を高める中，不良債権投資ファンド等が，社債のみならず貸付債権についてもポジションを取得し，財務リストラクチャリングに対してホールドアウト戦略を採る例がみられるようになってきた，という事情がある。そのため，議論の射程は信託証書法 316 条(b)項の廃止論にとどまらず，ヨリ広い範囲の債権者を対象とする多数決の仕組みを論じるものとなった。その意味において，本款第 2 項で検討した信託証書法 316 条(b)項の廃止・改正論とはやや趣を異にするものであるが，基本的な発想は共通している。要するに，ホールドアウト戦略を採る一部の債権者の抵抗を排除するためだけに法的倒産手続を利用することが割に合わないという考え方である。

第2款　検討

　アメリカ法に関する以上の検討から，社債リストラクチャリングの制度を検討する上で問題となりうる幾つかの重要な論点が明らかになったように思う。ここでは，合理的なリストラクチャリングを可能にし，不合理なリストラクチャリングを防止するという観点から，どのような問題が存在し，どのような対処が考えられるのか，アメリカ法に係る本章の議論を踏まえて検討を加える。

第1項　多数決条項の功罪

　本章第 1 節に述べたとおり，アメリカでは，法的倒産手続外における多数決による社債リストラクチャリングの可能性を狭く限定する制度が採用されている。そして，本章第 2 節の検討から，かかる制度が，社債リストラクチャリングにおける社債権者の地位の弱さに鑑みて，多数決による権利変更の可能性を制限するという立法政策に立脚するものであることが明らかとなった。とりわ

け問題とされてきたのは，多数に分散する投資家である社債権者の交渉上の地位の弱さであり，信託証書法 316 条(b)項及び 1938 年改正連邦破産法第 X 章手続は，社債リストラクチャリングを裁判所及び SEC の監督下に置くことを狙いとするものであった。

　しかしながら，かかる制度が別の歪みをもたらしてきたことが本章第 3 節の検討により明らかとなった。すなわち，①社債の核心的権利を変更するために社債権者の個別的な同意を要するという信託証書法 316 条(b)項の規定が，法的倒産手続外での社債リストラクチャリングの局面において困難なホールドアウトの問題を惹起してきたこと，②これを克服するために実務では一定の強圧的手法が利用されるようになったが，強圧性の程度も様々であり，一部では社債権者にホブソンの選択を強いるような手法さえ利用されるようになっていること，そして，③個別具体的な事案の中で，ホールドアウトの防止と強圧性の抑制という 2 つの要請の適切なバランスを図ることは必ずしも容易でないこと，である [477]。ここでの問題の核心は，個別的同意を要するルールが不可避的にホールドアウトと強圧性のトレードオフという厄介な問題を惹起するという点にあり，この解決は容易でない [478]。

　もちろん，個別的同意を要求する信託証書法 316 条(b)項の規定を前提としつつ，ホールドアウトと強圧性のトレードオフを解消（あるいは回避）する方法がないわけではない。それは，法的倒産手続外での強圧的手法をカテゴリカルに禁止して，社債を含む財務リストラクチャリングを再建型の法的倒産手続に一本化するという方法である [479]。これは，論理的にありうるひとつの方向性であり，少なくとも 1930 年代の立法者は，多数決条項を制約することで旧連邦破産法第 X 章手続の利用を促すことを意図していた。

　しかしながら，このアプローチにも問題がないわけではない。第一に，1938

---

477)　同様の問題状況は，1930 年代までの ER の実務においても観察されたことである。

478)　この点を明確に指摘するのが，Mark Roe である。たとえば Roe ［2016］p. 371 は，信託証書法 316 条(b)項のもとでは，ホールドアウトを許容するか強圧的手法を認めるかという困難な選択を強いられるので，判例によって安定的なルールを設定することは容易でないと指摘する。

479)　このような方向性を示唆するのが，本節第 1 款第 2 項で取り上げた Victor Brudney であった。ただし，Brudney も，社債権者の利益を真に代弁する代表者が発行会社と交渉する場合には多数決の利用を認める立場であったことには注意を要する。

年改正連邦破産法第 X 章手続のように，一般投資家の権利保護の観点から裁判所等の監督を強化すると，手続に伴う直接・間接のコストが大きくなりやすい。第二に，逆に，1978 年連邦破産法のように，手続を柔軟化し，権利者のクラスによる自治的交渉・自律的判断に委ねる建付けを採用するときには，相対的に交渉力に劣る権利者が過大な負担を強いられることにもなりかねない。第三に，如何に法的倒産手続を柔軟化・迅速化しても，一定の追加的コストを伴うことは避けがたく，経済状況や事業形態等に照らしてその利用が合理的でない場合もありうる [480]。

　このような次第であるから，これらのいわば中間的な解決として，信託証書法 316 条(b)項の規制を廃止・緩和し，法的倒産手続外における多数決での社債リストラクチャリングの途を開くという方向性を支持する議論が有力となるのも十分理由のあることであるように思われる。

第 2 項　再建計画の交渉

　アメリカ法の沿革を振り返るに，一般投資家である社債権者が，発行会社の内部者との関係で交渉上弱い地位にあり，必ずしも十分な情報に基づかずに判断することを強いられている場合があるので，たとえ社債権者の多数派が賛成する再建計画であっても，その内容が公正であると信頼することはできない，という考え方が信託証書法 316 条(b)項や旧連邦破産法第 X 章手続の背後にあったことが窺われる。

　このような問題意識は，社債権者の交渉上の構造的な劣位（stuructural tilt）を指摘する有力な学説の中にも見出すことができた。そこでは，発行会社の提案を受諾するか拒絶するかの二者択一でしか意思決定ができないとすれば，個々の社債権者から拒否権を奪うことは正当化しえないと説かれ，多数決による権利変更を許容するための不可欠の前提として，利益相反のない代理人が社

---

480)　なお，ここで詳細に立ち入ることはできないが，この問題は，法的倒産手続をどのように設計するかという問題と不可分である。たとえば，本節第 1 款第 3 項 2 で取り上げた全国破産法協議会の提案は，事業活動への影響を極小化した新たな法的倒産手続を新設することで，法的倒産手続の利用に伴う諸問題を克服しようとする試みであった。法的倒産手続を柔軟化し，あるいは私的整理とのハイブリッドな手続を設けることは，ありうるひとつの方向性であろう。もっとも，その場合，権利保護の水準がますます低下することは避けられない。

債権者のために発行会社との交渉にあたることが必要であると論じられていた[481]。また，そこまで強い主張ではないが，多数決条項を解禁しつつも，社債権者の決議に先立って独立の信託証書受託者がリストラクチャリング計画に対する勧奨意見を述べるという仕組みを示唆する見解もあった。そこでは，社債権者の代表者と発行会社との実質的な交渉を確保し，効率性を改善するものとして機能することが期待される，と説かれた[482]。

　これらの学説は，既成のリストラクチャリング計画——発行会社が単独で策定したものであれ，他の権利者と協議して策定したものであれ——に対して社債権者が諾否を表明するだけでなく，それ以前の計画策定段階で社債権者の利益を代表する者が発行会社との交渉にあたることが公正性ないし効率性の観点から望ましい，という考え方を示唆するものである。もっとも，交渉代理人の存在が理論的観点から望ましいとしても，これを現実にどのように機能させるかはなかなか難しい問題であるように思われる。これまでのところ，Brudneyや Roe の提案は，制度としては現実化していないが，既存の制度の枠組みにおいてどのような行き方がありうるか，若干の検討を加えておくことにしたい。

　まず，社債権者の利益を代弁する者として，信託証書受託者が真っ先に想起されるであろう。しかしながら，信託証書受託者は，社債リストラクチャリングの局面において，社債権者を代理して発行会社と交渉する義務を負わないし，またそのインセンティブも持たないと指摘されている[483]。そもそも，信託証書受託者は，社債権者に代わってその厳格な権利実現を遂行する役割を期待するのが元来の建付けであり，元利金請求権のような核心的権利について法的倒産手続外で再交渉するということは想定されていなかった[484]。実務上，法的

---

481)　本節第 1 款第 2 項 2 参照。

482)　本節第 1 款第 2 項 1 参照。

483)　Brudney [1992] p. 1831 n. 23. また，信託証書受託者が自ら発行会社に対して貸出債権を有する場合には，社債権者との間で利益相反に陥る可能性もある。たとえば，Lev [1999] p. 100 は，社債権者が上位債権者で，受託者が下位債権者である場合に，受託者が自らの権利の価値を引き上げるために社債権者の権利につき容易に譲歩に応じてしまうという危険を指摘している。

484)　Landau & Peluso [2008] p. 269, Lev [1999] p. 107 参照。かつての，裁判所及び SEC の監督により社債権者の利益保護が期待できる旧連邦破産法第 X 章の建付けを前提とするならば，このような考え方ももっともなものであったといいうるだろう。

倒産手続外での社債リストラクチャリングにおいて，信託証書受託者は，大口社債権者ないし債権者委員会と発行会社との交渉にいわば側面関与する形で，社債権者に対して情報提供等をするにとどまるのが通例であるとされる[485]。

　このような次第であるから，社債リストラクチャリングの交渉局面においては，社債権者自身の役割が重要となる。実際のところ，財務リストラクチャリングに際しては，債権の種類（銀行貸付，社債，取引債権等）ごとに利害を共にする権利者が，任意に委員会（債権者委員会）を組織して発行会社との交渉にあたるというケースがしばしば観察されてきた[486]。かかる実務の背景として，社債の保有構造が少数の機関投資家や大口投資家に集中しているために，社債権者がグループを組成することが比較的容易である，という点がしばしば指摘されてきた[487]。近時の実務では，比較的少数の機関投資家との間での交渉により関係者間で合意が形成された上で交換募集が行われる傾向にあるとも指摘されている[488]。

　社債権者自身が組織化して発行会社と交渉しうるとすれば，社債権者の交渉上の劣位の多くは解消されるであろう。たとえば，社債権者の劣位性の一因として発行会社に対する情報劣位を挙げることができるが[489]，社債権者の利益を代弁する者が発行会社から追加的な情報開示を受けて一定の評価を加えるならば，社債権者としてもヨリ客観的な情報に基づく判断が可能になるであろ

---

485)　Landau & Peluso [2008] p. 296. もっとも，信託証書受託者は，少数社債権者を含めた全社債権者の利益を代表する者であるから（Johnson [1971] pp. 534-535 参照），大口社債権者の利益を代表する債権者委員会とは独立を維持するのが実務上賢明であるとされる。たとえば，発行会社が，大口社債権者との間で，金銭の支払と引換えに一定のコベナンツ変更に合意するよう求めたような場合には，信託証書受託者は，かかる行動が少数社債権者利益の不公正な侵害にならないよう確保しなければならない，などと説かれる（Landau & Peluso [2008] p. 273）。この点については，江頭 [2011] 404〜405頁，岩原 [2016] 405〜406頁も参照。

486)　本章第3節第2款第3項4，本章注 348），363）及び 369）参照。

487)　本章第3節第2款第3項3参照。かかる指摘は，交換募集における強圧的な手法を許容する論拠としてしばしば提示されてきた。

488)　本章第3節第2款第4項1参照。その具体例は Marblegate 事件に見出すことができる。

489)　発行会社は，社債権者に負担引受けを動機付けるために，交換募集が失敗した場合におけるシナリオを悲観的に提示する（悲観的な情報を積極的に開示する）誘因を持ちうる（Mendales [1994] pp. 1274-1275 参照）。これは，社債権者への情報提供の前提となる企業価値評価を，社債権者と利害対立する発行会社がもっぱら行うことに起因する問題である（Roe [1987] p. 271 n. 123 参照）。

う⁴⁹⁰⁾。また，これと関連する機能として，社債権者と発行会社の間で実質的
な交渉が持たれることにより，既成の計画に受諾するか拒絶するかという二者
択一がもたらす社債権者の構造的な劣位を是正することも期待できるかもしれ
ない⁴⁹¹⁾。もしそうであれば，社債権者の多数決を解禁することに大きな障害
はなくなるであろう。

　もっとも，社債権者の利益を代弁する債権者委員会の組成が制度的に保障さ
れているわけではなく，仮にこれが組成されたとしても，債権者委員会の活動
に要したコスト（専門家への報酬等）を発行会社から確実に回収できるわけで
もない⁴⁹²⁾。また，任意の債権者委員会の構成員には特段の法的義務が課され
るわけではなく，結局は大口社債権者の利益になるような取引を実現するだけ
ではないかとの懸念も払拭できない⁴⁹³⁾。このような懸念が決して机上の空論
でないことは，1930年代までの事業再生実務において，本来社債権者の利益
を代弁すべき保護委員会が，一部の投資家及び発行会社の内部者に支配されて
いたという歴史が実証するであろう。社債権者の利益を代弁する者の役割を重
視する立場からは，立法論として，社債権者の利益を代弁する者が発行会社と
の交渉にあたることができるよう，一定の法的規律を整備するべきことが示唆
されている⁴⁹⁴⁾。

第5節　章括

　本章では，1939年信託証書法316条(b)項の規定を中心とする諸制度につき，

---

490)　本節第1款第2項1で取り上げたRoeは，この役割を信託証書受託者に期待した。
491)　本節第1款第2項2で取り上げたBrudneyは，この役割を利益相反のない社債権者の交渉代理
　　人に求めた。
492)　Mendales [1994] pp. 1288-1289.
493)　Schwarcz & Sergi [2008] p. 1071. 1978年連邦破産法改正の起草過程における議論として，Brud-
　　ney [1974] p. 330も参照。
494)　これまで取り上げてきたBrudney及びRoeの議論はその一例であるが，そのほか，Amihud et al.
　　[1999] pp. 474-476（強力なモニタリング権限及びコベナンツの再交渉権限を付与された「スーパートラス
　　ティ」構想の中で，財務リストラクチャリング局面におけるスーパートラスティの役割を議論）を挙げるこ
　　とができる。

その沿革及び実践を調査・検討することで，多数決による社債の核心的権利の変更を禁止する制度設計がどのような論拠によって正当化され，実践においてどのような問題を惹起しているのか，そしてそれに対してどのような解決策がありうるのかを検討してきた。かかる検討により，法的倒産手続外における社債リストラクチャリングに如何なる問題があるか，重要な権利変更に係る多数決条項に如何なる懸念がありうるか，という点について一定の示唆が得られたように思われる。とりわけ注目されるのは，裁判外の倒産処理において社債権者が交渉上劣位に立たされうるという実情を考慮した制度設計がなされたことであり，また，近時，かかる設計の基礎となった実情の変化を指摘する声が大きくなっていることである。

　アメリカ法の建付けには改正を求める論者も多く，現行法の建付けには種々の問題があるところだが，ひとつの制度モデルとして参照に値するものといえよう。

第3章　ドイツ法

第1節　総説

　本書で主題とする社債リストラクチャリングに関するドイツの法的規律としては，2009年に制定・施行された「総額発行による債務証券に関する法律」（以下，「2009年債務証券法」，「債務証券法」又は「新法」という）[1]が重要である。これは，「1899年12月4日債務証券所持人の共同の権利に関する法律」（以下，「1899年債務証券法」，「旧債務証券法」又は「旧法」という）[2]を全面改正した法律であり，社債リストラクチャリングにおける社債権者の意思決定や社債権者に共通の代理人に関する制度的な枠組みを定めている。

　本章の議論を先取りしてドイツ法のポイントを幾つか述べておこう。まず，旧法は，社債権者の資本多数決による意思決定の仕組みとして債権者集会の制度を設けていたが，決議権限が狭く限定されているなどの理由により，発行会社の財務危機における社債リストラクチャリングの手段としては殆ど利用されてこなかった。これに対し，新法は，旧法の機能不全を解消するべく，社債権者の資本多数決（債権者決議〔Gläubigerbeschluss〕[3]）の権限を大幅に拡張し，

---

1)　Gesetz über Schuldverschreibungen aus Gesamtemissionen (SchVG) vom 31. Juli 2009, BGBl. I 2512.

2)　Gesetz betreffend die gemeinsamen Rechte der Besitzer von Schuldverschreibungen vom 4. Dezember 1899, RGBl. 691, zuletzt geändert durch Einführungsgesetz zur Insolvenzordnung (SchuldVG) vom 5. Oktober 1994, BGBl. I 2911, 2937.

3)　2009年債務証券法では，債権者集会における決議のほか，債権者集会を開催せずに社債権者の票決を行うこと（集会なき票決）も可能とされている。詳細は本論に譲るが，本書ではこれら2つの手段による決議を総称して「債権者決議」と呼んでいる。

社債の支払条件に係る実質的な変更（支払猶予や元利金債権の減額のほか，社債権の株式等への交換・転換等）をも決議しうるものとして，法的倒産手続外での柔軟な社債リストラクチャリングの実現を容易にしている。本章では，かかる法改正の背景を探究し，ドイツ法が如何なる問題に直面し，如何なる考え方に立脚して債権者決議の権限を拡張するという立法政策を採用するに至ったのかを可能な限り明らかにする。

　また，2009年債務証券法は，制度設計の細部においても注目すべき規律を設けている。まず，債権者決議の制度は，法律上当然に適用されるのではなく，発行時に契約条件においてオプトインすることによって初めて適用される。これは，わが国の社債権者集会制度とは異なる建付けであり，注目されよう。また，債権者決議が法律や社債条項に違反する場合に係る救済手続として，決議の効力を事後的に争う取消訴訟（Anfechtungsklage）の制度が設けられている。これもまた，わが国の決議認可制度とは異なる建付けであり，注目される。本章は，これらを含むドイツ法の制度的建付けを検討することを通じて，社債リストラクチャリングに係る制度設計を論ずる上で考慮すべき諸問題を析出することを目的とする。

第2節　制度の概要

第1款　総説

　伝統的に，ドイツの企業金融は金融機関からの借入れが中心であり，比較的近時まで，社債による資金調達はさほど活発ではなかった。しかしながら，1990年代以降，ドイツ企業による起債が大幅に増加しており[4]，とりわけ

---

4)　Allen [2012] p. 64. ドイツ連邦銀行が公表している資金循環統計によれば，ドイツ国内企業（通貨金融機関を除く）が発行した公募社債の未償還元本総額は，2000年に約136億ユーロだったのが，2015年には約2757億ユーロまで増加している。また，新規起債総額も，2000年に約81億ユーロだったのが，2015年には約1066億ユーロとピークを迎え，その後2016年には約733億ユーロとなっている（Deutsche Bundesbank, Capital Market Statistics - June 2017, *Id.*, Capital Market Statistics - September 2016参照）。

2008年以降，金融危機後の金融機関の貸出姿勢の緊縮化を受けて，企業が資金調達チャンネルを多様化し，銀行依存からの脱却を図る動きが加速した[5]。さらに，近時ではリテール投資家向けの社債発行が多様化しており，たとえば，従来は機関投資家向けの私募債とするのが通常であったハイ・イールド社債をリテール投資家向けに公募発行する例がみられるほか[6]，2010年以降には，国内の主要証券取引所において中小企業社債（Mittelstandsanleihen）に特化したセグメントを開設する動きが広がり[7]，従来社債市場にアクセスしてこなかった中小企業がリテール投資家向けに起債する例が増加している[8]。

　社債発行の裾野が広がるのに伴い，デフォルト事例も増加する。とりわけ中小企業社債のデフォルト事例が続出し，2010年～2015年に発行された中小企業社債192銘柄のうち，26銘柄がデフォルトに陥ったと報じられている[9]。

　社債の発行会社が財務的な危機に陥った場合におけるひとつの選択肢は法的倒産手続を利用した財務リストラクチャリングであるが[10]，法的倒産手続の外においても，抜本的な財務リストラクチャリングを実現するための手段として，債務証券法に基づく債権者決議の制度を利用することが可能である。実際のところ，2009年の施行以来，同制度を利用した社債リストラクチャリングの事例は既に相当数に上っている。

　以下，本章では，債務証券法に基づく債権者決議の制度を中心として，ドイ

---

5)　Grüning/Hirschberg, in: Habersack/Mülbert/Schlitt ［2013］ §16 Rn. 37; Kaulamo, in: Habersack/Mülbert/Schlitt ［2013］§17 Rn. 1 参照。

6)　Kaulamo, in: Habersack/Mülbert/Schlitt ［2013］§17 Rn. 18.

7)　2010年にシュツットガルト取引所で国内初めての中小企業社債向け市場（BondM Börse）が開設されて以降，フランクフルト取引所（Entry Standard），デュッセルドルフ取引所（Mittelstandsmarkt），ハンブルク／ハノーファー取引所（Mittelstandsbörse）及びミュンヒェン取引所（m: access）において続々開設された。

8)　Vogel ［2016］ S. 180; Seibt/Schwarz ［2015］ S. 402; Grüning/Hirschberg, in: Habersack/Mülbert/Schlitt ［2013］§16 Rn. 37-39.

9)　Bryant & Vasagar, *Mittelstand goes into damage-limitation mode*, Financial Times, March 19, 2015. こうした中小企業社債のデフォルト事例の続出により，社債市場のあり方を見直す動きにも繋がっている。Martin Hock, *Börse Düsseldorf stampft Mittelstandsmarkt ein*, Frankfurter Allgemein 22. 01. 2015; Daniel Mohr, *Der Markt für Mittelstandsanleihen ist tot*, Frankfurter Allgemein 10. 12. 2014 参照。

10)　とりわけ，2011年倒産法改正（ESUG）以降は，DIP型手続の利用可能性が拡大した。後述する。

ツの社債リストラクチャリングの建付けを概観する[11]。一口に社債といっても，法形式として無記名証券，記名証券及び指図証券に分類することができるが，本書では，実務上最も一般的に利用されている無記名証券（Inhaberschuldverschreibung）を念頭に置いて議論を進める[12]。なお，ここで補足しておくと，債務証券法は，「債務証券（Schuldverschreibung）」という債務の形式に着目して適用される法律であり[13]，発行体が会社であるかどうかは問わない。したがって，債務証券法は，ドイツ国内外の会社が発行する社債のみならず，国ないし公的主体が発行する国債・公債にも適用される建付けであるが，本書の関心に即して，以下の議論の対象は主として社債（会社が発行する証券で発行会社に対する債権を表章するもの）に限定する。

第 2 款　社債条件とその変更

第 1 項　社債条件

社債権者と発行会社の法関係は，民法 793 条以下[14]及び社債条件（Anlei-

---

11)　なお，2009 年債務証券法の規律に係る概略については，既にベルツ [2016] の紹介がある。

12)　債務証券法の適用対象となる債券の大半が無記名証券であることについて，Bliesener/Schneider, in: Langenbucher/Bliesener/Spindler [2016] SchVG §1 Rn. 16; Hartwig-Jacob, in: Friedl/Hartwig-Jacob [2013] §1 Rn. 49 を参照。なお，アメリカで発行される社債は記名証券が一般的であるため（税制がその主たる理由である。Kaulamo, in: Habersack/Mülbert/Schlitt [2013] §17 Rn. 2 参照），ドイツとアメリカの両方で起債する場合には大券を記名社債として発行するのが実務である（Bliesener/Schneider, in: Langenbucher/Bliesener/Spindler [2016] SchVG §1 Rn. 20 参照）。

13)　債務証券法の適用範囲は次のように規定されている（債務証券法 1 条）。すなわち，ドイツ法に準拠して総額発行（Gesamtemission）として発行される債務証券のうち，適用除外に該当しないものに債務証券法は適用される。「総額発行」とは聞きなれない用語であり，法令上の確たる定義も存在しないが，一般的には，「公社債（Anleihe）の一部として，同種かつ交換可能な多数の債務証券を発行すること」などと定義される（v. Wissen/Diehn, in: Hopt/Seibt [2017] SchVG §18 Rn. 6 参照）。なお，債務証券法の適用除外に該当するのは，抵当証券（Pfandbriefe）並びにドイツの連邦，州，公共団体及び連邦特別財産が発行する債務証券である。また，ユーロ通貨圏の国が発行する債券については特別法が適用される。

14)　Bürgerliches Gesetzbuch（BGB）vom 18. August 1896, RGBl. S. 195. 民法 793 条以下は，無記名債務証券に関する規定である。民法 796 条により，無記名債務証券保有者の権利・義務は，証券に

hebedingungen）によって規律される[15]。社債条件とは，社債権者と発行会社
の関係を規律する約定条件のことであり，主たる債権としての金銭給付請求権
のほか，コベナンツや担保・保証に関する定めがここに含まれる（債務証券法
2 条 1 文参照）[16]。なお，実務の通例である間接募集の場合，社債条件の内容は，
社債の引受・募集を受託する発券銀行（Emissionenbank）ないし発券銀行団
（Emissionenkonsortium）と発行会社の協議によって決せられる[17]。

　社債条件は，社債権を表章する証券に記載しなければならない（債務証券法
2 条 1 文）。これを文言主義（Skripturprinzip）という[18]。たとえば，社債権を
表章する個別証券が発行されている場合には，市場に流通しているそれぞれの
証券に社債条件を記載しなければならないこととなる[19]。もっとも，近時の
証券実務では，社債権を表章する証券として個別証券を発行せず，大券
（Sammelurkunde）[20]だけを発行するのが通常である。大券それ自体は市場に流
通することなく，有価証券混蔵保管銀行（Wertpapiersammelbank）（以下「混蔵

　規定された社債条件によって基礎付けられることとなる。

15)　Hartwig-Jacob, in: Friedl/Hartwig-Jacob［2013］§ 2 Rn. 1; Kaulamo, in: Habersack/Mülbert/
　　Schlitt［2013］§ 17 Rn. 29; Einsele［2014］§ 7 Rn. 39; Müller, in: Kümpel/Wittig［2011］Rn. 15. 333-
　　15. 334; Grundmann, in: Schimansky/Bunte/Lwowski［2011］§ 112 Rz. 113. この点において，発行
　　会社と受託者の間で締結される信託証書が権利内容の詳細を定めるというアメリカ法の建付けとは異な
　　る。

16)　さらに，給付内容や権利義務にわたらない付随的な事項（準拠法や裁判管轄条項など）も，「社債
　　条件」として後述の債権者決議による変更の対象に含まれる（債務証券法 5 条 3 項 1 文 10 号）。
　　Oulds, in: Veranneman［2010］§ 2 Rn. 2; Hartwig-Jacob, in: Friedl/Hartwig-Jacob［2013］§ 2 Rn. 15,
　　Rn. 27 参照。

17)　Hartwig-Jacob, in: Friedl/Hartwig-Jacob［2013］§ 2 Rn. 51-53, Kaulamo, in: Habersack/Mül-
　　bert/Schlitt［2013］§ 17 Rn. 30.

18)　文言主義については，Artzinger-Bolten/Wöckener, in: Hopt/Seibt［2017］SchVG § 2 Rn. 16;
　　Bliesener/Schneider, in: Langenbucher/Bliesener/Spindler［2016］SchVG § 2 Rn. 3-4 を参照。なお，
　　無記名証券については，民法 796 条にも文言主義の定めがある。

19)　かかる文言主義の規律は，市場に流通する社債券の券面上に当該社債の権利内容を記載すること
　　で，証券取引の透明性を確保し，社債権者の利益を保護するものであると説明される。たとえば Horn
　　［2012］S. 526-527 を参照。

20)　有価証券の保管及び買入に関する法律（Gesetz über Verwahrung und Anschaffung von Wert-
　　papieren（DepotG）vom 4. Februar 1937）9a 条 1 項 1 文参照。Globalurkunde ないし Global Notes
　　と呼ばれることも多い（Artzinger-Bolten/Wöckener, in: Hopt/Seibt［2017］SchVG § 2 Rn. 27 参照）。

保管銀行」という）[21]のもとで保管・管理され，投資家間での社債の売買等の取引は，振替口座の決済システムを通じて行われる[22]。このとき，社債条件の詳細は，混蔵保管銀行が大券とともに保管・管理する附属書類に記載されることが多い。債務証券法2条2文は，市場に流通しない証券（大券はこれに該当する）について，社債条件を証券外の文書に記載することができるとして文言主義を緩和しているが，これはかかる実務に法的な裏付けを与えるものである[23]。

第2項　社債条件の変更

1.「共同拘束」の原則

以上のように，社債権者と発行会社の間の権利義務の内容は，基本的に社債条件によって決定される。したがって，社債発行後の状況変化に応じて社債の権利内容を変更するには，社債条件を変更する必要がある。そして，社債条件を変更するためには，社債権者と発行会社の双方の同意が必要とされる[24]。

　個々の社債権者は，同一の社債条件に基づく同一内容の債権を，互いに独立

---

21)　ドイツで代表的な証券保管機関（Central Securities Depository: CSD）として Clearstream Banking AG がある。また，ヨーロッパで代表的な国際証券保管機関（International Central Securities Depository: ICSD）としては，Clearstream International SA（ルクセンブルク）及び Euroclear SA（ベルギー）が挙げられる。なお，有価証券の寄託に関する法制度については，山下友信「ドイツにおける債券振替決済」資本市場研究会編『大口取引に係る株式委託手数料の自由化について』（資本市場研究会，1993 年）179 頁，加毛明「ドイツにおける顧客財産保護にかかる法制度：有価証券寄託法を中心として」金融研究 34 巻 3 号（2015 年）67 頁も参照。

22)　詳細は Röh/Dörfler, in: Preuße [2011] §2 Rn. 23-36 を参照。

23)　Regierungsbegründung zum SchVG 2009, BT-Drucks. 16/12814, S. 17. これに加えて，さらに，債務証券法 2 条 2 文がいわゆる参照方式（Incorporation by Reference）（社債条件において発行開示書類を参照することで社債の権利内容とするもの）を認めるものであるとの見解が有力だが（Artzinger-Bolten/Wöckener, in: Hopt/Seibt [2017] SchVG §2 Rn. 33-34; Bliesener/Schneider, in: Langenbucher/Bliesener/Spindler [2016] SchVG §2 Rn. 6; Hartwig-Jacob, in: Friedl/Hartwig-Jacob [2013] §2 Rn. 67ff.），これに疑問を呈する見解もある（Röh/Dörfler, in: Preuße [2011] §2 Rn. 32）。

24)　通説である。たとえば Thole, in: Hopt/Seibt [2017] SchVG §4 Rn. 27; Bliesener/Schneider, in: Langenbucher/Bliesener/Spindler [2016] SchVG §5 Rn. 77; Friedl/Schmidtbleicher, in: Friedl/Hartwig-Jacob [2013] §5 Rn. 21 参照。

に保有するという関係にある[25]。したがって，各社債権者は，それぞれ独立に社債権を行使ないし処分（権利内容の変更等を含む）することができるというのが原則である[26]。しかしながら，債務証券法は，社債条件の変更方法につき，一定の規律を設けてこの原則を修正している。すなわち，債務証券の償還期間中に法律行為によって社債条件を変更するためには，①社債権者全員との間における同一文言での合意[27]，又は②債務証券法 5 条以下に定める手続（債権者決議の手続）によらねばならない（債務証券法 4 条 1 文），とされる。法は，これを「共同拘束（kollektive Bindung）」と呼んでいる[28]。社債が市場で流通している場合，①の方法を採ることは通常困難であるから，現実的には，社債条件を変更するためには②の方法によるべきこととなる（②の方法に関する詳細は，本節第 3 款で後述する）。

　なぜかような制約を設けるのか。2009 年債務証券法に係る政府草案理由書は，共同拘束原則の趣旨について，統一価格での流通性（取引可能性）を確保することにあると説明している[29]。もし，社債の発行後に社債条件が区々になれば，統一価格での取引は著しく害されることとなる。そこで，ひとたび同一条件で発行されたならば，統一価格での流通性を確保するために，発行後も

---

25)　Horn [2009b] S. 46ff.; Kaulamo, in: Habersack/Mülbert/Schlitt [2013] §17 Rn. 2; Baums [2015] S. 1.

26)　Kaulamo, in: Habersack/Mülbert/Schlitt [2013] §17 Rn. 81; Hutter, in: Habersack/Mülbert/Schlitt [2013] §18 Rn. 62.

27)　債務証券法に係る 2008 年参事官草案（Referentenentwurf eines Schuldverschreibungsgesetzes, ZBB 2008, 200）においては，この①の方法は明記されておらず，債権者決議による②の方法だけが規定されていたが，学説上，私募債など，社債条件変更に際して債権者決議によることが必ずしも適切でない債券が存在することに鑑みて，債務保有者全員との合意による社債条件変更を認めるべきであるとの批判があった（Hopt [2009] S. 454）。

28)　Regierungsbegründung zum SchVG 2009, BT-Drucks. 16/12814, S. 17.

29)　Regierungsbegründung zum SchVG 2009, BT-Drucks. 16/12814, S. 17. なお，2009 年債務証券法制定以前から，連邦通常裁判所は，取引可能性の観点から，社債の内容的同一性維持の重要性を認識していた。すなわち，普通取引約款規制における組入規制（現在の民法 305 条 2 項）が社債に適用されないとの結論を導く根拠として，社債を最初に購入した者の主観等に左右される組入規制を適用すると，債券の内容的同一性が確保されず流通可能性を阻害するということを挙げていたのである（BGHZ 163, 311, 315）。政府草案理由書も，共同拘束原則の趣旨を説明するに際して，同判決に言及している。

社債条件を同一に維持する，というのが債務証券法の基本的な建付けとなっている[30]。

　裏返せば，社債権者と発行会社の間で，社債条件に影響を与えることなく個別的な特約を締結すること――たとえば，特定の社債権者との間で支払猶予の合意を取り交わすこと――に対しては，債務証券法4条1文の制約は及ばない[31]。もっとも，かかる個別的な特約は当事者間における債務的効力しか持たず，当該社債の承継取得者には効果が及ばないので，発行会社は，たとえば当該社債権者が約束を反故にして当該社債を第三者に譲渡してしまうなどの危険を負うこととなる[32]。

　また，発行会社が，個々の社債権者との間で個別的に買戻償還を行うとか，債務証券を別の債務証券や株式に交換するといった場合も，社債条件と無関係である以上，共同拘束原則に抵触するものではない[33]。したがって，社債リストラクチャリングの一環として社債権者に対して交換募集を行い，これに応じた社債権者との間だけで事実上の社債条件変更を行うことは，債務証券法4条1文の禁止するところではない。もっとも，この場合には，アメリカ法において論じたのと同様に社債権者のホールドアウトが問題となる[34]。

---

30)　この点につき，Bliesener/Schneider, in: Langenbucher/Bliesener/Spindler ［2016］SchVG §4 Rn. 1, Rn. 6 は，同一シリーズのすべての証券の社債条件の同一性は，総額発行から生ずる債務証券の根本的な基本原則であり，如何なる時も維持されるべきであると指摘する。

31)　Regierungsbegründung zum SchVG 2009, BT-Drucks. 16/12814, S. 17. Bliesener/Schneider, in: Langenbucher/Bliesener/Spindler ［2016］SchVG §4 Rn. 28a-29; Friedl/Schmidtbleicher, in: Friedl/Hartwig-Jacob ［2013］§4 Rn. 9, Rn. 63 も参照。

32)　Schlitt/Schäfer ［2009］S. 481; Friedl/Schmidtbleicher, in: Friedl/Hartwig-Jacob ［2013］§4 Rn. 64, §5 Rn. 33. このとき，発行会社は，せいぜい当該社債権者に対して損害賠償請求をなしうるにとどまることとなる (Schlitt/Schäfer ［2009］S. 481; Schlitt/Schäfer ［2010］S. 619)。

33)　Thole, in: Hopt/Seibt ［2017］SchVG §4 Rn. 39; Bliesener/Schneider, in: Langenbucher/Bliesener/Spindler ［2016］SchVG §4 Rn. 28a.

34)　ドイツの社債リストラクチャリングにおいて，交換募集は，社債権者の足並みを揃えることができず，また開示義務等の負担が生ずることから，あくまで間に合わせ (Behelfstechnik) に過ぎないと指摘されている (Liebenow ［2015］S. 18-19 参照)。その他，交換募集による社債リストラクチャリングの諸問題については，第2章におけるアメリカ法の議論を参照。

2.　社債条件変更の「実現」

　社債条件の変更は，証券上又は社債条件中に「実現（vollziehen）」[35] されて初めて効力を生ずるものとされている（債務証券法 2 条 3 文）。すなわち，社債条件の変更は，当事者間の合意（前述のとおり，①全社債権者と発行会社間での同一文言の合意，又は②債権者決議によるもの）によって直ちに効力を生ずるわけではない。これは，文言主義の帰結であるとされる[36]。これにより，たとえば，仮に，社債権を表章する個別証券が発行され，市場に流通しているとすれば，そのすべてに対して社債条件の変更を反映しなければならないこととなり，大変な手間がかかる[37]。もっとも，前述のとおり，現在の証券実務では，社債権を表章する証券として大券だけを発行し，混蔵保管銀行のもとで保管・管理するのが通例であるため，通常はそのような問題は生じない。なお，大券が発行されている場合における債権者決議による社債条件の変更については，簡素化された実現方法が認められている[38]。

　なお，個別証券が市場に流通することが殆どない現状において，以上のような文言主義を貫くことに対しては，学説上の批判がある。すなわち，元来，文言主義は，市場に流通する社債券の券面上に当該社債の権利内容を記載することで，証券取引の透明性を確保し，もって社債権者の利益を保護するものであったはずのところ[39]，大券だけを発行して混蔵保管銀行のもとで保管・管理

---

35)　ここでの社債条件変更「実現」の原語は，後で出てくる債権者決議の「執行」と同じく「vollziehen」であるが，社債条件変更の「vollziehen」（債務証券法 2 条 3 文）と債権者決議の「vollziehen」（債務証券法 20 条 3 項 4 文，21 条 1 項 1 文）は，重なり合う部分はあるものの概念上一応区別すべきものと考えられるので，それぞれ「実現」及び「執行」と訳し分けている。

36)　Regierungsbegründung zum SchVG 2009, BT-Drucks. 16/12814, S. 17; Dippel/Preuße, in: Preuße [2011] §21 Rn. 1; Friedl, in: Friedl/Hartwig-Jacob [2013] §21 Rn. 3; Horn [2009b] S. 33.

37)　Than [1982] S. 534-535; Hartwig-Jacob, in: Friedl/Hartwig-Jacob [2013] §2 Rn. 5, Rn. 78; Horn [2012] S. 525-526. いうまでもなく，これは事実上極めて困難ないし不可能である（Bredow/Vogel [2009] S. 156; Hofmeister, in: Veranneman [2010] §21 Rn. 4; Horn [2012] S. 526; Dippel/Preuße, in: Preuße [2012] §21 Rn. 6; Röh/Dörfler, in: Preuße [2012] §2 Rn. 39; Artzinger-Bolten/Wöckener, in: Hopt/Seibt [2017] SchVG §2 Rn. 42 など参照）。実務的には，社債条件変更決議と同時に個別証券を廃止して大券に置き換える旨の債権者決議をなし，これに基づいて発行された大券に対して債務証券法 21 条に基づく実現措置をとるといった対応が考えられる（Hartwig-Jacob, in: Friedl/Hartwig-Jacob [2013] §2 Rn. 79）。

38)　やや技術的な点であるが，後述する。本章注 195）及びこれに対応する本文参照。

するという現在の証券実務においては，そもそも社債権者が証券を目にする機
会すらないのであって，文言主義の貫徹は社債権者保護と透明性確保の目的に
資するところは乏しい。当該目的のためには，むしろ，社債条件変更の事実と
タイミングに関する開示規制の方が適切である，という[40]。

第3款　債権者決議制度

第1項　総説

　前述のとおり，社債条件の変更はすべての社債権者との間で一律になされな
ければならない。そして，債務証券法4条1文は，社債条件変更を実現する手
段として，①すべての社債権者との間での同一文言の合意という方法に加えて，
②債務証券法5条以下の債権者決議という方法を認めている。本款では，②の
債権者決議について検討を加える。
　既に触れたとおり[41]，「債権者決議」とは，債権者集会決議と集会なき票決
の総称である。ここで，集会なき票決とは，物理的な集会を開催することなく
決議を行う仕組みであり，債権者集会における書面投票や電子的投票とは全く
異なる。とはいえ，議題・議案の通知や議決権行使の勧誘，議決権行使期間の
設定，決議実施者等，決議を実施するための各種手続が設けられており，決議
手続としての実体は備わっているといえる。その意味で，集会なき票決とは，
いわばバーチャルな債権者集会であるといいうる。
　本書は，社債権者の集団的意思決定における利害調整にこそ主眼があり，意
思決定に係る手続的な細目を論ずることは本旨ではないので，以下の検討では，
便宜上，基本的に債権者集会決議を念頭に置いて検討することとし，集会なき
票決に固有の論点については必要に応じて適宜言及するにとどめることにする。

---

39)　本章注19) 参照。

40)　文言主義の形式よりも開示による社債権者保護を重視する見解として，Hopt [2009] S. 452-453;
　　Oulds, in: Veranneman [2010] §2 Rn. 16; Dippel/Preuße, in: Preuße [2011] §21 Rn. 5; Horn [2012]
　　S. 526-527 がある。

41)　本章注3)。

第2項　制度の意義

1. 制度趣旨

　債権者決議とは，社債権者の資本多数決によって，同一社債のすべての社債権者（反対者や欠席者を含む）を等しく拘束するという仕組みである（債務証券法5条1項1文，2項1文）。ここで「同一社債（derselben Anleihe）」とは，権利内容を同じくする社債を意味する[42]。裏返せば，権利内容の異なる複数の種類を跨ぐ統合的な社債権者決議は制度上予定されておらず，複数の種類の社債を対象とするリストラクチャリングを行うためには，複数の社債権者決議を並行して行わなければならないこととなる[43]。

　かかる債権者決議の制度を設ける趣旨は，次のように説かれる[44]。社債は，通常，中長期にわたるので，その存続期間中，状況の変化に応じて社債条件を変更することが必要となりうる。とりわけ，社債発行後に発行会社の財務状況が悪化した場合には，社債条件を変更して財務の立て直しを図ることが望ましい場合がありうる[45]。しかしながら，①多数に上る社債権者と個別的に交渉

---

42)　たとえ同時にではなく異なるタイミングで発行された場合であっても，同一の条件が妥当し，かつ条件においてすべての債務証券について等しい権利が規定されている限りにおいて，当該債務証券は「同一社債」に該当する（Regierungsbegründung zum SchVG 2009, BT-Drucks. 16/12814, S. 18）。

43)　Regierungsbegründung zum SchVG 2009, BT-Drucks. 16/12814, S. 18. この場合，同一社債の社債権者間のホールドアウト問題が解消できても，複数の種類の社債間におけるホールドアウト問題を解消することができないという問題が残る。立法論として，複数の種類を跨ぐ統合的な債権者決議を認めるべきであるとの見解が有力に主張されている（Hofmann/Keller [2011]; Baums [2013] S. 811-812; Arbeitskreis Reform des Schuldverschreibungsrechts [2014] S. 846, 850 参照）。なお，ドイツ及びユーロ通貨加盟国が発行する国債については，2012年改正後の連邦債務制度法（Gesetz zur Regelung des Schuldenwesens des Bundes (Bundesschuldenwesengesetz - BSchuWG) vom 12. Juli 2006, BGBl. I S. 1466）及び債務証券法により，債券の種類を跨ぐ統合的な債権者決議が認められている（連邦債務制度法4b条6項，債務証券法1条2項2文）。

44)　Seibt [2016] S. 1001; Kaulamo, in: Habersack/Mülbert/Schlitt [2013] §17 Rn. 92-94; Schmidtbleicher [2010] S. 61-62; Baums [2009] S. 5; Hopt [2009] S. 345. なお，旧債務証券法時代の議論として，Than [1982] S. 521ff.; Hopt [1990] S. 345; Schneider [2004] S. 73-74 を参照。

45)　財務危機に陥った株式会社の経営指揮者は，株式法93条に基づく義務として，会社の危機を克服する義務を負うところ（Hopt/Roth, in: Hirte/Mülbert/Roth [2015] §93 Rn. 223），財務危機局面においては，かかる危機克服義務の履行として，流動性の圧迫を回避し，手遅れになる前に適時の財務リストラクチャリングに取り組まなければならないと解される（Steffek [2010] S. 2599）。

して同意を調達することはそれだけで多大な（ときに禁止的な）コストがかかる上，②社債権者が（何らかの見返りを求めるなどして）戦略的に同意を拒絶するなど機会主義的行動のおそれも生じる。債権者決議の制度は，社債権者の多数決によってかような問題を克服し，社債権者全体にとって合理的な意思決定を可能にするものである。

　かかる観点から，債務証券法は，債権者決議の制度を設け，社債権者の一定割合の同意によって，すべての社債権者を拘束する意思決定を可能にする建付け（資本多数決）を採用している。具体的な決議事項については本款第3項で論じるが，先取りしていうと，債務証券法は広範な決議事項を認めており，たとえば元利金の減免や社債の株式への交換（debt equity swap: DES）を決議することも可能である。

2．オプトイン制度

　もっとも，債権者決議の制度は，法律上当然に適用されるものではない。債務証券法は，社債条件に定める場合に限って債権者決議の制度が適用されるとする，「オプトイン」のアプローチ（Opt-in Lösung）を採用しており，①そもそも債権者決議の制度を利用するかどうか，②仮に利用するとして，如何なる事項を，如何なる条件下で債権者決議の決議事項とするかにつき，社債条件における自治的決定に委ねている（債務証券法5条1項）。

　オプトイン制度を採用する理由について，政府草案理由書は，事後的な変更の必要がない証券に対する実務の需要を挙げている[46]。すなわち，短期社債（コマーシャル・ペーパー），投資証券（Zertifikate）及びオプション証券は，通常，存続期間中の事後的な社債条件変更を必要としないので，これらの債務証券については社債条件変更の可能性を予め排除する必要がある，というのである。

　しかしながら，社債条件変更の必要がない場合がある，というだけでは，オプトイン方式を採用することの説明として不十分であるようにも思われる。なぜなら，社債条件を変更する「必要がない」というだけであれば，事後的に社債条件変更をしなければいいだけのことであって[47]，予め変更可能性それ自

---

46)　Regierungsbegründung zum SchVG 2009, BT-Drucks. 16/12814, S. 18.

体を排除する余地を認める根拠には必ずしもならないからである[48]。

　むしろ，学説における次の説明に説得力があるように思われる。それは，債権者決議の適用の有無について発行会社の選択を認めることで，発行会社は，社債条件に対して事前にコミットできるようになる，という議論である[49]。仮に，債権者決議制度が強行法規として常に適用されることとなると，社債の発行会社は，約束された給付内容が将来社債権者の個別的な同意なくして変更されないことについて事前にコミットすることができない。逆に，債権者決議制度の利用可能性を予め排除することができるならば，発行会社は，約束された給付内容が社債権者の個別的な同意なくして変更されないことにコミットすることが可能となる。かかるコミットメントの余地を残すことにオプトイン方式の積極的な意義を見出しうるのである[50]。

　ここでのポイントは，債権者決議による社債条件変更の可能性があるという状況が常に望ましいとは限らず，むしろ，発行会社が置かれた状況や市場環境等を踏まえて社債発行時点で選択する余地を認めることが望ましい，という点である。たとえば，信用力の高い発行会社においては，あえて予め社債条件の変更可能性を排除することにより，社債の償還期間中も自らの財務規律を維持することにコミットし，潜在的な投資家に良いシグナルを送ることができると考えられる。オプトイン制度は，かかる選択を認める点にこそ積極的な意義があるというべきであろう。

47)　社債条件変更のためには発行会社の同意が必要であるため（本章注 24）に対応する本文参照），たとえ社債権者の側で社債条件変更の決議がなされても，発行会社はこれに応じる必要がない。
48)　この点を指摘するものとして，Schmidtbleicher［2010］S. 181; Friedl/Schmidtbleicher, in: Friedl/Hartwig-Jacob［2013］§5 Rn. 6 を参照。
49)　Baums［2009］S. 2 参照（債権者決議制度を強行法規として規定していた 2008 年参事官草案に対して，発行会社のコミットメントの余地を残すためにオプトアウトを認めるべきであると主張）。
50)　Horn［2012］S. 523（デリバティブ等に該当しない伝統的な社債においても，多数決条項を市場がどのように評価するかに応じて多数決条項の採否が決せられるのであり，発行会社が常に多数決条項を選ぶというわけではないと指摘），Bliesener/Schneider, in: Langenbucher/Bliesener/Spindler［2016］SchVG §5 Rn. 18（明白な社会的地位を有する債務者にとっては，多数決による権利侵害の可能性の全部又は一部を排除することが適切となりうると指摘）等参照。

3.　小括

以上のとおり，2009 年債務証券法に基づく債権者決議制度は，資本多数決をとり入れることにより，社債条件の変更について社債権者の個別的な同意を要することに伴う種々の困難を解消するという点にその意義が認められるが，他方，その採否を発行時点での選択に委ねるオプトイン制度を採用することで，社債条件を将来安易に変更しないということについて発行会社がコミットする余地を認めるという点にも副次的な意義を見出すことができる。

以下，債権者決議制度について詳細に取り上げる。まず，第 3 項では，債権者決議における決議事項を扱う。ここでは，旧法との対比において，決議事項が大幅に拡張されたこと及びその経緯が明らかとなる。第 4 項では，決議の手続を簡単に説明する。債務証券法は，決議事項を大幅に拡張する反面において，決議手続規制によって社債権者保護を図るという建前を採用しているので，決議手続が制度上重要な地位を占めることとなる。第 5 項では，決議の瑕疵を争う手続を説明する。債務証券法は，債権者決議の瑕疵を事後的に争う取消訴訟の制度を導入している点で注目に値する。ここでは，取消訴訟制度の仕組みの概要と，それが抱える問題点を明らかにする。

第 3 項　決議事項

1.　旧法の規律

1899 年債務証券法においても，社債権者の資本多数決による社債条件変更の仕組みとして，社債権者からなる債権者集会の制度が設けられていた。同制度は，制定当初及び世界恐慌の影響を受けた 1930 年代前半にはしばしば活用されていたものの[51]，それ以降は殆ど利用されることがなく，「眠り姫」[52]とか「死せる法」[53]などと称される状況に陥っていた。

なぜ，旧法はかくも利用されなかったのか。主として 2 つの原因を指摘することができる。ひとつは，そもそもドイツ企業が発行する社債の多くが，旧法の適用対象に含まれていなかったことである。これは次のような事情による。

---

51)　Schneider［2004］S. 79, Fn. 20.

52)　Vogel［1999］S. 27.

53)　Schneider［2004］S. 79; Baums, in: Bayer/Habersack［2007］S. 974.

ドイツ企業が発行する社債は，税制等の理由から，ドイツ法人（事業会社）ではなく，オランダやルクセンブルクに本店を置く外国金融子会社や外国持株会社を発行主体とすることが多い[54]。他方，旧法の適用範囲は，ドイツ国内の発行体がドイツ国内で発行する債券（内国債券）に限定されており（旧法 1 条 1 項 1 文），外国会社を発行主体とする社債はその適用対象外であった[55]。したがって，ドイツ企業が発行する社債の多くについては，旧法がそもそも適用されなかったのである。

　旧法が利用されなかったもうひとつの原因は，——本書の関心からはこちらがヨリ重要であるが，——旧法が，社債権者（少数派）保護を重視するあまり，債権者集会の決議権限を非常に狭い範囲に限定していたことである[56]。とりわけ，以下に挙げる 3 つの制約のゆえに，旧法は，事業再生（Unternehmenssanierung）の手段として利用するにはあまりに不十分なものとなっていた。

(1)　危機回避目的の要件

　第一に，社債の権利を放棄又は制限する決議は，発行会社の「支払停止又は破産[57]を回避するため」でなければならなかった（旧法 11 条 1 項。以下「危機回避目的」という）。これは，債権者集会決議による社債権者の放棄又は制限は，支払停止又は破産が差し迫った危機的状況に至らなければ着手することができないことを意味する。換言すれば，かかる危機に至らない段階でのいわば予防

---

54)　外国金融子会社ないし外国持株会社が社債を発行する場合，発行会社たる会社にはさしたる資産が存在しないため，当該社債の信用性は，ドイツ法人（事業会社）がこれを保証（Garantie）することによって補完される（Kaulamo, in: Habersack/Mülbert/Schlitt [2013] §17 Rn. 64）。なお，近時では，ドイツ法人が自ら社債を発行するという事例も少なくない。

55)　19 世紀末の立法者が外国会社を発行主体とする社債発行実務の進展を予測しえなかったことに起因するものである。当時，旧債務証券法の適用範囲を国内債券に限定することは「自明」であると考えられていた（Vogel [1996] S. 327 参照）。

56)　Vogel [2010] S. 212（旧法の基礎には多数決決議に対する露骨な不信があったと指摘）；Hopt [2009] S. 441（旧法の規律はあまりに慎重で制限的で強行的であったと評価）；Schlitt/Schäfer [2009] S. 477（旧法下では社債権者からリストラクチャリングの同意を調達することが困難であったと指摘）。

57)　1994 年倒産法（Insolvenzordnung (InsO) vom 5. Oktober 1994, BGBl. I S. 2866）の制定に伴う同年の改正前は「破産（Konkurs）」であったが，同改正後は「倒産手続（Insolvenzverfahren）」と改められた。本文では，改正前後を通じて「破産」という表記で統一する。引用する文献の大半が 1994 年改正前のもので，「破産」の表記を使用しているため，その方が便宜だからである。

的な権利変更は，旧法では許されなかったのである[58]。

　かかる危機回避目的の要件は，1899 年における当初の政府草案[59]には含まれていなかったが，帝国議会委員会における審議中，一部の議員から，債権者集会で権利の放棄又は制限を決議しうるという建付けに対して烈しい批判が向けられたこと[60]を踏まえて，これといわば妥協する形で，修正政府草案[61]に追加されたという経緯があった[62]。

　修正政府草案の理由書は，その趣旨を，社債権者が，発行会社が財務的苦境にあると誤信して権利変更に応じるという事態を防ぐことにあると説明している。いわく，「債券保有者は，さしあたり新聞記事によって，債務者が苦しい財産状況にあると見せかけられ，弱腰になってうろたえることも稀ではなく，それがもっぱら債務者や他の債権者の利益にさえなりうる。……債権者の権利

---

58)　Vogel [1999] S. 124 参照。この意味で，旧法を実質的な破産法の一種として位置付ける見解も存在した。Flessner [1982] S. 21-22; Vogel [1999] S. 80.

59)　Entwurf eines Gesetzes, betreffend die gemeinsamen Rechte der Besitzer von Schuldver-schreibungen, Sten. Ber. über die Verhandlungen des Reichstags, X. Legislaturperiode, I. Session 1898-1900, 2. Anlageband, Aktenstück Nr. 105, 904ff. なお，以下で取り上げるものを含め，帝国議会の速記録及び附属資料は帝国議会議事録のアーカイブ（http://www.reichstagsprotokolle.de/bundesarchiv.html）で入手可能である。

60)　1899 年 3 月 7 日付帝国議会速記録によれば，まず，von Strombeck 議員が，債権者集会決議により，多数派の意思で少数派の権利を奪うことができるという制度そのものに対する根本的な疑問を呈し，「我々に提示されている法律草案によれば，少数派に対する凌辱（Vergewaltigung）が，実際に，そしてかなり容易になされうることになる」などと口を極めて批判した（Sten. Ber. über die Verhandlungen des Reichstags, X. Legislaturperiode, I. Session 1898-1900, 2. Band（51 Sitzung), 1382-1386)。また，Lenzmann 議員もこれに同調し，「多数派による少数派に対するかような凌辱は，急迫の必要性があるという例外的な場合にのみ立法上承認されるべきである」として，破産手続外における多数決での権利放棄の必要性に疑問を呈し，「本法は，疑いなくゆゆしき効果をもたらすであろう」と発言している（Sten. Ber. über die Verhandlungen des Reichstags, X. Legislaturperiode, I. Session 1898-1900, 2. Band（51 Sitzung), 1388-1389)。これらの批判は，法的倒産手続外での多数決による権利の放棄又は制限に対する消極的評価を顕わにするものである。

61)　Kommissionsbericht, Sten. Ber. über die Verhandlungen des Reichstags, X. Legislaturperiode, I. Session 1898-1900, 3. Anlagenband, Aktenstück Nr. 362, 2348ff.

62)　Vogel [1999] S. 124（一読目の審議において von Strombeck 議員が提起した批判が，帝国議会委員会における妥協的解決をもたらしたという経緯を指摘する）参照。この点に関して，二読目の審議において，担当官である Dietrich 氏は，直截に，「10 条〔草案の条文番号。旧法 11 条に対応〕の建付けはもっぱら von Strombeck 氏の希望を考慮したものである」と述べている。

の剥奪は，債務者の支払停止が差し迫っている場合にのみ認められてしかるべきである。これにより，債務者は，自らの支払不能を宣言することを恐れるために，集会の招集を躊躇うことになるであろう」[63]。ここには，発行会社が，社債権者との情報格差に乗じ，過大な権利変更に応じさせるために債権者集会を招集する，という機会主義的な行動を未然に防止するために，債権者集会の招集それ自体が発行会社の財産状況に関する負のシグナルとなるよう要件を定めるべきである，という発想が看取される[64]。

　債権者集会制度が機会主義的に利用されるという事態を懸念することは，それ自体さほどおかしなことではない。しかし，その手段として危機回避目的を要件として課すことが適切かどうかについては評価が分かれうるだろう。上記のような懸念を根拠とするのであれば，危機回避目的を要求する以外にも，たとえば，情報開示を拡充するなど他の方法によることも考えられるように思われる。結局のところ，危機回避目的の要件は，立案過程において債権者集会制度それ自体に向けられた烈しい批判に対するひとつの妥協として選択されたものというほかない。

　このようなものであるから，危機回避目的の要件に批判が向けられるのも何ら驚くべきことではない。立案過程において既に，同要件は債権者集会制度の意義を大きく減殺するものであるとして疑問が呈されていた[65]。また，比較的近時では，旧法の規律は，平時の些細な変更（たとえば社債に付された担保物を別の等価値のものと交換するとか，税制変更やコンツェルン内の組織再編に応じて社債条件を変更するなど）についても危機回避目的を要求するのはあまりに硬直的であるとか[66]，旧法下ではコベナンツ違反について社債権者と再交渉す

---

63)　Regierungsbegründung zum SchuldVG, Sten. Ber. über die Verhandlungen des Reichstags, X. Legislaturperiode, I. Session, 1898-1900, 2. Anlageband, Aktenstück Nr. 362, 2353.

64)　Zimmermann [1901] S. 92 は，このことに批判的に言及する。

65)　1899年11月18日付帝国議会速記録によれば，差し迫る支払停止や破産を回避するため以外の場合にも権利の放棄又は制限が必要となる場合もありうるのであって，これを差し迫る支払停止の場合に限定したことで，当初提案と比べて債務証券法の有効性が大きく制限されたと指摘されている（Schrader委員発言。Sten. Ber. über die Verhandlungen des Reichstags, X. Legislaturperiode, I. Session 1898-1900, 2. Band（104 Sitzung）, 2892-2893）。

66)　Vogel [1999] S. 140-144.

ることが極めて困難となるため，そもそも社債条件にコベナンツが設けられず，却って社債権者保護に悖る結果となっている[67]，などと指摘されていた。

　なお，ここで付け加えておくべきは，旧法の立案担当者及び通説が，危機回避目的要件の充足性に関して，社債権者の自治的判断を尊重する解釈を採用していた，という点である。すなわち，危機回避目的要件に関しては，客観的な事実として支払停止又は破産が差し迫っていることは必要でなく，単に，債権者集会が，支払停止又は破産を回避するためであると主観的に確信していれば足りる，と解されていたのである[68]。そこでは，支払停止又は破産が差し迫っているかどうか，そしてその回避のために如何なる措置が目的合理的であるかという判断は，もっぱら債権者集会自身が，その自由な確信のもとに決めるべきであると考えられていた[69]。

　しかし，それでもなお，旧債務証券法に，発行会社の破産が差し迫った極めて例外的な場合にのみ利用される制度であるとの悪しきイメージが付着することは免れない[70]。これは，財務危機局面における社債リストラクチャリングへの着手の遅れに繋がるであろう[71]。また，そもそも危機回避目的であるとの主観的な確信すら成立しない平時の社債条件変更については債権者集会制度を利用することができない，という問題は避けられない。このように，危機回避目的要件が課されることにより，旧債務証券法に基づく債権者集会制度が活用されうる局面は，かなり狭い範囲に限定されていたのである。

(2)　元本債権放棄の禁止

　第二に，旧法下における債権者集会は，債務証券に係る元本債権の放棄を決

---

67)　Schneider [2004] S. 83-84.

68)　Sten. Ber. über die Verhandlungen des Reichstags, X. Legislaturperiode, I. Session 1898-1900, 2. Band (104 Sitzung), 2893 (Dr. Nieberding); Göppert/Trendelenburg [1915] S. 74-75; Könige [1922] §11 Anm. 3; Ansmann [1933] §11 Anm. 2; Vogel [1999] S. 141; RGZ 75, 259, S. 268-269.

69)　Könige [1922] §11 Anm. 3; Ansmann [1933] §11 Anm. 2. ここで，少なくとも確信 (Überzeugen) は必要であるとされていることに注意を要する。純然たる恣意的判断に依拠することは許されず，当時の状況を十分に斟酌して少なくとも検証可能であることが必要とされる (Vogel [1999] S. 142 参照)。

70)　Zimmermann [1901] S. 92 参照。

71)　Regierungsbegründung zum SchVG 2009, BT-Drucks. 16/12814, S. 13 は，危機回避目的要件により，倒産間近にしか社債リストラクチャリングに着手できず，手遅れになると指摘する。

議することができなかった（旧法12条3項。なお，破産手続開始後であれば，元本債権の放棄を決議することもできる。旧法18条6項参照）。そして，その帰結として，社債の株式化も決議事項からは排除されるものと解されていた[72]。

　旧法に係る政府草案理由書においては，かかる規律の根拠として2点が挙げられている[73]。第一は，利息負担の減少や一時的な弁済猶予，あるいはこれらに類する措置によって発行会社を危機から救出できないのであれば，社債権者は，犠牲を払ってまで当該企業を存続させることに利益を見出すことができない，というものであり，第二は，個々の債権者が，自らの権利の放棄について他の債権者の多数派意思に従わなければならないという義務については，公正性の観点（Billigkeitsrücksicht）から，一定の実体的な限界（sachliche Grenze）がなくてはならない，というものである。

　上記第一の根拠は，現代風にいえば，元本放棄に至らない措置によって再建することのできない企業は，深刻な経済危機に陥っており，清算価値を上回る継続企業価値を生み出すことができない，という理解を示すものであると推測される。また，上記第二の根拠は，「公正性の観点」からどこに線を引くべきかという次の問題を直ちに提起することとなるが，旧法の立法者は，当時のプロイセン法[74]を参照しつつ，元本放棄の禁止というところにこれを求めたのである[75]。いずれも，理論的観点からは必ずしも説得的な理由付けとは思わ

---

72)　Ansmann [1933] §12 Anm. 13. 社債の株式化は，元本放棄の禁止（旧法12条3項）のほか，追加負担の禁止（旧法1条3項）にも反するものと解されている（たとえば Zimmermann [1901] S. 90 参照）。また，債権の株式化のように権利の性質を変容させる事項は決議できないと指摘されることもあった（Regierungsbegründung zum SchuldVG, Sten. Ber. über die Verhandlungen des Reichstags, X. Legislaturperiode, I. Session, 1898-1900, 2. Anlageband, Aktenstück Nr. 105, 910. Göppert/ Trendelenburg [1915] S. 34-35 も参照）。

73)　Regierungsbegründung zum SchuldVG, Sten. Ber. über die Verhandlungen des Reichstags, X. Legislaturperiode, I. Session, 1898-1900, 2. Anlageband, Aktenstück Nr. 105, 912.

74)　1895年に制定された法律であり，その名称は「私鉄道及び軽便鉄道の担保権に関する法律（Gesetz betreffend das Pfandrecht an Privateisenbahnen und Kleinbahnen, vom 19. August 1895)」である。

75)　Regierungsbegründung zum SchuldVG, Sten. Ber. über die Verhandlungen des Reichstags, X. Legislaturperiode, I. Session, 1898-1900, 2. Anlageband, Aktenstück Nr. 105, 912. なお，Ansmann は，元本放棄禁止を社債権者とりわけドイツの貯蓄家（Sparer）を保護する規律として位置付けている（Ansmann [1933] §1 Anm. 48）。

れないが，旧債務証券法の法案審議過程では，元本放棄を決議事項から除外するという点について特に大きな異論は出なかったようである。

　もちろん，旧法下においても，元本放棄を解禁すべきであるとの議論がないわけではなかった。とりわけ，1929 年以降の世界恐慌期には，立法論として元本放棄の解禁を求める声が大きくなったようである[76]。しかしながら，1932 年に行われた旧債務証券法改正において，旧法 12 条 3 項の規定は改正されず，従来どおりに元本放棄を決議事項から除外したままにすることで決着した[77]。その原因は必ずしも明らかではないものの，筆者が参照しえた文献上の手がかりから推測するに，以下のような事情があったものと思われる。

　1930 年代当時，社債発行会社の負債総額を圧縮する財務リストラクチャリングにおいては，発行会社に対して貸付債権を有する銀行又は銀行団が，社債権者に対して社債の現金対価買付けを提案し，決議に必要な多数を取得した上で，弁済猶予等の債権者集会決議を成立させる（銀行は，当該社債を取得価額で発行会社に売却し，その買入資金を自ら発行会社に融資する），という手法がしばしば利用されていたようである[78]。そして，社債権者は，元本金額の 20〜30％ での現金補償を自発的に受け入れることがしばしばであり，社債権者の 80〜90％ の応募を得られることが多かったという。また，別の手法として，1930 年代には，債権者集会で長期間にわたる利息放棄を決議すると同時に，社債権者に自発的な株式への交換（DES）を求める，という手法が利用されていたとも報告されている[79]。ある種の強圧的な社債リストラクチャリングの手法が，早くも 1930 年代から利用されていたというわけである[80]。

---

76)　Ansmann は，旧法の元本放棄禁止規定を廃止することが望ましいとの議論が多方面から主張されていたことを指摘する（Ansmann [1933] S. 4）。

77)　Ansmann [1933] §11 Anm. 10.

78)　Ansmann [1933] §1 Anm. 49. たとえば，1935 年 4 月 12 日帝国裁判所判決（RGZ 148, 3）は，社債発行会社の主たる無担保債権者であり大株主である銀行が，社債の大半を安価で取得した上で債権者集会決議を成立させたという事案であった。かかる場合，社債権者は，銀行の買付けに応じなければ社債の価値を減じる決議に拘束されてしまうため，直ちに現金対価を受領すべく買付けに応じるインセンティブを有することとなる。

79)　Vogel [1999] S. 138.

80)　この点を烈しく批判するのが，弁護士の Gustav Heinemann であった。発行会社に対する大口貸付債権者でもある銀行が，社債に対してディスカウント価格での買付けを行うという実務においては，銀

　1930 年代の苦しい経済状況において，社債リストラクチャリングの可能性
を限定する旧法 12 条 3 項の規定がなおも改正されなかったのは，かかる実務
的な手法により，実質的には元本放棄に相当する財務リストラクチャリングが
ある程度まで実現できていた，という事情があったのではないかと推測され
る [81]。

(3)　権利放棄・制限の期間上限

　第三に，旧法では，権利の放棄又は制限は 3 年間の期間を上限としてのみ可
能であるとされていた（旧法 11 条 1 項）。仮に 3 年以内に倒産手続が開始した
場合には，社債権者の元の権利が復活するものとされていた（旧法 11 条 1 項 2
文）。これらの規律は，1994 年の倒産法（Insolvenzordnung）の制定とあわせて
導入されたものである [82]。

　もともと，同改正前の旧法では，長期間にわたる権利の放棄又は制限も可能
であり，債権者集会決議による措置は，事実上，強制的かつ完全な権利転換
（Konvertierung）の性格を持ちうるものと考えられていた [83]。これに対し，権
利の放棄・制限に一定の期間上限を設けてこれを制限したのが，1994 年改正
であった。

　政府草案理由書によれば，同改正は，少数派保護を強化するため，具体的な
事業再生の必要性に合致する限りにおいてのみ権利変更の措置を認める趣旨で

行は買付けが完了すれば債権者集会決議によって大幅な価値毀損を行うのであるから，「最後に残った
ものがバカをみる」のであり，1899 年債務証券法が保護しようとした債権者のグループが損失を余儀な
くされると指摘するのである（Heinemann [1933] S. 84）。これは，1930 年代や 1980 年代以降のアメリ
カでも問題となった強圧的手法の問題であり，個別的同意を要求する制度設計が，ホールドアウト問題
と強圧性問題のトレードオフを必然的にもたらすという普遍的現象のひとつの現れであったといえるよう
に思われる。

81)　Vgl. Vogel [1999] S. 138-139. もっとも，前者の方法によれば，残存する少数派社債権者の元利金
　　は，──社債権者集会決議によって長期間にわたって支払が猶予されるとはいえ，──当初の約定金
　　額のまま手つかずで残るため，貸借対照表の改善が妨げられるとも指摘されていた（Ansmann [1933]
　　§ 11 Anm. 10 参照）。なお，Ansmann は，旧法 12 条 3 項による元本放棄の禁止が新たな資本の受入
　　れ等の事業再生措置の妨げになると指摘していたが（Ansmann [1933] § 1 Anm. 48），これはいわゆ
　　る過剰債務（debt overhang）の問題をいうものであると推測される。
82)　Einführungsgesetz zur Insolvenzordnung (EGInsO) vom 5. Oktober 1994 (BGBl. I S. 2911),
　　Art. 53 Ziff. 1. なお，改正法の施行日は 1999 年 1 月 1 日である。
83)　Ansmann [1933] § 11 Anm. 7; Könige [1922] § 11 Anm. 2.

あると説明されている[84]。いわく，発行会社の倒産防止のための措置を社債
権者の多数決で行うことは引き続き認めるべきであるが，少数派保護のための
要請として，多数派が自らの利益にしかならない特別な犠牲を少数派に強いる
ことに対する予防措置が必要である。とりわけ，倒産手続外の私的整理の局面
においては，他の債権者グループ（たとえば銀行等の金融債権者）が発行会社の
再建措置に貢献するとは限らないため，保護の必要性が一層喫緊となる[85]。
1994年改正は，事業再生が成功するかどうかは3年もあれば判明するという
理解を基礎として，権利の放棄又は制限を最大3年間に限定し，もって少数派
の長期間にわたる犠牲により救いようのない会社が市場に残存するという事態
を防ぐものである[86]。

　かかる説明に対しては，政府草案理由書で挙げられた懸念が1994年改正当
時に現実に問題となっていたわけではなく，立法者がかくも少数派保護の観点
を強調した理由は明らかでないとも指摘されているが[87]，理論的観点からは，
政府草案理由書に示された理由は，社債リストラクチャリングに関する重要な
視点を提示するものと思われる。改正理由からは，2つのポイントを抽出する
ことができよう。ひとつは，法的倒産手続外の私的整理の局面において，社債
リストラクチャリングの実現が，社債権者と他の権利者グループとの間におけ
る価値ないし負担の分配という問題を惹起する，という点である。ここでは，
財務リストラクチャリング全体の中で，ことさら社債権者に負担がしわ寄せさ
れる危険性（あるいは，逆に，ことさら社債権者以外の債権者に負担がしわ寄せさ
れる危険性）に焦点が当てられる。もうひとつは，安易な社債リストラクチャ
リングの実現が，本来であれば市場から退出することが望ましいいわゆるゾン
ビ企業の無用な（非効率な）延命をもたらしうる，という点である。1994年改
正における立法者は，3年以上にわたる権利の放棄・制限が必要となる場合に
は，もはや少数派社債権者に犠牲を強いて延命させるのではなく，法的倒産手

84）　Regierungsbegründung zum InsO 1994, BT-Drucks. 12/3803, S. 96ff.

85）　Regierungsbegründung zum InsO 1994, BT-Drucks. 12/3803, S. 96-97.

86）　Regierungsbegründung zum InsO 1994, BT-Drucks. 12/3803, S. 97; Vogel [1999] S. 145;
　　Schneider [2004] S. 80 Fn. 23.

87）　Schneider [2004] S. 80 Fn. 23; Vogel [2010] S. 212 Fn. 6; Liebenow [2015] S. 46 Fn. 17.

続に乗せること（場合によっては市場から退出させること）が望ましい，と判断
したわけである。

(4)　小括

以上にみてきたとおり，旧法下では，発行会社は，深刻な危機に陥った後で
なければ，権利の放棄又は制限を伴う措置について債権者集会決議を求めるこ
とができず，また，かかる場合にあっても，債権者集会で決議することができ
る事項は狭く限定されていた。ここにみられるのは，如何なる事項について債
権者集会で決議しうるものとすべきかについて，社債権者の要保護性，公正性
等の観点から，立法者が予め決めておくべきである，という発想である。

旧法下では，事業再生の局面において債権者集会で決議可能な措置は，①元
本債権の支払猶予，②利息債権の減額又は支払猶予，③期限の利益喪失権限の
不行使であり，これらの措置は，いずれも最大3年の期間に限定してのみ決議
することが許された。裏を返せば，旧法下では，元本債権の減免，元本債権の
株式や享益権への転換，利息債権の長期間の減額又は猶予といった，抜本的な
リストラクチャリングを債権者集会決議で決定することは許されておらず[88]，
法的倒産手続外でこれらの事業再生措置を実施するためには，社債権者から個
別に同意を調達するほかなかったのである。

詰まるところ，旧法は，債権者集会決議による権利の放棄・制限を発行会社
の危機局面に限定しておきながら，その決議事項については，抜本的な財務リ
ストラクチャリングを実現するには不十分な範囲に限定するものであった。旧
法下では，元本放棄や長期間の支払猶予を必要とするほどの深刻な危機に陥っ
た発行会社については，債権者集会決議による社債リストラクチャリングを認
めず，むしろ法的倒産手続による処理を志向する建付けを採用していたという
ことができよう。

2.　制度改革の原動力

旧法の規律には以上のような硬直性が問題として認識されていたにも拘らず，
その制定以降，100年以上にわたって実質的な改正はなされないままであっ

---

88)　Schneider［2004］S. 76-77; Bliesener/Schneider, in: Langenbucher/Bliesener/Spindler［2016］
SchVG Einleitung Rn. 6.

た[89]。2009年債務証券法の制定は，旧法の制度に対する抜本的な見直しを実現し，その問題の多くを解消するものであり，ドイツの社債リストラクチャリング法制における重要な画期となった。

以下では，新法制定を推進した要因を概観する。これは，旧法下において現実に如何なる問題が発生しており，それに対して新法がどのように対処したのかを確認するものである。

(1)　社債発行会社の破綻問題

前述のとおり，ドイツでは，1990年代以降，企業の社債による資金調達が大幅に増加した。当初は比較的格付けの高い優良企業が起債するのが一般的であったが，2000年代以降は，相対的に信用力の劣る中小企業（Mittelstand）が社債を発行する例も徐々に増えてきた。社債の発行会社が財務危機に陥るというケースが現実にみられるようになったし[90]，また，将来さらに増加するであろうことが予想された[91]。

このような情勢の中において，旧法が抜本的な財務リストラクチャリングの手段を提供しておらず，社債権者から個別的に同意を得なくては社債に係る財務的負担を圧縮できないということが，深刻な問題として認識されるようになった[92]。旧法における債権者集会の決議事項が限定されているために，アメ

---

89) Regierungsbegründung zum SchVG 2009, BT-Drucks. 16/12814, S. 13. ただし，1930年代と1990年代に一定の改正があったことは他の箇所で述べるとおりである。

90) 著名な実例として，2004年のEM.TV & Merchandising AGの事案がある。同社は，2000年に4億ユーロの転換社債（利率4%，弁済期2005年2月）を発行していたが，その後財務危機に陥り，同社取締役会の説明によれば，社債のリストラクチャリングなくして倒産を回避できない状況に追い込まれた。

91) Regierungsbegründung zum SchVG 2009, BT-Drucks. 16/12814, S. 13.

92) Klerx/Penzlin [2004] S. 791ff.; Schneider [2004] S. 77; Bredow/Vogel [2008] S. 223. これを例証したのが，本章注90)のEM.TVの事案であった。同社は，2004年1月9日，旧法に基づく債権者集会を開催し，①利率の引下げ，②元本の弁済猶予，③既発生の利息の放棄，及び④既発生の期限の利益喪失事由の放棄について承認決議を得たものの，かかる措置だけでは同社の危機を克服するのには不十分であり，社債の元本総額の減免が必要であった。公表情報によれば，機関投資家から成る任意委員会と交渉の上，最低応募比率を97.5%以上とする交換募集（ただし94%以上の応募があれば任意委員会の同意により最低応募比率を94%まで引き下げることができる）が行われた。最終的には成功したものの，小口投資家からの応募を獲得するために，複数回にわたって交換募集の期間を延長するという綱渡りを余儀なくされた。

リカの実務でみられた退出同意のような強圧的手法の利用可能性が限定されて
いたことも，ここで想起しておくべきであろう[93]。なお，学説では，社債条
件変更に係る全員一致原則に対して理論上ありうる例外として，一定の場合に，
行為基礎の障害や信義誠実等を根拠として社債権者の同意義務を基礎付けるこ
とができるとの見解も存在したが[94]，判例はこのような考え方に対して否定
的な態度を示していた[95]。

　さらに悪いことに，ドイツでは，法的倒産手続も，事業再生を実現するため
には不十分であると考えられていた。まず，1994年倒産法の施行前（1998年
まで）は，財務リストラクチャリングを実現する手段として和議法（Vergleichs-
ordnung）に基づく和議手続が存在したが，その成功率は極めて低かった[96]。
また，1994年倒産法の施行後（1999年以降）は，事業再生を志向する倒産処理
計画手続（Insolvenzplanverfahren）が導入されたが，それでも抜本的な事業再
生を実現するには不満が残ると評価されていた[97]。ドイツ倒産手続に関して

---

93)　このことは，前述の1994年改正後に顕著であったといいうる。この点において，本項1(2)で触れた
　　1930年代とは状況が異なっていたといえよう。

94)　Hopt [1990] S. 378-379.

95)　BGH vom12. Dezember 1991, BGHZ 116, 319 - *Akkordstörer.* 被告会社が，同社に対して貸付債
　　権を有する約150社の銀行債権者の大多数との間で，その元本債権の75%を放棄する旨の財務リスト
　　ラクチャリング協定を締結したという事案において，当該協定に参加しなかった原告（外国銀行）が，
　　元本債権全額の支払を求めて提訴したというものであり，連邦通常裁判所は，当該協定の効力は原告
　　には及ばないとして請求を棄却した原判決を維持したというものである。判旨は多岐にわたるが，ここ
　　でのポイントは，倒産手続外において，たとえ債権者の大多数が同一内容の財務リストラクチャリング
　　に同意していたとしても，当該協定に参加していない債権者を拘束することはできない，という点を明示
　　したことにある。同判決は，解釈論としては学説上概ね受け入れられている（Bitter [2010] S. 167-169
　　参照）。なお，仮に解釈論としての同意義務が肯定されたとしても，事業再生の局面においてこれを迅
　　速にエンフォースする手段に乏しいことにも留意しておくべきであろう。

96)　たとえば Beissenhirtz [2011] S. 60を参照。その理由として，①破産原因が存することが和議手続
　　利用の要件だったため，既に手遅れのケースが多かったこと，②債権減額に際しては元本の35%を保
　　障しなければならないといった硬直的な規律があり，抜本的な再建を阻害していたこと，③多数決によ
　　る和議の可決要件も厳しかったことが挙げられている。

97)　松村ほか [2015] 272〜273頁参照。ある報告では，1999年から2008年まで，倒産処理計画手続に
　　よる再建の成功率はわずか1.3%であったとされている（Beissenhirtz [2011] S. 58）。1994年倒産法が
　　機能不全に陥った原因に関して，Eidenmüller [2010] S. 651-652は，倒産法の欠点として，会社の社
　　員権を倒産処理計画に取り込むことができないこと，手続に時間がかかり倒産コストが高くつくこと

は，「倒産の烙印（Stigma der Insolvenz）」の存在がしばしば指摘されるが[98]，それはかかる実績のゆえであろうと推測される。こうした背景のもと，2000年代には，事業再生にヨリ適した法制を持つ外国（とりわけ，イングランド）への逃避現象さえ発生していた[99]。ドイツでは，社債リストラクチャリングの手段として，法的倒産手続が必ずしも適切な受け皿となっていなかったのである[100]。

　こうした状況の中，2000年代半ばには，倒産処理フォーラムとしてのドイツ国内の空洞化を危惧し，危機に陥った会社の事業再生を容易にする制度改革が待望されるようになり，社債発行会社の財務リストラクチャリングを容易にする債務証券法改正を期待する学説・実務の声もまた大きくなった[101]。社債に係る倒産処理手続としての性格の強い2009年債務証券法の制定は，このような文脈の中で理解することが適切である。なお，同時期，法的倒産手続についても改正作業が精力的に進められ，2011年の倒産法改正（「企業再建の更なる促進のための法律」）[102]として結実した。改正点は多岐にわたるが，とりわけ

（個々の債権者の不服申立てによって手続が長期化することがしばしばであった），そもそも申立時期が遅くなりがちであることなどを指摘する。これらについては，2011年の倒産法改正で改善が図られた（後で触れる）。

98)　たとえばJacoby［2010］S. 365参照。松村ほか［2015］272頁は，1994年倒産法下において，倒産概念が会社の死と結び付けられていたことを指摘する。

99)　Regierungsbegründung zum ESUG 2011, BT-Drucks. 17/5712, S. 17参照。外国法への逃避について，簡潔にはSteffek［2010］S. 2601を参照。イングランドにおいては，かねてよりDIPでの事業再生に利用可能な会社任意整理（Company Voluntary Arrangement）の制度（1984年イングランド倒産法［Insolvency Act］で導入）を利用する例が多かったが（ドイツ企業の例として，Deutsche Nickel AGやSchefenecker AGによる利用例がある），2000年代後半（特に金融危機以降）には，従来さほど利用されてこなかった会社整理計画（Scheme of Arrangement）の制度を利用する例が増えているようである（ドイツ企業の例として，Rodenstock GmbHやPrimacon Holding GmbHによる利用例がある）。

100)　ここで明らかになるのは，アメリカにおける状況との相違である。アメリカでは，社債リストラクチャリングの手段として，連邦破産法第11章手続（とりわけ，ハイブリッドな手続とも評されるプレパッケージ又は事前交渉の手続）という受け皿が存在し，制度を全体としてみれば，比較的低コストで社債を含む財務リストラクチャリングを実現することがある程度可能な建付けとなっていた。

101)　たとえばKlerx/Penzlin［2004］S. 793-794を参照。

102)　Gesetz zur weiteren Erleichterung der Sanierung von Unternehmen（ESUG）vom 7. Dezember 2011, BGBl. I S. 2582.

重要なのは，倒産手続に会社の社員権をも取り込み，減増資や DES といった資本的措置を倒産手続内で実施することができるようにした点や，DIP 型（自己管理〔Eigenverwaltung〕）の手続を拡充した点である[103]。

(2)　国債の破綻問題

　本書の直接の関心からは逸れることになるが，2009 年債務証券法制定の原動力として，1990 年代から 2000 年代にかけて深刻化した国債破綻問題があったことを無視することはできない。ドイツにおける債務証券法全面改正の試みは，こうした国債破綻問題によって引き金を引かれたものといっても過言でないからである[104]。以下，問題の所在と債務証券法との関係を概観しておこう。

　1990 年代から 2000 年代初頭にかけて繰り返し問題となった新興国の財政危機[105]を受けて，国家の破綻処理に関する国際的な議論が熱を帯びた。国債の破綻処理に関しては，大別して，国債の契約条項における多数決条項（collective action clauses: CACs）による解決を志向するもの[106]と，再建型の国家破綻法制（Sovereign Debt Resolution Model: SDRM）による解決を志向するもの[107]が存在したが，後者は，超国家的な手続主宰者が存在しない中で具体的な制度設計に結び付けることは容易でなく[108]，結局，現実的な路線として，前者の多数決条項を導入するという方向性が推進され[109]，国債発行実務において，

---

103)　2011 年倒産法改正に関する詳細については，松村ほか [2015] [2016a] [2016b] を参照。

104)　Schneider [2004] S. 70 参照。

105)　主要なものを挙げると，1994 年～1995 年のメキシコ危機，1998 年のロシア危機，1997 年～1998 年のアジア危機，2000 年～2001 年のアルゼンチン危機がある。

106)　G10 の 1996 年報告書 (Group of Ten, *The Resolution of Sovereign Liquidity Crisis*, May 1996-"Rey Report", *available at* http://www.bis.org/publ/gten03.pdf)，及び同じく G10 の 2002 年報告書 (Group of Ten, *Report of the G10 Working Group on Contractual Clauses*, September 2002-"Quarles Report", *available at* http://www.bis.org/publ/gten08.pdf) を参照。

107)　国際通貨基金 (IMF) の 2002 年報告書 (Anne Krueger, *A New Approach to Sovereign Debt Restructuring*, April 2002, *available at* https://www.imf.org/external/pubs/ft/exrp/sdrm/eng/sdrm.pdf) を参照。

108)　Hofmann/Keller [2011] S. 696; Bliesener/Schneider, in: Langenbucher/Bliesener/Spindler [2016] SchVG Einleitung Rn. 15 を参照。

109)　EU では，2003 年 4 月，国債発行にあたって集合行為条項を取り入れることについて加盟国の合意が成立した (*See* Economic and Financial Committee (EFC) website, https://europa.eu/efc/previous-work-cac-following-g10-commitments_en)。

2000年代以降，発行国の危機・破綻に備える多数決条項を取り入れる例が増加した[110]。

　しかしながら，ドイツでは，旧債務証券法のもと，債券保有者の権利（とりわけ元本債権）を多数決で変更しうるとする条項の有効性には疑義があると考えられていた。やや細かい点ではあるが，当時の議論状況を確認しておこう。まず，大前提として，前述のとおり，旧債務証券法の適用範囲は内国発行体が発行する債務証券に限定されていたので，外国発行体が発行する債券については，同法が直接適用されないのはもちろん，類推適用もされないと解するのが通説であった[111]。それゆえ，外国債券については旧法に基づく多数決の制度（債権者集会制度）は妥当せず，債券保有者の多数決の仕組みは，もっぱら債券の発行条件（社債条件）によって規律されることとなった。ここで，社債条件における多数決条項の有効性が問題となるが，この点について多数説は，旧法の定める債権者集会の決議権限を超える定めは許されず，とりわけ元本放棄を多数決条項の対象とすることはできない，との立場を表明していた[112]。

　かかる学説の状況を踏まえて，実務は，外国債券における元本減免に係る多数決条項の活用に慎重な立場を採っており[113]，このことが，国債の多数決条項に関する国際的な議論においても問題として認識された。これに対し，ドイツ連邦銀行は，1999年，ドイツ連邦大蔵省との共通見解として，普通取引約款規制法[114]に係る信義誠実の原則を遵守する限りにおいて，多数決条項の有

---

110)　膨大な量の文献が存在するが，たとえば Hartwig-Jacob [2006] S. 718 を参照。

111)　Than [1982] S. 528ff.; Hopt [1990] S. 349; Schneider [2004] S. 85 等。

112)　Than [1982] S. 537-538（危機回避目的要件や元本放棄の禁止等，旧法が定める債権者集会の決議権限の限定は外国債券についても妥当するとする），Hopt [1990] S. 356, 371-372（外国債券については，原則として発行条件の定めによって債権者集会による社債条件変更も認められるが，普通取引約款規制法上，債務証券法の規定から実質的に乖離する内容を定めることは内容規制により許されないとし，具体的には，利率や支払期日の変更は可能だが，元本放棄は不可能であるとする），Schneider [2004] S. 85-86（学説状況を整理し，旧法で禁止されている債権者集会決議による元本放棄の有効性は，外国債券においても疑義があることを指摘する）参照。

113)　Hopt [2009] S. 442; Bliesener [2008] S. 361 参照。

114)　Das Gesetz zur Regelung des Rechts der Allgemeinen Geschäftsbedingungen（AGB-Gesetz）vom 9. Dezember 1976, BGBl. I S. 3317. もともと独立の法典であったが，2002年以降，民法305条以下に統合された。

効性に疑義がなく，旧債務証券法上は禁止されている元本放棄に係る多数決条項も，外国国家が発行する債券については有効であるとの立場を表明したが[115]，それでもなお，実務的な不確実性は払拭しえず，G10 の 2002 年報告書においては，「市場参加者の中には立法による明確化が必要と考える者がある」と指摘され[116]，また IMF の 2002 年報告書においても，ドイツ法に準拠して発行した国債における多数決条項の有効性には不確実性があると指摘される[117]という状況であった。

　このような情勢の中，ドイツ法の建付けを国際的な標準に適合させ，国債の契約準拠法としてのドイツ法の国際競争力を確保するという観点から，旧法における不明確性・不確実性を払拭するべく，立法的な解決が望まれるようになったのである。

　(3)　小括

　このように，2000 年代以降，社債発行会社の財務リストラクチャリングを容易にするという国内的な事情，及びドイツ法の国債契約準拠法としての国際競争力を高めるという国際的な事情の両面において，旧債務証券法を改正し，債券のリストラクチャリングに係る法的規律を柔軟化するという機運が急速に高まった。

　かかる背景のもと，望まれる改正のポイントは主として 2 点である。第一は，元本減免を含む抜本的なリストラクチャリングを可能とする多数決条項の有効性を明らかにすることであり，第二は，かかる法的規律を外国の法主体（外国金融子会社や外国国家）が発行する債券にも適用することである。ドイツにおいて，旧債務証券法の抜本的な改正作業が本格化したのは 2003 年 4 月の連邦司法省準備草案（Diskussionsentwurf）[118]以降であるが，その背景には以上のよ

---

115)　Deutsche Bundesbank, Monatsbericht Dezember 1999, S. 48-49.

116)　Group of Ten, Quarles Report, *supra* note 106, p. 4.

117)　International Monetary Fund, *The Design and Effectiveness of Collective Action Clauses*, June 6, 2002, *available at* https://www.imf.org/external/np/psi/2002/eng/060602.pdf, pp. 7-8.

118)　第一次準備草案が 2003 年 1 月に作成され，同年 4 月に準備草案として改訂。その後，改訂版の準備草案が 2004 年 9 月及び同年 11 月に作成されたようである。Bliesener/Schneider, in: Langenbucher/Bliesener/Spindler [2016] SchVG Einleitung Rn. 21-22 参照。なお，いずれも未公表であり，直接その内容を参照することはできなかったので，本書では立ち入らない。

うな国内外の情勢が存在した。このような次第であるから，2009年債務証券法の制定にあたっては，債務証券に係る多数決条項の活用可能性を拡大し，少なくとも元本減免を債権者決議の対象に含めるという点が，改正のいわば本丸となっていた[119]。

　以下の議論では，本書の関心に照らして，改正の2つのポイントのうち，もっぱら上記第一の多数決条項に係る規律の柔軟化を取り上げることとし，上記第二の国際的適用範囲の問題については立ち入った検討を行わないこととする。ただし，ここで簡単に上記第二の問題についての改正点を確認しておくと，2009年債務証券法は，発行主体が国内であるか国外であるかを問わず，ドイツ法に準拠して発行される債務証券に適用されるものと規定を改めており（債務証券法1条），これによって上記第二の問題は基本的に解決されたといってよい状況にある[120]。

---

119)　社債条件の変更を容易にすることが2009年債務証券法の中心的な関心であると指摘するものとして，たとえばSteffek [2010] S. 2599を参照。

120)　本書ではこれ以上立ち入らないが，ここで2点だけ補足しておく。ひとつは，債権者決議による社債条件変更を保証人に及ぼすための規律である。前述のとおり，多くの場合，社債の発行会社は外国金融子会社や外国持株会社であるが，当該社債の信用力の源泉はドイツ法人たる事業会社（保証人）であり，社債リストラクチャリングにおいては，事業会社（保証人）との関係で社債条件変更の効果を及ぼさなければ意味がない。そこで，債務証券法22条は，社債条件の定めによって，同法5条～21条の規定を，発行会社以外の共同義務者 (Mitverpflichteter) との関係でも適用しうることを認めている。なお，いうまでもないが，社債条件の規定は保証人に対して当然に及ぶものではないので，保証契約でも対応した規定を設けておくことが必要である (Bliesener/Schneider, in: Langenbucher/Bliesener/Spindler [2016] SchVG §22 Rn. 5)。
　もうひとつは，2009年債務証券法施行前に発行された社債（「旧社債 (Altanleihe)」と呼ばれることが多い）の取扱いである。債務証券法は，原則として同法施行後に発行された債務証券にしか適用されない。しかしながら，債務証券法24条2項は，旧社債であっても，債務証券法の規定に則った債権者決議によって債務証券法の適用を受けること（「オプトイン決議」などと呼ばれる）を認めている。これは，社債発行時点では想定されていなかった多数決決議を可能にする制度であり，遡及適用の観点から問題がないではないが，連邦通常裁判所は，債務証券法1条1項の要件を満たす債務証券であれば同項に基づくオプトイン決議を利用することができるとの立場を示している (BGH v. 1.7.2014, BGHZ 202, 7. 関連文献を含め Bliesener/Schneider, in: Langenbucher/Bliesener/Spindler [2016] §24 Rn. 7 も参照)。

3.　新法における決議事項の拡大

(1)　旧法との比較

　2009 年債務証券法は，旧法との比較において，債権者決議の権限を大幅に拡張した点に特徴がある。まず，債務証券法においては，旧法における危機回避目的要件は廃止され，社債権者の権利を放棄又は制限する決議について時期的な制限は設けられてない。したがって，発行会社が差し迫った危機に陥っていない段階においても，債権者決議によって社債の権利内容を変更することができる。たとえば，社債発行後の状況変化に応じて社債条件中のコベナンツを変更するために債権者決議を利用することが可能であるし，財務危機が深刻化する前に社債リストラクチャリングを行うことも可能である。

　また，決議内容についても，元本減免を含む広範な事項が決議可能であり，かつ権利の放棄・制限に係る期間上限も設けられていない。これは，債権者決議の決議事項を予め内容的に限定しておくことが社債権者の保護に資するという旧法の考え方からの脱却であり，債権者決議制度を抜本的な社債リストラクチャリングを実現しうる枠組みとして再定位するものである。

　かかる意味において，債務証券法上の債権者決議に関する諸規定は，社債権者の資本多数決による集団的な意思決定を可能とする社債権者の組織法（Organisationsrecht）であると同時に [121]，倒産前の事業再生に向けた社債リストラクチャリングを促進するという倒産前手続法（Vorinsolvenzrecht）[122] としての

---

121)　たとえば Horn [2009b] S. 25; Steffek [2010] S. 2598, 2603; Vogel, in: Preuße [2011] §5 Rn. 13; Bliesener/Schneider, in: Langenbucher/Bliesener/Spindler [2016] SchVG §5 Rn. 1; Penner [2015] S. 133; Liebenow [2015] S. 38-40 を参照。なお，債権者決議には，債権者の共同代理人を選解任するという機能も付与されており，その意味においても社債権者の組織法としての性質が認められる。いずれにしても，社債条件でオプトインすることが前提であり，その意味で，選択的な組織法であるといいうる。

122)　ドイツでは，実体的な倒産（materielle Insolvenz）に陥った場合には倒産申立義務が発生し，原則として倒産法の規律に服することが想定されているので，法的倒産手続外における事業再生手続の役割は，基本的にはその前段階である「倒産前（Vorinsolvenz）」に見出されることとなる（Bork [2010] S. 402-403 参照）。もっとも，ドイツ法には，法的倒産手続外において，権利者の多数決による抜本的な財務リストラクチャリングを可能にする一般的な法的枠組みが存在しない。債務証券法は，かような法体系の中で，例外的に，法的倒産手続外での財務リストラクチャリングの制度を設けるものといえる（Bork [2010] S. 398 参照）。

性質をも有するものということができる[123]。

(2)　決議事項拡大の趣旨

（a）　政府草案理由書の説明　　2009年債務証券法において債権者決議の決議権限がかように拡大されたことについて，政府草案理由書は次のように説明する。いわく，「債務者の危機において，債権者は，完全かつ正確な情報に基づいて，かつ秩序ある公正な手続によって，可能な限り迅速に，時に重大な財務的影響をもたらす意思決定をしなければならない。……その際，債権者は，その意思決定権限に対する法律上の制限を通じた過剰な保護を何ら必要としていない。それゆえ，新法では，債権者は，意思決定をするにあたって内容面で大幅に自由なのである。……必要な少数派保護は，決議実施のための法律上の多数決要件及び個別的権利保護の組み合わせによって保障されるべきである」[124]。これは，社債権者保護のために債権者決議の決議事項を強行法的に限定するという旧法の考え方を明確に否定するものであり[125]，社債権者の資本多数決による自治的判断を尊重する新法の基本的な考え方を示すものである。

　さらに，政府草案理由書は，旧法が債権者集会決議による権利の放棄・制限を狭く限定していたことについて，「他の債権者が経済的な理由に基づき債権の一部を放棄しなくてはならない場合において，明らかに不十分である」[126]と指摘し，新法では，「多数決原理を拡張することにより，公社債権者は，債務者の救済のために必要な場合において，他の債権者と同様に，再建のための実質的な貢献を負担する地位に置かれることとなる」[127]と述べる。これは，発行

---

123)　たとえばSchlitt/Schäfer [2010] S. 616; Simon [2012] S. 129; Florstedt [2014b] S. 1518を参照。なお，倒産前手続法としての側面をどれほど強調するかは，論者によって見解が分かれる。倒産前手続法としての側面を強調すればするほど，実体的な規律内容における倒産法（InsO）との平仄が制度設計上の問題点として浮かび上がってくる。これは，債務証券法に如何なる役割を期待するべきか，という大きな問題に連なる論点である。第3節で検討する。

124)　Regierungsbegründung zum SchVG 2009, BT-Drucks. 16/12814, S. 14.

125)　同じく政府草案理由書は，「〔決議事項の〕制限は，債権者の保護のために不可欠ではないばかりか，同時に債務者の実効的な再建を困難にする」ことを指摘する（Regierungsbegründung zum SchVG 2009, BT-Drucks. 16/12814, S. 18）。

126)　Regierungsbegründung zum SchVG 2009, BT-Drucks. 16/12814, S. 13.

127)　Regierungsbegründung zum SchVG 2009, BT-Drucks. 16/12814, S. 18. なお，ここで「公社債権者」としたのは，政府草案理由書は社債権者のみならず国債の保有者をも念頭に置いた記述となっ

会社の財務リストラクチャリングにおいて，社債権者が何ら実質的な貢献をせず，その結果，他の債権者の犠牲にフリーライドすることを問題視し，社債権者にも，他の債権者と同様に，発行会社の再建に向けた実質的な貢献を求めうる状況を確保する点に改正の意義を見出すものと思われる。

　(b)　若干の検討　　このように，政府草案理由書は，第一に，法律によって決議事項を狭く限定することは発行会社の再建の妨げとなり（あるいは，社債権者グループによるフリーライドを認めることとなり）望ましくないこと，第二に，社債権者保護については決議事項を限定する以外の方法で対処しうること，という2つの観点から決議事項の拡大を正当化している。とりわけ，第一については，他の債権者が事業再生のために債権放棄等の形で負担を引き受けている場合に，社債権者にもかかる負担を求めることが可能となるという点に，決議事項拡大の積極的な意義が見出されている。

　ここで留意しておきたいのは，1994年倒産法改正に伴う旧法改正の際には，これといわば真逆の方向で立法理由が説明されていたことである。すなわち，前述のとおり，1994年の旧法改正に係る政府草案理由書では，決議事項を従来よりもさらに狭く限定することの理由として，法的倒産手続外の私的整理の局面では，他の債権者グループ（たとえば銀行等の金融債権者）が発行会社の再建措置に貢献するとは限らない，ということを挙げていた。つまり，1994年改正当時に懸念されていたのは，もっぱら社債権者に偏った負担を強いるような金融債権者ないし発行会社の機会主義的行動だったのである。

　確かに，債権者決議の決議権限を強行法的に制限し，社債の権利縮減に係る集団的な意思決定を困難にすることは，社債権者の利益を強固に保護することに繋がる。なぜなら，発行会社の財務危機において，一方で社債権者は従来どおりの支払条件を維持し，他方で銀行等の金融債権者だけが債権放棄等の負担を引き受けることとなれば，社債権者は，何も失うことなく事業再生の便益を享受すること，すなわち他の債権者の犠牲にフリーライドすることができるためである[128]。

　ているためである。本書との関係では，「社債権者」と読み換えても大過ない。
128)　Horn [2009b] S. 29-30. 神作 [2016a] 1929-1930頁も参照。この問題は，法的倒産手続を利用することのできない発行主体（たとえば国家など）において特に顕著となる。

　問題は，果たしてかかる犠牲の非対称性が望ましいといいうるか，である。仮に，社債権者が，構造的に財務リストラクチャリングの負担をしわ寄せされやすい地位にあるとすれば，強行法的に権利縮減の可能性を制限することも，ある種の後見的保護として正当化される余地があるかもしれない[129]。しかし，2009年債務証券法の立法者は，これを「意思決定権限に対する法律上の制限を通じた過剰な保護」であると評価した。ここにみられるのは，発行会社の事業再生のための負担を社債権者も引き受けるべきであるとの発想であり，これを可能にするためにその集団的意思決定の仕組みを合理化する必要がある，という考え方である。

　しかし，いうまでもなく，このことは，1994年の旧法改正に際して示されていた懸念が現在全く問題とならないことを意味するわけではない。政府草案理由書によれば，少数派社債権者保護の要請は，債権者決議の手続的規整によって図られる。すなわち，すべての社債権者が投票に参加する機会を与えられ，かつ完全な情報に基づく合理的な意思決定が保障されるならば，決議事項の制限による保護は必要ではない[130]，という。ここには，社債権者の多数派が完全かつ正確な情報に基づいて判断しうることが制度上担保されるならば，社債権者の利益保護としてはそれで十分であるとの考え方がある[131]。

(3) 債権者決議の決議事項

　以上のとおり，債務証券法は，債権者決議における決議事項を大幅に拡大し，実質的な財務リストラクチャリングを社債権者の多数決で決定しうる制度を導入した。ここでは，具体的な制度の建付けを確認しておこう。

　債務証券法5条3項1文は，債権者集会で決議可能な社債条件の変更を列挙している。そこでは，たとえば，①利息の弁済期変更，減額又は排除（同1

---

129)　Victor Brudney が論じたのはまさに社債権者の構造的な劣位（structural tilt）であり，彼はそれゆえに多数決条項の強行法的制約を支持したのであった。

130)　Regierungsbegründung zum SchVG 2009, BT-Drucks. 16/12814, S. 18.

131)　このような考え方は，ドイツでは広く共有されているように見受けられる。たとえば, Oulds, in: Veranneman [2010] §4 Rn. 35 は，特別多数決制度や平等処遇原則，ひいてはこれによってもたらされる多数派社債権者の自己関与性を論拠として，「形式的に有効になされた多数決それ自体によって債権者の利益が保護される」と論じている。なお，株主総会における同様の議論として, Hüffer, in: Goette/Habersack/Kalss [2010] §243 Rn. 48 参照。

号），②元本債権 [132] の弁済期変更（同 2 号），③元本債権の減額（同 3 号），④債務証券から生ずる債権の劣後化（同 4 号），⑤債務証券の会社持分，他の有価証券又は給付約束への転換又は交換（同 5 号），⑥債権者の解除権 [133] の放棄又はその制限（同 8 号）といった措置が列挙されている [134]。そして，以上の決議事項は，限定列挙ではなく例示列挙である [135]。かように法文上に決議事項を列挙する趣旨は，同条 1 項で抽象的に規定された債権者権限の明確化と法的安定性に資するためであると説明されている [136]。

　例示列挙である以上，債務証券法に列挙された事由はもとより，それ以外の事項についても，社債条件で定めれば債権者決議の決議事項となしうることとなる [137]。また，逆に，社債条件の定めによって，法定決議事項の一部を債権者決議の決議事項から除外することもできる（前述したオプトイン方式）。法定事項以外に如何なる事項を債権者決議の決議事項となしうるのか，その限界は

---

132)　法文上は，「主たる債権（Hauptforderung）」と規定されている。主たる債権とは，証券に表章された債権をいい，支払債権のみならず給付債権も含むものである（Friedl/Schmidtbleicher, in: Friedl/Hartwig-Jacob [2013] §5 Rn. 37; Bliesener/Schneider, in: Langenbucher/Bliesener/Spindler [2016] SchVG §5 Rn. 25）。主たる債権とは別に「従たる債権（Nebenforderung）」があり，利息債権はここに含まれるものと解されている（Bliesener/Schneider, in: Langenbucher/Bliesener/Spindler [2016] SchVG §5 Rn. 26）。本書の主題である金銭給付を目的とする通常の社債においては，「主たる債権」とは元本債権を意味するので，本書では単に「元本債権」と表記している。

133)　債務証券における解除権（Kündigungsrecht）とは，債務の内容を変容せず支払期限を前倒しにする効果を持つものであり（たとえば BGH v. 08. 12. 2015, BGHZ 208, 171, Rn. 18 を参照），その意味で機能的には期限の利益喪失権限（acceleration right）と同様である。解除権（期限の利益喪失権限）についての詳細は，たとえば Oulds, in: Hopt/Seibt [2017] Kap. 3 Rn. 3. 87ff. を参照。

134)　債権者決議においては，社債権者の共同代理人を選任して一定の権限を付与することもできる。近時では，債権者決議によって共同代理人に発行会社との交渉権限を付与し，再建計画を策定させるという事例も散見されるところである（後述する）。

135)　債務証券法 5 条 3 項 1 文は，1 号～10 号で債権者決議の対象となしうる事項を列挙するにあたって，柱書で「とりわけ（insbesondere）」と規定しており，例示列挙であることを明らかにしている。この点についてはたとえば Friedl/Schmidtbleicher, in: Friedl/Hartwig-Jacob [2013] §5 Rn. 35 参照。

136)　Regierungsbegründung zum SchVG 2009, BT-Drucks. 16/12814, S. 18. 少なくとも債務証券法に列挙された事由については債権者決議の決議事項とすることができる，という点を明らかにする意味において，決議事項の列挙は予測可能性と法的安定性の向上に資するといえよう。

137)　Regierungsbegründung zum SchVG 2009, BT-Drucks. 16/12814, S. 18. この意味で，債務証券法は，債権者決議の包括的な決議権限を認めるものであるといえる（Bliesener/Schneider, in: Langenbucher/Bliesener/Spindler [2016] SchVG §5 Rn. 3 参照）。

解釈によるが[138]，いずれにせよ，新法は，元利金の減免や社債の株式化（DES）といった重大な権利変更を債権者決議でなしうるものとして，債務証券法に実質的な倒産前手続法としての機能を付加しているわけである。

(4)　決議事項に対する制限

かように決議事項が拡大されたとはいえ，債務証券法の明文上，債権者決議の決議事項にはなおも2つの内容的制約がある。ひとつは，追加給付義務付けの禁止であり，もうひとつは決議における社債権者の平等処遇原則である。

第一に，債務証券法上，債権者決議によって，社債権者に新たな給付を義務付けることはできないとされる（債務証券法5条1項3文）。社債権者への追加給付義務付けは，たとえ社債条件でこれを明示的に定めていても許されず，かかる禁止に違反してなされた決議は，相対的無効（unwirksam）となる[139]。この規律は，金融投資（Finanzanlage）の基本的な理解に合致するものであると解されている。すなわち，債務証券の債権者は，あくまで他人資本の供与者であり，元本毀損のリスクは負担するものの，それ以上に追加出資義務を負担することはない，ということである[140]。なお，ここで禁止されるのは，債権者決議による片面的な義務付けであり[141]，たとえば債務証券の会社持分への転換又は交換は，たとえそれに差額責任（Differenzhaftung）が伴うとしても，追加給付義務付けの禁止に抵触するものではないとされる[142]。

---

138)　解釈によって決議事項から除外されるものとして，たとえば元本債権の全部の免除が挙げられる。これは，本文記載の決議事項①では利息債権の「減額（Verringerung）」と「排除（Ausschluss）」が含まれるのに，決議事項③では元本債権の「減額」だけが規定されていて，明確に書き分けられているからである（Friedl/Schmidtbleicher, in: Friedl/Hartwig-Jacob [2013] §5 Rn. 39）。もっとも，「減額」の程度には何らの限定がないので，少なくとも文言上はゼロ近傍まで減額することもできる（Bliesener/Schneider, in: Langenbucher/Bliesener/Spindler [2016] SchVG §5 Rn. 25）。

139)　Friedl/Schmidtbleicher, in: Friedl/Hartwig-Jacob [2013] §5 Rn. 24; Horn [2009a] S. 449; Vogel, in: Preuße [2010] §5 Rn. 17.

140)　Regierungsbegründung zum SchVG 2009, BT-Drucks. 16/12814, S. 18; Bliesener/Schneider, in: Langenbucher/Bliesener/Spindler [2016] SchVG §5 Rn. 64; Friedl/Schmidtbleicher, in: Friedl/Hartwig-Jacob [2013] §5 Rn. 27; Vogel [2010] S. 215.

141)　Bliesener/Schneider, in: Langenbucher/Bliesener/Spindler [2016] SchVG §5 Rn. 65; Veranneman, in: Veranneman [2010] §5 Rn. 12; Vogel, in: Preuße [2011] §5 Rn. 22.

142)　その理由付けとして，①DES は，同価値の対価（株式）を社債権者に交付するものであって片面的な給付義務付けには該当しないこと，②差額責任は，現物出資財産と交付株式の同価値性を確保する

　第二に，債権者決議は，同一社債に係るすべての債権者を等しく拘束するものであり（債務証券法5条2項1文），同一社債に係るすべての債権者に対して同一の条件を定めない決議は，相対的無効（umwirksam）（債務証券法5条2項2文），かつ絶対的無効（nichtig）となる[143]。ここで，かかる平等処遇原則に如何なる意義ないし機能が認められるかを確認しておこう。政府草案理由書は，もっぱら社債の取引可能性の観点からこれを説明する。いわく，債権者決議ですべての社債について同一の条件が定められ，決議の前後で社債の内容的同一性が維持されることは，社債の取引可能性を確保するための前提条件である[144]。この意味において，平等処遇原則は，共同拘束原則と同様，社債の取引可能性の確保に資するものとして位置付けられるわけである。他方，学説では，これに加えて，平等処遇原則に多数決制度における少数派保護の機能を見出すものが散見される[145]。もし決議内容の平等が確保されなければ，多数派がことさら少数派に不利益になるような内容の決議を行うといった事態すら生じかねないであろう。決議の形式的平等は，かかる事態を防ぐ機能を有するのである。債務証券法の建付け上，形式的平等から乖離して一部の社債権者だけを不利益に処遇する決議は，当該社債権者が明示的に同意を与えている場合に限って許されるとされているが（債務証券法5条2項2文ただし書）[146]，これは

ための法的責任であって，決議による片面的な義務付けに該当しないことが挙げられる（たとえばVogel［2010］S. 215; Bliesener/Schneider, in: Langenbucher/Bliesener/Spindler［2016］SchVG §5 Rn. 65 を参照）。

143)　政府草案理由書，判例及び学説の一致するところである。Regierungsbegründung zum SchVG 2009, BT-Drucks. 16/12814, S. 18（債務証券法5条2項2文に違反した債権者決議は，「相対的無効かつ絶対的無効」であるとする）; BGH v. 01. 07. 2014, BGHZ 202, 7 Rn. 25（債務証券法5条2項2文に違反した債権者決議は「取り消すまでもなく」無効［nichtig］であると判示）; Bliesener/Schneider, in: Langenbucher/Bliesener/Spindler［2016］SchVG §5 Rn. 66.

144)　Regierungsbegründung zum SchVG 2009, BT-Drucks. 16/12814, S. 18; Vogel［2010］S. 215; Horn［2009b］S. 44.

145)　たとえば，Steffek［2010］S. 2618 は，平等処遇原則を債務証券法上の少数派保護規定のひとつとして列挙している。また，Friedl/Schmidtbleicher, in: Friedl/Hartwig-Jacob［2013］§5 Rn. 31 は，債務証券法5条2項2文ただし書の規定について，「決議がすべての債権者に対して等しく決定しなければならないという少数派保護の原則の例外をなすもの」であると説明している。

146)　この場合，当該社債権者についてだけ異なる社債条件が妥当することとなり，社債の取引可能性が害されて不都合であるが，実務では有価証券識別番号を区別して対処するようである（Bliesener/

かかる見地から説明可能であろう。

　なお，ここで強調されるべきは，債務証券法上の平等処遇原則が，同一社債についての平等を求めるものに過ぎず，異なるシリーズの社債や異なる種類の債権者（商取引債権者や貸付債権者など）との関係での平等をいうものではない，という点である[147]。したがって，他の債権者グループとの関係で社債権者を不利に扱う内容の債権者決議であっても，それは社債権者が決議に反対する契機となりうるに過ぎず，そのことをもって平等処遇原則違反という決議の瑕疵を構成するわけではない[148]。債務証券法の規律は，債権者グループの枠を超えた平等処遇についての司法審査を一般的に予定するものではないのである。また，債務証券法上の平等処遇原則は，同一社債に係る社債権者間の形式的な平等をいうものであるから，債権者決議が，特定の社債権者に対し，社債権者以外の地位において実質的に不平等な結果をもたらすものであるとしても，これを防ぎうるものではない[149]。

4. DES に関する若干の補足

　社債の会社持分への交換（DES）は，とりわけ上場株式会社において適切なリストラクチャリング手段であることが多いと評価されている[150]。ここでは，ドイツ法における DES に関する幾つかの留意点にごく簡単に触れておきたい。

　まず，通説によれば，DES は，現物出資による新株発行として位置付けられる[151]。それゆえ，株式法上必要とされる手続を履践する必要があることは

Schneider, in: Langenbucher/Bliesener/Spindler [2016] SchVG §4 Rn. 27; Friedl/Schmidtbleicher, in: Friedl/Hartwig-Jacob [2013] §5 Rn. 31; Veranneman, in: Veranneman [2010] §5 Rn. 25 を参照)。

147)　Maier-Reimer [2010] S. 1321; Friedl/Schmidtbleicher, in: Friedl/Hartwig-Jacob [2013] §4 Rn. 61.

148)　Thole [2014] S. 2367 は，債権者グループの枠を超えた平等処遇が問題となるのは，かかる意味での平等原則が社債条件に取り込まれたときに限ると指摘する。

149)　Liebenow [2015] S. 307; Schmidtbleicher [2010] S. 87; Vogel [2013] S. 39, 50.

150)　たとえば Friedl, in: Friedl/Hartwig-Jacob [2013] §19 Rn. 69 を参照。

151)　DES は債権の現物出資（Sacheinlage）と位置付けるのが判例・通説である（Hüffer/Koch [2014] §182 Rn. 5a; Wiedemann [2013] S. 1390; Arnold [2013] S. 30ff.）。このことは，倒産法 217 条以下に基づく倒産処理計画手続内で DES を行う場合においても同様である（Regierungsbegründung zum

もとより，実体的な要件として，DES において現物出資される債権が，株式
発行価額と等しい価値を保持することが必要とされる（いわゆる等価性原則
〔Vollwertigkeitsgebot〕）。ここで，社債の価値は，券面額ではなく，出資時点に
おける実価（事実上の経済的価値）によって決せられると解するのが通説であ
る[152]。事業再生に取り組む企業は支払能力が十分でないので，社債の価値は
券面額を下回る金額で評価されるのが通常である[153]。

　次に，ドイツの実務でみられる社債の DES は，債務証券法に基づく債権者
決議において，社債を株式と直接的に交換するのではなく，社債権者に株式取
得権（Erwerbsrecht）を付与するという手法によることが一般的である[154]。こ
のとき，実際に株式を取得するかどうかは各社債権者の判断に委ねられ，取得
権を行使しなかった社債権者に対しては，当該株式を処分することで得られた
収益から諸費用を控除した残額を分配することとなる[155]。なお，かかる分配
金は，株式の処分によって捻出されるので，発行会社の資産を減少させること
にはならない[156]。

　実務においてこのような手法が採られることの背後には，①有価証券目論見

ESUG 2011, BT-Drucks. 17/5712, S. 31 参照）。以下に述べる点も含め，DES に関する株式法（Ak-
tiengesetz（AktG）vom 6. September 1965, BGBl. I S. 1089）上の諸規律の詳細については，松村ほ
か [2015] 275 頁以下を参照。

152)　Hüffer /Koch [2014] §27 Rn. 17, §182 Rn. 5b; Friedl, in: Friedl/Hartwig-Jacob [2013] §19
Rn. 83; Vogel, in: Preuße [2011] §5 Rn. 35 等。なお，Regierungsbegründung zum ESUG 2011, BT-
Drucks. 17/5712, S. 31-32 も参照。もっとも，近時は有力な異論もある。たとえば，Cahn/Simon/
Theiselmann [2010] S. 1629 は，①債権者の会社資産に対する期待は裏切られないこと，②他の債権
者にも弁済見込みが改善するため利益になること，③既存株主は新株引受権で保護されること，④会社
も券面額での債務弁済の利益を得ることから，券面額での DES は債権者や株主の利益を害するもので
はなく，これを認めるべきであるとする。これに対する通説の立場からの再反論として，たとえば Wie-
demann [2013] S. 1392ff. がある。学説の議論状況につき，Thole, in; Hopt/Seibt [2017] SchVG §5
Rn. 65-66，松村ほか [2015] 282～283 頁を参照。

153)　Vogel [2010] S. 213; Vogel, in: Preuße [2011] §5 Rn. 35 参照。

154)　Thole, in; Hopt/Seibt [2017] SchVG §5 Rn. 56; Bliesener/Schneider, in: Langenbucher/
Bliesener/Spindler [2016] SchVG §5 Rn. 40 参照。たとえば，SolarWorld AG の社債リストラクチャリ
ングの事例がそうであった。その概要につき Thole, in; Hopt/Seibt [2017] SchVG §5 Rn. 60 を参照。

155)　Thole, in; Hopt/Seibt [2017] SchVG §5 Rn. 56.

156)　Kessler/Rühle [2014] S. 913 参照。

書法[157]に基づく目論見書の開示義務の問題，及び②基本法[158]に基づく結社の自由の問題があるとされる。いずれも本書の主たる関心ではないので，詳細には立ち入らず，概要だけ述べておこう。

①は，社債を直接株式に交換する DES において，債権者集会の招集や議決権行使の勧誘等が有価証券目論見書法の「公募（öffentliches Angebot）」（同法 2 条 4 号）に該当し，これに先立って株式発行に係る目論見書の開示手続（同法 3 条 1 項）が必要になるのではないかという問題である[159]。仮に目論見書開示義務が発生すると，連邦金融監督庁（Bundesanstalt für Finanzdienstleistungsaufsicht〔BaFin〕）の承認を得る必要があるため，招集手続の準備のために一定の時間を要することになる。

②は，個々の社債権者の意思に反して，多数決によって発行会社の社員（株主）たる地位を取得させることが，当該社債権者の消極的結社の自由（基本法 9 条 1 項）を侵害するのではないか，という懸念である[160]。この問題は，2011年倒産法改正（ESUG）により，倒産法上，債権の債務者持分ないし社員権への転換は，当該債権者の意思に反してなしえない，と規定されたこと（倒産法 225a 条 2 項 2 文，230 条 2 項）[161]と関連する形で議論されている。もっとも，少なくとも倒産法改正の草案作成者は，債務証券法に基づく DES の適法性に疑

---

157)　Gesetz über die Erstellung, Billigung und Veröffentlichung des Prospekts, der beim öffentlichen Angebot von Wertpapieren oder bei der Zulassung von Wertpapieren zum Handel an einem organisierten Markt zu veröffentlichen ist（Wertpapierprospektgesetz - WpPG）vom 22. Juni 2005, BGBl. I S. 1698.

158)　Grundgesetz für die Bundesrepublik Deutschland（GG）vom 23. Mai 1949, BGBl. S. 1.

159)　Thole, in: Hopt/Seibt［2017］SchVG §5　Rn. 73; Bliesener/Schneider, in: Langenbucher/Bliesener/Spindler［2016］SchVG §5 Rn. 34-39 参照。

160)　Thole, in: Hopt/Seibt［2017］SchVG §5 Rn. 57; Bliesener/Schneider, in: Langenbucher/Bliesener/Spindler［2016］SchVG §5 Rn. 43ff.; Kessler/Rühle［2014］S. 912; Friedl, in: Friedl/Hartwig-Jacob［2013］§19 Rn. 74; Friedl［2012］S. 1103 を参照。

161)　同改正に係る政府草案理由書によれば，同規定は，DES に対する同意を拒む自由が各債権者に認められるとの考え方によるものであり（Regierungsbegründung zum ESUG 2011, BT-Drucks. 17/5712, S. 31），基本法 9 条の消極的結社の自由に基づくものと解されている（Eidenmüller, in: Kirchhof/Stürner/Eidenmüller［2013］InsO §225a Rn. 33）。これについては，村松ほか［2015］282 頁も参照。なお，金融機関更生法（Gesetz zur Reorganisation von Kreditinstituten（KredReorgG）vom 09. Dezember 2010, BGBl. I S. 1900）9 条 1 項 2 文も同様の規律となっている。

義を呈する意図はないように見受けられる[162]。

5.　小括

　以上に述べたところを簡単にまとめておこう。2009 年に新法が制定される
以前の旧債務証券法は，発行会社の危機を回避するための仕組みとして社債権
者集会の制度を設けていたが，その決議権限は狭く限定されており，危機回避
の手段として必ずしも使い勝手のいいものではなかった。かかる規律の背後に
は，①元本放棄を必要とするような発行会社の事業を存続させることに社債権
者の利益を見出すことはできない，②発行会社が安易な再交渉に訴えるのを防
ぐ必要がある，③他の権利者が犠牲を引き受けずに社債権者が権利変更を余儀
なくされるのは望ましくない，そして，④非効率的な企業の延命を許すべきで
はない，などといった考え方があったことが窺われる。これは，社債の権利変
更を厳格に制限することで，発行会社による事後的な機会主義的行動，あるい
は企業価値の分配における負担のしわ寄せを抑制することを重視したものであ
り，これを社債権者自身の判断に委ねるのでは適切なコントロールが働かない
との発想を前提とするものであるといえる。

　これに対し，2009 年債務証券法は，旧法における上記規律とは大きく発想
を転換し，債権者決議における決議事項を大幅に拡大するとともに，債権者決
議の利用の有無及び範囲について広範に社債条件の定めに委ねるという建付け
を採用した。かかる債務証券法の規律の基礎にあるのは，⑦債権者決議の決議
事項を限定することは，社債発行会社の望ましい事業再生を妨げる結果となり
望ましくない，④社債権者保護の観点からは，債権者決議における決議事項を

---

162)　同改正の政府草案理由書は，倒産法 225a 条 2 項 2 文が，既存の債務証券法 5 条 3 項 1 文 5 号
　　に影響を与えるものではないと明言している (Regierungsbegründung zum ESUG 2011, BT-Drucks.
　　17/5712, S. 31)。それにも拘らず，学説には，倒産法におけるかかる規律との平仄に鑑みて，多数決で
　　の DES を認める債務証券法 5 条 3 項 1 文 5 号に疑問を呈する見解が存在する。たとえば，Friedl/
　　Schmidtbleicher, in: Friedl/Hartwig-Jacob [2013] §5 Rn. 44 は，「法律上の規定の明らかな不整合」
　　であると指摘し，倒産法及び金融機関更生法の規定は，債務証券法 5 条 3 項 1 文 5 号の規定に根本
　　的な疑問を呈する契機となると論じている（ただし，上場株式など取引可能性のある株式への転換であ
　　れば許されると解するようである。Kessler/Rühle [2014] S. 912; Friedl, in: Friedl/Hartwig-Jacob
　　[2013] §19 Rn. 74 参照）。

予め制約するというアプローチは必ずしも不可欠のものでない，という考え方である。換言すれば，債務証券法は，社債権者保護を，債権者決議の決議権限の限定という方法ではなく，主として債権者決議の手続的規整によって実現するという建付けを採用したのである[163]。そこで，債務証券法が規定する手続上の保護について，第4項及び第5項で検討する。

第4項　決議の手続

1. 総説

債務証券法は，債権者決議について，遵守すべき最低限の手続的規律を設けている[164]。すなわち，債務証券法が定める決議の手続は，同法が明示的に定めている場合を除き，債権者に不利益に逸脱することはできない，とされる（債務証券法5条1項2文）。債務証券法に定められた手続的規整は，ひとたび債権者決議制度にオプトインすれば必ず遵守しなければならないという意味において，「間接的強行法規」であるといわれている[165]。本項では，債務証券法が間接的強行法規として定める手続の概要をごく簡単に確認しておく。

2. 情報の提供

債務証券法は，債権者決議の権限を広く認め，社債条件変更につき社債権者の広範な自治的判断に委ねている。かかる自治的判断の前提として，社債権者が「完全かつ正確な情報に基づいて」判断することの重要性が強調されている[166]。社債権者の当初の期待に反して社債条件に定められた給付内容を変更する以上，なぜかかる変更が必要なのか，そしてその結果として債務者や他の債権者がどのような状態に置かれるのかについて，十分に情報提供されることが望ましい[167]。とりわけ，財務危機時における社債リストラクチャリングは，社債権者と発行会社（ないしその背後にあるステークホルダー）の間における分

---

163)　Regierungsbegründung zum SchVG 2009, BT-Drucks. 16/12814, S. 13-14.

164)　Regierungsbegründung zum SchVG 2009, BT-Drucks. 16/12814, S. 16.

165)　Vogel［2010］S. 215; Horn［2009a］S. 449; Friedl/Schmidtbleicher, in: Friedl/Hartwig-Jacob［2013］§5 Rn. 24.

166)　Regierungsbegründung zum SchVG 2009, BT-Drucks. 16/12814, S. 14.

167)　Schmidtbleicher, in: Friedl/Hartwig-Jacob［2013］§16 Rn. 6.

配という問題を内包するため，①情報優位にある発行会社が機会主義的に社債
権者から過大な譲歩を引き出す危険があり，また②社債リストラクチャリング
を提案する発行会社が自らに不利な情報（たとえばリストラクチャリングに応ず
ることなくエンフォースする方が社債権者にとって有利であることを示す情報）を
自発的に社債権者に提供することは期待しがたいので，社債権者に対する十分
な情報提供を制度的に確保する必要は大きい[168]。

(1)　招集通知

　社債権者への情報提供に関して，大別して 2 つの手続が設けられている。そ
の第一は，債権者決議の招集通知の規定である。債権者決議の招集[169]は，決
議の 14 日前までになされる（債務証券法 10 条 1 項）。政府草案理由書によれば，
招集期間が株主総会におけるそれと比較して短期間に定められている趣旨は，
支払不能又は債務超過から 3 週間という倒産申立義務期間内（倒産法 15a 条 1
項 1 文参照）に債権者決議を実施できるようにするためであると説明されてい
る[170]。

　招集通知は，社債権者に対して個別に送付するのではなく，電子連邦官
報[171]によって公告される（債務証券法 12 条 2 項）[172]。その趣旨は次のように説
明される。まず，債務者は，そもそも権利者が誰であるかを知らないのが通常
であるし，社債権者は世界中に分散していることもある。もちろん，大券が証
券保管機構（混蔵保管銀行）で保管・管理されている場合には，その管理口座
から出発して個々の権利者を特定することも理論上は可能であるが，それには
あまりに費用と時間がかかる。その上，債券が国際的に取引されている場合に
は，そのための仕組みも整っていない。したがって，決議の招集は公に告知さ
れるべきである，と[173]。

---

168)　たとえば Liebenow［2015］S. 173-175 を参照。
169)　なお，「招集（Einberufung）」は，債権者集会決議に関する用語であって，集会なき票決の場合
　は議決権行使の「勧誘（Aufforderung）」（債務証券法 18 条 3 項 1 文）という用語がこれに対応する
　が，簡単のため，本書では特に断りがない限り債権者決議の「招集」という語でこれらを総称する。
170)　Regierungsbegründung zum SchVG 2009, BT-Drucks. 16/12814, S. 21.
171)　電子連邦官報は，ウェブ上（https://www.bundesanzeiger.de/）で参照可能である。
172)　Regierungsbegründung zum SchVG 2009, BT-Drucks. 16/12814, S. 22.
173)　Regierungsbegründung zum SchVG 2009, BT-Drucks. 16/12814, S. 22 参照。

　また，発行会社は，電子連邦官報に加えて自社のウェブサイト上でも招集を告知し，かつ決議参加のために重要な基礎資料をアクセス可能な状態にしておかなければならない（債務証券法12条3項）[174]。

　債権者決議の招集に際して，発行会社は，決議に付する議題及び具体的な議案を含む議事日程を提示しなければならない（債務証券法13条1項）。議事日程の内容について債務証券法は特段の規律を設けていないが，社債権者の意思形成及び決議の基礎としての情報機能に鑑みれば，如何なる事項が取り上げられ決議されるのかがわかる程度に決議事項を特定すべきであるとされる[175]。

　なお，債務証券法上，議案及び議題の根拠についての開示は求められていないが，社債権者からの同意を調達するために，再建計画及び社債条件変更提案の根拠を具体的に示すことが発行会社自身の利益にもなると指摘されている[176]。筆者が参照した範囲では，自社のウェブサイト上に債権者決議に関する特設ページを設け，そこで招集通知や議案のほか，リストラクチャリングに関する詳細な説明資料（再建計画の全体像や想定問答〔FAQ〕，さらには再建計画の基礎となった事業再生鑑定意見書〔Sanierungsgutachten〕の内容など）を掲げるという例が多くみられた。

(2)　質問権

　第二に，債務証券法は，社債権者の個別的な質問権を認めている。すなわち，発行会社は，債権者集会において社債権者から請求があった場合には，議題及び議案に対する適切な判断のために必要な限度で，社債権者に対して情報を提供する義務を負う（債務証券法16条1項）。かかる義務の裏返しとして，社債権者は，債権者集会において発行会社に対して質問する権利（質問権）を有することになる[177]。

---

174)　ウェブサイトを投資家に対する情報提供基盤として活用するという建付けは，2012年の会社法（株式法）改正（ARUG）によって株式会社の情報提供に採用されたものであるが，債務証券法12条3項は，2009年制定当初よりこれを株式法に先駆けて導入したものである。

175)　Seibt [2016] S. 1001-1002; Schmidtbleicher, in: Friedl/Hartwig-Jacob [2013] §13 Rn. 2.

176)　Seibt [2016] S. 1003.

177)　Regierungsbegründung zum SchVG 2009, BT-Drucks. 16/12814, S. 23. なお，株式法131条2項2文，同条3項とは異なり，債務証券法では，質問権の制限に関する規定は設けられていない。株式法のこれら規定は，2005年会社法改正（UMAG）において，当時問題となっていた取消訴訟を誘発

　なお，この規定は，現実の債権者集会が開催される場合の債権者集会に関する
るものであり，集会なき票決（債務証券法 18 条）の場合には特段準用されてい
ない。しかしながら，学説上は，集会なき票決の場合においても社債権者の情
報の必要性に相違はないとして，同様の説明義務及び情報請求権を肯定する見
解が多数である[178]。

(3)　小括

　以上のとおり，債務証券法は，社債権者に対する情報提供について一定の規
律を設けている。ただし，招集通知において，具体的に如何なる情報が提供さ
れるべきかについては必ずしも明らかでない部分は残る。また，合併における
合併報告書（組織変更法[179]8 条）のような報告書提供義務は課されておらず，
検査役制度（組織変更法 9 条，12 条参照）も存在しない。

　こうしてみると，決議に関する詳細な情報の開示は，社債権者側での能動的
かつ個別的な情報請求[180]，及びこれに対する発行会社側の真摯な応答に依存
する部分が小さくないように思われる。そして，社債権者は合理的無関心から
情報収集・処理が過小になりがちであることに鑑みると，ここでは社債権者の
共同代理人の役割が重要となりうる。共同代理人については，それが果たしう

する質問乱発を防止するという観点から設けられたものであった。債務証券法について解釈が分かれる
　が，ここでは立ち入らない。Binder, in: Hopt/Seibt [2017] SchVG § 16 Rn. 13ff.; Schmidtbleicher, in:
　Friedl/Hartwig-Jacob [2013] § 16 Rn. 10ff. 参照。
178)　von Wussek/Diehn, in: Hopt/Seibt [2017] SchVG § 18 Rn. 170ff.; Wöckener, in: Friedl/
　Hartwig-Jacob [2013] § 18 Rn. 21; Baums [2013] S. 812; Kirschner, in Preuße [2011] § 18 Rn. 28.
　これに対し，反対説として，説明義務の規律は集会なき票決には妥当せず，社債権者の情報請求権は
　認められないとする見解もある。たとえば Bliesener/Schneider, in: Langenbucher/Bliesener/Spin-
　dler [2016] SchVG § 18 Rn. 21-22; Hofmeister, in: Veranneman [2010] § 18 Rn. 15 を参照。なお，仮
　に集会なき票決にも準用する場合，口頭での説明が可能な現実の集会とは異なり，社債権者への情報
　提供の手段については工夫が必要となる。たとえば，Wöckener, in: Friedl/Hartwig-Jacob [2013] § 18
　Rn. 21 は，社債権者がアクセス可能なインターネット上のウェブサイトに質問に対する回答を掲載すると
　いった方法を示唆する。これに対し，集会なき票決の場合に，質問に対してすべての社債権者に対して
　適時に回答を示すことは困難であるとして，立法によってこれを明確に排除することを主張する議論も
　存在する（Arbeitskreis Reform des Schuldverschreibungsrechts [2014]）。
179)　Umwandlungsgesetz (UmwG) vom 28. Oktober 1994, BGBl. I S. 3210.
180)　債権者決議に関する情報開示において社債権者側の能動的な請求が前提となっていることにつき，
　たとえば Schmidtbleicher, in: Friedl/Hartwig-Jacob [2013] § 13 Rn. 4, § 16 Rn. 3 参照。

る他の機能とあわせて，本節第4款で取り上げることとする。

　なお，重要なこととして，仮に情報提供に瑕疵があると認められても，情報提供の瑕疵を理由とする債権者決議の取消しは，当該情報が重要である場合にのみ認められることに留意する必要がある（債務証券法20条1項2文。客観的に決議を左右する債権者が当該情報の提供を議決権行使の重要な前提条件であるとみなしていることが必要である）[181]。

3.　決議の成立

(1)　議決権の配分

　債務証券法は，債権者決議における議決権を，当該社債権者が保有する社債の券面額（券面額がないときは，計算上の持分割合）に比例して配分する（債務証券法6条1項1文）。もっとも，債務証券法は，利益相反の観点から一定の例外を定めている。それは，発行会社及びこれと結合企業の関係にある者（商法271条2項参照）が保有する債務証券の議決権は停止する，という規律である（債務証券法6条1項2文）[182]。政府草案理由書によれば，かかる議決権停止の規律は，「利益相反によって債権者決議が歪曲されるのを防ぐ」ものであると説明されている[183]。

　また，債務証券法は，債権者決議における議決権の売買を禁止している。具体的には，何人も，債権者決議における議決権の行使・不行使について，対価として利益を申し出，約束し，又は付与することが許されず（債務証券法6条2項），また議決権を有する者は，債権者決議における議決権の行使・不行使

---

181)　これは，些末な情報提供違反を理由に提起される濫用的な取消訴訟を警戒するものであり，2005年会社法改正（UMAG）で導入された株式法243条4項1文と同様の規律である。なお，株式法の文脈で，かように取消事由を限定することに反対の立場を示すものとして，Zöllner ［2000］S. 148-149（情報提供義務を課する目的及び意味のある制裁システムの必要性に照らして合理性を欠くと指摘）がある。

182)　これらの者の計算において保有される債務証券についても同様である。また，潜脱防止のための規制も設けられている（債務証券法6条1項3文）。詳細は立ち入らないが，第三者に依頼して発行会社（又はその結合企業）のために議決権を行使してもらうようなアレンジメントが明示的に禁止されている（債務証券法6条1項3文・4文）。なお，かかる議決権は，決議要件（定足数）及び可決要件の計算においても計算の基礎から除外される（債務証券法15条3項4文）。

183)　Regierungsbegründung zum SchVG 2009, BT-Drucks. 16/12814, S. 19.

について，対価として利益を要求し，約束させ，又は受け取ることが許されない（同条 3 項）。これは，外部から影響を受けず，債権者が自由に意思決定するための規制であると説明される[184]。

　このように，債務証券法は，利益相反によって社債権者の議決権行使が歪められる危険性に対する一定の対策を講じている。もっとも，社債権者が実質的に他の社債権者と相反する利益を併有する可能性については，特段の規制を設けていない。また，議決権売買という方法以外で，社債権者の議決権行使に影響を及ぼす方法についても，債務証券法は特段の規定を設けていない[185]。

(2)　決議の成立要件

　債権者決議の成立要件は，①決議を成立させるための決議実施要件（定足数）と，②決議における必要得票数（可決要件）とに分けて規定されている。まず，債権者決議の定足数として，原則として未償還債務証券の券面額ベースで 50% 以上の参加（出席又は議決権行使）が必要となる（債務証券法 15 条 3 項 1 文，18 条 1 項・4 項）。ただし，初回の決議において定足数を満たさなかった場合における二回目の決議[186]では，定足数が緩和される。すなわち，二回目

---

184)　Regierungsbegründung zum SchVG 2009, BT-Drucks. 16/12814 S. 19. なお，Schmidtbleicher は，このような説明は不適当であるとし，むしろ，すべての債権者の共同利益にならない議決権行使をもたらすような，外部者からの介入を防ぐための規律であると説明している（Schmidtbleicher, in: Friedl/Hartwig-Jacob [2013] §6 Rn. 34)。

185)　機会さえ平等に与えられていれば，議決権行使に対して一定の動機付けを行うことも許されるとする見解として，Schnorbus/Ganzer ［2014］S. 158-159 がある。連邦通常裁判所判決（BGH vom 01. Juli 2014, BGHZ 202, 7）の事案では，転換権付享益証券の償還期限延長に関する債権者決議に際して，発行会社は，①決議に賛成した社債権者で，かつ②転換権を行使しなかった者に対して，券面額での期限前償還の権利を付与する旨の提案をした。当該決議に対する取消訴訟において，連邦通常裁判所は，このような条件付けは，①と②を満たす社債権者を，転換権を行使しなかったが当該決議に反対した社債権者との比較において優遇するものであると判示し，平等処遇原則違反で無効（nichtig）であると判示した。かかる条件付けは，決議に賛成する動機付けをしたという意味において議決権売買の問題をも惹起しうるものであるが，同判決は，議決権売買に関する債務証券法 6 条 2 項・3 項の問題を取り上げず，これを明示的にオープンのまま残した。同判決については，Thole, in: Hopt/Seibt [2017] SchVG §6 Rn. 44 参照。

186)　初回の決議が集会なき票決であっても，決議実施要件を満たさなかった場合には，二回目の決議として債権者集会を招集することができる（債務証券法 18 条 4 項 2 文）。この場合，二回目の決議は債権者集会の方法によるほかなく，集会なき票決の方法で二回目の決議を行うことはできない。実務上，初回の決議は集会なき票決の方法をとり，二回目の決議において現実の債権者集会を開催するという方

の決議においては，原則として定足数は不要であり，例外として，後述する特別多数決を要する決議（特別決議）においてのみ，定足数として未償還債務証券の券面額ベースで 25% 以上の参加が必要となる（債務証券法 15 条 3 項 2 文・3 文）。

　二回目の決議の定足数に関するこのような規律は，社債権者が妨害ないしボイコットによって決議実施を妨げるのを防ぎつつ，ごく少数の社債権者だけで社債条件の本質的変更をもたらす決議がなされるのを防ぐものであり，政府草案理由書によれば，国際的な標準に対応するものであると説明されている[187]。かかる規律は，無関心ないし消極的な社債権者の利益よりも，積極的に議決権を行使している社債権者及び発行会社の利益を優先するものであるとも評される[188]。

　次に，可決要件については次のとおり規律されている。まず，決議は，行使された議決権の過半数の単純多数決で可決されるのが原則である（債務証券法 5 条 4 項 1 文）。しかし，社債条件の「本質的な内容」[189]を変更する決議は，行使された議決権の 4 分の 3 の特別多数決を要する（債務証券法 5 条 4 項 2 文。なお，社債条件でさらに可決要件を加重することも可能である[190]）。かかる特別決議

法がしばしばとられる（Seibt [2016] S. 1001）。

[187]　Regierungsbegründung zum SchVG 2009, BT-Drucks. 16/12814, S. 19, 23. 政府草案理由書では，二回目の決議について決議実施要件が軽減されることについて，「国際的な標準」に倣うという以外の実質的な理由は示されていないが，その背後に次のような事情があるものと推測される。すなわち，ドイツ企業が発行する社債は，ユーロ通貨圏の外国人投資家によって保有されることも想定されるが，これらの投資家は，証券保管機関を経由してストリートネーム（典型的には顧客から寄託を受けて証券を保管する銀行の名前）で社債を保有することが通常であり，しかも，比較的活発な流通市場が存在し，その構成が日々変動するため，社債権者を特定することさえ容易でないことが少なくない。また，ドイツ社債市場では個人投資家も少なくなく，合理的無関心から議決権を行使することすらしない社債権者が一定数存在することも想定される。なお，社債について論じたものではないが，2000 年代以降，ドイツ企業の株主構成に占める外国人投資家の比率が急激に高まり，株主総会における議決権行使割合の低下が問題となったことについて，松井秀征「機関投資家による株式保有の進展がもたらす問題」神作裕之＝資本市場研究会編『企業法制の将来展望―資本市場制度の改革への提言―2016 年度版』（資本市場研究会，2016 年）258 頁，268～270 頁を参照。

[188]　Seibt [2016] S. 1006 参照。

[189]　ここで何が「本質的な内容」に該当するかは，個別事案に応じて判断するほかない。比較的詳細な検討として，Friedl/Schmidtbleicher, in: Friedl/Hartwig-Jacob [2013] §5 Rn. 86ff. を参照。

の規律は，少数派社債権者を保護するものであるといわれる。なぜなら，一部の大口社債権者によって決議が通される危険が相対的に小さくなり，決議の適正性の保障（Richtigkeitsgewähr）がヨリ強く期待されるからである[191]。

なお，特別決議を要する場合には，二回目の決議においても未償還債務証券の券面額の 25% が定足数として必要とされることは既に触れたとおりである。したがって，特別決議の場合，理論上は，初回の決議であれば未償還債務証券の券面額の 37.5%，二回目の決議であれば 18.75% の得票をもって社債条件変更が達成されうることとなる。この数字をどう評価するかについては，意見が分かれる。一方で，現行法の建付けを好意的に評価しつつ，可決要件をさらに低くするべきことを示唆する見解がある[192]。他方で，特別決議であっても社債権者全体のごく一部だけで決議を成立させることができる建付けでは，社債権者（とりわけリテール投資家としての社債権者）の保護が不十分となると評価する見解も存在する[193]。

4. 決議の執行

債権者決議は，議事録に記載され（債務証券法 16 条 3 項 1 文），公告（債務証券法 17 条）された時点で直ちに効力を生ずる。もっとも，社債リストラクチャリングに係る債権者決議は，その成立後，決議の執行が必要となる。

決議の執行を要する場合として，まず社債条件の変更が挙げられる。前述のとおり，社債条件の変更は証券上又は社債条件中に実現されて初めて効力を生ずるが，債権者決議による場合，これは債権者決議の「執行」という形で行われる。実務において一般的な大券発行の方式（個別証券を発行せず，全社債権者

---

190)　実務上，決議に参加した議決権の 90% の賛成が必要である旨，社債条件で定めることも多いようである（Hutter, in: Habersack/Mülbert/Schlitt [2013] § 18 Rn. 93 参照）。

191)　Oulds, in: Veranneman [2010] § 4 Rn. 35; Veranneman, in: Veranneman [2010] § 5 Rn. 13.

192)　Hopt [2009] S. 449. もっとも，可決要件をさらに引き下げる議論に対しては，株主総会と比べて決議事項が非常に広範であることに鑑みて，一定の定足数を具備することは欠かせないとの反論がある（Simon [2010] S. 162）。

193)　債権者決議の可決要件の低さに対して批判的な議論として，たとえば Friedl/Schmidtbleicher, in: Friedl/Hartwig-Jacob [2013] § 5 Rn. 82; Kirchner, in: Preuße [2011] § 15 Rn. 15 (「少数決（Minderheitenbeschluss）」の可能性を指摘する) や Florstedt [2014a] S. 161 がある。

の権利を表章する大券だけを発行し，混蔵保管銀行が集約的にこれを保管・管理するという方式）においては，社債条件を変更する債権者決議[194]は，当該社債に係る大券を変更又は補充するという方法で執行される（債務証券法21条1項1文）[195]。また，債権者決議による社債の株式等への交換についても，やはり決議の執行が必要となる。たとえば，DES の場合，①株式法上の手続として増資・新株発行をし，②従来の債務証券を混蔵保管銀行から発行会社に譲渡してその代わりに株式を混蔵保管銀行に保管させることが必要となる[196]。

　債務証券法は，このような建付けを前提として，債権者決議に対する取消訴訟提起に，決議の執行を妨げる効果（執行停止。決議の執行を事実上差し止める効果を有する）を付与するという仕組みを構築している。この点については，次の第5項で後述する。

第5項　決議の瑕疵を争う手続

1. 総説

　債務証券法では，多数決による権利変更の可能性が大幅に拡大された。そのため，多数決の行き過ぎから少数社債権者の利益を如何に保護するかが重要なアジェンダとして浮上することとなった。債務証券法は，発行会社を被告とする取消訴訟の制度を設けてこれに対処している。政府草案理由書の説明によれば，債権者決議は，社債権者の権利をその意思に反して変更しうるものであるから，「基本法上の財産保護及び共同拘束（〔債務証券法〕4条）による個別的

---

194)　債務証券法21条1項の条文上は「債権者集会」となっているが，集会なき票決にも当然適用されるとするのが政府草案理由書の説明である（Regierungsbegründung zum SchVG 2009, BT-Drucks. 16/12814, S. 26)。

195)　ここで，変更とは新たな証券との交換を，補充とは附属書類の追加をそれぞれ意味する（Friedl, in: Friedl/Hartwig-Jacob〔2013〕§21 Rn. 8)。なお，大券の補充に際しては，債権者集会議長（集会なく票決の場合にはその実施者）が，議事録に文書化された決議内容を混蔵保管銀行に送付し，当該文書を既存文書に適切な方法で添付するよう要請する，という簡略な手法も認められている（債務証券法21条1項2文）。これにより，決議の執行に際しては議事録を送付すれば足りることとなり，新旧の大券を差し替えたり附属書類を作成したりする事務手続を省くことができる（Schlitt/Schäfer〔2009〕S. 482; Horn〔2012〕S. 526; Dippel/Preuße, in: Preuße〔2011〕§21 Rn. 4; Friedl, in: Friedl/Hartwig-Jacob〔2013〕§21 Rn. 9; Seibt〔2016〕S. 1007)。

196)　Schlitt/Schäfer〔2010〕S. 625 参照。

な契約権限の制約に鑑みて，裁判所による是正可能性（Kontrollmöglichkeit）が
必要」である[197]。現行法は，かかる是正の仕組みとして，決議の破棄（Kassa-
tion）をもたらす取消訴訟を設けたのである[198]。

　議論を先取りして，取消訴訟制度の大枠を確認しておこう。まず，債務証券
法は，決議の瑕疵を争う手続として決議取消訴訟を導入し，決議に瑕疵がある
場合には決議の効力それ自体を争う方途を認めている。しかしながら，事後的
に決議の効力が覆滅されるのでは法的安定性が損なわれるという問題がある。
そこで，同法は，取消訴訟が提起された場合における決議の執行停止の制度を
あわせて導入し，決議の事後的覆滅という事象の発生を制限している。もっと
も，かかる建付けにおいては，取消訴訟の決着がつくまでの間，決議執行が妨
げられ，社債リストラクチャリングの迅速性が損なわれるという不都合を免れ
ない。そこで，法は，さらに執行停止の解除手続（Freigabeverfahren）の制度
をあわせて導入し，決議執行の迅速性にも一定の配慮を示している。

　こうした制度設計は，株式法における株主総会決議取消訴訟の制度モデルを，
基本的にそのまま債務証券法に取り込んだものである。本章第3節で後述する
とおり，このような建付けには学説・実務からの批判が強いが，本項ではその
点はさて措いて，まずは制度の概要を押さえることにする。

2. 取消訴訟と執行停止

(1) 旧法の建付けとの比較

　最初に注意しておきたいのは，決議取消訴訟の制度は，旧法と対比すると，
決議の瑕疵を争う手段を限定し，決議の法的安定性を高めるものであると評価

---

197)　Regierungsbegründung zum SchVG 2009, BT-Drucks. 16/12814, S. 25. 債権者決議について，
　　手続的な規律に加えて裁判所による実効的な是正の仕組みが必要であるとする見解としてたとえば Vo-
　　gel [2010] S. 212-213, Vogel [2013] S. 41 がある。

198)　ここで，発行会社が被告とされている点が債務証券法の特徴のひとつである。取消訴訟は，社債
　　権者の自治的な集団的意思決定の効力についての争いであるから，当該債権者の共同体自身が被告と
　　なる方が本来的には筋が通っているようにも思われるが（実際，スイスはこのような建付けを採用してい
　　る。第4章参照），社債権者の共同体は，権利能力を持たず，訴訟当事者となることができないこと，
　　他方で，発行会社は，債権者決議の契機を作り，これに最も重要な利益を有するのが通常であること
　　から，取消訴訟においては発行会社を被告とする建付けとされている（Regierungsbegründung zum
　　SchVG 2009, BT-Drucks. 16/12814, S. 26; Maier-Reimer [2010] S. 1320 参照）。

されている，という点である。それというのは，旧法においては取消訴訟の制
度が設けられておらず，決議に不服のある者は，いつでも方法を問わず決議の
瑕疵を争うことができると解されていたためである[199]。旧法の起草者は，決
議に不服のある社債権者は，従来の権利に基づいて発行会社に対して権利行使
すればよく，発行会社が債権者集会決議による権利変更の抗弁を提出したなら
ば，これに対して決議に瑕疵がある旨の再抗弁を提出すれば足りると考えてい
たのである[200]。

　もちろん，かかる争訟において決議の瑕疵が認められたとしても，それは決
議の効力それ自体を対世的に覆滅させることにはならない。なぜなら，民事訴
訟法の一般原則により，かかる判決の効力は当事者間での相対的効力にとどま
るためである[201]。このような建付けは，決議の効力それ自体を事後的に覆滅
させるものではないという点において，決議の法的安定性に資する面もあると
いえよう[202]。しかし，かかる建付けは，決議後，いつになっても個々の社債
権者が決議の瑕疵を主張して権利行使することを防ぐことができないという点
において，法的安定性を害する面があることは明らかであった。

　新法における取消訴訟制度は，決議の是正可能性を確保するのと同時に，債
権者決議の瑕疵を争う手段を特定の方法（取消訴訟）に限定し，かつその提訴
期間を限定することで，決議の効力を早期に確定し，法的安定性を高める側面
があるといえる[203]。もっとも，取消訴訟の制度は，事後的に決議を破棄する
ものであるがゆえに，必然的に決議の法的安定性を害する結果にもなりうる。
決議の効力は，取消判決によって初めて遡及的に失われるので[204]，取消訴訟
の提起後，取消判決までの間，決議の効力が不確実な状態が継続するわけであ

---

199)　Vogel [1999] S. 173-174; Bredow/Vogel [2008] S. 228 参照。

200)　Sten. Ber. über die Verhandlungen des Reichstags, X. Legislaturperiode, I. Session 1898-
　　　1900, 2. Band（51 Sitzung），1386-1387（Herr Bürsing）. 学説として，Göppert/Trendelenburg
　　　[1915] S. 38 ほか参照。

201)　Vogel [1999] S. 175-176.

202)　旧法の制定過程における立法論として，決議の対世的な無効ではなく，あくまで不服のある債権者
　　　との間における相対的効力に止めるべきであるとの議論として，Riesser [1898] S. 85 があった。

203)　この点については，たとえば Vogel [2010] S. 217 を参照。

204)　Vogel [2010] S. 220; Vogel, in: Preuße [2011] § 20 Rn. 54.

る。とりわけ，発行会社の危機時期における社債リストラクチャリングを念頭に置くと，債権者決議による迅速かつ安定的な意思決定を確保する必要性は高いので[205]，この点が深刻な問題となりうる。

(2)　取消訴訟と執行停止

　債務証券法は，この問題について，いわゆる執行停止（Vollzugssperre）の制度によって手当てしている。すなわち，債権者決議に対して取消訴訟が提起された場合には，これに対する確定判決が出るまでの間，当該決議を執行することはできない（債務証券法 20 条 3 項 4 文）[206]。前述のとおり，社債リストラクチャリングを実現するためには債権者決議を執行することが必要となるのであり，決議を執行するまでの間は，決議に係る社債条件の変更は効力を生じない。換言すれば，取消訴訟の提起は，決議執行を停止することにより，社債リストラクチャリングを差し止める効果を有するのである[207]。

　取消訴訟の提起に決議の執行停止効が付与されているのはなぜなのか。この点について，政府草案理由書は何も述べておらず，債務証券法の解説等においても必ずしも明らかにされていない。そこで，組織再編等における登記停止（Registersperre）[208]に関する議論を参照して考えるに，次のように説明するこ

---

205)　本章注 211) に対応する本文参照。

206)　取消訴訟が提起されていない段階においても，決議に対して異議が申し立てられた場合には，それ以降 1 か月間の提訴期間中は，債権者決議を執行することができないと解するのが多数説である。たとえば Vogel [2010] S. 220; Vogel, in: Preuße [2011] §20 Rn. 54; Friedl, in: Friedl/Hartwig-Jacob [2013] §20 Rn. 73; Steffek [2010] S. 2615（提訴期間が満了して初めて決議の執行が可能となると述べる）。

207)　Vogel, in: Preuße [2011] §20 Rn. 55; Friedl, in: Friedl/Hartwig-Jacob [2013] §20 Rn. 82. なお，テクニカルな点であるが，社債条件の変更や DES について，債権者決議で直接決するのではなく，共同代理人にこれを授権するという方法をとれば，共同代理人の選任及び授権には決議の「執行」が必要とされないため，取消訴訟の執行停止効は問題とならないこととなる。もっとも，実務上は，執行停止がなくなってから決議内容を実現すべきであると指摘されている（Seibt [2016] S. 1008 参照）。

208)　合併に関する組織変更法 16 条 2 項（同法 125 条により会社分割に，同法 198 条 3 項により組織変更に準用），及び編入に関する株式法 319 条 5 項（同法 327e 条 2 項によりスクイーズ・アウトに準用）を参照。合併，編入及びスクイーズ・アウトは登記によって効力を生じるところ，登記をするためには登記を妨げる事由が存在しないことの表明（不存在表明）をしなければならないものとされている。取消訴訟が提起されている場合には不存在表明をすることができないので，登記をすることができない。これを「登記停止」という。

とができるように思われる。

　一般論として，取消訴訟が提起された段階で決議の執行を停止すべきかどう
かは，①執行停止によって決議執行が遅延しうるという不利益（迅速性の要請）
と，②一度執行された決議がその後取消判決によって事後的に覆滅されうるとい
う不利益（法的安定性の要請）の衡量の問題に帰着する[209]。たとえば，合併
等の組織再編は，ひとたび取引が完了すれば多数の経済的既成事実が積み上げ
られるので，事後的にこれを覆滅させることは法的安定性を著しく害すること
となる。そこで，組織変更法は，法的安定性の要請を迅速性の要請よりも重視
し，取消訴訟提起の段階で決議の執行を停止する制度を採用したものであ
る[210]。

　これと同様に，債務証券法上，債権者決議に係る執行停止効が法律上明記さ
れているのも，債権者決議，とりわけ社債リストラクチャリングの執行を事後
的に覆滅することは困難であり，また法的安定性を害するとの評価を前提とす
るものと考えられる。換言すれば，債権者決議においては，事後的な効力覆滅
よりも，事前的な執行遅延の方が（相対的に）望ましいと評価されたというこ
とである。

---

209)　たとえば，Hommelhoff［1990］S. 463（訴訟提起による決議執行遅延の危険と，事後的に企業契
　　　約を巻き戻すことの不利益との衡量に言及する），Bork［1993］S. 364（登記停止について，登記を停止
　　　する利益の方が，直ちに登記する利益よりも勝ることの反証可能な推定であると説明する），Bayer
　　　［1995］S. 618-619（登記停止の目的は，取消訴訟が認容された場合における組織変更の困難な巻き戻
　　　しを回避することにあり，法的安定性を時間の利益よりも基本的に優先するものであると指摘する）を
　　　参照。これは決議の破棄という効果をもたらす取消訴訟だからこそ問題となるジレンマである。

210)　Regierungsbegründung zum UmwG 1994, BT-Drucks. 12/6699, S. 88 は，登記停止の趣旨につ
　　　き，「合併決議の効果に対する訴訟係属中に合併登記をすること，そしてそれによって元に戻すことがも
　　　はやできない経済的な帰結が生じることを防止するため」であると説明する。Bork［1993］S. 358-359
　　　も参照。また，かかる建付けに対して批判的な見解として，Hirte［1993］S. 78-79 参照。なお，法的安
　　　定性の観点から，組織変更法においては，ひとたび登記が完了すればその後の取消判決によっても組
　　　織再編の効力は覆滅しないという建付けが採用されている（組織変更法 20 条 2 項，131 条 2 項，202
　　　条 3 項）。

3.　執行停止の解除手続

(1)　執行停止の問題点

このように，執行停止は，取消訴訟が最終的に決議の効力を覆滅させる可能性があることを前提として，決議の執行を取消訴訟終結まで遅らせることで法的安定性を確保するものと評価できる。しかし，いうまでもなく，ここでは迅速性の要請が犠牲となる。とりわけ，社債リストラクチャリングは，ことの性質上，発行会社の財務状況が逼迫した局面において，時間的に切迫した中で行われることが多いので，組織再編等と比較しても迅速性が一層強く要請される[211]。事後的な執行の覆滅（法的安定性の犠牲）と比べれば執行の停止（迅速性の犠牲）の方が相対的には望ましいとしても，迅速性を犠牲にすることに全く問題がないとの評価には直結しない。

また，現実的な問題として，取消訴訟の執行停止効は，原告社債権者に多大な交渉上のレバレッジを付与することになるので，発行会社から一定の見返りを要求するために取消訴訟を提起するといった濫用的訴訟の危険が生じうる。取消訴訟の濫用は，株式法における登記停止に関連して現実に発生していた問題であり[212]，度重なる株式法改正により問題克服の努力が重ねられてきた[213]。ましてや，時間的切迫性が類型的に大きい社債リストラクチャリングにおいては，取消訴訟濫用の問題が一層深刻になりやすいと指摘される[214]。

---

211)　Seibt [2016] S. 1001; Vogel [2013] S. 42, 59; Vogel, in: Preuße [2011] §20 Rn. 46; Paulus [2012] S. 1557.

212)　株式法においては，職業的原告（Berufskläger）ないし略奪的株主（räuberische Aktionär）の存在がかねてより問題視されてきた。

213)　最後の大きな改正は，2009 年株式法改正（ARUG）である。かねて株式法では濫用的原告の跋扈により取消訴訟決議の監視機能（Polizeifunktion）が損なわれているとの批判があったことを受け，同改正では株主の個別的権利保護を大きく後退させ，株主総会決議の機能可能性（Funktionalität）を強化した。もっとも，取消訴訟制度を改善するための株式法改正の努力も，経路依存的に形成されてきた法制度のパッチワークであるとも指摘されており，濫用的訴訟に対する抜本的解決を提供しうるものとは必ずしも評価されていないように見受けられる。

214)　主要なものとして，たとえば，Vogel, in: Preuße [2011] §20 Rn. 46; Paulus [2012] S. 1557-1558; Friedl, in: Friedl/Hartwig-Jacob [2013] §20 Rn. 82; Vogel [2013] S. 42; Florstedt [2014a] S. 157-158; Rubner/Pospiech [2015] S. 507 は，濫用的取消訴訟の問題（あるいは「職業的原告」の問題）が債権者決議においても問題となりうることを指摘する。なお，取消訴訟の提訴資格は，債権者決議の招集前に社債を取得した者に限定されており，濫用的訴訟に対する一定の歯止めともなりうるが，

(2)　解除手続の概要

　そこで，債務証券法は，執行停止の解除手続をあわせて導入することにより（株式法 246a 条[215]を準用），上記(1)で述べた問題に対処している。解除手続とは，ひとことでいえば，たとえ決議の取消訴訟が係属中であっても，当該取消訴訟の提起が決議執行の妨げになるものではないと裁判所が認める場合に，当該決議を確定的に——つまり，事後的な覆滅の可能性を排除して——執行できるようにする，という制度である。ここでは解除手続の仕組みを確認することとし，解除決定の要件に関する詳細は，やや複雑なので項目を改めて下記(3)で述べることにする。

　債権者決議に対して取消訴訟が提起されている場合，発行会社は，その本拠地を管轄する上級地方裁判所[216]に，執行停止の解除手続を申し立てることができる。ここで，申立権は発行会社にのみ付与されており，個々の社債権者には認められていない[217]。解除手続は，上級地方裁判所の一審級限りの手続であり[218]，解除手続申立てに対する決定は，原則として，申立てから最長 3 か月以内になされなければならない[219]。

　申立てを認容する解除決定は，①執行停止を排除し，決議の執行を可能にすること，②将来的にも決議の執行を確保すること，及び③事後的に決議の瑕疵が明らかとなった場合に，原告株主に損害賠償による救済を付与すること，と

かかる提訴資格の限定がどれほど実効的に濫用的訴訟を防止しうるのかについては疑問がないわけではない。

215)　株式法 246a 条の概要については高橋 [2012] 265〜266 頁を参照。

216)　発行会社が外国会社である場合は，フランクフルト上級地方裁判所。

217)　Friedl, in: Friedl/Hartwig-Jacob [2013] §20 Rn. 84. これは，危機時期における社債リストラクチャリング（社債権者による譲歩）は，通常は発行会社のイニシアティブで行われることから説明される（Liebenow [2015] S. 218）。

218)　これは，2009 年に債務証券法が制定された後になされた 2012 年改正（Gesetzes zur Änderung des Bundesschuldwesensgesetzes vom 13. 9. 2012, BGBl. 2012 I 1914）によるものである。同改正後は，解除手続に要する期間は概ね 7〜8 か月であるといわれる（Kessler/Rühle [2014] S. 913）。もっとも，同改正も，2009 年株式法改正（ARUG）における規律（これは必ずしも事業再生の局面を念頭に置いた規律ではない）と歩調を合わせたものに過ぎず，事業再生における迅速性の要請に配慮して株式法との比較においてさらなる迅速化を確保したものではない（Vogel [2013] S. 59）。

219)　ただし，決定によって延期することも可能である。Friedl, in: Friedl/Hartwig-Jacob [2013] §20 Rn. 87; Vogel, in: Preuße [2011] §20 Rn. 57.

いう 3 つの効果を有する。以下，順に敷衍する。まず，①裁判所による解除決定があれば，たとえ取消訴訟が係属中であっても，当該債権者決議を執行することができる。これは，取消訴訟提起によって生じた執行停止の効果を排除するものである。そして，さらに重要なこととして，②この場合，たとえ取消訴訟において最終的に認容判決（取消判決）が下されたとしても，当該決議の執行は無効とはならないし，撤回もされない。つまり，解除決定がなされれば，その時点において当該債権者決議を確定的に執行できることとなる。解除決定には，決議の存立確保の効果（bestandssicherende Wirkung）が付与されているのである[220]。

　これら①及び②の規律は，債権者決議の執行に係る迅速性の要請及び法的安定性の要請に応えるものであると評価できる。もっとも，①及び②は，その反面として，社債権者の権利保護に疑義を生じかねない。なぜなら，たとえ明らかに瑕疵のある債権者決議であっても，解除決定が認められるならば（解除決定の要件については下記(3)を参照），何ら効力を否定されることなく存立しうることになるためである。この点について，債務証券法は，③取消訴訟の本案において認容判決が下された場合には，解除手続申立ての相手方（すなわち取消訴訟原告である社債権者）が，発行会社に対して，決議執行によって生じた損害の賠償請求をなしうるものとすることで，社債権者保護の要請に一定の配慮をしている（株式法 246a 条 4 項 1 文・2 文参照）。社債権者は，決議の執行によって生じた損害[221]を主張・立証する必要はあるが，発行会社の過失を立証せずとも損害賠償請求をすることができる[222]。

(3)　解除決定の要件

　株式法 246a 条を準用して解除決定が出されるべき場合（換言すれば，即時執行の利益が執行停止の利益よりも優先する場合）とは，(a)取消訴訟が不適法であるか，明らかに理由がない場合，(b)原告が，債権者集会招集の公告の時点以

220)　Kiem, in: Hopt/Seibt［2017］SchVG § 20 Rn. 190; Friedl, in; Friedl/Hartwig-Jacob［2013］§ 20 Rn. 96; Vogel, in: Preuße［2011］§ 20 Rn. 59; Baums［2009］S. 5.

221)　訴訟費用のほか，過大な譲歩を強いられたことによる損失がここでの損害に該当するとされる。 Kiem, in: Hopt/Seibt［2017］SchVG § 20 Rn. 197-199; Friedl, in: Friedl/Hartwig-Jacob［2013］§ 20 Rn. 96-97; Liebenow［2015］S. 218-219.

222)　Friedl, in: Friedl/Hartwig-Jacob［2013］§ 20 Rn. 97.

降，少なくとも 1000 ユーロの債務証券の額面持分を有していることを申立て後 1 週間以内に文書で証明しない場合，又は(c)決議を即時執行する利益が，決議執行を停止する利益を上回ると認められる場合（ただし，決議に特に重大な法令違反がある場合を除く）のいずれかである。逆にいえば，(ā)取消訴訟が適法であり，かつ理由があること，(b)原告が，債権者集会招集公告の時点で少なくとも 1000 ユーロの債務証券の額面持分を保有していることを申立て後 1 週間以内に文書で証明したこと，及び(c̄)執行停止の利益が即時執行の利益を上回るか，又は決議に特に重大な法令違反があること，という 3 つを満たす場合には，解除決定は認められず，執行停止が存続する。

　それぞれについて，簡単に補足しておこう。まず，(a)は，取消訴訟で原告が勝訴する見込みがあるかどうかを審査するものである。訴訟要件を欠く場合や，明らかに請求に理由がない場合には，そのことをもって執行停止の解除が認められる。次に，(b)は，濫用的な原告が小口の社債を取得して取消訴訟を提起するのを形式的な基準で防ごうとするものである[223]。もっとも，実務上，債務証券は最低 1000 ユーロ以上の単位で発行されるのが通常であること，また，財務危機時には社債は額面を大きく下回る実勢価格で取引されるのが通例であることに鑑みて，1000 ユーロという最低投資額要件によって職業的原告の跋扈を防ぐ効果はさほど期待できないと指摘されている[224]。

　最後に，(c)は，いわゆる利益衡量要件と重大違法要件を定めるものである。これは 2 段階に分かれる。第一段階として，当該決議の執行停止による不利益が，当該決議の即時執行による原告の不利益を上回るどうかが審査される（利益衡量要件）[225]。仮に上回ると認められるならば即時執行の利益を優先すべき

---

223)　これはもともと株式法における濫用的取消訴訟（及びこれによる登記停止）を実効的に防ぐための仕組みとして導入されたものである。決議取消しの可能性を，経済的に意味のある投資をしていて企業のその後の展開に利益を有すると推定される株主に限定して認める建付けであると説明される（BT-Drucks. 16/13098, S. 41（Rechtsausschuss））。

224)　Friedl, in: Friedl/Hartwig-Jacob [2013] §20 Rn. 7, Rn. 90; Florstedt [2013] S. 587 等参照。この点で，額面を最小単位（1 ユーロ）で発行することが多いとされる株式（BR-Drucks. 847/08, S. 65; BT-Drucks. 16/11642, S. 42）とは状況が異なるものといえよう。

225)　これは純然たる経済的利益の比較であり，原告勝訴の見込みも違法性の程度も考慮されない。Decher, in: Lutter [2014] UmwG §16 Rn. 59; Schwab, in: Lutter [2015] §246a Rn. 31 参照。

こととなるが，その場合でも，第二段階として，決議の重大な違法が審査され，当該決議に特に重大な法令違反があれば，やはり決議の即時執行は認められないこととなる（重大違法要件）[226]。これらについてはいまだ解釈が定まっていない部分が多いのだが，少し立ち入って検討しておこう。まず，利益衡量要件については，①即時執行による不利益をどのように判断するか，そして②執行停止による不利益をどのように判断するかが問題となる。①に関して，原告社債権者の不利益は，決議を執行しない場合（典型的には発行会社が破産する場合）におけるペイオフよりも有利であれば問題とならないのか[227]，それとも他の事業再生の選択肢（たとえば事業譲渡による事業再生等）において実現可能な想定価値との比較を要するのか[228]，複数の解釈の余地がありうる。仮に前者のような考え方をとるならば，利益衡量要件は社債リストラクチャリングの文脈においては殆ど必然的に空振りになるであろう[229]。また，②は，準用される株式法の条文によれば発行会社及び他の社債権者の利益であるが[230]，債

---

226)　このような 2 段階審査の規律は，2009 年株式法改正（ARUG）で導入されたものである。それ以前は，即時執行の経済的利益が如何に大きくとも，裁判所が違法性を理由として解除しない事例が多く，解除手続は迅速な登記実現のためにさして役立っていなかった。ARUG は，経済的利益の衡量と違法性の評価を明確に区分することで，解除手続を実質的に機能させることを狙っている（Decher, in: Lutter［2014］UmwG §16 Rn. 28-29; Florstedt［2009］S. 469-470 参照）。同改正後の株式法上の解除手続では，経済的な利益衡量要件では原告株主に勝ち目がないのが通常であり，決議に重大な違法があるという例外的な場合にのみ解除が認められるといわれる（BT-Drucks. 15/5092, S. 29; Baums/Drinhausen［2008］S. 151）。

227)　OLG Köln ZIP 2014, 268 - *SolarWorld* は，決議を執行しない場合における社債の価値（決議を執行しない場合には早晩発行会社が債務超過のみならず支払不能に陥り，7.5% の破産配当に甘んじることになると認定されている）と，決議によって付与される新株及び新社債の購入権（Erwerbsrecht）の価値とを比較し，前者よりも後者の方が大きいことから，解除手続相手方（取消訴訟原告）たる社債権者の不利益は認められないと判示している（*Id.* Rn. 40-41）。

228)　Florstedt［2014b］S. 1516 はこのような解釈を示唆する。

229)　Florstedt［2014b］S. 1516（想定される破産配当との比較は倒産法に基づく倒産処理計画手続にみられる発想であるが，これを倒産手続の外に持ち出すことは，解除手続を空振りにする結果になると指摘）参照。同様の問題は，株式法に基づく資本措置決議に係る解除手続にも妥当する。

230)　Vogel, in: Preuße［2011］§20 Rn. 56; Wassman/Steber［2014］S. 2014. 債務証券法が準用する株式法は，2009 年改正（ARUG）によって，利益衡量要件が，一方で原告株主の利益を，他方で発行会社及び他の株主の利益を対置するものであることを明らかにした。これをそのまま準用すれば本文の解釈となる。

権者決議においては，発行会社と社債権者が互いに対立する利害を有する場合があることに留意する必要がある[231]。たとえば，元利金債権を減額するなど，社債権者の法的地位を縮減する決議は，発行会社の利益になるものであるが，それが当然に社債権者全体の利益になるとは限らない（他の債権者グループや持分権者への利益移転となる場合がありうる）[232]。かかる観点から，社債権者と発行会社の利益が一致するのは当該措置によって発行会社の倒産を回避しうるという場合だけであるとして，当該措置が発行会社の倒産回避のために必要かつ適切である場合にのみ発行会社の利益を考慮すべきである，との見解も提唱されている[233]。他方，利益衡量要件においては基本的に原告社債権者の分が悪いとし，それゆえ「特に重大な法令違反」の要件が社債権者の権利保護の最後の拠り所であるとする見解もある[234]。もっとも，何をもって「特に重大な法令違反」とするかはこれまでのところ必ずしも明らかでなく，今後の議論に委ねられている[235]。

　いずれにせよここで銘記されるべきは，たとえ違法な決議であっても，決議の即時執行の利益が執行停止の利益を上回ると認められ，かつ当該決議に「特に重大な法令違反」が認められなければ，解除決定により，決議の執行が確定的に認められることになりうる，ということである[236]。もちろん，事後的に決議の瑕疵が認められれば損害賠償請求権が基礎付けられることは前述のとお

---

231)　Friedl, in: Friedl/Hartwig-Jacob［2013］§20 Rn. 91. なお, Schmidtbleicher［2010］S. 192-194 は，解除手続において社債権者の相手方当事者であるはずの発行会社の利益が衡量される建付けとなっていることに批判的に言及する。

232)　Friedl, in: Friedl/Hartwig-Jacob［2013］§20 Rn. 93.

233)　Maier-Reimer［2010］S. 1322（社債権者の法的地位を侵害する決議であれば，当該決議が倒産回避のために必要かつ適切である場合を除き，発行会社の利益は考慮しない）; Vogel ［2013］ S. 60; Friedl, in: Friedl/Hartwig-Jacob［2013］§20 Rn. 93. このように解する場合，即時執行の利益が勝ることを示すためには，直ちに決議を執行しなければ不可避的に発行会社の倒産がもたらされることを疎明しなければならないこととなる。さらに，Liebenow［2015］S. 212 は，債務証券法の社債権者組織法としての位置付けに基づき，解除手続においては発行会社の利益を考慮するべきではなく，社債権者の利益だけを衡量すべきであると主張する。OLG Köln ZIP 2014, 268, Rn. 38ff. も，解除手続相手方（取消訴訟原告）たる社債権者にとっての不利益と，その他の社債権者にとっての不利益を衡量するという枠組みであるように見受けられる。

234)　Florstedt［2013］S. 588; Liebenow［2015］S. 217.

235)　Friedl, in; Friedl/Hartwig-Jacob［2013］§20 Rn. 93; Florstedt［2014b］S. 1516.

りであるが，かかる判決に対世効が付与されるわけではなく，取消訴訟におい
て勝訴判決を得た原告社債権者だけに付与される効果であることには注意を要
する[237]。換言すれば，本来対世的な影響をもたらす取消訴訟は，解除手続に
より，特に重大な違反が存在する等の例外的な場合を除いて，原告と発行会社
の二者間における相対的な損害賠償の問題へと変容することを余儀なくされる
ということである[238]。

　問題は，事業再生としての社債リストラクチャリングの局面において，以上
のような取消訴訟及び解除手続という株式法的な制度モデルが適切かどうか，
より具体的には，①裁判所による規律密度の低い解除手続という建付けの適切
性，②執行停止に伴う取消訴訟の濫用の可能性を踏まえたときに，かかる制度
設計が望ましいものといえるかどうかであるが，これは第 3 節で論じることに
しよう。

4.　取消訴訟における審査事項

　債務証券法によれば，債権者決議の取消原因は，債権者決議が法律又は社債
条件に違反することである（債務証券法 20 条 1 項 1 文）。この解釈として，裁判
所が取消訴訟において決議の瑕疵として何を審査すべきかが争われている。と
りわけ比較法の観点から関心が向くのは，――わが国の決議認可制度のように，
――決議の内容面にわたる審査をすることが制度上予定されているのかどうか，

---

236)　この点については，株式法 246a 条を新設した 2005 年株式法改正（UMAG）における政府草案
　　理由書が次のように述べている。いわく，利益衡量条項は，「訴訟裁判所をして，取消訴訟に理由があ
　　るようにみえる場合や，さらには明らかに理由があるという場合においてさえも，登記の許可
　　（Freigabe）をなしうるようにするものである」。もっとも，かかる建付けには疑問がないわけではない。
　　たとえば，Hirte［2010］S. 210 は，利益衡量要件について，明らかに取消原因がある場合でさえも解除
　　決定を可能にするものであり，実体的な取消権限を縮減するものであると批判的に論じているし，また
　　Habersack［2009］S. 12 は，適法性とは殆ど無関係に，純然たる経済的利益の衡量を決定的なファク
　　ターとして確定的な登記を完了させる仕組みについて批判的に言及し，取消訴訟制度の抜本的改正を期
　　待すると述べている。Zöllner［2008］S. 1642 や Habersack/Stilz［2010］S. 719-720 もこの点を批判的
　　に指摘する。
237)　Florstedt［2014b］S. 1517 Fn. 60 は，この点に批判的である。
238)　株式法の文脈に関して，Hirte［2010］S. 210 参照（取消訴訟の「監督機能（Polizeifunktion）」は，
　　決議に特に重大な違反がある場合に限定される結果になると指摘する）。

である。現行法の解釈論には旧法下の議論を前提とするものがあるので，以下，まず旧法の規律を概観した上で，債務証券法に係る議論を確認する。

(1)　旧法の規律

(a)　決議認可制度の不採用　　前述のとおり，旧債務証券法は，少数派社債権者保護の観点から債権者集会の決議権限を狭く限定していた点に特徴があるのだが，その権限内で可決した決議については，社債権者の多数派の判断を尊重する考え方が採られていた。

まず，旧法の制定過程の初期段階において，裁判所による債権者集会決議の認可制度を導入するかどうかという問題について，次のような議論がなされた。ここで参照されたのは，1895年のプロイセン法[239]であった。同法では，破産法上の強制和議に倣い，債権者集会決議の効力を区裁判所の認可（Bestätigung）に係らしめる建付けが採用されており，しかも，裁判所が決議の目的合理性をも審査するものとされていた。これと同様の制度をドイツでも採用するべきかどうかが問題となったわけであるが，1899年債務証券法に係る政府草案は，かような制度を明確に拒絶した。理由書にいわく，「裁判所は，その業務領域の完全に外側にある問題に関しては，非常に困難かつ慎重な判断をしなければならない。通常，そこでは，企業家の財産的状況及びその展開見込みの評価が問題となる。問題となる観点の吟味及び討議を経て，当事者の大多数が，犠牲の引受けを必要であると表明したのであれば，それに加えて，かかる決議の効力を，当該措置が実際に当事者の利益に合致するかどうかに関する区裁判所の判断に係らしめる理由は存在しない」[240]。

当時法律顧問官（Justizrat）であった Riesser も，同様の観点から次のように指摘している。「そもそも，ことの性質上，区裁判官は，それぞれ問題となる状況につき，しばしば100万以上の価値がある債務証券の大多数，つまり利害関係人そのものと比べて，より良く判断することができるものとは信頼できないし，通常はそのような立場にもない。そして，裁判官には，通常，純然たる形式的な是認以外に選択肢は残されていない」。「仮に裁判官が債券保有者の

---

239)　本章注74）参照。

240)　Regierungsbegründung zum SchVG, Sten. Ber. über die Verhandlungen des Reichstags, X. Legislaturperiode, I. Session 1898-1900, 2. Anlageband, Aktenstück Nr. 105, 913.

利益について，債券保有者自身よりも良く熟知し，良く判断しうる立場にあると信頼するのであれば，それではそもそも多数決団体の創設そのものが殆ど空虚なものであると容易く反論されるであろう」[241]。

ここに看取されるのは，社債権者の多数派が自ら合理的に——厳密には，少なくとも裁判所との比較において，であるが——犠牲の引受けの当否に係る意思決定をなしうる，という理解である。旧債務証券法においては，社債権者集会決議に対して裁判所が後見的に介入するという建付けは基本的に想定されていないが[242]，それは社債権者集会の自律と自治という観点から正当化されるものと考えられていた[243]。

　(b)　共同利益要件の解釈　　これと同様の考え方は，旧法の解釈論にも垣間見ることができる。旧法1条1項は，債権者集会は「債権者の共同利益を擁護するため」に決議しなければならないと規定しており（以下，本章において「共同利益要件」ということがある），決議に反対する者は，当該決議が「共同利益を擁護するため」になされたものではない，と主張してその効力を争うことができた。すなわち，共同利益要件の解釈次第では，裁判所が決議内容を審査する契機を認める余地があった。

しかしながら，かかる共同利益要件は，客観的にではなく主観的に判断するべきものと解するのが通説であった。すなわち，通説によれば，共同利益要件は，①当該決議が客観的に共同の利益に関するもので，かつ，②主観的に「共同利益」擁護を目的とするものであれば足り，決議の結果が客観的に債権者の利益となっていることは不要である，とされていた[244]。通説の理解によれば，

---

241)　Riesser [1898] S. 84–85. Zimmermann [1901] S. 98–99 も同旨。

242)　もっとも，旧法は，規制産業の企業については，その監督庁による決議認可の制度を設けている（旧法13条）。政府草案理由書いわく，「裁判所とは対照的に，これらの官庁〔監督庁〕は，企業家の状況に関する十分な知識を手に入れることができ，それゆえ債権者が行った決議の目的合理性を評価する適格を有する」という（Regierungsbegründung zum SchVG, Sten. Ber. über die Verhandlungen des Reichstags, X. Legislaturperiode, I. Session 1898-1900, 2. Anlageband, Aktenstück Nr. 105, 913）。これと対比すると，一般企業について裁判所による決議の認可制度が設けられなかった理由として，債権者集会の多数派と裁判所との間での，決議内容の評価能力に係る比較優位性が重視されていたことが窺われる。

243)　Zimmermann [1901] S. 36-38 参照（社債権者が，役所による後見的保護を必要とする弱い存在であるとの理解を拒絶し，役所による指揮・監督は不要であると説く）。

そもそも，決議目的が「共同利益の擁護」に限定されているのは，多数派による権限濫用（特別利益を追求する目的での議決権行使）から少数派を保護する趣旨のものであり，それ以上に，決議における判断の誤りから社債権者を保護する趣旨の規律ではない。したがって，決議が客観的に有益であることまでは必要とされない，というのである[245]。

　このような理解の背後には，決議された措置が実際に債権者の「共同利益」を実現するかどうかは，経済的状況にも依存するのであり，それは社債権者の共同体自らが判断すべき事柄であって，裁判所は決議の目的合理性を判断するべき立場にはない，という考え方が存在した[246]。

　なお，かかる解釈における「共同利益」の要件が，社債権者と（潜在的に）相反する利益を有する主体による議決権行使を当然に排除するものではないことには注意を要する。たとえば，1935 年 4 月 12 日の帝国裁判所判決[247]の事例では，発行会社の主たる無担保債権者かつ大株主である銀行が，未償還社債の大部分を市場で取得し，権利変更決議を成立させたという事実関係が主張されていたが，判決は，社債権者が権利変更に同意することで初めて救済融資及び新規出資を受けることができた等の事情——すなわち，銀行が社債を取得して議決権行使することが，必ずしも社債権者の「共同利益」に反するものではないこと——を指摘し，結論において原告の主張を退けている。また，貸付債権者が社債を取得して議決権を行使することが，直ちに社債権者の共同利益に反するとの結論に結び付かない，ということは，学説上も夙に認識されていた。たとえば，Heinz Ansmann は，1930 年代に銀行が社債を買い占めて支払猶予等の社債権者集会決議を成立させるという事例が増加したことを踏まえて，次のように論じる。いわく，かかる議決権行使は，仮に当該銀行が社債権者として以外の特別利益を得る意図があるとしても，直ちに「共同利益を擁護するた

---

244)　Zimmermann［1901］S. 86; Göppert/Trendelenburg［1915］S. 39; Könige［1922］§ 1 Anm. 55; Ansmann［1933］§ 1 Anm. 55; Vogel［1999］S. 131-132. なお，Bredow/Vogel［2008］S. 226; Vogel［2010］S. 219; Schmidtbleicher［2010］S. 161 も参照。

245)　Zimmermann［1901］S. 86; Könige［1922］§ 1 Anm. 55; Ansmann［1933］§ 1 Anm. 50; Vogel［1999］S. 132; Schmidtbleicher［2010］S. 161.

246)　Zimmermann［1901］S. 86; Vogel［1999］S. 132.

247)　RGZ 148, 3.

め」（旧法 1 条 1 項）の要件に該当しないとの結論になるわけではない。たとえ
ば，銀行は，健全な企業を破綻から救済するために，経済的な洞察を欠く社債
権者から社債を買い集めることが必要であると判断する場合がありうる，とい
う[248]。これらは，社債権者以外の地位を有する主体について，当然に議決権
を否定すべきだとか，その議決権行使を直ちに濫用と認めるなどといったクリ
アカットな規整に対するひとつの反論となりうるであろう。

　(c)　小括　　こうしてみると，旧法の規律は，決議事項を狭く限定している
一方で，決議事項の範囲内では社債権者の多数派による自律的意思決定を尊重
する建付けが採用されていたことがわかる。これは，見方を変えれば，多数派
の自律的意思決定に委ねても差し支えない範囲内でのみ多数決による決議権限
を認めるものである，と理解できるかもしれない。換言すれば，決議内容に立
ち入って裁判所が審査することを要するような場合には，そもそも多数決によ
る決議を認めるべきではない，という発想である。

(2)　債務証券法における議論

　前述のとおり，債務証券法によれば，債権者決議の取消原因は，債権者決議
が法律又は社債条件に違反することである（債務証券法 20 条 1 項 1 文）。決議の
手続ないし内容が，債務証券法及び社債条件の規定に違反した場合に当該決議
を取り消しうることはいうまでもなかろう[249]。問題は，かかる規律を遵守し
ているにも拘らず社債権者（とりわけ少数派）に不利益な決議が成立しうる，
という危険に対して，どのように対処すべきか──債務証券法及び社債条件の
規律を遵守してさえいれば，社債権者保護として十分と評価してよいか──で
あり，この点について，議論が分かれている。

　ドイツにおいて特に議論されているのは，多数社債権者が特別利益（Sonder-

---

248)　Ansmann [1933] § 1 Anm. 49.
249)　Regierungsbegründung zum SchVG 2009, BT-Drucks. 16/12814, S. 25; Friedl, in: Friedl/
　　Hartwig-Jacob [2013] § 20 Rn. 18（平等処遇原則違反），Rn. 26（手続規制違反）参照。手続規制違反
　　の具体例につき，Vogel [2010] S. 218-219; Vogel [2013] S. 49 を参照。なお，前述のとおり，情報提供
　　の瑕疵については決議の取消しが一定範囲に限定されている（債務証券法 20 条 1 項 2 文）。すなわち，
　　客観的に決議を左右する債権者が，当該情報の提供を，議決権行使のための本質的な前提条件である
　　とみなしていた場合に限って，取消原因たりうるものとされているのである（いわゆる関連性の要件。こ
　　れは株式法 243 条 4 項 1 文と同様の規律である）。

interessen）を追求して社債権者全体の利益に反する決議を可決させるという懸念に対してどう対処すべきか，である[250]。社債権者の多数派が十分に情報を得た上で決議に賛成している場合であっても，当の多数派が社債権者としての利益以外の利益（特別利益）を追求している場合には，当該決議が社債権者全体にとって利益になるであろうと単純に推定することはできないためである[251]。具体的な類型として，株主，貸付債権者又はCDS保有者が決議の結果を左右する危険性が指摘されている[252]。とりわけ，財務危機における社債リストラクチャリングにおいては，他の権利者（株主や他の債権者グループ等）との間における価値の分配が問題となるので，こうした問題が顕在化しやすい。なお，なぜこの問題が新法で先鋭に争われているかといえば，それは，決議事項が大幅に拡大し，多数決の弊害が顕著に現れやすくなったためである。新法においては，たとえば社債の元本を殆どゼロまで引き下げる決議も条文上は可能とされており，社債権者以外の特別利益を追求する者が決議を成立させることによる弊害が大きく出やすい構造になっているのである。

　学説の状況をみるに，この点に対するアプローチは，──細部においてさらにバリエーションがあるが，──概ね3つの類型に大別できるように思われる。ひとつの極として，(a)債務証券法が定める債権者決議の規律によって十分に少数派保護が図られていると考え，司法審査では，基本的に当該規律の遵守をエンフォースすれば足りると解する立場がある。この立場は，社債権者の自治的判断を尊重し，債務証券法が定める規律を遵守した上での多数決によるいわば反射的な保護（reflexiv Schutz）をもって社債権者保護として基本的に十分であると考えるものである。もうひとつの極として，(b)手続的規律だけでは少数派保護に十分でないと考え，取消訴訟において，濫用規制にとどまらない決議内容の妥当性ないし正当性に踏み込んだ審査の必要性を説く立場がある。この立場は，多数決制度には常に濫用の危険があることを強調し，決議内容に対する一定の外在的な制約が必要であると考えるのである。最後に，これらのいわば中間的な立場として，(c)原則として社債権者の自治的判断を尊重して内容審

---

250)　たとえば，Maier-Reimer [2010] S. 1320; Vogel [2013] S. 50 等。

251)　Liebenow [2015] S. 309-310; Vogel [1999] S. 244; Schmidtbleicher [2010] S. 88 等参照。

252)　Vogel [2013] S. 51; Florstedt [2014a] S. 162-163 参照。

査を否定しつつも，債務証券法が定める規律に加えて，社債権者間の利益相反（特定の社債権者による特別利益の追求）についても裁判所が審査すべきである，と解する立場がある。これは，社債権者間に利益相反がある場合には，多数決制度による反射的保護の大前提が崩れることに鑑みて，かかる特別利益追求について司法審査を及ぼすべきであると主張するものである。

　なお，政府草案理由書にはこの点に関する言及はなく[253]，立法者意思が奈辺にあるのか必ずしも明らかでない。裁判例をみると，フランクフルト上級地方裁判所が，債権者決議の取消訴訟では内容審査（妥当性審査）をしないとの立場を示唆した例が存在するが[254]，正面からこの問題を扱った例は見当たらない。

　(a)　主として債務証券法の違反審査に止める立場　　債務証券法の規律によって権利保護は十分に図られており，取消訴訟では基本的に債務証券法の規律に違反したかどうかを審査すれば足りるとする見解は，細部に多少の相違はあれども相当数存在する[255]。ここでそのすべてを詳細に論じることに実益はな

---

253)　政府草案理由書は，手続違反のみならず実体的瑕疵についても取消訴訟の対象となるとするが，そこで挙げられているのは債務証券法に明文のある新たな給付義務付けの禁止であり，それ以外に決議内容審査に対する言及はない。

254)　OLG Frankfurt, v. 27. 03. 2012 ZIP 2012, 725, 728 (Rn. 33). 同決定は，Pfleiderer AG が発行するハイブリッド社債のリストラクチャリングに係る債権者決議取消訴訟の解除手続において，「補償（Ausgleich）の相当性（Angemessenheit）を〔取消〕訴訟手続それ自体において審査することはできない。なぜなら，〔債権者〕決議は，法律違反又は社債条件違反を理由としてのみ裁判上攻撃することができるからである」と説示した。もっとも，同説示は，債務証券法 24 条 2 項に基づく旧社債のオプトイン決議 (2009 年債務証券法施行前に発行された社債について，債権者決議をもって 2009 年債務証券法に基づく債権者決議を可能にする措置〔本章注 120〕参照)) の適用範囲を論じる文脈の中で述べられたものであり，債務証券法 20 条に基づく取消事由の解釈論として説示されたものではない。その意味で，傍論に過ぎない。

255)　債務証券法違反と権利濫用だけを審査すれば足りるとする見解として，Simon [2010] S. 161-162（債務証券法の遵守と議決権行使の濫用に関する審査だけで足りるとする)，Veranneman, in: Veranneman [2010] §5 Rn. 13（同左)，Müller, in Heidel [2014] SchVG §20 Rn. 6（債務証券法と権利濫用禁止で権利保護は十分であるとする)，Penner [2015] S. 203ff.（債務証券法を遵守していれば議決権行使は自由であり，故意の良俗違反の場合だけ民法 826 条による制約を受けるとする)，Liebenow [2015] S. 328ff.（議決権行使の濫用規制の余地を肯定する)，Plank/Lürken [2010] S. 204（債務証券法の規律を遵守している限り，決議の実体的正当性に関する審査は不要であるとする)，Bliesener/Schneider, in: Langenbucher/Bliesener/Spindler [2016] SchVG §20 Rn. 14ff.（債務証券法の規律と

いので，論拠を明確に打ち出している以下の 2 つを取り上げる。

　第一に，Dirk Bliesener 及び Hannes Schneider は，2009 年債務証券法の立
法者が，決議内容に対する法律上の制約を廃止して社債権者の意思決定の自由
を尊重したことを重視する[256]。債務証券法の規定，及び一般法理としての権
利濫用禁止（民法 138 条）によって少数社債権者の利益保護は十分であり[257]，
社債権者が決議に際して自らの利益を追求しても構わない[258]。社債権者が他
の地位を併有することも制度上想定されているし，かかる独自の利益に向けて
議決権を行使することも制度上は禁止されていない[259]。したがって，たとえ
ば，発行会社に対する大口の貸付債権を有する者が，社債を大量に取得し，当
該貸付債権の状況を改善するために社債権者に不利な議決権行使（元本の一部
放棄や劣後化等）をすることも，法はこれを甘受するものである，とする[260]。

　第二に，Stefan Simon も，社債権者保護は手続的規律だけで基本的に十分
であるとの立場であり[261]，下記(b)で取り上げる決議内容の実体的審査を肯定
する見解に対して次のように反論する。いわく，社債権者の利益は同じ方向を
向いているので，通常，社債権者にとって有益な変更でなければ，特別多数決
が成立することはない。また，多数説が懸念するような特別利益追求の事例に

民法 138 条に基づく濫用規制だけで社債権者保護は十分であると主張する），Schneider [2013] S. 5-6
（同左）がある。やや微妙であるが，Maier-Reimer [2010] S. 1321（極端な場合であれば，特別利益追
求を理由として決議を取り消しうることに殆ど疑いないとするが，極端な場合以外の処理についての見解
は必ずしも明らかでない）もここに含まれよう。

256)　Bliesener/Schneider, in: Langenbucher/Bliesener/Spindler [2016] SchVG §20 Rn. 23. 沿革とし
　　て，旧法では共同利益要件が設けられていたところ，2009 年債務証券法は意図的にこれを廃止したこ
　　とを指摘する。
257)　Bliesener/Schneider, in: Langenbucher/Bliesener/Spindler [2016] SchVG §20 Rn. 24;
　　Schneider [2013] S. 5-8.
258)　Bliesener/Schneider, in: Langenbucher/Bliesener/Spindler. [2016] §20 Rn. 20; Schneider
　　[2013] S. 5-6.
259)　Schneider [2013] S. 7. 特別利益追求を規制する株式法 243 条 2 項が準用されなかったことは，
　　意図的な立法政策であったと指摘する。
260)　Schneider [2013] S. 7. 多数派社債権者が特別利益を追求するというケースは，「システム自体の
　　欠陥」ではなく，システム内での個別事案における「欠陥サービス」であるから，個別に議決権行使の
　　濫用審査の枠組みで対処すべきであるとする Liebenow [2015] S. 330-331 も同様の考え方であろうか。
261)　Simon [2010] S. 161-162.

ついては，議決権行使の濫用規制等によって対処すれば足りる。決議内容の審
査では，却って個々の事案における議決権行使の濫用に対して適切に対応する
ことができない。そもそも，債権者決議の内容的是非に係る事柄は，債権者の
多数派による将来に向けた予測判断に関わるが，こうした事項には幅広い判断
の余地があり，裁判所の審査に馴染まない。要するに，裁判所としては議決権
行使の濫用さえ審査すれば足り，それ以上に決議内容の実体的な正当性を審査
することは不必要かつ不適切である，という。

　以上の議論は，債権者決議の内容的な当否はもちろん，決議における特別利
益追求も原則として問題とせず，ただ権利濫用に該当するような場合だけを例
外的に——もっとも，その例外の広狭も論者によって異なりうるが[262]——審
査すれば足りる，とする点に特色がある。とりわけ，Bliesener 及び Schnei-
der は，社債権者間に実質的な利害対立が生じうることを認めた上で，かかる
利害対立を斟酌するかどうかは立法政策の問題に過ぎないと位置付ける点でか
なり強固な割り切りをしているように見受けられる。

　(b)　決議内容の実体的審査を肯定する見解　　以上といわば対極に位置する
議論として，学説上，取消訴訟において，債権者決議の内容的妥当性ないし正
当性にわたる審査を一定限度で肯定する見解が有力に主張されている[263]。

　この系譜の代表的論者である Theodor Baums は，債権者決議における多数
派の受託者的拘束（treuhänderische Bindung）に基づく決議内容審査を主張す
る[264]。いわく，債権者決議における多数派は，自らのみならず少数派をも拘

---

262)　権利濫用と認められる場合をどのように解するかによって，下記(c)で取り上げる Vogel の見解とさし
　　たる径庭がない立場ともなりうるであろう。また，たとえば Schneider が掲げる貸付債権者による議決
　　権行使の事例について，Simon がどのように評価するか（権利濫用と認めるかどうか）は必ずしも明らか
　　でない。

263)　Vogel [2013] S. 49 は，実体的審査を肯定する見解が「通説」であると述べるが，実体的審査を
　　原則的に否定する見解もそれなりに存在するので，通説とまで断言しうるかは疑問もある。この系譜の
　　議論としては，Baums [2009] S. 5-6（ただし，2008 年参事官草案を前提とする議論である），Horn
　　[2009b] S. 62（同左），Steffek [2010] S. 2616; Schmidtbleicher, in: Friedl/Hartwig-Jacob [2013] § 6
　　Rn. 32 などがある。

264)　Baums [2009] S. 6. Horn [2009b] S. 62 もこれに同調する。なお，現行法の解釈としての審査基
　　準はオープンにしつつ，実質論として，株式法の保護メカニズムを債務証券法に持ち込むのであれば
　　Kali-Salz 基準のような実体的審査を視野に入れるのが一貫的であると述べる見解もある（Florstedt

束し，その権利及び請求権を処分することができるのだから，恣意的な決定を
したり，個人的な特別利益を追求したりすることは許されない。この意味で，
多数派は社債権者全体の財産的利益に対する受託者的拘束に服することとなる。
換言すれば，債権者決議は，「債権者の共同利益」（旧法1条1項参照）のため
になされなければならない。たとえば，発行会社と別の取引関係を有する社債
権者をもっぱら利するような決議は，少数派の利益に合致するとは限らないた
め，単なる手続的規律にとどまらないさらなる少数派保護が必要となる[265]。

　かかる考慮に基づき，債権者決議は，①決議当時の状況に照らして，決議さ
れた措置がすべての社債権者にとって客観的に有益であるか又は主観的にかか
る利益を目指していること，②債権者権利への侵害が目指すところの措置（発
行会社の再建）との関係において適切かつ必要であること，及び③当該措置が
相当であること（当該措置による利益が当該措置による社債権者の不利益を上回る
こと）[266]が必要であるという[267]。

　議論のポイントは，社債権者の多数派が，自らの恣意や特別利益のために決
議するのではなく，むしろ社債権者の「共同利益」のために決議するよう拘束
される，との理論構成を基礎として，決議の内容が一定の実体的正当性の基準
を満たすことの必要性を説いたことである。これは，特別利益追求や恣意によ
る決議成立の危険性に対して，これらの主観的要素を直接に審査するのではな

　[2014a] S. 159)。

265)　Vogel, in: Preuße [2011] §20 Rn. 29.

266)　②及び③の実体的基準（必要性・相当性の基準）は，通常の資本増加に際して，既存株主の新株
　　引受権を排除する場合（株主総会の特別決議が必要となる）における実体的正当性の要件（いわゆる
　　Kali-Salz 基準）と概ね符合する。これに対しては，法理論的観点からの批判がある。すなわち，株式
　　法における必要性・相当性に係る司法審査は，株主の社員権（Mitgliedschaft）及び誠実義務（Treue-
　　pflicht）によって基礎付けられるところ（Hüffer/Koch [2014] §243 Rn. 21)，社債権者は社員権を持
　　たず，また通説によれば社債権者間に誠実義務は存在しないので（Schneider [2013] S. 5-7 等），株
　　式法と同様の審査基準を導く理論的な基礎を欠くとされるのである（Simon [2010] S. 161; Penner
　　[2015] S. 205 等）。もっとも，ドイツにおける法理論的な問題を解明することは本書の目的ではないの
　　でこれ以上は立ち入らない。

267)　Baums [2009] S. 6. Vogel, in: Preuße [2011] §20 Rn. 29ff. も参照。かかる基準によれば，たと
　　えば，決議により，原告社債権者の状態が，決議なき場合と比較してヨリ悪化するという場合には，当
　　該決議は取り消されるべきことになる（Vogel, in: Preuße [2011] §20 Rn. 30)。

く，むしろ客観的な決議内容を審査することによってこれに対処する，という
アプローチをとるものと評価できよう。

　(c)　特別利益の審査を肯定する見解　　これに対し，Hans-Gert Vogel は，
上記(b)の立場と同じく，多数派社債権者には「受託者的拘束」に基づく「共同
利益」追求が要請されるという前提を採りつつ，上記(b)の立場とは異なり，決
議内容を直接審査するアプローチ（Kali-Salz 基準に類する基準による決議内容審
査）を否定する。いわく，立法者は，多数派が自ら関与すること（Selbstbetrof-
fenheit）による反射的な少数派保護，及び債務証券法による多数派権限の限界
（追加的給付義務付けの禁止など）により社債権者保護を図っているが，債権者
決議において生じうる様々な態様の利益相反について，立法者が甘受するつも
りであったとは考えにくい，という[268]。Vogel によれば，多数派の特別利益
追求に対処するものとして「共同利益」の要件が課され，ここから，㋐恣意の
禁止，㋑権利濫用の禁止，及び㋒特別利益追求の禁止という具体的規範が導き
出される[269]。逆に，㋐〜㋒において問題が認められないならば，決議におけ
る社債権者の判断裁量を認めるべきであり，Kali-Salz 基準のような決議内容
の実体的正当性（Rechtfertigung）は不要である。なぜなら，①債務証券法 5
条 3 項が多数決による権利変更を制度化した時点で既に利益衡量が行われてお
り，②社債権者自身がオプトインによってかかる多数決の可能性を知らされて
おり，③かかる可能性は市場を通じて社債価格にも反映されているはずだから
である[270]。

　以上の Vogel の議論は，資本多数決によって少数派を拘束することの正当
化根拠は，多数派の自己関与性による反射的保護にある，との理解を前提とし
て，裁判所が決議に介入するべきなのは，かかる前提が満たされない場合——
決議が所定の手続に違反してなされた場合のほか，恣意や権利濫用，さらには
特別利益追求によって成立した場合を含む——であると論ずるものである[271]。

---

268)　Vogel [2013] S. 50-51. なお, Hofmann/Keller [2011] S. 713 も参照。
269)　Vogel [2013] S. 53. もっとも, Vogel の議論からは，それぞれがどのような場合に認められるかとい
　　う具体的なあてはめの基準は見出されない。
270)　Vogel [2013] S. 55-56.
271)　沿革をも踏まえてみるならば，このような理解は，旧債務証券法において「共同利益を擁護するた
　　め」の要件解釈としていわゆる主観説が通説であったことと整合的でもあるように思われる。

これは，社債権者の資本多数決が，必ずしも社債権者としての利益を追求して
なされるとは限らないという危険に対し，決議内容審査によって間接的に対処
するのではなく，直截的に問題の根本に迫ろうという解釈であると評価できよ
う。

　なお，Vogel は，発行会社と大口投資家が手を組んで少数派を害する決議や，
特定者に特別利益を付与するような決議は，それが債務証券法の手続に違反す
るものでなくとも，極端な場合には良俗違反として無効（民法 138 条）となり，
取消訴訟によらず，提訴期間の定めのない決議無効訴訟による救済を求めるこ
とができるとしている[272]。

　(3)　若干の検討

　以上のとおり，債権者決議に対して裁判所がどのように介入するべきかにつ
いては複数の考え方がありうる。ここで注意しておきたいのは，次の 3 点であ
る。

　第一に，以上に取り上げた見解が，いずれも，社債権者の合理的判断能力そ
れ自体を疑っているわけではなく，むしろ合理的判断能力があることを暗黙の
前提として，資本多数決制度が不可避的にもたらす多数派と少数派の実質的利
害対立という問題にどのように取り組むべきかで意見が分かれている，という
ことである。ドイツでは，旧法の制定当初以来，いやしくも資本多数決制度を
設ける以上[273]，その決議事項の枠内においては社債権者が合理的な意思決定
をなしうることを前提とするべきである，との考え方が広く共有されてきたよ
うに思われる。

　第二に，ここで議論の対象となっているのは，取消訴訟における裁判所の審
査事項であり，解除手続における審査事項ではない，ということである。前述
のとおり，たとえ取消事由があるとしても，解除決定の要件が具備されれば
──そしてこれは主として利益衡量要件と重大違反要件によって決まる──決

---

272)　Vogel［2013］S. 46-47, S. 49. なお，法の目的に鑑みて，無効原因となる閾値は非常に高く設定さ
　　れるべきであり，非常に極端な事例でのみ無効訴訟を認めるべきだとする。

273)　旧債務証券法が，社債権者が必ずしも合理的に判断することができないかもしれないという考慮に
　　基づいて債権者集会の決議権限を狭い範囲に限定していたこと（本款第 3 項 1 参照）と併せ考えると，
　　ドイツでは，多数決による合理的判断が可能であると認められる限度でのみ決議権限を認めるべきで
　　ある，という考え方が採られてきたと評価しうるであろう。

議の執行が確定的に認められるのであって，決議の瑕疵は損害賠償請求権を基礎付ける事由となるにとどまる。現行法においては，解除決定が認められると決議それ自体は執行され，あとは取消訴訟原告との個別的な金銭的解決の問題に帰着するので，取消事由該当性が持ちうる実践的な意義はさほど大きくない。

第三に，債権者決議における司法審査において，倒産法的な考慮要素を審査することは予定されておらず，そもそも殆ど議論すらされていない（それゆえ本項で取り上げた議論の中にも明確な形では出てこなかった），ということである[274]。立法論的な当否はともかく，少なくとも現行法の解釈論としては，債権者決議の取消訴訟において倒産法的な考慮要素が審査対象とならないことにつき，おそらく争いはないものと思われる。この点は，第4章で検討するスイス法と比較するとドイツ法の特徴ともいいうるものであるが，ドイツではあまり自覚的に議論されていないようである。それゆえ，確たる理由は必ずしも明らかでないが，おそらく，債権者決議はあくまで社債権者の自律的意思決定の仕組みであり，倒産法的な考慮を含めて社債権者自身が自律的に決定するべき事柄であると一般に考えられているものと思われる。

第4款　共同代理人制度

第1項　総説

ここまでの検討から，債務証券法は，決議事項を大幅に拡大して社債権者の重大な権利変更をも債権者決議で決定しうるようにしたこと，その前提として立案者は完全な情報開示と手続的保護を重視していたが，情報開示に関していえば，社債権者の自発的な情報請求と発行会社の真摯な対応に依存する構造となっていること，決議手続の瑕疵を争う争訟についても，そもそも何をもって

---

274)　当該社債に係る債権者以外の債権者との平等が問題とならないことについて，本款第3項3(4)参照。また，倒産法における清算価値保障原則（これについては第3節第1款第2項1で補足する）が妥当しないと解されていることにつき，Thole, in: Hopt/Seibt［2017］SchVG §5 Rn. 44 参照。この点に疑問を呈する数少ない議論のひとつが，第3節第1款第2項で取り上げる Florstedt の議論（ただし，立法論）である。

瑕疵とするかに争いがあるほか，解除手続制度の導入により，必ずしも裁判所による規律密度は高いものではないことが明らかとなったように思う。このように，債務証券法は，決議手続と司法審査により社債権者の利益を保護する建前を採用しつつも，その建付けはさほど堅固でないものと評価する余地がある。

　そこで，社債リストラクチャリングの局面における社債権者の利益保護に資する仕組みのひとつとして，共同代理人の制度を概観しておきたい。共同代理人（gemeinsame Vertreter）とは，社債権者の共同利益の擁護のために設置される社債権者共同の代理人であり，債務証券法に，その設置方法や権限・義務等についての根拠規定が設けられている（債務証券法 7 条，8 条）。

　共同代理人には，大別して選定代理人（Wahlvertreter）と契約代理人（Vertragsvertreter）の 2 種類がある。選定代理人とは，社債の発行後に，債権者決議に基づいて設置される共同代理人であり，契約代理人とは，社債の発行時に，社債条件に基づいて設置される共同代理人である。選定代理人と契約代理人は，その権限に関して若干の相違があるものの，いずれも社債権者の利益を代表する共同の代理人としての基本的な性質において共通する。

　共同代理人には，①社債権者を代表する対話の主体としての機能と，②発行会社に対する監視者としての機能の大きく 2 つの機能があるとされる。すなわち，共同代理人は，①社債権者の利益を集約し，発行会社との間における対話・交渉を可能にするとともに，②法定ないし約定の調査権限を行使し，発行会社に関する情報を収集してこれを社債権者に提供する機能が期待されるのである[275]。とりわけ，財務危機局面においては，発行会社が情報優位を利用して機会主義的に社債権者から譲歩を引き出そうとするおそれもあるところ[276]，共同代理人は，発行会社のかかる行動を牽制する機能を担いうる。なお，②の機能は，平時における発行会社のモニタリングを包摂するものであり，いわゆる負債ガバナンス（debt governance）[277]に資するものであるが，本書で社債の

---

275)　Regierungsbegründung zum SchVG 2009, BT-Drucks. 16/12814, S. 19-20. 学説として，たとえば Thole, in: Hopt/Seibt［2017］SchVG § 7 Rn. 1; Reps［2014］S. 237; Nesselrodt, in: Preuße［2011］Vor §§ 7-8 Rn. 11; Leber［2012］S. 258-259 を参照。

276)　たとえば Reps［2014］S. 240 や Schmidtbleicher［2010］S. 130-131 は，財務危機における債務者側のリストラクチャリング提案が，正当なものかそれとも機会主義的動機によるものかが判然としない場合があることを指摘する。

管理全般について扱う余裕はないので，ここでは，財務リストラクチャリングの局面における共同代理人の機能について概観するにとどめる。

第 2 項　共同代理人の機能

1. 情報の収集・処理

債務証券法は，共同代理人に発行会社に対する情報請求権を付与している。すなわち，共同代理人は，委任された職務を全うするために必要なすべての情報を発行会社に対して請求することができる（債務証券法 7 条 5 項）。共同代理人は，債権者決議に先立って，発行会社に関する情報を収集し，社債権者の情報に基づく意思決定（議決権行使）を促進することが期待されているのである[278]。

かかる情報の収集・処理の権限は，社債リストラクチャリングの局面において重要な意義を持ちうる。というのも，かかる仕組みが存在しない場合には，社債権者の合理的無関心により，発行会社の呈示する権利変更案が妥当かどうかを判断するための情報生産が過小になる可能性があるためである。共同代理人がこれを一手に引き受けるならば，情報の収集・処理における集合行為問題を克服するのに役立つであろう。学説では，社債リストラクチャリングの局面における共同代理人の情報生産機能を重視する議論が少なくない[279]。

もっとも，債務証券法における共同代理人の情報請求権が，旧法において共同代理人に与えられていた情報収集に関する権限と比較してかなり縮小していることは認めざるを得ない[280]。旧法において，共同代理人は，発行会社の社

---

277)　これを包括的に扱った文献として Reps [2014] がある。

278)　たとえば Reps [2014] S. 331; Liebenow [2015] S. 165 を参照。連邦草案理由書も，社債権者は，「なかんずく情報の生産及び意思決定の準備のために」多数決によって共同代理人を選任することができる，と説明している（Regierungsbegründung zum SchVG 2009, BT-Drucks. 16/12814, S. 14）。

279)　たとえば，Schmidtbleicher [2010] S. 132-134, 212-214 は，発行会社との再交渉に応じる価値があるかどうかに関する情報生産のために，平時から発行会社のモニタリングを第三者に委託することの有用性を説く。また，Reps [2014] S. 237-239 も同様であり，再交渉の局面において，共同代理人が一元的に情報を収集・評価して社債権者の情報に基づく「良い」意思決定を促進することの意義を指摘する。さらに，旧法に関する議論であるが，Vogel [1999] S. 186 は，旧法の適用事例に鑑みると，債権者集会は，個々の社債権者と同様に自らは情報を収集することができず，それゆえ自らの選任した共同代理人（つまり選定代理人）の情報収集に基づく提言を重視するのが通例であったと指摘する。

員総会に参加する権限（旧法15条1項），さらに，社債の権利を放棄又は制限する決議の準備のために[281]，発行会社の帳簿及び書類の閲覧を請求し，その職務を注意深く全うするために必要な一切の説明及び情報を請求する権限（旧法15条3項）が付与されていた[282]。とりわけ，「書類（Schriften）」には，共同代理人が，発行会社の財産状況並びに事業の将来展望及び収益性を見通すために必要なすべての文書が含まれると解されており[283]，その権限は極めて広範であった。

　新法の制定過程においても，2008年参事官草案において同様の規律が含まれていたのであるが（同草案7条），かかる規律に対して，他人資本供与者の地位を過度に株主のそれに近づけるものであるとの批判が向けられたこと[284]を踏まえ，2009年政府草案で修正されたという経緯があった[285]。新法における情報請求権の限界は，発行会社側の正当な利益によって画されたものであると説明されている[286]。その結果，共同代理人に発行会社に対する情報請求権は認められているものの，発行会社が提供する情報に依存せざるを得ないという限界もまた認識せざるを得ない建付けとなっている[287]。

2. 発行会社との交渉

　共同代理人は，発行会社からの情報の収集及び処理の役割を担いうるほか，発行会社の交渉相手方となることも期待されている[288]。共同代理人が交渉の

---

280)　これに批判的なものとして，Reps［2014］S. 330; Nesselrodt, in: Preuße［2011］§7 Rn. 89-90; Schmidtbleicher［2010］S. 213-214; Leber［2012］S. 258-260 等。

281)　したがって，発行会社の支払停止又は破産が差し迫った段階においてのみこの権限を行使することができることとなる（旧法11条1項の危機回避目的要件。本節第3款第3項1(1)参照）。

282)　Vogel［1999］S. 200. なお，旧法15条3項は，大恐慌後の1932年緊急命令（Notverordnung）による旧法改正で設けられたものである。旧法の概要については神作［1999］31〜32頁も参照。

283)　Ansmann［1933］§15 Rn. 7.

284)　Schlitt/Schäfer［2009］S. 484 Fn. 89.

285)　Veranneman, in: Veranneman［2010］§§7-8 Rn. 50 参照。

286)　Thole, in: Hopt/Seibt［2017］SchVG §7 Rn. 63.

287)　たとえば，SolarWorld AG の事例において，共同代理人は，もっぱら発行会社が用意した事業再生鑑定意見書（Sanierungsgutachten）の閲覧しかできなかったようである（Florstedt［2015］S. 2349 参照）。

役割を担うことには，大きく 2 つの意義が認められる。ひとつは，社債リストラクチャリング交渉の場面において共同代理人がすべての社債権者を代表することによって，発行会社が協議・交渉の相手方を得ることができるという点であり，もうひとつは，共同代理人が発行会社との交渉にあたることによって，社債権者としても，交渉においてその利益を擁護することができるという点である。

　とりわけ，社債権者の立場からは，社債の期限の利益喪失権限を一手に担う共同代理人が発行会社と対峙することで，リストラクチャリングにおける強力な交渉上の地位を社債権者に付与することが可能となる[289]。また，学説においては，社債の発行当初から契約代理人を選任し，平時のモニタリングを通じて収集した情報を交渉局面で利用することの有用性を指摘するものもある[290]。

　実際のところ，近時，社債リストラクチャリングの局面において，共同代理人（選定代理人）と発行会社の間で実質的な交渉が行われたことが窺われる事例が散見される[291]。もっとも，常に共同代理人が選任されてリストラクチャリングの交渉が行われるというわけでもなさそうであり，実際上は，既に金融

---

288)　たとえば，Kaulamo, in: Habersack/Mülbert/Schlitt [2013] § 17 Rn. 84 及び Hutter, in: Habersack/Mülbert/Schlitt [2013] § 18 Rn. 64 は，共同代理人は，危機局面ないしリストラクチャリングの場合において発行会社との交渉を主導することができると指摘し，Reps [2014] S. 239 は，社債の再交渉の局面において，共同代理人が交渉仲介者として機能し，発行会社の一元的な交渉相手となると述べる。旧法における議論であるが，Vogel [1999] S. 186 も，債権者集会決議による社債条件の変更に関する共同代理人の交渉上の役割を指摘し，実際のところ，1930 年代の恐慌期には共同代理人が発行会社との交渉役として重要な役割を担ったと述べる。

289)　Reps [2014] S. 243; Schneider [2004] S. 89 Fn. 34.

290)　Reps [2014] S. 240-242; Schmidtbleicher [2010] S. 132-134. やや観点は異なるが，Horn [2009b] S. 65 も，社債発行後に共同代理人を選定することが必ずしも容易でないことから，発行当初から社債条件で共同代理人を選定しておくことの必要性を説く。もっとも，これまで契約代理人が設置されることはあまりなかったようである（Reps [2014] S. 236 参照）。その原因のひとつとして，社債リストラクチャリングの必要性が顕在化する前段階から共同代理人を選任することに，発行会社がしり込みするという事情が挙げられる（Gloeckner/Bankel [2015] S. 2394）。契約代理人の設置が，社債の信用性に対する負のシグナルとして機能しうるということであろうか。

291)　Laurèl GmbH の事例（2016 年）や Singulus Technologies AG の事例（2015 年～2016 年）では，財務リストラクチャリング計画について共同代理人との間で交渉がなされ，合意に至ったという経緯が報告されている。

機関等との間で合意されたリストラクチャリング案について社債権者に賛否を問うにとどまることも多いように見受けられる[292]。

第3項　若干の検討

　以上のように，共同代理人の制度は，情報及び交渉を仲介することにより，社債リストラクチャリングの局面における社債権者の利益擁護に資することが可能な建付けとなっており，学説上もかかる機能に期待するものが存在する。もっとも，問題がないわけではない。

　ひとつは，共同代理人のインセンティブの問題である。アメリカの信託証書受託者が必ずしも交渉代理人として機能してこなかったのと同様に，共同代理人についても，理想的な役割を期待することはできないと指摘する見解がある[293]。ここでは，共同代理人がその期待された役割を担うインセンティブを持たず，むしろ自らが責任を問われるリスクを最小化するために自らの役割を限定するインセンティブを持ちうることが問題となろう。

　また，共同代理人と社債権者のコンフリクトの問題もある。発行会社の危機における社債リストラクチャリングは，いわば企業価値の「分配闘争（Verteilungskampf）」の局面であるから，社債権者と相反する利益を有する共同代理人には，社債権者の利益のために行動することを期待できないと指摘される[294]。債務証券法は，共同代理人の利益相反について，主として開示規制によって対処している[295]。旧法では，一定の利益相反について就任禁止規制が設けられており，たとえば発行会社の取引銀行は共同代理人に就任できないとされていたが（旧法 14a 条）[296]，これと比較すると，新法の規律はかなり緩和

---

292)　Lerche/Plank, in: Baur/Kantowsky/Schulte [2015] S. 179 参照。

293)　von Randow [2013] S. 64ff.

294)　たとえば，Liebenow ［2015］S. 170 は，かかる観点から共同代理人の利益相反を完全に排除するべきであると主張する。

295)　契約代理人であると選定代理人であるとを問わず，共同代理人になろうとする者は，利益相反に関する重要な事実を事前に開示しなければならず，就任後に利益相反が生じたときは遅滞なく開示しなければならない（7条1項2文・3文，8条1項4文）。なお，社債条件によって発行当初から設置される契約代理人については，7条1項2文1号に掲げる利益相反状況（発行会社の機関の構成員であるという強度の利益相反）にある場合について，就任禁止規制が設けられている（8条1項2文）。

296)　これは，大恐慌の経験を踏まえて 1932 年の改正で導入された規律であった（ただし，いわゆる

されたものと評価できる²⁹⁷⁾。

第 5 款　小括

　本節では，ドイツ法における社債リストラクチャリングの法的規律について
かなり詳細に取り上げた。ここで，重複を厭わず要点を確認しておきたい。
　まず，債務証券法によって債権者決議に広範な決議事項が認められたことに
より，元利金減免や DES を含む抜本的な社債リストラクチャリングを法的倒
産手続外で実現することが可能となった。これは，旧法において元利金減免や
DES を実現するためには社債権者の個別的な同意を必要とし，それゆえに裁
判外の倒産処理に困難をきたしていたことと比較すると，大きな変化であった。
政府草案理由書は，情報開示と決議手続によって社債権者保護を図ることで足
りるという立場を明らかにしているが，情報開示と決議手続による保護はさほ
ど強固なものではないとみる余地がある。
　次に，債務証券法は，決議の瑕疵につき決議の取消訴訟の制度を導入したが，
ここに興味深い特色が見出される。それは，決議の破棄という効果が法的安定
性を大きく損なうことに鑑みて，取消訴訟提起に決議の執行停止の効果を付与
すると同時に，迅速性の要請を確保するために解除手続の制度を設けている点
である。ここにおいて，取消訴訟は，決議の執行を事実上差し止める仕組みと
して機能するが，解除手続では主として利益衡量要件と重大違反要件のみが審
査されるため，重大な違反に該当しない程度の決議の瑕疵は決議の執行を何ら
妨げないものとなった。
　最後に，債務証券法は，共同代理人の制度を整備し，社債権者のために情
報・交渉を仲介させることを可能としている。この制度がどのように活用され

---

soll 規定である）。旧法 14a 条に関しては，たとえば Schmidtbleicher [2010] S. 172; Schmolke [2009]
S. 12; Vogel [1999] S. 194; Hopt [1991] Rn. 262 を参照。

297)　政府草案理由書は，この点について，共同代理人の候補者を選ぶのはその費用を負担する発行会
社であるのが通常であるから，発行会社の利益領域に含まれる者をも共同代理人に選定しうることには
意味があると説明する（Regierungsbegründung zum SchVG 2009, BT-Drucks. 16/12814, S. 19）。も
っとも，このような議論に対しては，社債の発券銀行が中立的な共同代理人を指名することもできるは
ずだ，との反論もありうる（Horn [2009b] S. 65-66 参照）。

るかは実務の運用次第であるが，学説上，共同代理人が社債権者のために情報
を収集し，決議に先立って発行会社と交渉することを期待する議論が存在する。
そもそも債務証券法における情報開示や決議手続・司法審査手続に係る規律が
さほど強固な保護を提供するものでないことに鑑みれば，共同代理人の制度を
活用することの実践的意義は小さくないであろう。

第3節　評価と検討

第1款　制度に対する評価

第1項　総説

　債務証券法は，決議事項を広範に認めることにより，単に社債権者の意思決
定の仕組みとしてのみならず，実質的な倒産前手続（Vorinsolvenzverfahren）
としても機能しうる建付けとなっている。反対社債権者がこれを争う手段とし
て取消訴訟の制度が設けられているが，解除手続により，取消訴訟の終結を待
たず比較的迅速に社債リストラクチャリングを完結させることができる点に制
度設計上の特色がある。
　本款では，かかる債務証券法の建付けがどのように評価されるべきか，学説
を手がかりとして検討する。本書の関心に照らして，ここでは，①決議事項を
広範に認め，法的倒産手続外での柔軟な社債リストラクチャリングを可能にす
る債権者決議の建付けについて，とりわけ社債権者の利益保護の観点からどの
ように評価すべきか，②反対社債権者がこれを争う手続としての取消訴訟及び
解除手続という建付けについて，とりわけ社債リストラクチャリングの迅速性
確保の観点からどのように評価すべきか，に焦点を当てる。

第2項　社債権者の利益保護

　ドイツの学説においては，債務証券法が旧法との比較において決議事項を拡
大し，実質的な倒産前手続として機能しうるようになったことについて，好意
的に評価するものが大半であるように見受けられる。前述のとおり，旧法下に

おいて国内外の公社債が抱えていた喫緊の課題を解決するためには，債権者決議の権限を拡大することが不可欠だったからである。しかしながら，かかる債務証券法の建付けに対して，社債権者保護の観点から疑問を呈する見解も存在する。ここでは，理論的に興味深い議論を展開する Tim Florstedt の見解を取り上げる[298]。

　同氏は，もともと，2013 年の論攷において，債務証券法が少数派社債権者保護につき必ずしも十分な規律を設けていないという問題点を指摘していたが（本項 1），2014 年以降に公表された一連の論攷では，社債リストラクチャリングの企業価値分配という性質に起因して生じうる（そしてまた現に生じている）具体的な問題を指摘するに至っている（本項 2）。これらの指摘は相互に密接に関連するものであるが，後者の指摘は前者の問題意識を発展的に解消したものと捉えることができるように思われるため，ここでは一応項目を分けて取り上げることにする。

1. 少数派保護の問題

(1)　他の制度における保護規整との比較

　Florstedt は，債務証券法の建付けについて，まず，株式法と比較して少数派社債権者の保護が不十分であると主張する。株式法においては，新株引受権を排除する株主総会決議については裁判所による決議の内容審査（いわゆる Kali-Salz 基準）がなされ，また組織再編やスクイーズ・アウトの局面においては価格決定手続（Spruchverfahren）による財産的価値の保護が付与されるのに対し，債権者決議においては，社債権者に同様の保護が与えられていない。これら株式法の規律は，資本多数決による財産権侵害に対する補償の趣旨であるから，これを株主のみに限定するのは整合しない[299]。

　次に，Florstedt は，倒産法との比較における権利保護の弱さを指摘する。すなわち，倒産法上の倒産処理計画（Insolvenzplan）に基づく権利変更につい

---

298)　Florstedt の議論は比較的短い論攷の断片的集積であり，その論旨の全体像には不明瞭な部分もないではないが，本書の関心に照らして重要な問題意識を提示するものであるから，ここで詳しく取り上げることにした。
299)　Florstedt [2013] S. 589-590.

ては，決議内容の妥当性審査のための規律が設けられているが（倒産法251条），同じく実質的な事業再生局面を扱う債務証券法には同様の規律が存在しない。債務証券法に基づく裁判外の処理は，「制約がなく，ある意味で無秩序な再建（die freie, gewissermaßen wilde Sanierung)」であるにも拘らず，より劣った保護の基準が適用されるのはなぜなのか，とFlorstedtは問いかけるのである[300]。

(2)　倒産法に関する若干の補足

　ここで，Florstedtが比較の対象とする倒産法の規律について若干の補足をしておくべきであろう。倒産法217条以下の規定に基づく倒産処理計画手続においては，利害関係者のグループ（Gruppe）ごとに，倒産処理計画案の承認決議が行われる。すべてのグループの承認を得た倒産処理計画案について倒産裁判所の認可（Bestätigung）（倒産法248条）が確定すると，反対少数派を含むすべての利害関係人は，当該倒産処理計画案に定められた権利変更に拘束されることとなる（倒産法254条1項）[301]。

　しかるに，倒産法251条は，グループ内の少数派保護のため，「申立人が倒産処理計画案により当該計画案がなければ有したであろう状態よりも不利な状態に置かれることが予測される場合」（倒産法251条1項2号）で，かつ申立人が一定期間内に書面により倒産処理計画案に異議を述べた場合には，当該倒産処理計画案の認可は拒絶されなければならない，と規定している。これは，倒産処理計画案で予定されている分配が，清算型の通常倒産手続における仮定的な分配を下回るような場合に，当該倒産処理計画案を拒絶する権利を個々の利害関係人に保障するものであり[302]，日本でいうところの清算価値保障原則に概ね相当する。

---

300)　Florstedt [2013] S. 590.

301)　なお，倒産処理計画に反対のグループが存在する場合にも，一定の要件が満たされる場合には，当該グループの承認があったものとみなして倒産処理計画の認可を受けることが可能である（倒産法245条）。これは，妨害禁止（Obstruktionsverbot）と呼ばれ，機能的にはアメリカ連邦破産法第11章手続におけるクラムダウンに相当する。

302)　Lüer/Streit, in: Uhlenbruck/Hirte/Vallender [2015] InsO §251 Rn. 22; Sinz, in: Kirchhof/Eidenmüller/Stürner [2013] InsO §251 Rn. 1. 状態悪化の禁止（Schlechterstellungsverbot）などと呼ばれることが多い。なお，利害関係人の状態が悪化すると認められる場合に備えて，倒産処理計画案において金銭的補償のための資金手当てをしておくことで，認可拒絶を回避することができる（倒産法251条3項）。

(3)　Florstedt の主張のポイント

以上を前提として，Florstedt は次のように指摘する。すなわち，倒産処理
計画手続，とりわけ DIP 型の自己管理手続は，債務証券法が規律する倒産前
の財務リストラクチャリングと機能的な代替関係にある。それにも拘らず，倒
産法と比較して，債務証券法は少数派社債権者に対して僅少な保護しか付与し
ていない。現行法の建付けは，発行会社の選択で少数派社債権者の保護の基準
を左右することを認めるものとなっている。Florstedt は，ここに債務証券法
と倒産法の間におけるある種の緊張関係（Spannungsverhältnis）を見出すので
ある。

かかる問題を踏まえて Florstedt が示唆するひとつの解決策は，社債権者だ
けの倒産前手続という枠組みを放棄し，他の権利者をも含めた包括的な法的倒
産手続（自己管理の倒産処理計画手続）に一本化する，という方向性である[303]。
かかる方向性を目指すならば，法的倒産手続がさらに発展した暁には，債務証
券法に基づく債権者決議の役割はもっぱら技術的な変更手続に純化されること
となろう[304]。

もっとも，以上に取り上げた Florstedt の議論は，少数派保護というやや抽
象的・一般的な次元での考察に終始しており，具体的な問題意識を明らかにす
るものではなかった。同氏の議論が具体的・現実的な問題意識を明瞭にするの
は，その後の具体的事例を踏まえた 2014 年以降の論攷においてである。項目
を改めて検討することにしよう。

2.　企業価値分配の問題

Florstedt は，事業再生としての財務リストラクチャリングが実質的には企
業価値の分配の手続（Verteilungsverfahren）であること，そして，債務証券法
に基づく債権者決議がかかる局面において機能しうるということ（Funktion-
fähigkeit）が，不可避的に社債権者の個別的権利保護の縮減をもたらすことを
指摘する。そして，債務証券法に基づく債権者決議制度の構造（とりわけ決議
執行に係る解除手続の仕組み）は，裁判所による審査の及ばない隠れた再分配の

---

303)　Florstedt [2013] S. 591.
304)　Florstedt [2013] S. 592.

効果（Umverteilungseffekten）——構造的に弱い地位に立つ債権者層や小口投資家から，金融投資家（Finanzinvestoren）への利益移転——をもたらすことになりうる，と論じるのである[305]。以下，Florstedt の論拠を確認しよう。

　Florstedt によれば，債務証券法における権利保護の仕組みは，倒産法における僅かな保護の基準さえ保障しないものであって，憂慮すべきものである[306]。ここでは，倒産法 245 条 2 項に基づく価値の分配基準及び同 226 条に基づく債権者平等原則が言及されている。前者の倒産法 245 条 2 項は，いわゆる妨害禁止制度（アメリカ連邦破産法におけるクラムダウンに相当するもの）[307]に関する規定で，倒産処理計画案に係る承認決議のない債権者グループにつきその承認決議があったものとみなすための要件を定めるものである[308]。後者の倒産法 226 条は，利害関係人のグループ内での平等処遇原則を定めるものである。もっとも，これはグループ内での平等処遇を求めるものであるから，仮に倒産処理計画案において社債権者だけのグループに組分けされると，他のグループに属する債権者との関係での平等は必ずしも確保されないことに注意を要する[309]。

　かかる建付けに関して，大きく 3 つの問題が指摘される。第一に，現行法には，リストラクチャリング計画の全体を裁判所が審査するという仕組みが設けられていない[310]。そして，再建会社の価値の評価及び分配という問題が解決

---

305)　以上につき Florstedt［2014b］S. 1517-1518 を参照。

306)　Florstedt［2014b］S. 1518.

307)　妨害禁止については本章注 301) 参照。

308)　具体的には，①他の債権者が，その請求権の満額を超える経済的価値を得ていないこと，②当該計画案がない場合に，当該グループに属する債権者よりも劣後する順位で満足したであろう債権者又は債務者もしくは債務者に出資している者が経済的価値を得ていないこと（これは絶対優先原則に相当する），並びに③当該計画案がない場合に当該グループに属する債権者と同じ順位で満足したであろう債権者が，当該グループに属する債権者よりも有利な状態に置かれないこと（これは債権者平等原則に相当する），である。

309)　同一順位の権利者を常に同じグループに組分けする必要はなく（倒産法 222 条 2 項），実際のところ，社債権者だけのグループに組分けすることは合理的であるし，実務上もしばしばなされていると指摘されている（複数の社債権者をまとめてひとつのグループに組分けすることもあるようである）（Eidenmüller, in: Kirchhof／Eidenmüller／Stürner［2013］InsO § 222 Rn. 162）。なお，妨害禁止制度（クラムダウンに相当するもの）を適用する場合には，グループ外の同順位債権者との平等も考慮されることについて，倒産法 245 条 2 項 3 号及び本章注 308) を参照。

されていない。第二に，現行法では，無秩序な再建において，隠れた財産分配を阻止することができない311)。株主や社債権者が「リストラクチャリングのケーキ（Restrukturierungskuchen）」に適正に与っているかどうかは，「職業的原告」との間での和解交渉において初めて論じられるに過ぎない312)。第三に，債務証券法における債権者決議の可決要件が低いため，貸出債権者や金融投資家が社債（あるいは社債権者の同意）を買い集めて決議を成立させるといった操作の余地が大きい313)。解除手続という建付けでは，立法者が解決しなかった問題に対して裁判所が法創造的な役割を担うこともできない314)。

　これらの保護の欠陥により，弱小な投資家から強大な投資家へと利益が移転することを実効的に防ぐことができないことが問題である315)。換言すれば，社債権者は，債権者グループとしての保護規範が存在しない状態において，他の債権者との分配手続に参加することを余儀なくされることが懸念されるのである316)。ここにおいて，Florstedtは，すべての債権者グループを包摂する完全なる倒産前手続（Vorinsolvenzverfahren）の必要性を説く317)。

---

310)　Florstedt [2014b] S. 1518.

311)　Florstedt [2014b] S. 1519.

312)　後述のとおり，取消訴訟及び解除手続には，社債リストラクチャリングの迅速な執行を妨害する効果があり，濫用的原告がいわば時間を人質にして交渉することを可能にする仕組みであるため，濫用的原告と発行会社の間で，決議の瑕疵如何に拘らず不透明な形で決着がつけられてしまう可能性があると指摘されている（Florstedt [2014a] S. 158 参照）。

313)　Florstedt [2014b] S. 1519; Florstedt [2015] S. 2349. 危機で価格の下がった社債を買い集めて決議の多数派を占めるという手法は，実際上そう難しいものではない（社債の買い集めに関する開示規制も存在しない。Florstedt [2014a] S. 161 参照）。

314)　解除手続は，決議に対する規律の密度が低く，裁判所による法創造的な解決を期待することが難しい。また，社債条件で社債権者を保護するための一定の手続を定めたとしても，その違反が「特に重大な違反」と認められるとは限らない（Florstedt [2014b] S. 1518-1519 参照）。

315)　全体の中の少数派であるにも拘らず，決議多数派として社債権者全体の命運を左右することもありうることに注意を要する。たとえば，SolarWorld AG のケースでリストラに賛成した社債権者は，全体からみて僅か26% 程度であった（Florstedt [2014b] S. 1519, Fn.83 参照）。

316)　Florstedt [2016] S. 648. 本文記載の議論は，失期権行使に係る債権者決議の優越性を否定する論理展開の中で主張されたものであるが，その趣旨は事業再生の局面全般に妥当する指摘であるといえよう。

317)　Florstedt [2014b] S. 1520.

3.　若干の検討

　以上のように，Florstedt は，他の制度との比較において，債務証券法に基づく社債権者保護の規律が不十分であると主張する。とりわけ興味深いのは，債務証券法に基づく裁判外の倒産処理が，機能的には（自己管理の）倒産処理計画手続と同等であることに鑑みて，債務証券法の規律と倒産法の規律がある種の緊張関係に立つという指摘である。ここでは，実質的な倒産処理にわたる事項を扱うにはどのような手続が適切か，という制度間比較の問題が伏在する。Florstedt の議論は，社債権者だけの債権者決議では，視野が局所的となり，他の権利者との分配局面における包括的な利益調整が必ずしも適切に実現できないこと，そして，現行法の建付けが，一部の権利者に対する利益移転を防止しえないものとなっていることを問題視するものである。

　もっとも，Florstedt の議論を分析すると，そこで特に問題視されているのは，債権者決議制度における可決要件の低さと，決議の取消訴訟・解除制度における司法審査の規律密度の低さであることが窺われる。Florstedt が問題として指摘するのは，株式法や倒産法と比較したときの権利保護水準の低さであり，それゆえに企業価値の隠れた再分配が十分な司法審査を受けないままになされてしまうことであった。こうした議論の構造に照らせば，債権者決議の決議事項拡大を認めつつ社債権者保護の拡充を模索するという中間的な解決も，論理的には排除されないであろう。

　まず，可決要件が低いために，社債権者全体のごく一部の意思をもって社債の重要な権利変更がなされてしまうという問題は，Florstedt 以外の論者も指摘するところである[318]。債務証券法が二回目の決議の制度を設けて可決要件をかように引き下げたのは，社債権者の合理的無関心の問題に対処するためであって，実際のところ，これまでの債権者決議の実例をみると，初回の決議では定足数を満たさず，二回目の決議によってようやく決議が成立したという事例が散見されるところである。とりわけ合理的無関心に陥りやすい一般投資家が多数存在する場合には，この問題は顕著となりうる[319]。可決要件を引き上

---

318)　本章注 193) で掲げた文献を参照。

319)　これはわが国においても同様であり，まさにかかる考慮から，平成 17 年会社法制定の際に社債権者集会決議の定足数を廃止したのであった。

げることは合理的無関心の問題を顕在化させることに繋がる。このようなトレードオフにおいて，どこでバランスをとるかという問題になる。

　また，解除手続における司法審査の規律密度が低いという点は，決議執行の迅速性確保の要請とのトレードオフの問題となる。次の第3項でみるとおり，債務証券法上の解除手続は，決議執行の迅速性という観点からも疑問があると評価されているのであるが，決議執行の迅速性を確保しようとすればするほど，その段階での司法審査の規律密度は低くならざるを得ないという関係にある。逆に，権利保護手続を重くすれば，決議執行の迅速性が失われることにもなりうる[320]。ここでは，社債権者の権利保護の要請と，財務リストラクチャリングの早期実現の要請を調整することが必要となるのであって，やはりどこでバランスをとるかという問題に帰着せざるを得ないであろう。

　なお，Florstedt は，共同代理人を活用することで以上の問題を克服するという方向性にはさほど関心がないように見受けられる。共同代理人の活用に困難な問題がありうることについては，本節第2款第3項で言及する。

第3項　事業再生の安定性・迅速性確保

　本款第2項では，現行法が社債権者（とりわけ一般投資家）の権利保護の観点から必ずしも十分な規律を設けていないとの批判を取り上げたが，ここでは，債権者決議の機能可能性の観点からの批判を検討する。

1. 決議の「破棄」の是非

　債務証券法における取消訴訟制度の導入は，「概念的に誤り」であるとする見解が存在する[321]。この見解は，株主と債権者の法的地位の相違に着目して，取消訴訟制度の導入を批判するものである。概ね以下の論旨である。

　株式法は団体法（Verbandsrecht）であり，社債法は債務法（Schuldrecht）で

---

320)　決議執行を早期に完了させ，事後的な金銭的解決に委ねるという行き方もありうるし，後述するとおり有力な学説はこれを立法論として提唱するが，かかる制度も固有の問題を呼び込むことを避けられない。

321)　以下の議論は概ね Bliesener/Schneider, in: Langenbucher/Bliesener/Spindler［2016］SchVG §20 Rn. 3-5 によるが，Schmidtbleicher［2010］S. 210ff., S. 318-319; Schneider［2013］S. 7ff.; Baums［2013］S. 815-816 も基本的に同旨を述べる。

ある。株式法における取消訴訟は，団体法における構成員の是正権限（Kontrollrecht）を保障するものであり，株式会社及び企業組織の枢要部分を保護すること，会社組織を統制すること，監査役選任の適法性を確保すること，決議実施に際しての適法状態を貫徹することといった団体の規範遵守という目的に資するものである[322]。これに対し，社債権者には社員的な結合関係が存在せず，何らの誠実義務も負わず，社員権的な是正権限も持たない。社債権者が求めるのはもっぱら財産権の保護（Vermögensschutz）であり，それのみが保護に値する。したがって，債権者決議に取消訴訟制度を導入することは必要ではないし，適切でもない，という。社債権者が団体を構成せず，ただ発行会社に対する債権（財産権）を有するに過ぎないことを理由とする法理論的な批判は，かなり広く共有されているように見受けられる[323]。

　ここで立ち止まって考えるに，上記のように，投資家である社債権者にはもっぱら財産権的保護だけを与えるべきである，とする主張は，株式法（及び組織変更法）において近時学説上主張されている以下のような議論と相通ずるものがあるように思われる。

　株式法においては，略奪的株主（職業的原告）の問題がかねて認識されており，決議の執行停止や覆滅という重大な効果をもたらす取消訴訟の役割を縮小させる方向での議論が模索されてきた。たとえば，比較的近時，企業家たる株主（Unternehmeraktionär）と単なる資本投資家（Kapitalanleger）たる株主とを区別し，株主総会の是正権限は企業家たる株主に付与すれば足り，投資家たる株主に対しては財産権的保護だけを付与すべきである，という議論が提出されている[324]。かかる議論のポイントは，純然たる投資家である小口の株主に，

---

322)　Bliesener/Schneider, in: Langenbucher/Bliesener/Spindler [2016] SchVG §20 Rn. 3-5. 株式法に関する議論として，たとえば Habersack/Stilz [2010] S. 712-713 は，株主総会の取消訴訟は，個別的権利保護の道具であるのみならず，是正権的な性格があると指摘する。

323)　このような議論に対する反論として，社債権者の組織法としての性質を強調する議論がある。これによれば，債権者決議の制度は社債権者組織の組織法として位置付けられるのであるから，単に債務法関係であるとして取消訴訟制度を排斥すべきではない。そして，社債権者組織としての適法かつ正しい意思形成を確保するために，違法で権利侵害的な決議は取り消されるべきである，という。Liebenow [2015] S. 193ff. 参照。

324)　Bayer/Fiebelkorn [2012] S. 2187（本文記載の観点から，取消訴訟の提訴資格に最低保有要件を導入すべきことを主張する）参照。その論拠のひとつは，投資家たる株主は合理的無関心に陥るのが

株主総会決議の効力それ自体を覆滅させる是正権限を付与することの正当性如何である[325]。

　ここで取り上げた債権者決議の取消訴訟制度に係る議論は，一見もっぱら団体法と債務法という法理論的な概念論に終始しているようだが，株式法における以上の議論を踏まえてみるならば，その裏側に，社債権者の資本投資家たる性格に鑑みて，如何なる保護の手段を与えるのが適切であるかという実質的ないし機能的な考慮を垣間見ることができるようにも思われる。それはすなわち，純然たる資本投資家である社債権者に適した救済のあり方は，もっぱら金銭的調整であり，決議それ自体の破棄という効果を伴う救済手段は必ずしも適切でないという考え方である。そして，本項3で述べるとおり，近時，債権者決議について，取消訴訟の制度を廃止し，価値保障による権利保護に一本化すべきであるとの立法提案がなされているが，それも以上の議論の系譜上に位置付けることが可能であるように思われる。

2. 解除手続導入の是非

　これまで述べてきたとおり，株式法的な取消訴訟制度には，「略奪的原告」による濫用的取消訴訟の懸念があることが多くの論者によって指摘されている[326]。この点に関して，債務証券法は，取消訴訟とあわせて株式法と同様の

通常であるから，彼らが是正権限を行使するのは，すべての株主のためというよりも自らの特別利益のためである可能性が高い，というものである。

325) 同様の観点に立脚して最低保有要件を導入することを主張する議論は，とりわけ職業的原告の跋扈という現実に鑑み，かねて複数の論者によって主張されてきた。たとえば，Hüffer [1996]，Vetter [2008] S. 185-188（小口投資家である株主が，株主全体の利益のためというよりも自らの利益のために取消訴訟制度を利用してきたという現実を踏まえ，最低保有要件を満たさない株主には事後的な損害賠償請求による個別的保護のみを認めるべきであると主張）を参照。もっとも，これに対して通説は，決議の効力を争う訴訟が有する是正機能等の観点から反対の立場を表明してきた。たとえば K. Schmidt [2009] S. 255-256，Baums/Drinhausen [2008] S. 148-149（損害賠償による是正は，多くの場合個々の株主に損害がないことに鑑みて実効性を欠くと指摘）など参照。また，いずれの立場も説得的であるとし，個別事案に応じて適切な対処法が異なりうることから，資本投資家としての株主に是正権限を付与するかどうかは会社の選択（定款自治）に委ねればよいとする見解もある（Grunewald [2009] S. 968-969）。2009 年の株式法改正（ARUG）は，解除手続に 1000 ユーロの最低保有要件を導入することで，いわば手続法的にこの問題に対処するものであったといいうる。

326) Bliesener/Schneider, in: Langenbucher/Bliesener/Spindler [2016] § 20 Rn. 6; Florstedt [2012]

解除手続制度を導入しているが，株式法上の解除手続は，元来，組織再編における取消訴訟の登記停止を取り除くための仕組みであり，手続終結まで数か月程度を要するのが通常である[327]。これに対し，事業再生の局面においては，組織再編の局面以上に迅速かつ確実な決議執行が認められなければ，法的倒産手続への移行を余儀なくされる可能性も否定できない[328]。そのため，株式法上の組織再編等と比較して比べものにならないほどに大きな恐喝的行動の危険が存在するのである[329]。

　かかる背景のもとにおいて，債務証券法20条に基づく取消訴訟の提起は，社債条件の変更決議に対する執行停止の効果を有するため，少数の濫用的な社債権者が，決議の執行を妨害して不当な利益を要求する手段として利用される懸念がとりわけ大きいといえる[330]。発行会社としては，①原告社債権者の要求に応じて和解金を支払うか，又は②これに応じず，リストラクチャリングに失敗して倒産手続の開始に甘んじるかの二択を迫られることにもなりうる[331]。こうした観点から，株式法的な解除手続制度では，濫用的取消訴訟に対する対処として不十分であると批判されるのである[332]。

S. 2289; Florstedt [2014b] S. 1517; Florstedt [2015] S. 2350-2351; Paulus [2012] S. 1557. ドイツでは，とりわけ合併等の企業再編における株主総会決議に対して取消訴訟を提起する「職業的原告」が跋扈している。かかる職業的原告は，社債のリストラクチャリングの局面にも進出しており，たとえばPfleiderer 社や Q-Cells 社の事例では，有名な職業的原告が取消訴訟原告に含まれていたと指摘されている（Joachim Jahn, *Berufskläger blockieren Sanierungen*, Frankfurter Allgemein 03. 04. 2012 参照）。

327)　Kessler/Rühle [2014] S. 913 参照（債権者集会の招集から解除決定までに7〜8か月というそれなりに長期間を要すると指摘する）。また，実例としては，債権者決議から解除決定までに，Ekotechnika 社のケースで21週間，SolarWorld 社のケースで23週間を要したとされる。他方，Singulus Technologies 社のケースでは，早期に取消訴訟が取り下げられたため，決議後6週間で執行された。Seibt [2016] S. 999 n. 19 参照。

328)　これは，通常，投資家にとってヨリ不利益である。Florstedt [2015] S. 2351; Paulus [2012] S. 1557.

329)　Bliesener/Schneider, in: Langenbucher/Bliesener/Spindler [2016] §20 Rn. 6; Schneider [2013] S. 19.

330)　Vogel [2013] S. 39-40; Schneider [2013] S. 19-20.

331)　実際のところ，Praktiker AG のケースでは，職業的原告の妨害工作によって解除手続が長引き，発行会社が倒産直前まで追い込まれたようである。手続の遅延戦術を使うことで，決議に取消事由が存在するかどうかに拘らず，和解金を支払うか，倒産手続に甘んじるかの二択を迫られることにさえなりうると指摘されている（Florstedt [2014a] S. 158 参照）。

　ここでの議論のポイントは，事業再生は，時間的に極めて切迫した中で取り組まれることとなるが，解除手続は，元来の建付けとして，そのような事態を想定して設計されたものではない[333]，という点にある。社債リストラクチャリングに係る決議執行までに数か月もの待機期間を余儀なくされると，これによって発行会社の危機的状況がさらに悪化し，最悪の場合には倒産にも繋がりうるのである。これは，迅速性の要請に応えるべく導入された解除手続が，まさにその迅速性の点において，事業再生という局面では不十分となりうることを示している。そして，かかる迅速性の犠牲が，略奪的原告による濫用的な取消訴訟提起の呼び水となりうると懸念することは，決して理由のないことではない。

3.　若干の補足と検討

　以上の検討から，債権者決議の瑕疵を争う法的手続を設計する際の困難な問題が明らかになったように思われる。それは，決議の効力それ自体を争う紛争は，その影響が大きいために，特別利益を追求する主体による恐喝的な交渉の材料に利用される危険がある，という問題である。ドイツ法は，一審級限りの解除手続を設けることでこの問題に対処しようと試みるものであるが，それが成功しているかといえば，なおも疑問のあるところである。

(1)　ARS の立法提案

　かかる観点から，立法論として，決議の効力それ自体を争う手続に代えて，もっぱら個別的な金銭的補償によって決議の瑕疵を是正する方向性が提唱されている。ここで，その代表的な見解として，会社法及び証券法領域における有

---

332)　Florstedt［2012］S. 2287; Florstedt［2013］S. 589 は，株式法上の解除手続を無批判に債務証券法に取り入れた立法を批判する。ほかに，Vogel ［2010］S. 220f; Schmidtbleicher ［2010］S. 192ff.; Schneider ［2013］S. 18ff. も概ね解除手続の導入に対して批判的である。反対に，取消訴訟と解除手続の導入にポジティブな評価を与える者として，Hofmann/Keller［2011］を挙げることができる。

333)　Florstedt［2013］S. 589; Florstedt［2014b］S. 1516; Florstedt［2015］S. 2351. 解除手続は，取消訴訟が提起されるまで最大 4 週間の待機を余儀なくされ，さらに 1 週間は最低保有要件の審査に費やされるなど，実質的審査が始まるまで相当の長期間を要する点が難点として指摘される。他方で，解除手続は，簡易な手続であることから，困難な問題についての裁判所の法創造的解決を期待することも難しいと指摘される（Florstedt［2014a］S. 159）。

力な研究者及び実務家から成る債務証券法改正作業チーム（Arbeitskreis Reform des Schuldverschreibungsrechts）（以下「ARS」という）[334]が提示する改正提案（以下「ARS 提案」という）を一瞥しておこう。これは，決議に不服を有する少数社債権者保護の仕組みとして，決議の取消しではなく，決議執行による社債の価値毀損分の補償義務確認訴訟を認めるべきである，との主張であり[335]，その大要は以下のとおりである。

　決議に反対する社債権者の利益は，決議それ自体の破棄ではなく，むしろ財産権保護にある。株式法に依拠した決議取消制度（決議の執行停止及び解除手続を含む）は，反対社債権者に濫用の可能性を与えるところ，とりわけ時間的切迫性の強い倒産前の再建局面においては，実効的な危機克服を妨げるものであり，濫用の可能性が大きい。決議に瑕疵がある場合は，価値補償（Wertersatz）の方が適切である。こうして，ARS は，決議取消訴訟を廃止し，㋐決議に瑕疵がある場合における発行会社の価値補償義務（Wertersatzpflicht）の確認訴訟，及び㋑決議に重大な瑕疵がある場合における決議の無効訴訟を，それぞれ制度化することを提唱する。

　㋐の価値補償義務確認訴訟は，決議に反対した社債権者，及び正当な理由なく決議に参加する機会を奪われた社債権者に提訴権が認められる。価値補償義務確認訴訟においては，決議の実体的及び手続的な瑕疵に関する審査が行われ

---

334)　そのメンバーには，この分野に関する注釈書や論文を精力的に公表してきた論客である Theodor Baums, Dirk Bliesener, Roger Kiem, Andreas Cahn, Michael Schlitt, Hannes Schneider, Christoph Seibt, Peter Sester, Stefan Simon, Hans-Gert Vogel, Philipp von Randow らが含まれている。

335)　Arbeitskreis Reform des Schuldverschreibungsrechts［2014］．なお，ARS メンバーの Schneider［2013］S. 19-22 も，既に 2013 年に同趣旨の改正を提案していた。ARS 提案は，Schneider の議論を具体化したものであると思われる。ここで ARS 提案を取り上げるのは，同様の論旨を展開する諸議論の中で，ARS によるものが最も詳細かつ具体的な制度設計を論じているからである。なお，遡れば，金銭補償による権利調整という発想は，もともと Baums［2009］が 2008 年参事官草案の段階で主張していた。Baums の立法提案は，取消訴訟が提起された場合に，発行会社の申立てにより，取消判決に代えて決議の違法性と補償請求権の確認判決をするという救済ルートを認めるものであった。債務証券法施行後の文献において，Vogel［2010］S. 220 や Simon［2012］S. 156-157, 159 は，Baums［2009］の主張を立法論として好意的に評価している。ARS や Schneider の見解は，Baums［2009］の議論とは異なり，取消訴訟という救済ルートをなくして金銭補償による救済ルートに一本化する点に特徴がある。かかる議論を好意的に評価するものとして Reps［2014］S. 321-322, 353-354 がある。

るが，裁判所による決議の内容審査（特別利益追求に関するものを含む）は不要
とする³³⁶⁾。裁判所は，決議の違法を認める場合には，①違法な決議がなされ
た時点における社債の真実の価値（tatsächlicher Wert）と，②決議執行によっ
て減少した価値との差額を判決によって確定する³³⁷⁾。確認判決の効果は，原
告社債権者のみでなく，すべての社債権者に対して及ぶ。決議に反対した社債
権者及び正当な理由なく決議への参加の機会を奪われた社債権者（つまり，価
値補償義務確認訴訟の提訴権を有する社債権者）の全員が，裁判所によって確定
された差額の補償を発行会社に対して請求することができる。かかる価値補償
の可能性は，発行会社や多数派社債権者に対する抑止的効果を発揮することが
期待される³³⁸⁾。また，仮に判断の誤りがあったとしても，決議の効力それ自
体を左右するものではないから，他のステークホルダーへの悪影響は軽減され，
濫用的原告の弊害も抑制される³³⁹⁾。

(2) 若干の検討

このように，具体的な立法提案としてのARS提案が公表されることの背景
には，現行法が濫用的原告に社債リストラクチャリングに付け入る隙を与え，
迅速な財務リストラクチャリングの実現が実際に妨げられ，濫用的原告に恐喝
的な交渉の余地を許しているという問題意識がある。ARS提案は，社債権者
の財産権保護を全うしつつ，決議の迅速・確実な執行を確保する狙いを持つも
のといえよう。決議それ自体は迅速に執行させた上で，その瑕疵については事
後的に金銭的解決を図るというのは，濫用的な争訟を防ぐ上で合理的なアプロ
ーチであるといえよう。

かかる議論については，幾つか考慮されるべきポイントがある。第一は，個

---

336) その理由は，第一に，決議の内容審査を認めると，手続の構成要素が必要以上に拡散してしまう
　　こと，第二に，決議の内容審査は，リストラクチャリング局面において典型的な多様な利益に対して公
　　正な規律とはなりえないこと，である。
337) これは，違法な決議がなかった場合に想定される事実経過を踏まえて評価されるべきものであり，
　　たとえば，決議された再建措置がなかったとすれば発行会社がおそらく倒産手続によって清算されたで
　　あろうという場合であれば，価値補償は，予想される破産配当が決議執行によって縮減された債権の
　　価値を上回る場合に限って認められる。
338) Schneider [2013] S. 22.
339) Schneider [2013] S. 22.

別的な金銭的解決は，過小なエンフォースメントにより，発行会社に歪んだイ
ンセンティブを与える危険がある，という点である。というのも，発行会社か
らみれば，違法な決議によって社債権者全体から過大な譲歩を引き出した場合
であっても，その是正措置として，異議を述べて訴訟を提起した社債権者に対
してだけ個別的に金銭を給付すればそれで済むことになるからである[340]。
ARS 提案は，この点について，価値補償請求権の確認判決の効力を他の社債
権者も援用しうるとすることで一定の手当てを図っている。第二は，金銭的解
決の前提となる決議の瑕疵をどのように解するべきか，という点である。既に
決議が執行された段階での事後的調整という位置付けなので，解除手続とは異
なり，迅速性の観点から争点を限定する必要はない。決議の瑕疵として何を審
査すべきかについては既に現行法の決議取消事由に関して議論のあるところで
あるが，これに加えてさらに Florstedt の問題提起のように財務リストラクチ
ャリング全体を包摂する価値分配としての公正性まで審査するべきかどうかは
ひとつの問題である。第三は，金銭的解決の効果として，補償すべき金額をど
のように評価するべきか，という点である。決議なかりせばの想定価値を算定
する以上，一定の不確実性を伴うことを免れないであろう。

第4項　小括

　以上のように，現行法の建付けには批判が強い。まず，決議事項を拡大し，
法的倒産手続外での社債リストラクチャリングを柔軟化したことについては，
概ね好意的に評価する見解が大半であるように見受けられる。ただし，Flor-
stedt は，現行法上，社債権者の権利保護手続が必ずしも十分でないにも拘ら
ず倒産前手続の一環としての権利変更を可能にする債権者決議制度に対して理
論上重要な疑問を投げかけており，注目される。その主張のポイントは，現行
法が，社債権者全体のごく一部の意思のみによる重要な権利変更の決議を可能
としている上，裁判所による審査の規律密度も低いために実効的な権利保護を

---

340)　Horn [2009b] S. 62 Fn. 184. そこで，投資者モデル訴訟手続の利用可能性を拡大することが考慮
　　に値すると主張する見解もある（Vogel [2013] S. 43-44）。なお，Baums [2009] S. 4（2008 年参事官草
　　案に対する立法論として，取消訴訟係属中でも決議の執行を認める一方，金銭補償させるという制度設
　　計において，資本投資家モデル訴訟の活用が望ましいと主張）も参照。

期待しがたいという点にある。

　次に，決議の取消訴訟及び解除手続の制度に対しては，批判が強い。上記のとおり，解除手続の規律密度が低く，社債権者保護のために満足に機能しえないという問題も指摘されているが，それ以上に，迅速なリストラクチャリングの実現を妨げ，濫用的原告に付け入る隙を与える点に対して，多くの論者からの批判が集中している。とりわけ，解除手続では，主として利益衡量要件及び重大違法要件という決議の瑕疵それ自体とは異なる新たな固有の論点が設定されることに注意を要するであろう。ARS 提案に代表されるように，決議の瑕疵については，決議の効力それ自体を争う手続をもって対処するのは行き過ぎであり，むしろ個別的な金銭的解決を志向する方が社債権者の権利保護に適合するものであるとの指摘が有力である。

第2款　検討

　以上の検討から，社債リストラクチャリングの制度設計において重要となりうる幾つかの論点が浮かび上がってきたように思われる。合理的なリストラクチャリングを可能にし，不合理なリストラクチャリングを防止するという観点から，どのような問題が存在し，どのような対処が考えられるのか，ドイツ法に係るこれまでの議論を手がかりに検討しておきたい。

第1項　決議事項の広狭

　1899 年債務証券法が債権者集会決議の権限を狭く限定していたのに対し，2009 年債務証券法は，長期間の支払猶予や元利金減免，DES を含む広範な事項を債権者決議の決議事項として認めることにより，裁判外の倒産処理に社債権者を取り込み，抜本的な財務リストラクチャリングを法的倒産手続外で実現することを可能とする建付けを採用した。

　決議権限を狭める旧法の立場にも，全く理由がないわけではなかった。たとえば危機回避目的要件に関しては，社債権者との情報格差に乗じて発行会社が過大な権利変更を求めるといった懸念が挙げられていた。また，権利縮減の期間上限に関しては，他の権利者グループによるフリーライドのおそれや，ゾンビ企業の延命のおそれが挙げられていた[341)]。しかしながら，決議権限を狭め

る旧法の建付けは，大きなコストを伴った。その背景には，事業再生のための財務リストラクチャリングにおいて，法的倒産手続が必ずしもうまく機能してこなかったという事情がある[342]。新法は，裁判外での倒産処理を容易にするべく，大胆な制度改革を実現したのだが，これに対しては，法的倒産手続（あるいは包括的な倒産前手続）を整備することこそが本筋であって，社債権者だけの多数決による権利変更の仕組みは，財務リストラクチャリングにおける権利者間の利益移転を容易にするものであって望ましくないとの異論も有力である[343]。

　これをどのように評価するべきかは難しい。幾つか検討上のポイントと思われる点がある。ひとつは，Florstedt のように法的倒産手続（あるいは包括的な倒産前手続）に一元化する場合には，当該手続の制度をどのように設計するかという困難な問題に直ちに直面する，という点である。法的倒産手続の柔軟化や，包括的な倒産前手続の導入は，確かに効率的な財務リストラクチャリングを容易にするものであるが，その反面として，過大なリストラクチャリングの途を開くことにもなりかねない[344]。また，仮に権利者のグループ分けを柔軟に認めるならば——商取引債権者と金融債権者との処遇を区別するなど，柔軟な手続設計を実現するにはこれが不可欠であるように思われる——，Florstedt が懸念するところの権利者間の利益移転の問題がここでも再来することになるであろう。

　もうひとつは，発行会社の財務危機におけるリストラクチャリングの局面において，社債権者の資本多数決に，具体的にどのような問題がありうるのか，そしてそれは社債権者だけの多数決という枠組みでは解決しえないものなのか，という点である。Florstedt が述べる懸念は，突き詰めれば，決議における多

---

341)　本章第2節第3款第3項1参照。

342)　本章第2節第3款第3項2参照。

343)　本節第1款第2項参照。

344)　この点について，たとえば Eidenmüller は，発行会社による過剰な再建 (Übersanierung)，及びヘッジファンド等の金融債権者による「自らの再建 (sich sanieren)」に対する懸念から，倒産前手続の領域を安易に拡張することに対して懸念を表明するとともに，その反面として，倒産前手続における権利保護の観点から手続を重厚にすればするほど倒産コストの問題が再来することにも留意する必要があると指摘する (Eidenmüller [2010] S. 654-656)。

数派——可決要件が引き下げられているので，これは社債権者全体の多数派であるとは限らない——が特別利益を追求することで，必ずしも社債権者全体の利益にならない権利変更が成立してしまう可能性がある，そして，現行法の解除手続による司法審査では，こうした実質的問題に対して十分な密度で審査を及ぼすことができない，というものであった。そうであれば，かかる懸念に対処しうる法的規範を導入し，かつこれを実効的にエンフォースする仕組みを整備できるのであれば——もっとも，これが一筋縄ではいかぬのであるが——，社債権者の自律的な意思決定権限を制約することまでは必要ないのではないか，とも思われるのである。

　こうしてみると，Florstedt の懸念を解消する上で重要な点は，財務リストラクチャリングの全体像を適切に開示させ，かつ社債権者の意思決定における利益相反を可能な限り排除すること，そしてこれを実現するための争訟手続を確立することにあるのではないかと思われる。そして，かかる仕組みを導入する前提となる枠組みとして，法的倒産手続によるか，包括的な倒産前手続によるか，それとも債権者決議手続によるかは，二次的な問題ではないか，とも思われるところである。そこで，次の問題として，社債権者の多数決の仕組みをどのように設計すべきか，そして裁判所はこれに対しどのように介入すべきかが検討されるべきこととなる。

第2項　多数決の弊害と司法審査

　債務証券法は，十分な情報開示を受けた上で社債権者の多数派が賛成するのであれば，社債権者保護のために決議事項を予め制限しておく必要性に乏しい，という考え方で起草されている。もっとも，債権者決議における情報開示は基本的に社債権者の自発的な請求とこれに対する発行会社の応答に委ねられており，社債権者側の情報基盤はさほど強固なものではないともいいうる[345]。この点を補うものと想定されるのは社債権者の共同代理人であり，これについては本款第3項で取り上げる。

　また，債務証券法における債権者決議の制度は，（とりわけ二回目の決議において）可決要件が低く設定されており，社債権者全体の少数派だけで決議を成

---

[345]　本章第2節第3款第4項2参照。

立させることも可能な建付けとなっている。これは，社債権者の合理的無関心
の問題を克服するための仕組みとして一定の合理性を有するものであるとはい
え，既に学説が指摘するとおり，一部の者が特別利益を追求し，財務リストラ
クチャリングにおける利益移転を図ることが相対的に容易な建付けであること
もまた否定しえない[346]。この問題は，社債権者集会決議の可決要件を低く定
めているわが国会社法にとって決して他人事ではない。

　学説では，かかる特別利益追求のおそれを取消訴訟の枠内で考慮することに
よって資本多数決の歪みを是正することを提唱する声もあるが，具体的にどの
ような審査がなされるべきかについては見解が一致しない[347]。いずれにせよ，
債務証券法において紛争の主戦場となるであろう解除手続では，司法審査の規
律密度が低く，決議における実質的な法的問題に対してどれほど実効的に裁判
所が立ち入ることができるか疑問もある。ここでは，決議の迅速な執行を確保
するという要請と，決議の瑕疵を是正して過大なリストラクチャリングを抑止
するという要請が衝突することを免れないのであり，問題はどのようにバラン
スを図るか，という点に集約する。取消訴訟と解除手続の組み合わせが，もっ
ぱら濫用的原告による特殊利益追求のために利用され，不透明な形で，しかも
二当事者の相対でのみ決着するのが常態であるとすれば，かかる制度設計は，
決議の瑕疵を是正する仕組みとして望ましいものとはいえなかろう。

　それでは，有力な学説が提唱する事後的な金銭的解決の仕組みはどうであろ
うか。これは，決議執行を先行させることで，迅速性の要請を満たすものであ
る。ひとつの合理的なアプローチであるといってよいように思われるが，既に
述べたとおり，決議の瑕疵として何を考慮すべきか，補償金額の算定をどのよ
うにすべきか等，検討すべき課題は残る。

第3項　交渉と共同代理人

　債務証券法の建付け上，債権者決議の制度は，決議に付された権利変更の提
案に対して，社債権者の多数派が情報に基づいて判断するのを確保することに
主眼があり，そこでは，社債権者が当該提案に対して，受諾するか拒絶するか

---

346)　本節第1款第2項3参照。
347)　本章第2節第3款第5項4参照。

の二者択一で判断することが基本的に想定されている。換言すれば，決議における多数派が情報を得た上で賛成するのであれば，たとえ二者択一的な提案であったとしても，その判断を尊重するというのが債務証券法の建付けであって，ここに疑問を呈する Victor　Brudney のような立場はとられていない。ここでは，社債権者の多数派は，もしも提案が過大な譲歩を求める不合理なものであればこれをきっぱりと拒絶できる，ということが暗黙の前提となっている。

　制度としてはかかる建付けであるが，それでもなお，学説上は，共同代理人が情報及び交渉において社債権者の利益に資する役割を担うことを期待する議論が存在する[348]。とりわけ，決議に係る情報は，基本的には発行会社側からの情報提供に依存せざるを得ないこと，そして社債権者が合理的無関心に陥りやすいことに鑑みれば，共同代理人が発行会社から情報を集約して社債権者に提供すること，さらに必要に応じて発行会社に追加情報の開示や権利変更条件の改善を求めて交渉することは，社債権者が決議するにあたっての重要な前提であると評価しうる。

　債務証券法における共同代理人の制度は，社債条件の定め又は債権者決議によって共同代理人への授権を柔軟に行うことができる建付けであるから，実務の創意工夫により，社債権者の交渉上の地位を強化するための手段としてこれを利用することは十分に可能であるし，実際のところ，社債リストラクチャリングの局面において，債権者決議によって共同代理人（選定代理人）を選任し，発行会社との交渉にあたったという事例が現れているところである。

　もっとも，共同代理人が社債権者のために尽くすインセンティブを確保することや，社債権者とのコンフリクト排除を確保することなど，残された課題は少なくない。また，そもそも現行法における共同代理人の権限範囲（たとえば情報請求権等）はさほど広いものではなく，約定権限としてどこまでの拡大を期待しうるかという問題もある。債務証券法は，これらの課題について強力な規制を設けておらず，実務の工夫による改善に委ねるものとなっている。

---

348)　本章第 2 節第 4 款参照。

第4節　章括

　本章では 2009 年債務証券法を中心としてドイツ法の建付けとその問題点を検討した。その詳細をここでは繰り返さないが，大きく 3 つの点，すなわち，第一に，社債権者の多数決における決議事項を広げること（又は狭めること）の功罪，第二に，決議に対する司法審査のあり方，第三に，決議の前提としての情報開示・条件交渉における社債権者の代理人の役割について，一定の示唆を得ることができた。

　債務証券法制定後も，その建付けについて多くの批判が向けられており，現在のドイツ法の建付けが理想的なものであるとはなかなかいいにくい。しかしながら，様々なトレードオフがある中でのひとつの取捨選択のあり方を例証することで，制度設計上，具体的にどのような要素が問題となりうるかが明らかとなったように思われる。

第4章　スイス法

第1節　総説

　スイス法においても，発行会社が危機に陥った場合における社債権者の集団的意思決定及び権利行使のための制度が設けられている。それは債務法[1]の第34章第2節（債務法1157条〜1186条）に定める債権者共同体の制度である。そこでは，①社債権者の意思決定の仕組みとして債権者集会の制度が，②社債権者の集団的な権利行使及び債権者集会の決議執行の仕組みとして社債代理人の制度がそれぞれ設けられている。

　スイス法において特筆すべきは，債務法に基づく債権者集会の制度が「債務取立て及び破産に関する連邦法」（以下「取立破産法」という）[2]における和議手続（Nachlassverfahren）にかなり似た性質を認めうる制度となっている，という点である。まず，債権者集会の招集によって，個々の社債権者による権利行使が当然に停止するという建付けが採用されている。また，債権者集会決議においては，元本債権の放棄こそできないものの，DESを含む実質的な事業再生措置を資本多数決によって決議することが可能である。債権者の権利縮減を含む決議については，その効力発生のために和議手続を管轄する州の官庁（後

---

1)　Obligationenrecht（OR）vom 30. März 1911, AS 27 317 und BS 2 199. なお，以下の記述で原語を表記する際には，基本的にドイツ語のみを掲げる。スイスの公用語はドイツ語，フランス語及びイタリア語であるため，本来は後二者の表記も記載するのが正当であろうが，表記上煩雑に過ぎるし，参照した関連文献の殆どがドイツ語で書かれたものであったため，一部の例外を除きドイツ語のみを掲げることとした。

2)　Bundesgesetz über Schuldbetreibung und Konkurs（SchKG）vom 11. April 1889, AS 11 529 und BS 3 3.

述する上級州和議官庁〔Nachlassbehörde〕）の認可が必要とされている。そして，決議認可手続においては，——解釈につき若干の争いがあるものの——決議の手続のみならず，内容にもわたる審査が予定されている。これらは，取立破産法上の和議手続（取立破産法273条以下）に類似する建付けであるといいうる[3]。なお，わが国における裁判所の決議認可制度は，スイスにおける1928年債務法改正草案をも参酌して設けられたものであるとされている[4]。

　本章では，かかるスイス法の建付けがどのように生成し，どのように利用されてきたかについて検討を試みる。

第2節　制度の概要

第1款　総説

第1項　背景——法的倒産手続とその限界

　ここでは，以下の議論の前提として，スイスにおける事業再生のイメージを摑んでおこう。なお，議論を単純化するため，もっぱら株式会社を念頭に置いて議論を進めることにする。

　株式会社が財務不振に陥った場合，取締役会構成員は，注意義務及び誠実義務（債務法717条）に基づき，事業再生措置を検討し，準備し，実行する義務を負う[5]。財務危機に陥った企業の債務リストラクチャリングの方法として，スイスでは大きく2つの方法を挙げることができる。ひとつは，取立破産法に基づく和議契約（Nachlassvertrag）（取立破産法293条以下）であり，もうひと

---

3)　債務法に基づく権者集会制度は，①招集によって請求権の猶予がもたらされること，②資本多数決による全社債権者の統一的意思決定を可能にすること，及び③決議に際して和議官庁の認可を必要とすること等といった点において取立破産法上の和議手続と共通した性質を備えることから，対象を社債だけに限定した特別な和議手続（Spezialnachlassverfahren / besondere Nachlassverfahren）であると評価されることもある（Schenker [2011] S. 219; Hüppi [1953] S. 83ff. ）。

4)　佐々木 [1939] 270～271頁，石井 [1949] 160頁，鴻 [1958] 194頁注9参照。

5)　Sprecher/Sommer [2014] S. 552.

つは，私法上の事業再生（privatrechtliche Sanierung）[6]である。

1.　和議手続

(1)　制度の概要

　和議手続は，社債を含むすべての債権を対象とする財務リストラクチャリングを可能にする仕組みである。大まかな手続としては，まず，和議猶予（Nachlassstundung）[7]の申立てがなされ，和議裁判所がこれを許可（Bewilligung）するかどうかを判断する。和議猶予が許可[8]されると，監督人（Sachwalter）が選任され，債権者による個別的な債務取立てが禁止されるとともに，債務者による財産処分等にも一定の制限が課せられる。債務者は，和議猶予期間中に，債権者との間で財務リストラクチャリングの交渉を行う[9]。和議猶予は，和議契約の成立，私法上の事業再生の成立，又は破産手続への移行のいずれかによって終了する。和議契約[10]は，債権者集会の決議に付され，一定の多数決要件をもって承認（Zustimmung）される。決議に際して，債権者はひとつの組しか構成せず[11]，債権者は平等に処遇しなければならない。したが

6)　裁判外での和議契約（aussergerichtlicher Nachlassvertrag）と呼ばれることもある。たとえば Amonn/Gasser [1997]§53 N 5ff. 参照。

7)　和議猶予よりも迅速な暫定的和議猶予（provisorische Nachlassstundung）の制度もある。

8)　和議猶予の許可は公告により周知される。

9)　かつては，和議猶予が認められた場合，和議契約が成立しなければ破産手続に移行することとされていたが，2013 年の取立破産法改正（2014 年 1 月 1 日施行）により，私的な交渉による事業再生によって和議猶予を終了させることもできるようになった（取立破産法 293c 条参照）。

10)　和議契約は大きく 3 つの類型に区別される。それは，①支払猶予和議（Stundungsvergleich），②分配和議（Prozent- / Dividendenvergleich），及び③清算和議（Liquidationsvergleich）の 3 つである。①と②は「通常の和議契約（ordentlicher Nachlassvertrag）」（取立破産法 314 条以下）と呼ばれ，③は「財産譲渡を伴う和議契約（Nachlassvertrag mit Vermögensabtretung）」（取立破産法 317 条以下）と呼ばれている。通常の和議契約においては，原則として債務者が存続するのに対し，財産譲渡を伴う和議契約においては，原則として債務者は清算・解散する。以上につき Amonn/Gasser [1997]§53 N 14-17 を参照。なお，和議契約の 3 類型は比較的古くから知られていた（Schweizer [1925] S. 96）。

11)　和議手続に取り込まれるのは無担保債権者のみであり，労働者等の優先債権者（priviligert Gläubiger）や担保権者は対象外となる。この点で，アメリカの連邦破産法第 11 章手続，ドイツの倒産処理計画手続及び日本の会社更生法とは異なる。スイスでは，2013 年の取立破産法改正の際，アメリカ法におけるような権利者のクラス分け制度を導入するかどうかにつき，連邦司法省（Bundesamt für

って，たとえば金融債権者と取引債権者を別の組に分けて処遇を異にすること
はできないし，社債権者だけの組が別個に構成されることもない。債権者集会
の承認が得られると，和議裁判所は，当該決議に係る和議契約を確認（Bestäti-
gung）するかどうか判断する。確認により，和議契約は反対債権者に対する拘
束力を生ずる。

(2)　実務上の評価

　従来，実務においては，和議手続を利用した事業再生は必ずしも成功してお
らず，最終的に資産や子会社を売却して清算する（その際，無担保債権者には僅
かな配当しか与えられない）ケースが主であったといわれている[12]。その背後
には，和議手続の利用が債務者の信用毀損をもたらすという現実がある。すな
わち，和議猶予が許可されその旨公告されると，そのことによって債務者の信
用が毀損され，取引先や顧客が離れて企業価値が毀損される結果に繋がるとい
うのである[13]。製造業やサービス業を和議手続の枠組みで継続することは殆
ど不可能であると指摘する論者も存在する[14]。なぜこのような信用毀損が生
じるかというと，和議手続が開始すると，事業再生に成功せず清算することが
現実に多いためである[15]。また，和議猶予の申立てがなされるタイミングが
遅く，多くの場合，債務者が債務超過に陥った後に初めて申立てがなされると
いう事情も指摘される。この段階ではもはや手遅れであり，事業を再生するた
めの措置を講ずることは困難である[16]。このように，スイスでは，和議手続

Justiz）が2003年夏に設置した専門家委員会（Expertengruppe）によって検討されたが，クラス分け
の線引きが必ずしも容易でないことや手続が複雑になること等を理由に改正提案項目から除外された。
この点につき，Bericht der Expertengruppe Nachlassverfahren, „Ist das schweizerische Sanie-
rungsrecht revisionsbedürftig? - Thesen und Vorschläge aus der Sicht der Unternehmenssanie-
rung," (April 2005, abrufbar unter https://www.bj.admin.ch/bj/de/home/wirtschaft/gesetzge
bung/archiv/schkg.html/ber-sanierungsrecht-d.pdf), S. 30-31 を参照。

12)　Bühler [2011] S. 42; Schenker [2011] S. 205 Fn. 4.
13)　Bühler [2011] S. 39; Sprecher/Sommer [2014] S. 551.
14)　Bühler [2011] S. 39（ただし，2013年改正前の議論である）.
15)　Bericht der Expertengruppe Nachlassverfahren, a.a.O. Fn. 11, S. 14.
16)　Bühler [2011] S. 41-42 参照（債務超過に陥っている場合には，資金流動性や新たな資金調達能力
を喪失している場合が多く，継続企業を維持して事業再生を実現することは通常困難であると指摘す
る）.

が再建手続としての信用を確立していないことに起因する悪循環（Teufels-kreis）が存在するのである[17]。

2.　私法上の事業再生

　以上のとおり，スイスでは，伝統的に取立破産法に基づく和議手続は，事業再生措置としてはさほどうまく機能しておらず，事業再生の文脈においては，むしろ法的倒産手続外の再建措置（いわゆる私法上の事業再生）が重要な地位を占めてきた。実際，2000 年代には大企業の事業再生事例が散見されたが，そこでは破産・和議手続よりも私法上の事業再生が選択されたようである[18]。文献上も，和議手続との対比において，私法上の事業再生の優位性がしばしば説かれる。たとえば，事業再生局面における契約当事者は国による強制的措置よりも私法的な解決を好むのが通常であり，国による強制的措置は私法的解決が失敗した場合に適用されるものであるという指摘や[19]，事業再生は，和議手続よりも裁判外での私法上の事業再生による方が成功の見込みが高いという指摘がある[20]。

　私法上の事業再生では，債務者の事業再生の実現に関心を持つ債権者（典型的には銀行などの金融債権者）だけを対象とするのが通常である[21]。その手続に決まったものがあるわけではないが，一般的には次のような経過を辿る。まず，債務者と金融債権者との間で一時的な支払猶予協定（Stillhalteabkommen）を締結する[22]。この間に，対象となる債権者との交渉を経た上で，資本措置を含

---

17)　かかる悪循環を克服するため，2013 年取立破産法改正により「静かな暫定的和議猶予（stille provi-sorische Nachlassstundung）」の制度が導入された。これは，暫定的和議猶予の許可を限られた範囲の者に限定して伝えることで，信用毀損を防止しながら私法上の事業再生交渉を進めることを可能にするという仕組みである。この場合も暫定的和議猶予の効果それ自体がなくなるわけではなく，和議猶予が許可されたことを知らずに取引に入った第三者が不測の損害を被らないよう，制度上一定の手当てがなされている。

18)　Schenker [2011] S. 205 は，Swisslog Holding 社，Von Roll Holding 社，Ascom 社及び OC Oer-likon 社のケースを挙げる。いずれも裁判手続を利用せず，私法上の事業再生を成功させた事例である。

19)　Rohr [1990] S. 263.

20)　Sprecher/Sommer [2014] S. 551.

21)　Schenker [2011] S. 205-206.

22)　支払猶予協定の締結は，貸付契約や社債契約上の失期事由を構成する場合が多いため，実際上，

む財務リストラクチャリングを合意する[23)]。再建計画が，破産・和議手続よりも経済的に有利な内容であり，かつ債権者の貢献が，既存株主及び新規投資家の貢献との関係で合理的なものである場合には，私法上の事業再生は成功する可能性が高いとされる[24)]。

　私法上の事業再生は，これに参加する債権者による個別的な同意に依存する。それゆえ，債権者が多数に上る場合には，これを成就させることは困難になりやすい。とりわけ社債を発行している場合には，この問題が顕著となる。次項で述べる。

第2項　社債リストラクチャリングの課題

　スイスでは，アメリカや近時のドイツでみられるようなハイ・イールド社債の発行は必ずしも一般的ではなく，むしろ，信用格付けの高い優良企業が個人投資家を含む幅広い投資家ベースを対象として投資適格の社債を発行するという場合が主流である。そのため，社債の発行会社が財務危機に陥るという事例は決して多くはないが，万が一そのような事態が現実に発生した場合には，社債権者を如何にして事業再生の取組みに取り込むかが重要な問題となる[25)]。

　スイスにおける私法上の事業再生の実務では，銀行等の金融債権者が中心となって，発行会社とともに再建計画を策定することが通常であり[26)]，社債権者に対しても，金融債権者と同等の貢献を求めることが多いとされる[27)]。し

この段階からすべての主要な金融債権者（社債権者を含む）と交渉する必要が生ずる（Sprecher/Sommer［2014］S. 554 参照）。

　なお，支払猶予協定を個別に締結するのに代えて，取立破産法の「静かな暫定的和議猶予」の手続を利用することも考えられる。これによれば，和議手続の開始が公になることで企業価値の毀損を招くことなく，金融債権者との間での私的交渉を行うことができる。

23)　Schenker［2011］S. 205; Sprecher/Sommer［2014］S. 554.

24)　Schenker［2011］S. 206; Kopta-Stutz［2007］S. 454-455.

25)　なお，スイスで社債リストラクチャリングが問題となるのは，再生可能エネルギー産業やバイオ産業など収益変動が大きい産業分野において，社債の償還に必要な流動資金を調達できないという場合が多いようである。

26)　Rohr［1990］S. 263（通常は銀行が最も重要な債権者であり，事業再生措置に対してもそれに応じた影響力を有することを指摘する）参照。

27)　Schenker［2011］S. 206.

かしながら，スイスの社債は無記名証券として発行されることが一般的であり，発行会社は個々の社債権者を把握していないのが通常である[28]。また，スイスでは，個人投資家が社債を保有することも多く[29]，社債権者の数が多数に上ることも稀ではない。多数かつ分散した社債権者との間で個別的に交渉して同意を取り付けることは現実的でないし[30]，たとえ交渉が可能だとしても，少額投資家に過ぎない個々の社債権者が再建計画の目的合理性（Zweckmäßigkeit）及び相当性（Angemessenheit）を自ら評価したり専門家に評価を依頼したりすることは通常は困難であるため，社債権者が再建計画への賛成を差し控えるおそれもある[31]。事業再生に社債権者を取り込むことができなければ，金融債権者を中心として行われる裁判外での事業再生に頓挫し，最悪の場合には発行会社が破産・清算に追い込まれることにもなりかねない[32]。

　このように，スイスでは，法的倒産手続が事業再生を実現するために必ずしも十分に機能していないことから，その外で財務リストラクチャリングを実現する必要性が高い。そして，社債発行会社においては，社債権者を財務リストラクチャリングに取り込むために，社債権者と集団的に交渉し，その同意を獲得することが必要となる。本節で取り上げる債権者共同体の制度は，債権者集会制度及び社債代理人制度を設け，一定限度での集団的な処理を可能にするものである。かかる債権者集会の制度は，2000年以降もときおり活用されているようであり，少なくともドイツにおける1899年債務証券法のように「死せる法」であるとは考えられていないようである[33]。

---

28)　Zobl [1990] S. 132; Meier-Hayoz/Crone [2000] §20 N 49; Bösch [2004] S. 192 参照。

29)　たとえば，Charles Batchelor, *Retail therapy for bond issues: Smaller investors are becoming an increasingly important part of borrowing strategies*, Financial Times, February 19, 2004 は，日本，イタリア及びスイスでは個人投資家による債券投資の長い伝統があるとし，スイス市場の個人投資家ベースの大きさを指摘する。

30)　Schenker [2011] S. 218; Hüppi [1953] S. 39-40, 58; Zobl [1990] S. 132; Ziegler [1950] Vor Art. 1157-1186 N 1; Guhl [2000] S. 936 N 2. 全員からの同意が必要であるとすると，僅かな数の社債権者が事業再生全体を妨害することさえ可能になるとも指摘される（Rohr [1990] S. 262）。これは，社債条件変更のために社債権者全員の同意を求めるという局面を想定した指摘であろう。

31)　Rohr [1990] S. 262.

32)　和議手続が必ずしも効率的に機能していないことについては既に触れたとおりである。

33)　Bösch [2004] S. 214 は，2003年の Von Roll Holding 社や 2004年の Swisslog Holding 社の事例

　以下，本節では，まず第2款で債権者共同体制度の全体像を概観するとともに，それが如何なる問題に対処するべく設けられたのか，制度の沿革を確認する。続いて第3款では債権者集会の制度を，第4款では社債代理人の制度をそれぞれ概観し，制度の建付けを確認する。

第2款　債権者共同体の制度

第1項　総説

　本款では，社債リストラクチャリングの根幹をなす債権者共同体制度について，その趣旨と沿革を中心に概要を説明する。まず，第2項では債権者共同体制度の概要を述べる。もっとも，ここでは，スイスに特有の制度のアウトラインを総論的に示すことにとどめ，各制度の詳細（債権者集会決議による集団的意思決定や，社債代理人等を通じた個別的権利行使の制約等）は，次款以降の個別的な検討に譲ることにする。

　次に，第3項では債権者共同体制度の沿革を振り返る。ここでは，スイスの現行制度に至るまでの制度的変遷を探ることを通じて，スイスの現行制度が如何なる考慮の上に成立したのかを確認する。なお，スイス法は日本の社債権者集会制度の制定の際に参酌されたものであるから，スイス法の沿革を辿ることは，間接的にではあるが日本法の沿革を辿ることにも寄与する。

第2項　制度の概要

1.　社債の法関係

　社債（Obligationenanleihe）とは，同一の法的基礎に基づき，同一の法的条件（利率，発行価額，存続期間，引受期間，弁済期）において部分的数額に分割された巨額の貸付け（債務法312条以下）である[34]。社債の権利内容は，社債条件

を挙げる。筆者が確認しえた直近の例としては，2015年のCytos Biotechnology社の事例や2016年のMeyer Burger Technology社の事例を挙げることができる。

[34]　BGE 113 II 283, E5a; Daeniker [1992] S. 21; Meier-Hayoz/Crone [2000] §20 N 1; Bösch [2004] S. 191; Steinmann/Reutter, in: Honsell/Vogt/Watter [2012] OR Vor. Art. 1157-1186 N 1.

（Anleihensbedingungen）によって規律され，すべての社債権者について同一の内容となる[35]。各社債権者と発行会社は，社債の発行目論見書において開示される社債条件に基づき，同一内容であるがそれぞれ独立の法関係を形成する[36]。なお，実務上，かつては大券（Globalurkunde）を発行して証券保管機関に保管・管理させるのが一般的であったが[37]，現在は，大券も発行せず，証券に化体されない純然たる価値権（Wertrecht）として社債を発行するのが一般的である[38]。

　このように，同一の社債条件に服する社債権者は，発行会社に対する同一内容の権利を有するが，各社債権者は発行会社に対してそれぞれ法的に独立かつ直接の債権を有するものであり，互いに結合関係に立つわけではない[39]。それゆえ，権利の行使又は処分については，各社債権者がそれぞれ独立に行うことができるのが原則となる[40]。

---

35)　社債条件は，発行会社と発券銀行（Emissionsbank）ないし発券銀行団（Bankenkonsortium）の交渉によって決せられる（Steinmann/Reutter, in: Honsell/Vogt/Watter［2012］OR Vor. Art. 1157-1186 N 26）。スイスでは，発券銀行又は銀行団の主幹事銀行（federführende Bank /Konsortialführer）が，発行されるすべての社債を自ら一定価額で引き受け，これを自らのリスクと計算で投資家に販売するといういわゆる確定引受方式（Festübernahme）が一般的である（Meier-Hayoz/Crone［2000］§20 N 66, N 74; Daeniker［2003］S. 365）。かかる引受契約（Festübernahmevertrag）の構成要素として，発券銀行と発行会社の間で社債条件が交渉され，目論見書で開示される（Daeniker［2003］S. 366）。なお，発券銀行ないし主幹事銀行は，社債発行後，社債代理人（Anleihensvertreter）として期限の利益喪失権限等を付与されることが多い。この点は後述する。

36)　BGE 113 II 283, E5a; Zobl［1990］S. 131; Meier-Hayoz/Crone［2000］§20 N 1; Kuhn, in: Roberto/Trüeb［2012］Art. 1156 N 2.

37)　Kuhn, in: Roberto/Trüeb［2012］Art. 1156 N 4 参照。

38)　学説はかねて証券に表章されない価値権としての社債を承認していたが，実務ではあくまで大券を発行する実務が一般的であった。価値権としての社債を発行する例が一般的となったのは，2010 年 1 月 1 日に施行された「振替証券に関する連邦法（Bundesgesetz über Bucheffekten（Bucheffektengesetz, BEG）vom 3. Oktober 2008, AS 2009 3577）」（以下「振替証券法」ということがある）及びこれと同時になされた債務法改正（債務法 973c 条参照）において価値権の存在が制定法上承認されて以降のことのようである（Steinmann/Reutter, in: Honsell/Vogt/Watter［2012］Vor. Art. 1157-1186 N 13）。

39)　BGE 113 II 283, E5a. このことは，社債権者が当該社債を発行会社から直接取得した場合と，発券銀行ないし発券銀行団を通じて間接的に取得した場合とで相違ない（Kuhn, in: Roberto/Trüeb［2012］Art. 1156 N 2）。

40)　Kuhn, in: Roberto/Trüeb［2012］Art. 1156 N 2; Rohr［1990］S. 268; Ziegler［1950］Vor. Art.

2.　制度の概要と趣旨

(1)　制度の概要

　社債権者は各自独立に発行会社に対する権利を有するので，原則からいえば，各自の個別的な権利行使は妨げられないし，また，各社債権者の権利内容を変更するためには各社債権者から個別に同意をとらなければならないこととなる[41]。しかし，前述のとおり，そもそも多数の社債権者との交渉には困難がつきものであるし，スイスではごく一部の例外を除き社債は無記名証券として発行されるため，個々の社債権者を捕捉して交渉したり同意を調達したりすること自体が事実上困難であることも多い。社債発行会社の事業再生局面においては，社債権者の集団的な権利変更を如何に実現するかが事業再生を実現する上での最重要課題となる。

　社債権者の個別的な権利行使・処分を制限し，これを集団的に取り扱うための仕組みとして，債務法上，債権者共同体（Gläubigergemeinschaft）の制度が設けられている（債務法1157条〜1186条）。これは，同一社債の保有者をすべて法律上当然にひとつの債権者共同体へと結合し，当該社債に係る社債権者の意思決定及び意思表示を，当該債権者共同体を通じて行わしめるものである[42]。債権者共同体は，「社債権者の共同利益の擁護（Wahrung der gemeinsamen Interessen der Anleihensgläubiger)」のために適切な措置をする権限を有するものとされる（債務法1164条1項）。後で詳しくみるとおり，発行会社の危機を回避するために社債の支払条件を変更する等の措置がこれに該当する。なお，債権者共同体は法人ではなく，権利能力を持つわけでもないが[43]，法律上，社債代理人を通じた法的権限が一定程度認められるほか，一定の限度で当

1156-1186 N 3, Art. 1157 N 13.

41)　Ziegler [1950] Art. 1170 N 1; Giger [2003] S. 140; Schenker [2011] S. 214.

42)　社債条件の定めによって債権者共同体制度からオプトアウトすること（たとえば，社債条件変更に社債権者全員の同意を要する旨を社債条件で定めること）はできない。その意味において，債権者共同体の制度は強行法規である（Hüppi [1953] S. 59)。そして，この点において，ドイツ1899年債務証券法と共通しており，2009年債務証券法とは異なっている。

43)　BGE 113 II 285; Zobl [1990] S. 133; Rohr [1990] S. 278; Bösch [2004] S. 198; Steinmann/Reutter, in: Honsell/Vogt/Watter [2012] OR Art. 1157 N 13, Art. 1164 N 1; Kuhn, in: Roberto/Trüeb [2012] Art. 1157 N 5. ただし，反対説として，Beck [1918] S. 51 は，法人格は認めないものの，債権者共同体の権利能力を肯定する立場をとる。

事者能力・訴訟能力が認められている（たとえば債権者集会決議の取消訴訟の被告となりうるのは債権者共同体及び発行会社である）[44]。

(2)　制度の趣旨

　このような制度が設けられる趣旨は，次のように説明される[45]。社債の発行会社は，多数の社債権者と対峙するのがしばしばである上，個々の社債権者を把握していないのが通常である。そして，社債の弁済期は中長期にわたることが多いので，弁済期間中に当初の状況が変化することがありうる。かような状況変化に対応して，社債条件を事後的に変更することが望ましい場合もありうるが，個々の社債権者と各別に交渉するのでは実現困難である。これに対し，債権者共同体（債権者集会又は債権者代理人）の仕組みがあれば，これを通じた集団的な権利行使・権利処分によって，発行会社は，多数の社債権者との個別的な折衝を免れることができるし，社債権者は資本多数決をもって統一的な意思決定を行うことができる。換言すれば，債権者共同体の制度は，社債権者の集団的処理を可能にすることで，多数の社債権者における集合行為問題を克服し，合理的なリストラクチャリングを容易にするものである。

　なお，権利内容の変更について社債権者から個別に同意を調達するための方法として，アメリカで実践されているような交換募集や買入償還といった方法もないわけではない。しかしながら，スイスではこれらの方法は必ずしも活用されていないようである。その背景として，Urs Schenker の次の説明が参考になる。いわく，交換募集等を成功させるためには社債権者に対して魅力的な条件を提示しなければならない。しかし，一般に，債権者は，事業再生局面において，同等の状況下にある他の債権者にも同等の犠牲を求めるのが通常である[46]。交換募集を成立させるために社債権者に有利な条件を提示すれば，犠牲の対称性が確保されず，再建計画自体が成立しないという結果を招く[47]。このような次第であるから，交換募集は，効果的なリストラクチャリング手段

---

44)　BGE 113 II 285; Daeniker [1992] S. 58; Zobl [1990] S. 133; Steinmann/Reutter, in: Honsell/Vogt/Watter [2012] OR Art. 1164 N 1.

45)　たとえば Zobl [1990] S. 132; Rohr [1990] S. 262-263; Kuhn, in: Roberto/Trüeb [2012] Art. 1157 N 3 を参照。

46)　Rohr [1990] S. 262 参照。Schenker は「犠牲の対称性（Opfersymmetrie）」と表現する。

47)　Schenker [2011] S. 216-218.

とはなりにくい，という[48]。

このように，債権者共同体の制度は，発行会社の危機における財務リストラクチャリングを可能にするものとして位置付けられる。このような理解は，債務法1164条1項の「とりわけ債務者の危機に際して」という文言に端的に現れているが[49]，後述するように，かかる理解は制度の沿革からも基礎付けられる[50]。このように，発行会社の危機を想定している点において債権者共同体制度は本質的に事業再生法（Sanierungsrecht）たる性質を有しており[51]，この点でドイツの1899年債務証券法と共通する。スイス法がドイツ旧法と大きく異なるのは，債権者集会の決議権限がドイツほどに狭く限定されてこなかったことである。つまり，発行会社の危機時期において，危機を脱するために現実に利用することが比較的容易な建付けとなっていたのである。

3.　制度の適用範囲

債権者共同体に関する債務法1157条〜1186条の規定が適用されるための要件として，債務法は，①当該社債が直接又は間接に公衆によって引き受けられること[52]，②当該社債が同一の社債条件により発行されること[53]，及び③当

---

48)　なお，交換募集の方法による社債リストラクチャリングが試みられた事例として，Thurella社の事例がある。同社は，2009年，交換募集によるDESを試みたが，交換募集実施中に株式の市場価格が下落したため，社債権者にとってDESの魅力が下がり，結局失敗に終わったということである。

49)　連邦裁判所も，現行法の解釈として，債権者共同体の制度趣旨における発行会社の事業再生を重視している（BGE 113 II 283, E. 4）。

50)　本款第3項で後述するとおり，スイスに初めて一般的な債権者共同体制度を導入した1918年債権者共同体命令は，第1次世界大戦による経済的混乱の中，社債発行会社の事業再生の必要性が高まる中で発布された。その後の一連の連邦内閣決定が特定産業の事業再生を強化する明確な意図のもとに発出されたことも後述するとおりである。債権者共同体の制度を一般法に統合する試みとしての1936年債務法改正の際にも，財務危機における事業再生の必要性が強調されていた。

51)　Rohr [1990] S. 270.

52)　この要件により，債権者共同体の規律は，私募（Privatplatzierung）には適用されないこととなる。なお，社債の引受け（Zeichnung）は発券銀行ないし銀行団が行う間接募集方式が一般的であるため，通常は「公衆の引受け（öffentliche Zeichnung）」ではなく「公募（öffentliches Angebot）」と解するのが正確である（Steinmann/Reutter, in: Honsell/Vogt/Watter [2012] OR Art. 1157 N 4 参照）。

53)　これは，利率，発行価額，存続期間，引受期間，弁済期が同一であることをいう。額面金額は相違していても構わない（Rohr [1990] S. 266; Steinmann/Reutter, in: Honsell/Vogt/Watter [2012]

該社債の発行者の住所又は営業所がスイス国内にあること⁵⁴⁾, の３つを規定している（債務法 1157 条 1 項）⁵⁵⁾。

①は, 債権者共同体が集合行為問題克服を目的とする制度であることから説明することができる。社債権者が多数かつ分散している場合には, 集合行為問題を克服する必要性が特に高いといいうるためである⁵⁶⁾。逆に, 私募の場合, 社債権者は特定可能な少数であることが多いし, そうでなくても自ら適切に判断できる大口投資家であるのが通常であるため, 債権者共同体の規律を強行法的に適用する基礎を欠くものとされる⁵⁷⁾。

②は, 集団的取扱いの前提として, 債権者共同体の構成員がすべて同一の法的地位にあることを確保するものであると説明しうる。仮に異なる法的地位に置かれた債権者が同一の共同体に結合されると, 彼らは同じ事象に対して異なる利害を有することとなり, 集団的取扱いの基礎を欠くこととなるためである⁵⁸⁾。条件を異にする社債は, それぞれ独自の債権者共同体を構成するものとされている（債務法 1157 条 2 項）。

OR Art. 1157 N 1)。解釈上, 同一の社債条件であるのみならず, 同一の社債契約に基づくことも必要とされており, 異なる種類の社債についてたまたま同一の社債条件が定められていても, 同一の債権者共同体を構成するわけではない (Rohr [1990] S. 266; Bösch [2004] S. 191)。

54)　この③の要件を満たすためには, スイス国内で事業活動を行っていることが必要であり, 単に履行地や裁判管轄をスイス国内に指定するだけでは足りない (Ziegler [1950] Art. 1157 N 9; Rohr [1990] S. 266)。もっとも, 定款上の本店又は支店をスイス国内に置けば, 営業所がスイス国内にあるものと認められるともされている (Lang/Klöti, in: Kostkiewicz/Nobel/Schwander/Wolf [2009] Art. 1157 N 3)。

55)　Daeniker [1992] S. 83. 発行者がスイスの連邦, 州, 地方自治体 (Gemeinde) 又はその他の公法上の団体である場合には適用されない。

56)　なお, 後で取り上げる 1918 年債権者共同体命令とは異なり, 最低発行金額の要件は設けられていない。発行金額が小さく社債権者が比較的少ない社債においても社債権者との交渉は依然困難となりうることから, かかる最低発行金額要件を排除したものであると説明されている。Botschaft des Bundesrates an die Bundesversammlung zum Entwurf eines Bundesgesetzes über die Gläubigergemeinschaft bei Anleihensobligationen, vom 12. Dezember 1947, BBl. 1947 III 869 (nachfolgend bezeichnet als „Botschaft des Bundesrates 1947"), S. 877 参照。なお, 以下で引用するものを含めて, スイス政府官報は, スイス連邦内閣ウェブサイト (https://www.admin.ch/gov/de/start/bundesrecht/bundesblatt.html) で入手可能である。

57)　Rohr [1990] S. 265.

58)　Rohr [1990] S. 266.

③は，債務法 1157 条〜1186 条の適用範囲をいわゆる内国社債（Inlandsanlei-hen）に限定するものである。起草理由では，スイスの立法者は，スイスの法領域（Rechtsgebiet）と何ら結び付かない債務者に対して債務法に基づく債務免除の可能性を認める動機を持たないこと，及び外国でなされた債権者集会決議を覚知することは難しく，法的安定性を害すること，という理由が挙げられている[59]。しかしながら，債権者共同体の規律は発行会社のみならず社債権者の利益にもなるのであるから，発行会社が外国に所在することは，債権者共同体制度の適用を否定する理由にならないとの批判が夙に向けられている[60]。また，起草理由自身も，社債条件において自発的にスイス法に服することは排除されないとしている[61]。もっとも，債務法 1157 条以下の規定をそのまま適用すると，債務法の制約に伴う硬直性や不便性が伴うため，実務的には，債務法 1157 条以下の規定をそのまま適用するのではなく，債権者集会決議の規律を社債条件で柔軟に設計することが推奨されている[62]。

第 3 項　制度の沿革[63]

1. 鉄道海運抵当法

スイスでは，早期から債権者共同体に関する立法がなされていた。1874 年には，「鉄道の抵当及び強制清算に関する連邦法」（以下「鉄道抵当法」とい

---

59)　Botschaft des Bundesrates 1947, a.a.O. Fn. 56, S. 878; Daeniker [1992] S. 83ff.; Zobl [1990] S. 141; Schmidtbleicher [2010] S. 216. このように，法が意図的に外国社債を適用範囲から除外している以上，外国社債については，債務法 1157 条以下の規定が適用されないのはもちろんのこと，類推適用もされないと解するのが通説である（Zobl [1990] S. 141-142; Daeniker [1992] S. 84-85; Bösch [2004] S. 199, 209 等）。

60)　Hüppi [1953] S. 26. なお，Rohr [1990] S. 266-267 も参照。

61)　Botschaft des Bundesrates 1947, a.a.O. Fn. 56, S. 878.

62)　Daeniker [1992] S. 88; Zobl [1990] S. 145-146. そもそも，後述する決議認可制度を社債条件に基づいて外国社債にも適用しようとすると，国際裁判管轄に関係する厄介な問題が生じる。実務上，外国社債の社債条件においては，債務法 1157 条以下をベースとしつつ，債権者集会決議に関する独自の規定を置く例が多いようである（Rohr [1990] S. 361; Daeniker [1992] S. 110ff.; Giger [2003] S. 141; Bösch [2004] S. 141 等参照）。

63)　以下の議論は，基本的に Hüppi [1953] S. 12ff. に依拠するが，1918 年以前の状況については Beck [1918] も参照している。また，1910 年代〜1920 年代の連邦裁判所判例に基づいて適宜補充した部分もある。邦語文献としては，鴻 [1987] 237 頁以下にごく簡単な説明がある。

う)[64]が制定され，鉄道会社が発行する社債に限ってではあるが，社債権者の共同体の存在が法律上認められた[65]。鉄道会社についてだけこのような特別法が設けられたことの背景として，一方で，社債権者が多数に上ったために契約による合意形成が特に困難であったこと，他方で，鉄道会社の再建が国民経済及び国家にとって特に重要であったことが挙げられている[66]。

その概要は次のとおりであった。まず，担保付社債権者は，社債権者集会に出席した社債権者の元本総額の過半数決議によって担保権を放棄し，又はその順位を変更することができる（鉄道抵当法8条）。次に，元利金の支払遅滞に陥った発行会社に対して社債権者が強制清算の申立てをした場合には，連邦裁判所が債権者集会を招集し[67]，出席した社債権者の元本総額の過半数決議で強制清算申立ての可否を決するものとする（鉄道抵当法15条）[68]。このように，鉄道抵当法に基づく債権者共同体手続は，社債権者の多数決によって一定の譲歩をなしうる仕組みを提供するものであるが，鉄道会社という限られた発行体の社債だけを対象とするものであり，かつその決議事項も限定的であった[69]。

その後，1917年の鉄道抵当法改正により，その適用対象は海運会社にも拡大され，表題も「鉄道及び海運の抵当及び強制清算に関する連邦法」（以下「鉄道海運抵当法」という）[70]と改められた。ここで特に注目すべきは，鉄道海運抵当法において，鉄道会社及び海運会社を対象とする特別な和議手続

---

64)　Bundesgesetz über die Verpfändung und Zwangsliquidation von Eisenbahnen（VZEG）vom 24. Juni 1874, AS 1 121.

65)　1874年鉄道抵当法における債権者共同体の規律は，その後，他国立法に対する模範を垂れたものであるとされる（Beck [1918] S. 20，鴻 [1987] 237頁）。

66)　Beck [1918] S. 20-21参照。

67)　この債権者集会は，担保付社債権者及び無担保社債権者の両方から構成される。決議において，両者は同等の権利を有する（鉄道抵当法16条）。

68)　これは，個々の社債権者の判断で強制清算の即時開始の是非を決定するのではなく，これを社債権者の集団的意思決定に委ねる，というものである。ここには，個々の社債権者の行動によって鉄道会社が解体・清算に追い込まれることが国民経済上望ましくないという価値判断がある。もっとも，支払遅滞が1年以上にわたる場合には，もはや強制清算の猶予を認めることはできない。

69)　Beck [1918] S. 23.

70)　Bundesgesetz über Verpfändung und Zwangsliquidation von Eisenbahn- und Schiffahrtsunternehmungen vom 25. September 1917, AS 34 19 und BS 7 253. なお，同法は，その後も改正を受けながら現在まで残っている。

（Nachlassverfahren）が導入されたことである。当時，すべての債務者を対象
とする一般的な和議手続は既に取立破産法に導入されていたが[71]，鉄道会社
は適用対象外とされていた。鉄道海運抵当法によって導入された鉄道会社及び
海運会社の和議手続は，概要，すべての債権者を対象とし，法的地位に応じて
債権者を組分けし，各組の債権者集会における多数決決議[72]をもって，権利
縮減を含む和議契約[73]に同意する，というものである。和議契約が成立する
ためには，提案がすべての組で可決される必要があり，提案に反対する権利者
の組をも拘束するいわゆる妨害禁止（クラムダウン）は，制度上予定されてい
ない[74]。このような債権者集会の包括的な権限は，発行会社の危機状態及び
その再建の公益性，並びに連邦裁判所による確認手続（Bestätigungsverfahren）
などの法の規定によって正当化されるものと説明されている[75]。

2.　1918 年債権者共同体命令

(1)　制定経緯

　これに対し，一般的な社債権者の共同体を規律する法的枠組みの要請も早く
から存在していた[76]。1910 年代には，債権者共同体に関する法的規定を設け
るべく Eugen Huber による草案作成が進められていたが[77]，第 1 次世界大戦

---

71)　1889 年 4 月の取立破産法制定当初から，和議手続の制度は存在した。

72)　可決要件は，当該組で議決権を行使した債権者の過半数（頭数）が同意し，かつ当該組の未償還
　　元本総額の過半数（金額）を有する者が同意することである。ただし，DES を行う場合には，それぞ
　　れ 3 分の 2 以上に引き上げられる（鉄道海運抵当法 65 条 1 項・2 項）。

73)　債権者に新たな負担を課すことはできないが，元本放棄や DES を含む事業再生措置を決議するこ
　　とができる（鉄道海運抵当法 51 条 2 項・3 項）。なお，各組で決議するのは，和議契約のうち当該組に
　　関係する部分だけである。

74)　鉄道海運抵当法 65 条 6 項参照。

75)　Beck [1918] S. 22-23 参照。

76)　たとえば，連邦内閣（Bundesrat）による 1905 年 3 月 3 日付教書（1881 年に制定された旧債務法を
　　全面改正する 1911 年債務法〔現行法〕に連なるもの）では，ドイツ 1899 年債務証券法に倣って，社
　　債権者を組織化して決議に基づく統一的な処遇を可能にする一般的制度の必要性が既に指摘されてい
　　た（Botschaft des Bundesrates an die Bundesversammlung zu einem Gesetzesentwurf betreffend
　　die Ergäzung des Entwurfes eines schweizerischen Zivilgesetzbuches durch Anfügung des Obli-
　　gationenrechts und der Einführungsbestimmungen, vom 3. März 1905, BBl. 1905 II 1, S. 46-47.
　　Vgl. auch Botschaft des Bundesrates 1947, a.a.O. Fn. 56, S. 869, 874; Hüppi [1953] S. 13)。

に起因する経済的危機を受けて，債権者共同体に関する当座の規律（provisorische Regelung）を整備することが喫緊の課題となった[78]。そこで，当時起草中であった Eugen Huber の債務法改正草案をベースとして[79]，1918 年 2 月 20 日，社債の債権者共同体に関する一般的な規定である「社債権者共同体に関する連邦内閣命令」（以下「1918 年債権者共同体命令」という）[80]が制定された。なお，1918 年債権者共同体命令の規律の多くは現行債務法に受け継がれている。

(2)　規律の概要

　1918 年債権者共同体命令は，概ね次のような規律を設けていた。まず，社債権者との自由意思による合意形成が困難となる一定の条件[81]を満たす社債に係る社債権者は，法律上当然に債権者共同体を構成する。債権者共同体の意思決定機関である債権者集会は，資本多数決によって，当該共同体に属するすべての社債権者の共同利益を擁護するための措置を決することができる。具体的には，社債代理人の選任[82]，一定期間の元利金支払猶予，社債権の優先株

---

77)　1916 年 6 月に第一草案が作成され，さらに専門家小委員会（kleine Expertenkommission）での検討を経た後，1917 年 6 月に第二草案が作成された（Botschaft des Bundesrates 1947, a.a.O. Fn. 56, S. 883 参照）。草案作成にあたっては，ドイツ 1899 年債務証券法及び 1917 年鉄道海運抵当法が参考とされた（Botschaft des Bundesrates 1947, a.a.O. Fn. 56, S. 870）。

78)　Botschaft des Bundesrates 1947, a.a.O. Fn. 56, S. 870.

79)　Hüppi の評価によれば，Huber 草案から殆ど変更はなく，実質的には「前倒しの施行」といいうるものであったという（Hüppi [1953] S. 15 参照。Beck [1918] S. 25; Botschaft des Bundesrates 1947, a.a.O. Fn. 56, S. 870 も，1918 年債権者共同体命令の内容は本質的に Huber 草案と合致すると評価する）。

80)　Verordnung des Bundesrates betreffend die Gläubigergemeinschaft bei Anleihensobligationen（GGV）vom 20. Februar 1918, AS 34 231. なお，1918 年債権者共同体命令の条文は，Beck [1918] S. 109ff. に注釈付きで掲載されている。制定経緯については，Beck [1918] S. 20ff. が詳しい。

81)　具体的には次のとおりである。①スイスに本拠地又は営業所を有する債務者によって発行され，②同一の社債条件に基づく社債で，かつ③社債総額が 10 万フラン以上又は発行社債の数が 100 以上であるものについて適用され（1918 年債権者共同体命令 1 条 1 項。ただし，③を満たさない社債であっても，社債条件の定め又はすべての社債権者の同意によって同命令を適用することができる），連邦，州又は公法上の団体・公法上の営造物が発行する社債は原則として適用除外とされる（同 31 条）。また，鉄道会社及び海運会社には原則として鉄道海運抵当法が適用され，1918 年債権者共同体命令は補充的にのみ適用される（同 29 条）。

82)　社債代理人については，1918 年債権者共同体命令 23 条も参照（社債条件又は債権者集会決議によ

式（Prioritätsaktien）への転換（DES）のほか，元本請求権の放棄も一定範囲で[83]決議しうるものと定められていた（1918 年債権者共同体命令 16 条）。社債の権利内容の縮減を実現するためには，未償還元本金額の 4 分の 3 以上の同意が必要であった[84]。また，同命令 16 条で定めるものよりも重大なものを含む任意の権利縮減についても，未償還元本金額の 4 分の 3 以上が出席する社債権者集会で全員一致の同意を得れば決議しうるものとされていた（1918 年債権者共同体命令 17 条 2 項。ただし，社債権者に追加負担を求めることはできない）[85]。

　決議に拘束される少数派保護の仕組みとしては，――現行法の決議認可制度とは異なり，――個々の社債権者に，決議に対する事後的な不服申立て（Anfechtung）の権利が認められていた（1918 年債権者共同体命令 22 条）。不服申立事由は明文で規定されていたが[86]，その手続については特に規定されなかった。Huber は，不服申立手続を抗告手続（Beschwerde）とすることを想定して

って 1 人又は複数の社債代理人を選任しうる旨規定している）。

83)　具体的には，過去 10 年間の時価の最高額まで減額できるという規律である。しかし，過去 10 年間にわたってずっと額面を下回る時価が付いているというケースは殆どないので，この規定は実際的ではないと指摘されており，後述する 1928 年債務法草案では削除された（Botschaft des Bundesrates an die Bundesversammlung zu einem Gesetzesentwurf über die Revision der Titel XXIV bis XXXIII des schweizerischen Obligationenrechts, vom 21. Februar 1928, BBl. 1928 I 205 (nachfolgend bezeichnet als „Botschaft des Bundesrates 1928"), S. 350)。

84)　これに対し，社債代理人の選任や，1918 年債権者共同体命令 16 条に定めるものよりも軽微な権利縮減については，債権者集会に出席した社債権者の債権総額の単純過半数で足りた（1918 年債権者共同体命令 15 条参照）。

85)　このように，出席した社債権者の全員一致によって，1918 年債権者共同体命令 16 条に規定するよりも重大な権利縮減を決議しうるとする建付けに対しては，連邦裁判所が批判的な説示を述べている。いわく，「これらの規定は，幾つかの点において懸念を惹起する。とりわけ，再建提案の受諾又は拒絶が，もっぱら反対する債権者が集会に現れたかどうかによって決まるという帰結がもたらされる場合には」という（BGE 46 III 42-43）。かかる批判は，1925 年に開かれた債務法改正専門家委員会における討議においても参酌され（Schweizerisches Obligationenrecht: Revision der Titel XXIV bis XXXIII: Protokoll der Expertenkommission (herausgegeben vom Eidgenössischen Justiz- und Polizeidepartement, 1928) (nachfolgend bezeichnet als "Protokoll der Expertenkommission 1925"), S. 839)，同規定は，その後の債務法改正には受け継がれなかった。

86)　不服申立事由は，現在の債務法 1177 条が定める決議認可拒絶事由とほぼ同様であり，①債権者集会決議に関する規定に違反したこと，②債務者の危機を回避しえないこと，③債権者の共同利益の擁護にならないこと，④決議が不当な方法で成立したことであった。

いたようだが，実務は，株式法上の株主総会決議取消訴訟と同様，取消訴訟
（Anfechtungsklage）とすることで定着した[87]。

(3)　若干のコメント

以上に概要を述べた債権者共同体の制度は，発行会社が一時的な危機に陥っ
た場合において，①小口に分散した社債権者との関係で社債条件の変更を個別
に合意することは困難であること，及び②個々の社債権者による債務取立て・
破産申立てを認めると他の債権者や国民経済にとって損失になることから，社
債権者を取りまとめて処遇できるようにするものである，と説明されてい
た[88]。

社債権者にとって合理的な仕組みであれば，契約（社債条件）に委ねればよ
いではないか，との意見もありうるが，この点について草案起草者である
Huber は，社債の発行当初から支払不能（Insolvenz）を想定した規定を設ける
ことは，とりわけ無担保社債においては「不吉（ominös）」であり，必ずしも
進んで受け入れられるものではないこと，そしてこれには一定の規律が必要で
あることから，法の介入が必要であると説明している[89]。これは，債権者共
同体の制度を，ドイツ 2009 年債務証券法のようなオプトイン方式にしなかっ
た理由を提示している。発行会社による選択を認めず，要件を満たすすべての
社債に一律に債権者共同体の制度を適用することが必要であると当時は考えら
れていたということである。

また，1918 年債権者共同体命令は，国家機関の監督なしに社債権者の権利
縮減を可能にする点にも特色がある[90]。同命令の立案者は，かかる債権者共
同体の制度が，破産及び和議手続における大原則——債権者平等の原則——を

---

87)　Hüppi [1953] S. 113-114.

88)　Beck [1918] S. 5-7.

89)　Huber [1917] S. 554. なお，Beck [1918] S. 7 も，Huber の議論を参照しつつ，発行当初から支払不
　　能の場合を想定することは，債務者の信用を傷つけ社債の販売を困難にすることから，「かかる社債権
　　者の共同体を法律上当然に創出することの無条件の必要性が生ずる」と指摘する。

90)　これは，鉄道海運抵当法における事業再生措置（ごく限られたものではあるが）が連邦裁判所の監
　　督下でのみ行われる建付けとなっていたことと比較すると，顕著な特色であるといいうる。この点を強
　　調するものとして，Bundesratsbeschluss vom 25. April 1919 betreffend Abänderung der Verord-
　　nung über die Gläubigergemeinschaft bei Anleihensobligationen, BBl 1919 III 520, S. 522-523 参照。

その限りで放棄するものであると理解していた。1918 年債権者共同体命令 16
条は，一方で社債権者に犠牲を求めつつ，他方で他の一般債権者（Kurrentgläu-
biger）（取引先や被用者等）に全額弁済をするという発行会社の偏頗的な振る舞
いを許容するものであると考えられていたのである[91]。ここでのポイントは，
社債は巨額であり，発行会社を財務危機に陥らせる要因となるのが通常である
のに対し，一般債権者の債権額はさほど大きいものではなく，事業収益から弁
済することが可能であることが多い，という点であった。かかる状況を前提と
して，事業活動から生ずる一般債権者に対する弁済を継続しつつ，巨額の社債
権者にのみ権利縮減を求めることができる点に，1918 年債権者共同体命令の
利点が見出されたわけである。

　こうして，債権者集会決議による権利変更を認めたことは，当時の危機的状
況における発行会社の債務負担軽減，ひいては事業再生を容易にするものであ
り，危機に陥った多くの企業の存続を可能にしたと評価されている[92]。

3.　鉄道・海運会社の特則

(1)　制定経緯

　こうして，債権者共同体に関する法的規律は，連邦内閣命令という形式で出
発した。1918 年債権者共同体命令は債権者共同体に関する一般的な規律であ
るが，鉄道会社及び海運会社は，原則として同命令の適用対象外とされていた
（1918 年債権者共同体命令 29 条）。同命令 16 条に基づく各再建措置に関して，
鉄道会社及び海運会社は，第一次的には鉄道海運抵当法 51 条 2 項に基づく和
議手続を利用すべきだと考えられたためである[93]。

　しかしながら，鉄道海運抵当法に基づく和議手続には，監督人（Sachwal-
ters）の関与及び鑑定の実施のため，高い費用と長い期間を要するという難点
があった[94]。そこで，連邦内閣は，1919 年 4 月 25 日連邦内閣決定（Bundes-

---

91)　BBl 1919 III 520, a.a.O. Fn. 90, S. 522.

92)　Botschaft des Bundesrates 1947, a.a.O. Fn. 56, S. 870.

93)　BBl 1919 III 520, a.a.O. Fn. 90, S. 520-521; BGE 45 III 135, S. 136 参照。なお，鉄道海運抵当法
　　においても独自の債権者共同体手続が設けられていたが，前述のとおり，債権者集会でなしうる決議事
　　項は，1918 年債権者共同体命令と比較してかなり狭く限定されていた。

94)　BBl 1919 III 520, a.a.O. Fn. 90, S. 521.

ratsbeschlüsse）（以下「1919 年連邦内閣決定」という）によって 1918 年債権者共同体命令 29 条を改正し，鉄道会社及び海運会社についても 1918 年債権者共同体命令による債権者共同体手続を適用しうるものとした。ただし，鉄道会社及び海運会社の公法的性格に鑑み，債権者保護を確保するべく[95]，以下に述べるとおり幾つかの規律が特則として設けられた。

(2) 規律の概要

1919 年連邦内閣決定が定める債権者共同体手続の特則のうち主要なものは以下のとおりである。すなわち，①債権者集会招集の可否は，申立てにより連邦裁判所が判断すること，②債権者集会の招集及び主催は，連邦裁判所が行うこと，③債権者集会の決議は，連邦裁判所の認可（Genehmigung）に服すること，などである。かかる規律に関して，1919 年連邦内閣決定の草案理由では，次のような観点が示されている。

まず，①について，社債以外の一般債権が多額に上る場合に，社債権者だけが，――多くの場合，担保付であるにも拘らず，――債権者共同体手続による犠牲を強いられることは，一般的な法原則に照らして話にならない[96]。他の債権者との関係において社債権者が不当な不利益を被ると連邦裁判所が判断するときは，債権者共同体手続ではなく，鉄道海運抵当法に基づく和議手続によるべきである。また，②について，債権者共同体手続の遂行を任された受命裁判官（Instruktionsrichter）は，再建提案に付着する万が一の瑕疵に目を光らせ，その除去に努めなくてはならない。かかる手続を経て債権者が再建提案を承認したならば，通常は連邦裁判所による認可が下りる，という意味で，事業再生の迅速な処理が可能となる[97]。さらに，③について，鉄道海運抵当法で規律されている，社債権者の実体的な利益擁護にまで及ぶ和議要件の審査――これは不当な多数決に対する実効的な権利保障をなすものである――は，債権者共同同体による再建手続にもそのまま維持されるべきである[98]。

---

95)　BBl 1919 III 520, a.a.O. Fn. 90. そこでは，鉄道会社及び海運会社における債権者保護のための広範な公的統制（とりわけ，他の一般債権者をも含めた債権者の平等処遇の確保）の必要性（「鉄道法の原則（Prinzipien des Eisenbahnrechtes）」ないし「鉄道・海運会社に対する公的監督の原則」とも）が強調されている。なお，1919 年連邦内閣決定については，BGE 45 III 135, S. 136-137 の説示も参照。

96)　BBl 1919 III 520, a.a.O. Fn. 90, S. 524.

97)　BBl 1919 III 520, a.a.O. Fn. 90, S. 523.

(3) 若干のコメント

　このように，1919年連邦内閣決定によって導入された債権者共同体手続は，鉄道会社及び海運会社について，従来の鉄道海運抵当法に基づく和議手続よりも単純かつ迅速な方法で，かつ従来と実質的に同様の実体的原則のもとに事業再生を達成する途を開くものであった[99]。他方，同手続は，1918年債権者共同体命令に基づく通常の手続と比較すると，裁判外（aussergerichtlich）ではなく，連邦裁判所の指揮・監督のもとで行われるという点において特徴的であった。1919年連邦内閣決定において，鉄道会社及び海運会社に関する1918年債権者共同体命令29条の手続は，手続それ自体は簡略化されているけれども，その内実において従来の鉄道海運抵当法に基づく和議手続と近似する手続——いわば「単純化された和議手続」——として設計されたのである[100]。そして，かかる特別な規律の根拠として，運輸機関に対する公的統制の必要性と，その企業活動の存続・維持に対する公的利益が強調されていた[101]。

4. 世界恐慌期の展開

　世界恐慌のあおりを受けた1930年代，債権者共同体制度は，数度にわたる連邦内閣決定により，大きなパッチワーク的な修正を受けることとなる。その背後には，1918年債権者共同体命令が事業再生のために不十分であるという現実があった。すなわち，一方で，同命令に規定された事業再生措置の選択肢の限定が，他方で，同命令に規定された債権者集会の可決要件の厳しさ（決議に失敗した事例の多くは，反対票が多かったためではなく，単に社債権者の無関心や欠席により必要な賛成票が集まらなかったためであったと指摘されている）が，それぞれ事業再生の足かせとなったのである[102]。

　こうした背景のもと，債権者共同体の権限を拡大して決議事項を拡張すると

---

98)　BBl 1919 III 520, a.a.O. Fn. 90, S. 523, S. 524-525.

99)　BBl 1919 III 520, a.a.O. Fn. 90, S. 525.

100)　BBl 1919 III 520, a.a.O. Fn. 90, S. 525 は，「新29条は，命令に規定された手続を，いわば単純化された和議手続へと転換し，そうすることで，鉄道会社及び海運会社の債券保有者の債権者共同体を，変容した基盤の上に置くものである」としている。

101)　BBl 1919 III 520, a.a.O. Fn. 90, S. 523, S. 525.

102)　Hüppi [1953] S. 16-17.

ともに，可決要件を緩和する必要性が認識された[103]。1930 年代，連邦内閣は，連邦内閣決定の形式で，特定の産業における事業再生を促進するための措置を矢継ぎ早に講じた[104]。その主要なものを挙げると，まず，①1932 年 11 月 29日の連邦内閣決定では，鉄道企業，海運企業及びホテル企業に係る 1918 年債権者共同体命令 16 条規定事項の可決要件を未償還元本金額の 3 分の 2 に引き下げるとともに，債権者集会後の事後的な賛成票の追完を認めるなどの措置を講じた。さらに，3 分の 2 の賛成は得られなかったが過半数の賛成は得られたという場合には，例外的に，連邦裁判所は，当該措置を債務者の経済的存続維持のために不可欠であることが明らかで，かつ当該企業の強制清算に比べて債権者利益にヨリ良く資するときには，当該決議の拘束力を承認することができるとされた。これらの措置は，1930 年代に入って，債権者決議が，社債権者が反対票を投じることではなく，無関心で投票しないことによって失敗するという事例がしばしば発生したことを踏まえたものであった[105]。なお，債権者集会後一定期間の同意追完を認める制度は，現行債務法にも承継されている。

また，②1934 年 7 月 20 日の連邦内閣決定では，社債権者以外の債権者の権利行使によって事業再生が妨げられ，社債権者の犠牲がむなしいものとなるという現実を踏まえて[106]，鉄道企業，海運企業及びホテル企業に限って，連邦裁判所の裁量によって，社債権者以外の債権者を債権者共同体に取り込むことを認めた。

その後，さらに危機が広がるのに応じて，③1935 年 1 月 29 日の連邦内閣決定では同様の特則を時計産業にも及ぼし，さらに，④同年 10 月 1 日には，危機に陥った産業部門への債権者共同体制度の適用に関する決定を公布した。④により，①〜③による既存の特別規定が体系的に統合され，かつその適用が刺繍産業や外国人観光客依存産業にも拡張された。その後も，債権者集会の決議

---

103)　Botschaft des Bundesrates 1947, a.a.O. Fn. 56, S. 870 参照。

104)　以下に列挙する連邦内閣決定の詳細については, Botschaft des Bundesrates an die Bundesver-sammlung über die Ausdehnung der Bestimmungen über die Gläubigergemeinschaft, vom 6. März 1935, S. 410-411; Botschaft des Bundesrates 1947, a.a.O. Fn. 56, S. 870-872; Hüppi [1953] S. 16-19 参照。

105)　Hüppi [1953] S. 16-17.

106)　Hüppi [1953] S. 17-18.

事項を拡張しつつ（たとえば 1941 年 12 月 19 日の連邦内閣決定など），結局第 2
次世界大戦終結後まで連邦内閣命令による規律体系が存続することとなった。

5. 債務法への統合

(1) 統合の経緯

以上のように，1918 年債権者共同体命令は，社債を取り込む事業再生措置
を容易にする一般的な枠組みを提供し，その後数度にわたって発出された連邦
内閣決定は，特に深刻な危機を迎えた特定産業の事業再生を一層容易にする特
別な枠組みを提供した。これらの規律は実務において一定の利用をみたようで
あるが，いずれも世界大戦及び恐慌という緊急時における当座の手当てに過ぎ
なかった。

しかしながら，発行会社の危機に際して社債権者の集団的処遇を可能にする
債権者共同体という仕組みの必要性は，恐慌期にだけ生ずる一過性のものでは
なく，むしろ恒常的に存するものである[107]。また，緊急措置によるパッチワ
ーク的な対処は，制度を複雑なものに変貌させた。一般法としての債権者共同
体制度の必要性は依然存在しており，1918 年債権者共同体命令の制定後も，
Eugen Huber らによる草案作成作業は続けられた[108]。Huber による 1919 年
草案，Hoffmann による 1923 年草案[109]，1928 年債務法改正草案[110]を経て，債
権者共同体の制度は，1936 年改正債務法第 34 章第 2 節[111]として 1936 年 12

---

107)　Botschaft des Bundesrates 1928, a.a.O. Fn. 83, S. 346; Botschaft des Bundesrates 1947, a.a.O.
　　　Fn. 56, S. 874.

108)　Botschaft des Bundesrates 1947, a.a.O. Fn. 56, S. 872.

109)　Hoffmann は，連邦内閣閣僚（Bundesrat）であり，Huber の死後，草案作成作業を承継した者で
　　　ある。Hoffmann 草案は，基本的には 1918 年債権者共同体命令の内容（したがって 1918 年当時の
　　　Huber 草案の内容）を受け継ぐものであったが，決議事項をヨリ狭く限定するなど，重要な相違もあっ
　　　た。後でも取り上げるとおり（第 3 節第 2 款参照），わが国にも取り入れられた債権者集会決議の認可
　　　制度を債務法改正草案として初めて提案したのはこの Hoffmann 草案であった（認可制度自体は，既に
　　　1919 年連邦内閣決定によって鉄道会社及び海運会社の債権者共同体手続に導入されていた）。

110)　1928 年債務法改正草案は，概ね Hoffmann 草案の内容のとおりであったとされる（Botschaft des
　　　Bundesrates 1947, a.a.O. Fn. 56, S. 872-873）。なお，日本の 1938 年（昭和 13 年）商法改正の際に参
　　　考とされたのはこの 1928 年債務法改正草案である。鴻 [1958] 194 頁注 9 参照。

111)　同改正では，債務法第 34 章として社債に関する独立の章が設けられ，その第 1 節に目論見書に関

月 18 日に成立した。

(2)　1936 年改正債務法

　まず指摘されるべき点は，1936 年改正債務法における債権者共同体制度が，発行会社の事業再生を容易にするという明確な目的をもって設けられたことである。1928 年改正草案理由書では，1918 年債権者共同体命令の経験を踏まえて，「債権者共同体に係る規定がなければ事業再生が不可能となり，事業再生の失敗により経済的な破局が引き起こされたであろう」[112] と述べて，事業再生を実現する制度としての債権者共同体を将来にわたって創設することの必要性が強調されている。

　1936 年改正債務法の内容は，概ね 1918 年債権者共同体命令のそれを踏襲しているが，大きな相違として，ここでは決議事項の限定と決議認可制度の導入について触れておきたい。まず，1936 年改正債務法は，債権者集会の決議事項を，1918 年債権者共同体命令と比較して狭い範囲に限定した。たとえば，権利変更措置には変更期間の上限が設けられ，元本債権の放棄は除外された。1928 年改正草案理由書は，債権者共同体の権限制約を，「社債の信用性（Kreditwürdigkeit）」の観点から説明している [113]。あまりに大きな権利変更が可能となれば，社債権者は他の権利者との関係で事後的に多大な冷遇を受けることになりかねず，社債に対する公衆の信用が失われると立法者は考えたわけである。これは，社債の投資商品としての性格に配慮したものといえよう。決議事項を予め法律で狭く限定することで，社債の権利内容の安定性ひいては予測可能性を高め，投資商品としての信用性を高めることを企図したものと考えられる。

　また，1936 年改正債務法は，1918 年債権者共同体命令とは異なり，債権者集会決議の認可制度を導入した。1928 年改正草案理由書は，この点が「現行命令との最も重要な乖離」であると説明している [114]。認可制度が導入された

する規定が，その第 2 節に債権者共同体に関する規定がそれぞれ配置された。この基本的な構造は，現行法と同一である。なお，1936 年改正債務法の和訳として，オーゼル＝シェーネンベルガー共編・佐藤荘一郎訳『スイス債務法（司法資料第 261 号）』（司法省調査部，1939 年）がある。

112)　Botschaft des Bundesrates 1928, a.a.O. Fn. 83, S. 346.

113)　Botschaft des Bundesrates 1928, a.a.O. Fn. 83, S. 349-350.

114)　Botschaft des Bundesrates 1928, a.a.O. Fn. 83, S. 350.

ことの背後には，1918 年債権者共同体命令における不服申立制度が機能不全に陥っているとの認識があった。その原因として，決議の不服申立制度が取消訴訟として運用されていたことから[115]，不服申立人は，手続に多大な時間と費用を負担しなければならない上，厳格な立証責任が課せられることとなり[116]，個々の社債権者がこれを遂行することは過大な負担となっている，という問題が指摘されていた[117]。要するに，社債権者保護の仕組みとして社債権者のイニシアティブによる不服申立制度では不十分であり，職権による決議認可制度が妥当と考えられたというわけである。この点に関しては，立証責任の負担について別途不服申立制度の枠内で改善すればよいとの見方もありうるが，草案理由書は，決議認可制度の方が債権者に追加的な保護を提供するものであるとして後者を選択したものであると説明している。

(3)　施行の見送りと 1949 年債務法改正

しかしながら，1936 年改正の債権者共同体に関する部分（第 34 章第 2 節）の施行は見送られた[118]。施行が見送られた理由は以下のとおり説明されている。まず，仮にこれを直ちに施行すると，施行前の事案には 1918 年債権者共同体命令が適用されるのに対し，施行後の事案には 1936 年改正債務法の規定が適用されることとなって，両者の均衡を欠く結果となる。また，1936 年当時は世界恐慌による経済的な混乱のさなかであり，危機が去るまでは柔軟な接ぎ木が可能な緊急命令を適用し，平常が回復したら改正債務法を施行するというやり方が適当である[119]。これらの理由から直ちに改正法を施行するのは相

---

115)　1918 年債権者共同体命令における不服申立手続が訴訟手続によるものとして定着したことについては，本章注 87) に対応する本文を参照。

116)　Botschaft des Bundesrates 1928, a.a.O. Fn. 83, S. 350. Protokoll der Expertenkommission 1925, a.a.O. Fn. 85, S. 847 における担当官の説明も同旨。もっとも，立法過程では，取消訴訟制度が機能不全に陥っているという立案担当者説明に反論し，取消訴訟の威嚇のもとで協議が行われた様々な事例があることが指摘されている（Protokoll der Expertenkommission 1925, a.a.O. Fn. 85, S. 848 （Alfr. Wieland））。

117)　Botschaft des Bundesrates 1928, a.a.O. Fn. 83, S. 351; Botschaft des Bundesrates 1947, a.a.O. Fn. 56, S. 887; Hüppi [1953] S. 84, 114; Strässle [1961] S. 93 を参照。

118)　1936 年改正債務法の施行日は 1937 年 7 月 1 日であった。債権者共同体に関する第 34 章第 2 節の施行時期は明示されず，その決定は連邦内閣に委ねられた（Botschaft des Bundesrates 1947, a.a.O. Fn. 56, S. 873）。

当でないとされ，将来の施行時期は連邦内閣の決定に委ねられた。しかしなが
ら，その後も第2次世界大戦の混乱が続き，改正債務法を施行するタイミング
を見出せないままに終戦を迎えた[120]。債権者共同体の一般法として成立した
1936年改正債務法34章第2節は，結局施行されることなくお蔵入りとなった
のである[121]。

　その後，混乱が収束し，緊急命令による特別立法が徐々に解体されるに伴い，
再び一般法として債権者共同体の制度を定める必要が浮上した。こうして，
1947年12月12日，社債権者共同体に関する連邦法改正案が改めて提示され
（1936年改正法の内容と概ね同一であるが，若干の変更もある[122]），これが1949年
4月1日「社債権者共同体に関する債務法の諸規定の改正についての連邦
法」[123]として成立し，1950年1月1日に施行された。これに伴い，1936年改
正債務法第34章第2節はこれに置き換えられ，また緊急大権に基づいて制定
された諸々の緊急措置は廃止された。1949年改正債務法によって導入された
債権者共同体の制度は，その後若干の改正を経たが，基本的に導入当初のまま
の姿を現在も維持している。

第4項　制度の性格

　前項で検討した沿革によって制定された債権者共同体であるが，その制度の
性格をどのように理解するかについては，見解が分かれうる。ひとつには，債
権者共同体制度は，純然たる社債権者の自律的意思決定の仕組みである，との
見方がありうる。他方，別の見方として，債権者共同体制度は，ある種の和議
手続であり，和議法的な考慮を取り込むべきものである，との見方もありうる。
こうした見方の対立は，債権者集会決議で多数派が承認したリストラクチャリ

---

119)　当時委員会議長であった全州議会議員 Keller の説明である（Botschaft des Bundesrates 1947,
　　　a.a.O. Fn. 56, S. 873; Hüppi [1953] S. 21-22 も参照）。

120)　Botschaft des Bundesrates 1947, a.a.O. Fn. 56, S. 873-874.

121)　Botschaft des Bundesrates 1947, a.a.O. Fn. 56, S. 873ff. なお，Hüppi [1953] S. 21 も参照。

122)　Botschaft des Bundesrates 1947, a.a.O. Fn. 56, S. 881-882. 大きな相違のひとつは，権利縮減を
　　　伴う決議の可決要件が，未償還元本金額の4分の3ではなく3分の2とされたことである（Ziegler
　　　[1950] Vor. Art. 1157-1186 N 13 参照）。

123)　AS 1949 I 791.

ングに対して，裁判所ないし和議官庁が和議法的な観点から介入するべきか，という問題として立ち現れてくる。この点について，スイスでは，――ドイツにおけるのとは対照的に，――かなり明確な考え方の対立を見出すことができる。

　以下，制度の生成期にこうした見方の対立を顕わにしたものとして，債権者共同体制度を一種の和議手続として捉える連邦裁判所判例の展開と，これを社債権者の自律的意思決定の仕組みとして捉える債務法立案関係者の議論をそれぞれ取り上げることにする。現行債務法の解釈としての議論状況については，本節第3款で後述する。

1.　連邦裁判所判例の展開

(1)　鉄道会社の債権者共同体手続について

　前述のとおり，1919 年連邦内閣決定によって導入された鉄道会社及び海運会社に関する債権者共同体手続は，「単純化された和議手続」とする意図で設けられたものであったが，その導入後ほどなくして，同手続の性格につき，立案趣旨と概ね同様の理解を示す連邦裁判所決定が現れた。その最初の事案は，ルツェルン州の鉄道会社である Sonnenbergbahn 社に係る財務リストラクチャリングであった。同事案については，債権者集会の招集許可決定と債権者集会決議の認可決定が公刊されている。以下，債権者共同体手続の性格について連邦裁判所がどのような理解を示してきたか，簡単に検討する。

　(a)　1919 年 12 月 8 日連邦裁判所決定[124]　　連邦裁判所は，大要次のように説示した。いわく，鉄道会社に係る債権者共同体手続の目的は，鉄道海運抵当法 51 条以下に基づく和議手続と同じく，財務的に危機に陥った債務者の財産関係の再建をもたらし，破産及びそれに伴う諸々の帰結から保護することにある。これら両手続の相違は，鉄道海運抵当法が優先債権者を除くすべての種類の債権者に及ぶのに対し，債権者共同体手続は一定規模以上の社債の債権者のみに関係するという点にある。両手続における犠牲の種類と程度は概ね同じであり，債権者共同体手続は，社債権者に限定された和議手続そのものである。それゆえ，債権者共同体手続においては，株主は大幅な減資を受け入れなけれ

---

124)　BGE 45 III 135.

ばならず，また同順位のすべての債権者の平等な権限及び様々な種類の順位関係の維持が保障されなければならない，と[125]。

　同決定は，その上で，債権者集会の招集許可の段階においては，債権者共同体手続によって，かかる一般原則を遵守しつつ再建を実現することが可能かどうかを審査するものと判示する。いわく，社債が発行会社の主たる債務で，他の債務が担保付でいずれにせよ弁済を免れない場合や，他の債務がごく僅かでこれに弁済しても社債権者の利益を害さない場合には，招集許可が認められるが，逆に，社債権者と同順位の債権者――債権者共同体手続に取り込まれない銀行債権者等――が多く存在し，社債権者が犠牲を強いられるのに他の債権者が犠牲を免れることになる，という場合には，招集許可は認められない。かかる場合には，債権者の順位関係及び平等原則が保障される鉄道海運抵当法に基づく和議手続が適切である。ただし，債権者共同体手続の多大なる実際上の利点に鑑みて，他の債権者が，社債権者の犠牲に見合うだけの債権の減少を裁判外で負担することが確定しているか，又はかかる交渉がなされる見込みであるならば，例外的に招集を許可することができる，とする[126]。

---

125)　BGE 45 III 135, S. 137-138. 同決定は，ここで「和議手続における一般法理」に言及して連邦裁判所 1918 年 11 月 21 日決定（BGE 44 III 210）を引用する。これは，鉄道海運抵当法に基づく和議契約の認可決定であるが，その中で，和議契約における権利者の処遇について，次のように述べている。まず株主の地位についていわく，「ことの本質からすれば，ただ債権者にのみ犠牲を要求し，株主の権利に触れることのない条項を定めた和議契約は，公正性及び債権者の権利に抵触するものであり，連邦裁判所の認可を拒絶されなければならない」。かかる帰結は，「和議契約の本質及び株式資本の概念から生ずる」ものである。したがって，株主は，和議契約において債権者に犠牲を求めるためには，まず自らの株式資本を犠牲にしなければならないが，完全な減資までは必要ではなく，会社の事業存続が可能な程度に資本減少をし，新株主に配当優先権を付与するならば，債権者の権利は十分に擁護される（BGE 44 III 210, S. 222-223）。また，債権者グループ間における公正性（Billigkeit）についていわく，「〔和議〕契約は，個々のグループ間において，公正性に合致し，かつ従来の債権の順位を十分に考慮した関係を維持すべきである」。ここから，ⓐ和議契約における債権者グループの地位が破産におけるそれと比べて不利でないこと，ⓑ和議契約における債権者の犠牲が破産における損失を上回らないこと，及びⓒ債権者グループ間の犠牲の比率が破産における損失比率と概ね同じであること，という下位規範が導かれる（BGE 44 III 210, S. 224）。

126)　BGE 45 III 135, S. 139-140. 当該事案においては，債権者共同体に属する社債の金額は負債総額の半分程度であるが，債権者共同体に属しない他の債権者が自発的に債権の減額に応じ，かつ経営者が株式資本を減少させる旨表明していたことから，招集決定が認められた（Id. S. 140-141）。

(b)　1920 年 3 月 11 日連邦裁判所決定 [127]　　連邦裁判所は，同一の事案に係る決議認可決定において，鉄道会社に係る債権者共同体手続につき，鉄道海運抵当法に基づく和議手続と同等の権利保護を社債権者に保障する「真正の和議手続（eigentliches Nachlassverfahren）」とするのが立法者の意思であったことを確認した上で [128]，認可手続においては，1918 年債権者共同体命令に係る手続が遵守されているかどうかの審査に加えて，鉄道海運抵当法 68 条 2 号の「共同利益」の要件として，㋐債権者決議の相当性（Angemessenheit）及び㋑社債権者と他の権利者の犠牲の比率（Verhältnis）を審査するものと判示した。しかるに，㋐については，和議手続とは異なり債権者共同体手続では財産価値評価がないという手続構造の相違を指摘しつつも，当該事案において，清算した場合と比べて社債権者の地位が改善されると摘示し，㋑については，社債権者との権利の優先順位に照らして，他の権利者もまた相応の犠牲を引き受けていると摘示した。

(c)　若干のコメント　　これら一連の判断は，鉄道会社に係る債権者共同体手続に和議法上の実体的保護規範を推し及ぼすものであり，前述した 1919 年連邦内閣決定の制定趣旨——鉄道会社に係る債権者共同体手続をいわば「単純化された和議手続」として位置付け，和議手続と実質的に同等の実体的保護を保障するものとする考え方——と合致するものとして理解することができる。ここにおいて，連邦裁判所は，鉄道会社に関するものに限ってであるが，債権者共同体手続に，一種の和議手続としての性格を読み込む立場を採用したわけである。

なお，同様の考え方は，Jungfraubahngesellschaft 社に関する 1922 年 3 月 1 日連邦裁判所決定 [129] にも受け継がれている。同決定は，利息の放棄や優先株式への転換等を内容とする債権者集会決議に関するものであり，連邦裁判所は，一般的な判断枠組みは述べなかったが，その判断において，当該事業再生が，

---

127)　BGE 46 III 31.
128)　BGE 46 III 31, S. 37. いわく，1918 年債権者共同体命令に基づく手続は，債権者共同体を構成する社債権者だけを対象とする点においてのみ，鉄道海運抵当法に基づく和議手続と本質的に区別される，という（*Id.* S. 37-38）。
129)　BGE 48 III 55.

株主の負担の上に成立していること（株主が大幅な減資に応じ，自らの権利を
DES で発行される優先株式に劣後させるなど），当該債権者共同体に帰属しない
債権者もまた，一定の債権放棄に応じることで，社債権者に期待される犠牲と
の関係で相当な関係にあること，当該発行会社には現預金がなく，決議に係る
措置が避けがたいこと，及び株主及びその他の債権者による犠牲とともになさ
れる社債権者の犠牲は，発行会社の再建に適切であること，といった事情を摘
示し，「社債権者の利益は本件決議によって十分に擁護されているように思わ
れる」との結論を示した。この決定も，上記(a)(b)で取り上げた連邦裁判所の
考え方を踏襲するものと理解することができるであろう。

(2)　一般事業会社の債権者共同体手続について

　以上のように，連邦裁判所は，1919 年連邦内閣決定に基づく債権者共同体
手続の性格について，その立案趣旨に忠実な理解を示し，これを特殊な和議手
続として捉える考え方を採用した。ここで想起しておくべきは，1919 年連邦
内閣決定が，鉄道会社及び海運会社の公法的性格に基づいて債権者保護の必要
性を強調していた，という点である。そのため，上記のような制度理解は，あ
くまで鉄道会社及び海運会社の特殊性によって基礎づけられるのであり，その
他の一般事業会社には同様の考え方は妥当しない，と解する余地も十分にあり
えたように思われる。

　しかしながら，以下にみるとおり，その後の連邦裁判所は，鉄道会社に係る
債権者共同体手続について形成されてきた判例の考え方を，それ以外の一般事
業会社に係る債権者共同体手続にも等しく及ぼす立場を明らかにした。これは，
財務的再建手続に共通の性質に由来するものであるとされており，鉄道会社及
び海運会社の特殊性に何ら依拠することなくその結論が導かれている点が注目
される。

　(a)　1933 年 3 月 28 日連邦裁判所決定[130]　　その布石となったと目される

---

130)　BGE 59 III 160. なお，この決定は，債権者集会決議の認可手続においてなされたものではない。
やや込み入っているので簡単にいうと，当初，発行会社に対する当座貸越債権を有する銀行が，当該
債権の利息を確定利息から変動利息に変更することに同意していることを前提として 1918 年債権者共
同体命令に基づく債権者集会の招集許可（同命令 29 条参照）がなされたところ，事後的に当該銀行が
変動利息への変更を拒否するに至ったという事案において，一旦なされた招集許可を撤回するかどうか
の判断がなされたものである（決定主文は，招集許可決定を取り消すというもの）。

判例が，鉄道会社の債権者共同体手続に関する 1933 年連邦裁判所決定である。この決定は，従来のように，鉄道会社に係る債権者共同体手続に固有の事情——社債権者に限定する「単純化された和議手続」としての位置づけ——に依拠するのではなく，むしろ，債権者共同体手続の財務的再建手続としての一般的な性格に依拠して，従来の連邦裁判所決定と同様の結論を導いたものであり，注目に値する。

　決定いわく，確立した判例によれば，財務健全化措置は，社債権者以外の債権者及び（必要であれば）株主が，その負担において，当該状況の回復に必要な犠牲の一部を引き受けることに同意する場合に限って認可（homologuer）されうる。そして，その犠牲は，各自の権利と釣り合いの取れたものでなければならない[131]。この原則は，単なる和議（concordat）の緩やかな形態であり，それゆえ破産法（droit de faillite）の一般的原則——すべての債権者の平等処遇，及び異なるカテゴリの債権者間の順位の尊重——が妥当するべき財務的再建手続（procédure de réorganisation financière）に共通の性質に由来するものである[132]。

　(b)　1936 年 7 月 2 日連邦裁判所判決[133]　　さらに，1936 年には，鉄道会社について形成された判例法理を，鉄道会社以外の企業が発行した社債にも適用する旨明言する連邦裁判所判決が現れた。事案は，1918 年債権者共同体命令に基づく債権者集会決議の取消訴訟である[134]。連邦裁判所は，不動産会社の事業再生に係る債権者集会決議を取り消した原判決を維持する理由の中で，次のように判示した。

　いわく，鉄道・海運会社であると，その他の事業会社であるとを問わず，同じく同命令の財務的再建手続を利用しうるのであれば，かかる手続に共通の性質に起因し，すべての事案において尊重されなければならない条件がある。こ

---

131)　BGE 59 III 160, E. 2（本文記載のとおり判示して，1919 年及び 1920 年の上記連邦裁判所判例〔BGE 45 III 140 及び BGE 46 III 47〕を引用する）。

132)　BGE 59 III 160, E. 2.

133)　BGE 62 III 168.

134)　決議の認可手続ではないことに注意。1918 年債権者共同体命令は，同 22 条で決議に対する不服申立ての制度を設けており，現在の債務法 1177 条 1 号〜4 号とほぼ同様の不服申立事由を規定していた。本章注 86) 参照。

こでは，提案された措置が，債務者の危機的状況によって正当化されるかどう
か，そして，債権者の共同利益の擁護（sauvegarder les intérêts communs des
créanciers）のために適切であるかどうかが問題となる。また同様に，債務者
が株式会社である場合には，資本減少により株主が事業再生に必要な犠牲の一
部を引き受けなければならないという規律[135]，及び同様の権利を有する債権
者は平等に処遇されなければならず，逆に，ある債権者が優先権を有する際に
は事業再生計画がかかる事情を考慮しなければならないという原則についても
同様である，という[136]。

　(c)　若干のコメント　　上記(a)で取り上げた1933年連邦裁判所決定は，従
来の1919年及び1920年の連邦裁判所決定が辿った論理とは異なり，鉄道会社
に係る債権者共同体手続に固有の事情——そもそも1919年連邦内閣決定が同
手続を「単純化された和議手続」として設計したという制定趣旨やこれを受け
た手続構造——に言及することなく，当該手続が，「破産法の一般原則」が妥
当するべき「財務的再建手続（procédure de réorganisation financière)」である
という手続それ自体の性格に依拠して結論を導いたという点において注目に値
する。かかるロジックの射程が鉄道会社に係る債権者共同体手続以外の領域に
も及びうることは明らかであり，実際のところ，上記(b)で取り上げた1936年
連邦裁判所判決は，鉄道会社以外の発行会社に係る債権者共同体手続について
も，やはり財務的再建手続としての性格に照らして和議法的な実体的要請を導
き出しているのである。

　なお，このような理解は，1918年債権者共同体命令に関するその後の連邦
裁判所判例にも受け継がれている。たとえば，「債権者に加えて株主もまた犠
牲を引き受けねばならず，その犠牲は債権者のそれに対して公正な関係になけ
ればならない。かかる原則は，鉄道会社の再建について連邦裁判所が宣明した
ものであるが〔ここで1919年及び1920年連邦裁判所決定を引用〕，GGV〔1918年

---

135)　当該事案において債権者集会で提案された再建計画では，資本減少が予定されていなかった。こ
　の点について，連邦裁判所は，債権者集会以前に既に資本減少が行われていたことから，問題ないと
　判断した。
136)　こうして，連邦裁判所は，裁判所は権利濫用だけを審査すれば足りるとした第1審判決を破棄した
　原判決を是認した。

債権者共同体命令のこと〕の運用について一般的に適用可能なものである。な
ぜなら，かかる犠牲があって初めて債権者利益の擁護を口にすることができる
からである〔ここで 1936 年連邦裁判所判決を引用〕」とした連邦裁判所判決が存
在する[137]。

　かかる一連の判例から，連邦裁判所としては，少なくとも 1918 年債権者共
同体命令に関する限り，債権者共同体手続を財務的再建手続の一種として捉え，
和議法的な実体法的要請がここにも妥当するものと解する立場で一貫している
ことが窺われる。

2. 債務法立案過程における議論

　以上の連邦裁判所判例とは対照的ともいうべき方向性で議論が展開したのが，
債務法改正草案の立案過程における専門家委員会の議論であった。以下，とり
わけこの点を明瞭に浮かび上がらせている 2 つの議論を取り上げて検討する。

(1) 債権者共同体手続の位置付け

　起草過程で浮上した問題のひとつが，債権者共同体に関する規律を法体系上
どこに位置付けるのか，であった[138]。債権者共同体の制度は，一方で，発行
会社が危機的状況に陥っていることを必ずしもその前提としておらず（この点
で和議手続とは異なる），社債権者の資本多数決による統一的な意思決定の仕組
みとして理解することができる。他方，反対社債権者を含めて権利変更（権利
縮減）に拘束する点や，その決議に和議官庁の認可を必要とする制度設計は，
和議法的な考慮を取り入れている[139]。これら両方の性質を併せ持つことから，
選択肢としては，①すべて取立破産法に規定する，②すべて債務法に規定する，
③新たな特別法を設ける，④取立破産法と債務法に分けて規定する，の 4 つが
候補となりうる[140]。改正草案は，一貫して②の選択肢を採用してきた[141]。

---

137)　Unveröffentlichtes Urteil vom 3. Mai 1944, zitiert in Hüppi [1953] S. 110 Fn. 52.

138)　Botschaft des Bundesrates 1928, a.a.O. Fn. 83, S. 346-347; Botschaft des Bundesrates 1947, a.a.O. Fn. 56, S. 875.

139)　Botschaft des Bundesrates 1947, a.a.O. Fn. 56, S. 887 は，決議認可制度について，「民法的とい
うよりも取立法的な考え方にむしろ合致する処理」だと指摘する。

140)　Hüppi [1953] S. 19-20.

141)　仮に②の選択肢を採る場合であっても，債権者共同体の規律を有価証券法と会社法のいずれに位

　このような選択の背景にあったのが，和議手続に対する立法者の否定的な見方である。和議手続は，債権者の利益を実現する手続であるとは必ずしも考えられておらず[142]，むしろ，企業全体が掌握され，必要的に監督人が選任されることによって企業の活力が奪われ，最終的に清算に至ることが多い——和議手続の開始は，清算の始まりである——と認識されていた[143]。立法者は，債務法に基づく債権者共同体制度を，あくまで債権者利益の保護が問題となる手続であると考えており，これを和議手続として位置付けてしまうと，その利用に際し，公の信用を損なうことになるのではないか，と懸念した[144]。かかる観点から，1928 年改正草案理由書は，「取立破産法の和議手続と 1918 年債権者共同体命令の強制決議の間の基本的な相違」[145]を強調する。ここで問題となるのは，和議手続ではなく「社債権者の特別な利益保護のための措置」だというのである[146]。

(2)　和議官庁による介入の程度

　立法過程の議論においてとりわけ興味深いのは，1925 年に開催された専門家委員会において，債権者集会決議に対して和議官庁がどの程度介入するかにつき，議論があったことである。議論の口火を切ったのは，当時連邦裁判官であり，過去に連邦裁判所長官を務めた経歴を持つ Fritz Ostertag であった。

　(a)　Ostertag の提案　　Ostertag は，債務法に導入されるべき債権者共同体手続について，次のような建付けとすることを提案した。すなわち，和議官

置付けるのか，という問題がある（Botschaft des Bundesrates 1947, a.a.O. Fn. 56, S. 875）。なお，Huber は，1916 年の第一草案ではこれを会社法の中に位置付けていたが，1919 年草案以降は一貫して有価証券法の中に位置付けられた。いずれにせよ，取立破産法ではなく債務法に位置付けるという点では同じである。

142)　たとえば，Botschaft des Bundesrates 1928, a.a.O. Fn. 83, S. 347 は，「債権者共同体命令は，第一に債権者利益を念頭に置くが，これは，債務者の経済的人格のすべてを掌握する一般的な和議契約では全く奉仕されることがないものである」と述べている。

143)　Botschaft des Bundesrates 1928, a.a.O. Fn. 83, S. 351.

144)　Protokoll der Expertenkommission 1925, a.a.O. Fn. 85, S. 820-825; Hüppi [1953] S. 20; Florstedt [2013] S. 591.

145)　Botschaft des Bundesrates 1928, a.a.O. Fn. 83, S. 347 参照。なお，ここで「強制決議（Zwangsbeschlüsse）」とは，社債権者の権利縮減を伴う債権者集会決議のことを指している。

146)　Botschaft des Bundesrates 1928, a.a.O. Fn. 83, S. 350-351.

庁は，社債権者の特別多数決を要する決議（強制決議）について，決議に先立って議案を事前審査し，①債務者の危機回避のために必要かつ適切であること，②社債権者に期待される犠牲が，他の債権者及び債務者自身の犠牲との間で相当の関係にあること，及び③社債権者の共同利益が擁護されること，という3点を審査するべきである，という提案である[147]。

　提案者である Ostertag は，この提案につき次のように説明する[148]。まず，これらの基準は，鉄道会社の再建において連邦裁判所が数年来遵守してきた原則であり，かつ実践に耐えてきた原則である。これによれば，株式会社は，資本減少をせずに社債権者に権利放棄を期待することはできない。また，社債権者だけを巻き込んで，その他の債権者の権利を無傷のままにしておくのは論外であり，犠牲の程度につき実体法的地位に応じたやり方ですべての債権者が取り込まれなければならない[149]。ここにおいて，債権者共同体の強制決議が，和議手続であることを看過すべきではない，という。

　次に，決議が実際になされるまで和議官庁の介入を控えるべきか，という点については，連邦裁判所の経験に照らして確定的に否定するべきである，とする。実務では，官庁が最初から影響力を行使することが極めて重要である。最終的な計画が起案されるまでに，長期間の債権者・債務者間の交渉が必要であるが，すべての関係者の利益を保護するために，手続の初期段階から官庁の関与は避けられるべきでない。仮に和議官庁に決議の認可権限だけを留保するとすれば，多くの事例で決議の認可が拒絶されなければならないであろうが，もし官庁が当初から見解を表明できるならば，そのような困難は全く生じないこととなる，という。

　以上の Ostertag の提案のポイントを分解すると，①債権者集会決議において，社債権者の共同利益を確保するのみならず，債務者や他の債権者の相応な犠牲をも必要とすべきであること，そして②かかる規律を貫徹するために決議

---

147)　Protokoll der Expertenkommission 1925, a.a.O. Fn. 85, S. 838.

148)　Protokoll der Expertenkommission 1925, a.a.O. Fn. 85, S. 841-843.

149)　ただし，事業運営のための諸経費については全額支払を認めてきたとのことであり，他の債権者の犠牲を求める議論について誇張して理解するべきではない，とする。むしろここで念頭に置いているのは，それなりの金額に上る銀行の貸付債権である（Protokoll der Expertenkommission 1925, a.a.O. Fn. 85, S. 842)。

の事後的な認可にとどまらず，付議前の事前審査をも必要とすべきであること，という2点に分けて考えることができる。

　(b)　専門家委員会の反応　　しかしながら，専門家委員会において，この提案に全面的に賛成する者は出ず，むしろ異論を唱える者が続出した。反論の狼煙を上げたのは草案の担当官（Referent）である。同氏は，まず，他の権利者が相当な犠牲を負担するべきであるとの提案に対し，そもそも債権者共同体に関する特別な規定を設けることの眼目は，和議手続によらず，もっぱら社債権者とだけで折り合いをつけることを可能にすることにあるとし，Ostertag の提案には重大な懸念があると反論する[150]。また，和議官庁が，決議認可に加えて事前にも議案を審査すべきであるとの提案に対しても，それは明らかに行き過ぎであって，多大な紛争をもたらすであろうとして反対している[151]。

　その他の委員も概ね Ostertag の提案に反対意見を述べる。たとえば，「元本の4分の3という多数決は，非常に効果的な保護となる」とし，「〔債権者共同体〕手続を和議手続と同一視するのは誤り」で，「Ostertag 氏がすべての種類の債権者について要件とすることを欲する犠牲の問題」についても「誤り」であるとする意見[152]，「まさにここでは，和議契約ではなく，第一次的に債権者のために利益となる措置が問題」であるとし，「債権者は債務者の提案に賛否を表明する機会が与えられる。債権者の4分の3が賛成したならば，それは当該提案が債権者の利益に合致することの徴表（Indiz）となる」として Ostertag の提案に反対しつつ，認可の審査事項については Ostertag の提案を受け入れる余地があるとする意見[153]，「和議手続の原則を債権者共同体に転用することは正当ではない。なぜなら，ここでは和議契約が問題となるわけではないからである」と述べ，「決議が債権者利益に資するかどうかについて，債権者の4分の3よりも裁判官の方がヨリ良く判断できるのか」と疑問を呈する意

---

150)　Protokoll der Expertenkommission 1925, a.a.O. Fn. 85, S. 840（Referent）.

151)　Protokoll der Expertenkommission 1925, a.a.O. Fn. 85, S. 839（Referent）.

152)　Protokoll der Expertenkommission 1925, a.a.O. Fn. 85, S. 843-844（M. Gaudard）.

153)　Protokoll der Expertenkommission 1925, a.a.O. Fn. 85, S. 844-845（Vorsitzender）. なお，議長は，Ostertag の提案が連邦裁判所の判例に符合することは認めつつも，その連邦裁判所の判例は，営業認可を受けた鉄道会社及び海運会社の事業再生に関するものであるが，ここで問題となっているのは，公的利益が問題とならないその他の会社であることを指摘する（Id. S. 844-845）.

見 154)，「債権者共同体手続の目的は，債務者をして単一種類の債権者と交渉できるようにすることにあるのに対し，和議手続は債務者の全財産を包摂するものである」とする意見 155)などが提出され，表明されたものは，これらを含めて殆どすべてが Ostertag の提案に反対するものであった 156)。こうして，専門家委員会では，Ostertag の上記提案は正式に棄却された 157)。

　(c)　若干のコメント　　ここで議論の状況を少し整理しておこう。以上にみてきた Ostertag の提案は，債権者共同体手続と和議手続との連続性を強調し，社債権者について多数決による権利縮減を認める以上，他の権利者にも相当な犠牲を求めることが必要であるとの理解を示すものであった。これは，債権者共同体手続を一種の和議手続として位置付ける 1919 年及び 1920 年の連邦裁判所決定の立場――ただし，前述のとおり，これらは鉄道会社に関するものであったが――を踏襲するものであったといえるだろう。

　これに対し，専門家委員会の構成員はこぞってこれに反発した。論拠はそれぞれであるが，そこでは，債権者共同体手続と和議手続との断絶を強調する議論が目立つ。その論拠として，大きく 2 つを指摘しうるように思われる。ひとつは，わざわざ債権者共同体手続を設けるのは，社債権者だけとの間でリストラクチャリング交渉を行うことを可能にするためであるから，債権者共同体手続も，他の権利者は度外視して，社債権者自身の判断を尊重する建付けとして設計するべきである，との考え方であり，もうひとつは，社債権者の多数派が同意する以上，それ以上に和議官庁が決議内容に立ち入って審査する必要性に乏しい，という考え方である。専門家委員会におけるかような議論を踏まえた結果，1936 年改正債務法及び 1949 年改正債務法のいずれにおいても，Oster-

---

154)　Protokoll der Expertenkommission 1925, a.a.O. Fn. 85, S. 845-846（Alfr. Wieland）. ただし，同氏は，Ostertag の提案のみならず，担当官の提案にも反対し，1918 年債権者共同体命令における取消訴訟制度で十分であると主張していることに注意。von Waldkirch 氏も基本的に Wieland 氏に賛成の意見を表明し，「裁判所は，当該再建措置について関係者よりも良く判断できる地位にない」と述べる（Protokoll der Expertenkommission 1925, a.a.O. Fn. 85, S. 849）。

155)　Protokoll der Expertenkommission 1925, a.a.O. Fn. 85, S. 846（Bachmann）.

156)　ただし，社債の優先株式化（DES）に関する決議についてのみ Ostertag 氏の提案に賛成するという Egger 氏の意見もあった（Protokoll der Expertenkommission 1925, a.a.O. Fn. 85, S. 848）。

157)　Protokoll der Expertenkommission 1925, a.a.O. Fn. 85, S. 849.

tag の提案内容が明文に規定されることはなかった。

3.　検討

　以上の検討から，債務法の生成過程において興味深い議論のねじれが発生していた事実が浮かび上がるであろう。すなわち，債務法の立案過程において，債権者共同体手続を和議手続の一種として位置付けようとする連邦裁判所の立場と，これを社債権者だけの集団的意思決定手続として位置付けようとする専門家委員会の立場とが，いわば交錯していたのである。ここで興味を惹かれるのは，1925 年の専門家委員会の討議において，債権者共同体手続に和議法的な要素を取り込むべきであるとの Ostertag の提案に対してかなり強い反発があったにも拘らず，その後，世界恐慌の煽りを受けた 1930 年代の一連の判例の中で，連邦裁判所は，1918 年債権者共同体命令に基づく債権者集会決議について，和議法的な実体的要件を反映させる判断を繰り返したことである。

　ここに，1920 年代の債務法立案関係者（専門家委員会）の考え方と 1920 年代～1930 年代の連邦裁判所の考え方との間における相違を看取することができよう。繰り返しになるが，連邦裁判所は，財務的再建手続に共通の性質に起因する原則として，他の権利者が相当の負担を引き受けないのに社債権者だけが権利の縮減を受けることは許されないと解するのに対し，専門家委員会は，その点を含めて社債権者の多数派意思に委ねれば足りると解していたのである。この対立は，債権者共同体制度をどのような性格のものと捉えるかという根源的な対立であるように思われるが，かかる論争に終局的な決着がつけられたという形跡は見当たらない。後述するとおり，現行法に基づく債権者集会決議の認可要件について学説上見解の分岐が散見されるが，その一端が，ここにみたような同制度の性格についての根本的な理解の相違にあるのではないかと推測することも強ち的外れではないように思われる。

第 3 款　債権者集会の制度

第 1 項　総説

1. 制度概要

　既に述べたとおり，多数かつ分散しているすべての社債権者との間で個別に
事業再生措置についての交渉・協定をすることは現実的には難しい。そこで社
債権者の多数決による統一的な意思決定の仕組みを定めたのが，債務法の債権
者集会制度である（債務法 1164 条以下）。債権者集会決議が効力を生じると [158]，
決議に賛成した社債権者はもとより，反対債権者，欠席債権者及び将来の債権
者もすべて当該決議に拘束される（債務法 1164 条 3 項，1176 条 1 項）[159]。債権
者集会は債権者共同体の意思決定機関であり（債務法 1164 条 2 項），債権者共
同体の最高機関であるといわれる [160]。

　債権者集会の決議事項を大別すると，①社債権者の権利縮減を伴う社債条件
変更（債務法 1170 条），②社債権者の権利縮減を伴わない社債条件変更（債務
法 1181 条），及び③社債代理人の選任・権限授与等（債務法 1180 条）に分類す

---

[158]　決議が効力を生じるためには，①適法な招集手続（債務法 1165 条），②法定手続の遵守（債務法
　　 1169 条），③可決要件の達成（債務法 1170 条以下），及び④（一定の場合には）和議官庁の決議認可
　　 （債務法 1176 条）が必要である。

[159]　Ziegler [1950] Art. 1164 N 4; Rohr [1990] S. 274; Daeniker [1992] S. 117-118; Lang/Klöti, in:
　　 Kostkiewicz/Nobel/Schwander/Wolf [2009] Art. 1164 N 7; Steinmann/Reutter, in: Honsell/Vogt/
　　 Watter [2012] OR Art. 1164 N 7. 決議の効力発生後の社債を取得した者は，善意取得の抗弁によっ
　　 て変更前の社債条件を主張することもできない。
　　　 なお，利札（Zinscoupons / Zinsschein）が元本と別個に流通している場合には，利札だけを保有す
　　 る者が存在することも想定される。このような場合においても，債権者集会決議はあくまで元本に係る
　　 社債権者によってなされ，かつその決議は利札保有者を拘束する（たとえば，既発生利息を放棄する決
　　 議がなされれば，利札保有者はこれに拘束され，利息請求権を失うこととなる）。これは，利札が表章
　　 するのが単なる従たる債権（Nebenforderung）であって，主たる債権（Hauptforderung）の存在及び
　　 範囲に付従することによる帰結である。主たる証券に係る決議の結果は，従たる証券に係る権利に及ぶ
　　 ということである。以上につき Daeniker [1992] S. 117-118 参照。

[160]　Rohr [1990] S. 274; Lang/Klöti, in: Kostkiewicz/Nobel/Schwander/Wolf [2009] Art. 1164 N
　　 6; Kuhn, in: Roberto/Trüeb [2012] Art. 1164 N 2; Steinmann/Reutter, in: Honsell/Vogt/Watter
　　 [2012] OR Art. 1164 N 6.

ることができる[161]。これらのうち，①の決議は，債務者に対する債権を放棄するかどうかは個々の債権者が自ら決定することができる，という債務法の一般原則に対する例外をなすものである[162]。社債リストラクチャリングの局面において問題となるのは権利縮減を伴う社債条件変更であることが多いので，本款では，主としてこの①の決議に関する規律を扱うこととなる。

2. 招集に伴う支払猶予

本書の主たる関心との関連性はやや希薄となるが，スイス債務法において特に注目すべき規律のひとつとして，債権者集会の適法な招集公告以降，裁判所による判決効ある認可手続終了までの期間中，弁済期にある社債権者の請求権が法律上当然に猶予される，と規定されている点が挙げられる（債務法1166条1項）[163]。

かかる請求権猶予の制度趣旨は，個々の社債権者が債権者集会の目的を潜脱することがないように確保することにある[164]。仮にこの制度がなければ，個々の社債権者は，事業再生手続中であっても，他の債権者の犠牲において個別的な権利の満足を求めることができることとなるが，これは発行会社にさらなる危機をもたらし，事業再生を阻害する結果となりかねない[165]。請求権猶予の制度は，事業再生提案の時間的余裕を与えるものであると同時に[166]，社債権者の平等処遇を確保するものでもある[167]。本条に基づく請求権猶予は認

---

161)　Kuhn, in: Roberto/Trüeb [2012] Art. 1170 N 1-4.

162)　Lang/Klöti, in: Kostkiewicz/Nobel/Schwander/Wolf [2009] Art. 1170 N 2.

163)　Ziegler は，「社債権者の請求権に限定された和議猶予」であると評価している。Ziegler [1950] Art. 1166 N 1 参照。もっとも，裁判所の許可（Bewilligung）なく当然に猶予の効果が発生する点において，和議法における規律とは大きく異なり，そのため，発行会社による濫用を防止するための規律も設けられている（債務法1166条4項）。

164)　Lang/Klöti, in: Kostkiewicz/Nobel/Schwander/Wolf [2009] Art. 1166 N 1; Steinmann/Reutter, in: Honsell/Vogt/Watter [2012] OR Art. 1166 N 1; Rohr [1990] S. 276.

165)　Hüppi [1953] S. 64-65; Rohr [1990] S. 276. 危機に陥った社債のリストラクチャリングの実現は，個々の社債権者が発行会社に対して債務取立措置を採ることができると難しくなるので，請求権猶予制度は，事業再生手続における不可欠の枠組みであると評価する論者も存在する（Kuhn, in: Roberto/Trüeb [2012] Art. 1166 N 1）。

166)　Strässle [1961] S. 78.

可手続の終了時点で解かれるが，そのときには各社債権者は債権者集会決議の効果に拘束されるため（債務法 1164 条 3 項），切れ目なく債権者集会の制度趣旨（発行会社の事業再生）を貫徹することができる[168]。このような趣旨であるから，本条によって請求権が猶予される対象債権は，招集された債権者集会に係る債権者共同体に属する社債権者だけであると解され[169]，また，請求権猶予の始期は，債権者集会に係る最初の招集公告の時点であると解される[170]。

3.　複数種類の社債に跨る債権者集会

スイス債務法の注目すべき規律の 2 つめとして，発行会社が複数の種類の社債を発行している場合に関する特別な制度（債務法 1171 条）が挙げられる。

複数の種類の社債は，それぞれ独立に異なる債権者共同体を組成し（債務法 1157 条 2 項），それゆえ債権者集会もそれぞれ独立に行われるのが原則である。この場合，財務リストラクチャリングを成功させるためには，すべての種類の社債について決議を成立させなければならないこととなるが[171]，それは債権者共同体間での集合行為問題のゆえに実際上困難になりがちである。

そこで，債務法 1171 条は，複数の種類の社債が発行されている場合に関して，①債権者集会決議の効力を，他の種類の社債に係る債権者集会決議の成立に係らしめることができること[172]，そして，②かかる場合において，各債権

---

167)　Hüppi［1953］S. 65; Rohr［1990］S. 276.

168)　Steinmann/Reutter, in: Honsell/Vogt/Watter［2012］OR Art. 1166 N 1.

169)　Steinmann/Reutter, in: Honsell/Vogt/Watter［2012］OR Art. 1166 N 2. したがって，それ以外の債権者による権利行使は妨げられないこととなる（Schenker ［2011］ S. 222 参照）。このことは，債権者集会の招集が他の債権者にとってのいわばアラームとなって，その権利行使（ひいては本書でいうところのコモン・プール問題の顕在化）を誘発する結果にならないかとの危惧を生むと指摘されている（Hüppi［1953］S. 65 参照）。

170)　Hüppi［1953］S. 64; Lang/Klöti, in: Kostkiewicz/Nobel/Schwander/Wolf［2009］Art. 1166 N 2.

171)　Schenker ［2011］ S. 232（社債権者及び金融債権者は，ある種類の社債権者が再建計画から除外されていると当該再建計画に同意しないであろうと指摘する）; Hüppi［1953］S. 57-58.

172)　これは，複数の債権者共同体において，決議を相互に条件付けすることで，同時に同一内容の提案が可決されることを可能にする仕組みである。なお，債務法 1171 条 1 項は，同一の債権者集会における複数の決議提案について相互に条件付けすることをも認めている。

者集会決議における可決要件を引き下げることができること，という2つの特則を定め，債権者共同体を跨ぐ統合的な決議を可能にしている。このように，相互に条件付けされた決議を「統合決議（Aggregationsbeschluss）」と呼ぶことがある。

　統合決議において可決要件がどうなるかというと，㋐すべての債権者共同体に係る未償還元本の3分の2以上が賛成し，㋑過半数の債権者共同体が当該決議に必要とされる多数決をもって同意し，かつ㋒各債権者共同体の過半数が同意している場合であれば，当該提案がすべての債権者共同体によって受諾されたものとみなされる（債務法1171条2項）。換言すれば，これは，たとえある債権者共同体において賛成比率が特別決議可決要件（未償還元本総額の3分の2以上——後述する）に満たなくとも，上記㋐〜㋒の要件が満たされる限りにおいて，当該債権者共同体を含めて決議に拘束される，ということである。このとき，各債権者共同体において必要となる賛成比率は，3分の2から過半数に引き下げられることとなる。

　統合決議においては，すべての種類の社債権者に対して同一の提案がなされる必要があるが，当該提案における権利変更の内容は，すべての種類の社債について同一である必要はない。社債の種類ごとの相違に照らして実質的に正当化できる限度で，権利変更に差異を設けることも可能である[173]。たとえば，ある社債は弁済順位が劣後化されており，またある社債には担保が付されているという場合には，それぞれの弁済可能性に相違がある以上，これを反映して権利変更にも差異を設けるべきであるとされる[174]。各種類の社債権者は，こうして差異の設けられた権利変更計画の全体をみた上で，賛否の意思表示をするべきこととなる。

第2項　決議権限

1．総説

債権者集会決議により，社債権者全体を拘束する形で，社債管理に関する事

---

173)　Steinmann/Reutter, in: Honsell/Vogt/Watter［2012］OR Art. 1171 N 3; Schenker［2011］S. 232-233.

174)　Schenker［2011］S. 233.

務的な事項のみならず，社債権者の権利縮減を伴う事項をも決定することができる。ドイツの1899年債務証券法における債権者集会決議の建付けとは異なり，債権者集会決議による権利縮減は，発行会社が危機に陥っている場合に限定することなく，いつでもこれを行うことができる[175]。とはいえ，債権者集会制度がとりわけ威力を発揮するのが，発行会社が危機に陥っている場合であることに相違はない（債務法1164条1項参照）[176]。

　本項では，債務法上，如何なる事項について債権者集会決議を利用しうるものとされているかを検討する。以下に述べるとおり，ドイツの2009年債務証券法とは異なり，債権者集会における決議事項は基本的に法定されていて，決議可能範囲に内容的な上限が画されている。

2. 決議事項
(1)　法の建付け——限定列挙方式

　債務法は，債権者集会決議によって社債権者に新たな負担を課したり，その権利を縮減したりすることを原則として禁止するという建前を採用しており（債務法1173条1項）[177]，債権者集会決議による社債権者の権利縮減（Eingriffe）は，債務法が限定的に列挙する事項——元利金の支払猶予，利息減免及びDESなど——についてのみ例外的に許されるという建付けとなっている（債務法1170条1項）[178]。

---

175)　BGE 89 II 352; BGE 113 II 287; Zobl [1990] S. 133; Bösch [2004] S. 209; Lang/Klöti, in: Kostkiewicz/Nobel/Schwander/Wolf [2009] Art. 1164 N 2; Rohr [1990] S. 274. たとえば，金融市場や資本市場の変動等の一般的な事由に対処するために社債条件を変更することも可能である（BGE 89 II 352; BGE 113 II 288; Zobl [1990] S. 133; Bösch [2004] S. 210; Lang/Klöti, in: Kostkiewicz/Nobel/Schwander/Wolf [2009] Art. 1164 N 3）。

176)　Lang/Klöti, in: Kostkiewicz/Nobel/Schwander/Wolf [2009] Art. 1164 N 2.

177)　本文では「原則として」と述べたが，債権者集会決議によって社債権者に新たな負担を課すことは例外なく禁止されており，たとえ債権者の共同の利益に資するとしても債権者に発行者の再建のために追加出資などの新たな貢献を求める決議をすることはできない。Daeniker [1992] S. 101 参照。

178)　債務法1170条1項が限定列挙であることにつき，Lang/Klöti, in: Kostkiewicz/Nobel/Schwander/Wolf [2009] Art. 1170 N 3; Guhl [2000] S. 937 N 13; BGE 96 II 200, E. 2; BGE 113 II 289, E. 5a 参照。権利変更の下限を画するものと説明する例もある（Schenker [2011] S. 223）。これに対し，Steinmann/Reutter, in: Honsell/Vogt/Watter [2012] OR Vor. 1170-1182 N 1 は，社債条件で

　債務法に列挙された事項以外で社債権者の権利縮減を伴う措置を行うために
は，原則に戻って，個々の社債権者による個別的な同意が必要となる[179]。仮
に債権者集会でかかる事項を決議したとしても，当該決議は無効（nichtig）と
なる[180]。ただし，債務法 1170 条に列挙された措置で，その程度が債務法
1170 条の規定を量的に超過するもの（たとえば支払猶予の期間上限を超えるもの
など）は，決議全体が無効となるのではなく，その内容が同条の規定する量的
限度に縮減されるにとどまる[181]。

　沿革を辿ると，1918 年債権者共同体命令や 1936 年改正債務法（ただし，前
述のとおり施行されなかった）においては，社債権者の権利を縮減する決議事項
を列挙した規定は例示列挙であると解されており，列挙された権利縮減と同程
度の権利縮減であれば同様の決議手続・可決要件で決議することが可能である
と解されていた[182]。これに対し，1949 年改正債務法（現行法）は，権利縮減
を伴う決議を原則として禁止し，法に列挙する事項に限って決議による権利縮
減を許すものとしており，対照的である。

　このように，権利縮減を伴う決議事項を例示列挙としていた 1936 年改正債
務法の規律を改め，これを限定列挙とすることは，立法者が明示的に意図する
ところであった[183]。その趣旨は，社債権者保護のために多数決の恣意に限界
を設けることにあると説明されている[184]。しかしながら，権利縮減を伴う決

明確に規定していれば債務法列挙事由以外の権利縮減も決議可能であると述べる。

179)　BGE 96 II 202; Lang/Klöti, in Kostkiewicz/Nobel/Schwander/Wolf [2009] Art. 1173 N 1.

180)　Daeniker [1992] S. 97; Steinmann/Reutter, in: Honsell/Vogt/Watter [2012] OR Art. 1173 N
2; Lang/Klöti, in Kostkiewicz/Nobel/Schwander/Wolf [2009] Art. 1173 N 2; Ziegler [1950] Art.
1173 N 1. たとえば，元本請求権を一部放棄する決議がなされ，かつ認可されたとしても，それは無効
であり，社債権者は，変更前の権利を前提として発行者を相手に権利実現することができることとなる。
たとえ裁判所が（誤って）当該決議を認可したとしても，それによって無効の瑕疵が治癒されるわけで
はない。

181)　BGE 46 III 44-45; BGE 62 III 168ff., insb. E. 9; Lang/Klöti, in Kostkiewicz/Nobel/
Schwander/Wolf [2009] Art. 1170 N 3, Art. 1173 N 2; Steinmann/Reutter, in: Honsell/Vogt/Wat-
ter [2012] OR Vor Art. 1170-1182 N 2.

182)　1918 年債権者共同体命令について Beck [1918] S. 199 を，1936 年改正債務法について Hüppi
[1953] S. 48 及び Botschaft des Bundesrates 1947, a.a.O. Fn. 56, S. 882 をそれぞれ参照。

183)　Botschaft des Bundesrates 1947, a.a.O. Fn. 56, S. 882 参照。

184)　Hüppi [1953] S. 48; Rohr [1990] S. 278, 283. このように，社債権者保護のために決議事項を限

議事項を限定することで，ヨリ侵害性の少ない措置を早期に債権者集会で決議するという柔軟な事業再生の可能性が限定されてしまうという問題が生じることは避けがたく，このことは，1949年債務法改正後早い時期から既に指摘されていた[185]。

(2)　権利縮減を伴う決議事項

　ここで，債務法に規定されている権利縮減を伴う決議事項を概観しておこう。債務法1170条1項に列挙された決議事項は，①支払方法の変更，②債権の実体的内容の変更，及び③担保の変更という3つのカテゴリに分けることができる[186]。

　①支払方法の変更（弁済猶予等）：利息債権は，債権者集会決議によって5年間弁済を猶予することができ，さらに追加で5年以下の猶予を2回することができる（債務法1170条1項1号）[187]。また，元本債権も，既に弁済期にあるか又は5年以内に弁済期が到来するものに限り，債権者集会決議で10年間弁済を猶予することができ，かつ5年以下の再度の猶予をすることができる（債務法1170条1項5号）。支払方法が漸次償却（Amortisation）の場合は，債権者集会決議により，年間支払額（Annuitäten）の減額，弁済金額の増加又はこれらの支払の一時的停止により，償却期間を最大10年間延長することができ，かつ5年以下の再度の延長をすることができる（債務法1170条1項4号）[188]。以

定するという手法は，ドイツの1899年債務証券法，アメリカの1939年信託証書法においても採用されていたものであり，当時ありふれた規制手法であったということが許されよう。

185)　Hüppi [1953] S. 48; Rohr [1990] S. 283.

186)　Hüppi [1953] S. 43ff.; ObG/ZH, ZR 110 (2011), Nr. 93; Daeniker [1992] S. 99, Rohr [1990] S. 280-283; Steinmann/Reutter, in: Honsell/Vogt/Watter [2012] OR Art. 1170 N 4ff. なお，決議事項は互いに組み合わせることもできる（債務法1170条2項）。

187)　したがって，利息債権の猶予は，合計最大で15年までとなる（Rohr [1990] S. 280）。ただし，さらなる延長をするためにはその都度新たに債権者集会で決議する必要がある（Schenker [2011] S. 223 Fn. 59）。なお，いうまでもないが，支払を猶予されても利息債権それ自体は存続する。

188)　このように，10年以上の長期間にわたる支払猶予を認めているのは，1918年債権者共同体命令の下での実務経験上，再建に値する企業であっても10年の猶予だけでは不十分でありうることが判明したからであると説明されている（Botschaft des Bundesrates 1947, a.a.O. Fn. 56, S. 886）。このような説明は，ドイツにおける1899年債務証券法の1994年改正の際の議論と比較すると対照的であるといえよう（そこでは，3年間の支払猶予で再建できないのであれば権利変更を認める価値がないとの判断がなされていた）。

上と逆に，債権者集会によって元本債権の期限前弁済を決議することもできる（債務法 1170 条 1 項 6 号）。この場合，利息発生の終期もまた前倒しされる[189]。ここには，年間支払額の増額による償還期間の短縮を含む[190]。

　②債権の実体的内容の変更（債権放棄等）：利息債権は，既発生であると将来分であるとを問わず，7 年間で最大 5 年分を免除することができるとともに（債務法 1170 条 1 項 2 号），将来の一定期間にわたって利率を引き下げることもできる（債務法 1170 条 1 項 3 号）。この 7 年の期間は，利息減免の対象となる利息請求権のうち最初に弁済期の到来したものを始期とし[191]，再度の免除をするためにはそれ以降 7 年間の期間満了を待つ必要がある[192]。他方，利率軽減の決議は，約定利率の半分までに限られるが，業績に利率を連動させるよう変更することもでき，これらを組み合わせることもできる[193]。

　以上に対し，債務法上，元本債権の減額を決議事項とすることはできないとされている[194]。もっとも，元本及び利息債権の全部又は一部を株式に転換すること（DES）については，債権者集会で決議することができる（債務法 1170 条 1 項 9 号）[195]。発行会社の危機時期には株式価値が乏しくなりがちであることに鑑みれば，DES は社債権者の権利に対する重大な侵害ともなりうるが[196]，債務法はこれを明文で許容しているわけである。なお，DES については下記 4 も参照。

　③担保の変更：社債に担保（Sicherheiten）が付されている場合，債権者集会

---

189)　BGE 89 II 344, E2; Steinmann/Reutter, in: Honsell/Vogt/Watter [2012] OR Art. 1170 N 6.

190)　Rohr [1990] S. 280.

191)　Steinmann/Reutter, in: Honsell/Vogt/Watter [2012] OR Art. 1170 N 7.

192)　たとえば，連続 5 年分の利息減免を決議したのであれば，再び利息減免を決議するためには最低 2 年間の待機が必要となる。Kuhn, in: Roberto/Trüeb [2012] Art. 1170 N 9; Rohr [1990] S. 281 参照。

193)　Rohr [1990] S. 281.

194)　なお，1918 年債権者共同体命令では，過去 10 年間の時価の最大値までであれば債権者集会決議をもって減額可能であるとされていたが，実務上意味がないとして廃止されたという経緯がある（Botschaft des Bundesrates 1928, a.a.O. Fn. 83, S. 350 参照）。

195)　このとき，利息債権は弁済期になくてもよく，支払猶予されていても構わない。また，株式のみでなく劣後的なハイブリッド資本への転換もできる。Steinmann/Reutter, in: Honsell/Vogt/Watter [2012] OR Art. 1170 N 7.

196)　Hüppi [1953] S. 45; Rohr [1990] S. 282; Kuhn, in: Roberto/Trüeb [2012] Art. 1170 N 9.

は，発行会社に対する新たな貸付けに対して社債担保権より上位の担保権を付
すること，及び社債担保権の変更又は全部もしくは一部放棄に同意することに
つき，決議することができる（債務法1170条1項7号）。前者により，担保付
社債権者は，危機に陥った発行会社が新たな貸付けを受けるに際して，新規貸
付債権者に対する上位の担保権設定に多数決で同意することが可能となる[197]。
他方，既存債権者の利益のために債権者集会決議によって担保権ないしその順
位を放棄することは許されない[198]。なお，ここでいう「担保」は，物的担保
権に限るものではなく，人的担保権も含むほか，資金利用目的に関する制限条
項や発行会社の不作為を定める条項（典型的にはネガティブ・プレッジ条項）と
いった契約条項も含むものと解されている[199]。財務制限条項の変更について
は，債権者集会によって決議することができると明文で規定されている（債務
法1170条1項8号）。

3. 決議権限の限界

　以上のとおり，債務法上，社債権者の権利縮減を伴う決議事項は限定列挙さ
れており，その意味において債権者集会決議の内容は規制されているのだが，
これに加えて，債務法で認められる決議事項についても，債権者集会の決議権
限には以下のような限界が設けられている。

(1) 平等処遇原則

　社債権者集会決議は，当該債権者共同体に属するすべての社債権者を平等に
処遇するものでなければならない（債務法1174条1項本文）[200]。これは，債権

---

197)　Ziegler [1950] Art. 1170 N 50; Rohr [1990] S. 282-283; Daeniker [1992] S. 100-101.

198)　Ziegler [1950] Art. 1170 N 48; Rohr [1990] S. 283; Lang/Klöti, in: Kostkiewicz/Nobel/
　　　Schwander/Wolf [2009] Art. 1170 N 9.

199)　条文上は明示されていないが，社債条件上のコベナンツの改廃は，担保権の変更・放棄と比べて
　　　債権者にとっての不利益の度合いが小さいため，社債権者集会決議によることが可能であるとされる
　　　（Rohr [1990] S. 283 参照）。たとえば，ネガティブ・プレッジ条項のある無担保社債において，新規貸
　　　付債権者に対する担保権設定に債権者集会決議で承諾することが可能である（Hüppi [1953] S. 47;
　　　Rohr [1990] S. 283; Daeniker [1992] S. 100）。

200)　なお，平等処遇原則は権利縮減を伴う決議（いわゆる強制決議〔Zwangsbeschlüssen〕）について
　　　のみ明文で規定されているが，この原則はすべての社債関係に妥当する。ただし，条文上の根拠は「共
　　　同利益の擁護」（債務法1164条1項）に求められる（Daeniker [1992] S. 98; Lang/Klöti, in:

者集会決議による社債条件の変更（権利縮減）が，当該債権者共同体に属する
すべての社債権者に対して統一的になされることを要請するものである[201]。
平等処遇原則から乖離するためには，他の社債権者に対して不利に扱われるす
べての社債権者から明示的な同意を得なければならない（債務法 1174 条 1 項た
だし書）[202]。

　平等処遇原則は債権者集会決議制度の基礎をなすものであり，同制度は平等
処遇原則によって初めて正当化されるものといわれている[203]。平等処遇原則
に反する決議は，不利益を被る社債権者との関係で無効であり[204]，和議官庁
は当該決議の認可を拒絶しなければならないが，仮にこれが認可されたとして
も，不利益を被る社債権者は，あたかも債権者集会決議が存在しないかのよう
にその権利を行使することができる[205]。

(2)　共同利益の要件

　前述のとおり，債権者共同体は「社債権者の共同利益の擁護（Wahrung der
gemeinsamen Interessen der Anleihensgläubiger）」のために適切な措置をする権
限を有するものとされており（債務法 1164 条 1 項），その権限はその限度に限
られている。その趣旨は，大要次のように説かれる[206]。

Kostkiewicz/Nobel/Schwander/Wolf [2009] Art. 1174 N 1 参照）。

201)　Rohr ［1990］S. 285. もっとも，社債権者に複数の選択肢を提示して，その結果として異なる社債
条件が実現することは排除されない（その場合，新たに複数の債権者共同体が成立することになる）。
ただし，当該選択肢の価値が完全に相違すると債務法 1174 条 3 項に抵触する（Rohr [1990] S. 285）。

202)　Schenker [2011] S. 225; Steinmann/Reutter, in: Honsell/Vogt/Watter [2012] OR Art. 1174 N
3; Zobl ［1990］S. 133-134. 不利に取り扱われる社債権者のただ 1 人でも同意していない場合には，当
該決議は取り消されうる（BGE 62 III 168ff. 参照）。また，同様に特定の社債権者だけを優遇すること
も許されない（債務法 1174 条 3 項）。

203)　Kuhn, in: Roberto/Trüeb [2012] Art. 1174 N 1; Steinmann/Reutter, in: Honsell/Vogt/Watter
[2012] OR Art. 1174 N 1. なお, Hüppi [1953] S. 57 は，債務法 1174 条 1 項の平等処遇原則を，債務
法 1164 条 1 項の共同利益擁護の原則から説明している。いわく，社債権者を不平等に取り扱う決議は,
結局のところ共同利益擁護の規定に反するものである，という。

204)　BGE 62 III 182; Lang/Klöti, in: Kostkiewicz/Nobel/Schwander/Wolf [2009] Art. 1174 N 2;
Zobl [1990] S. 133 Fn. 26; Bösch [2004] S. 210.

205)　Lang/Klöti, in: Kostkiewicz/Nobel/Schwander/Wolf ［2009］ Art. 1174 N 2; Zobl ［1990］
S. 133.

206)　以下の点について，たとえば Beck [1918] S. 53-54, 136-137; Schweizer [1925] S. 67-68; Ziegler

　債権者共同体制度は，社債権者の集団的な権利行使・権利処分を認めるものであり，少数派は，多数派意思（債権者集会決議）に必然的に拘束されることとなる。そして，制度上，社債権者が他の地位（株主，他の一般債権者など）を併せ持つことは何ら禁止されていない。それゆえ，債権者集会決議においては，こうした特別利益（Sonderinteresse）が支配的地位を占めることもありうる。しかしながら，債権者集会における多数派が自らの特別利益を追求し，社債権者全体にとって不利益な決議を強行するという事態は望ましいものではない。そこで債務法は，債権者共同体の権限に対して「共同利益の擁護」の観点からの制約を課し，多数派による恣意的な決議を防止する措置を講じたのである。したがって，ここでの「共同利益の擁護」とは，特別利益を追求しない純然たる社債権者の観点から判断されるべきこととなる。

　共同利益要件は，決議認可手続における和議官庁の審査対象となる。すなわち，債務法上，当該決議が「社債権者の共同利益を十分に擁護するものでない場合」には，和議官庁は決議の認可を拒絶するものとされているのである（債務法1177条3号）。もっとも，この認可拒絶事由の解釈については学説上議論がある。そこで，ここではこれ以上立ち入らず，決議認可制度を論じる本款第4項で検討を加えることにしたい。

4.　DES に関する若干の補足

　DES による社債リストラクチャリングは，他人資本（負債）を減らすことで端的に過剰債務状態を解消することに資するので，発行会社にとって大きな負担減となりうる[207]。スイスでは，社債リストラクチャリングの手法として古くから DES が活用されてきた。

　DES には資本的措置を伴うので，株式法[208]の要件も充足する必要がある。

　[1950] Art. 1177 N 26; Hüppi [1953] S. 41-42; Strässle [1961] S. 70; Rohr [1990] S. 279; Daeniker [1992] S. 98 を参照。

207)　Schenker [2011] S. 226. 比較的近時の具体例として，2003 年に行われた Von Roll Holding 社の社債リストラクチャリングの事例を挙げることができる。同社は，社債の株式への転換（DES）を提案し，同時に，その代替的選択肢として，額面金額の 15% での現金対価の買入償還をも提案した。結果として事業再生は成功し，DES に応じた社債権者は合計 40% の株式を取得し，かつ 3 年後には社債の額面金額を上回る株価を享受したという。

スイスでは，DES は現物出資ではなく「相殺による払込み（Liberierung durch Verrechnung）」として行われることが一般的である。相殺による払込みとは，新株発行に際し，債権の額面金額を新株の額面金額に相殺（Verrechnung）によって繰り入れるという払込みの方法であり，実務上長きにわたって利用されてきた[209]。相殺による払込みにおいてはいわゆる等価性原則が妥当せず，社債の額面金額で新株発行の払込みをなしうるものと解されている[210]。社債と株式の交換比率は，DES により発行される新株の額面金額が，DES に供される社債の額面金額を超えない範囲で定めることができる[211]。なお，事業再生

---

208)　スイスには，ドイツとは違って「株式法（Aktiengesetz）」という表題の個別立法は存在せず，債務法の第 26 章が実質的な意味での株式法（Aktienrecht）となっている。スイス会社法の概要については，細田淑允『スイス会社法概説』（法律文化社，1997 年）を参照。

209)　Forstmoser/Meier-Hayoz/Nobel [1996] §15 N 28, §52 N 125, §53 N 343; Isler/Schilter-Heuberger [2011] S. 877-879; Schenker [2011] S. 224. なお，スイスではこれまで額面株式しか認められておらず，最近の株式法改正草案においても無額面株式の導入は見送られている（Botschaft zur Änderung des Obligationenrechts（Aktienrecht）vom 23. November 2016, BBl 2017 399, S. 431）。

210)　これがスイスにおける通説であり，定着した実務である。Schenker [2011] S. 224-225; Isler/Schilter-Heuberger [2011] S. 884-885. その理屈は次のように説明される。通常の現物出資においては，現物出資財産が会社の借方勘定に残存するので，当該財産の価値が重要となる。これに対し，相殺による払込みにおいては，会社の貸方勘定を交換するだけなので会社の損失は起こりえない。債権の額面金額が減少すればそれだけ会社の財産状況が改善する。このとき，債権の価値ではなく，その額面金額が重要である，と。文献は多数存在するが，さしあたり Isler/Schilter-Heuberger [2011] S. 878, 893-894 を参照。なお，1990 年代以降，ドイツ法の議論を参照しつつ，債権の取引価格が額面金額を大きく下回る場合には額面金額での相殺による払込みは許されないとの見解もあるが（Böckli [1996] N 206-206b），さほど支持されていないようである（Forstmoser/Vogt [2003] S. 534 Fn. 9 参照）。以上につき簡単には弥永真生「債務の株式化──ヨーロッパにおける扱いを参考にして」ジュリスト 1226 号（2002 年）84 頁，87 頁も参照。

211)　BGE 89 II 351; Ziegler [1950] Art. 1170 N 56; Daeniker [1992] S. 100; Schenker [2011] S. 225; Steinmann/Reutter, in: Honsell/Vogt/Watter [2012] OR Art. 1170 N 8 等。チューリッヒ上級州裁判所による債権者集会決議認可決定（ObG/ZH vom 10. Dezember 2002, ZR 103（2004）Nr. 15）に即して具体的に確認しておこう。事案は，額面価値 5000 フランの社債を額面価値 10 フランの株式 238 株（額面価値合計 2380 フラン）と交換する旨の債権者集会決議を行ったというものである。直近の株価は 1 株 24 フランであった。社債権者からみれば，発行価額 1 株当たり約 21 ドル（社債の額面価値 5000 フラン÷株式数 238 株）で新株発行を受けたことになるので，時価 24 フランとの対比で 12.5% のプレミアムを享受したもの──額面 5000 フランの社債に対して，時価ベースで 5712 フラン（時価 24 フラン×株式数 238 株）の株式を取得──といういう。チューリッヒ上級州裁判所いわく，「これですべての関係者の利益が等しく維持される」という（Id. S. 47）。

実務においては，新たな出資を受け入れる前に資本減少によって既存株式の額面価値を切り下げることが多い[212]。

5. 小括

社債の権利縮減を伴う決議は，債務法 1170 条に列挙された事由に限って決議することができる。その中には，相当長期間にわたる支払猶予や社債の株式化（DES）が含まれており，ドイツの 1899 年債務証券法と比べると，柔軟な社債リストラクチャリングを可能にする建付けになっている。実際のところ，債務法上の債権者共同体手続を利用して社債リストラクチャリングを実現したという例は 2000 年代以降も散見されており，ドイツにおける旧法のように「死せる法」などと呼ばれる状況にはない。

もっとも，債務法が決議事項を限定列挙する建付けを採用していることについては，それが迅速かつ効率的なリストラクチャリングの妨げになる可能性も指摘されている。とりわけ，社債の元本減免を決議できないという点は，債権者集会制度の限界としてしばしば指摘されるところである[213]。

なお，既存株主の法的地位の保護は，新株引受権によることとなるが，事業再生局面においては通常新株引受権は排除される（株主総会の特別決議が必要である。債務法 704 条 1 項 6 号）。Forstmoser/Vogt [2003] S. 553; Isler/Schilter-Heuberger [2011] S. 886; Forstmoser/Meier-Hayoz/Nobel [1996] §52 N 127 Fn. 49 参照。新株引受権を排除するためには「重大な事由（wichtiger Grund）」が必要とされるが（債務法 652b 条 2 項），事業再生のために債権者に新株を割り当てることは通常「重大な事由」に該当するものと解されている（Forstmoser/Vogt [2003] S. 553）。

212)　Sprecher/Sommer [2014] S. 553. このように資本減少と資本増加を組み合わせることを「ハーモニカ（Harmonika）」と呼ぶことがある。なお，2005 年株式法改正（2008 年 1 月 1 日施行）により，事業再生の目的（Sanierungszweck）でハーモニカを行う場合に限って，「ゼロまでの減資（Kaitalschnitt auf Null）」（日本法の用語法に倣っていえば「100% 減資」）が制定法上承認された（債務法 732a 条 1 項）。ゼロまでの減資がなされると，既存の株式は無に帰せしめられる。ただし，この場合，既存株主の法的地位保護のために，ゼロまでの減資と同時に行われる増資における強行的かつ剥奪不可の新株引受権を保障される（債務法 732a 条 2 項）。以上につき簡単には Straessle/Crone [2012] S. 257-261, 同改正の背景及び趣旨につき Botschaft zur Revision des Obligationenrechts (GmbH-Recht sowie Anpassungen im Aktien-, Genossenschafts-, Handelsregister- und Firmenrecht), vom 19. Dezember 2001, BBl 2002 3148, S. 3233-3234 参照。

213)　Steinmann/Reutter, in: Honsell/Vogt/Watter [2012] OR Vor. Art. 1170-1182 N 3.

第 3 項　決議の手続

　以上に述べてきたとおり，スイス法上，債務法 1157 条以下の適用範囲が満たされる限り，法律上当然に社債権者の債権者共同体が形成され，多数決原理に服することとなる（この点において，オプトイン方式を採用するドイツ法とは異なる）。そして，実務上，事業再生の取組みは，銀行等の金融債権者が中心となって進められるため，少額投資家がこれを実効的に掣肘することは事実上困難であり，しかも，金融債権者は，少額投資家の利益を考慮しないのが通常であると指摘されている。かかる観点から，スイス法上，多数決に伴う利益侵害から個々の社債権者を保護することの必要性がしばしば強調されてきた[214]。

1.　情報の提供

(1)　招集通知

　債務法上，債権者集会の招集権限は，原則として発行会社に付与されている（債務法 1165 条 1 項）[215]。これは，社債権者との交渉（ひいては債権者集会決議による権利変更）に利益を有するのは第一次的には発行会社である，との考慮によるものである[216]。

　債権者集会の招集及び決議の手続については，債務法 1169 条とその委任を受けた 1949 年 12 月 9 日「債券に係る債権者共同体に関する命令」（以下「1949 年債権者共同体命令」という）[217]が規定している。社債権者への情報提供の観点から重要なのは招集通知であるが，この点につきスイス債務法は，スイ

---

214)　Strässle [1961] S. 94 は，債権者共同体が法律上当然に形成されるという事情によって，決議の認可制度が要請されると主張する。

215)　その例外として，未償還社債の 5% 以上を保有する社債権者又は社債代理人から書面で請求された場合には，発行会社は 20 日以内に債権者集会を招集する義務を負い（債務法 1165 条 2 項），発行会社がこの義務を履行しない場合には，裁判官が招集請求者に招集権限を付与することができる（同条 3 項）。また，社債条件の定めにより，社債代理人又は第三者に招集権限を付与することもできると解されている（Lang/Klöti, in: Kostkiewicz/Nobel/Schwander/Wolf [2009] Art. 1165 N 1）。

216)　Strässle [1961] S. 75, 97-98（債権者共同体決議に対する主要な利害関係者 [Hauptinteressierten] は，通常は債務者であると指摘する）; Kuhn, in: Roberto/Trüeb [2012] Art. 1165 N 1.

217)　Verordnung über die Gläubigergemeinschaft bei Anleihensobligationen (GGV) vom 9. Dezember 1949.

ス商務官報（Schweizerisches Handelsamtsblatt: SHAB）への掲載，及び社債条件で定めた新聞紙への掲載という2段階の手続を規定している（1949年債権者共同体命令1条1項）。2度目の公告は遅くとも集会日の10日前になされなければならない。

　債権者集会の審議事項については，招集と同時に又は同様の方法で事前に開示しなければならないとされているが（1949年債権者共同体命令2条1項），それ以外の事項で何を事前に社債権者に通知するべきかについては特に規制されていない。実務的には，社債の特定情報（ISIN等），集会の日時・場所，招集に係る発行会社の署名が必須であるとされる[218]。

(2)　発行会社による情報提供

　さらに，決議に際しての社債権者への情報提供の観点から，債務法1170条1項に規定された措置に係る決議（権利縮減を伴う決議）を行うためには，発行会社は，①債権者集会期日付けの財務報告書（Status）[219]，又は②債権者集会期日前6か月以内に公正な慣行に従って作成され，必要に応じて監査人（Revisionsstelle）の監査を受けた貸借対照表（Bilanz）[220]を提供しなければならない（債務法1175条）。発行会社は，財務報告書又は貸借対照表のいずれを提出するかを選択することができるし，両方を提出することもできる[221]。かかる財務報告書・貸借対照表の提供制度は，社債権者に対して信頼に足る意思決定の基礎を提供し，社債権者をして発行会社の財務的状況を知った上で自らの権利縮減について決議できるよう確保するためのものである[222]。

---

218)　Schoch/Sieber/Hoti [2017] S. 199.

219)　これは，債権者集会期日時点における発行会社の積極財産及び消極財産の一覧表（Zusammenstellung）である。貸借対照表と対比すると，発行会社の現況を明らかにする点において勝るものの，監査を受けておらず，積極財産の価値評価を経ていないという点で難点がある（Kuhn, in: Roberto/Trüeb [2012] Art. 1175 N 2; Steinmann/Reutter, in: Honsell/Vogt/Watter [2012] OR Art. 1175 N 2)。財務報告書の第一次的な目的は，発行会社の財務に係る最新状況を確定することにある（Rohr [1990] S. 286)。

220)　貸借対照表に関する債務法の規定に従って作成される必要があり，それが事業年度末貸借対照表である場合には監査人の監査を受ける必要がある。したがって，財務報告書と対比すると，正確性において勝るものの，債権者集会時点での現況を明らかにするという速報性においては劣ることとなる。Steinmann/Reutter, in: Honsell/Vogt/Watter [2012] OR Art. 1175 N 2 参照。

221)　Kuhn, in: Roberto/Trüeb [2012] Art. 1175 N 2.

　もっとも，債務法で提供が義務付けられている情報はいずれも静態的な財務情報にとどまり，債権者の判断にとって重要なキャッシュ・フローの予測を得ることはできないという点に限界がある[223]。債務法の定める以上の情報開示規制は，最低限の条件を定めたものに過ぎず[224]，実務上，社債権者を説得してリストラクチャリングに対する同意を得るために，事業再生計画の詳細を開示して他の債権者との負担の均衡や将来にわたる社債権者の地位の向上を示すなど，法定事項よりも広範な情報開示をするようである[225]。

(3)　社債代理人による情報収集

　さらに，債務法は，社債代理人（債権者代理人）による情報収集権限も一定範囲で認めている。この点については，本節第 4 款で社債代理人を取り上げるのとあわせて検討する。

2.　決議の成立

(1)　議決権配分

　債権者集会に参加し，議決権を行使することができるのは，当該社債の保有者である（債務法 1167 条 1 項）。議決権は，保有する社債の額面金額に応じて付与され，書面による委任状をもって代理行使することもできる（債務法 1168 条 1 項）。ただし，発行会社が保有し，又は受益する社債については，議決権が排除される（債務法 1167 条 2 項）。同じく，発行会社は，他の社債権者の議決権行使を代理することもできない（債務法 1168 条 2 項）。これらは，発行会社が，他の社債権者と異なる利害を有するのが常であり，かつ他の社債権者と直接的に相対立する利害を有するのが通常であることから設けられた規制である[226]。

---

222)　Kuhn, in: Roberto/Trüeb [2012] Art. 1175 N 1; Steinmann/Reutter, in: Honsell/Vogt/Watter [2012] OR Art. 1175 N 1; Lang/Klöti, in: Kostkiewicz/Nobel/Schwander/Wolf [2009] Art. 1175 N 1, N 4.

223)　Steinmann/Reutter, in: Honsell/Vogt/Watter [2012] OR Art. 1175 N 4.

224)　Schenker [2011] S. 226.

225)　Schoch/Sieber/Hoti [2017] S. 199-200; Schenker [2011] S. 221-222.

226)　Rohr [1990] S. 277; Daeniker [1992] S. 95. かかる趣旨から，発行会社の子会社が保有する社債についても同様に議決権が排除されるものと解される（債務法 659b 条参照）(Steinmann/Reutter, in:

　類似の利益相反的状況は，発行会社やその子会社のみならず，発行会社の支配株主についても存在しうる。こうした株主についても議決権を排除するべきであると主張されることもあるが[227]，判例は，特別利益追求に対しては，議決権の制限ではなくむしろ決議内容の実体的審査によって対処することを想定しているようである[228]。

(2)　可決要件

　債権者集会決議の可決要件は，決議内容に応じて3通りの要件に大別される。

　第一は，債権者の権利縮減を伴う債権者集会決議に関する特別決議であり，これは未償還元本総額[229]の3分の2以上の賛成を得て初めて可決される（債務法1170条）。これは最低限の要件を定めた片面的な強行法規であり，社債条件の定めによって決議要件を加重することはできるが（債務法1186条2項）[230]，軽減することはできない（債務法1186条1項）。もっとも，社債権者が多数に分散している場合（とりわけ，社債権者が海外に所在している場合）には，未償還元本の3分の2が実際に債権者集会で権利行使することは期待しがたく，債権者集会で必要な多数決を達成することは通常困難である[231]。そこで，債務

Honsell/Vogt/Watter [2012] OR Art. 1167 N 4; Schoch/Sieber/Hoti [2017] S. 201）。

227)　Beck [1918] S. 67; Weber [1929] S. 40.

228)　判例として Unveröffentlichtes Urteil vom 3. Mai 1944, zitiert in Hüppi [1953] S. 72（社債権者であると同時に株主でもある者の議決権行使は否定されず，かかる議決権行使によって社債権者の共同利益にならない決議が成立したときには，実体的な理由によって当該決議が取り消されることになると説示），学説として Daeniker [1992] S. 95, Hüppi [1953] S. 72（特別利益追求の撲滅は，議決権制限という方法ではなく決議の実体的な審査によって追求されるべきであると主張）参照。

229)　議決権を持たない社債は分母から除外される（債務法1172条1項）。たとえば，発行会社自身が保有する社債は議決権を付与されないので（債務法1167条2項），ここでの未償還元本の算定上除外されることとなる（さもないと，仮に発行会社が未償還元本の3分の1以上を保有しているとすると特別決議は論理的に成立しえないこととなろう。Rohr [1990] S. 284; Kuhn, in: Roberto/Trüeb [2012] Art. 1172 N 1）。

230)　Kuhn, in: Roberto/Trüeb [2012] Art. 1170 N 6. もっとも，社債条件において，債務法1170条に列挙された事項について全員一致要件を定めることは，債権者共同体の多数決権限を奪うことになるため，債務法1186条1項により許されないと解されている（Lang/Klöti, in: Kostkiewicz/Nobel/Schwander/Wolf [2009] Art. 1170 N 4; Rohr [1990] S. 279）。ただし，1170条に列挙された事由について十把一絡げに全員一致を要求することはできないが，特定の事項について全員一致を要求することは禁止されていないと解する見解もある（Steinmann/Reutter, in: Honsell/Vogt/Watter [2012] OR Art. 1170 N 2, Art. 1186 N 2）。

法上, 仮に債権者集会において可決要件に届かなかったとしても, 決議後2か月以内であれば不足分を書面同意によって補うことができるとされている (債務法1172条2項)。この意味において, 債権者集会の開催は, 多数投票を獲得する手続の「スタートの合図 (Startschuss)」に過ぎないとも評される[232]。かかる同意追完の制度は, 社債権者の消極性ないし怠慢によって債権者共同体の決議が頓挫することがないようにする趣旨のものであると説明されている[233]。

　第二に, 社債権者の権利縮減を伴わない決議事項 (主として事務的な事項) については, 債権者集会に出席した社債権者の議決権の過半数をもって決議することができる (債務法1181条1項)。本条による単純多数決決議の対象事項としては, 社債代理人の選任, 社債代理人の権限の決定, 利息支払時期の変更, 支払地の変更, 記名債券と無記名債券の転換, 社債権者の権利を縮減する決議の廃止などが挙げられる[234]。社債条件においてこれよりも厳格な可決要件を定めることもできる[235]。第三に, 社債代理人の解任や社債代理人に付与された権限の変更については, 未償還元本総額の過半数の賛成を要する (債務法1180条1項)。第二・第三の決議については, 決議認可制度 (本款第4項) ではなく, 取消訴訟制度 (本款第5項) が適用される。

3. 決議の執行

(1) 決議の公告
債権者集会決議が成立した場合 (事後的に同意で補完された場合を含む) にお

---

231)　Schenker [2011] S. 227; Kuhn, in: Roberto/Trüeb [2012] Art. 1172 N 2. 未償還元本の3分の2以上という可決要件は, 大規模な社債では達成することが殆ど不可能であり, 債務法の規定は鈍重で柔軟性を欠くものであるとも批判される (Zobl [1990] S. 145)。

232)　Schenker [2011] S. 227 (債権者集会で議決権を行使しなかった社債権者から追完的に同意を調達する上では, 銀行及び仲介業者の積極的な関与が不可欠であると指摘する)。実務上, 決議において可決要件に届かず, 決議後の同意追完によって決議が成立したという事例はしばしば散見される。たとえば, 2003年の Von Roll Holding 社の事例, 2004年の Swisslog Holding 社の事例, 2011年の Cytos Biotechnologies 社の事例は, いずれも債権者集会において可決要件に届かず, 同意追完によって決議を成立させたという事案である。

233)　Steinmann/Reutter, in: Honsell/Vogt/Watter [2012] OR Art. 1172 N 2.

234)　Rohr [1990] S. 291.

235)　Kuhn, in: Roberto/Trüeb [2012] Art. 1181 N 2; Rohr [1990] S. 278.

いては，公正証書（öffentliche Urkunde）を作成しなければならない（1949年債
権者共同体命令 6 条 1 項）。さらに，債権者の権利を縮減し，又は社債条件を変
更する決議は，すべてスイス商務官報（SHAB）及び社債条件で定めた新聞紙
に掲載して公告しなければならない。

(2)　決議の執行

社債権者集会は債権者共同体の意思決定機関であり，決議後に何らかの執行
措置を要する場合（たとえば，債権者共同体による意思表示を要する場合や，さら
なる何らかの措置を要する場合）においては，後述する社債代理人（本節第 4 款
参照）が当該決議の執行を行うこととなる（債務法1159条 2 項）。

たとえば，社債条件を変更する旨の決議を執行するためには，債権者集会決
議後，社債代理人が，すべての社債権者を代理して発行会社との間で契約変更
を合意することが必要となる[236]。決議の執行に際しては，社債代理人に一定
の裁量権限を持たせることも可能である[237]。たとえば，債権者集会の決議に
よって可決した社債条件変更について，一定の条件下でのみ当該変更を行うこ
とを社債代理人に授権するとか，幾つかの措置のうちどれかひとつを債務者と
の間で合意するよう授権する，などといったアレンジメントも可能とされ
る[238]。ただし，いずれにおいても，社債代理人が採りうる執行措置を具体的
に特定し，かつ債権者集会の決議要件を具備していることが前提である[239]。

第 4 項　決議認可制度

1.　総説

(1)　制度の概要

債務法は，債権者集会決議の認可制度を設けている。すなわち，社債の権利
縮減を伴う債権者集会決議（債務法1170条 1 項）が効力を生じ，当該債権者共
同体に属するすべての社債権者を拘束するためには，発行会社の所在地を管轄

---

236)　Zobl [1990] S. 135-136; Lang/Klöti, in: Kostkiewicz/Nobel/Schwander/Wolf [2009] Art. 1159
　　N 4; Steinmann/Reutter, in: Honsell/Vogt/Watter [2012] OR Art. 1159 N 9.

237)　Zobl [1990] S. 136-137; Daeniker [1992] S. 137-138; Lang/Klöti, in: Kostkiewicz/Nobel/
　　Schwander/Wolf [2009] Art. 1170 N 12.

238)　Zobl [1990] S. 137.

239)　Steinmann/Reutter, in: Honsell/Vogt/Watter [2012] OR Art. 1164 N 6.

する上級州和議官庁（obere kantonale Nachlassbehörde）[240]の認可（Genehmigung）を受けなくてはならない（債務法1176条1項）[241]。これに対し，社債権者の権利縮減を伴わない社債条件変更決議や，社債代理人選任等の決議については，上級州和議官庁の認可は不要であるが，これに代えて，本款第5項で述べる決議取消訴訟の制度が設けられている（債務法1182条）。

(2)　制度の趣旨

　決議認可という建付けの制度趣旨は，債権者集会決議に拘束される社債権者（とりわけ決議において少数派となった社債権者）の保護という観点から説明される[242]。また，仮に取消訴訟制度によるならば，根拠のない不服申立てが提起され，長期間にわたって当該決議が妨害されるという弊害があるであろうと指摘するものもある[243]。要するに，少数派社債権者保護及び決議の迅速な執行という2つの観点から決議認可という建付けが説明されている。

(3)　制度の沿革

　債権者共同体制度の沿革については第2款第3項で概観したとおりであるが，ここで決議認可制度の沿革について簡単におさらいしておこう。もともと，1918年債権者共同体命令においては，決議に対する不服申立制度が設けられ

---

240)　事物管轄は各州訴訟法により決せられる。たとえばチューリッヒ州では上級州裁判所（Obergericht）が上級州和議官庁に該当するし，ベルン州では上級州裁判所（Obergericht）（なかんずくその一部門である取立及び破産事件監督庁〔kantonale Aufsichtsbehörde in Betreibungs- und Konkurssachen〕）がこれに該当する。例外として，鉄道会社及び海運会社については連邦裁判所が管轄する（債務法1185条）。事物管轄に関する詳細は，Lang/Klöti, in: Kostkiewicz/Nobel/Schwander/Wolf [2009] Art. 1176 N 1; Steinmann/Reutter, in: Honsell/Vogt/Watter [2012] OR Art. 1176 N 6 参照。

241)　認可を受ける前であっても，決議自体は既に成立している（wirksam ではないが，gültig である）ので，発行会社又は社債権者（の多数派）が一方的に決議を撤回することはできない（Lang/Klöti, in: Kostkiewicz/Nobel/Schwander/Wolf [2009] Art. 1176 N 2; Kuhn, in: Roberto/Trüeb [2012] Art. 1176 N 3）。

242)　たとえば Hüppi [1953] S. 114, Kuhn, in: Roberto/Trüeb [2012] Art. 1176 N 1 参照。ObG/ZH vom 10. Dezember 2002, ZR 103 (2004) Nr. 15 E3 は，認可制度について，「一方で，個々の社債権者が全体の変更を妨害できないことで共同体の行動能力に資するものである。他方で，認可の要件は，債権者集会に服する債権者を保護するように設計されている」と評価している。

243)　Steinmann/Reutter, in: Honsell/Vogt/Watter [2012] OR Art. 1176 N 1. また，Hüppi [1953] S. 116-117 は，認可されるまで効力を生じないという建付けは，法的安定性（Rechtssicherheit）のためであると説明する。

ており，現行法のような決議認可制度は設けられていなかった。ひとつの転機
は 1919 年連邦内閣決定であり，これは鉄道会社及び海運会社に係る債権者共
同体手続に，連邦裁判所の認可制度を導入するものであった。その趣旨につい
て，立案理由は，いわば単純化された和議手続として制度を設計する意図を明
らかにしていた。債務法については，もともと Huber 草案では 1918 年債権者
共同体命令と同様の不服申立制度が提案されていたが，1923 年の Hoffmann
草案において，従来の不服申立ての建付けに代えて，権利縮減を伴う決議につ
いて和議官庁の認可を要する建付けが採用されるに至る（1923 年草案 1019 条）。
同草案は，実質的な変更を殆ど受けないまま 1928 年債務法改正草案に受け継
がれ[244]，その後，若干姿を変えて 1936 年債務法全面改正に取り入れられ（た
だし施行されず），ついに 1949 年債務法改正に承継されて[245]，現在に至る。

2.　認可手続の概要

(1)　手続

　社債の権利縮減を伴う債権者集会決議は，和議官庁の認可によって初めて効
力を生ずる。和議官庁は，後述する認可拒絶事由のいずれかに該当しない限り，
決議を認可するものとされている。

　認可申立ての権限を有するのは，もっぱら発行会社である（債務法 1176 条 2
項）。発行会社（申立人）は，債権者集会決議が成立したとき[246]から 1 か月以
内に，管轄権を有する和議官庁に対して当該決議の認可の申立てをしなければ
ならない[247]。

---

244)　Hüppi［1953］S. 19 参照。裁判所の認可制度は，1928 年債務法改正草案 1124 条である。なお，
　　わが国の 1938 年（昭和 13 年）商法改正の際に参考とされたのは，1928 年債務法改正草案である（鴻
　　［1958］194 頁注 9 参照）。
245)　1949 年改正債務法の起草理由では，決議認可制度は従前良好な実績を上げてきたことが認可制
　　度の理由のひとつとして指摘されている（Botschaft des Bundesrates 1947, a.a.O. Fn. 56, S. 887）。
246)　債権者集会にて決議が成立した場合には当該集会期日であるが，事後的な同意調達によって決議
　　が成立した場合（債務法 1172 条 2 項）には決議成立のために必要な同意が集まった日がこれに該当す
　　る（Kuhn, in: Roberto/Trüeb［2012］Art. 1176 N 4）。
247)　Rohr［1990］S. 286-287; Daeniker［1992］S. 96. 発行会社は，可決された債権者集会決議の認可
　　を申し立てないままにしておくことはできない（Lang/Klöti, in: Kostkiewicz/Nobel/Schwander/Wolf
　　［2009］Art. 1176 N 3）。

認可手続では，弁論期日（Verhandlung）において，認可拒絶事由の存否が包括的に審査される[248]。弁論期日は公告によって予告され[249]，社債権者は，当該審理期日において口頭又は書面で主張を述べることができる（債務法 1176 条 3 項）[250]。

(2)　認可判断と拒絶事由

債務法が定める認可拒絶事由は，①決議の招集及び実施に関する規定[251]に違反した場合，②発行会社の危機（Notlage）を回避するためになされた決議が実は必要でなかった場合，③社債権者の共同利益を十分に擁護するものでない場合，及び④不当な方法によって成立した場合の 4 つである（債務法 1177 条 1 号〜4 号）。和議官庁は，これら認可拒絶事由が存在する場合でない限り，債権者集会決議を認可しなければならず，認可拒絶事由の存否に疑義がある場合には，決議を認可しなければならないとされる[252]。このように，債務法が認可を拒絶すべき場合を限定的に規定しているのは，社債権者の特別多数決で可決された以上，裁判所の介入は最低限に抑え，社債権者の自治を尊重すべきである，との考え方に立脚するものであると説明されている[253]。もっとも，認可拒絶事由の存否は職権で調査され[254]，たとえ決議に賛成していない債権者からの異論がなくとも，認可拒絶事由が認められるときはこれを拒絶しなければならない[255]。

---

248)　Lang/Klöti, in: Kostkiewicz/Nobel/Schwander/Wolf [2009] Art. 1176 N 4.

249)　これは，反対社債権者の手続保障を確保するものであるが，審理が公告されることが認可手続の難点であるとも指摘される（Hüppi [1953] S. 119; Rohr [1990] S. 287; Steinmann/Reutter, in: Honsell/Vogt/Watter [2012] OR Art. 1176 N 7）。

250)　Steinmann/Reutter, in: Honsell/Vogt/Watter [2012] OR Art. 1176 N 2; Hüppi [1953] S. 114.

251)　社債条件に定めるものを含む。Kuhn, in: Roberto/Trüeb [2012] Art. 1177 N 2; Lang/Klöti, in: Kostkiewicz/Nobel/Schwander/Wolf [2009] Art. 1177 N 2 参照。

252)　Kuhn, in: Roberto/Trüeb [2012] Art. 1177 N 1; ObG/ZH, ZR 103 (2004), Nr. 15 E3（認可拒絶事由は謙抑的に解釈されるべきであるとする）。

253)　Steinmann/Reutter, in: Honsell/Vogt/Watter [2012] OR Art. 1176 N 1.

254)　ObG/ZH, ZR 110 (2011), Nr. 93; ObG/ZH, ZR 103 (2004), Nr. 15; Strässle [1961] S. 100; Rohr [1990] S. 287.

255)　ObG/ZH, vom 31. Januar 2012, PS110248; ObG/ZH, vom 6. März 2015, PS150018; ObG/ZH, ZR 110 (2011), Nr. 93; ObG/ZH, ZR 103 (2004), Nr. 15.

　4 つの認可拒絶事由のうち，②及び③は「共同利益」要件の解釈に関するものであり，議論があるところであるから項目を改めて後述するとして（本項 3），ここで①及び④について概観しておきたい。①としては，債権者集会の実施に際して必要とされる招集期間が遵守されなかった場合や，可決要件の規定に違反した場合等がこれに該当する。決議が有効に成立するために設けられた形式的要件は，決議に服する社債権者を保護するためのものである以上，和議官庁は，認可手続に際して職権で事実を確定し，形式的要件の充足を確認しなければならないとされる[256]。④としては，発行会社が虚偽の財務報告書・貸借対照表（債務法 1175 条）を提出するなど欺罔的手段によって決議を成立させること[257]，不適切な時間・場所で債権者集会を開催すること[258]，社債権者の議決権行使に対して個別的に特別な対価を支払うこと（議決権買収）[259]等がこれに該当するとされる。なお，④に該当するためには，発行会社自身が不当な方法を利用することは必要ではなく，たとえば社債権者や第三者が不当な方法を利用した場合であっても構わない[260]。いずれにせよ，不当な方法と決議成立の間に因果関係が認められることが必要である[261]。

(3)　認可判断に対する不服申立て

　和議官庁の判断は，スイス商務官報（SHAB）及び社債条件で定めた公告媒体にて公告され，知れたる社債権者に対しては個別に通知される[262]。

---

256)　ObG/ZH, vom 31. Januar 2012, PS110248; ObG/ZH, vim 6. März 2015, PS150018. いずれも，債権者集会決議の成立過程に係る事実を確定し，違反がないことを確認している。

257)　Ziegler [1950] Art. 1175 N 4, Art. 1177 N 36; Hüppi [1953] S. 111; Rohr [1990] S. 290. Schenker [2011] S. 230.

258)　Rohr [1990] S. 290.

259)　Ziegler [1950] Art. 1177 N 33; Hüppi [1953] S. 111; Rohr [1990] S. 285, 289–290; Lang/Klöti, in: Kostkiewicz/Nobel/Schwander/Wolf [2009] Art. 1177 N 5; Steinmann/Reutter, in: Honsell/ Vogt/Watter [2012] OR Art. 1174 N 6; Schenker [2011] S. 230. なお，議決権行使に対して特別な対価を支払うことは，平等処遇原則の観点から特定の社債権者の優遇を禁止した債務法 1174 条 3 項にも違反しうる。

260)　Hüppi [1953] S. 111; Steinmann/Reutter, in: Honsell/Vogt/Watter [2012] OR Art. 1177 N 6.

261)　Hüppi [1953] S. 111; Rohr [1990] S. 290; Lang/Klöti, in: Kostkiewicz/Nobel/Schwander/Wolf [2009] Art. 1177 N 5; Kuhn, in: Roberto/Trüeb [2012] Art. 1177 N 5. たとえば，不当な方法による議決権行使を除外してもなお決議が成立したと認められるならば，因果関係を欠く（Rohr [1990] S. 290 参照）。

　和議官庁の認可・不認可の判断に対しては，連邦裁判所への上訴の途が開かれている[263]。決議が認可された場合，決議に賛成しなかった社債権者（決議に参加しなかった者及び投票を棄権した者のほか，騙されて決議に賛成した者も含むとされる[264]）は，認可決定公告後 30 日以内に，法律違反又は不相当性（Unangemessenheit）を理由として，連邦裁判所に不服を申し立てることができる（債務法 1178 条 1 項）[265]。また，反対に，決議が認可されなかった場合，決議に賛成した社債権者及び債務者は，同様に連邦裁判所に不服を申し立てることができる（債務法 1178 条 2 項）。

　ここで，上訴理由として「不相当性」が挙げられるのは，連邦裁判所への上訴に係る一般的な規律とは異なり[266]，債務法 1177 条 2 号・3 号の該当性判断において和議官庁に広範な裁量が与えられることを考慮したものであると説明されている[267]。もっとも，上訴審において，社債権者は，上級州和議官庁で提出しえた主張や証拠を連邦裁判所の審理段階で新たに提出することはできず[268]，連邦裁判所は上級州和議官庁の事実認定に拘束される[269]。

---

262)　Ziegler [1950] Art. 1176 N 22; Rohr [1990] S. 288; Kuhn, in: Roberto/Trüeb [2012] Art. 1176 N 6; Steinmann/Reutter, in: Honsell/Vogt/Watter [2012] OR Art. 1176 N 8 など通説。ただし，債権者共同体命令 7 条は，和議官庁の判断の公告について明示的には規定していない。反対説として Hüppi [1953] S. 120 参照。

263)　これは，和議手続におけるのとは対照的である。というのも，和議手続では，上級州和議官庁の認可は終局的なものとされているからである。

264)　BGer vom 13. Oktober 2006, 7B. 156/2006, E. 1. 2.

265)　かかる不服申立てが少数派社債権者によって濫用される，という問題が理論的には考えられるが，少なくとも筆者が触れた限りでは，この点についての特段の議論は存在しない。

266)　Lang/Klöti, in: Kostkiewicz/Nobel/Schwander/Wolf [2009] Art. 1178 N 2. スイスにおける連邦裁判所の役割は，基本的に，連邦法の統一的な運用を監督することにある（Hüppi [1953] S. 123 参照）。

267)　Kuhn, in: Roberto/Trüeb [2012] Art. 1178 N 3.

268)　BGer vom 13. Oktober 2006, 7B 156/2006, E. 3. 1. 同事案は，利息の減免及び DES に同意する旨の債権者集会決議に係る認可決定（ベルン上級州裁判所）に対し，社債権者が不服を申し立てたというものである。申立人いわく，発行会社は，事業収益改善の見込みがあるにも拘らず，これを秘匿したまま債権者集会決議で社債権者から譲歩を引き出しており，「詐欺的」な手法を用いたものであるから，認可は拒絶されるべきであったという。しかし，申立人は，和議官庁での審理段階でかかる主張を提出していなかった。連邦裁判所は，州の和議官庁の手続において提出しえたのにしなかった以上，連邦裁判所における不服申立ての段階で新たな主張・証拠を提出することはできないとして，和議官庁

(4)　確定認可決定の効果と撤回

　和議官庁の認可は，認可公告後 30 日以内に不服申立てがなされなければ，その時点をもって効力を生ずる。認可が確定すると，債権者集会決議は，これに賛成しなかった者を含むすべての社債権者に対して拘束力を持つ（債務法 1176 条 1 項）。認可によって債権者集会決議の瑕疵は治癒（Heilung）され，決議の法的不安定性は完全に除去される[270]。ただし，これには 2 つの例外がある。

　第一に，債務法 1170 条の規定に照らして許されない権利縮減がなされている場合（たとえば元本を放棄する旨の決議がなされた場合）には，和議官庁の認可によってもその瑕疵は治癒されず，当該権利縮減部分については決議の効力が発生しない（債務法 1173 条 2 号）[271]。この場合，決議は当然無効になる。第二に，当該決議が不当な方法（債務法 1177 条 4 号）によって成立したことが事後的に判明した場合には，決議を認可した和議官庁は[272]，申立てにより[273]，認可の全部又は一部を撤回することができる（債務法 1179 条 1 項）。決議が不当な方法で成立したことが認可段階で判明しているのであれば，和議官庁は当該決議の認可を拒絶しなければならないのであるが（債務法 1177 条 4 号），債務法 1179 条 1 項は，決議が不当な方法で成立したことが事後的に判明した場合を対象とする規律である。認可決定が撤回されると，当該決議は，決議に同意しなかった社債権者に対する効力を失う[274]。

の判断を是認した。

269)　Lang/Klöti, in: Kostkiewicz/Nobel/Schwander/Wolf [2009] Art. 1178 N 3.

270)　Hüppi [1953] S. 87; Kuhn, in: Roberto/Trüeb [2012] Art. 1176 N 3.

271)　Rohr [1990] S. 287; Daeniker [1992] S. 97; Kuhn, in: Roberto/Trüeb [2012] Art. 1176 N 3. このとき，各社債権者は，あたかも決議がなされなかったかのように権利を行使することができる（Daeniker [1992] S. 97）。

272)　たとえ連邦裁判所に上訴されていたとしても，撤回の管轄権を有するのは和議官庁である（Kuhn, in: Roberto/Trüeb [2012] Art. 1179 N 3）。上級州和議官庁による撤回に対しても，30 日以内に連邦裁判所に対して上訴することができる（債務法 1179 条 3 項）。なお，鉄道会社及び海運会社の発行する社債については，連邦裁判所が管轄権を有する（債務法 1185 条）。

273)　和議官庁の職権のみによって撤回することはできない（Kuhn, in: Roberto/Trüeb [2012] Art. 1179 N 3）。社債権者は，決議が不正な方法によって成立したことを知った時から 6 か月以内に，認可決定の撤回を申し立てる必要がある（債務法 1179 条 2 項）。

　ただし，認可決定の撤回は，実務上又は法律上の理由により，認可の撤回が
もはや不可能である場合には拒絶されなければならない[275]。とりわけ，認可
された社債リストラクチャリングを信頼して発行会社の再建に貢献した第三者
の利益が考慮される[276]。そこでは，社債権者の利益と第三者の利益の利益衡
量が必要となる。たとえば，債権者集会決議に基づいて担保権が放棄された物
件に対して第三者が権利を取得している場合[277]や，債権者集会で決議された
DES が既に実行されている場合[278]には，たとえ認可が撤回されたとしても元
に戻すことはできない[279]。こうしたケースでは，決議の巻き戻しはできず，
不当な方法によって生じた損害に関する損害賠償請求によって対処するほかな
い[280]。

3.　共同利益の要件

(1)　総説

　債務法 1177 条 3 号は，認可拒絶事由として，当該決議が社権者の共同利益
（gemeinsame Interessen）を十分に擁護するものでない場合を規定する。そも
そも，債権者共同体は社債権者の「共同利益の擁護のために適切な措置」だけ
をなしうるものであるから（債務法 1164 条 1 項），債務法 1177 条 3 号の規定は，
債権者共同体の権限範囲の限定を債権者集会決議の認可という局面に反映した
ものといいうる。また，債務法 1177 条 2 号は，発行会社の危機（Notlage）を
回避するためになされた債権者集会決議が，実際は必要でなかったという場合
を認可拒絶事由として規定する。これは，債権者集会決議の典型的な局面（発
行会社の危機を回避するための決議）を特に取り上げて規定するものである[281]。

---

274)　Kuhn, in: Roberto/Trüeb [2012] Art. 1179 N 2.

275)　Kuhn, in: Roberto/Trüeb [2012] Art. 1179 N 2.

276)　Schenker [2011] S. 231. たとえば，社債リストラクチャリングを前提として債権放棄に応じた金融
　　債権者や新たな資金提供に応じた新規出資者の利益が挙げられる。

277)　Lang/Klöti, in: Kostkiewicz/Nobel/Schwander/Wolf [2009] Art. 1179 N 4.

278)　Kuhn, in: Roberto/Trüeb [2012] Art. 1179 N 2; Lang/Klöti, in: Kostkiewicz/Nobel/
　　Schwander/Wolf [2009] Art. 1179 N 4.

279)　Ziegler [1950] Art. 1179 N 3; Hüppi [1953] S. 128; Schenker [2011] S. 231-232; Steinmann/
　　Reutter, in: Honsell/Vogt/Watter [2012] OR Art. 1179 N 2.

280)　Lang/Klöti, in: Kostkiewicz/Nobel/Schwander/Wolf [2009] Art. 1179 N 4.

　前述のとおり[282]，共同利益要件は，債権者集会において社債権者としての
利益以外の特別利益が追求されると社債権者（とりわけ少数社債権者）の利益
が損なわれうることに鑑みて，債権者共同体の権限範囲に一定の制約を課し，
多数派による恣意的な決議を防止する趣旨の規律であった。したがって，決議
が共同利益の擁護のために適切な措置を定めるものであるかどうかは，特別利
益を追求しない純然たる社債権者の観点から判断されるべきこととなる。

　ここで，和議官庁が決議認可の是非を判断するにあたっての基準が問題とな
る。学説上，和議官庁が決議内容にどの程度立ち入って審査すべきかについて
議論が分かれている。ここで，論点を3つに分節し，以下の議論を少し先取り
して全体像を概観しておこう。

　第一に，和議官庁は，決議における多数派の主観的意図を審査するべきか，
それとも決議の客観的内容を審査するべきか（下記(2)）。これは，いわゆる主
観説と客観説のいずれを採用するべきかという問題として定式化されることが
多い。1918年債権者共同体命令においては主観説が有力であったが，債務法
においては客観説が通説として定着している。第二に，和議官庁は，決議内容
の正当性のみを審査するべきか，それとも決議内容の目的合理性（相当性）を
も審査するべきか（下記(3)）。後述するとおり，これらの区別はやや曖昧なと
ころもあるが，判例上は決議内容の目的合理性（相当性）をも審査するとの立
場が採られているように見受けられる。第三に，和議官庁は，社債権者以外の
権利者（株主や他の債権者等）による犠牲の引受けを審査するべきかどうか（下
記(4)）。これは債権者共同体手続にいわば和議手続的な考慮を取り込むかどう
かという問題である。前述のとおり，判例は，1918年債権者共同体命令につ
いては明確にこれを審査する立場を採っていたのだが，債務法における立場は
必ずしも明らかでないところがある。

　これらの議論は，㋐多数決決議における特別利益追求の問題に対してどのよ
うに対処するべきか，㋑決議認可制度ないし和議官庁の役割をどのように理解
するべきか，そして㋒債権者共同体制度の性格をどのように理解するべきか，
という制度の根源に関する問題と関連しているように思われる。

---

281)　Hüppi [1953] S. 107-108; Strässle [1961] S. 102-103.
282)　本款第2項3(2)参照。

(2)　主観説と客観説

　第一に，和議官庁は，決議における多数派の主観的意図を審査すべきか，それとも決議の客観的内容を審査すべきか，という問題がある。これは，決議における特別利益追求の問題に対処するためにはどのようなアプローチが適切か，という問題である。

　(a)　主観説　　1918 年債権者共同体命令においては，主観説が有力であった。これは，ドイツ 1899 年債務証券法 1 条 1 項における「共同利益の擁護」要件の解釈として当時通説であった立場を参考にしたものであり，Emil Beck の手になる 1918 年債権者共同体命令の注釈書[283] において採用された見解である。その内容は，概要以下のとおりである[284]。共同利益要件は，多数派の恣意に対して実効的な制約を設けるものであり，そこでは，決議の実際上の効果が問題となるのではなく（というのも，それを予見することはできないので），決議において追求された意図（Absicht）ないし動機（Motive）が問題となる。そして，決議において必要な多数派が，誠実に（bona fide）同意したのであれば，たとえ後に共同利益に反することが判明したとしても，当該決議は拘束力を有する。ここでは，たとえば，決議に際して社債権者としての利益以外の特別利益を追求していたかどうかが問題とされる。決議が取り消されないためには[285]，誠実に議決権を行使した社債権者の数が決議成立に必要な総数に足りていることが必要であり，かつそれで十分である。

　(b)　客観説　　しかしながら，1949 年改正債務法の解釈においては，債務法 1177 条 3 号の「共同利益の擁護」に合致するかどうかの判断は，決議内容に即して客観的になされるべきである，との立場が通説となっている。すなわち，「共同利益の擁護」の要件は，当該状況下において，合理的な単一債権者であれば当該決議を受け入れたかどうかを問うものである，と解するのが多数説である[286]。

---

283)　Beck [1918].

284)　Beck [1918] S. 54, 89, 136-137.

285)　1918 年債権者共同体命令においては，決議認可制度は採用されておらず，不服申立制度が設けられていたことにつき，本節第 2 款第 3 項 2 を参照。

286)　学説として，Hüppi [1953] S. 40-42, 104-105; Strässle [1961] S. 70; Rohr [1990] S. 279, 289; Zobl [1990] S. 133; Daeniker [1992] S. 98 Fn. 96; Kuhn, in: Roberto/Trüeb [2012] Art. 1177 N 4.

　なぜ，債務法では客観説が通説となったのか。この点については，Josef Hüppi の説明が比較的詳細である。いわく，旧来の主観説においては，決議が客観的に共同利益の擁護に資するかどうかではなく，多数派の議決権行使が誠実に行われたかどうかが問題となるところ，主観の立証は殆ど不可能であり，かかる要件は実務的には幻想（illusorisch）であった[287]。また，1918年債権者共同体命令においても，特別利益追求に対処するために裁判所が決議の客観的内容を審査すべきであると主張する見解は存在したし[288]，連邦裁判所も決議内容に一定程度立ち入った審査をしていた[289]。さらに，条文上も，1918年債権者共同体命令の文言では，「共同利益の擁護のために」決議されたかどうかだけが問題とされていたので主観説に親和的であったが，債務法では「共同利益を十分に擁護しない」場合に決議認可を拒絶するものとされていて，和議官庁が決議の客観的内容を審査できることが明らかである。以上から，債務法では客観説を支持すべきである，という[290]。

　かかる観点から，次の4つの類型が3号拒絶事由に該当することについては異論が見当たらない。その第一は，社債権者の平等処遇原則（債務法1174条1項）に違反する場合である[291]。既に言及したとおり，社債権者の平等処遇原則は，債権者集会制度（資本多数決制度）を正当化する基礎となるものであり，これが遵守されない場合には，多数派の利益のもとに少数派が犠牲を強いられ

　判例として，ObG/ZH, ZR 103 (2004), Nr. 15; ObG/ZH, vom 31. Januar 2012, PS110248; ObG/ZH, vom 6. März 2015, PS 150018; ObG/BRN, vom 20. Januar 2017, ABS 16 428.

287)　なお，Ziegler [1950] Art. 1177 N 27 も多数派の主観立証の困難性を指摘する。

288)　ここで Hüppi は Hans Schweizer の議論に言及する。Schweizer は，決議が共同利益に資するか，特別利益に資するかに係る判断は，当該措置に関する実体的審査を前提とすると主張し，手続的にも，裁判官が決議の実体審査をすることで，個々の議決権行使の邪悪な意図に関する実務上殆ど不可能な立証に代えて，当該決議が全体として客観的に共同体の利益に資するものではなく，むしろそこから乖離する多数派の特別利益に資するものであることの立証によることができると指摘する（Schweizer [1925] S. 91-93）。これは客観説の立場を支持する議論であるといえよう。

289)　たとえば本節第2款第4項1で取り上げた1936年連邦裁判所判決を参照。

290)　Hüppi [1953] S. 104-105. なお，同氏は，決議の客観的内容から特別利益追求を審査しうるという立場を超えて，決議の目的合理性（相当性）をも審査しうるとの立場を採っている。下記(3)で後述する。

291)　Hüppi [1953] S. 106-107; Daeniker [1992] S. 98; Kuhn, in: Roberto/Trüeb [2012] Art. 1177 N 4.

うることを意味するので,「共同利益の擁護」として平等処遇が要請されるものと解されている[292]。第二に,決議に係る措置が,発行会社の事業再生という目的を達成する上でおよそ不適切(あるいは不十分)であるという場合も,3号拒絶事由に該当する[293]。たとえば,社債に係る利息の免除が発行会社の危機を克服し破産を回避するために何ら役に立たないという場合である。なぜなら,この場合,決議後に開始される破産手続において,社債権者が他の債権者との比較において相対的に不利な立場に置かれ,その共同利益が害される結果になりうるからである。第三に,発行会社の危機を回避するための決議に,その必要性が認められない場合も認可拒絶事由に該当する(明文規定がある。債務法1177条2号)[294]。なぜなら,危機を克服するために権利を縮減したのに,なおも発行会社の危機が回避できず結局破産に至るのであれば,当該措置は破産手続における社債権者の取り分を減らすだけであり,何らその利益にならないからである[295]。そして,第四に,決議に係る措置がもっぱら発行会社の利益にしかならない(社債権者が一方的に譲歩を受け入れるに過ぎない)場合も,認可拒絶事由に該当するものと解されている[296]。

(c) 若干の検討　ここで取り上げた議論は,資本多数決における特別利益追求に対してどのように対処するべきかという困難な問題に対して様々なアプローチがありうること,そして,そのいずれにもそれぞれの長所と短所があり,決定的な方法を見出すことが必ずしも容易でないことを示しているように思われる。以下,少し敷衍しておこう。

---

292)　Hüppi [1953] S. 106-107.

293)　Ziegler [1950] Art. 1177 N 28; Hüppi [1953] S. 108-109; Rohr [1990] S. 289.

294)　なお,ここで「危機(Notlage)」とは,発行会社が社債を約定どおりに弁済できないという場合(現実の危機)(BGE 89 II 352; BGer v. 13. 10. 2006, 7B. 156/2006, E. 3. 4 参照)のほか,発行会社にかかる危機が迫っているに過ぎない場合(差し迫った危機)も含むものと解されている。この点についてたとえば Steinmann/Reutter, in: Honsell/Vogt/Watter [2012] OR Art. 1177 N 4 を参照。

295)　Hüppi [1953] S. 108; Steinmann/Reutter, in: Honsell/Vogt/Watter [2012] OR Art. 1177 N 4 (ただし,和議官庁が発行会社や債権者集会の決定に代置して判断するのではなく,濫用的な事例でのみ不認可の判断をすべきであるとする)参照。

296)　Ziegler [1950] Art. 1164 N 1; Rohr [1990] S. 274, 279; Zobl [1990] S. 133; Bösch [2004] S. 209-210; Lang/Klöti, in: Kostkiewicz/Nobel/Schwander/Wolf [2009] Art. 1164 N 5; Steinmann/Reutter, in: Honsell/Vogt/Watter [2012] OR Art. 1164 N 5.

まず，上記(a)で取り上げた主観説は，第3章で取り上げたドイツ1899年債務証券法1条1項の解釈における通説と概ね同内容を述べるものであった。そこでは，主観説の狙いは，決議内容の当否について裁判所が立ち入ることなく（むしろこれを決議の多数派による判断に委ねつつ），特別利益追求の弊害を防止することにあった[297]。裁判所が決議内容の当否を直接審査することは必ずしも適当でない反面，特別利益追求によって社債権者の共同利益の擁護に資さない決議が成立するのを防止することの必要性もまた否定しがたいことに鑑みれば，このような立場にも一定の合理性があるといえよう[298]。

しかしながら，主観説に限界があることもまた事実である。客観説を擁護するHüppiが指摘するとおり，決議における多数派の主観的意図を立証することは容易でない。多数派の主観的意図に依拠することなく，なおも特別利益追求を規制することを目指すならば，決議の内容に照らして，当該決議が共同利益ではなくもっぱら特別利益に資するものであるかどうかを審査すべきであるとの客観説もまたひとつのアプローチといえるだろう。もっとも，この場合，決議内容にどの程度立ち入って和議官庁が審査するべきかという次の問題を呼び込むこととなる。この点について，スイスでは，決議がもっぱら特別利益に資するかどうか（換言すれば，社債権者の共同利益の観点からおよそ正当化しえないものでないかどうか）だけを審査すべきであるとの立場と，決議が目的合理的ないし相当であるかどうかまで審査すべきであるとの立場とに分かれている。項目を改めて検討する。

(3) 目的合理性の審査

学説上見解が分かれている論点のひとつは，決議の目的合理性（Zweckmässigkeit）ないし相当性（Angemessenheit）について，和議官庁が立ち入って審査すべきかどうかである。上記(2)で述べたとおり，債務法においてはいわゆる客観説が通説となっているが，決議内容の審査において，和議官庁がどこまで内容面に立ち入った審査をするべきかで見解が対立している状況にある。以下

---

297)　第3章第2節第3款第5項4(1)(b)（旧債務証券法における「共同利益」の解釈論）参照。

298)　ドイツ2009年債務証券法に基づく決議取消訴訟に関して，Hans-Gert Vogelは，決議取消事由の解釈としてやや形を変えた主観説の復活を提唱しているように見受けられる。第3章第2節第3款第5項4(2)(c)（債務証券法上の取消事由に係る学説）参照。

にみるとおり，債務法の解釈としては，決議の目的合理性ないし相当性を和議官庁が審査すべきであるとする肯定説が多数を占めるように見受けられ，これを一切審査せず債権者集会決議に委ねるべきであるとする否定説は少数派であるように思われる。もっとも，肯定説も必ずしも積極的な論拠に支えられているわけではないように見受けられ，実際のところ，目的合理性ないし相当性を審査するとはいっても，その審査の密度はかなり低いものが想定されているように見受けられる。

　(a)　否定説　　和議官庁が決議内容の目的合理性ないし相当性にわたる審査をすることに対して否定的な見解が存在する。その代表的な論者として，当時連邦裁判官であった Adolf Ziegler は，1950 年に出版された注釈書において，権利縮減の経済的な目的合理性及び相当性に関する問題に関し，「和議官庁による債権者決議の認可制度が導入された後においても，和議官庁が〔権利〕縮減の経済的な目的合理性及び相当性に係る問題の審査（Nachprüfung）を差し控えるべきであることに変わりはない」と述べ，「求められた縮減を引き受けるかどうかは，もっぱら債権者集会が 3 分の 2 の多数決で判断することである」として，和議官庁による目的合理性・相当性審査に否定的な論陣を張っている[299]。比較的最近でも，Ziegler と同様，「和議官庁は，認可に際して，経済的な目的合理性及び相当性の審査を差し控えなければならない。これらの判断は，もっぱら債権者集会に留保されるものである」と述べる体系書が存在する[300]。

　このような立場は，1918 年債権者共同体命令の解釈としても判例・学説に散見された。連邦裁判所判例として，「〔1918 年〕債権者共同体命令 22 条 1 項により同意していない債権者に保障される取消権は，目的合理的でない（unzweckmässig）債権者共同体決議の破棄を求める一般的な請求権を何ら創出するものではない。全体としてみたときに，客観的な共同体利益に資するのではなく，むしろそこから乖離する多数派の特別利益に資するような決議だけが取消し可能なのである」[301]とか，「裁判官は，その判断をもって債権者多数派の

299)　Ziegler [1950] Art. 1177 N 31.

300)　Rohr [1990] S. 289.

301)　Unveröffentlichtes Urteil vom 18. Mai 1932 zitiert in Hüppi [1953] S. 105.

判断に代置することや，当該決議が債権者の利益であると思われないからとい
う理由でこれを破棄することはできない。かかる利益は，不服を申し立ててい
る債権者に要求されている契約上付与された権利の縮減が，確固たる根拠によ
って十分に正当化されていない場合にのみ侵害されるのである」[302]などと説示
した例があるようである。これらは，裁判所の審査対象を，決議の目的合理性
ないし相当性まで及ぼすのではなく，決議がもっぱら特別利益に資するかどう
か——換言すれば，共同利益の観点から権利縮減の正当化理由を見出しうるか
どうか——に限定するものである[303]。また，学説としても，決議の目的合理
性は債権者共同体が自ら決すべきことであり，裁判所は当該決議がもっぱら特
別利益に資するかどうかという限度で内容審査をすべきであるとするものがあ
った[304]。いずれも，決議の目的合理性について裁判所が審査することに慎重
な姿勢を示すものであった。

　(b)　肯定説　　以上のように反対の見解も存在するものの，学説上，和議官
庁が認可判断に際して決議の目的合理性ないし相当性を審査すべきであるとの
見解が多数であるし[305]，裁判例も，少なくとも一般論としてはこれに従うも

---

302)　Unveröffentlichtes Urteil vom 3. Mai 1944, zitiert in Hüppi [1953] S. 105.

303)　なお，前述の1920年3月11日連邦裁判所決定（前掲注127)）は，1919年連邦内閣決定に基づ
く鉄道会社の債権者共同体手続に係る認可判断において，決議の相当性（Angemessenheit）が問題
になるとし，清算した場合と比べて社債権者の地位が改善するかどうかを審査している。この決定と，
本文に挙げた判例の関係は必ずしも明らかでないが，推測するに，1920年の決定は，同手続を「真正
の和議手続」として位置付け，和議契約の認可要件としての相当性を問題としたものであるため，一応
扱っている局面が異なるものと理解しうるのではないかと思われる。

304)　Schweizer [1925] S. 92-93. なお，前述のとおり，Schweizer は共同利益要件について客観説の立
場であった。

305)　Hüppi [1953] S. 105-106; Strässle [1961] S. 102; Kuhn, in: Roberto/Trüeb [2012] Art. 1177 N
3; Steinmann/Reutter, in: Honsell/Vogt/Watter [2012] OR Art. 1177 N 5; Lang/Klöti, in:
Kostkiewicz/Nobel/Schwander/Wolf [2009] Art. 1177 N 4. 否定説に対して明示的に反論するものと
して，Lang/Klöti, in: Kostkiewicz/Nobel/Schwander/Wolf [2009] Art. 1177 N 4 は，「和議官庁が，
権利縮減の経済的な目的合理性及び相当性に関する問題を審査するのを差し控えるべきであるとの見
解は，あまりに急進的であるように思われる。……むしろ，監督官庁は，合理的な株式債権者〔ママ。
原文は Aktiengläubiger であるが，単独債権者（Alleingläubiger）の誤記か〕（たとえば株主としての
他の利益を何ら追求しないもの）の視点から，彼らが当該措置に同意したであろうかどうかを判断しな
ければならない」とする。

のが多い³⁰⁶⁾。そこでは，和議官庁は，他の利益を併有しない合理的な単独債権者が，同様の状況において当該決議に同意したであろうか，という観点から決議内容の目的合理性ないし相当性を審査すべきものとされる。

　かかる議論の論拠はどこにあるのか。これを最も詳細に論じるものとして，Josef Hüppi の議論を取り上げよう。Hüppi は，1953 年に公表された論攷において，従来の学説や裁判例において決議の目的合理性審査が必ずしも受け入れられていなかったことを指摘しつつも，1949 年改正債務法においてはこれを肯定するべきであると主張する。その論拠は，――些か形式的なものではあるが，――債務法 1178 条において，和議官庁の認可決定に対する連邦裁判所への不服申立事由に「不相当性（Unangemessenheit）」が含まれていることに求められる。いわく，連邦裁判所における不服申立ての段階において不相当性が問題となるのに，その原審である和議官庁の審査段階で不相当性が問題とならないのは説明がつかない，という³⁰⁷⁾。なお，Hüppi は，その結論を補強する事情として，和議手続や鉄道会社及び海運会社に係る債権者共同体手続では夙に決議内容の目的合理性に立ち入った審査がなされてきたこと，及びフランスにおいても決議の目的合理性（opportunité）を審査するものと解されていることを指摘している。

　（c）　若干の補足と検討　　以上のように，和議官庁が決議の目的合理性・相当性を審査すべきであるとの立場が学説・判例の多数を占める状況にあるが，その論拠は上訴に係る条文の構造という些か形式的なものであるため，実質論として，和議官庁の方が社債権者よりも決議内容の相当性判断についてヨリ信頼できるという根拠はないとの批判はなおも可能であるように思われる。

　もっとも，これらの見解の相違は，見かけほどには大きくはないのかもしれない。というのも，学説・実務上，相当性審査における和議官庁の役割は，かなり限定的に解される傾向があるように見受けられるためである。たとえば，学説上，決議の目的合理性・相当性審査に関して，決議を実行する場合と比べて清算した場合の方が社債権者の状態が悪化するという場合には，当該決議は「共同利益の擁護」に合致する，と述べるものが散見される[308]。裁判例においても，社債権者の利益が清算する場合と比べてヨリ良く擁護されているかどうかが考慮される傾向にあるように思われる[309]。このように解するなら，和議官庁の役割は，発行会社が直ちに清算した場合に予想される状況と提案内容とを比較するだけで足りることとなる。また，やや異なる視点からの議論として，和議官庁による相当性審査を一般論としては肯定しつつも，和議官庁が債権者集会に判断代置するのは妥当ではないとし，当該措置が明らかに不要であるという場合（たとえば社債権者及び他の金融債権者の権利を縮減することなく金融債務を履行できる場合や，株主や他の債権者との関係において説明のつかない不平等取扱いがなされている場合など）に限って決議内容の不相当性を理由とする決議認可拒絶が許される，と述べる見解もある[310]。

---

308)　Steinmann/Reutter, in: Honsell/Vogt/Watter［2012］OR Art. 1177 N 5; Kuhn, in: Roberto/Trüeb［2012］Art. 1177 N 3.

309)　1963年の連邦裁判所決定は，債務法に基づく債権者集会決議の認可判断にあたって，当該決議がなければ発行会社の強制清算を回避することは困難であること，そしてそのまま強制清算すると社債権者はヨリ少ない補償を受けるであろうことを摘示して，当該決議が共同利益に反するものではないと判断していた（BGE 89 II 344, S. 353）。その他の裁判例として，ObG/ZH vom 10. Dezember, 2002, ZR 103（2004）Nr. 15（「社債を申立人〔発行会社〕の株式に転換することによって，社債権者の利益は，清算する場合と比べて殆ど確実にヨリ良く擁護される。したがって，当該措置は合理的な債権者の利益にとって相当であるように思われる」），ObG/ZH vom 10. März 2010, ZR 110（2011）Nr. 93（合理的な単独債権者の基準に照らして，「社債弁済期間の延長により，社債権者の利益は，清算の場合と比べてほぼ確実にヨリ良く擁護される」），ObG/ZH vom 6. März 2015, PS150018（仮に本件DESが行われないと発行会社は破産を免れず，優先的債権者への弁済によって社債権者はすべてを失うことになるのに対し，DESを行えば社債権者は将来に向けてヨリ良い利回りを期待できるなどと指摘して当該措置は合理的な債権者の利益にとって相当であると評価），ObG/BRN, vom 20. Januar 2017, ABS 16 428（「再建がなければ強制清算が殆ど避けられず，その場合債権者は経験上，ヨリ少ない分配を期待することになろう。決議は財務的状況によって正当化され，具体的な状況に対して相当である」）など。

310)　Schenker［2011］S. 230.

　これらの見解は，いずれも，和議官庁による決議の相当性審査を一般論としては肯定しつつも，実質的には，債権者集会の意思決定を尊重し，和議官庁の実質的審査をかなり狭い範囲に限定する議論であるといえよう。

(4)　株主及び他の債権者の負担引受け

　共同利益要件の解釈として，株主や他の債権者等，当該債権者共同体に属する社債権者以外の権利者が相応の負担を引き受けることが必要と解すべきかにつき，議論がある。ここで，現行法を理解する前提として，1928年債務法改正草案の起草過程における専門家委員会において，株主や他の債権者といった社債権者以外の権利者の負担引受けを要件として明文化するかどうかが議論され，正式に拒絶されたという経緯があったことを思い起こしておくべきであろう。それゆえ，現行法では，共同利益要件の解釈として他の権利者の負担引受けが必要と解されるかどうか，という枠組みで議論されている。

　この点については，大きく2つの考え方がありえよう。ひとつには，他の権利者が相応に犠牲を引き受けてこそ社債権者の負担が相当なものになる，という考え方である。他方，他の権利者に犠牲の引受けを求めるかどうかを含めて社債権者の自治的判断に委ねればよい，との考え方もありうる。この論争は，債務法に基づく債権者共同体制度を和議手続に近い性格のものとして捉えるのか，それとも自律的意思決定の仕組みとして捉えるのか，という根本的な見方の相違に連なるものであるように思われる。

　(a)　不要説　　他の権利者の負担引受けを要しないと明確に述べるのがAdolf Zieglerである。いわく，発行会社に対して同様の利益を有する他の債権者が，社債権者と同様の権利縮減に服さない場合であっても，そのことゆえに認可を拒絶すべきではなく，また，担保付社債権者の権利を縮減するのに無担保債権者が負担を引き受けないという場合であっても，そうすることに十分な実質的理由（取引関係の維持など）が存するのであれば，同じく認可を拒絶すべきでない[311]。また，同じく，法人たる債務者が資本を減少していないとしても，和議官庁は認可を妨げるべきではない[312]。結局のところ，求められた権利の縮減を，債務者の他の債権者による相応の協力や基本資本の減額等を条件

---

311)　Ziegler［1950］Art. 1177 N 29.
312)　Ziegler［1950］Art. 1177 N 30.

とすることなく引き受けるかどうかは，もっぱら債権者集会が3分の2の多数決で判断することである[313]，という。これは，他の債権者が負担を引き受けようが引き受けまいが，社債権者が権利縮減に応じるかどうかは社債権者自身が資本多数決で決すれば足り，認可手続で外在的な内容審査を加えるべきではない，という立場である。

　学説上，同様の立場を示すものとして，たとえば Felix Weber は，1928年債務法改正草案に関する論攷において，たとえ発行会社の財務状況に照らして社債権者に過大な犠牲を強いる決議であっても，社債権者の共同利益になる場合はありうる——たとえば，他の債権者が犠牲の負担に応じない場合など——のであるから，どの選択肢が自らの利益になるのかは再建関係者の決断に委ねられなければならない，と指摘している[314]。これは，他の権利者との関係で過大な負担を引き受けることも債権者共同体の自治的決定として認めるべきだとの立場であろう。さらに，近時でも，Ziegler を引用しつつ，他の債権者や債務者が相応の協力をしていない場合において権利縮減を受け入れるかどうかは，もっぱら債権者共同体自身が決するべきことであると述べるものがある[315]。

　また，遡れば，1928年債務法改正草案の起草過程において，専門家委員会が，倒産法的考慮をむしろ排除する方向で概ね一致していたことをここで想起すべきであろう[316]。これらは，決議が社債権者の利益になるかどうかにつき，他の権利者との関係をも含めて社債権者自身の判断に委ねるべきであるとの立場を採るものである。

　(b)　必要説　　学説上，債務法1177条3号の解釈上，次の2つの場合について，決議の認可拒絶事由に該当しうると解する見解が有力である。第一は，株式会社の事業再生において，発行会社，ひいてはその株主が相当の犠牲を負担していないにも拘らず，もっぱら社債権者だけが譲歩に応じている，という場合（株主が不当に優遇されている場合）である[317]。その基礎にあるのは，リス

---

313)　Ziegler [1950] Art. 1177 N 31.
314)　Weber [1929] S. 59-60.
315)　Kuhn, in: Roberto/Trüeb [2012] Art. 1174 N 2.
316)　本節第2款第4項2参照。

ク資本（Risikokapital）を引き受ける株主は，社債権者に負担を求める前にまずもって自ら負担を引き受ける——たとえば，自らの出資持分を棒引きし，又は新たな自己資本を受け入れる[318]——べきだ，という考え方である[319]。

　第二は，当該債権者共同体に属さない他の同順位債権者との間で不平等な処遇がなされている場合である。すなわち，社債権者は，債権者共同体に属さない他の債権者との関係においても不利益に取り扱われるべきではなく，いやしくも発行会社の事業再生のために社債権者が負担を引き受ける以上，他の同順位債権者もまた経済的観点から社債権者と概ね同等の負担を引き受けなければならない，というのである[320]。ただし，すべての債権者との関係での厳格な平等が要請されるわけではない。たとえば，Schenker は，基本的に他の債権者との関係での平等が要求されるとしつつも，取引債権者（Kreditoren）については金融債権者ほどの負担を求めるべきでないとする。なぜなら，取引債権者の債権を侵害することは，当該取引債権者が発行会社との取引を打ち切り，事業再生の基礎をなす企業価値を破壊することに繋がるからである[321]。実際のところ，私法上の事業再生において対象となるのはもっぱら金融債権者であり，取引債権者はそこから除外されることが多い。

　これらの学説の淵源は，鉄道会社の債権者共同体手続に関する 1919 年の連邦裁判所判例に求められる。本節第 2 款で述べたとおり，当初，1918 年債権者共同体命令は鉄道会社及び海運会社を適用対象外としていたが，1919 年連邦内閣決定によりこれらを適用対象に含めると同時に，運輸機関の公法的性格に鑑みて，和議手続に類似した一定の規律を導入した。連邦裁判所は，鉄道会社について鉄道海運抵当法に基づく和議手続との平仄から，他の債権者や株主

---

317)　Hüppi [1953] S. 109-110; Lang/Klöti, in: Kostkiewicz/Nobel/Schwander/Wolf [2009] Art. 1177 N 4; Schenker [2011] S. 229.

318)　株式資本を減少させるだけであれば，それは単なる形式的な帳簿技術上の措置に過ぎないので，必ずしも株主自身が負担を引き受けることにはならないばかりか，株主への配当を容易にする点でむしろ株主にとって有利な措置であるといえる（Hüppi [1953] S. 109）。ここでの株主の負担としては，たとえば配当を一定期間放棄するとか，減資後新株を発行して持分を稀釈化するといった措置が考えられる。

319)　Hüppi [1953] S. 109; Giger [2003] S. 122; Schenker [2011] S. 229 がこの考え方を明示的に示している。

320)　Hüppi [1953] S. 107; Schenker [2011] S. 229.

321)　Schenker [2011] S. 229 Fn. 82. Hüppi も，少額な債権であればこれを弁済しても問題ないとする。

が相応の犠牲を引き受けることを要求した。これは，1919年連邦内閣決定が鉄道会社の債権者共同体手続を和議手続に近づけて設計したことを踏まえたものであったが，連邦裁判所は，1930年代になると，もはや鉄道会社の特殊性を一切考慮することなく，財務的再建手続（procédure de réorganisation financière）の一般法理として，債権者の平等処遇や権利順位の尊重といった倒産法的な要素を審査するとの規範を定立した。また，当時の学説にもかような立場を支持するものがあった。たとえば Hans Schweizer は，複数の種類の社債が発行されている場合や，他に重要な債務が存在する場合には，他の権利の譲歩なくして債権者共同体だけ特に再建措置を講ずることは，その利益になりえない，と主張している[322]。

(c)　若干の補足と検討　　以上のとおり，共同利益要件において他の権利者の負担を考慮すべきかどうかについては，学説上，議論が分かれている状況にある。この点について明確な判断をした判例は見当たらず，裁判所の立場も必ずしも明らかでない。手がかりとなりそうなのは，債務法に基づく債権者集会決議に係る1963年10月3日連邦裁判所決定[323]である。同決定は，鉄道会社の事業再生において，社債権の優先株式への転換（DES）につき債権者集会決議がなされたという事案において，株主が「相当の犠牲（angemessenes Opfer)」をもって寄与しており，その「不当な優遇（ungerechtfertigte Begünstigung)」がないことに言及している[324]。もっとも，判決文中，株主や他の権利者の相当の犠牲を求める旨の一般論は示されておらず，現在の判例が，一般的な認可要件として，株主や他の債権者の相当の犠牲を求めているかは必ずしも判然としないようにも思われる。

---

322)　Schweizer [1925] 95-96.
323)　BGE 89 II 344.
324)　次のような説示である。「提案された措置は，〔発行会社〕の株主に不当な優遇をもたらすものではない。彼らは，当該企業の財務的再建（finanzielle Sanierung）及び技術的刷新に対し，相当の犠牲をもって寄与している。彼らは，社債権者の債権償還において発行される新たな優先株式を従来のそれと等しく扱うことに同意し，債務法652条に基づく新株引受権（Bezugsrecht）を放棄している。既に第1次世界大戦以降，配当は一切なされておらず，それによって社債の部分的な漸次償還及び付利が可能となってきた」（BGE 89 II 344, S. 353-354)。

(5)　小括

以上にみてきたとおり，共同利益要件については幾つかの次元において議論が錯綜しており，そもそも法制度がどのような建付けとなっているのかを明瞭に見通すことが必ずしも容易でない状況にある。とりわけ議論があるのは，和議官庁が目的合理性ないし相当性を審査すべきかどうか，及び他の権利者の負担を考慮すべきかどうか，という点である。

前者の問題は，社債権者の多数派が特別利益を追求して必ずしも社債権者の共同利益にならない決議が成立する危険性に対してどのように対処するのか，という問題についての見解の対立であった。一方で，決議がもっぱら特別利益に資するものであり，社債権者の共同利益の観点からおよそ正当化しえないものである場合にのみ，和議官庁がこれを審査するという考え方がありえた。他方で，――債務法1178条の構造に照らして――和議官庁が決議内容の相当性をも審査するべきであるとの立場があり，こちらの方がむしろ多数派を占めていた。ただし，後者においても，和議官庁の審査はかなり限定的な範囲にとどめるべきであるとの理解がみられたところであり，両者の懸隔はさほど大きくないのかもしれない。

後者の問題は，債権者共同体手続の性格をどのように理解するのか，という問題と関連しうるように思われる。一方で，債権者集会決議を社債権者自身の自律的意思決定の仕組みと捉えるならば，他の権利者が如何なる負担を引き受けようとも（引き受けまいとも）関係ない，との議論になろう。他方で，債権者集会決議といえども発行会社の危機時期における財務リストラクチャリングを扱う以上，和議手続におけるのと同様の考慮が働くべきであり，株主や他の債権者にも一定の犠牲を求めるべきである，との議論もありうる。もっとも，後者の立場も，必ずしも和議法的な考慮に依拠せずとも，ヨリ一般的な社債権者の共同利益の観点，すなわち，他の権利者が犠牲を引き受けてこそ社債権者の共同利益に資する決議が可能となる，という議論として理解するならば，これを決議の目的合理性ないし相当性の問題の一類型として位置付けることも可能であろう。

第5項　取消訴訟制度

社債権者の権利縮減を伴わない債権者集会決議（債務法1180条～1181条）に

ついては，和議官庁による決議の認可は不要である（債務法 1176 条参照）。債務法上，かかる場合における認可に代わる決議審査の仕組みとして，決議取消訴訟の制度が設けられている。これによれば，決議に賛成しなかった社債権者は，決議が法律又は社債条件に違反している場合には，そのことを知ったときから 30 日以内[325]に，債権者共同体及び発行会社を被告として[326]，裁判官に当該決議の取消しを求めることができる（債務法 1182 条）。取消訴訟が認容されると，債権者集会決議は将来に向かって破棄される[327]。また，当該判決は，不服を申し立てた社債権者との関係のみならず，対世的に効力を及ぼす[328]。

　権利縮減を伴う決議については国の監督機関（和議官庁）の認可が当然に必要とされるのと対照的に（債務法 1176 条参照），それ以外の決議における取消訴訟の制度は，社債権者自身がイニシアティブをとって決議の瑕疵を積極的に争わなければならない[329]。権利縮減を伴わない決議は，社債代理人の選解任など社債管理に関する事項が中心であるから，法は，その瑕疵を社債権者自身のイニシアティブに委ねることとしたものといえる。

第 4 款　社債代理人の制度

第 1 項　総説

　債務法は，社債代理人（Anleihensvertreter）に関する規律を設けている。債権者集会が債権者共同体の意思決定機関であるのに対し，社債代理人は，債権者共同体の執行機関に相当し，その法的性質は債権者共同体の代理人（Stellver-

---

325)　債務法のフランス語（及びイタリア語）版では「1 か月以内」とある。

326)　Kuhn, in: Roberto/Trüeb [2012] Art. 1182 N 3; Rohr [1990] S. 291-292. 債権者共同体には訴訟能力及び当事者能力があると解されており，その法定代理人は社債代理人である。

327)　Kuhn, in: Roberto/Trüeb [2012] Art. 1182 N 2; Lang/Klöti, in: Kostkiewicz/Nobel/Schwander/Wolf [2009] Art. 1182 N 1.

328)　Kuhn, in: Roberto/Trüeb [2012] Art. 1182 N 2; Steinmann/Reutter, in: Honsell/Vogt/Watter [2012] OR Art. 1182 N 1; Lang/Klöti, in: Kostkiewicz/Nobel/Schwander/Wolf [2009] Art. 1182 N 1.

329)　Kuhn, in: Roberto/Trüeb [2012] Art. 1182 N 1 参照。

treter) であるとされる [330]。

　ドイツ法における共同代理人と同じく，社債代理人は，契約代理人（Vertragsvertreter）と選定代理人（Wahlvertreter）とに大別される。契約代理人とは，社債条件によって選任される社債代理人のことである [331]。契約代理人は，社債条件に別段の定めがない限り，債権者共同体のみならず債務者（発行会社）の代理人でもあるとされ（債務法 1158 条 1 項），社債権者と発行会社の間における仲介機能（Vermittelerfunktion）を担うことが期待されている [332]。ただし，社債権者と発行会社の間に利害対立がある場合には，あくまで債権者共同体の利益を代理すべきものとされる [333]。たとえば，期限の利益喪失権限の行使にあたっては，もっぱら社債権者の利益の観点から権限を行使するべきであると説かれる [334]。なお，契約代理人については，（後述する選定代理人と異なり，）債権者集会決議によって一方的に解任したり，権限を制限したりすることはできない（債務法 1183 条）。

　これに対し，選定代理人とは，社債の発行後に債権者集会決議によって選任される社債代理人のことをいう（債務法 1158 条 2 項）。選定代理人は，（契約代理人とは異なり）もっぱら債権者共同体の代理人としての役割を担うものとされる [335]。契約代理人が選任されている場合において，さらに選定代理人が選任されると，別段の定めのない限り，従前の契約代理人の権限は，もっぱら発行会社の利益代表者としての役割に縮減ないし変更されるものと解されてい

---

330)　Lang/Klöti, in: Kostkiewicz/Nobel/Schwander/Wolf [2009] Art. 1158 N 3; Daeniker [2003] S. 366; Daeniker [1992] S. 124-125; Ziegler [1950] Art. 1158 N 7.

331)　契約代理人の選任は，社債発行の際の目論見書（Prospekt）で明示的に言及されている場合にのみ有効となる（債務法 1156 条 2 項参照）。このことは，選任それ自体のみならず，その義務範囲についても同様に妥当する。

332)　Steinmann/Reutter, in: Honsell/Vogt/Watter [2012] OR Art. 1158 N 1; Lang/Klöti, in: Kostkiewicz/Nobel/Schwander/Wolf [2009] Art. 1158 N 1.

333)　Steinmann/Reutter, in: Honsell/Vogt/Watter [2012] OR Art. 1159 N 11. また，Daeniker [1992] S. 124-125 は，債務法 1158 条 1 項の文言に拘らず社債代理人は債権者共同体の代理人（Stellvertreter）であるとし，発行会社と対峙して社債権者の利益を代理するべきであると説く。Rohr [1990] S. 269-270; Daeniker [2003] S. 366-367 も同旨。

334)　Köndgen/Daeniker [1995] S. 363.

335)　Schmidtbleicher [2010] S. 218.

る[336]。このように，社債の発行後に選定代理人を選任する権限は，債権者集会の固有の権限であり，これを社債条件で制限・排除することはできない（債務法 1186 条 1 項参照）[337]。

スイスの社債実務においては，社債発行の際に発行業務を担う発券銀行ないし主幹事銀行が，社債条件の定めによって社債代理人（契約代理人）に選任され，発行後の社債管理にも携わるというケースが多いようである[338]。換言すれば，社債発行業務を担う発券銀行ないし主幹事銀行は，①社債発行時に，発券銀行として将来の社債権者の利益を代表して公正な社債条件を交渉する役割が期待されるのみならず[339]，②社債発行後においても，契約代理人として，社債の償還までの間，社債権者と発行会社とを仲介し，円滑に社債関係を処理する役割が期待されている，ということである[340]。

社債代理人の資格については，法文上特に規制が設けられておらず，発券銀行及び主幹事銀行であることが社債代理人からの除外事由であるとは一般的には考えられていない[341]。この点に関して，学説では，「特別な義務関係及び依存関係，並びに競合する自らの債権者としての権利」は，社債代理人の地位からの排除を基礎付けうると主張するものもあるが[342]，少なくとも発券銀行及び主幹事銀行については，社債代理人の地位から当然には排除されないと解するのが実務であり，通説である。

第 2 項　社債代理人の役割

社債代理人は，とりわけ発行会社の危機時期において中心的な役割を担うものであるとしばしば指摘される[343]。社債代理人の権限は，大別して，①法律

---

336)　Lang/Klöti, in: Kostkiewicz/Nobel/Schwander/Wolf [2009] Art. 1158 N 2.

337)　Rohr ［1990］ S. 269. この点において，オプトイン方式を採用するドイツ債務証券法との顕著な相違が見出される。

338)　Steinmann/Reutter, in: Honsell/Vogt/Watter ［2012］ OR Art. 1158 N1-2; Bösch ［2004］ S. 200; Lang/Klöti, in Kostkiewicz/Nobel/Schwander/Wolf. [2009] Art. 1158 N 1.

339)　この点については，本章注 35）を参照のこと。

340)　Bösch [2004] S. 200; Steinmann/Reutter, in: Honsell/Vogt/Watter [2012] OR Art. 1158 N 1.

341)　Bösch [2004] S. 200; Steinmann/Reutter, in: Honsell/Vogt/Watter [2012] OR Art. 1158 N 2.

342)　Ziegler [1950] Art. 1158 N10.

343)　Lang/Klöti, in: Kostkiewicz/Nobel/Schwander/Wolf ［2009］ Art. 1158 N 3; Giger ［2003］

により付与される権限，②社債条件により付与される権限，及び③債権者集会決議により付与される権限の3つに分けることができるが（債務法1159条1項），ここでは社債リストラクチャリングの局面における社債代理人の役割を取り上げる。

1.　情報へのアクセス権限

発行会社が社債に係る弁済義務等（利息，元本のほか，転換社債・オプション社債における株式発行も含む）[344]につき遅滞に陥るという有事の局面において，社債権者には，社債代理人を通じた発行会社の内部情報へのアクセスが認められている（債務法1160条）。これにより，社債代理人は，発行会社の状況に応じた判断と助言をなしうることとなる。

まず，社債代理人は，債権者共同体の利益となるすべての情報の開示を発行会社に請求することができる（債務法1160条1項）。情報請求の対象となるのは，社債に直接又は間接に関係する事業状況であり，具体的には，弁済可能性に関する情報のほか，発行会社の一般的な財務状況，財産・収益状況，弁済期にある債務の状況，事業状況及び流動性等が含まれる[345]。また，情報のみならず，その基礎となる資料（帳簿など）の閲覧請求権をも有すると解するのが通説である[346]。

さらに，社債代理人は，発行会社の機関における審議への参加権を有する（債務法1160条2項）[347]。これは，発行会社の機関審議において社債権者の利益に関する議題（社債の状況のほか，発行会社の事業状況や財務状況，流動性に関する事項を含む[348]）が扱われる場合に，当該機関審議に参加して勧告的発言

S. 138.

344)　Steinmann/Reutter, in: Honsell/Vogt/Watter [2012] OR Art. 1160 N 2.

345)　Rohr [1990] S. 272.

346)　Ziegler [1950] S. Art. 1160 N 4; Rohr [1990] S. 272; Kuhn, in: Roberto/Trüeb [2012] Art. 1160 N 3; Steinmann/Reutter, in: Honsell/Vogt/Watter [2012] OR Art. 1160 N 4. ただし，社債代理人が発行会社の競業者である場合には，発行会社自身が当該社債代理人を選定した場合を除き，基礎資料の閲覧を拒絶することができると解される（Rohr [1990] S. 272）。

347)　なお，社債代理人の機関審議参加権は，発行者が株式会社，合資株式会社（Kommandit-AG），有限会社又は協同組合（Genossenschaft）のいずれかである場合に限る（債務法1160条2項）。

348)　Steinmann/Reutter, in: Honsell/Vogt/Watter [2012] OR Art. 1160 N 5.

（beratende Stimme）をする権限を社債代理人に認めるものである。たとえば，発行会社が株式会社であれば，社債代理人は，株主総会や取締役会（Verwaltungsrat）に参加することができる[349]。社債代理人は，当該機関の構成員と同様に，かかる審議の招集通知を受けることができ，審議にとって重要な基礎資料の適時の配布請求権を有する（債務法 1160 条 3 項）[350]。

　社債代理人は，以上の規律によって入手した発行会社の内部情報に基づき，社債権者に情報を提供するほか，発行会社が提案する事業再生措置の目的合理性及び相当性について評価を下し，社債権者に助言することもできる[351]。もっとも，社債代理人は，その権限に基づいて取得した内部情報について秘密保持義務を負い，これをそのまま債権者や第三者に伝達することは許されない。この意味において，社債代理人は，会社の内部情報のいわばフィルター機能（Filterfunktion）を果たすものとされる[352]。

　以上の内部情報へのアクセス権は，社債権者と発行会社の間における情報の非対称を緩和するものであり，とりわけ権利縮減を伴う債権者集会決議（債務法 1170 条 1 項）について社債権者に必要な情報を取得させる仕組みとして機能しうる[353]。かかる制度は，情報に基づく判断を可能にするという点で債権者共同体の利益になるばかりでなく[354]，支払猶予等の措置を説得するに際して発行会社側にとっても利益となりうると指摘される[355]。

---

349)　Kuhn, in: Roberto/Trüeb [2012] Art. 1160 N 4; Steinmann/Reutter, in: Honsell/Vogt/Watter [2012] OR Art. 1160 N 5.

350)　逆に，発行会社は社債代理人に招集通知をし，基礎となる資料を事前に提供する義務を負うこととなる。Rohr [1990] S. 272; Steinmann/Reutter, in: Honsell/Vogt/Watter [2012] OR Art. 1160 N 6 参照。

351)　Rohr [1990] S. 272; Giger [2003] S. 141.

352)　Steinmann/Reutter, in: Honsell/Vogt/Watter [2012] OR Art. 1160 N 7.

353)　Kuhn, in: Roberto/Trüeb [2012] Art. 1160 N 3.

354)　Steinmann/Reutter, in: Honsell/Vogt/Watter [2012] OR Art. 1160 N 1.

355)　Rohr [1990] S. 272. それゆえにこそ，発行会社の内部情報へのアクセスが正当化されるのだと説明される（Steinmann/Reutter, in: Honsell/Vogt/Watter [2012] OR Art. 1160 N 1）。

2.　期限の利益喪失権限と交渉

(1)　期限の利益喪失権限

　社債代理人には，約定権限として，社債に係る期限の利益喪失権限が付与されることがある。スイスの社債実務上，社債条件においては，たとえば次のような事由が期限の利益喪失事由として規定されることが多いようである[356]。すなわち，①他の金融債務に対する債務不履行（いわゆるクロスデフォルト条項），②他の債権者との支払猶予協定の締結[357]，③発行会社の重要な資産の売却，④他の債権者への担保設定（いわゆるネガティブ・プレッジ条項）及び弁済順位の変更（いわゆるパリパス条項）[358]，そして⑤他の債権者との債務整理の合意，である。そして，社債条件上，これらの事由につき期限の利益喪失を宣言する権限を社債代理人に付与することが多いというわけである。実務上，社債代理人の最も重要な役割は，かかる権限の行使（又は不行使）であるとさえいわれている[359]。

　なお，社債条件の定めによって社債代理人に権限を付与すると，個々の社債権者による権利行使が制限されることとなる（債務法 1159 条 3 項）。これにより，個々の社債権者が個別的に期限の利益喪失権限を行使することで事業再生が失敗に終わるといった事態を回避することができる[360]。

(2)　交渉上の役割

　さて，前述のとおり，スイスにおける事業再生は，銀行等の金融債権者が中心となって，発行会社とともに再建計画を策定するという過程を経ることが通常である[361]。そして，その過程では，以下のとおり，社債条件上の期限の利益喪失事由に該当することを避けがたい。

　たとえば，私法上の事業再生にあたっては，すべての主要な金融債権者との間で支払猶予協定を締結することが必要となるが[362]，これは上記②に抵触す

---

356)　Schenker [2011] S. 207ff.

357)　社債契約においては，個々の金融債権者との間での支払猶予合意が社債のデフォルトを引き起こさないよう，一定の閾値が設けられるのが通例であるとされる（Schenker [2011] S. 209 Fn. 14)。

358)　ネガティブ・プレッジ条項やパリパス条項に関しては，たとえば Daeniker [1992] S. 183ff. を参照。

359)　Steinmann/Reutter, in: Honsell/Vogt/Watter [2012] OR Art. 1159 N 4.

360)　Daeniker [2003] S. 366.

361)　本節第 1 款に述べたことを参照。

るため，事前に社債代理人に連絡し，了承を取り付けておく必要がある[363]。また，事業再生においては，発行会社の資産を売却して債権者への弁済に充てることが少なくないが，これは上記③に抵触するので，これについても期限の利益喪失権限の放棄につき社債代理人の了承を得ておく必要がある[364]。さらに，事業再生においてはしばしばいわゆるブリッジローン（Überbrückungs-krediten）が必要となるが，これに担保を付するとなると上記④に抵触するので，やはり社債代理人の了承が必要である[365]。

　要するに，――あくまで上記のコベナンツが社債条件に含まれていれば，という条件付きであるが，――私法上の事業再生を進めるにあたっては，その各段階において社債代理人と連絡をとり，その了承（期限の利益喪失の放棄）を得ておくことが必要となるわけである。換言すれば，発行会社が私法上の事業再生を試みる場合には，その比較的初期の段階から，社債代理人はそのことを覚知し，期限の利益喪失権限を背景とした交渉をなしうる立場に置かれる。たとえば，社債代理人は，仮に期限の利益喪失事由に該当する場合であっても，発行会社の再建が進行中で，その成功を期待する方が社債権者の利益になると判断するならば，期限の利益喪失権限を行使しないという選択もできる。ここにおいて，社債代理人には，期限の利益喪失権限を梃子にした交渉者としての役割が期待されるわけである[366]。

　なお，債権者集会の招集によって社債の支払が猶予されると[367]，社債代理人による期限の利益喪失権限はもはや実質的な意義を失うことになるので，その時点をもって，社債代理人による交渉の段階から社債権者自身による諾否の判断の段階へと移行することになる[368]。

(3)　判断裁量とインセンティブ

　かかる交渉局面において，社債代理人は社債権者の代理人として，社債権者

---

362)　Schenker [2011] S. 208 Fn. 13.

363)　Giger [2003] S. 136; Schenker [2011] S. 208-209.

364)　Giger [2003] S. 137; Schenker [2011] S. 210.

365)　Giger [2003] S. 135; Schenker [2011] S. 210-211.

366)　Giger [2003] S. 139; Schenker [2011] S. 207.

367)　この点については本節第 3 款第 1 項 2 参照。

368)　Schenker [2011] S. 222.

の利益のために行動しなければならず，客観的な根拠に基づいて合理的に期限の利益喪失権限を行使するかどうかを判断しなければならない[369]。とはいえ，結果的に社債権者に損失が発生したからといって直ちに責任を問われるわけではないのはもちろんであり，その判断には一定の裁量が認められるものと解されている[370]。

　ここでとりわけ問題となりうるのは，主幹事銀行が，社債代理人として期限の利益喪失権限の行使・不行使の判断をするという場合である。なぜなら，主幹事銀行は発行会社と継続的な取引関係（多くの場合，貸付債権）を有しており，社債権者との間で利益相反関係に立つからである。ここにおいて，社債代理人は，自らの利益よりも社債権者の利益を優先することを求められる[371]。とはいえ，事業再生の局面において，主幹事銀行が発行会社との交渉において自らの利益を事実上優先していないかにつき，債券保有者が審査しうるだけの十分な透明性が確保されていないという点に対して，近時批判も向けられている[372]。

第 3 節　評価と検討

第 1 款　評価

　スイス債務法に基づく債権者共同体手続には，比較法的にみて，幾つかの特徴を指摘しうるように思われる。本款では大きく 3 つの点を取り上げることにしたい[373]。

---

369)　社債代理人は，投資家のために注意義務及び誠実義務を負う（Daeniker [2003] S. 367）。本書では立ち入らないが，外国会社が発行した社債に係る社債代理人による期限の利益喪失権限不行使について，注意義務及び誠実義務違反の有無が争われた事例として，BGE 129 III 71 がある。

370)　Daeniker [1992] S. 142-143; Giger [2003] S. 138-139.

371)　Daeniker [1992] S. 130-131; Daeniker [2003] S. 367.

372)　Bösch [2004] S. 201.

373)　本款で取り上げる点以外にも，スイス法に固有の特徴として，たとえば，債権者集会の招集によって請求権が猶予される建付けや，複数の種類を跨ぐ債権者集会決議が可能であるという建付けを挙げ

第1項　裁判外の倒産処理制度

　1949年改正債務法に基づく債権者共同体手続は，債権者集会の決議事項に元本放棄が含まれず，支払猶予についても一定期間の上限が設けられているなど，ドイツの2009年債務証券法と比較して決議事項が限定的であることは否めない。しかしながら，社債の株式化（DES）による恒久的な財務リストラクチャリングが可能であることや，期間上限があるとはいえ相当長期間の支払猶予が可能であることから，その内実は，実質的な倒産処理にわたる事項をある程度まで決議しうる建付けとなっている。法的倒産手続（取立破産法上の和議手続）を利用した事業再生が必ずしも容易でないとされるスイスにおいて，債務法に基づく債権者共同体手続は，社債を発行する会社について，法的倒産手続外での財務リストラクチャリングを可能にする仕組みとして，法的倒産手続の不十分性を補う機能を営むものと評価することができるであろう。

　この点に関連してスイス法で注目に値するのは，債権者共同体手続の性格について，これを財務的再建手続の一種とみて，財務リストラクチャリング全体としての合理性ないし相当性を求める議論があることである。そこでは，発行会社の危機に際して，社債権者だけが犠牲を引き受けるのでは社債権者の共同利益にならない，他の権利者（株主や他の債権者等）もまた相当の負担を引き受けるべきである，と説かれる。これは，ドイツ法では殆ど問題にすらならなかった観点であり，興味深い。その背後には，1920年代〜1930年代の連邦裁判所判例が1918年債権者共同体命令に基づく手続の性格を一種の和議手続として捉え，和議法における実体的な要請がそこでも妥当する，と説示したという沿革があった。この問題については，いまなお学説上議論が分かれており，この点について明確に決着をつける議論や判例は見当たらない。ただし，社債権者の負担割合が明らかに大きすぎるなど，社債権者の共同利益の観点から明らかに説明がつかない場合だけを問題とする規範としてこれを理解するならば，一般的な共同利益要件の単なる一類型として整理することもできるように思われる。

　ることができる。これらもそれ自体興味深いものであるが，本書の関心に照らして相対的に重要性に劣るものとみて，ここでは特に取り上げない。

第2項　当事者による選択可能性

　債務法に基づく債権者共同体手続は，一定の要件を満たす社債について法律上当然に適用される。これは，債権者決議制度についてオプトイン方式を採用し，社債条件における選択に委ねているドイツ法と対照的である。このことには，2つの含意がある。ひとつは，適用範囲に含まれる社債について，債権者共同体手続からオプトアウトできないということであり，もうひとつは，適用範囲に含まれない社債（外国会社が発行する社債など）について債権者共同体手続の規制がかからないということである。以下，それぞれの意味するところを簡単に検討する。

　前者は，発行後に多数決で社債条件が変更される可能性のない社債を発行することができないということを意味する。スイスでは，債権者共同体手続の適用について社債条件の定めに委ねず，むしろこれを強行法的に一律に適用する建付けとすることについて，1918年債権者共同体命令の元となった債務法草案の起草者である Eugen Huber は，社債の発行当初から支払不能を想定した規定を設けることが，「不吉」であり，必ずしも進んで受け入れられるものではないことを挙げていた[374]。ここにみられるのは，多数決条項等のリストラクチャリングを容易にする規律を発行時点で社債条件に取り込むことが必ずしも容易でないという認識であり，現代風にいうならば，多数決条項が発行会社の信用や支払意思についての負のシグナルとして機能しうるという問題が当時意識されていたものと評価できるように思われる。筆者が参照しえた範囲においては，学説・実務上，このような現行法の建付けに対して特段異論は見当たらず，社債条件によるオプトアウトの必要性はさほど強くは感じられていないように見受けられる[375]。

　後者は，──本書ではここまで立ち入って論じてこなかったが，──債務法上の債権者共同体制度の実際上の存在感に関係しうる。同制度の適用範囲を説明する中で触れたように[376]，外国会社が発行する社債については債務法1157

---

374)　本章第2節第2款第3項2(3)参照。
375)　もっとも，債務法に基づく権利縮減を伴う債権者集会決議の可決要件は，未償還元本総額の3分の2以上という高水準に設定されていて，実際上その達成が必ずしも容易でないことに注意を要する。

条以下の規定は適用されず，社債条件の定めによって債権者集会決議等の仕組みを設けることができる。そこでは，元本放棄決議の可否等について若干の議論はあるものの[377]，基本的には契約自由の原則が妥当すると考えられている[378]。それゆえ，スイス企業が社債を発行する場合であっても，外国子会社ないし外国持株会社を発行主体とすることで，債務法の規律をいわば掻い潜ることができるわけである。筆者が参照しえた範囲では，この点についても，学説・実務上，特に問題視するものは見当たらず，むしろ外国会社が発行主体となる場合には債務法の硬直的な規律を避けることが望ましいとの考え方を示唆する記述もみられるところである[379]。もちろん，本章でみてきたとおり，内国会社が発行する社債について債務法に基づく債権者共同体制度が利用されたという事例も実在しており，比較法的な観点から同制度の建付けを検討することの意義が直ちに否定されるわけではないが，その適用範囲の外側に，同制度の規律を受けない契約（社債条件の定め）による社債リストラクチャリング実務の領域が広がっていること——それゆえ，債務法の仕組みとしては当事者の選択可能性が乏しくとも，外国子会社ないし外国持株会社を発行主体とする限りにおいて，幅広い選択可能性が認められうる建付けであること——は，ここで銘記しておくべきであろう。

第3項　和議官庁による認可制度

債務法上，社債権者の権利を縮減する債権者集会決議は，上級州和議官庁の認可によって初めて効力を生じ，執行することができるものとされている。かかる建付けは，1918年債権者共同体命令における取消訴訟制度が，一般投資家である社債権者にとって必ずしも利用しやすいものではなかった，という反省を踏まえたものであった。また，近時では，認可制度により，長期間にわたって決議の効力が不安定となる事態が回避されるという利点も指摘されている。いずれも，わが国における認可制度の趣旨理解と相通ずるものがあるといえよ

---

376)　本章第2節第2款第2項3参照。

377)　Bösch [2004] S. 214; Daeniker [1992] S. 113-114 等参照。

378)　Zobl [1990] S. 146.

379)　Daeniker [1992] S. 88; Zobl [1990] S. 145-146.

う。

　スイスにおける認可制度は，ドイツにおける取消訴訟制度（執行停止効を伴うもの）と機能的に類似する面がある。というのは，いずれも，決議執行前の段階で決議の瑕疵が審査される建付けであり，決議執行の迅速性を犠牲にして法的安定性を確保するものとして評価しうるからである。もっとも，ドイツでは，実際上，取消訴訟それ自体ではなく解除手続での紛争が想定されるところ，解除手続においては利益衡量や重大な違法といった要件が主たる争点となり，決議の瑕疵に対する裁判所の審査密度が低くなることを免れない。かかる建付けは，濫用的原告による決議執行の妨害措置を退けるために設けられたものであるが，制度のあり方としての妥当性について疑義が呈されていることは第3章で述べたとおりである。これに対し，スイスでは，認可拒絶事由とされた事由がすべて認可手続の段階で審査されることとなる。それにも拘らず，ドイツと大きく異なるのは，濫用的原告の問題がスイスでは全く議論されていないという点である。その理由は必ずしも明らかでないが，手続構造上，認可の引き延ばし手段が限られていることが一因ではないかと推測される。

　認可制度についてはもう一点ここで改めて確認しておくべき点がある。それは，認可手続において共同利益要件が審査される建付けとなっていることである。詳細は繰り返さないが，債務法上，共同利益要件について客観説が通説であり，決議の目的合理性及び相当性をも和議官庁が審査すべきものと解されている。ここには，社債権者の多数派が特別利益を追求して必ずしも社債権者全体の利益にならない決議を成立させる危険に対して，多数派の主観面を問題とするのではなく，決議内容それ自体を客観的に問題にする方が望ましいという判断があった。もっとも，実務的には，決議が成立せず，発行会社がそのまま清算する方が社債権者にとって有利であるなどといった特段の事情がない限り，共同利益要件を問題にしない運用がなされている——換言すれば，共同利益の観点から明らかに説明がつかないような場合を排除する要件として機能している——ようであり，和議官庁が決議内容を審査するということの意味は限定的であるように思われる。

第2款　検討

　本章におけるスイス法の検討を踏まえて，幾つかの各論的な論点についてこ
こで検討を加えておきたい。

第1項　債権者共同体手続の性格

　スイス法に見出された興味深い議論のひとつとして，債権者共同体手続を一
種の和議手続として位置付ける考え方が挙げられる。上記のとおり，これはド
イツ法といわば対照をなすものであり，手続の性格そのものに対する多様な見
方の可能性を示唆するものといえる。ドイツ法のように，債権者決議を社債権
者の自律的意思決定の仕組みとして位置付け，倒産法的要請を決議で遵守する
かどうかを含めて社債権者の多数派意思に委ねるというのは，ありうるひとつ
の考え方である。ここでは，倒産法的要請にこだわることなく，社債権者だけ
でリストラクチャリングをなしうることに積極的な意義を見出すことになろう。
スイスでもかかる考え方を支持する立場は有力であり，1928年債務法改正草
案の起草過程における専門家委員会では，債権者共同体手続に倒産法的性格を
明示的に与えることに対して否定的な見解がむしろ多数を占めていた。

　かかる考え方に対し，債権者共同体手続の財務的再建手続としての性格を強
調して反発したのが連邦裁判所による1930年代の一連の判例であった。これ
は，他の権利者が相当の負担を引き受けないのに社債権者だけが犠牲を引き受
けることは認められない，というものである。理念的には，たとえ他の権利者
が何ら負担を引き受けなくとも，社債権者が犠牲を引き受けることで発行会社
が破産を免れ，その結果社債権者にとっても利益となるという場合は考えられ
るが，上記の考え方によるならば，かかる偏頗的な負担は認められないことと
なる。これは，財務リストラクチャリングにおける価値の分配に一定の外在的
制約を課し，交渉可能範囲を限定する考え方であると評価しうる。

　これら2つの考え方は，どちらが正しくてどちらが誤りであるという関係に
あるわけではなく，むしろ債権者共同体手続をどのような性格のものとして構
想するべきかという価値判断の問題であるように思われる。そして，かかる価
値判断において考慮されるべきは，多数決による交渉可能範囲を外在的に画す
る必要の程度であろう。ドイツ法は，社債権者は十分な情報を与えられれば債

権者決議によってその利益に合致する判断をなしうるとの考え方を前提として
いた。このような考え方によれば，他の権利者との関係で社債権者に過大な負
担を求める議案は拒絶されるのだから，裁判所が審査してやる必要はないとい
える。これに対し，スイス法において他の権利者の負担を必要とする議論は，
暗黙裡に，社債権者に過大な負担を求める決議でさえ現実に成立してしまうお
それがある，という懸念を前提としているように思われる[380]。ただし，他の
権利者の負担を必要と解する場合においても，実際の認可手続でどの程度立ち
入って審査すべきかという点でさらに考え方の分岐がありうるであろう。

　なお，この点に関して興味深い議論を展開するのは Felix Weber である。
Weber は，社債権者は，「決議をしなければ破産を避けられない」という恐怖
から過大な譲歩を受け入れてしまうことがしばしばであると指摘し，立法論と
して，社債権者集会によって個々の社債権者の債権（たとえば元利金債権）を
縮減できないよう，決議権限を狭めることを提案する。このとき，債権者共同
体は純然たる社債管理の仕組みとして位置付けられる。社債権者の個々の債権
を縮減するためには，和議法ないしこれに準ずるマイルドな再建手続によるこ
ととして，社債権者だけが負担を強いられるのを防ぐのが妥当であるとい
う[381]。これは単なる試論として提示されたものに過ぎないが，これと同様の
観点に立つ議論を近時ドイツ法に関して Florstedt が提示していたことが想起
されよう[382]。

---

[380]　もっとも，その根拠が，危機に直面した社債権者が不合理な判断をしてしまう危険性に求められる
のか，それとも社債権者間の利益相反（特別利益追求）に求められるのかは必ずしも明らかでない。

[381]　Weber［1929］98-99. もっとも，かかる意欲的な記述の直後に，実務的経験が乏しいためにかか
る問題に対して確たる判断を下すことはできない，上記記述もかかる問題に関する議論のための貢献に
過ぎない，との留保を付している。そもそも，Weber は，1928 年債務法改正草案の解釈論としてはむし
ろ社債権者の多数派の判断を尊重するべきであるとの論陣を張っていた（本章注 314）に対応する本文
参照）。

[382]　ただし，Florstedt の議論の文脈は，可決要件が低く，かつ司法審査の規律密度の低い 2009 年債
務証券法の債権者決議制度を前提として，特別利益を追求する社債権者が財務リストラクチャリングに
おける隠れた価値の移転を容易に実現することができる，という問題意識に根差すものであった。スイ
ス法の建付けや当時の市場環境とは前提を異にすることに注意すべきである。

第2項　決議に対する司法審査

　決議認可制度に関しては，本款第1項で述べた倒産法的要請を考慮すべきかどうかという問題のほかに，ヨリ一般的な問題として，決議内容の目的合理性ないし相当性に対して和議官庁がどの程度立ち入って審査するべきか，という問題が議論されている。様々な見解が提示されているが，おそらく現在すべての見解が共有しているのは，①共同利益要件は，決議における特別利益追求ないし多数決濫用を防止するためのものであり，②それは多数派の主観ではなく決議の客観的内容に照らして判断されなければならず，③（少なくとも）共同利益の観点から明らかに説明のつかない内容の決議については認可を拒絶するべきである，という考え方である。

　さらに，それを超えて，決議内容の相当性について和議官庁がどの程度介入するべきかについては議論が分かれるが，近時では，社債権者の多数派——社債権者全体のごく一部だけで決議を可決させることのできるドイツ債務証券法とは異なり，未償還元本総額の3分の2以上の賛成を要する——が賛成しているという事実を重視して，決議を基本的に尊重すべきであるとの見解が有力であるように思われるし，実務も，決議をせずそのまま清算した場合の方が有利であるといった特段の事情がない限り，決議内容の相当性を認める運用が定着しているように見受けられる。

　いずれにせよ，ここで重要なのは，こうした決議内容の審査が，もっぱら特別利益追求を防止するという観点から説明されていることである。換言すれば，ここでの決議内容の審査は，社債権者に合理的判断能力が欠けることから和議官庁が後見的に介入する，という趣旨のものとはされていない。わが国で夙に指摘されているとおり，社債権者の多数派よりも和議官庁の方が優れた判断をなしうるという前提には疑問を呈しうるが，特別利益追求の規制手法として，一定程度決議内容を審査することは，ひとつの合理的なアプローチであるといいうるだろう[383]。

---

383)　特別利益追求に対してどのように対処するべきかは，困難な問題である。スイスでかつて議論されたように，特別利益追求の有無それ自体を直接審査することは必ずしも容易でない。他方，多数派が社債権者としての利益以外の利益を併有している場合に，それだからといって直ちにその議決権を否定し

第3項　社債代理人と交渉

スイスにおいては，——それが現実にどれほど理想的に機能しているかは別
として，——財務リストラクチャリングの局面において，社債代理人が，期限
の利益喪失権限を梃子として交渉上一定の役割を担いうることを指摘する議論
が存在した。リストラクチャリング計画策定段階における社債権者の代理人の
役割については，アメリカやドイツにおいても（もっぱら理論的な観点からでは
あるが）一定の期待を示す議論があったところであるが，スイスでは，この点
についてより具体的な議論がなされている点で注目に値するであろう。

ここでは，2つの点を検討しておきたい。第一に，社債代理人が交渉上の役
割を果たすためには，交渉上のレバレッジとなりうる期限の利益喪失権限が前
提となり，そのためには，社債条件上，他の債権者による交渉局面を念頭に置
いたコベナンツの存在が不可欠である，という点である。他の債権者によるリ
ストラクチャリング交渉の各段階が社債の期限の利益喪失事由に該当するよう
にコベナンツを設計しておけば，発行会社及び他の債権者も社債権者を無視す
ることができず，期限の利益喪失権限を有する社債代理人との連絡・交渉を省
略することができなくなるであろう[384]。このとき，少なくとも理念的には，
計画策定段階で，社債代理人が社債権者の観点から一定の掣肘を加えることが
期待できるであろう[385]。逆に，社債条件にこうしたコベナンツが存在しない
場合には，計画策定段階における社債代理人の実質的な関与・掣肘を期待する
ことはできなかろう。このことは，限られた企業価値を分配するリストラクチ
ャリング交渉の局面において，法律及び契約によって与えられた実体法上の権
限が，交渉過程における事実上の交渉力を左右する重要な要素となりうること

たり，決議の効力を否定したりするのが良いかというと，疑問のありうるところである。要するに，決議
内容に着目した審査方法も，特別利益追求に対処するための複数の不完全な方法のひとつに過ぎない
のである。

384)　本章第2節第4款参照。

385)　これは，アメリカで Victor Brudney が多数決条項解禁の必要条件として要求した社債権者のた
めの代理人による交渉プロセスを実現するものとなりうるであろう。かかるプロセスを履むものであれば，
社債権者にとって，受諾するか拒絶するかの二者択一とは違った形でリストラクチャリング計画が提案さ
れることにもなりうるであろう。

を示しているように思われる。

　第二に，社債代理人が交渉上一定の役割を果たすとしても，これが適切なインセンティブを持ちうるかは別途検討されなければならない。とりわけ，発行業務を担った主幹事銀行が社債代理人（契約代理人）となる場合には，発行会社との間で一定の取引関係を有するために，リストラクチャリング交渉において社債権者の利益を最優先にして振る舞うことが果たしてできるかどうか，疑義がありうる。スイスの実務上，社債リストラクチャリングに係る債権者集会決議と同時に，弁護士ないし弁護士法人を社債代理人（選定代理人）として新たに選任するという事例が散見されるが[386]，これらが選任前の計画策定段階で社債権者のために交渉者として機能していたかは定かでない。

第4節　章括

　本章では債務法に基づく債権者共同体手続を中心としてスイス法の建付けを検討した。スイス法は，社債権者による債権者集会決議について和議官庁による認可制度を採用している点で特徴的であるが，さらにその解釈・運用において，和議官庁が決議内容の目的合理性ないし相当性を考慮するべきかどうか，さらに倒産法的要請を考慮するべきかどうか，といった点で興味深い議論が展開されており，一定の視座を得ることができた。

　スイス法の建付けに関しては，それなりに利用実績があるにも拘らず，特段の改正論議は巻き起こっていない。このことは，スイス法の仕組みがうまく機能しているという可能性を示唆するようにも思われるが，そもそも社債リストラクチャリングの事例がさほど頻繁ではない上，外国子会社ないし外国持株会社が発行する社債には債務法に基づく債権者共同体制度が適用されず，社債条件におけるアレンジメントによることができるといった事情もあるので，立法論的な批判が見当たらないという事実をあまり過大に評価するのは禁物であろう。

---

386)　2004 年の Swisslog Holding 社の事例及び 2016 年の Meyer Burger Technology 社の事例。

第5章　　検　討

第1節　比較法を踏まえた検討

第1款　総説

　本書では，社債の発行会社に係る財務リストラクチャリング（ひいてはその一環としての社債リストラクチャリング）に関する法的規律について，アメリカ，ドイツ及びスイスの法制度を取り上げ，これらを横断的に検討してきた。本節では，かかる検討から得られた視点を整理し，社債リストラクチャリングに関して如何なる問題があり，これに対して如何なる法的規律をもって対処すべきかを検討する。

　以下では，検討の便宜上，財務リストラクチャリングという一連のプロセスを，リストラクチャリング計画の提案段階と承認段階という2段階に分けて検討する。これは，社債権者の意思決定メカニズムそれ自体の問題（たとえば，多数決によるのかそれとも個別的同意によるのか，また，多数決による場合には多数決制度に伴う弊害にどのように対処するのかといった問題）と，どの意思決定メカニズムを採用した場合にも共通する意思決定の前提に関する問題（たとえば，社債権者の意思決定の前提となる情報提供やリストラクチャリング計画の策定プロセスに関する問題）を一応分けて検討することが議論の整理に資すると考えるがゆえである。叙述の便宜上，承認段階を先に検討し（第2款），次に提案段階について検討を加える（第3款）。

第2款　リストラクチャリングの承認段階

第1項　法的倒産手続への一元化の功罪

　本書で検討対象とした3か国のいずれにおいても，財務リストラクチャリングを可能にする再建型の法的倒産手続がありながら，法的倒産手続外で社債リストラクチャリングを実現する必要性とそのための法的仕組みが議論されていた。その背後には，法的倒産手続の利用には多かれ少なかれ直接及び間接のコストが伴うという認識があった[1]。

　しかしながら，歴史的・理論的観点からみると，そもそも法的倒産手続外での社債リストラクチャリングを容易にすることそれ自体にも議論がありうること——換言すれば，社債リストラクチャリングを法的倒産手続に一元化するという方向性も，少なくとも当然には排除されないこと——がわかる。以下，1では，法的倒産手続外における社債リストラクチャリングにどのような危険性があるものと認識されてきたのか，本書の比較法的検討の中で見出された考え方を概観し，2で，かかる危険性への対応策としての法的倒産手続への一元化というアプローチの功罪を検討する。

1.　社債リストラクチャリングの危険性

　本書における比較法的検討を踏まえると，社債リストラクチャリングには大別して2つの危険性が見出されてきたように思われる。

　ひとつは，発行会社又はその内部者による機会主義的行動の危険性である。たとえば，アメリカでは，発行会社の内部者が機会主義的行動によって社債権者の利益を害する危険を重視し，法的倒産手続外での社債リストラクチャリン

---

1)　アメリカでは，社債リストラクチャリングの手段として，プレパッケージ（又は事前交渉の）破産手続も利用されてきた。そこでは，法的倒産手続外での私的交渉による柔軟性及び迅速性を享受しつつ，破産手続の多数決制度によって社債権者から個別的に同意を得ることに起因する障害を克服することが可能となっていた（第2章第3節第3款参照）。もっとも，かかる柔軟・迅速な手続であっても，法的倒産手続外での社債リストラクチャリングと比較すると追加的なコストを伴うことは否定できず，発行会社が置かれた状況次第では選択肢から事実上排除される場合すらありえた（第2章第4節第1款第3項参照）。

グを制約するべく，社債権者の多数決による権利変更の可能性を強行法的に狭く限定した[2]。また，ドイツでは，1899年債務証券法に基づく債権者集会制度に関して，「支払停止又は破産を回避するため」でなければ社債権者の権利縮減を伴う決議をなしえないとする危機回避目的要件が定められていたが，その狙いは，社債権者との情報格差に乗じて過大な権利縮減に応じさせるために社債権者集会を招集するという発行会社の機会主義的な行動を抑制することにあった[3]。

　2つめの問題は，他の権利者との関係において，社債権者が過大な負担を強いられる危険性である。たとえば，ドイツ旧債務証券法の1994年改正において，債権者集会決議による権利縮減に3年間という期間上限を設けることに関して，他の債権者グループが再建措置に貢献するとは限らないのに社債権者だけが犠牲を強いられるという事態を警戒する発想がみられた[4]。また，スイスでは，1918年債権者共同体命令に基づく債権者共同体手続において，連邦裁判所は，社債権者だけが犠牲を強いられるのに他の権利者が犠牲を免れることになるという事態を警戒する態度を示してきた[5]。さらに，ドイツの学説では，2009年債務証券法のもとでの社債リストラクチャリングにおいて，一部の社債権者の特別利益追求によって社債権者グループから他の権利者への隠れた価値分配が行われることを懸念する見解も有力であった[6]。

　第1章で述べたとおり，発行会社が財務危機に陥った場合における財務リストラクチャリングは，権利者間での価値の分配（ないし負担の割当て）としての性格を帯びる[7]。社債リストラクチャリングは，他の権利者（株主や貸付債権者，商取引債権者等）との関係で，社債権者がどれだけの譲歩を受け入れる

---

2)　これは，リストラクチャリング計画の交渉プロセス全般を裁判所及びSECの監督下に置き，かつ厳格な絶対優先原則を適用する旧連邦破産法第X章手続の規律と相まって，社債権者と発行会社間に横たわる情報力や交渉力の格差の是正を図るものであった（第2章第2節第3款第3項参照）。なお，これと同様の考え方は，1978年連邦破産法制定過程における一部の議論の中にも見出すことができた。第2章第2節第3款第4項参照。

3)　第3章第2節第3款第3項1(1)参照。

4)　第3章第2節第3款第3項1(3)参照。

5)　第4章第2節第2款第4項1参照。

6)　第3章第3節第1款第2項参照。

7)　第1章第2節第2款第2項参照。

かという問題である。上に挙げたものは，いずれも，こうした価値分配の局面
において，社債権者が構造的に不利益を強いられる危険の類型であるといえる。
前章までの比較法的検討を踏まえると，かかる危険の源泉は，①社債権者が情
報力・交渉力において発行会社や他の権利者に劣るという問題と，②（社債権
者の多数決制度を採用する場合において，）一部の社債権者が特別利益を追求する
という問題とに分けて考察することができるように思われる。

2.　法的倒産手続への一元化？

(1)　比較法からの示唆

　上記のとおり，法的倒産手続外での社債リストラクチャリングには，①社債
権者が情報力・交渉力において発行会社や他の権利者に劣るという問題と，②
（社債権者の多数決制度を採用する場合に）一部の社債権者が特別利益を追求する
という問題があり，これらが単独又は複合的に作用することで，社債権者が他
の権利者との関係において過大な負担を強いられるという危険が生ずることと
なる。わが国の社債市場について考えると，この問題は，とりわけ一般投資家
が社債を保有することが想定される個人投資家向けの社債において顕著となり
うる。そこでは，情報力・交渉力に劣る多数の小口投資家が存在することも想
定されるので[8]，制度設計次第では，裁判外の倒産処理において社債権者に過
大な負担を強いる偏頗的な財務リストラクチャリングが実現されることにもな
りかねないのである[9]。

---

8)　小口の社債権者が自ら発行会社に対して情報開示を求めたり，ヨリ良い条件を引き出すために協議・
　　交渉するだけのインセンティブを持ちうるかは疑問であるし，仮に積極的に行動する社債権者が現れた
　　としても，十分な交渉上のレバレッジを持たないことによる限界があろう（発行会社と継続的な取引関係
　　を有する者との比較において社債権者が相対的に弱い地位に立たされうることにつき，田頭 [2005a]
　　183 頁を参照）。なお，わが国では，社債の流通市場が必ずしも活発ではないため，財務リストラクチャ
　　リングへの参加意欲を持つ機関投資家に社債保有が集中することも当然には期待できない。流通市場
　　の機能不全に対しては，近時，実務的な改善が進められている（流通市場の透明性を改善する取組み
　　について，野村修也＝日本証券業協会公社債・金融商品部「売買参考統計値制度の見直し」商事法務
　　2065 号〔2015 年〕78 頁，同「社債の取引情報の報告・発表制度」商事法務 2066 号〔2015 年〕45 頁
　　参照）。もっとも，流通市場が存在する場合には，逆に，特殊なアジェンダを有する投資家が社債を買
　　い集め，少数派社債権者に不利益を強いる形で決議を成立させる危険性が高まること——特定の社債
　　権者による特別利益追求のおそれ——に注意を要する。

　比較法的には，こうした観点から，法的倒産手続外での社債リストラクチャリングを制限し，これを法的倒産手続に一元化する議論もないわけではない[10]。たとえば，アメリカの旧連邦破産法第 X 章手続は，信託証書法 316 条 (b)項で法的倒産手続外での社債リストラクチャリングを制限するとともに，法的倒産手続において，一般投資家，とりわけ社債権者保護のための手厚い手続を設けるというアプローチを体現した。しかしながら，これには，法的倒産手続それ自体に多大な直接・間接のコストが伴うこととなり，それゆえ合理的な財務リストラクチャリングが却って困難になるという問題が伴った。もちろん，これも投資家保護のために必要なコストであると割り切る立場もありえようが，財務リストラクチャリングのコストが一般的に高まることが投資家保護の観点から望ましいかどうかは自明ではない。

　他方，多数決による社債リストラクチャリングを念頭に置いて，一部の社債権者の特別利益追求による価値の移転を制度的に防止するため，社債リストラクチャリングを，財務リストラクチャリング全体を包摂する法的倒産手続（ないしこれに準ずるもの[11]）に一元化することが望ましい，との議論もみられた。

---

9)　これに対し，大口の機関投資家が大半を保有することが想定される社債（たとえば，わが国における社債管理者不設置債は，投資単位が最低 1 億円のものが多く，社債権者の多くが金融機関や機関投資家である）については，情報力・交渉力の劣位はさほど深刻にはならないであろう。なお，個人投資家向け社債は，通常，社債管理者設置債であるところ，社債管理者が社債権者保護のために実質的な機能を果たしうるのであれば，本文で述べる問題点の多くは解消するかもしれない。この点は，本節第 3 款で検討する。

10)　なお，本書の検討を踏まえると，かかる目的のためには，法的倒産手続外での資本多数決によるリストラクチャリングを規制・制約するだけでは不十分であることがわかる。それというのも，仮に，強圧的に社債権者から同意を調達する手法——たとえば，1980 年代以降のアメリカにおける退出同意の手法——を認めるならば，法的倒産手続外における強圧的な社債リストラクチャリングの可能性がなおも閉ざされないこととなるためである。仮に法的倒産手続に一元化するという方向性を目指すならば，こうした強圧的手法をも含めて規制をかけるべきこととなろう。

11)　たとえば，アメリカの 1978 年連邦破産法第 11 章手続（プレパッケージ又は事前交渉のもの）のように，法的倒産手続において迅速かつ柔軟な財務リストラクチャリングの実現を可能にする建付け（いわゆるハイブリッドな手続）を採用するならば，法的倒産手続を利用することに伴う固有のコストを大きく減らすことができるかもしれない。アメリカのプレパッケージ破産手続が，私的交渉と法的倒産手続のハイブリッドな手続であると評価されていることについて，第 2 章第 3 節第 3 款第 2 項参照。もっとも，ドイツの 1994 年倒産法のように，アメリカの連邦破産法第 11 章手続に倣うかような建付けを採用してもなお事業再生の手段としてうまく機能しない場合もありうることに注意が必要である。

立法論としては，比較的低コストで利用しうる法的倒産手続（ないしこれに準ずるもの）の枠組みを整備し，事業価値の毀損を最小限に抑えつつ包括的な財務リストラクチャリングを実現する仕組みを目指すことも，ひとつの行き方であるといえよう。もっとも，この場合も，事業価値の毀損を防ぐために手続の柔軟化を進めれば進めるほど，特別利益追求等による弊害が顕在化しやすくなることに注意を要する。

(2) 私見

　このように考えてみると，法的倒産手続外における社債リストラクチャリングをどの程度容易にするべきかは，①財務リストラクチャリングにおける社債権者の要保護性をどのような点に見出し，これについてどのような法的規律によって対処するのが望ましいと考えるか，②法的倒産手続にどのような機能を期待し，その反面としてどのようなコストを見込むか，といった観点を踏まえて検討されるべき問題であるように思われる。

　わが国の現状を前提とすると，さしあたり次のように考えられよう。第一に，わが国の再建型倒産手続では，権利内容に応じた債権者平等原則が妥当する[12]。これは，一般投資家たる社債権者のように，金融機関等の大口債権者との比較において相対的に情報力・交渉力に劣る権利者グループであっても，実体法上の地位が同一である限りは平等に処遇されるという意味で，事実上の交渉力に劣る権利者グループをいわば反射的に保護する仕組みであると評価しうるように思われる[13]。もっとも，その裏返しであるが，リストラクチャリングの柔軟性を欠く憾みがあることもまた否定しえない。第二に，第一の点と密接に関連するが，わが国における法的倒産手続の利用には，専門家報酬等の直接的なコストのみならず，商取引債権者への弁済継続が困難となること等に起因して，事業価値の毀損という間接的なコストが伴うと指摘されている[14]。

---

12)　民事再生法 155 条 1 項，会社更生法 168 条 1 項参照。

13)　このような評価は，法的倒産手続外の社債リストラクチャリングについて，社債権者集会決議の認可要件として他の権利者との平等性を求める立論についても妥当しうる。本款第 3 項 3 参照。もっとも，わが国の再建型倒産手続は，——アメリカの旧連邦破産法第 X 章手続とは異なり，——投資家保護という観点から格別の手当がなされているわけではないように見受けられる。

14)　わが国において，法的倒産手続の利用には事業価値の毀損というコストが伴うと認識されていることについて，第 1 章第 2 節第 1 款第 2 項 1(2)を参照。もちろん，かかる命題の真否や事業価値毀損の程

仮にそうであるとすれば，たとえ法的倒産手続によることで情報力・交渉力に劣る社債権者の利益をヨリ良く保護することができるとしても，同手続に一本化すればよいと簡単に言い切ることはできないであろう。

　ここは評価が分かれうるように思われるが，私見では，社債権者が発行会社ないし他の権利者との関係において情報力・交渉力に劣るという問題は，後述（本節第3款）のように，社債権者と発行会社における情報開示や協議・交渉の機能をどのように実質化しうるか，という観点から検討することが望ましいのではないかと考える。もちろん，後述する様々な施策にも限界と課題はあるが，だからといって社債リストラクチャリングをすべて法的倒産手続に一元化するという方向性は，それがもたらす硬直性やコスト（とりわけ事業価値の毀損によるもの）に鑑みると，なおも疑問がある[15]。また，多数決制度を採用する場合に顕在化しうる特別利益追求の問題についても，これを抑制するための一定の法的規律（本款第3項で検討する）を設けることである程度までは克服しうるものと考える。

　以上のとおり，わが国の現状に鑑みて，社債リストラクチャリングを法的倒産手続に一元化するという行き方は，必ずしも適切でないように思われる。

第2項　社債権者の意思決定メカニズム

1. 多数決か，個別同意か

(1)　意思決定に係る問題の構造

法的倒産手続外での社債リストラクチャリングを実現する意思決定の仕組み

度はそれ自体検証を要する事柄であるし，また，本来，この問題は法的倒産手続の改善によって解決すべき問題であるように思われるが──アメリカにおける連邦破産法第11章手続等，ハイブリッドな破産手続を新たに導入することが検討されてもよかろう──，ここでは措く。

15)　ドイツにおける2009年債務証券法改正の背景にも，法的倒産手続による財務リストラクチャリングが事業価値の毀損等のコストを伴うという問題があったことがここで想起されよう（第3章第2節第3款第3項2参照）。なお，いわば中間的なアプローチとして，制度化された私的整理が並行しており，これに参加する金融機関と同等の処遇を保障される場合にのみ法的倒産手続外での社債リストラクチャリングを認める，というアプローチも考えられないではない。たとえば，事業再生研究機構立法試案では，制度化された私的整理に付随する場合にのみ，社債権者集会における元利金減免決議を認めるとの提案がなされていた。これは，社債権者の情報力・交渉力の劣位を，制度化された私的整理と接合することでいわば補完する試みであるといえよう。

として適切なのはどのようなものか。これを検討する前提として，社債権者の
意思決定を困難にする問題の構造を確認しておこう。比較法を踏まえると，社
債リストラクチャリングが困難となる原因は，2つの類型に分けて考えること
ができるように思われる。

　ひとつは，多数の小口投資家（個人投資家等）が分散的に社債を保有してい
る場合である。この場合，社債権者を特定して個別に交渉することは事実上困
難であるし（とりわけ流通市場が機能していると，投資家の顔ぶれが時々刻々と変
化するため，社債権者との再交渉は一層困難となりうる），社債権者の合理的無関
心の問題も顕著になりやすい。ドイツやスイスで認識されていたのは，主とし
てこの問題であった。わが国でも，かねて，個人投資家向けに公募社債を発行
した会社が破綻した場合に，社債権者を把握して倒産処理に必要な同意を得る
ことができないという事態がしばしば問題視されてきた[16]。

　もうひとつは，比較的少数の機関投資家向けに社債が発行されている場合で
ある。わが国では，社債管理者不設置債の多くがこの類型に該当するのではな
いかと思われる。この場合，上記の意味での困難性は相対的に軽微となるが，
相当割合の社債権者がリストラクチャリングに応じることができるがゆえに，
却ってこれにただ乗りしようとする投資家の戦略的行動が問題として顕在化し
うることとなる。アメリカでは，主としてこの問題が取りざたされていたが，
わが国ではこれまでのところさほど深刻な問題としては表れていないようであ
る。

(2)　意思決定のメカニズム

　法的倒産手続外での社債リストラクチャリングに係る社債権者の意思決定の
仕組みもまた大別して2つに分けることができる。ひとつは，社債権者の資本
多数決による交渉可能範囲を相対的に広く認める建付け（資本多数決のアプロ
ーチ）であり，ドイツやスイスで採用されているものである。もうひとつは，

---

16)　典型的には，ヤオハンジャパン及びマイカルの事例が挙げられる。これらの事例では，社債権者が
　　1万人以上にも上る中での倒産処理を余儀なくされた。かように個人投資家が多数存在することの背景
　　には，社債投資に係る投資信託等の金融仲介機関が発達しておらず，多数の個人投資家が直接社債を
　　消化してきたという事情があるように思われるが，かかる状況は当時といまとでさほど変わっていないよ
　　うに見受けられる。

社債権者の資本多数決による交渉可能範囲を狭い範囲に限定しながらも，強圧的な交換募集の手法を（少なくとも一定程度は）許容することにより，社債権者から個別的に同意を得ることに起因する障害をある程度緩和・軽減するアメリカの行き方（強圧的手法のアプローチ）である。これらは，いずれも法的倒産手続外での社債リストラクチャリングの実現を容易にする仕組みであるとみることができる。

　(a)　強圧的手法のアプローチ　　後者の強圧的手法のアプローチは，前述した戦略的ただ乗り行動の問題を，強圧的に同意を強いる手法によって（ある程度）緩和するものとして理解することができる[17]。もっとも，この手法は，第2章で詳細にみてきたとおり，厄介な問題を内包している。すなわち，①仮に社債権者に「ホブソンの選択」を強いるような著しく強圧的な手法をも許容する場合には，過大なリストラクチャリングが安易に実現される危険が高まるし[18]，②そこまで至らない穏当な強圧性のみが許容されると考える場合には，許される強圧性と許されない強圧性との線引きという困難な問題に直面することとなる[19]。確かに，アメリカでは，かかる強圧的な手法を肯定的に評価する議論も存在するが，そこには，社債保有構造が少数の投資家に集中していて社債権者間の協調行動が容易であるという事情，さらには，主要な社債権者が発行会社と策定したリストラクチャリング計画へのただ乗りを排除するために強圧的手法を利用することもやむを得ないという事情があることを看過してはならない。わが国においては事情が相当異なるし，また，経路依存的にかかる建付けを採用せざるを得なかったアメリカにおいてはともかく，わが国における立法論としてかかる建付けをあえて採用するべきであるというほどの積極的なメリットがあるようには思われない[20]。結局のところ，かかる仕組みは，全く考慮に値しないものとまではいえなくとも，積極的に支持・推奨しうるも

17)　第2章第3節第2款第3項3参照。
18)　第2章第3節第2款第4項3参照。この問題は，社債権者が小口の一般投資家である場合において特に顕著となるように思われる。アメリカにおける1930年代までのERの実務は，一般投資家が発行会社の強圧的な社債リストラクチャリングの犠牲となる事態が問題視されたのである。
19)　第2章第3節第2款第3項3参照。
20)　実際，アメリカにおいても，裁判外の倒産処理の仕組みとして社債権者の資本多数決というアプローチが支持を集める傾向にあるように見受けられる。第2章第4節第1款第2項参照。

のでもないように思われる。

　(b)　資本多数決のアプローチ　　これに対し，前者の，社債権者の資本多数決による（重要な）権利変更を可能にする仕組みは，社債権者のホールドアウトと強圧性のトレードオフという厄介な問題を回避しつつ合理的な社債リストラクチャリングの実現を相対的に容易にすることができるものであり[21]，上記の強圧的な意思決定の仕組みと比べて相対的に優れているように思われる[22]。むろん資本多数決に弊害がないわけではないが（これに対する規律は本款第3項で検討する），決議の結果に対して利害を有する社債権者の多数派が，情報を得た上で歪みなく判断するのであれば，その結果は，社債権者全体にとっても利益になる蓋然性が高いといいうるであろう[23]。

　(3)　私見

　以上の観点から，社債権者集会の決議事項を広く定め，法的倒産手続外での資本多数決による社債リストラクチャリングを可能にする方向性には，賛成すべきものと考える。たとえば，第1章で触れた，元利金減免を決議事項として明記するという改正提案も[24]，基本的な方向性としては賛成すべきであろう。また，元利金減免以外にも，たとえば社債の株式化（DES）といった事項についても，決議事項として認めることを前向きに検討すべきように思われる。もっとも，繰り返しになるが，それによって社債権者が過大な譲歩を強いられることがないよう，留意する必要がある。そのための法的規律については，本款第3項（さらに本節第3款）で検討することとする。なお，このように，資本多数決による社債リストラクチャリングを認める以上，社債リストラクチャリ

---

21)　もっとも，仮に多数決制度を利用する場合においても，――社債権者の合理的無関心等により――首尾よく社債リストラクチャリングを実現することができるとは限らないことには注意しておく必要がある。いうまでもなく，多数決制度は，法的倒産手続外における社債リストラクチャリングを容易にするものではあるが，合理的な社債リストラクチャリングの成功を保証するものではない。

22)　第2章第4節第1款第2項1参照。

23)　この点は，ドイツでは，多数派社債権者の自己関与による反射的保護として説明されていた。決議の結果を左右する多数派が自ら決議の効果を受けることにより，多数派自身に利益となる判断がなされ，それゆえ少数派もまたこれによって反射的に保護されることが期待される，という議論である（第3章第2節第3款第5項4(2)参照）。資本多数決一般についてこのような説明をするものとして，Goshen [1997] p. 745, Goshen [2001] pp. 817-818 を参照。

24)　第1章第3節第2款第4項4参照。

ングのために強圧的な手法を用いることについては，基本的に消極的な評価を下すべきものと考える（この点は，本款第3項1でも触れる）。

　ただし，ひとつ留保しておきたいのは，結論においてかかる方向性を支持するとしても，現行法のように，「和解」という抽象的な文言の解釈によって決議事項の範囲を決することは，如何なるリストラクチャリングを資本多数決でなしうるのかが判然とせず，予測可能性を害するので妥当でない，という点である。比較法的にみても，決議事項は，——法律にであれ，社債契約にであれ，——具体的かつ明確に規定されるべきであろう。

2.　契約による選択の可能性

　以上のとおり，法的倒産手続外での社債リストラクチャリングの仕組みとしては資本多数決のアプローチ（社債権者集会制度を活用する方向性）が妥当と考えるが，これを現行法のように法律上当然に適用される一種の強行法規とすべきかは，ここで立ち止まって検討しておく価値があるように思われる。

(1)　契約による選択を認めることの意義

　ドイツの2009年債務証券法は，債権者決議制度についてオプトイン方式を採用しており，そもそも債権者決議制度を利用するかどうか，利用する場合に如何なる事項を決議事項として認めるか，という点について社債条件の定めに委ねる建付けを採用している。これは，資本多数決による社債リストラクチャリングを認めるかどうか，さらにはどのような事項についてこれを認めるか，という点について，一律に法律で定めるよりも，社債発行時点における発行会社の判断（及びこれを評価する市場の判断）に委ねるのが適当と考えられたことを意味する[25]。

　そもそも，契約による選択を認めることにはどのような意義があるのか。幾つか考えうるように思われる。おそらく最も重要と思われるのは，社債発行時点で，将来，社債権者に対して権利変更を求める事態に陥らないことにコミットできるようにする，という意義である。仮に多数決制度を利用しない場合には，将来財務危機に陥った場合においてもリストラクチャリングを実現することが相対的に困難となり[26]，発行会社にとって財務危機のコストが大きくな

---

[25]　ドイツのオプトイン方式については第3章第2節第3款第2項2参照。

る。このことが，発行会社が財務危機に陥らないよう健全に事業を運営することに対するコミットメントとして機能しうるわけである[27]。このような発想は，ドイツの債務証券法に係る学説上の議論からも窺われたし[28]，アメリカの学説においても指摘されていた[29]。仮に，かかるコミットメントを通じて有利な条件で資金を調達しうる可能性があるのであれば，これをアプリオリに否定するのは必ずしも適切でないように思われる[30]。

　また，これ以外にも，契約による選択を認めることによって得られる便益は，少なくとも理論上は皆無ではない。たとえば，私募債など，比較的少数の社債権者しか存在しないという場合には，財務危機局面において，社債権者との間で個別的に協議・交渉することがさほど困難でなく（つまり，法的倒産手続外における資本多数決を採用する必要性が相対的に乏しく），むしろ個々の社債権者にリストラクチャリングへの拒否権を付与することで，却って有利な条件で社債を発行できるというケースもありうるだろう[31]。また，法的倒産手続を利用することに伴う事業へのコストは事業内容や資金調達構造等によって異なりうるので，場合によっては，そもそも法的倒産手続外での社債リストラクチャリングを容易にする多数決制度の必要性に乏しいというケースもあるかもしれない[32]。このように，当該社債を取り巻く個別具体的な状況に応じて，多数決

---

26)　もっとも，仮にアメリカの実務のように強圧的な手法を認める場合には，法的倒産手続外の社債リストラクチャリングを実現する可能性は相対的に高くなる。

27)　負債の規律効果とコミットメントについて，第1章第2節第1款第2項2参照。

28)　第3章第2節第3款第2項2参照。

29)　第2章第4節第1款第2項1参照。

30)　ただし，このようなコミットメントが理論上のみならず現実に意味を持ちうるのか——市場がこれをポジティブに評価する場合がありうるのか——については，実証によって明らかにするほかない。本書において究明することができなかった点であるが，今後の課題としたい。

31)　Kahan［2002］pp. 1058-1059 は，多数決条項には，強圧的に同意を求められる危険性が高まることや，自らの権利に係る自己決定権を喪失すること（loss-of-control）といった効果が伴うことを指摘する。社債の種類によっては，個々の社債権者に自己決定権を留保する方が望ましいという場合も全くないとはいえなかろう。

32)　もっとも，これは法的倒産手続をどの程度効率的に（追加的コストを伴うことなく）利用しうるかという点と関連する。仮に，法的倒産手続が，事業内容や資金調達構造等の相違を問わず殆ど常に多大なコスト（事業価値の毀損等）を伴うのであれば，事業内容や資金調達構造等に相違があろうとなかろうと，多数決制度の必要性ないし有用性にさしたる影響はないであろう。

制度を利用するかどうかを選択する余地を認めることには，それなりに積極的な意義を見出すことができるかもしれない。

(2)　契約による選択を認めることの弊害

それでは，契約による選択を認めることに弊害はないか。これを認めることによって惹起されうるひとつのコストとして，権利内容の設計が多様化することで市場参加者の調査コストが増大する，というものが考えられる[33]。しかし，少なくともドイツ債務証券法におけるようなオプトインの方式であれば，法が用意する標準書式にオプトインするかどうかが問題となるに過ぎないので，権利内容の標準化が大きく損なわれることにはならず，それゆえ投資家が社債の権利内容を確認するのに要する追加的コストもさほど大きくはなるまいと思われる[34]。

考えうるもうひとつの問題は，裁判外の倒産処理を想定した多数決制度にオプトインすることが，当該発行会社の将来に係る見通しや，経営者の努力水準（換言すればモラルハザードの可能性）についてのネガティブなシグナルとして機能し，それゆえに多数決制度が望ましい場合にも利用されないままとなる可能性がある，というものである[35]。たとえば，スイスでは，債権者集会制度を法律上当然に規定することの意義について，社債の発行当初から支払不能という不吉な状況を想定した条項を社債契約に取り込むことは実際上容易でなく，これを法律に規定することが合理的である，という説明がなされていた[36]。このようなネガティブなシグナリングは，とりわけ信用の低い発行会社について顕著となりうるであろう[37]。

---

33)　投資対象の権利内容が標準書式（standard form）から乖離するのを抑えることで，強行法規が効率性に資する可能性があることにつき，Gordon［1989］pp. 1567-1569，神田＝藤田［1998］465～466頁等を参照。

34)　これに対し，オプトイン方式ではなく，完全に契約による選択に委ねる場合には，市場における標準化が進むまでに一定の時間を要するかもしれず，その間の市場参加者の調査コストが増大するかもしれない。また，契約上の多数決条項の建付け次第では，決議における少数派に如何なる保護が与えられるのか必ずしも明瞭でない場合が出てくるかもしれない。これらがもたらしうる潜在的なコストを重視するならば，完全に契約自由に委ねるのではなく，ドイツ債務証券法のようなオプトイン方式を採用することに一定の合理性があるように思われる。

35)　Roe［1987］p. 277，Berdejó［2015］pp. 553, 556.

36)　第 4 章注 89) 及びこれに対応する本文を参照。

　もっとも，ネガティブなシグナルとなる懸念があるからといって，契約による選択の余地を一律に否定することが望ましいかは，必ずしも明らかでない。これまで述べてきたとおり，選択の余地を認めることによって，多数決制度を排除することが望ましいと考える主体にその可能性が開かれることには一定の意義があるように思われる。なお，2009 年に債務証券法が施行されて以降，2012 年末までにドイツ企業がルクセンブルク証券取引所で発行したユーロ建社債のうち，実に 60% 以上が債権者決議制度にオプトインしていたと報告されており[38]，少なくとも，ネガティブなシグナルをおそれて同制度があまり利用されずに終わるという事態には陥っていないように見受けられる。

(3)　私見

　以上の観点から，多数決制度を強行法規とすること（すなわち，社債権者集会における決議事項を法律上強行法的に規定すること）は必ずしも適切でなく，むしろ，この点について社債契約による選択の余地を認める方が望ましいのではないかと考える[39]。そして，制度設計にあたっては，ドイツ法が採用したようなオプトイン方式に一定の合理性が認められるように思われる[40]。

---

37)　この点についてはたとえば Berdejó [2015] p.566 参照。逆に，多数決制度を利用しないというコミットメントによって利益を得ることが期待されるのも，主としてこうした信用の低い発行会社であるように思われる。

38)　Berdejó [2015] 563. サンプルは，償還期間 2 年以下の社債及び金融機関が発行する社債を除く 134 本の社債であり，ドイツ企業が発行するもののほか，そのオランダ子会社が発行するものを含む。もっとも，債権者決議制度にオプトインしている発行会社がどのような会社であるのか（たとえば信用の高い会社であるかどうか等）の詳細は同文献からは明らかでない。なお，同文献では，同じく多数決制度が解禁されたチリの社債市場を対象として，多数決条項がどのような格付けの発行会社によって採用され，市場でどのように評価されているか（多数決条項の採用が当該社債のスプレッドとどのように相関するか）についての興味深い分析をしており参考になるが，本書では言及するにとどめる。

39)　なお，このことは，多数決制度にオプトインした場合についてその手続について強行法的な規制——ドイツ債務証券法の間接的強行法規のように——を設けることの妥当性を否定するものではない。

40)　本書執筆現在進行中の法制審議会会社法制（企業統治等関係）部会における議論では，社債権者集会の決議事項に元利金減免を明記するべきかという論点に関連して，なお書きにおいて，「原則として，社債の元本及び利息の全部又は一部の免除をすることができないものとした上で，社債発行契約に定めた場合にのみ，社債権者集会の特別決議により，社債の元本及び利息の全部又は一部の免除をすることができるものとするという考え方」が示されている（法制審議会会社法制（企業統治等関係）部会資料 5「社債の管理の在り方の見直しに関する論点の検討」〔2017 年〕13 頁）。これは，元利金減免を決議事項とすることについてオプトイン方式を採用し，社債発行時点における選択の余地を認める提案で

　もちろん，社債の契約内容の設計について発行会社ないし市場が判断を誤る可能性は依然として残るわけであるが[41]，法律で一律にこれを定める場合と比較して，個別具体的な状況にヨリ適合的なアレンジメントがなされる可能性が構造的に低いとまではいえないように思われる。

第3項　多数決による意思決定に対する法的規律

　もっとも，資本多数決も万能ではなく，ありうる弊害に対して適切な法的規律をもって対処することが必要となる。ここで重要なのは，過大・過小な社債リストラクチャリングの実現を可能な限り防止するべく，社債権者全体にとって合理的な意思決定がなされる仕組みを設けることである。本項では，比較法を踏まえて，法的倒産手続外での資本多数決において具体的にどのような問題がありうるのか，そしてこれに対して如何なる法的規律がありうるのかについて検討を加える。

1．決議に対する利害の共通性

(1)　平等処遇原則

　前述のとおり，資本多数決は，リストラクチャリングの結果に対して利害を有する社債権者の多数派が，情報を得た上で歪みなく判断することにより，社債権者全体に利益となる判断がなされる蓋然性が高い，という点にその意義があるように思われる。

　このような観点からすれば，社債権者集会制度において，決議の結果がすべての社債権者に対して形式的に平等に及ぶことが重要な意味を持つ，ということはいま一度強調されてよいように思われる[42]。決議は，すべての社債権者

　あると解される。かかる建付けは，本文で述べた観点から一定の評価に値すると考えるが，元利金減免についてだけオプトイン方式を採用するというのでは不徹底である（支払猶予等，他の決議事項についてもオプトイン方式を採用するのでなければ一貫しない）ように思われる。

41)　たとえば，社債保有構造等に照らして，多数決条項を採用することが財務危機局面における社債権者の地位を弱体化し，必ずしもその利益にならないにもかかわらず，平時の発行市場及び流通市場がこれを織り込まない結果，価格（利率）に適切に反映されず，社債権者が適切な代償を得ないままにリスクを引き受ける結果になる，という場合が理屈上は考えられる。

42)　この点について，たとえばスイスでは，多数決制度は平等処遇原則によって初めて正当化されるとも

に対して形式的平等に及ぶものとし，その例外は，あくまで不利益を受ける社債権者が個別に同意している場合に限るべきであろう[43]。

　なお，これに対してありうる異論として，たとえ社債権者間で不平等に効力を及ぼす決議であっても，それがすべての社債権者の状態を改善するのであれば特段これを問題とするに値しない，という立場も，理論上考えられないわけではない[44]。しかしながら，このような立場による場合，現実になされた決議が社債権者の地位を実際に改善するものであるかどうかを第三者が何らかの方法で客観的に検証することが必要となるように思われる。そして，これは決して容易な作業ではない。むしろ，かような難しい判断を，少なくとも第一次的には当の利害関係人本人に委ねることにこそ，――多数決であれ，個別的同意であれ――社債権者自身の意思決定を経由する仕組みの意義があるように思われる。決議の効果の形式的平等は，これを多数決によることの前提条件として理解するべきであろう。

　以上の観点から，わが国における会社法733条3号（「決議が著しく不公正であるとき」）の解釈論としても，社債権者集会決議については，その内容においてすべての社債権者を厳格に平等に処遇することが要請されるものと解すべきである[45]。

(2)　退出同意・同意報酬

　同様の観点から，アメリカの実務で観察された退出同意や同意報酬の手法も，社債権者集会制度を利用した資本多数決による社債リストラクチャリングの局面においては，基本的に許されないものと解すべきであろう。

　まず，退出同意は，決議に賛成票を投じることを条件として社債を新たな証

指摘されている（第4章第2節第3款第2項3(1)参照。なお，第4章第2節第3款第4項3(2)(b)も参照）。

43)　たとえば，大口の社債権者と小口の社債権者とで免除率に差を設け，小口の社債権者を有利に扱うという決議が実務上は考えられるが，かかる決議は，形式的平等原則に反するものであるため，不利益を被る大口社債権者すべての同意がある場合に限って認められるものと解すべきである。

44)　藤田[1995]233頁は，このような理解もアプリオリに排除されるものではなく，議論の余地がありうることを指摘する。

45)　この点を明言するものとして，たとえば江頭[2010]239頁〔丸山秀平〕（「決議の不公正性は，決議内容が利害関係を有する社債権者間の利害の均一性を害する場合であると解される。すなわち，一部の社債権者のみに有利な内容の決議がなされた場合が想定される」とする）。

券と交換する手法であり，社債権者を囚人のジレンマ的状況に置くことによって，その意思決定に強圧性がもたらされることが問題とされていた。この意味で，退出同意は，社債権者の意思決定を歪める効果を持ちうるのであるが，その問題はこれだけにとどまらないようにも思われる。すなわち，決議それ自体に着目すると，提案に賛成票を投じる社債権者は，議決権行使後まもなく当該社債を発行会社に譲渡することになるので，当該社債に係る社債権者として，当該決議の効果を自ら引き受ける立場にないこととなる。換言すれば，決議に賛成の多数派は，自らがその結果を引き受けない決議について賛成票を投じることとなるのである[46]。アメリカでは，発行会社が強圧的手法を利用することに対する制約原理を信認義務や契約上の義務から導出することは困難と解されてきたが[47]，退出同意を用いた決議に着目するときには，そもそも社債権者による資本多数決の正当性を揺るがすものとしてこれを規制することには十分理由があるように思われる[48]。また，同意報酬についても，議案に対して賛成票を投じる社債権者だけが追加的な利益を収受する構造となり，やはり決議に係る社債権者の利害の共通性が損なわれることとなるため[49]，上記と同様の理由から，基本的には認めるべきでないように思われる[50]。

---

46)　退出同意に応じる社債権者の議決権は，実質的には，社債権者の利益のためでなくもっぱら発行会社の利益のために行使されているとみることもできよう。Coffee & Klein [1991] pp. 1256-1264, Goshen [2001] pp. 831-832 はこのような解釈の可能性を示唆する。また，本書で本格的に扱うことのできなかったイギリスにおける判例であるが，Assénagon Asset Mgmt. S.A. v. Irish Bank Resolution Corp. Ltd. (Formerly Anglo Irish Bank Corporation Limited) [2012] EWHC 2090 (Ch.) Para 56-68 は，強圧的な退出同意の事案において，退出同意に応じた社債権者の議決権行使はもっぱら発行会社の利益のために行使されるよう拘束されていた点に注目し，発行会社の議決権行使を禁止する契約条項 (disenfranchise clause) に抵触するものと判断している。以上につき，第2章注296) も参照。

47)　第2章第3節第2款第3項参照。

48)　わが国では，信託証書法316条(b)項によって社債リストラクチャリングの実現のために強圧的な手法を利用せざるを得ないアメリカとは状況が異なるという点にも留意すべきである。なお，アメリカの学説では，信託証書法316条(b)項を廃止する場合には，決議における退出同意のような強圧的手法を禁止すべきことを主張する見解も散見される。第2章注465) 及び469) 参照。

49)　なお，①退出同意の場合には，賛成票を投じた社債権者はおよそ決議の結果に対して全く利害を持たないのに対し，②同意報酬の場合には，賛成票を投じた社債権者も決議の結果を引き受けることとなるという意味で，これらの間に相違を見出すこともできるかもしれない。

50)　もっとも，同意報酬に関しては，社債権者の合理的無関心を克服する必要性の見地から，一律に全

　従来，これらが「不正の方法」（会社法733条2号）に該当するかどうか，必ずしも明らかでなかったように思われるが，これに該当するものと解すべきであろう。

2.　特別利益追求の規制

(1)　規制の必要性

　資本多数決による反射的保護は，すべての社債権者が決議に対して同様の利害を有することを前提とする。決議の効果がすべての社債権者に等しく及ぶことを求める形式的平等処遇の要請は，かかる利害の共通性を確保するための仕組みであった。もっとも，仮に決議の効果が形式的には平等に及ぶとしても，決議における多数派が，社債権者としての利益以外の利益（いわゆる特別利益）を追求する場合には，当該決議がすべての社債権者のために利益になると単純に期待することはできない。

　このように，特別利益追求は資本多数決の正当性を揺るがすことにもなりうるので，これについて何らかの規制があることが望ましいという一般論については，あまり異論はないところであると思われる。実際のところ，特別利益追求の問題は，社債権者の資本多数決を制度として認めるドイツ及びスイスのいずれにおいても，多数決制度の限界として古くから明確に認識され，議論されてきた[51]。この問題は，わが国の会社法においては，不認可事由のひとつで

　く許されないものと解すべきか，なお検討の余地があるようにも思われる。本章注49）も参照。この点に関して想起されるのはアメリカにおける Kass 事件判決（第2章注309））である。そこでは，①同意報酬が社債権者全員に対して平等に提案されていること，及び②同意報酬を受けた社債権者が決議後も社債を保有して決議の結果を引き受ける立場にあることから，「不当」な強圧性の存在が否定されている。これは，発行会社が同意報酬を支払うことに対する契約上の制約原理を否定したものである。

51）　スイス債務法では，共同利益要件という形で明文上の根拠が存在するが（第4章第2節第3款第2項3(2)参照），ドイツの2009年債務証券法では，──1899年債務証券法とは対照的に，──かかる明文上の根拠は存在しないものの，学説上，多数派の意思決定が少数派をも拘束することから生ずる受託者的な拘束がかかる規律の法的根拠になると論じるものが有力であった（第3章第2節第3款第5項4(2)参照）。

　なお，本書では取り上げなかったが，アメリカにおいても，社債権者間の誠実義務（good faith duty）を承認する議論が近時有力である（Bratton & Levitin [2017] pp. 86-94 参照。信託証書法制定以前の判例にその萌芽がみられた。たとえば Hackettstown National Bank v. D.G. Yuengling

ある「社債権者の一般の利益に反するとき」（会社法733条4号）の解釈問題と
して位置付けることが可能であろう。

　ここで特に留意しておきたいのは，財務リストラクチャリングの局面におい
ては，それが財務危機を克服するための負担の割当て（ないし余剰の分配）局
面であることに起因して，類型的に，権利者間の実質的な利害対立が多様かつ
広範に存在することになりやすい，という点である。とりわけ，ドイツの
2009年債務証券法のように，可決要件を引き下げ，社債権者全体のうちのご
く一部の者だけで決議を成立させうることとする場合には，独自の利益を追求
する一部の社債権者によって社債権者全体に不利な決議が成立させられる危険
が高まることに注意しておく必要がある[52]。これは，合理的無関心による決
議不成立の問題を克服するために可決要件を引き下げることが，その反面にお
いて，一部の社債権者の特別利益追求による決議の歪みという弊害発生を促進
するというある種のトレードオフの問題である。この問題は，社債権者の合理
的無関心に対処するために定足数を廃止し，社債権者全体のごく一部だけで社
債権者集会決議を成立せしめることを可能にしたわが国の会社法においても，
決して他人事ではない[53]。

　もっとも，具体的に何を規制の対象とし，どのように規制するべきか，とい
う次元になると，以下に述べるとおり，そう易しい問題ではないことがわかる。

(2)　規制のあり方

（a）　規制の対象　　まず，そもそも何を規制の対象とするべきであろうか。
とりわけ規制の必要性が高いと思われるのが，発行会社自身が保有する社債に
係る議決権行使である。ドイツ及びスイスでは，発行会社自身が議決権を行使
することについて明文上の禁止規定が設けられていた[54]。かかる禁止の趣旨

Brewling Co., 74 F. 119 (2d Cir. 1896) 参照）。わが国では，昭和56年商法改正前は特別利益関係人
　の議決権を排除する規定が設けられていたが（第1章注52）参照），同改正により廃止された。

52)　この問題を指摘するドイツの議論について，第3章注193），同章第3節第1款第2項2参照。

53)　もっとも，たとえ定足数の定めがあったとしても，それが総社債権者の議決権の3分の1という低
　水準とされるならば（平成17年改正前商法324条ただし書参照），同様の問題はなおも残ることとなる。

54)　アメリカにおいても，発行会社が保有する社債については多数決条項に係る議決権を否定する条項
　を設けるのが実務の通例である（See Coffee & Klein [1991] p. 1256)。アメリカにおける立法論として
　多数決条項を解禁するとともに発行会社及び内部者の議決権行使を制限する規律を設けることを提唱す

は，社債権者と相反する利益を有する発行会社が議決権を行使することによって決議が歪曲されることを防ぐという点に求められる[55]。わが国においても，会社法723条2項が自己社債の議決権を明確に否定しているが，同様の趣旨に理解すべきものであろう。

　これに対し，より一般的に，社債権者がそれ以外の特別利益を併せ持っているという場合については，どのように取り扱うべきであろうか。たとえば，発行会社の大株主や貸付債権者が，流通市場で社債の過半数を取得し，社債権を大幅に縮減させる決議を成立させたという典型的な利益相反の事例を考えてみよう。このとき，当該社債権者は，決議によって，確かに株主ないし貸付債権者として利益を得る立場にあるものの，同時に，社債権者として当該決議による負担を引き受けてもいる。かような場合に，実質的な利益相反を有する者によって決議の結果が左右されたという一事をもって直ちに決議の瑕疵を認めるべきであろうか[56]。

　この場合，多数派の判断が特別利益——より正確には，社債権者たる地位それ自体に由来しない利益であって，多数派と少数派が共有しないもの——によって歪められている可能性はあるものの，そのことのゆえに直ちに決議の瑕疵を認めるべきかとなると，なおも慎重な検討を要するように思われる。なぜなら，たとえ特別利益を併せ持つ場合であっても，そのゆえに社債権者に不利な

るものとして，Roe [1987] pp. 270-271 も参照。

55)　ドイツについて第3章第2節第3款第4項3(1)，スイスについて第4章第2節第3款第3項2(1)をそれぞれ参照のこと。

56)　この点に関して参考になりうる実例は，アメリカにおける Aladdin Hotel 事件判決（Aladdin Hotel Co. v. Bloom, 200 F.2d 627 (8th Cir. 1953)）である。これは，発行会社の大株主である Jones 家が社債の大半を取得し，社債の多数決条項に基づいて発行会社との間で支払猶予を合意したという事案である。原告が，かかる契約変更は誠実性を欠くなどとして権利変更の無効の確認等を求めて提訴したところ，第1審は原告に対する金銭支払に係る請求を認容したが，控訴審は「Jones 家が未償還総額の72%を保有・所有しているのに，社債権者の不利益又は損失になるように意図的に行動するとは考えにくい」などと説示して請求を棄却した。判決において，大株主たる地位を同時に保有する Jones 家が，社債権者としての議決権行使に際して他の社債権者との間で利益相反に陥るという可能性が殆ど顧慮されていない点に対しては，学説上批判が向けられているが（たとえば，Bratton & Gulati [2004] p. 68 参照），本文に述べるとおり，相反する地位を併せ持つという事実をどのように評価すべきかはひとつの難問である。また，ドイツにおける旧債務証券法上の共同利益要件に関する議論について，第3章第2節第3款第5項4(1)(b)参照。

決議を追求するとは限らず，これを一律に規制することは却って過剰規制に陥る危険を否定しえないためである[57]。発行会社の財務危機の局面において，ある社債権者が，社債権者としての地位以外の地位において社債リストラクチャリングと利害関係を有するという場合は様々にありうるのであり，これをすべて許されざるものとして規制することは必ずしも適当でなかろう。

　(b)　審査のあり方　　それでは，特別利益追求の問題に対してどのようにアプローチするべきであろうか。本書で取り上げた比較法的検討からは，大きく3つの立場を見出しうるように思われる。

　第一は，そもそも特別利益追求をさほど問題視しない立場である。ドイツでは，――「共同利益の擁護のため」という旧法の文言が削除されたという沿革を踏まえて，――社債権者が自らの特別利益のために議決権を行使することも，法律上明確に規制されない限りは何ら妨げられないとする見解が有力であった[58]。これは，社債リストラクチャリングの局面において，社債権者が明確に特別利益を追求すること――たとえば，その保有するポートフォリオ全体を考慮して，当該社債に不利益な形で議決権を行使すること――をも正面から肯

---

57)　特別利益を有する者の議決権行使を否定することは必然的にそれ以外の者だけで決議を行うことを意味するが，これが却って社債権者全体の意思を反映しない結果になるおそれもある。この点に関しては，アメリカの連邦破産法1126条(e)項に関する議論も参考になるかもしれない。同項によれば，裁判所は，再建計画の賛否に係るクラス決議において誠実（good faith）に賛否の表明をしないと認められる者について，申立てにより，その議決権を排除（designate）することができる。元来，各権利者は，自らの利益のために利己的に議決権を行使しうるというのが原則であるが，同項は，権利者のクラス決議において生じうる権利者間の利益相反に対処すべくその例外を定めたものであるとされている。それでは，この規定の解釈として，社債権者のクラスと相反する利益を有する者の議決権を排除することはできるか。判例には，Aladdin Hotel 事件（本章注56)）におけるような利益相反のある議決権行使を排除するのが連邦破産法1126条(e)項の趣旨であるとして，「裁判所は，議決権を行使するクラスとの利益相反のある債権者の議決権を排除することができる」と明言した例もあるが（*In re* Dune Deck Owners Corp., 175 B.R. 839, 845 n. 13 (Bankr. S.D.N.Y. 1995)），比較的近時では，単にクラスの権利者と相反する利益を併有しているという一事だけでは「不誠実」であるとは認められないとして，議決権排除を限定的に解する傾向にある（*In re* Adelphia Communications Corp., 359 B.R. 54 (Bankr. S.D.N.Y. 2006)）。以上につき，7 COLLIER ON BANKRUPTCY ¶1126.02 [3], ¶1126.06 [2]（Alan Resnick & Henry Sommer eds., 15th ed.）も参照。この点は本書で十分に検討することができなかったが，今後の研究課題としたい。

58)　第3章第2節第3款第5項4(2)(a)参照。

定する議論であるといえる。もとよりこれも論理的にありうるひとつの行き方
であるが，企業価値の分配局面において，多数派社債権者が他の権利者として
の地位において価値の移転を享受するような決議を正面から肯定することには
躊躇を覚える。

　第二は，決議の客観的内容に着目する立場である。スイスでは，認可拒絶事
由である共同利益要件の解釈として，合理的な単一債権者であれば当該決議を
受け入れたかどうかを問題とする見解が通説であった[59]。また，ドイツでも，
多数派社債権者の受託者的拘束を根拠として，決議の客観的合理性を問題とす
る見解が有力であった[60]。これらは，決議の客観的内容に照らして合理性を
欠くと認められる場合に決議の瑕疵を認めるものであり，多数派社債権者の主
観面を問題とすることに伴う困難を回避するところにその利点があるものとい
える[61]。しかしながら，特別利益が追求されたとの確証がないにも拘らず，
裁判所が，客観的に社債権者の利益にならない決議であるとの理由で決議の効
果を否定することは，結局のところ多数派の判断の誤りを裁判所が是正するの
と実質面においてさしたる径庭がなく，本項4で述べるのと同様の理由により
難点があるように思われる[62]。

　第三は，多数派社債権者の主観面に着目するアプローチである。これは，多
数派社債権者が特別利益を追求して恣意的に決議を成立させることを問題とし，
これを裁判所が審査すべきことを主張する[63]。これは，特別利益追求という
問題の核心そのものに正面から取り組むものであり，その意味で直截的な解決
であるといえるが，そもそも如何なる場合が許されない特別利益追求であると
評価されるのか，その基準を明らかにする必要があるし[64]，また，その点を

---

59)　第4章第2節第3款第4項3(2)(b)参照。

60)　第3章第2節第3款第5項4(2)(b)参照。

61)　スイスでは，共同利益要件について客観説が採られる理由として，主観説による場合における立証
　　上の困難性が指摘されている。第4章第2節第3款第4項3(2)(b)参照。

62)　これを踏まえて，決議内容が不合理であることが明らかである場合——たとえば，決議をせずその
　　まま清算する方が社債権者にとって有利であることが明らかな場合など——に限って介入するとか（実際，
　　スイス法はこのような運用がなされているように見受けられる），あるいは，特別利益を有する者が議決
　　権を行使した場合にのみ決議内容の合理性を審査するという行き方（わが国の会社法831条1項3号
　　参照）も考えられるところである。

63)　ドイツにおける有力な学説として第3章第2節第3款第5項4(2)(c)を参照。

解決したとしても，多数派社債権者の主観面を問題とすることの実際上の困難性は否定しえなかろう[65]。

(3)　私見

　このように，社債権者集会決議における特別利益追求については何らかの規制がなされることが望ましいと考えるが，具体的な建付けとしていずれのアプローチを採用するとしても，何らかの難しさが残ることを免れない。特別利益追求の問題は，資本多数決制度における本質的な課題であるとともに，財務リストラクチャリングの局面で特に深刻になりやすい典型的な問題であるが，これに過不足なく対処することは必ずしも容易でないように思われる。わが国の紛争の実態に照らして最も適当なアプローチが採用されるべきであると考えるが，本書では，考えられる行き方として上記(2)のようなアプローチがありうることを提示するにとどめ，結論は留保しておきたい。

　この点に関して付言するに，前述のとおり，社債全体のごく一部だけで決議を成立させることができる仕組みを採る場合には，特別利益を追求する者によって決議結果が左右される危険性がそれだけ増大することに注意を要する。ここまで述べてきたとおり，特別利益追求の弊害に対して正面から規制をかけることが必ずしも容易ではないことに鑑みれば，将来的な方向性としては，特別利益追求による弊害の発生可能性を可及的に抑えるべく，可決要件をある程度まで引き上げること——たとえば，社債権者の議決権総数の過半数の賛成を決議の可決要件とするなど——も検討に値するように思われる[66]。なお，この

---

64)　本書では，この点に立ち入って検討することができなかった。この点については，ドイツの旧債務証券法に係る判例の分析や，アメリカやイギリスにおける社債権者間の誠実義務（good faith duty）の議論が参考になるかもしれない。アメリカでは学説上の議論が散見されるところであり（たとえば Buchheit & Gulati [2002] pp. 1335-1339; Bratton & Levitin [2017] pp. 86-94 等），またイギリスでは債権者間の誠実義務に関してある程度の裁判例が蓄積されているようである。いずれも今後の研究課題としたい。

65)　既に触れたとおり，スイスにおいて，1918 年債権者共同体命令における通説的見解であった主観説が 1949 年債務法のもとで放棄され，もっぱら決議の客観的内容に着目する客観説へとシフトしたことの理由として，主観説がおよそ実用的でないとの認識が示されていたことをここで想起すべきであろう。第 4 章第 2 節第 3 款第 4 項 3 (2)(b)参照。

66)　この場合，とりわけ個人投資家向け社債のように小口の社債権者が多数に分散している場合や，社債が国際的に流通している場合には，合理的無関心の問題が決議成立に対する現実的な障壁となりう

ように，社債権者全体の相当割合から同意を調達することを要求する場合には，社債権者集会という会議体を設けて定足数を論じる必然性は乏しいこととなろう[67]。

3. 他の権利者の負担引受け

スイス法を検討する中で，社債権者の権利縮減を伴う債権者集会決議について，社債権者以外の権利者が相応の犠牲を引き受けているかどうかを問題とする判例及び学説が存在することが明らかとなった。他方，ドイツ法においては，スイス法と対照的に，債権者決議の瑕疵を論じるにあたってかかる事由を考慮しないという点で一致がみられた。後述するとおり，これは理論的観点から正誤を定めうる性質のものではないと思われるが，どのような考え方がありうるのかを整理しておくことには一定の意義があるように思われるので，比較法を踏まえて若干の検討を加えておく。

(1) 財務リストラクチャリングとしての性格

社債の元利金減免や DES，さらには支払猶予等の措置は，裁判外の倒産処理の一環としての財務リストラクチャリングたる性格を有する。スイスでは，1930 年代の連邦裁判所判例により，財務的再建手続に共通の性質に由来する

る。可決要件の具体的な水準は，特別利益追求のおそれと，合理的無関心による決議失敗の危険との見合いで決せられるべきであろう。なお，可決要件を引き上げるための制度的な前提として，社債権者の特定及び情報提供・意思疎通のインフラを拡充し，議決権行使を呼びかけやすい環境を整備することが必要となろう。スイス法のように，決議後一定期間は同意の追完を認めるという行き方も検討に値する。これに対し，ドイツ法のように，可決要件を引き下げる二度目の決議を認めることには慎重であるべきように思われる。また，同様の問題意識から，現行法の解釈としては，社債権者全体のごく一部だけの議決権行使によって決議が成立したような場合には特別利益追求の審査を慎重に行うなど，制度の運用上一定の配慮がなされることが望ましいように思われる。

67) ここには，会議体としての社債権者集会をどの程度重視するかという問題がある。会議体としての社債権者集会には，そこでの質疑応答を通じて対話や情報開示が行われるという機能が期待されるが（ドイツの債務証券法はこれを重視しているようにも見受けられる），同様の効果は，社債権者集会によらずとも，任意の債権者説明会やウェブ上での質疑応答によっても実現可能である（むしろ決議前の情報開示という観点からはその方が望ましいともいえる）。また，社債権者集会の場における口頭説明でどれほど意味のある開示をなしうるかも疑問となりうる。かかる観点から，私見では，会議体としての社債権者集会を重視する必要性はさほど高くないものと考えている。もっとも，その場合における具体的な制度設計のあり方については，なおも検討を要する。

要請として，社債権者以外の権利者（株主や他の債権者）にも，権利の順位に応じた相当の負担を求めることが必要であるとの考え方が示されており[68]，現在も，学説上，和議官庁による決議認可拒絶事由の解釈として，他の権利者に一定の負担を求める考え方を支持するものが散見される状況にある[69]。

　このように，他の権利者が相応の負担を引き受けていないことを理由として決議の認可を拒絶するという建付けは，社債権者の多数決による交渉可能範囲に外在的な制約を課するものとして理解することができるように思われる。すなわち，財務リストラクチャリング交渉において社債権者が多数決による意思決定を行う際には，一定の実体的な枠組みの中でこれをしなくてはならない（たとえば，他の権利者が相応の負担を引き受けていないのに社債権者だけが負担を引き受けるという意思決定を多数決によって行うことはできない）ということである。そこで問題となるのは，こうした外在的な制約が，どのような観点から基礎付けられるのか，である。

　少なくとも，かかる外在的な制約が，手続の性質上当然に要請されるものである，とまではいえないように思われる。たとえば，ドイツの2009年債務証券法に基づく債権者決議制度は，実質的な倒産前手続として機能しうるものであるが，あくまで社債権者の集団的意思決定の仕組みとして位置付けられており，他の権利者の負担引受けといった倒産法的な要素は解釈論上考慮されていない[70]。また，スイスにおいても，少なくとも1928年債務法改正草案の起草過程では，債権者共同体手続を和議手続の一種として位置付けることに反対し，他の権利者の負担引受けの有無や程度を債権者集会決議において考慮することを拒絶する立場が大半を占めていた。さらに，社債権者よりも劣後する権利者である株主との関係についてみても，アメリカではかつて絶対優先原則の考え方がとられていたものの，1978年連邦破産法ではクラスの多数決によってかかる優先順位からの逸脱を認める建付けへと変更された。

---

68)　第4章第2節第2款第4項1参照。

69)　第4章第2節第3款第4項3(4)参照。

70)　第3章注148)参照。たとえば，Liebenow［2015］がこのような立場を明確に述べる。他方，このような現行法の建付けを批判し，立法論として，他の権利者を取り込む包括的な倒産前手続を整備すべきことを説く見解も存在する（Florstedt［2013］［2014b］参照）。

　社債権者の多数決制度について，社債権者による集団的な意思決定の仕組みである，という側面を強調するならば，株主や他の債権者などの他の権利者がどのような負担を引き受けているかという点を考慮した上で，社債権者自らがその引き受ける負担を決すれば足りる，と解するのもひとつの一貫した見方であろう。少なくとも，このような見方を理論上成り立ちえないものとして排斥することはできないように思われる[71]。

(2)　社債権者グループの反射的保護

　そうすると，この問題は，他の権利者による負担引受けという観点から社債権者の多数決による交渉可能範囲に外在的な制約を加えることが望ましいかどうか，という評価の問題として論じられるべきように思われる。ここで考慮されるべきは，財務リストラクチャリングの局面において，社債権者が，情報力・交渉力の面で他の権利者に劣る場合がある，という点であろう。他の権利者による負担引受けを社債リストラクチャリングの客観的な要件として課すことは，社債権者という権利者グループに対してある種の反射的な保護を提供する可能性がある。たとえば，同順位の債権者が社債権者と経済的に同等の負担を引き受けることを客観的要件として要求するならば，社債権者は，たとえ自らは交渉上強い地位を持たなくとも，当該同順位債権者が交渉によって勝ち取った分配にいわば便乗することが可能となる[72]。社債リストラクチャリングにおいて他の権利者にも相当な負担の引受けを要求することは，かかる観点から社債権者の情報力・交渉力の劣位をいわば補完する（情報力・交渉力に劣る社債権者をその限りで反射的に保護する）ものとして位置付けることができるように思われる。

　このような観点は，わが国においても既に示されていた。井出ゆりは，事業

---

71)　わが国でこのような立場を明確に示すものとして，岩間［2012］19〜20頁参照。このような見方は，社債権者がかかる判断をするに際してどのような情報が提供されなければならないか，という次なる問題を浮き彫りにする。わが国で既に田頭章一が主張していたように，他の権利者が如何なる負担を引き受けているかを含めた財務リストラクチャリングの全体像を開示する必要があるのではないか，という問題意識である。

72)　換言すれば，社債権者の多数決による交渉可能範囲が，その限度に限定されることにより，他の権利者との関係における過大な譲歩を強いられる危険性が小さくなるということである。同様に，再建型倒産手続内における債権者平等原則も同様の反射的保護を提供するものと評価しうる。

再生研究機構立法試案に関する説明において，次のように述べていた。いわく，「制度化された私的整理における金融債権者に対する権利変更と社債権者に対する権利変更について債権者平等原則が適用される結果，社債の権利変更の妥当性が一定程度確保されるという効果も期待される」という[73]。これは，金融債権者が密な交渉の結果として受諾するに至った権利変更との平等性を確保することで，反射的に社債権者の利益も保護されるとの見方を示すものであり，ひとつの合理的な説明であるといいうるように思われる。わが国の産競法・機構法の建付けも，このような観点から説明することができるだろう[74]。

(3)　私見

このような観点からは，たとえば，情報力・交渉力において劣ることが想定される個人投資家向け社債（典型的には，一口あたりの投資単位の小さい社債管理者設置債がこれに該当しうる）について，会社法733条4号の「社債権者の一般の利益に反するとき」の解釈として，多数決による交渉可能範囲に外在的・客観的な制約を設ける趣旨で，決議に係る権利変更が，同順位の金融債権者の権利変更と経済的に同等のものであることを要するものと解することも，論理的にありうるひとつの行き方ではないかと思われる。

もっとも，これには難点もある。ひとつは，既に指摘されているように，社債権者と金融債権者とで財務リストラクチャリングにおいて受け取る財の種類が異なる場合（たとえば，社債権者には DES を求め，金融機関には元利金減免を求めるなど）に，その実質的平等性をどのように判断するのか，という問題である[75]。たとえば，投資家である社債権者と，預金受入機関であり貸付債権者である金融機関との間でリスクに対する選好に大きな相違がありうること[76]に鑑みると，負担の平等性を厳格に解することは，却って法的倒産手続

---

73)　井出 [2012] 205 頁。この点に関連して注目に値するのは，事業再生研究機構立法試案が，制度化された私的整理に付随する場合にのみ，社債権者集会における元利金減免決議を肯定する立場を示していたことである。これは，発行会社側のモラルハザードや機会主義的行動を防止する制度化された私的整理の便益に社債権者をいわば便乗させ，反射的にその利益を保護する試みであったと評価しうる。

74)　そこでは，再生支援手続又は事業再生 ADR 手続において，中立な第三者の関与のもと，金融機関を中心とする財務リストラクチャリングの合意が形成されたことを前提として，社債権者の取扱いについて，これとの「実質的な衡平」について「十分に考慮」することが要求されていた。

75)　かかる問題を指摘するものとして，井出 [2012] 205 頁参照。

外での社債リストラクチャリングの意義を減殺することにもなりえよう。他方，これをある程度柔軟に解する場合には，その判断基準が問題となる。当該決議の内容が，財務リストラクチャリング全体の中で社債権者に合理的な負担を求めるものとなっているか，などといった実質的基準を採用すると，本項4で述べるのと同様の理由によりやはり難点を抱えることとなる。

このように考えてみると，本来的には，多数決による交渉可能範囲にかような客観的な制約を課すことなく，社債権者の選好に応じた柔軟なリストラクチャリングをその自律的な意思決定に基づいて実現することが望ましいように思われる。他の権利者の負担を考慮するという建付けは，仮にこれを認めるとしても，情報力・交渉力に劣ることが想定される場合についての例外的なものとして位置付け，かつ裁判所の実質的判断を要しないある程度客観的な基準によるものとして検討されるべきであるように思われる[77]。

4. 多数派の判断の誤り

資本多数決は，社債権者全体にとって利益となる判断がなされる蓋然性の高い仕組みであるといいうるが，それでもなお，社債権者の多数派が判断を誤り，自らを含むすべての社債権者にとって不利な決議を成立させてしまう場合がありうることはいうまでもない。このような判断の誤りについてまで裁判所が後見的に保護してやるべきか。

(1) 比較法的検討からの示唆

比較法的には，社債権者が合理的な判断をなしえないから裁判所（あるいは和議官庁）がアドホックに決議内容に立ち入って審査すべきであるという考え

76）　わが国では，伝統的な与信機関（銀行や保険会社等）が社債の多くを保有しているという事情があるため，現実には社債権者と貸付債権者との選好の相違はさほど問題にならないと思われるかもしれない。しかしながら，発行会社の信用悪化に伴ってこれらの社債権者が社債を市場で売却する場合には，その買い手となるもの（ヘッジファンドや不良債権ファンド等）と金融機関との間では選好が相違する可能性はなおも否定しえないように思われる。

77）　たとえば，類型的に情報力・交渉力に劣ることが想定される個人投資家向け社債であっても，第3款で述べるようなメカニズムを通じて実質的な協議・交渉がなされたと評価しうるならば，他の権利者との平等・衡平をさほど重視しないという行き方もありえよう。他方，社債管理者不設置債においては，社債権者は概ね大口の機関投資家であることが想定されるので，そもそも多数決による交渉可能範囲にかかる客観的制約を設ける必要性は低いものとみうるのではないかと思われる。

方は，決して一般的なものではないように思われる。むしろ，社債権者の多数派の判断に対して，利害関係の当事者でない第三者が介入することに対しては，消極的な見方がしばしばみられた。たとえば，ドイツでは，1899年債務証券法の制定過程において，財務危機における犠牲の引受けは企業の財産的状況及びその将来性の評価を伴うところ，かかる事項については裁判所よりもむしろ当事者の方がヨリ良く判断しうるということが確認されていたし[78]，スイスでも，1928年債務法改正草案起草過程における専門家委員会において，決議が債権者利益に合致するかどうかを，多数決に加えて和議官庁に判断させる必要はない，との考え方が多数派を占めていた[79]。また，アメリカにおいても，1940年のLos Angeles Lumber Products事件連邦最高裁判決以前の下級審裁判例は，再建計画の合理性判断については利害関係人の多数派の判断を尊重すべきであると判断する傾向を示していたし[80]，1978年連邦破産法は，従来の旧連邦破産法第Ⅹ章手続による硬直的な建付けを廃止し，情報に基づく権利者自身の判断による柔軟な財務リストラクチャリングを認める方向性へと舵を切るものであった[81]。

　もちろん，社債権者が合理的な判断をなしえないという危険が完全に等閑視されていたというわけではない。しかし，そのような危険があると考えられる場合には，裁判所がアドホックに決議内容に介入するというアプローチではなく，むしろ，法律上予め決議権限を限定し，多数決による交渉可能範囲を狭めるというアプローチが採られることが多かったように思われる[82]。例を挙げると，ドイツの1899年債務証券法における危機回避要件はまさにかかる観点

---

78)　第3章第2節第3款第5項4参照。

79)　第4章第2節第2款第4項2参照。

80)　第2章第2節第3款第2項4参照。もっとも，このような裁判例の傾向に対して，一般投資家である社債権者はまともな情報も与えられず判断しているのだから，その多数派が同意しているからといって計画内容が公正であると推定することはできないとの批判もあった（第2章注120）参照）。このような問題意識が，社債リストラクチャリング交渉を公的監督下に置き，多数決による交渉可能範囲を絶対優先原則の枠内に限定する旧連邦破産法第Ⅹ章手続へと結実したのであった（第2章第2節第3款第3項）。

81)　第2章第2節第3款第4項参照。

82)　そのほか，アメリカの旧連邦破産法第Ⅹ章手続のように，財務リストラクチャリングの交渉過程全般を公的監督下に置くというアプローチもみられたが，ここでは措く。

から説明されていたし[83]，アメリカにおける信託証書法及び旧連邦破産法第
Ⅹ章手続も，社債権者の多数派が必ずしも合理的な判断に辿り着くとは限ら
ないという懸念から，多数決による交渉可能範囲を絶対優先原則という客観的
な枠内に限定したものであった[84]。これに対して，裁判所がアドホックに決
議内容を審査して不合理な決議の発効を防ぐことができるから決議事項を広く
認めても差し支えない，といった類の議論は，少なくとも本書で検討した限り
においては見つけることができなかった。

(2) 理論的観点からの検討

理論的観点からも，いやしくも社債権者の多数派に判断を委ねるのである以
上，その合理的な判断能力は一応前提とした上で，資本多数決に内在する問題
についてのみ対応を講じる，という態度が一貫するように思われる。換言すれ
ば，財務リストラクチャリングを権利者間の私的な交渉と妥協に委ねるという
建付けと，財務リストラクチャリングの内容的合理性を第三者がアドホックに
審査するという建付けは，そもそも矛盾の契機を含むものであり，これらを整
合的に接続することにはやはり困難があるというべきではなかろうか[85]。社
債権者の意思決定の内容的合理性について裁判所が後見的に介入する，という
建付けは，社債権者の多数派よりも裁判所の方が経済合理性の判断をヨリ良く
なしうるという価値判断を前提とするものと解さざるを得ないが，これは翻っ
て，それではそもそもなぜ社債権者自身に判断させる建付けを採用するのか，
という根本的な疑問を呼び込むこととなろう[86]。

(3) 私見

わが国では，伝統的に，不認可事由の「社債権者の一般の利益に反すると
き」（会社法733条4号）の解釈として，すべての事情を実質的に考慮して決議

---

83) 第3章第2節第3款第3項1参照。
84) 第2章第2節第3款第3項1参照。
85) 繰り返しになるが，客観的な交渉可能範囲を限定し（たとえば絶対優先原則を適用するなど），私的
交渉の結果として合意された財務リストラクチャリングの内容が，当該客観的な範囲内に収まっているか
を判断するという建付けであれば，第三者がこれを判断することも何ら私的交渉の建前と矛盾しない。
ここでの問題は，かかる客観的な基準なしに，社債権者の判断が誤っているかもしれないという観点
から第三者がアドホックに判断することの是非である。
86) 第3章注241) に対応する本文を参照。

が社債権者の利益になるかどうかを裁判所が判断するものと解されてきた
が[87]，多数派の判断に対する裁判所の是正を期待することは，以上のとおり，
比較法的にも理論的にも妥当でないように思われる。いやしくも社債権者の多
数決による意思決定を認める以上，その権限の範囲内においてなされた判断は，
基本的に尊重されるべきであろう[88]。かかる観点から，ここで重要となるの
は，多数派が適正な判断をなしうるための制度的な基盤を整備すること[89]，
及び多数決のメカニズムが内包する問題に適切に対処すること[90]であるとい
うべきであろう。

第 4 項　裁判所による審査の手続的構造

　以上に述べてきたとおり，社債権者の多数決による意思決定については，そ
の性質上幾つかの法的規律が要請されるのであるから，その遵守を確保（エン
フォース）するために，裁判所等[91]による関与が必要となる。ここでは，かか
るエンフォースメントにおける裁判所の審査の手続構造について若干の検討を
加えておきたい。それというのは，社債権者の多数決に係る瑕疵について，
（ドイツの取消訴訟のように）当事者のイニシアティブによる争訟に委ねるのが
よいか，それとも（わが国やスイスの認可制度のように）裁判所のイニシアティ
ブによる判断に委ねるのがよいか，比較法的にも考え方が分かれうるところで
あり，わが国においても認可制度という建付けについて立法論的にその妥当性
をいま一度検証しておくことに意味があるように思われるからである。

---

87)　第 1 章注 61）に対応する本文参照。

88)　夙に同様の観点を示すものとして，第 1 章第 3 節第 2 款第 3 項 2 で挙げた藤田 [1995] を参照。

89)　この点に関連して，社債権者への情報提供を円滑にし，また社債の流通市場を活性化するための実
　　務的な努力が積み重ねられていることを指摘しておくべきであろう。社債権者への情報伝達及び意思結
　　集のためのインフラ整備につき，たとえば神作裕之＝日本証券業協会企画部「社債権者保護のあり方」
　　商事法務 2067 号（2015 年）141 頁を参照。また，インターネットを利用した情報開示の拡充も検討の
　　価値があるように思われる。

90)　多数決が内包する問題点及びこれに対する法的規律については，本項で検討してきたとおりである。

91)　ここで「等」と付したのは，スイスのように裁判所以外の機関にこれを担わせる制度設計も理論的に
　　はありうるためであるが，以下の議論ではもっぱら裁判所を念頭に置く。

1. 取消訴訟モデルの問題点

　ドイツ法及びスイス法の検討を踏まえると，決議の認可制度の評価は，決議の効力を左右する争訟を私的なイニシアティブに委ねることに伴う一般的な問題に関連するように思われる。以下，まずは取消訴訟という建付けの問題点を検討する。

　第一に，社債権者の合理的無関心による過小なエンフォースメントの問題が挙げられる。決議の効力を取消訴訟で争うためには一定の時間と費用を要するので，とりわけ小口の社債権者にとって，これを追行することに合理性を見出しにくいであろう。たとえば，スイスでは，1936 年債務法改正過程において，従来の 1918 年債権者共同体命令における取消訴訟制度は，個々の社債権者にとって時間と費用の負担が大きく機能不全に陥っているという問題意識から，同制度を廃止して和議官庁による一律の認可制度を導入することが提案された。これは，合理的無関心の問題が現実のものとなっていたことを示唆する例であるといえよう[92]。逆に，大口の社債権者であれば，決議の瑕疵があると信ずる場合に取消訴訟を追行することの負担は，相対的に小さいものと受け止められるであろう。

　第二に，決議の取消しという効果は，事後的に決議を覆滅するものであるから，必然的に決議の法的安定性を損なうこととなりうる。財務リストラクチャリングの局面において，社債権者の権利変更が事後的に覆されうることとなれば，他の権利者（株主や貸付債権者等）としても権利変更に応じることには慎重になるであろう。決議が事後的に覆滅されうるということ自体が，財務リストラクチャリングに対する大きな障害となりうるのである。決議に係る法的安定性を確保する仕組みとして，比較法的には，①スイスのように決議認可制度による例と，②ドイツのように取消訴訟に決議の執行停止効を付与する例とが観察された。②のドイツの制度は，決議執行の迅速性の要請よりもむしろ法的安定性の要請を重視するものであると評価できるが[93]，これは濫用的な取消訴訟提起の呼び水となるものであった。

　第三に，決議の取消しは，他の社債権者，ひいては他の権利者すべてに対し

---

92)　第 4 章第 2 節第 2 款第 3 項 5 参照。
93)　取消訴訟と執行停止については第 3 章第 2 節第 3 款第 5 項 2 参照。

て影響を及ぼすがゆえに，和解金目当てなどの歪んだ動機に基づいて取消権限が行使される危険性がある。むろん，決議に瑕疵がなければ和解金を支払う理由もないのであるが，長期間にわたって決議の効力が不安定になること自体が財務リストラクチャリングの実現に対する障害となりうるため，発行会社側としてもこれに応ずることが合理的となる場合もありえよう。濫用的訴訟の問題は，ドイツにおいて，上記の執行停止効と相まって，極めて先鋭な形で顕在化することとなった。ドイツ法は，執行停止に係る解除手続を設けることで対処を試みたものの[94]，迅速性・確実性が強く要請される財務リストラクチャリングの局面において，現在の解除手続の建付けは，迅速性確保の点において必ずしも十分でないとの批判が強い[95]。

2.　認可手続モデルの問題点

このように，決議の効力を巡る争訟を私的なイニシアティブに委ねる取消訴訟という制度設計に少なからざる問題があることに鑑みれば，これらの問題を一挙に解決しうる決議認可という建付け——私的イニシアティブによらずに決議の瑕疵を審査する建付け——には，一定の合理性が認められるように思われる。しかしながら，これに問題が全くないというわけではなく，たとえば次のような問題を指摘しうる。

まず，決議の瑕疵に係る事実及び証拠の収集方法である。裁判所は，明らかな手続違反がある場合は格別，そうでなければ，関係者からの情報提供を受けない限り，決議に瑕疵が存在するかどうかを知りえない。そこで，情報収集の方法が問題となるが，基本的には，決議の瑕疵を基礎づける事実及び証拠の提出は，決議に反対する社債権者のイニシアティブに委ねざるを得ないであろう。制度の建付けとしては，反対社債権者に手続関与の機会を与えるために，一定の手続保障が必要となるように思われる。この点につき，スイスでは，認可の弁論期日が公告され，社債権者に意見陳述の機会が与えられていたことがここで想起されよう[96]。この点についてわが国の制度が十分かどうか，検討の余

---

94)　執行停止と解除手続については第3章第2節第3款第5項3参照。

95)　以上につき，第3章第3節第1款第3項参照。

96)　第4章第2節第3款第4項2参照。

地がある。

　また，かように手続保障を拡充したとしても，社債権者の合理的無関心の問題はやはり残る。社債権者が決議の瑕疵を基礎づける事実及び証拠を自ら積極的に提出しない場合には，認可手続は，決議の効力を承認するだけのものとして形骸化する可能性も否定できない[97]。換言すれば，認可制度を設けて裁判所が審査する建付けにすれば社債権者の利益が自動的に保護されるかといえば必ずしもそうではなく，その前提として，社債権者（あるいは社債権者の利益を代弁する者）が決議の瑕疵を適切に主張することが必要となる，ということである。他方，逆に，認可手続における社債権者の役割を重視し，ここに対審的な構造を取り込むと，今度は必ずしも社債権者の利益と合致しない濫用的な権利行使に再び悩まされる可能性が浮上するであろう。

3.　他の制度設計の可能性？

　このように考えると，決議の効力それ自体を問題とする制度（決議の取消しないし認可の制度）は，①決議の迅速な確定の要請を重視すると，反対社債権者に対する手続保障が疎かになりやすいのに対し，②反対社債権者の手続保障を厚くすると，逆に濫用的な権利行使の危険性を高めることになりやすく，いずれに傾いても問題を含むこととなる。ここでの問題は，決議の瑕疵が実質的に争われる事態を想定した場合に，決議の効力を左右するこれらの建付けが，紛争解決のフォーラムとして適切か否か，という点にある。

　ここで，これら以外で理論的にありうる制度設計として，ドイツにおけるARSの立法提案が検討に値するように思われる[98]。そこでは，決議の瑕疵がある場合に，決議の効力それ自体を否定するのではなく，反対社債権者等に対する金銭的補償によって解決するアプローチが提案されていた。かかる提案の背後には，社債権者が保障されるべきは財産権であるから，金銭的な解決を与えることが適切であるとの考え方がある。このアプローチは，補償すべき金銭の額をどのように算定するのかなど困難な問題もあるが，決議の効力それ自体を争う手段を社債権者に付与することによって生じうる弊害を防ぐことができ

---

97)　とりわけ，決議から認可手続までの時間的間隔が短期間となる場合にこの問題は顕著となりうる。
98)　第3章第3節第1款第3項3参照。

るという点においては，上記2つの仕組みよりも優れている面を認めうるように思われる。

　もちろん，決議の瑕疵を争うことにつき社債権者側のイニシアティブに委ねる建付けである以上，合理的無関心等による過小なエンフォースメントのおそれがあることは否定できない。しかし，かかるおそれが他のメカニズムにおいても多かれ少なかれ妥当しうることは，上に述べたとおりである。むしろ，決議の瑕疵が実質的な争いとして問題になるような場合――たとえば，特別利益追求による瑕疵が実質的争点となった場合――を想定すると，決議の効力をペンディングにする取消訴訟や認可といった建付けよりも，事後的な金銭補償の手続の中で主張・立証を尽くさせるという建付けの方が，紛争解決のあり方として適切であるようにも思われる。

　このような観点からいえば，将来的な立法論として，少なくとも，社債保有構造が比較的少数の機関投資家に集中しているような場合（現在の社債市場を前提とすると，典型的には社債管理者不設置債がこれに該当しよう）――すなわち，合理的無関心による過小エンフォースメントの危険が相対的に低いといいうる場合――には，決議の瑕疵を争うことにつき反対社債権者のイニシアティブに委ね，かつ決議の効力に影響を与えることなく個別的な（あるいは社債権者のクラスとしての）金銭補償によって解決するという行き方も，検討に値するのではなかろうかと思われる[99]。

第3款　リストラクチャリングの提案段階

第1項　社債リストラクチャリングの構造的問題

1. 社債権者への情報開示

　ドイツにおいて明確に指摘されていたとおり，社債リストラクチャリングにおいては，社債権者の自治的判断の前提として，社債権者が完全かつ正確な情報に基づいて判断しうるよう確保することが重要である[100]。しかしながら，

---

99)　逆に，多数に分散した個人投資家が主たる社債保有者となるような場合には，現行法のような決議認可制度になおも合理性を認めることができるように思われる。

これを実現することは必ずしも容易ではない。第一に，発行会社側の情報開示のインセンティブの問題がある。財務危機時における社債リストラクチャリングは，社債権者と発行会社（ないしその背後にあるステークホルダー）の間における分配を内包するので，構造上，情報優位にある発行会社が社債権者からなるべく大きな譲歩を引き出そうとするインセンティブを持ちやすい[101]。第二に，社債権者側における合理的無関心の問題がある。とりわけ小口の投資家が多数存在するという場合には，社債権者側が発行会社の機会主義的行動を抑止しうるだけの十分な情報収集・処理をするインセンティブを持ちうるか，疑問となりうる[102]。

　また，一般投資家に知らしめるには適切でない発行会社の内部情報をそのまま開示することができないという問題もある。裁判外の倒産処理においては，財務リストラクチャリングについて金融機関等の貸付債権者の承諾を得るために，事業や財務の現況や今後の計画・見通しといった事項について詳細な開示をすることが想定されるところ，そのすべてを一般投資家である社債権者に開示することは現実的でない場合も多かろう。とはいえ，かかる内部情報を開示しない場合には，発行会社及び金融機関等と，社債権者との間で情報の格差が生ずることを避けられない[103]。

2. リストラクチャリング計画に係る協議・交渉

　多数に分散している社債権者は，発行会社及び他の権利者（主として金融機関等の金融債権者）との間における実質的な協議・交渉に参加することは事実上困難となりやすい。協議・交渉に参加できない場合，社債権者は，発行会社

---

100)　第3章第2節第3款第4項2参照。とりわけ，田頭章一が夙に指摘してきたとおり，裁判外の倒産処理の一環として社債リストラクチャリングを行う場合には，その全体の中で社債権者がどのような負担を引き受けることになるのかにつき，可能な限り情報を開示することが求められるように思われる。

101)　第2章注489)，第3章第2節第4款第1項参照。

102)　第3章第2節第4款第2項1参照。

103)　もちろん，社債権者は公に開示された情報に依拠する投資家である以上，財務リストラクチャリングにおいても公に開示できる情報のみに依拠すべきは当然であり，そうではない金融機関等との間に情報の格差が生じたとしても何ら問題とするに値しない，という見方もありえよう。しかし，それが望ましい形であるかは議論の余地があるものと思われる。

及び他の権利者によって策定された財務リストラクチャリング計画に対する諾否の判断を二者択一の形で迫られることになるが，提案の拒絶が発行会社を倒産に追い込むおそれがあるという状況[104]は，社債権者にとって強圧的に作用しうる。この意味において，社債権者は，他の権利者との比較において構造的に不利な地位に置かれる可能性がある[105]。

さらに悪いことに，社債権者は，発行会社との関係という観点からも，財務リストラクチャリングの交渉においてあまり強い立場にはない可能性がある。それというのも，発行会社の事業継続に必要な商取引関係を有するわけではない一般投資家を相手とする場合，発行会社には，取引継続の必要性や将来に向けた評判を考慮した自己規律が働くとは限らないためである[106]。それゆえ，社債権者にとっての交渉材料は，基本的には契約条項に定められた種々の権限に限られることとなるが[107]，これを個々の社債権者が活用しうるかは，——とりわけ小口の一般投資家については——疑問となろう。

3.　小括

これらは，社債権者が発行会社との間で実質的な協議・交渉の機会を持つことができないことに起因する問題である。これを解消するひとつの仕組みは，アメリカの旧連邦破産法第 X 章手続が採用したような，公的監督のアプロー

---

104)　この問題は，社債権者が多数に上り，意思決定——個別的同意によるものにせよ，資本多数決によるものにせよ——に一定の時間を要する場合にとりわけ顕著となりうる。なぜなら，計画案を練り直して再度諾否を諮るためにそれだけ長い時間を要することになるためである。そのため，社債権者によるたった一度の拒絶が，発行会社の決定的な破綻を招くことにもなりうる。

105)　この点を明確に指摘する見解として，第 2 章第 4 節第 1 款第 2 項 2 の Brudney の議論を参照。

106)　田頭 [2005a] 183 頁は，権利縮減を求めた場合に，業績や運転資金に悪影響を及ぼすかどうかという観点から，社債権者が銀行・取引債権者と比べて不利に扱われうる可能性に言及している。もっとも，将来再び資本市場で資金調達することを考える発行会社には，評判による規律が働く可能性もある。

107)　最も重要なのは，期限の利益喪失権限であろう。この点について，スイスでは，私法上の事業再生交渉において，金融機関との間で締結する各種の合意・協定が社債条件上のコベナンツに抵触することから，交渉過程において社債代理人と協議することが必要になると指摘されているが（第 4 章第 2 節第 4 款第 2 項 2 参照），これは社債条件上のコベナンツが交渉上のレバレッジとして作用しうることを示している。

チであるが，前述のとおり，これには多大なコストを伴うことが難点となる。
むしろ，次の第2項で述べるような，社債権者と発行会社の実質的な協議・交
渉を仲介しうる仕組みを構築することで，社債権者の事実上の地位を向上させ
ることが望ましいように思われる。

第2項　協議・交渉とその仲介

1. 協議・交渉の仲介者

　本款第1項で述べた構造的な問題は，社債権者と発行会社との間で実質的な
協議・交渉をすることができない（あるいは事実上困難である）という事情に根
差すものであった。そうであれば，多数に分散した社債権者のためにこれらの
役割を仲介する者がもしあれば，かかる問題も緩和・解消されることが期待で
きるであろう。

　比較法的にも，協議・交渉の仲介機能に積極的な意義を見出す見解は，法域
の別を問わず広く見出すことができた。主要なものを取り上げておこう。まず，
アメリカでは，発行会社との交渉代理人の役割を重視する Victor Brudney の
議論があることには既に言及したが，それ以外にも，たとえば Mark Roe は，
信託証書法 316 条(b)項の廃止論を提唱するに際して，独立の信託証書受託者
が関連書類を審査し，財務上の意見や，財務リストラクチャリング計画に対す
る勧奨意見を述べるという制度設計を提唱していた[108]。次に，ドイツでは，
社債権者の共同代理人に，情報の収集・処理に係る集合行為問題を克服し，期
限の利益喪失権限等を梃子にした発行会社との交渉を仲介する機能を期待する
議論が存在したし[109]，スイスにおける社債代理人についても同様の議論がみ
られた[110]。

　ここで重要なのは，社債権者との利益相反のない仲介者が発行会社と直接対
峙して情報の収集・処理を行うことにより，①社債権者自身は合理的無関心に
より必ずしも十分に行わない可能性のある情報収集・処理を一元的に提供する

---

108)　これは，信託証書受託者と発行会社との間における対面での交渉を促すことで，リストラクチャリ
　　 ングの公正性・効率性を改善することを期待する議論である。第2章第4節第1款第2項1参照。
109)　第3章第2節第4款第1項参照。
110)　第4章第2節第4款第2項参照。

こと¹¹¹⁾，②社債権者に直接開示するにはふさわしくない発行会社の内部情報に関するいわばフィルターとして機能すること¹¹²⁾，③社債権者から過大な譲歩を求める発行会社の戦略的行動を牽制し，社債権者から発行会社への不公正・非効率な価値移転を防ぐこと，といった機能を期待しうるという点である。これらのうち，③については，仲介者が如何なる交渉上のレバレッジを持ちうるかが問題となるが，ドイツやスイスにおいて論じられていたとおり，社債契約上のコベナンツ及びその違反に対する期限の利益喪失権限に重要な役割が求められるであろう¹¹³⁾。

2.　誰が仲介機能を担うべきか

　社債権者と発行会社の仲介を担う者が存在することが望ましいという一般論を支持するとしても，具体的にどのような制度設計をすればよいかという各論についてはなお検討すべき点が少なくない。本書でこの問題について網羅的に検討することはできないが，比較法を踏まえて，誰が仲介機能を担うべきか，という観点から若干の検討を加えておきたい。

　比較法的には，発行会社との協議・交渉の役割は，社債権者自身が担うというアプローチと，社債権者の代理人が担うというアプローチの大きく2つがありうるように思われる。前者のアプローチは，アメリカにおいて観察することができた。そこでは，大口社債権者を中心として，任意に債権者委員会が組成され（さらに，必要に応じて協議・交渉の実務を担う運営委員会が組成されて），発

---

111)　この点を強調するのがドイツの学説である。第3章第2節第4款第2項1参照。

112)　たとえば，スイスでは，法定調査権限に基づき取得した発行会社の内部情報について，社債代理人はそのままこれを社債権者に提供するのではなく，フィルターとして機能するものと指摘されている。第4章第2節第4款第2項1参照。なお，この点は，インサイダー情報を受領することで流通市場における取引に制限がかかることを嫌う社債権者にとっても重要な意味を持つであろう。内部情報それ自体を取得するのはあくまで代理人（あるいは社債権者が組成する委員会メンバーであってもよい）だけで，社債権者自身は，その協議・交渉の結果に対する賛否の判断を表明する，という構造となる。

113)　かかる観点からは，そもそも社債契約に適切なコベナンツ及び期限の利益喪失権限等の救済措置が規定されていることが，デフォルトにおける権利行使の局面のみならず，その前段階における財務リストラクチャリングの局面においても重要な意味を持つことがわかる。とりわけ，財務リストラクチャリングが必要となる可能性の高い低格付け社債においては，コベナンツの定めにより，社債権者が財務リストラクチャリングに対して適切に掣肘できるように確保しておくことが必要となろう。

行会社との協議・交渉が行われていた[114]。こうした債権者委員会の実務は，社債権者間における集合行為問題を克服し，発行会社が機会主義的に強圧的な交換募集を仕掛けるのを抑止する役割を担いうるものとして評価されていた[115]。かかる実務は，社債保有構造が比較的少数の大口社債権者（機関投資家）に集中しがちなアメリカ社債市場だからこそ成立しえたものと思われるが，発行会社から有利な条件を引き出すことに経済的な誘因を有する社債権者自身が協議・交渉の役割を担うという仕組みには一定の合理性が認められよう[116]。

　後者のアプローチは，ドイツ及びスイスにおいて観察することができた。スイスでは，社債の発行業務を担った主幹事銀行が社債代理人に就任し，財務リストラクチャリングに際しても一定の重要な役割を担うものとされている点が興味深い[117]。他方，ドイツでは，事例の蓄積はまださほど多くはないものの，財務危機において共同代理人を選定し，これに発行会社との協議・交渉，社債権者への情報提供の役割を担わせる例が出てきており，注目される[118]。これらの仕組みも，社債権者の集合行為問題を克服し，情報収集・処理を一元化するとともに，発行会社との実質的交渉を可能にすることによって，社債権者の構造的な劣位を緩和・解消するものとして理解することができる。

3. わが国への示唆と課題

(1) 考えうるアプローチ

　わが国において，どのような行き方がありうるか。まず，前提として確認しておくべきは，わが国においても，既に，社債リストラクチャリングの計画策

---

114)　その背後には，信託証書受託者がリストラクチャリング交渉を仲介することに対して必ずしも積極的ではないという事情がある。第2章第4節第2款第2項参照。

115)　第2章注343），注348），注363），同章第4節第2款第2項を参照。なお，連邦破産手続第11章手続における債権者委員会についても同様の機能を認めうる。

116)　ただし，制度的な手当てがなされていないことによる問題がないわけではない。第2章第4節第2款第2項参照。なお，実務上，信託証書受託者は任意の債権者委員会から一定の距離を保つことが推奨されているという点もここで想起されるべきである。

117)　第4章第2節第4款第1項参照。

118)　第3章第2節第4款第2項2参照。社債発行当初から選任される契約代理人を活用し，平時のモニタリングによって得られた情報を財務リストラクチャリングの局面にも利用する，という運用を提唱する論者も存在する（第3章注290）に対応する本文参照）。

定段階における実質的な協議・交渉の機会を確保することの必要性が指摘されていた，という点である[119]。これが具体的にどのような形で実現されるかは，実務慣行の形成によるところが大きく，確たる予見はしえないが，比較法を踏まえるに，次のような可能性が検討に値するであろう。

まず，大口の機関投資家が社債の大半を保有することが想定される社債管理者不設置債については，社債権者自身が財務リストラクチャリング交渉に乗り出すことも現実的にありうるであろう。過去の事例において，大口社債権者の意向を適宜確認しつつ再建計画の策定を進めたという例が散見されるところである[120]。仮に，今後，発行会社との交渉に意欲的な社債権者からなる任意の委員会が組織される実務が確立されるならば，アメリカにおける実務に近づくこととなろう。

他方，社債管理者設置債については，社債管理者を活用するという行き方がまずは考えられよう。かつて江頭憲治郎は，（平成 5 年商法改正による社債管理者制度導入前の立法論として）社債の受託会社を論ずるにあたって，発行会社が社債権者集会を招集して和解等の議案を提出する場合，当該議案の内容が社債権者にとって危険なものとなる可能性を指摘し，受託会社に弊害防止の役割を期待する議論を展開していた。いわく，社債権者集会の議場における意見陳述のみならず，委任状勧誘書類に社債管理者の意見を記載させるという建付けが必要である，という[121]。また，同様の観点から，田頭章一は，社債管理者が，社債権者集会における意見陳述（会社法 729 条 1 項参照）などの権限を利用して，再建計画全体の内容・実行可能性等の検討結果を報告し，社債権者の権利の変更が本当に合理的なものであるかにつき意見を述べるべきであるとす

---

119) この点を明確に指摘するものとして，たとえば井出 [2012] 206 頁，岩間 [2012] 16 頁参照。

120) たとえば，2009 年の日本エスコンの事例では，国内発行社債に係る社債権者をすべて把握した上，社債権者向けの説明会を開催するなどして随時その意向を確認しつつ事業再生 ADR 手続が進められたようである（鈴木 [2012] 123～126 頁参照）。また，2012 年のコバレントマテリアルの事例では，金融機関との分割弁済協議と並行して，未償還元本の過半数を保有する社債権者からなるグループとの間で協議を行い，その了承を得ていたことが窺われる（コバレントマテリアル株式会社平成 24 年 9 月 14 日付プレスリリース，同社同月 28 日付プレスリリース参照）。いずれも，当該社債の 1 口当たり額面金額は 1 億円であった。

121) 江頭 [1987] 189 頁。もっとも，メインバンクたる受託会社の利益相反という問題があるので，当該書類には受託会社が発行会社に対して有する債権の種類・金額等の記載も要するものとする。

る[122]。これらの見解が示唆するように，社債管理者がリストラクチャリング計画に対して意見を述べることは，計画内容が社債権者にとって公正なものであることを確保する上で有益となろう。なぜなら，前述のとおり，議案ないし再建計画の内容が公正である旨の意見を社債管理者から得るためには，発行会社は，社債管理者に対して一定の情報を開示してその理解を得ることが必要となるし（他方，社債管理者としても，会社法 705 条 4 項及び 706 条 4 項に基づく発行会社の業務及び財産の調査権を利用して適宜情報を補充することが考えられよう），また，その過程において，議案ないし再建計画内容に係る協議・交渉のプロセスを経ることで，その内容が社債権者にとって公正・妥当なものとなることが期待されるからである。

　また，別の行き方として，社債管理者の設置・不設置を問わず，代表社債権者（会社法 736 条）を活用するという行き方も考えられる。この点に関しては，第 1 章で取り上げた事業再生研究機構立法試案において，代表社債権者の法定権限として発行会社の業務及び財産の調査権限を定めることが提案されていたことが注目される。立案関係者いわく，わが国で発行されている社債の大半が社債管理者不設置債であるほか，設置債であっても，社債管理者による活動が極めて受動的であるのが現実であることから，自ら社債を保有して直接の利害関係を有する代表社債権者に調査権限を付与するのが適当と考えた，という[123]。立法論としては，代表社債権者の社債保有要件をなくし，ドイツ・スイスにおける共同代理人ないし社債代理人のような仕組みとして設計することも考えられるように思われる[124]。

(2)　検討すべき課題

　ただし，これらの仲介者を活用することに関しては解決すべき課題もある。ひとつは，仲介者の利害が社債権者全体のそれと一致するとは限らないという

---

122)　田頭 [2005b] 222 頁。もっとも，書面投票による議決権行使が相当割合を占める場合には，社債権者集会における意見表明ではなくむしろ招集通知等における意見陳述による方が効果があろう。

123)　井出 [2012] 206 頁。この点に関して，岩間 [2012] は，代表社債権者の利用実績が従来乏しいことから若干の疑問を呈しつつも（岩間 [2012] 17 頁），社債管理者と比較して社債権者の利益実現に繋がる可能性も十分にあると評価する（同 26 頁）。

124)　確かに，代表者自ら社債を保有している方がインセンティブを持ちやすいとはいえるが，代表者にインセンティブを与える方法は社債を自ら保有することに限らないであろう。

問題である。たとえば，アメリカ式の債権者委員会に関しては，これを組成する社債権者が，発行会社の他の証券に対する投資者（たとえば株主）としての地位を併有しているかもしれないし，そうでなくても，大口社債権者と小口社債権者の利害が一致するとは限らない[125]。また，スイスにおけるように発行会社の取引銀行が共同代理人に就任する場合には，やはり潜在的な利益相反が生ずることを避けられない。これは，発行会社のいわゆるメインバンクが就任するのが通例となっているわが国の社債管理者についても妥当しうる問題である[126]。ここで問われるのは，分配局面において社債権者と（潜在的に）対立する利害を有する者が，社債権者の利益を代表して仲介者としての役割を担うことが果たして適切かという問題である。かかる利益相反の問題に対処する際のアプローチとして，一定の資格制限を設けるべきか[127]，あるいは利益相反に係る開示規制によって手当てすべきかなど[128]，検討すべき点は少なくない。

　もうひとつの問題は，──ひとつめの問題と密接に関連するが，──仲介者のインセンティブである。社債権者全体の利益のために努力を尽くすインセンティブをどのように確保するか，とりわけ仲介者の報酬について如何なる法的規律を設けるべきか，といった点が制度設計上重要な課題となりえよう。いずれも本書で検討するには大きすぎる問題であるため，今後の課題としたい。

---

125)　かかる観点から，アメリカでは，信託証書受託者が，協議・交渉を担う債権者委員会との間で一定の距離を保ち，社債権者全体の利益の観点から側面的に関与するのが望ましい，と指摘されている（第 2 章注 485）及びこれに対応する本文参照）。

126)　財務リストラクチャリングの局面における社債管理者のコンフリクトの問題を指摘するものとして，たとえば岩間 [2012] 17 頁を参照。現行法上，特別代理人の選任（会社法 707 条）によるか，又は代表社債権者制度（会社法 736 条）を利用するという対応が考えられる。いずれも社債権者集会決議を経る必要があるため，機動性を欠くことになりやすいように思われるが，ドイツやスイスにおける選定代理人の実務は一定の参考となりえよう。

127)　コンフリクトのない独立の第三者を社債権者のための代表者（仲介者）として選任する場合には，当該第三者が発行会社に関する十分な情報を持たないことによる追加的なコストを覚悟する必要があろう。

128)　先に挙げた江頭 [1987] 189 頁は，メインバンクたる受託会社の利益相反という問題があるので，当該書類には受託会社が発行会社に対して有する債権の種類・金額等の記載も要するものと主張している。利益相反の問題に対し，資格制限によるのではなく，情報開示によって対処するアプローチである。

第 2 節　総括

　本章では，本書における比較法的検討を踏まえ，社債リストラクチャリング
の法的規律を検討するにあたって考慮されるべき幾つかのポイントを析出する
とともに，解釈論・立法論のあるべき方向性を示した。

　第一に，法的倒産手続外での社債リストラクチャリングにおいて，社債権者
が過大な譲歩を余儀なくされる危険をどのように評価するべきか。比較法的に
は，かかる危険を考慮して，法的倒産手続外における社債リストラクチャリン
グを制限するという行き方もみられた。しかし，本書は，わが国の現状に鑑み
るとき，社債リストラクチャリングを法的倒産手続に一元化するという建付け
には疑問があり，法的倒産手続外での社債リストラクチャリングをある程度柔
軟に可能にする方向性が望ましいとの立場を示した。

　第二に，法的倒産手続外での社債リストラクチャリングを実現するための意
思決定のメカニズムは如何にあるべきか。比較法的には，資本多数決アプロー
チと強圧的手法アプローチが観察された。本書は，後者のアプローチにおいて
は社債権者の意思決定におけるホールドアウトと強圧性の困難な調整を免れる
ことができず，必ずしも適当とは思われないことから，前者の資本多数決アプ
ローチが適切であるとの立場を示した。かかる観点から，社債権者集会の決議
事項に元利金減免を含む重要な権利変更を明記する方向での法改正が望ましい
こと，もっとも，すべての社債についてかかる建付けが望ましいとは限らない
ことから，社債契約における選択の余地を一定限度で認めること（オプトイン
方式）が望ましいことを論じた。

　第三に，社債権者の資本多数決における法的規律のあり方は如何にあるべき
か。本書は，資本多数決という制度の性質に鑑みて，すべての社債権者が決議
に対して共通の利害を有することや，決議における特別利益の追求を一定程度
規制することが必要である，との立場を示した。社債権者以外の権利者が一定
の負担を引き受けることを必要と解すべきか，という点については，基本的に
消極に解しつつも，例外として，情報力・交渉力に劣る社債権者の多数決によ
る交渉可能範囲を限定し，もって過大なリストラクチャリングを防止するとい
う観点から，いわば反射的な保護の仕組みとしてこれを基礎付けることも理論

上はありうるとの見解を示した。これらに対し，多数派が判断を誤る危険に対
して裁判所が後見的に介入し，決議内容の合理性を審査することには正当性が
ないとの見解を示した。

　第四に，これらの法的規律のエンフォースメントの仕組みは如何にあるべき
か。現行法の決議認可制度は，完璧とはいえないまでも，他にありうる制度モ
デル（とりわけ決議の取消訴訟）との比較において一定の合理性が認められる仕
組みであるとの評価を示した。ただし，将来的な立法論として，少なくとも比
較的少数の大口投資家が社債を保有することが想定される場合においては，決
議の瑕疵を事後的かつ金銭的な解決によって是正するという行き方もありうる
との見通しを述べた。

　第五に，社債権者が情報力・交渉力に劣るという問題について，どのような
対応が考えられるか。社債リストラクチャリングにおける発行会社のインセン
ティブを考慮すると，合理的な社債リストラクチャリングがなされる可能性を
高めるためには，社債権者のために情報収集や協議・交渉を仲介する者が関与
することが望ましいとの見方を示した。ただし，かかる仲介者の仕組みをどの
ように設計するべきかについてはいまだ検討すべき課題が多く，本書の検討は
その序論的な考察にとどまった。

　本書では，社債リストラクチャリングの法的規律について，総論的な検討を
加え，大局的な考え方を示してきた。しかしながら，本書の中で明示的に触れ
た点を含め，各論として検討を尽くすことのできなかった問題は多岐にわたる。
今後も引き続き検討を深めていきたい。

文献一覧

欧文

Allen, J. [2012], *More than a matter of trust: the German Debt Securities Act 2009 in international perspective*, 7 Capital Markets Law Journal 55.

Altman, E. [2014], *The Role of Distressed Debt Markets, Hedge Funds and Recent Trends in Bankruptcy on the Outcomes of Chapter 11 Reorganizations*, 22 American Bankruptcy Institute Law Review 75.

Altman, E. and Karlin, B. [2009], *The Re-emergence of Distressed Exchanges in Corporate Restructurings*, 5 Journal of Credit Risk 43.

Altman, E. and Kuehne, B. [2014], *Defaults and Returns in the High-Yield Bond and Distressed Debt Market: Review and Outlook*, in T. Anderson and S. Mayes eds., Contemporary Challenges in Risk Management: Dealing with Risk, Uncertainty and the Unknown (Palgrave and Mcmillan, 2014), pp. 203-253.

Amihud, Y., Garbade, K. and Kahan, M [1999], *A New Governance Structure for Corporate Bonds*, 51 Stanford Law Review 447.

Amonn, K und Gasser, D. [1997], *Grundriss des Schuldbetreibungs- und Konkursrechts* (6. Aufl.) (Stämpfli).

Ansmann, H. [1933], *Schuldverschreibungsgesetz nebst Durchführungsbestimmungen: mit Einleitung, Erläuterungen und Sachverzeichnis* (C. H. Beck).

Arbeitskreis Reform des Schuldverschreibungsrechts [2014], *Reform des Schuldverschreibungsgesetzes*, ZIP 2014, 845.

Armour, J. and Deakin, S. [2001], *Norms in Private Insolvency: The "London Approach" to the Resolution of Financial Distress*, 1 Journal of Corporate Law Studies 21.

Arnold, A. [2013], *Nennwertrechnung beim Debt Equity Swap - Paradigmenwechsel durch das ESUG und die Aktienrechtsnovelle 2012?*, in G. Krieger, M. Lutter und K. Schmidt (Hrsg.), Festschrift für Michael Hoffmann-Becking zum 70. Geburtstag (C. H. Beck), S. 29-44.

Asquith, P., Gertner, R. and Scharfstein, D. [1994], *Anatomy of Financial Distress: An Examination of Junk-Bond Issuers*, 109 Quarterly of Journal of Economics 625.

Ayer, J. [1989], *Rethinking Absolute Priority After Ahlers*, 87 Michigan Law Review 963.

Bab, A. [1991], *Debt Tender Offer Techniques and the Problem of Coercion*, 91 Columbia Law Review 846.

Bainbridge, S. [2007], *Much Ado About Little? Directors' Fiduciary Duties in the Vicinity of Insolvency*, 1 Journal of Business & Technology Law, 335.

Baird, D. [1992], *The Dark Side of Chapter 11: A Comment on Professor Triantis' Article*, 20 Canadian Business Law Journal 261.

Baird, D. [1998], *Bankruptcy's Uncontested Axioms*, 108 Yale Law Journal 573.

Baird, D. [2010], *Present at the Creation: The SEC and the Origins of the Absolute Priority Rule*, 18 American Bankruptcy Institute Law Review 591.

Baird, D. [2014], *Elements of Bankruptcy* (6th ed.) (Foundation Press).

Baird, D. [2017], *Priority Matters: Absolute Priority, Relative Priority, and the Costs of Bankruptcy*, 165 University of Pennsylvania Law Review 785.

Baird, D. and Rasmussen, R. [1999], *Boyd's Legacy and Blackstone's Ghost*, 1999 Supreme Court Review 393.

Baird, D. and Rasmussen, R. [2002], *The End of Bankruptcy*, 55 Stanford Law Review 751.

Baird, D. and Rasmussen, R. [2003], *Chapter 11 at Twilight*, 56 Stanford Law Review 673.

Baird, D. and Rasmussen, R. [2006], *Private Debt and the Missing Lever of Corporate Governance*, 154 University of Pennsylvania Law Review 1209.

Baird, D. and Rasmussen, R. [2010], *Antibankruptcy*, 119 Yale Law Journal 648.

Baums, T. [2009], *Die gerichtliche Kontrolle von Beschlüssen der Gläubigerversammlung nach dem Referentenentwurf eine neuen Schuldverschreibungsgesetzes*, ZBB 2009, 1.

Baums, T. [2013], *Weitere Reform des Schuldverschreibungsrechts!*, ZHR 2013, 807.

Baums, T. und Drinhausen, F. [2008], *Weitere Reform des Rechts der Anfechtung von Hauptversammlungsbeschlüssen*, ZIP 2008, 145.

Baur, M., Kantowsky, J. und Schulte, A. (Hrsg.) [2015], *Stakeholder Management in der Restrukturierung - Perspektiven und Handlungsfelder in der Praxis* (2. Aufl.) (Springer Gabler).

Bayer, W. [1995], *Kein Abschied vom Minderheitenschutz durch Information*, ZGR 1995, 613.

Bayer, W. und Fiebelkorn, T. [2012], *Vorschläge für eine Reform des Beschlussmängelrechts der Aktiengesellschaft*, ZIP 2012, 2181.

Bayer, W. und Habersack, M. (Hrsg.) [2007], *Aktienrecht im Wandel, Band II - Grundsatzfragen des Aktienrechts* (Mohr Siebeck).

Bebchuk, L. [1987], *The Pressure to Tender: An Analysis and a Proposed Remedy*, 12 Delaware Journal of Corporate Law 911.

Bebchuk, L. [1988a], *The Sole Owner Standard for Takeover Policy*, 17 Journal of Legal Studies 197.

Bebchuk, L. [1988b], *A New Approach to Corporate Reorganizations*, 101 Harvard Law Review 775.

Bebchuk, L. [1989], *Limiting Contractual Freedom in Corporate Law: The Desirable Constraints on Charter Amendments*, 102 Harvard Law Review 1820.

Bebchuk, L. and Chang, H. [1992], *Bargaining and the Division of Value in Corporate Reorganization*, 8 Journal of Law, Economics & Organization 253.

Beck, E. [1918], *Die Gläubigergemeinschaft bei Anleihensobligationen nach der Verordnung des Bundesrates vom 20. Februar 1918: systematische Darstellung und Kommentar* (Stämpfli).

Becker, T., Richards, A. and Thaicharoen, Y. [2003], *Bond Restructuring and Moral Hazard: Are Collective Action Clauses Costly?*, 61 Journal of International Economics 127.

Beissenhirtz, V. [2011], *Plädoyer für ein Gesetz zur vorinsolvenzlichen Sanierung von Unternehmen*, ZInsO 2011, 57.

Berdejó, C. [2015], *Revisiting the Voting Prohibition in Bond Workouts*, 89 Tulane Law Review 541.

Betker, B. [1995], *An Empirical Examination of Prepackaged Bankruptcy*, 24 Financial Management 3.

Billyou, F. [1948], *Corporate Mortgage Bonds and Majority Clauses*, 57 Yale Law Journal 595.

Bitter, G. [2010], *Sanierung in der Insolvenz - Der Beitrag von Treue- und Aufopferungspflichten zum Sanierungserfolg*, ZGR 2010, 147.

Bliesener, D. [2008], *Änderung von Anleihebedingungen in der Praxis*, in H. Baum et al. (Hrsg.),

Perspektiven des Wirtschaftsrechts: deutsches, europäisches und internationales Handels-, Gesellschafts- und Kapitalmarktrecht: Beiträge für Klaus J. Hopt aus Anlass seiner Emeritierung (De Gruyter Recht).

Blum, W. [1950], *The Law and Language of Corporate Reorganization*, 17 University of Chicago Law Review 565.

Blum, W. [1958], *Full Priority and Full Compensation in Corporate Reorganizations - A Reappraisal*, 25 University of Chicago Law Review 417.

Blum, W. and Kaplan, S. [1974], *The Absolute Priority Doctrine in Corporate Reorganizations*, 41 University of Chicago Law Review 651.

Böckli, P. [1996], *Schweizer Aktienrecht* (2. Aufl.) (Schulthess).

Bolton, P. and Oehmke, M. [2011], *Credit Default Swaps and the Empty Creditor Problem*, 24 Review of Financial Studies 2617.

Bonbright, J. and Bergerman, M. [1928], *Two Rival Theories of Priority Rights of Security Holders in a Corporate Reorganization*, 28 Columbia Law Review 127.

Bork, R. [1993], *Beschlußverfahren und Beschlußkontrolle nach dem Referentenentwurf eines Gesetzes zur Bereinigung des Umwandlungsrechts*, ZGR 1993, 343.

Bork, R. [2010], *Grundfragen des Restrukturierungsrecht*, ZIP 2010, 397.

Bösch, R. [2004], *Die Emission von Schuldverschreibungen nach schweizerischem Recht - ein Rechtsvergleich mit dem geplanten deutschen Schuldverschreibungsrecht*, in T. Baums und A. Cahn (Hrsg.), Die Reform des Schuldverschreibungsrechts (De Gruyter Recht), S. 189-215.

Bratton, W. [1989], *Corporate Debt Relationships: Legal Theory in a Time of Restructuring*, 1989 Duke Law Journal 92.

Bratton, W. [2001], *Berle and Means Reconsidered at the Century's Turn*, 26 Journal of Corporation Law 737.

Bratton, W. [2002], *Venture Capital on the Downside: Preferred Stock and Corporate Control*, 100 Michigan Law Review 891.

Bratton, W. [2016], *Corporate Finance: Cases and Materials* (8th ed.) (Founadation Press).

Bratton, W. and Gulati, M. [2004], *Sovereign Debt Reform and the Best Interest of Creditors*, 57 Vanderbilt Law Review 1.

Bratton, W. and Levitin, A. [2017], *The New Bond Workouts*, University of Pennsylvania Law School Institute for Law and Economics Research Paper No. 17-9, *available at* http://ssrn.com/abstract=2909186.

Bredow, G. und Vogel, H. [2008], *Unternehmenssanierung und Restrukturierung von Anleihen - Welche Verbesserungen bringt das neue Schuldverschreibungsrecht?*, ZBB 2008, 221.

Bredow, G. und Vogel, H. [2009], *Restrukturierung von Anleihen - Der aktuelle Regierungsentwurf eines neuen Schuldverschreibungsgesetzes*, ZBB 2009, 153.

Brudney, V. [1974], *The Bankruptcy Commission's Proposed 'Modifications' of the Absolute Priority Rule*, 48 American Bankruptcy Law Journal 305.

Brudney, V. [1992], *Corporate Bondholders and Debtor Opportunism: In Bad Times and Good*, 105 Harvard Law Review 1821.

Buchheit, L. and Gulati, M. [2000], *Exit Consents in Sovereign Bond Exchanges*, 48 UCLA Law Review 59.

Buchheit, L. and Gulati, M. [2002], *Sovereign Bonds and the Collective Will*, 51 Emory Law Journal 1317.

Bühler, C. [2011], *Sanierung der Aktiengesellschaft*, in P. Kunz, O. Arter und F. Jörg (Hrsg.), Entwicklungen im Gesellschaftsrecht VI (Stämpfli), S. 37–64.

Bussel, D. [1996], *Coalition-Building Through Bankruptcy Creditors' Committees*, 43 UCLA Law Review 1547.

Cahn, A., Simon, S. und Theiselmann, R. [2010], *Debt Equity Swap zum Nennwert!*, DB 2010, 1629.

Chatterjee, S., Dhillon, U. and Ramirez, G. [1995], *Coercive Tender and Exchange Offers in Distressed High-yield Debt Restructurings: An Empirical Analysis*, 38 Journal of Financial Economics 333.

Coffee, J. and Klein, W. [1991], *Bondholder Coercion: The Problem of Constrained Choice in Debt Tender Offers and Recapitalizations*, 58 University of Chicago Law Review 1207.

Cutler, D. and Summers, L. [1988], *The Costs of Conflict Resolution and Financial Distress: Evidence from the Texaco-Pennzoil Litigation*, 19 RAND Journal of Economics 157.

Daeniker, D. [1992], *Anlegerschutz bei Obligationenanleihen* (Schulthess).

Daeniker, D. [2003], *Stellung der federführenden Bank bei Obligationenanleihen*, SJZ 99 (2003) Nr. 15, 365.

Daniels, K. and Ramirez, G. [2007], *Debt Restructurings, Holdouts, and Exit Consents*, 3 Journal of Financial Stability 1.

Dodd, M. [1935], *Reorganization Through Bankruptcy: A Remedy for What?*, 48 Harvard Law Review 1100.

Dodd, M. [1941], *The Modern Corporation, Private Property, and Recent Federal Legislation*, 54 Harvard Law Review 917.

Douglas, W. [1934], *Protective Committees in Railroad Reorganizations*, 47 Harvard Law Review 565.

Easterbrook, F. [1984], *Two Agency-Cost Explanations of Dividends*, 74 American Economic Review 650.

Eidenmüller, H. [2008], *Privatisierung der Insolvenzabwicklung: Workouts, Covenants, Mediation - Modelle für den Insolvenzstandort Deutschland?*, ZZP 2008, 273.

Eidenmüller, H. [2010], *Reformperspektiven im Restrukturierungsrecht*, ZIP 2010, 649.

Epling, R. [1991], *Exchange Offers, Defaults, and Insolvency: A Short Primer*, 8 Bankruptcy Developments Journal 15.

Epling, R. and Yavich, D. [2016], *When can a Bondholder Insist on Prompt Payment of Principal or Interest: Recent Developments under the Trust Indenture Act*, 2016 Annual Survey of Bankruptcy Law 7.

Flessner, A. [1982], *Sanierung und Reorganisation: Insolvenzverfahren für Grossunternehmen in rechtsvergleichender und rechtspolitischer Untersuchung* (Mohr).

Florstedt, T. [2009], *Die Reform des Beschlussmängelrechts durch das ARUG*, AG 2009, 465.

Florstedt, T. [2012], *„Korporatives Denken" im Schuldverschreibungsrecht - ein Holzweg?*, ZIP 2012, 2286.

Florstedt, T. [2013], *Die Schranken der Majorisierung von Gläubigern*, RIW 2013, 583.

Florstedt, T. [2014a], *Reformbedarf und Reformperspektiven im Schuldverschreibungsrecht*, WiVerw

2014, 155.

Florstedt, T. [2014b], *Neue Wege zur Sanierung ohne Insolvenz*, ZIP 2014, 1513.

Florstedt, T. [2015], *Der Aufbau von Fremdkapitalpositionen mit dem Ziel einer schuldenbasierten Unternehmensübernahme*, ZIP 2015, 2345.

Florstedt, T. [2016], *Anleihekündigungen in Insolvenznähe*, ZIP 2016, 645.

Forstmoser, P., Meier-Hayoz, A. und Nobel, P. [1996], *Schweizerisches Aktienrecht* (Stämpfli).

Forstmoser, P. und Vogt, H. [2003], *Liberierung durch Verrechnung mit einer nicht werthaltigen Forderung: eine zulässige Form der Sanierung einer überschuldeten Gesellschaft?*, ZSR 122, 531.

Frank, J. [1933], *Some Realistic Reflections on Some Aspects of Corporate Reorganization*, 19 Virginia Law Review 541.

Franks, J. and Torous, W [1994], *A comparison of financial recontracting in distressed exchanges and Chapter 11 reorganizations*, 35 Journal of Financial Economics 349.

Friedl, M. [2012], *Der Tausch von Anleihen in Aktien*, BB 2012, 1102.

Friedl, M. und Hartwig-Jacob, M. (Hrsg.) [2013], *Frankfurter Kommentar zum Schuldverschreibungsgesetz* (Deutscher Fachverlag GmbH).

Friendly, H. [1934], *Some Comments on the Corporate Reorganizations Act*, 48 Harvard Law Review 39.

Garrido, J. [2012], *Out-of-Court Debt Restructuring* (World Bank).

Gertner, R. and Scharfstein, D. [1991], *The Theory of Workouts and the Effects of Reorganization Law*, 46 Journal of Finance 1189.

Giger, M. [2003], *Sanierungen aus Sicht der Aktionäre und Obligationäre*, in: V. Roberto (Hrsg.), Sanierung der AG: Ausgewählte Rechtsfragen für die Unternehmenspraxis (2., ergänzte und verbesserte Aufl.) (Schulthess).

Gilson, S. [1990], *Bankruptcy, Boards, Banks and Blockholders: Evidence on Changes in Corporate Ownership and Control when Firms Default*, 27 Journal of Financial Economics 355.

Gilson, S. [1991], *Managing Default: Some Evidence on How Firms Choose between Workouts and Chapter 11*, 4 Journal of Applied Corporate Finance 62.

Gilson, S. [1997], *Transactions Costs and Capital Structure Choice: Evidence from Financially Distressed Firms*, 52 Journal of Finance 161.

Gilson, S. [2012], *Coming Through in a Crisis: How Chapter 11 and the Debt Restructuring Industry Are Helping to Revive the U.S. Economy*, 24 Journal of Applied Corporate Finance 23.

Gilson, S., John, K. and Lang, L. [1990], *Troubled Debt Restructurings: An Empirical Study of Private Reorganization of Firms in Default*, 27 Journal of Financial Economics 315.

Gkoutzinis, A. [2014], *Law and Practice of Liability Management: Debt Tender Offers, Exchange Offers, Bond Buybacks and Consent Solicitations in International Capital Markets* (Cambridge University Press).

Gloeckner, C. und Bankel, H. [2015], *Etablierung und Aufgaben des Gemeinsamen Vertreters nach dem Schuldverschreibungsgesetz*, ZIP 2015, 2393.

Goette, W., Habersack, M. und Kalss, S. (Hrsg.) [2010], *Münchener Kommentar zum Aktiengesetz, Bd. 4 §§ 179–277* (3. Aufl.) (C. H. Beck/Franz Vahlen).

Göppert, H. und Trendelenburg, E. [1915], *Gesetz, betreffend die gemeinsamen Rechte der Besitzer von Schuldverschreibungen vom 4. Dezember 1899: in der Fassung des Gesetzes vom 14. Mai*

1914, *Textausgabe mit Anmerkungen und Sachregister* (2. Aufl.) (J. Guttentag).

Gordon, J. [1989], *The Mandatory Structure of Corporate Law*, 89 Columbia Law Review 1549.

Goshen, Z. [1997], *Controlling Strategic Voting: Property Rule or Liability Rule?*, 70 Southern California Law Review 741.

Goshen, Z. [2001], *Voting (Insincerely) in Corporate Law*, 2 Theoretical Inquiries in Law 815.

Groendyke, H. [2016], *A Renewed Need for Collective Action: The Trust Indenture Act of 1939 and Out-of-Court Restructurings*, 94 Texas Law Review 1239.

Grunewald, B. [2009], *Satzungsfreiheit für das Beschlussmängelrecht*, NZG 2009, 967.

Guhl, T. [2000], *Das schweizerische Obligationenrecht: mit Einschluss des Handels- und Wertpapierrechts* (9. Aufl., bearbeitet von A. Koller, A. Schnyder und J. Druey) (Schulthess).

Haag, C. and Keller, Z. [2012], *Honored in the Breach: Issues in the Regulation of Tender Offers for Debt Securities*, 9 NYU Journal of Law & Business 199.

Habersack, M. [2009], *Wandlungen des Aktienrechts*, AG 2009, 1.

Habersack, M., Mülbert, P. und Schlitt, M. (Hrsg.) [2013], *Unternehmensfinanzierung am Kapitalmarkt* (3. Aufl.) (Otto Schmidt).

Habersack, M. und Stilz, E. [2010], *Zur Reform des Beschlussmängelrechts*, ZGR 2010, 710.

Haines, C. [1939], *Comments: Modification Provisions of Corporate Mortgages and Trust Indentures*, 38 Michigan Law Review 63.

Halbhuber, H. [2017], *Debt Restructuring and the Trust Indenture Act*, 25 American Bankruptcy Institute Law Review 1.

Harner, M. [2008], *The Corporate Governance and Public Policy Implications of Activist Distressed Debt Investing*, 77 Fordham Law Review 703.

Harner, M. and Griffin, J. [2014], *Facilitating Successful Failures*, 66 Florida Law Review 205.

Harner, M. and Marincic, J. [2011], *Committee Capture? An Empirical Analysis of the Role of Creditors' Committees in Business Reorganizations*, 64 Vanderbilt Law Review 749.

Hartwig-Jacob, M. [2006], *Neue rechtliche Mechanismen zur Lösung internationaler Schuldenkrise*, in K. Berger et al. (Hrsg.), Zivil- und Wirtschaftsrecht im europäischen und globalen Kontext: Festschrift für Norbert Horn zum 70. Geburtstag (De Gruyter Recht), S. 717–734.

Heidel, T. (Hrsg.) [2014], *Aktienrecht und Kapitalmarktrecht* (4. Aufl.) (Nomos).

Heinemann, G. [1933], *Die gemeinsamen Rechte der Besitzer von Schuldverschreibungen*, JW 1933, 84.

Herrmann, D. [2014], *An Uneven Exchange? Developing a Fair and Efficient Approach to Exit Consents*, 66 Rutgers Law Review 775.

Hirte, H. [1993], *Die Behandlung unbegründeter oder mißbräuchlicher Gesellschafterklagen im Referententwurf eines Umwandlungsgesetzes*, DB 1993, 77.

Hirte, H. [2010], *Anmerkungen zur Neuordnung des Freigabeverfahrens durch das ARUG*, in A. Herlinghaus et al. (Hrsg.), Festschrift für Wienand Meilicke (Nomos), S. 201–222.

Hirte, H., Mülbert, P. und Roth, M. (Hrsg.) [2015], *Aktiengesetz Großkommentar Band 4/2 §§ 92–94* (5. Aufl.) (De Gruyter).

Hofmann, C. und Keller, C. [2011], *Collective Action Clauses*, ZHR 2011, 684.

Hommelhoff, P. [1990], *Zur Kontrolle strukturändernder Gesellschafterbeschlüsse*, ZGR 1990, 447.

Honsell, H., Vogt, N. und Watter, R. (Hrsg.) [2012], *Basler Kommentar Wertpapierrecht: Art. 965–*

1186 OR, Bucheffektengesetz, Haager Wertpapier-Übereinkommen, Art. 108a-108d IPRG (Helbing Lichtenhahn Verlag).

Hopt, K. [1990], *Änderungen von Anleihebedingungen - Schuldverschreibungsgesetz, § 796 BGB und AGBG*, in J. Baur et al. (Hrsg.), Festschrift für Ernst Steindorff zum 70. Geburtstag am 13. März 1990 (Walter de Gruyter), S. 341-382.

Hopt, K. [1991], *Die Verantwortlichkeit der Banken bei Emissionen: Recht und Praxis in der EG, in Deutschland und in der Schweiz* (C. H. Beck).

Hopt, K. [2009], *Neues Schuldverschreibungsrecht: Bemerkungen und Anregungen aus Theorie und Praxis*, in S. Grundmann et al. (Hrsg.), Unternehmensrecht zu Beginn des 21. Jahrhunderts, Festschrift für Eberhard Schwark zum 70. Geburtstag (Verlag C. H. Beck), S. 441-457.

Hopt, K. und Seibt, C. (Hrsg.) [2017], *Schuldverschreibungsrecht: Kommentar, Handbuch, Vertragsmuster* (Otto Schmidt).

Horn, N. [2009a], *Das neue Schuldverschreibungsgesetz und der Anleihemarkt*, BKR 2009, 446.

Horn, N. [2009b], *Die Stellung der Anleihegläubiger nach neuem Schuldverschreibungsgesetz und allgemeinem Privatrecht im Licht aktueller Marktentwicklungen*, ZHR 2009, 12.

Horn, N. [2012], *Änderung der Anleihebedingungen und Skripturakt*, in R. Beckmann et al. (Hrsg.), Weitsicht in Versicherung und Wirtschaft: Gedächtnisschrift für Ulrich Hübner (C. F. Müller), S. 521-530.

Hotchkiss, E., John, K., Mooradian, R. and Thorburn, K. [2008], *Bankruptcy and the Resolution of Financial Distress*, in E. Eckbo ed., Handbook of Corporate Finance: Empirical Corporate Finance, Vol. 2 (Elsevier), pp. 235-287.

Huber, E. [1917], *Referat über die Gläubigergemeinschaft im schweiz. Obligationenrecht*, ZBJV 53, 550.

Hüffer, U. [1996], *Anfechtungsbefugnis und Mindestanteilsbesitz - Vorschläge und Überlegungen zu einer gesetzlichen Neuorientierung*, in G. Pfeiffer, J. Kummer und S. Scheuch (Hrsg.), Festschrift für Hans Erich Brandner zum 70. Geburtstag (Verlag Dr.OttoSchmidt), S. 57-71.

Hüffer, U. und Koch, J. [2014], *Aktiengesetz* (11. Aufl.) (C. H. Beck).

Hüppi, J. [1953], *Die Beschlüsse der Anleihensgläubigerversammlung: unter besonderer Berücksichtigung des Bundesgesetzes betreffend Abänderung der Vorschriften des Obligationenrechts über die Gläubigergemeinschaft bei Anleihensobligationen vom 1. April 1949 (OR Titel 34, zweiter Abschnitt)* (Ostschweiz).

Isler, P. und Schilter-Heuberger, E. [2011], *Die Verrechnungsliberierung als eigenständige dritte Art der Eigenkapitalbeschaffung*, in R. Sethe et al. (Hrsg.), Festschrift für Rolf H. Weber zum 60. Geburtstag (Stämpfli), S. 875-902.

Jackson, T. [1986], *The Logic and Limits of Bankruptcy Law* (Beardbooks).

Jacoby, F. [2010], *Vorinsolvenzliches Sanierungsverfahren*, ZGR 2010, 359.

James, C. [1996], *Bank Debt Restructurings and the Composition of Exchange Offers in Financial Distress*, 51 The Journal of Finance 711.

Johnson, W. [1971], *Default Administration of Corporate Trust Indentures: Alternatives to Default Remedial Provisions and Judicial Arrangements and Reorganizations*, 15 Saint Louis University Law Journal 509.

Kahan, M. [1995], *The Qualified Case against Mandatory Terms in Bonds*, 89 Northwestern University Law Review 565.

Kahan, M. [2002], *Rethinking Corporate Bonds: The Trade-off between Individual and Collective Rights*, 77 New York University Law Review 1040.

Kahan, M. and Rock, E. [2009], *Hedge Fund Activism in the Enforcement of Bondholder Rights*, 103 Northwestern University Law Review 281.

Kahan, M. and Tuckman, B. [1993a], *Do Bondholders Lose from Junk Bond Covenant Changes?*, 66 Journal of Business 499.

Kahan, M. and Tuckman, B. [1993b], *Private vs. Public Lending: Evidence from Covenants*, Anderson Graduate School of Management at UCLA, Working Paper, *available at* http://escholarship.org/uc/item/1xw4w7sk.

Kanda, H. [1992], *Debtholders and Equityholders*, 21 Journal of Legal Studies 431.

Kashner, H. [1988], *Majority Clauses and Non-Bankruptcy Corporate Reorganizations - Contractual and Statutory Alternatives*, 44 Business Lawyer 123.

Kennedy, J. and Landau, R. [1975], *Corporate Trust Administration and Management*, (2ⁿᵈ ed.) (New York University Press).

Kessler, A. und Rühle, T. [2014], *Die Restrukturierung von Anleihen in Zeiten des SchVG 2009*, BB 2014, 907.

Kirchhof, H., Eidenmüller, H. und Stürner, R. (Hrsg.) [2013], *Münchener Kommentar zur Insolvenzordnung Bd. 3 - §§ 217–359 InsO, Art. 103a–110 EGInsO, Konzerninsolvenzrecht, Insolvenzsteuerrecht* (C. H. Beck).

Kirschner, M., Kusnetz, D., Solarsh, L. and Gatarz, C. [1991], *Prepackaged Bankruptcy Plans: The Deleveraging Tool of the '90s in the Wake of OID and Tax Concerns*, 21 Seton Hall Law Review 643.

Klerx, O. und Penzlin, D. [2004], *Schuldverschreibungsgesetz von 1899 - ein Jahrhundertfund?*, BB 2004, 791.

Köndgen, J. und Daeniker, D. [1995], *Wandel- und Optionsanleihen in der Schweiz*, ZGR 1995, 341.

Könige, H. [1922], *Gesetz, betreffend die Gemeinsamen Rechte der Besitzer von Schuldverschreibungen vom 4. Dezember 1899: mit der Abänderung durch das Gesetz vom 14. Mai 1914* (2. völlig umgearbeitete Aufl.) (F. Vahlen).

Kopta-Stutz, B. [2007], *Probleme des kollektiven Handelns bei der Sanierung der Aktiengesellschaft*, in Vertrauen-Vertrag-Verantwortung: Festschrift für Hans Caspar von der Crone zum 50. Geburtstag (Schulthess), S. 453–467.

Kornberg, A. and Paterson, S, [2016], *Out-of-Court versus Court-Supervised Restructurings*, in R. Olivares-Caminal et al., Debt Restructuring (2ⁿᵈ ed.) (Oxford University Press), pp. 125–273.

Kostkiewicz, J., Nobel, P., Schwander, I. und Wolf, S. (Hrsg.) [2009], *Schweizerisches Obligationenrecht* (2. Aufl.) (Orell Füssli).

Kümpel, S. und Wittig, A. (Hrsg.) [2011], *Bank- und Kapitalmarktrecht* (4. Aufl.) (Otto Schmidt).

Lacy, F. and Dolan, D. [1991], *Legal Aspects of Public Debt Restructurings: Exchange Offers, Consent Solicitations and Tender Offers*, 4 DePaul Business Law Journal 49.

Landau, R. and Peluso, R. [2008], *Corporate Trust Administration and Management* (6ᵗʰ ed.) (Infinity).

Langenbucher, K., Bliesener, D. und Spindler, G. (Hrsg.) [2016], *Bankrechts-Kommentar* (2. Aufl.)

(C. H. Beck).

Leber, F. [2012], *Der Schutz und die Organisation der Obligationäre nach dem Schuldverschreibungsgesetz* (Nomos).

Lev, E. [1999], *The Indenture Trustee: Does It Really Protect Bondholders?*, 8 University of Miami Business Law Review 47.

Liebenow, P. [2015], *Das Schuldverschreibungsgesetz als Anleiheorganisationsrecht und Gesellschaftsrecht* (Mohr Siebeck).

LoPucki, L. and Doherty, J. [2004], *The Determinants of Professional Fees in Large Bankruptcy Reorganization Cases*, 1 Journal of Empirical Legal Studies 111.

LoPucki, L. and Doherty, J. [2007], *Bankruptcy Fire Sales*, 106 Michigan Law Review 1.

LoPucki, L. and Whitford, W. [1990], *Bargaining over Equity's Share in the Bankruptcy Reorganization of Large, Publicly Held Companies*, 139 University of Pennsylvania Law Review 125.

LoPucki, L. and Whitford, W. [1993], *Corporate Governance in the Bankruptcy Reorganization of Large, Publicly Held Companies*, 141 University of Pennsylvania Law Review 669.

Loss, L., Seligman, J. and Paredes, T. [2009], *Securities Regulation* (4th ed.) (Wolters Kluwer).

Lubben, S. [2004], *Railroad Receivership and Modern Bankruptcy Theory*, 89 Cornell Law Review 1420.

Lubben, S. [2012], *What we "know" about Chapter 11 Cost is Wrong*, 17 Fordham Journal of Corporate and Financial Law 141.

Lutter, M. (Hrsg.) [2014], *Umwandlungsgesetz Kommentar: mit systematischer Darstellung des Umwandlungssteuerrechts und Kommentierung des SpruchG* (5. Aufl.) (Otto Schmidt).

Lutter, M. (Hrsg.) [2015], *Aktiengesetz: Kommentar* (3. Aufl.) (Otto Schmidt).

Maier-Reimer, G. [2010], *Fehlerhafte Gläubigerbeschlüsse nach dem Schuldverschreibungsgesetz*, NJW 2010, 1317.

Markell, B. [1991], *Owners, Auctions, and Absolute Priority in Bankruptcy Reorganizations*, 44 Stanford Law Review 69.

Markell, B. [1998], *A New Perspective on Unfair Discrimination in Chapter 11*, 72 American Bankruptcy Law Journal 227.

McClelland, R. and Fisher, F. [1937], *The Law of Corporate Mortgage Bond Issues* (Callaghan and Company).

McDaniel, M. [1988], *Bondholders and Stockholders*, 13 Journal of Corporation Law 205.

Meier-Hayoz, A. und Crone, H. [2000], *Wertpapierrecht* (2. Aufl., unter Mitarbeit von Jlona Caduff, Mariel Hoch, Michel Huber) (Stämpfli).

Mendales, R. [1994], *We Can Work It Out: The Interaction of Bankruptcy and Securities Regulation in the Workout Context*, 46 Rutgers Law Review 1211.

Miller, H. and Waisman, S. [2004], *Does Chapter 11 Reorganization Remain a Viable Option for Distressed Businesses for the Twenty-first Century?*, 78 American Bankruptcy Law Journal 153.

Mitchell, L. [1990], *The Fairness Rights of Corporate Bondholders*, 65 New York University Law Review 1165.

Myers, S. [1977], *Determinants of Corporate Borrowing*, 5 Journal of Financial Economics 147.

Nemiroff, C. [1996], *Original Issue Discount and the 'LTV Risk' Reconsidered*, 105 Yale Law Journal 2209.

Pachulski, I. and Mayer, T. [2015], *Classification/Voting*, in Memorandum to NBC Chapter 11 Committee to Rethink Chapter 11 (May 21, 2015), *available at* http://nbconf.org/our-work/.

Paulus, C. [2012], *Berufskläger als Sanierungshemmnis*, BB 2012, 1556.

Payne, J. [2014], *Schemes of Arrangement - Theory, Structure and Operation* (Cambridge University Press).

Penner, D. [2015], *Restrukturierungsklauseln in den Anleihebedingungen von High-Yield Anleihen* (Duncker & Humblot).

Peterson, L. [1993], *Who's being Greedy? A Theoretical and Empirical Examination of Holdouts and Coercion in Debt Tender and Exchange Offers*, 103 Yale Law Journal 505.

Plank, L. und Lürken, S. [2010], *Restrukturierung von Anleihen*, in R. Theiselmann (Hrsg.), Praxishandbuch des Restrukturierungsrechts (Carl Heymanns), S. 185-226.

Posner, E. [1997], *The Political Economy of the Bankruptcy Reform Act of 1978*, 96 Michigan Law Review 47.

Preuße, T. (Hrsg.) [2011], *SchVG Gesetz über Schuldverschreibungen aus Gesamtemission Kommentar* (Erich Schmidt).

von Randow, P. [2013], *Das Handeln des Gemeinsamen Vertreters: Engagiert oder „zur jagd getragen"? Rückkoppelungseffekte zwischen business judgement rule und Weisungserteilung*, in T. Baums (Hrsg.), Das Neue Schuldverschreibungsrecht (De Gruyter), S. 63-71.

Rasmussen, R. and Thomas, R. [2000], *Timing Matters: Promoting Forum Shopping by Insolvent Corporations*, 94 Northwestern University Law Review 1357.

Reps, M. [2014], *Rechtswettbewerb und Debt Governance bei Anleihen* (Mohr Siebeck).

Riesser, J. [1898], *Zur Kritik der Gesetzentwürfe betreffend das Hypothekenbankwesen und die gemeinsamen Rechte der Besitzer von Schuldverschreibungen* (Ferdinand Enke).

Roberto, V. und Trüeb, H. (Hrsg.) [2012], *Handkommentar zum Schweizer Privatrecht: GmbH, Genossenschaft, Handelsregister und Wertpapiere: Bucheffektengesetz* (2. Aufl.) (Schulthess).

Rock, E. [2015], *Corporate Law Doctrine and the Legacy of American Legal Realism*, 163 University of Pennsylvania Law Review 2019.

Rodgers, C. [1929], *Rights and Duties of the Committee in Bondholders' Reorganizations*, 42 Harvard Law Review 899.

Roe, M. [1983], *Bankruptcy and Debt: A New Model for Corporate Reorganization*, 83 Columbia Law Review 527.

Roe, M. [1987], *The Voting Prohibition in Bond Workouts*, 97 Yale Law Journal 232.

Roe, M. [1994], *Strong Managers, Weak Owners - The Political Roots of American Corporate Finance* (Princeton University Press).

Roe, M. [1996], *Chaos and Evolution in Law and Economics*, 109 Harvard Law Review 641.

Roe, M. [2016], *The Trust Indenture Act of 1939 in Congress and the Courts in 2016: Bringing the SEC to the Table*, 129 Harvard Law Review Forum 360.

Roe, M. [2017], *Three Ages of Bankruptcy*, unpublished manuscript dated April 27, 2017, *available at* https://ssrn.com/abstract=2871625.

Roe, M. and Tung, F. [2016], *Bankruptcy and Corporate Reorganization* (4th ed.) (Foundation Press).

Rohr, A. [1990], *Grundzüge des Emissionsrechts* (Schultess).

Romano, R. [1989], *Answering the Wrong Question: the Tenuous Case for Mandatory Corporate Laws*, 89 Columbia Law Review 1599.

Rubner, D. und Pospiech, L. [2015], *Das schuldverschreibungsrechtliche Freigabeverfahren*, GWR 2015, 507.

Schenker, U. [2011], *Sanierungsmassnahmen bei Obligationenanleihen*, in T. Sprecher (Hrsg.), Sanierung und Insolvenz von Unternehmen (Europa Insitut Zürich Band 112), S. 203-236.

Schimansky, H., Bunte, H. und Lwowski, H. [2011], *Bankrechts-Handbuch: Band II* (4. Aufl., bearbeitet von G. Bitter) (C. H. Beck).

Schlitt, M. und Schäfer, S. [2009], *Die Restrukturierung von Anleihen nach dem neuen Schuldverschreibungsgesetz*, AG 2009, 477.

Schlitt, M. und Schäfer, S. [2010], *Die Restrukturierung von Anleihen nach dem SchVG*, in B. Grunewald und H. Westermann (Hrsg.), Festschrift für Georg Maier-Reimer zum 70. Geburtstag (Verlag C. H. Beck), S. 615-628.

Schmidt, K. [2009], *Reflexionen über das Beschlussmängelrecht*, AG 2009, 248.

Schmidtbleicher, R. [2010], *Die Anleihegläubigermehrheit - Eine institutionenökonomische, rechtsvergleichende und dogmatische Untersuchung* (Mohr Siebeck).

Schmolke, K. [2009], *Der gemeinsame Vertreter im Referentenentwurf eines Gesetzes zur Neuregelung des Schuldverschreibungsgesetzes Bestellung, Befugnisse, Haftung*, ZBB 2009, 8.

Schneider, H. [2004], *Die Änderung von Anleihebedingungen durch Beschluß der Gläubiger*, in T. Baums und A. Cahn (Hrsg.), Die Reform des Schuldverschreibungsrechts (De Gruyter Recht), S. 69-93.

Schneider, H. [2013], *Ist das SchVG noch zu retten?*, in T. Baums (Hrsg.), Das neue Schuldverschreibungsrecht (De Gruyter), S. 1-24.

Schnorbus, Y. und Ganzer, F. [2014], *Einflussmöglichkeiten auf die Gläubigerversammlung im Zusammenhang mit der Änderung von Anleihebedingungen*, WM 2014, 155.

Schoch, D., Sieber, A. und Hoti, S. [2017], *Bondrestrukturierungen in der Praxis - Rechtliche und praktische Herausforderungen bei der Änderung von Anleihensbedingungen*, GesKR 2017, 197.

Schwarcz, S. and Sergi, G. [2008], *Bond Defaults and the Dilemma of the Indenture Trustee*, 59 Alabama Law Review 1037.

Schwartz, A. [1993], *Bankruptcy Workouts and Debt Contract*, 36 Journal of Law & Economics 595.

Schweizer, H. [1925], *Die Rechtliche Natur der Obligationenanleihe und ihre Gläubigergemeinschaft* (H. R. Sauerländer).

Seibt, C. [2016], *Praxisfragen der außerinsolvenzlichen Anleihenrestrukturierung nach dem SchVG*, ZIP 2016, 997.

Seibt, C. und Schwarz, S. [2015], *Anleihekündigung in Sanierungssituation*, ZIP 2015, 401.

Shuster, G. [2006], *The Trust Indenture Act and International Debt Restructurings*, 14 American Bankruptcy Institute Law Review 431.

Simon, S. [2010], *Restrukturierung von Schuldverschreibungen nach neuen SchVG*, CFl 2010, 159.

Simon, U. [2012], *Das neue Schuldverschreibungsgesetz und Treuepflichten im Anleiherecht als Bausteine eines außergerichtlichen Sanierungsverfahren* (Nomos C. H. Beck).

Skeel, D. [1994], *Rethinking the Line Between Corporate Law and Corporate Bankruptcy*, 72 Texas Law Review 471.

Skeel, D. [1998], *An Evolutionary Theory of Corporate Law and Corporate Bankruptcy*, 51 Vanderbilt Law Review 1325.

Skeel, D. [2001], *Debt's Dominion: A History of Bankruptcy Law in America* (Princeton University Press).

Skeel, D. [2003], *Can Majority Voting Provisions Do It All?*, 52 Emory Law Journal 417.

Skeel, D. [2009], *Competing Narratives in Corporate Bankruptcy: Debtor in Control vs. No Time to Spare*, 2009 Michigan State Law Review 1187.

Sprecher, T. und Sommer, C. [2014], *Sanierung nach Aktienrecht*, ST 2014, 551.

Steffek, F. [2010], *Änderung von Anleihebedingungen nach dem Schuldverschreibungsgesetz*, in S. Grundmann et al. (Hrsg.), Festschrift für Klaus. J. Hopt zum 70. Geburtstag am 24. August 2010, Unternehmen, Markt und Verantwortung, Band 2 (De Gruyter), S. 2597–2620.

Straessle, R. und Crone, H. [2012], *Der Sanierungszweck als Voraussetzung des Kapitalschnitts auf Null*, SZW/RSDA 2012, 253.

Strässle, P. [1961], *Die Vorschriften über die Gläubigergemeinschaft bei Anleihensobligationen* (Paulusdruckerei).

Swaine, R. [1927], *Reorganization of Corporations: Certain Developments of the Last Decade*, 27 Columbia Law Review 901.

Swaine, R. [1933], *Corporate Reorganization under the Federal Bankruptcy Power*, 19 Virginia Law Review 317.

Tabb, C. [1995], *The History of the Bankruptcy Laws in the United States*, 3 American Bankruptcy Institute Law Review 5.

Tashjian, E., Lease, R. and McConnell, J. [1996], *Prepacks: An Empirical Analysis of Prepackaged Bankruptcies*, 40 Journal of Financial Economics 135.

Than, J. [1982], *Anleihegläubigerversammlung bei DM Auslandsanleihen*, in N. Horn (Hrsg.), Europäisches Rechtsdenken in Geschichte und Gegenwart: Festschrift für Helmut Coing zum 70. Geburtstag, Band II (C. H. Beck), S. 521–541.

Thole, C. [2014], *Der Debt Equity Swap bei der Restrukturierung von Anleihen*, ZIP 2014, 2365.

Triantis, G. [1993], *A Theory of the Regulation of Debtor-in-Possession Financing*, 46 Vanderbilt Law Review 901.

Trieber, J. [1910], *The Abuses of Receivership*, 19 Yale Law Journal 275.

Trost, R. [1973], *Corporate Bankruptcy Reorganizations: For the Benefit of Creditors or Stockholders?*, 21 UCLA Law Review 540.

Uhlenbruck, W., Hirte, H. und Vallender, H. (Hrsg.) [2015], *Insolvenzordnung Kommentar* (14. Aufl.) (Franz Vehlen).

Veranneman, P. (Hrsg.) [2010], *Schuldverschreibungsgesetz einschließlich U.S.A. und England Kommentar* (C. H. Beck).

Vetter, J. [2008], *Modifikation der aktienrechtlichen Anfechtungsklage*, AG 2008, 177.

Vogel, H. [1996], *Das Schuldverschreibungsgesetz - Gesetzgeberisches Fossil oder lebendes Kapitalmarktrecht*, ZBB 1996, 321.

Vogel, H. [1999], *Die Vergemeinschaftung der Anleihegläubiger und ihre Vertretung nach dem Schuldverschreibungsgesetz* (Nomos).

Vogel, H. [2010], *Restrukturierung von Anleihen nach dem SchVG - Neues Minderheitenschutzkon-*

zept, ZBB 2010, 211.

Vogel, H. [2013], *Der Rechtsschutz des Schuldverschreibungsgläubigers*, in T. Baums (Hrsg.), Das neue Schuldverschreibungsrecht (De Gruyter), S. 39-61.

Vogel, H. [2016], *Anleihekündigung und kollektive Bindung nach dem Schuldverschreibungsgesetz*, ZBB 2016, 179.

Warner, J. [1977], *Bankruptcy, Absolute Priority, and the Pricing of Risky Debt Claims*, 4 Journal of Financial Economics 239.

Wassman, D. und Steber, T. [2014], *Rechtsfragen im Zusammenhang mit der Durchführung einer Gläubigerversammlung nach dem Schuldverschreibungsgesetz*, ZIP 2014, 2005.

Weber, F. [1929], *Die Revision des Rechtes der Gläubigergemeinschaft bei Anleihensobligationen und der gerichtliche Nachlassvertrag ausser Konkurs nach schweizerichem Recht* (Rud. Tschudy).

Weiner, J. [1927], *Conflicting Functions of the Upset Price in a Corporate Reorganization*, 27 Columbia Law Review 132.

Weiner, J. [1934], *Corporate Reorganization: Section 77B of the Bankruptcy Act*, 34 Columbia Law Review 1173.

Wiedemann, H. [2013], *Debt Equity Swap - Gedanken zur Umwandlung von Schulden in Eigenkapital*, in G. Krieger et al. (Hrsg.), Festschrift für Michael Hoffmann-Becking zum 70. Geburtstag (C. H. Beck), S. 1387-1396.

Wruck, K. [1991], *Financial Distress, Reorganization, and Organizational Efficiency*, 27 Journal of Financial Economics 419.

Ziegler, A. [1950], *Berner Kommentar Obligationenrecht: Anleihensobligationen, Art. 1156: Art. 1157-1186 und Schlussbestimmungen nach dem Bundesgestz vom 1. April 1949 über die Gläubigergemeinschaft bei Anleihensobligationen* (Stämpfli).

Zimmermann [1901], *Die Teilschuldverschreibung und das Reichsgesetz betr. die gemeinsamen Rechte der Besitzer von Schuldverschreibungen, vom 4. Dezember 1899* (Greifswald).

Zobl, D. [1990], *Änderungen von Anleihensbedingungen*, SZW/RSDA 1990, 129.

Zöllner, W. [2000], *Zur Problematik der aktienrechtlichen Anfechtungsklage*, AG 2000, 145.

Zöllner, W. [2008], *Evaluation des Freigabeverfahrens*, in L. Aderhold et al. (Hrsg.), Festschrift für Harm Peter Westermann zum 70. Geburtstag (Verlag Dr.OttoSchmidt), S. 1631-1648.

和文

相澤哲編著 [2006]　　　　『立案担当者による新・会社法の解説』（商事法務）

青山善充 [1966a]　　　　「会社更生の性格と構造（一）」法学協会雑誌 83 巻 2 号 1 頁

青山善充 [1966b]　　　　「会社更生の性格と構造（二）」法学協会雑誌 83 巻 4 号 1 頁

青山善充 [1967]　　　　　「会社更生の性格と構造（三）」法学協会雑誌 84 巻 5 号 1 頁

青山善充 [1969]　　　　　「会社更生の性格と構造（四・完）」法学協会雑誌 86 巻 4 号 1 頁

明田川昌幸 [1991]　　　　「米国連邦信託証書法の改正について（上）」商事法務 1256 号 16 頁

池尾和人 = 瀬下博之 [1998]

　　　　　　　　　　　　「日本における企業破綻処理の制度的枠組み」三輪芳朗 = 神田秀樹 = 柳川範之編『会社法の経済学』（東京大学出版会）253〜277 頁

池田寅次郎 [1909]　　　　『担保附社債信託法論』（清水書店）

石井寛治 = 原朗 = 武田晴人編［2002］
　　　　　　　　　『日本経済史 3　両大戦間期』（東京大学出版会）
石井照久［1939］　　「社債法」末弘嚴太郎編代『新法学全集第 15 巻　商法 II』（日本評論社）所収
石井照久［1949］　　『社債法』（勁草書房）
井出ゆり［2011］　　「事業再生における社債権の変更について」NBL 960 号 12 頁
井出ゆり［2012］　　「社債の元利金減免に関する立法試案の概要」事業再生研究機構編『事業再生と社債——資本市場からみたリストラクチャリング』（商事法務）200～211 頁
伊藤眞［1989］　　　『破産——破滅か更生か』（有斐閣）
伊藤眞［2012］　　　『会社更生法』（有斐閣）
伊藤眞［2014］　　　『破産法・民事再生法〔第 3 版〕』（有斐閣）
今井克典［2013］　　「社債権の内容に関する社債権者集会の決議事項」名古屋大学法政論集 251 号 1 頁
岩原紳作［2016］　　「英米における社債管理の受託会社の制度」同『会社法論集』（商事法務）387～431 頁
岩間郁乃［2012］　　「社債権者集会決議による社債の元金減免の可否と社債権者の合理的意思決定」東京大学法科大学院ローレビュー 7 巻 3 頁
上柳克郎 = 鴻常夫 = 竹内昭夫編代［1988］
　　　　　　　　　『新版注釈会社法（10）社債（1）』（有斐閣）
上柳克郎 = 鴻常夫 = 竹内昭夫編代［1996］
　　　　　　　　　『新版注釈会社法第 2 補巻　平成 5 年改正』（有斐閣）
江頭憲治郎［1987］　「無担保社債の管理について」文研論集 80 号 165 頁
江頭憲治郎［1993］　「社債法の改正」ジュリスト 1027 号 34 頁
江頭憲治郎編［2010］『会社法コンメンタール 16　社債』（商事法務）
江頭憲治郎［2011］　「社債の管理に関する受託会社の義務と責任」同『会社法の基本問題』（有斐閣）369～429 頁
江頭憲治郎［2012］　「社債権者集会による社債の償還金額の減免等」NBL 985 号 1 頁
江頭憲治郎［2017］　『株式会社法〔第 7 版〕』（有斐閣）
江頭憲治郎 = 門口正人編代［2008］
　　　　　　　　　『会社法大系 2　株式・新株予約権・社債』（青林書院）
大杉謙一ほか［2002a］「〈座談会〉会社更生手続と社債をめぐる諸論点（1）」金融法務事情 1635 号 6 頁
大杉謙一ほか［2002b］「〈座談会〉会社更生手続と社債をめぐる諸論点（2）」金融法務事情 1636 号 32 頁
鴻常夫［1958］　　　『社債法』（有斐閣）
鴻常夫［1987］　　　「スイス社債法（正文翻訳）」『社債法の諸問題 I』（有斐閣）
大村敬一 = 俊野雅司［2014］
　　　　　　　　　『証券論』（有斐閣）
大森忠夫 = 矢沢惇編代［1971］
　　　　　　　　　『注釈会社法（7）社債』（有斐閣）
岡東務 = 松尾順介編著［2003］

『現代社債市場分析――新たなるアプローチ』（シグマベイスキャピタル）
岡光民雄 ［1994］　　　『逐条新担保附社債信託法』（商事法務研究会）
尾坂北斗＝阪口朋彦 ［2013］
　　　　　　　　　　「事業再生の局面における社債の元本減免について――事業再生関連手続研
　　　　　　　　　　究会における検討結果」NBL 999 号 4 頁
尾坂北斗＝阪口朋彦＝柴田和也 ［2014］
　　　　　　　　　　「産業競争力強化法における事業再生支援の強化」事業再生と債権管理 144
　　　　　　　　　　号 138 頁
落合誠一 ［1988］　　　「アメリカ合衆国信託証書法第 316 条の研究――アメリカ合衆国信託証書法
　　　　　　　　　　の研究（8）」公社債月報昭和 63 年 1 月 9 頁
落合誠一 ［1990］　　　「契約による社債権者と株主の利害調整」岩原紳作編『現代企業法の展開』
　　　　　　　　　　（有斐閣）199～240 頁
加藤哲夫 ［2007］　　　『企業倒産処理法制における基本的諸相』（成文堂）
兼子一＝三ケ月章 ［1953］
　　　　　　　　　　『条解会社更生法』（弘文堂）
金本良嗣＝藤田友敬 ［1998］
　　　　　　　　　　「株主の有限責任と債権者保護」三輪芳朗＝神田秀樹＝柳川範之編著『会社
　　　　　　　　　　法の経済学』（東京大学出版会）191～228 頁
神作裕之 ［1999］　　　「社債権者集会と社債の団体性」金融法学会編『金融法研究・資料編（15）』
　　　　　　　　　　（金融法学会）25～47 頁
神作裕之 ［2016a］　　　「社債管理者非設置債における社債の管理（上）」法書時報 68 巻 8 号 1913 頁
神作裕之 ［2016b］　　　「社債管理者非設置債における社債の管理（下）」法書時報 68 巻 9 号 2141 頁
神作裕之 ［2017］　　　「『会社法研究会』報告書について――『第五　役員の責任』～『第八　社外
　　　　　　　　　　取締役』」商事法務 2133 号 14 頁
神田秀樹 ［2017］　　　『会社法〔第 19 版〕』（弘文堂）
神田秀樹＝藤田友敬 ［1998］
　　　　　　　　　　「株式会社法の特質，多様性，変化」三輪芳朗＝神田秀樹＝柳川範之編著
　　　　　　　　　　『会社法の経済学』（東京大学出版会）453～477 頁
木下信行 ［2002］　　　「企業再建と金融市場」ジュリスト 1232 号 152 頁
久保田安彦 ［2015］　　　「英米法上の社債管理者制度」同『企業金融と会社法・資本市場規制』（有斐
　　　　　　　　　　閣）243～297 頁
栗栖赳夫 ［1928］　　　『社債及其救済論』（啓明社）
栗栖赳夫（栗栖赳夫法律著作選集刊行会編）［1966］
　　　　　　　　　　『担保附社債信託法の研究』（有斐閣）
栗栖赳夫（栗栖赳夫法律著作選集刊行会編）［1967］
　　　　　　　　　　『商法・社債法の研究』（有斐閣）
栗原伸輔 ［2013］　　　「会社更生法における『公正かつ衡平』の意義について（二）」法学協会雑誌
　　　　　　　　　　130 巻 8 号 83 頁
栗原伸輔 ［2015a］　　　「会社更生法における『公正かつ衡平』の意義について（三）」法学協会雑誌
　　　　　　　　　　132 巻 2 号 95 頁
栗原伸輔 ［2015b］　　　「会社更生法における『公正かつ衡平』の意義について（四）」法学協会雑誌
　　　　　　　　　　132 巻 3 号 111 頁

後藤元［2007］　　　　『株主有限責任制度の弊害と過少資本による株主の責任』（商事法務）
小林秀之＝神田秀樹［1986］
　　　　　　　　　　『「法と経済学」入門』（弘文堂）
佐々木良一（著作代表）［1939］
　　　　　　　　　　『株式会社法釈義』（巌松堂書店）
事業再生研究機構編［2004］
　　　　　　　　　　『更生計画の実務と理論』（商事法務）
宍戸善一［2006］　　『動機付けの仕組としての企業――インセンティブ・システムの法制度論』
　　　　　　　　　　（有斐閣）
霜島甲一［1990］　　『倒産法体系』（勁草書房）
菅原菊志［1955a］　　「社債権者団体（一）」法学 19 巻 1 号 62 頁
菅原菊志［1955b］　　「社債権者団体（二・完）」法学 19 巻 2 号 70 頁
杉本純子［2008］　　「事業再生とプライオリティ修正の試み――Critical Vendor Orders にみる
　　　　　　　　　　商取引債権優先化プロセスの透明性」同志社法学 60 巻 4 号 151 頁
鈴木学［2012］　　　「社債権者集会の決議を利用した事例――日本エスコンの事例」事業再生研
　　　　　　　　　　究機構編『事業再生と社債――資本市場からみたリストラクチャリング』
　　　　　　　　　　（商事法務）106〜132 頁
鈴木竹雄［1936］　　「改正法案に於ける社債の規定に付て」法律時報 8 巻 3 号 10 頁
鈴木竹雄＝竹内昭夫［1994］
　　　　　　　　　　『会社法〔第 3 版〕』（有斐閣）
須藤英章［2010］　　「私的整理か民事再生か」事業再生研究機構編『民事再生の実務と理論（事
　　　　　　　　　　業再生研究叢書 9）』（商事法務）278〜288 頁
全国倒産処理弁護士ネットワーク編［2016］
　　　　　　　　　　『私的整理の実務 Q&A 140 問』（金融財政事情研究会）
高木悠一＝尾坂北斗＝石曾根智昭＝小林味愛［2014］
　　　　　　　　　　「産業競争力強化法の概要とその狙い」商事法務 2022 号 15 頁
田頭章一［2005a］　　「企業再建手続における社債管理会社の地位」同『企業倒産処理法の理論的
　　　　　　　　　　課題』（有斐閣）154〜207 頁
田頭章一［2005b］　　「社債発行会社のデフォルトと投資家の権利保全・行使」同『企業倒産処理
　　　　　　　　　　法の理論的課題』（有斐閣）208〜235 頁
田頭章一［2005c］　　「法的倒産処理手続と私的整理（私的交渉）」同『企業倒産処理法の理論的課
　　　　　　　　　　題』（有斐閣）5〜29 頁
高橋英治［2012］　　『ドイツ会社法概説』（有斐閣）
髙橋美加＝笠原武朗＝久保大作＝久保田安彦［2016］
　　　　　　　　　　『会社法』（弘文堂）
田中耕太郎［1939］　　『改正会社法概論』（岩波書店）
田中耕太郎［1955］　　「社債の法律的特異性」同『田中耕太郎著作集 8　商法学特殊問題（上）』
　　　　　　　　　　（春秋社）
田中英夫編代［1991］　『英米法辞典』（東京大学出版会）
田中亘［2005］　　　「事業再生から見た会社法の現代化（1）」NBL 822 号 20 頁
田中亘［2009］　　　「借り手企業の破綻法制と銀行危機」池尾和人編『不良債権と金融危機』（慶
　　　　　　　　　　應義塾大学出版会）109〜152 頁

田中亘［2016］　　　　『会社法』（東京大学出版会）

棚瀬孝雄＝伊藤眞［1979］
　　　　　　　　　　『企業倒産の法理と運用』（有斐閣）

谷口安平［1980］　　　『倒産処理法』（筑摩書房）

田村諄之輔［1993］　　『会社の基礎的変更の法理』（有斐閣）

張暎根［1940］　　　　「改正商法に於ける社債権者集会」司法協会雑誌 19 巻 2 号 1 頁

坪山昌司＝門田正行［2012］
　　　　　　　　　　「交換募集（Exchange Offer）」事業再生研究機構編『事業再生と社債——資本市場からみたリストラクチャリング』（商事法務）133〜160 頁

中島弘雅＝村田典子［2005］
　　　　　　　　　　「アメリカのプレパッケージ型倒産手続について」国際商事法務 33 巻 1 号 9 頁

長戸貴之［2017］　　　『事業再生と課税——コーポレート・ファイナンスと法政策論の日米比較』（東京大学出版会）

中東正文＝松井秀征編著［2010］
　　　　　　　　　　『会社法の選択——新しい社会の会社法を求めて』（商事法務）

橋本円［2015］　　　　『社債法』（商事法務）

福永有利監修・四宮章夫＝高田裕成＝森宏司＝山本克己編［2009］
　　　　　　　　　　『詳解民事再生法——理論と実務の交錯〔第 2 版〕』（民事法研究会）

藤井俊雄［1958］　　　「アメリカ社債法における受託会社の地位」岡山大学法学会雑誌 27 号 125 頁

藤田友敬［1995］　　　「社債権者集会と多数決による社債の内容の変更」落合誠一＝江頭憲治郎＝山下友信編『現代企業立法の軌跡と展望』（商事法務研究会）218〜246 頁

藤田友敬［1996］　　　「社債管理と法」公社債引受協会編『公社債市場の新展開』（東洋経済新報社）336〜362 頁

モーリッツ・ベルツ＝久保寛展（訳）［2016］
　　　　　　　　　　「ドイツ債務証券法（Schuldverschreibungsrecht）の改正」早川勝＝正井章筰＝神作裕之＝高橋英治編『ドイツ会社法・資本市場法研究』（中央経済社）

前田庸［2009］　　　　『会社法入門〔第 12 版〕』（有斐閣）

松尾順介［1999］　　　『日本の社債市場』（東洋経済新報社）

松下淳一［1999］　　　「社債管理会社・社債権者の手続法上の地位」金融法学会編『金融法研究・資料編（15）』（金融法学会）48〜68 頁

松下淳一［2001］　　　「再生計画・更生計画による債権者と株主との利害調整について」青山善充ほか編『民事訴訟法理論の新たな構築（下）』（有斐閣）750 頁

松下淳一［2011］　　　「事業再生における社債権の変更に関する立法試案メモ」NBL 960 号 17 頁

松下淳一［2012］　　　「事業再生における社債権の変更に関する立法試案について」事業再生研究機構編『事業再生と社債——資本市場からみたリストラクチャリング』（商事法務）215〜219 頁

松下淳一［2014］　　　『民事再生法入門〔第 2 版〕』（有斐閣）

松下淳一＝事業再生研究機構編［2014］
　　　　　　　　　　『新・更生計画の実務と理論』（商事法務）

松村和德＝棚橋洋平＝内藤裕貴＝谷口哲也［2015］
　　　　　　　　　　「ドイツ倒産法制の改正動向（1）」比較法学 49 巻 2 号 268 頁

松村和德 = 棚橋洋平 = 内藤裕貴 = 谷口哲也［2016a］
　　　　　　　　　「ドイツ倒産法制の改正動向（2）」比較法学 49 巻 3 号 228 頁
松村和德 = 棚橋洋平 = 内藤裕貴 = 谷口哲也［2016b］
　　　　　　　　　「ドイツ倒産法制の改正動向（3）」比較法学 50 巻 1 号 168 頁
松本烝治［1931］　「商法改正要綱解説」法学協会雑誌 49 巻 12 号 128 頁
三ケ月章［1970］　『会社更生法研究』（有斐閣）
水元宏典［2002］　『倒産法における一般実体法の規制原理』（有斐閣）
村田典子［2003］　「再建型倒産処理手続の機能——アメリカ合衆国における再建型倒産処理手
　　　　　　　　　続の発展課程（一）」民商法雑誌 129 巻 3 号 50 頁
村田典子［2004a］　「再建型倒産処理手続の機能——アメリカ合衆国における再建型倒産処理手
　　　　　　　　　続の発展課程（二・完）」民商法雑誌 129 巻 4・5 号 184 頁
村田典子［2004b］　「アメリカにおける一つの再建型倒産処理手続の生成過程——裁判外手続と
　　　　　　　　　の関係からみた再建型手続の機能」東京都立大学法学会雑誌 44 巻 2 号 503
　　　　　　　　　頁
村田典子［2009］　「当事者主導型倒産処理手続の機能の変容——アメリカ合衆国連邦倒産法第
　　　　　　　　　11 章手続における債権者の手続支配（一）」民商法雑誌 138 巻 6 号 59 頁
森まどか［2009］　『社債権者保護の法理』（中央経済社）
守屋貴之 = 國吉雅男 = 堀越友香［2013］
　　　　　　　　　「株式会社企業再生支援機構法の一部を改正する法律および関連政令等の概
　　　　　　　　　要——企業再生支援機構の地域経済活性化支援機構への改組・機能拡充」金
　　　　　　　　　融法務事情 1968 号 40 頁
柳川範之［2006］　『法と企業行動の経済分析』（日本経済新聞出版社）
山本和彦［2009a］　「裁判外事業再生手続の意義と課題」「裁判外事業再生」実務研究会編『裁判
　　　　　　　　　外事業再生の実務』（商事法務）2〜23 頁
山本和彦［2009b］　「清算価値保障原則について」伊藤眞ほか編『民事手続法学の新たな地平』
　　　　　　　　　（有斐閣）910〜937 頁
山本和彦［2012］　『倒産処理法入門〔第 4 版〕』（有斐閣）
山本和彦［2014］　「私的整理と多数決」NBL 1022 号 14 頁
山本和彦 = 中西正 = 笠井正俊 = 沖野眞已 = 水元宏典［2015］
　　　　　　　　　『倒産法概説〔第 2 版補訂版〕』（弘文堂）
山本桂一［1959］　「社債権者の団体性」田中耕太郎編『株式会社法講座第五巻』（有斐閣）1621
　　　　　　　　　〜1665 頁
山本慶子［2008］　「再建型倒産手続における利害関係人の間の『公正・衡平』な権利分配のあ
　　　　　　　　　り方」金融研究 2008 年 12 月号 111 頁
横田正俊［1937］　「商法改正案に於ける株式会社——社債に関する規定」法律論叢 16 巻 3 号 1
　　　　　　　　　頁

事項索引

著者紹介

行岡睦彦　1985 年　大阪府に生まれる
　　　　　2008 年　東京大学法学部卒業
　　　　　2010 年　東京大学大学院法学政治学研究科法曹養成専攻修了
　　　　　2011 年　司法修習（第 64 期）修了
　　　　　　　　　　長島・大野・常松法律事務所勤務（2014 年 3 月まで）
　　　　　2014 年　東京大学大学院法学政治学研究科助教
　　　　　2017 年　神戸大学大学院法学研究科准教授
　　　　　　　　　　現在に至る

社債のリストラクチャリング
財務危機における社債権者の
意思決定に係る法的規律　　　　　　　　　Corporate Bond Restructuring

2018 年 2 月 28 日　初版第 1 刷発行　　　　印刷　株式会社精興社
　　　　　　　　　　　　　　　　　　　　製本　牧製本印刷株式会社

著　者　行岡睦彦　　　　　　　　　　　　© 2018, Mutsuhiko Yukioka.
　　　　　　　　　　　　　　　　　　　　Printed in Japan

発行者　江草貞治　　　　　　　　　　　　落丁・乱丁本はお取替えいたします。

発行所　株式会社 有斐閣　　　　　　　　★定価はカバーに表示してあります。
郵便番号　101-0051　　　　　　　　　　　ISBN 978-4-641-22737-8
東京都千代田区神田神保町 2-17
電話　（03）3264-1314〔編集〕　　　　　 本書の無断複写（コピー）は，著作権法上
　　　（03）3265-6811〔営業〕　　　　　での例外を除き，禁じられています。複写される場
http://www.yuhikaku.co.jp/　　　　　　　合は，そのつど事前に，（社）出版者著作権管理機
　　　　　　　　　　　　　　　　　　　　構（電話 03-3513-6969，FAX 03-3513-6979，
　　　　　　　　　　　　　　　　　　　　e-mail:info@jcopy.or.jp）の許諾を得てください。